ARATJARA

Mit freundlicher Unterstützung der
Lufthansa Kulturförderung

STIFTUNG
KUNST UND KULTUR
DES LANDES NRW

Gefördert durch die
Stiftung Kunst und Kultur des Landes Nordrhein-Westfalen

ARATJARA

Kunst der ersten Australier

Traditionelle und zeitgenössische
Werke der Aborigines und Torres Strait Islanders

Kunstsammlung Nordrhein-Westfalen, Düsseldorf
The South Bank Centre, London
Louisiana Museum of Modern Art, Humlebaek, Dänemark
National Gallery of Victoria, Melbourne

Kunstsammlung Nordrhein-Westfalen, Düsseldorf
24. April – 4. Juli 1993

Hayward Gallery, London
23. Juli – 10. Oktober 1993

Louisiana Museum, Humlebaek
11. Februar – 23. Mai 1994

National Gallery of Victoria, Melbourne
23. Juni – 15. August 1994

DuMont Buchverlag, Köln

Umschlagabbildung: Künstler, Titel und Jahr unbekannt.
Ocker auf Rinde, 104 x 73 cm. Museum of Victoria, Melbourne (Kat. Nr. 43)

Diese Publikation erscheint anläßlich der Ausstellung
›ARATJARA – Kunst der ersten Australier. Traditionelle und zeitgenössische Werke der Aborigines und Torres Strait Islanders‹, die vom 24. 4. bis 4. 7. 1993 in der Kunstsammlung Nordrhein-Westfalen, Düsseldorf, zu sehen ist und anschließend in der Hayward Gallery, London, dem Louisiana Museum, Humlebaek, Dänemark, und der National Gallery of Victoria, Melbourne, gezeigt wird.

Planung:
Lin Onus, Upwey; James Mollison, Melbourne; Ulrich Krempel, Düsseldorf

Konzeption der Ausstellung: Bernhard Lüthi
in Zusammenarbeit mit der Aboriginal Arts Unit of the Australia Council, Sydney
Konzeption und Herausgeber des Katalogbuches: Bernhard Lüthi
in Zusammenarbeit mit Gary Lee
Ausstellungssekretariat: Dorothee Jansen, Gudrun Jansen
Transportorganisation: Birgid Pudney-Schmidt, Adelheid Heeren
Öffentlichkeitsarbeit: Gudrun Harms, Jutta Kerkmann
Restauratorische Betreuung: Manfred Huisgen, Tom Mosby
Ausstellungsaufbau: Bernhard Lüthi, Ulrich Krempel, Dorothee Jansen, Günter Klings, Franz Hacker,
Klaus Ferfers, Friedhelm Tups, Klaus Allenstein
Konzept des visuellen Erscheinungsbildes: Bernhard Lüthi

Katalogredaktion: Stephen Cone Weeks, Bernd Finkeldey, Dorothee Jansen, Gudrun Jansen,
Joachim Kaak, Ulrich Krempel, Anette Kruszynski, Bernhard Lüthi, Karin Thomas
Lektorat der englischen Ausgabe: Stephen Cone Weeks, Greg Hilty, Thomas Hauffe
Textbeitrag im Anhang: Heinz Schürmann-Zeggel
Übersetzungen: Ulrike Budde, Geoffrey V. Davies, Alice C. T. Milne, Ludwig Rheinbach,
Anton Schnelle, Michael C. Sternheimer
Gestaltung des Kataloges: Bernhard Lüthi, Winfried Konnertz
Produktion: Peter Dreesen, Silvia Cardinal

Reproduktion: Balding + Manssel, Wisbech, England, und heinrich miess GmbH, Köln
Satz und Druck: Rasch, Bramsche
Buchbinderische Verarbeitung: Boss-Druck, Kleve

Printed in Germany ISBN 3-926154-16-0

Die Deutsche Bibliothek – CIP–Einheitsaufnahme
ARATJARA – Kunst der ersten Australier : traditionelle und zeitgenössische Werke der Aborigines und Torres Strait Islanders ; Kunstsammlung Nordrhein-Westfalen, Düsseldorf, 24. April – 4. Juli 1993 ; Hayward Gallery, London, 23. Juli – 10. Oktober 1993; Louisiana Museum, Humlebaek, 11. Februar – 23. Mai 1994 ; [anläßlich der Ausstellung »ARATJARA – Kunst der ersten Australier. Traditionelle und zeitgenössische Werke der Aborigines und Torres Strait Islanders«] / [Hrsg.: Bernhard Lüthi in Zusammenarbeit mit Gary Lee. Übers.: Ulrike Budde…]. – Düsseldorf : Kunstsammlung Nordrhein-Westfalen, 1993 ISBN 3–926154–16–0
NE: Lüthi, Bernhard [Hrsg.]; Ausstellung ARATJARA – Kunst der ersten Australier. Traditionelle und zeitgenössische Werke der Aborigines und Torres Strait Islanders <1993 – 1994, Düsseldorf u.a.>; Kunstsammlung Nordrhein-Westfalen <Düsseldorf>

INHALT

VORBEMERKUNG

Irgendwo steckt in uns allen der Wunsch, etwas wirklich Anderes, Neues und Unbekanntes zu sehen, zu erleben, kennenzulernen. Unsere Welt ist uns durch Medien und Reisen klein geworden und zu eng. Zugleich realisieren wir, daß diese geschrumpfte Welt noch große weiße Flecken hat: Unbekannte Gebiete, die weniger territorial zu beschreiben sind als mental. Bis heute haben wir die Unkenntnis in unseren Köpfen nicht ausräumen können, die sich auf die Wirklichkeit, das Leben und Denken der Menschen außerhalb von Europa und Amerika bezieht. Bis heute haben uns dabei unsere tradierten Sicht- und Denkweisen den freien, neuen, anderen Blick auf eine komplexe Wirklichkeit verstellt, die sich durch ein Aufgreifen der Seh- und Denkweise der ANDEREN überhaupt erst erschließen ließe. Das zumindest sind, in einem langfristig und kompliziert vorbereiteten Versuch, der Gegenstand und die Methode dieser Ausstellung ARATJARA: Ein Blick auf die Kunst der ANDEREN, der deren Art des Sehens, Kommunizierens und Mitteilens Raum gibt, um dem Erkennen des ANDEREN näher kommen zu können und nicht nur im bedingungsfreien Genuß des FREMDEN steckenzubleiben.

Bernhard Lüthi, der Kurator dieser Ausstellung, hat seit Jahren an seiner Idee gearbeitet. Er hat dabei immer den Anspruch an seine Wahrnehmung des ANDEREN gelegt, an seine Arbeit als Vermittler von der einen in eine andere Kultur, den er an seine eigene künstlerische Arbeit wie an seine Wahrnehmung der Kunst Europas und Amerikas gelegt hat. Das Interesse am Wissen über das ANDERE verbindet sich dabei mit dem wachsenden Vermögen, die Produkte einer anderen Kultur der Bilder voneinander unterscheiden zu können, ja vielleicht im vergleichenden Sehen in die Lage zu kommen, die unterschiedlichen Bedeutungen wie Qualitätsstufen der Kunstwerke dieser anderen Kultur erkennen zu können.

Diese Ausstellung steht wie andere im Zusammenhang mit der Erkenntnis von der Notwendigkeit des Kennenlernens. Mit diesem Zugehen auf ein Stück TERRA INCOGNITA in der zeitgenössischen Kunst öffnet sich uns der Einblick in eine faszinierende Kultur. Menschen und Künstler werden uns sichtbar, die eindringlich ihre Botschaft für uns formulieren: DAS LAND IST DER GEIST (THE LAND IS THE SPIRIT).

Ulrich Krempel

LEIHGEBER

Den nachstehenden Museen, Galerien und allen privaten Leihgebern, auch denen, die ungenannt bleiben möchten, sei herzlich für ihre Unterstützung der Ausstellung gedankt.

Art Gallery of New South Wales, Sydney
Art Gallery of South Australia, Adelaide
Australian Museum, Sydney
Mervyn G. Bishop, Oatley
Cambridge University Museum of Archaeology and Anthropology, Cambridge
Campfire Consultancy, Spring Hill
Margaret Carnegie and Roderick Carnegie Collection, Melbourne
Karen Casey, North Fitzroy
Division of Family Services and Aboriginal and Islander Affairs, Brisbane
Dresdner Bank AG, Melbourne
Garage Graphix Community Arts Inc., Emerton
Alana Harris, Canberra
The Holmes à Court Collection, Perth
Leah King-Smith, Northcote
Dr Colin and Mrs Laverty, Sydney
Michael Machin, Brisbane
William Mora Gallery, Melbourne
Moree Plains Gallery, Moree
Museum of Contemporary Art, Sydney
Museum of Mankind, London
Museum of Victoria, Melbourne
National Gallery of Australia, Canberra
National Gallery of Victoria, Melbourne
National Museum of Australia, Canberra
Trevor Nickolls, Adelaide
Roslyn and Tony Oxley, Paddington
Gabrielle Pizzi Gallery, Melbourne
Grant Smith, Richmond
South Australian Museum, Adelaide
Utopia Art Sydney, Darlinghurst
Anthony and Beverley Waldegrave-Knight, Melbourne

DANK

Mit der Eröffnung der Ausstellung ›ARATJARA – Kunst der ersten Australier‹ am 24. April 1993 in der Kunstsammlung Nordrhein-Westfalen, Düsseldorf, werden über acht Jahre seit Beginn der Planung vergangen sein. Die Drucklegung des Kataloges bietet die Möglichkeit des Innehaltens und der Rückbesinnung auf die verschiedenen Stationen der Entwicklung und auf all diejenigen Freunde und Förderer, die letztendlich zu einem erfolgreichen Abschluß beigetragen haben. Es gilt all denjenigen einen besonderen Dank auszusprechen, ohne deren Zuspruch, Aufmunterung und Generosität dieses Projekt kein glückliches Ende gefunden hätte.

Dank gebührt zuallererst Inge Koch-Beckmann, die den schwierigen Versuch zum Dialog und zur Überwindung von festgefügten Konventionen und Vorurteilen über viele Jahre miterlebte und die Zuversicht in ein endgültiges Gelingen nie verloren hat. Ein herzlicher und freundschaftlicher Dank gilt Paul Gredinger, er unterstützte die grundsätzliche Thematik bereits lange Zeit vor dem konkreten Planungsbeginn wie auch danach in großherziger und souveräner Weise. Zusammen mit Anton Franke und Ursula Schulz-Dornburg sind damit die eigentlichen Förderer der ersten Stunde eines buchstäblich über Kontinente hinweg versuchten Dialoges benannt.

Die Bande nach Australien wurden 1984 von Joe Croft und Boris Kazanski geknüpft. Als Resultat dieser Vermittlung und mit Unterstützung durch Christian Megert fand am 12. Dezember 1984 in der Düsseldorfer Kunstakademie mit dem damaligen Direktor des Aboriginal Arts Board, Gary Foley, ein ziemlich aufgeregter und kontrovers geführter Diskussionsabend statt, der letztendlich und von niemandem voraussehbar zum eigentlichen Auftakt dieses mehrjährigen Abenteuers wurde.

Der Grundstein zum eigentlichen Planungsbeginn wurde in Broome und Maningrida von den Mitgliedern des Aboriginal Arts Board gelegt. An diesem Entschluß waren Gary Foley, Chicka Dixon – der Chairman des damaligen Komitees – sowie Jack Davis, Jim Everett, Charles Godjuwa, Kath Walker (Oodgeroo Noonuccal), Ephraim Bani, Colin Cook, Albert Mullett und Lin Onus, der spätere Chairman des Komitees, beteiligt. Lin Onus blieb auch in seiner späteren Position als Chairman des Komitees ein enthusiastischer Förderer des Unternehmens. Dank sei auch Lesley Fogarty, die, damals als Projektleiterin beginnend, auch später als Direktorin der Aboriginal Arts Unit das Projekt unterstützte.

Ohne die ausdrückliche Zustimmung der Künstler, die das Vorhaben teilweise als Board-Mitglieder oder sonst in freundschaftlicher Verbundenheit unterstützten, wäre die Ausstellung in dieser Form nicht zu verwirklichen gewesen. Die teils mehrwöchigen Aufenthalte in vielen Communities Australiens und die Gespräche mit Künstlern, mit Administratoren sowie Kuratoren der Museen und Galerien, allen voran mit James Mollison, haben zum Gelingen der Ausstellung beigetragen. Unvergessen bleiben der Besuch in Garmedi und der Gegenbesuch in Sydney von Terry Gandadillas Vater, der mit einer bedeutenden Arbeit in dieser Ausstellung vertreten ist. Nicht unerwähnt darf die familiäre Aufnahme anläßlich der vielen Besuche in Yuendumu bleiben. Besonders erwähnen möchte ich deshalb

Paddy Jupurrula Nelson, Paddy Japaljarri Stewart, Paddy Japaljarri Sims sowie Bronson Jakamarra Nelson, Francis Jupurrula Kelly und Neville Japangardi Poulson wie auch in diesem Zusammenhang Horst Antes. Meine Besuche in Yuendumu und der schüchtern vorgenommene Versuch, Einblick in ihr gemeinschaftliches Leben und in ihre Verbundenheit zum Land, dem Bewahrer ihrer Existenz, zu gewinnen, wurden von Toleranz, Gastfreundschaft und Vertrauen geprägt. Bedanken möchte ich mich auch bei den Künstlern der Boomalli Aboriginal Artists Co-operative in Sydney für ihre langjährige Gastfreundschaft und natürlich insbesondere bei den Mitarbeitern der Aboriginal Arts Unit, der späteren Nachfolgeorganisation des Aboriginal Arts Board.

Keine Ausstellung dieses Umfangs und Anspruchs kann ohne das schützende Dach und ohne die umsichtige Unterstützung der Mitarbeiter eines dafür geeigneten Hauses stattfinden. An dieser Stelle sei deshalb ausdrücklich Ulrich Krempel und Armin Zweite für ihre ideelle Begleitung des Projektes gedankt.

Doch ohne den uneigennützigen Einsatz vor allem von Dorothee Jansen in allen Bereichen der Vorbereitung sowie der Katalogredaktion und Gudrun Harms, Birgid Pudney-Schmidt und ihren Kolleginnen und Kollegen wäre dieses Projekt nicht zu verwirklichen gewesen. Gudrun Jansen versuchte den beinahe vergeblichen Kampf der Überwindung der Distanzen zwischen Düsseldorf und Australien bei der Katalogvorbereitung und -redaktion, und die Kollegen Bernd Finkeldey, Joachim Kaak und Anette Kruszynski hatten die undankbare Aufgabe des Lektorats und der Schlußkorrektur aller Texte; darüber hinaus blieb ihnen im nachbarlichen Nebeneinander oft nichts anderes als irgendwie mit der Hektik des Projektes zurechtzukommen, ein Kratzfuß vor ihrer Geduld ist angebracht. Herzlich bedanken möchte ich mich auch bei der pädagogischen Abteilung des Hauses für die Einrichtung der begleitenden didaktischen Ausstellung, insbesondere bei Julia Breithaupt, Angela Wenzel und Gerlinde Rachow. Bedanken möchte ich mich jedoch auch und ausdrücklich bei allen Mitarbeitern des Hauses, auch bei denjenigen die an dieser Stelle nicht namentlich aufgeführt werden.

In den Dank mit einschließen möchte ich Theodor Janisch und alle Mitarbeiter in der Verwaltung, die zum Gelingen mit beigetragen haben, wie natürlich all denjenigen, die beim Aufbau der Ausstellung mitgeholfen haben, allen voran Günter Klings.

Ebenso gilt mein Dank dem DuMont Buchverlag, seinen Verlegern Ernst und Daniel Brücher sowie deren Mitarbeitern, allen voran Karin Thomas, Winfried Konnertz, Peter Dreesen und Silvia Cardinal, die die komplizierte Produktion engagiert und umsichtig zu einem guten Ende führten.

Nicht zuletzt gebührt den drei Häusern Respekt und Dank, die nach Düsseldorf die Ausstellung ihren jeweiligen Besuchern vorstellen werden. Der Hayward Gallery, London – Andrew Dempsey und Greg Hilty –, dem Louisiana Museum, Humlebaek – Steingrim Laursen und Hugo Arne Buch – sowie James Mollison und Judith Ryan von der National Gallery of Victoria, Melbourne, die wesentlich zur Vollendung der Ausstellung beigetragen haben.

Ohne die großzügige Unterstützung der Lufthansa und der Stiftung Kunst und Kultur des Landes Nordrhein-Westfalen hätte die Ausstellung in dieser Form nicht gezeigt werden können. Dem Kultusministerium des Landes unter Herrn Minister Hans Schwier ist für die Ausrichtung des Symposiums ›Terms of Art‹ zu danken. Ich bedanke mich sehr herzlich beim Ministerpräsidenten des Landes Nordrhein-Westfalen, bei Herrn Dr. Johannes Rau, der dem Projekt durch seine Schirmherrschaft den Rückhalt und die Sicherheit verlieh, den der Dialog zwischen den Kulturen so dringend nötig hat.

Düsseldorf, im März 1993
Bernhard Lüthi

VORWORT

Die *ARATJARA*-Ausstellung ist ein Zeugnis für Entschlossenheit und Hartnäckigkeit, mit der ein Ziel verfolgt wurde. Die Ausarbeitung und Umsetzung des Konzeptes, das der Schweizer Künstler Bernhard Lüthi und der Aboriginal-Aktivist Gary Foley im Jahr 1984 in groben Zügen entwickelt haben, erwies sich gelegentlich als quälend und schwierig.

Gary Foley, damals Direktor des Aboriginal Arts Board, ging mit Recht davon aus, daß eine beträchtliche Anzahl von Aboriginal-Künstlern zwar Interesse an der Teilnahme an einer Ausstellung im Jahr 1988 haben würde, sie jedoch nicht unbedingt in Australien stattfinden müsse.

1988 jährte sich zum 200sten Mal der Tag der sogenannten Entdeckung des australischen Kontinents. Die Aboriginal-Bevölkerung reagierte auf die veranstalteten Feierlichkeiten überrascht und empört und wies darauf hin, daß sie bereits seit einigen zehntausend Jahren hier lebe und daß sie die ›Entdeckung‹ durch uniformierte Abgesandte eines Monarchen aus einem fernen Land nicht zu feiern gedenke.

Es ist in jedem Jahr üblich, daß verschiedene Laiengruppen in etlichen Städten und Siedlungen Australiens den ›Australia Day‹ am 26. Januar mit einer Nachstellung der Landung des Captain Cook begehen. Früher wurden unwillige Aborigines zur Teilnahme an diesen Darbietungen aufgefordert oder gar gezwungen. In den letzten Jahren haben sich die Aborigines entschlossen, eine Teilnahme an diesen Aufführungen zu verweigern. Das hat mancherorts dazu geführt, daß weiße Schauspieler, die sich ihre Gesichter schwärzen, in einer theaterhaften Aufführung die kleine Menschengruppe aus dem Volk der Eora darstellen, die als erste Kontakt mit Captain Cook hatte.

Nirgendwo ist die Resonanz, die diese Art von Schauspiel findet, größer als in Sydney. Sydney sieht sich als die Geburtsstätte der australischen Zivilisation. Vielleicht liegt dies daran, daß die Stadt über einen der schönsten Naturhäfen der Welt verfügt – jedenfalls nutzt Sydney auch die kleinste Gelegenheit, eine Regatta oder Festivals, vorzugsweise in Verbindung mit einem Feuerwerk, zu veranstalten.

Am ›Australia Day‹ von 1988 wurde natürlich all das und noch viel mehr geboten. Ein Teil der Feierlichkeiten war die Nachstellung der Ankunft der ersten englischen Schiffe, die im Originalmaßstab nachgebaut worden waren und ein Jahr zuvor Portsmouth verlassen hatten.

Während das weiße Australien bei Champagner und Hühnchen feierte, fand anderswo in Sydney die größte Versammlung von Aborigines aus allen Landesteilen statt, die Australien jemals gesehen hatte. Sie bildete den Höhepunkt des ›Langen Marsches‹. Gruppen trafen sich im Stadtteil Redfern und zogen zum Hyde Park. Dies ist als eine symbolische Geste zu verstehen, da der Hyde Park wie sein Pendant in England als Stätte der Redekunst und der Redefreiheit gilt und damit für ein europäisches Ideal steht.

Später gingen die Menschen dann nach Kurnell, zu der Stelle, wo Captain Cook 200 Jahre zuvor gelandet war, um eine 24stündige Mahnwache mit begleitenden Begräbniszeremonien abzuhalten, um derer zu gedenken, die seit der Invasion ihr Leben lassen mußten. Trotz des Desinteresses und der Ablehnung der Aborigines trachtete die herrschende Kultur danach, die Aborigines auf die eine oder andere Weise in die Feierlichkeiten zum 200sten Jahrestag einzubinden. Man gab eine Briefmarkenserie mit Motiven der Aboriginal-Kunst heraus, organisierte umfangreiche Wanderausstellungen. Ein Ziel war dabei zweifelsohne, die Welt zu täuschen, indem ihr der Eindruck vermittelt wurde, daß das weiße Australien in Harmonie mit der eingeborenen Bevölkerung lebe.

Viele Künstler beklagten sich bitter, da sie feststellen mußten, daß Werke, die zu einem früheren Zeitpunkt angekauft worden waren, jetzt in Ausstellungen zum 200sten Jahrestag auftauchten und so der Anschein erweckt wurde, als habe der Künstler sein Einverständnis gegeben. Gary Foleys vier Jahre zuvor getroffene Voraussage, daß genau das geschehen würde, bestätigte sich somit.

Vor diesem Hintergrund faßten Foley und Lüthi den Plan, eine umfassende Ausstellung von Kunst der Aborigines und zudem ein ausstellungsbegleitendes Veranstaltungsprogramm zu konzipieren, welche im Jahre 1988 außerhalb Australiens stattfinden sollten. Wegen der von Lüthi bereits geknüpften Verbindungen schien es sinnvoll, Deutschland als Hauptveranstaltungsort ins Auge zu fassen.

Im Zentrum der Überlegungen beider stand die Idee, daß Künstler direkt mit dem Publikum kommunizieren sollten, ohne die Filter einer Vorauswahl oder zensierender Bevormundung. Die Kunst von Aborigines und ihr Ethos sind zwar unzählige Male von Experten, die keine Aborigines sind, geprüft, zerlegt und erklärt worden, doch nur selten von Aborigines selbst.

In einigen offiziellen Kreisen sorgte dieser Vorschlag für gehörige Aufregung. Hieraus erwuchs die eigenartige Situation, daß einige Institutionen, da sie als Unterstützer der Bestrebungen von Aborigines gelten wollten, das Konzept vor der Öffentlichkeit befürworteten, hinter den Kulissen jedoch wenig Initiative zeigten. Vorbehalte wurden laut, daß eine von Aborigines kontrollierte Ausstellung zu Konflikten mit bereits bestehenden Planungen einzelner Institutionen führen könnte.

Ein Fehlstart folgte dem nächsten. Der vorgesehene Termin im Jahr 1988 konnte nicht gehalten werden. Einige wenige, immer noch vom ursprünglichen Konzept zutiefst Überzeugte glaubten nach wie vor an den Erfolg. Dank der Beharrlichkeit von Bernhard Lüthi wurde das Konzept 1989 mit neuem Leben erfüllt und seitdem zu der heute sichtbaren Form fortentwickelt.

Ich möchte Bernhard Lüthi zu seiner Ausdauer und Geduld gratulieren. Dies gilt in gleicher Weise für Gary Foley, dessen Engagement für die Gemeinschaft der Aborigines und seine mitunter hitzige Leidenschaft fürs Prinzipielle eine überaus große Inspiration waren. Von Herzen kommender Dank geht auch an diejenigen, die zwischen 1989 und 1992 Mitglieder des Aboriginal Arts Committee waren.

Eine Ausstellung von diesem Umfang zu organisieren, erfordert notwendigerweise äußerst harte Arbeit. Neben vielem anderen hieß es in der Vorbereitungsphase auch, im trockenen Staub der Wüste zu kampieren, über die Ufer getretene Flüsse im Norden des Landes zu durchqueren und stundenlang mit Leihgebern und potentiellen Sponsoren zu verhandeln.

In den Jahren der Arbeit für diese Ausstellung sind viele tiefe und beständige Freundschaften entstanden. Zu beklagen ist, daß einige bedeutende Künstler, die in der Anfangsphase an diesem Projekt beteiligt waren, verstorben sind. Doch ihr Vermächtnis lebt in zweifacher Weise fort: einmal in der Tradition, die ihre Kinder und Kindeskinder fortführen werden, und zum anderen in ihren Kunstwerken, die bestehen bleiben.

Lin Onus

Jimmy Durham
Photographie von Benjamin Katz

DIE AUSGRENZUNG DER NICHT-EUROPÄISCH/AMERIKANISCHEN (ZEITGENÖSSISCHEN) KUNST

(im Spiegel unserer Betrachtung)

BERNHARD LÜTHI

»Die Art des Sehens vermag häufig bestehende oder erwünschte Machtverhältnisse widerzuspiegeln.«[1]
John Berger

Joseph Beuys, *Das Ende des 20. Jahrhunderts*, 1983.
Kunstsammlung Nordrhein-Westfalen, Düsseldorf

Wer konnte 1983, zur Zeit der Entstehung einer gleichnamigen Arbeit von Joseph Beuys, voraussehen, daß das ›Ende des zwanzigsten Jahrhunderts‹ in Europa eine Zeit der Abwehr gegen und der Ausgrenzung von solchen Bevölkerungsgruppen werden würde, die eine andere Sprache sprechen, einer anderen Religion angehören oder eine andere Hautfarbe haben? Wer vermochte vorauszusehen, daß andererseits in Deutschland die Prominenz des öffentlichen Lebens in Fernsehspots und führende Wirtschaftsunternehmen in ganzseitigen Anzeigen Ausländerfeindlichkeit anprangern und zu vermehrter Toleranz gegenüber erkennbar aus dem ›Ausland‹ zugereisten Mitbürgern aufrufen?

Die Hoffnungen aus der Zeit der Entstehung des Werkes von Beuys an das Ende des 20. Jahrhunderts scheinen weit entfernt von der heutigen Realität gewalttätiger Ausgrenzung, die nach einer Strategie der Erwiderung und der Aufarbeitung von Versäumnissen verlangt.

Der Titel des Beitrages will verdeutlichen, daß der institutionalisierte Kunstbetrieb am vorherrschenden Klima weniger unschuldig ist, als es scheinen mag, daß verdeckte Ausgrenzung nicht nur unseren Kriterien der wissenschaftstheoretischen Ideologie folgt, sondern sehr alltäglich, auch vorurteilsbedingt zu erklären ist.

Die institutionelle und kommerzielle Öffentlichkeit der bildenden Kunst, das heißt alle, die in mehr oder weniger aktiver oder passiver Form an der Verbreitung und Reflexion bildender Kunst beteiligt sind, erfüllen in unserer Gesellschaft eine explizit repräsentative Funktion. Die praktizierte Ausgrenzung solcher zeitgenössischer Kunst, die nicht zu unserem unmittelbaren Kulturbereich gehört – den wir bis vor kurzem noch als ›westlich‹ definierten –, oder der Kunst von Künstlern, die kulturellen Minoritäten angehören und in der Diaspora in unserer Mitte leben, steht jedoch in krassem Gegensatz zur notwendigen Verpflichtung dem gegenüber, was *wir* als das ›Fremde‹ bezeichnen.

Dieser Beitrag ist unmittelbar von den Schwierigkeiten der Erarbeitung und den schwerlich zu entkräftenden Vorurteilen, die dem Projekt entgegengebracht wurden, beeinflußt. Deshalb ist er auch kein objektiver, der das Verhalten eines einflußreichen Teils unserer Gesellschaft wie von außen betrachtet, sondern einer, der von persönlicher Betroffenheit kündet. Die Betrachtung stützt sich auf Zitate, die belegen, daß eine Veränderung unabdingbar ist.

Unsere Diskussion des kulturell Fremden war bisher von einer wissenschaftlich/akademischen, vermeintlich ›vorurteilsfreien‹ Terminologie geprägt. Der britische Schriftsteller Lemn Sissay, der sich ausdrücklich zum Schwarz seiner Hautfarbe bekennt, demaskiert unsere Sprache jedoch als Werkzeug und Waffe der Bevormundung, da sie infolge des exklusiven akademischen Anspruchs ebenso als Waffe der Herrschaft und als Mittel der Ausgrenzung gegenüber denjenigen einsetzbar ist, die der privilegierten Schicht unserer ›westlich‹ orientierten Gesellschaft nicht angehören. Die Diskussion um ›das Fremde‹ in der bildenden Kunst war seit Beginn dieses Jahrhunderts – und ist es immer noch – von einer Sprache geprägt, die aus der Sicht der Ausgegrenzten eine zutiefst subjektiv lokale, oder, pointierter formuliert, provinzielle Meinung kundtut.[2]

Unsere kunsttheoretische Terminologie – und lange Zeit auch die der Anthropologie – war und ist Ausdruck eines elitären Wissenschaftsbetriebes, der – zum Dialog (mit den Ausgegrenzten) unfähig – teilweise nur noch sich selbst genügt. Unsere Sprache ist unverbindlich opportunistisch, weil am eigenen Vorteil orientiert. Sie ist ›liberal‹ umschreibend, ohne die die Probleme der Ausgrenzung verursachenden Sachverhalte und individuell Verantwortlichen wirklich und direkt zu benennen. Nur eine unverdeckte, direkte Sprache wird die weitgehende Dialogunfähigkeit zwischen den Kulturen überwinden. »Nur indem wir lernen, wie wir uns zum Dialog anbieten – *zu* anderen, statt *für* oder *über* andere zu sprechen, bietet sich die Möglichkeit zu einer globalen kulturellen Verständigung.«[3] Es bleibt also als einzige Möglichkeit nur eine neue, von hierarchischem Denken befreite Sprache des Dialoges –, oder wird sich vor dem Hintergrund der gegenwärtigen weltpolitischen Ereignisse und der Ereignisse in Deutschland und Europa auch dieser Entwurf als unerfüllbare Utopie erweisen?

Sprachlosigkeit und die aus ihr resultierende Gewalt allein der Straße anzulasten, verkennt die tatsächliche Wirklichkeit. Zur Sprache der Gewalt der Straße gesellt sich die opportunistische Sprache der Politik, die eine Sprache der Beschönigung und der Umschreibung ist. Mit der Sprache der Gewalt geht aber ebenso die momentane interdisziplinäre Sprachlosigkeit zwischen den geisteswissenschaftlichen Fächern der Kunsttheorie und der Kunstgeschichte einerseits und der Anthropologie andererseits genauso einher wie die Dialogunfähigkeit der ›westlichen‹ Künstler und der die bildende Kunst vertretenden Institutionen. Das ›Fremde‹ bleibt fremd. Das Fremdbleiben ist sowohl auf individuelles als auf kollektives Versagen derjenigen institutionellen Strukturen zurückzuführen, deren ureigenstes Element die Grenzüberschreitung wäre. Wo bleibt die Aufklärungsarbeit unseres Bildungssystems? Wo bleibt die Ethnologie, wo die Anthropologie, wo bleiben die völkerkundlichen Museen, die den emanzipatorischen Anspruch der durch Kolonialismus und Neo-Kolonialismus veränderten ›traditionellen‹ Gesellschaften in *partnerschaftlicher Zusammenarbeit* aufklärend vertreten müßten? Mit wenigen Ausnahmen bleiben Völkerkundemuseen Totenkammern und mangels finanzieller Zuwendung von staatlicher – und privatwirtschaftlicher – Seite Armenhäuser und Ghettos einer scheinbar fremden, vergangenen und vergessenen Welt, ohne Bezug zur Gegenwart. Insofern stehen sie im krassen Gegensatz zu den Museen zeitgenössischer Kunst, in denen die Kunstwerke unseres eigenen Kulturkreises hinter millionenschweren Glas-, Stahl- und Marmorfassaden in der Umarmung staatlicher Repräsentanz ersticken. Wie lange noch werden wir verkappte Apartheid tolerieren, ein System, das ›arteigene‹ von ›artfremden‹ Kunstwerken trennt, weil es »an gemeinsamen ›codes‹ fehlt«[4], und sie wertend in verschiedenen Häusern gegeneinander ausspielt.[5]

Wie konnte der Kontinent Australien kunsthistorisch unbeachtet und auf das Geschehen der ›abendländischen‹ Kunst praktisch ohne Einfluß bleiben? Die Antwort ist mit der entwicklungstheoretischen Geschichte der Anthropologie im Einklang mit der kolonialen Besitzergreifung eng verknüpft. Darwins evolutionistische Theorie von der Entwicklung der Arten trifft wesentliche Mitschuld: Sie wies Australiern die niedrigste menschliche Entwicklungsstufe zu.[6] Mitschuldig ist aber auch die ›Verschwörung des Schweigens‹ der australischen Gesellschaft, insbesondere der australischen Regierung. Sie hat die Kunst und Zivilisation der Kooris, der Nyungar, der Nunga, der Yolngu, der Murris und der Anangu, der verschiedenen australischen Völker lange Zeit aus ihrem eigenen und damit auch aus dem kulturellen Bewußtsein Europas verbannt.

Der Ausschluß der *zeitgenössischen* schwarz-australischen Kunst aus den Museen der Moderne ist symptomatisch für unseren Ausstellungsbetrieb, der selbstdefinierte, geographisch und inhaltlich enge Grenzen dogmatisch überwacht und aktuelle Entwicklungen jenseits der ›Tradition‹ beharrlich ignoriert. James Clifford charakterisierte diese Ignoranz als die Weigerung der Moderne, sich mit Ausgegrenzten zu befassen.[7]

Im Gegensatz zu Afrika und Ozeanien war Australien für die Entwicklung der klassischen Moderne ein nichtexistenter Kontinent. Selbst das Paul Klee zugeschriebene Interesse an der Rindenmalerei Nordaustraliens bleibt fraglich und ist nicht eindeutig bewiesen. Im Gegensatz zu Picasso etwa, dessen Empfänglichkeit für die sogenannte ›primitive‹ Kunst Afrikas offenkundig war[8] und der neben vielen anderen Künstlern seiner Zeit ein pragmatischer Sammler schwarz-afrikanischer Skulptur war, besaß Klee keine australischen Kunstwerke. Nirgendwo lassen sich in seinen Schriften eindeutige Hinweise finden, die die Bedeutung australischer Kunst für seine Arbeit belegen. Die von Jean Laude im ›Primitivismus‹-Katalog beschriebene Beeinflussung bleibt deshalb rein spekulativ.[9]

Viele – jedoch nicht alle – Kulturgemeinschaften Australiens führten ein von klimatischen und topographischen Eigenheiten des Kontinents erzwungenes Leben als Nomaden; eine reduzierte materielle Kultur war unvermeidlich. Niemals entwickelte sich in Australien eine feudale, repräsentative Kunst und Kultur. Die soziokulturellen Gesellschaftsformen blieben bis zur europäischen Kolonisierung subsistenzbezogen. Im Vergleich zur Kunst Ozeaniens oder zum benachbarten Papua-Neuguinea war die materielle Kultur der meisten australischen Regionen, soweit Nicht-Initiierten zugänglich, wenig spektakulär. Der Kunst Australiens war, entsprechend den verwendeten ›armen‹ und natürlichen Materialien und entsprechend den harschen Umweltbedingungen (die sich grundlegend von der üppigen Vegetation des pazifischen Inselarchipels unterscheiden, die eine teilweise bunte und bizarre Welt der künstlerischen Ausdrucksform provozierte), eine zurückhaltende, beinahe ›konzeptuelle‹ Erscheinungsform eigen. Die bildende Kunst Australiens war mit Ausnahme der Felsmalereien eine auf Vergänglichkeit angelegte Kunst.

Zur Zeit des Aufbruchs der europäischen Moderne befanden sich nur wenige Rindenmalereien in privatem Besitz und in öffentlichen völkerkundlichen Sammlungen. Ihr künstlerischer Wert wurde, entsprechend der Kultur selber, als gering eingestuft. Als Kuriosa fristeten sie eine Existenz im Dunkel der Magazine und waren deshalb für die Künstler der damaligen Zeit als Anregung für die eigene Arbeit kaum zugänglich. Selbst die Annahme, die Kunst Australiens sei wegen mangelnder Qualität aus der Geschichte der Kunst gestrichen worden, ist falsch –, für Europa existierte sie nicht, und so ist das Vorurteil der europäischen Experten absurd, sie bestehe heute nur noch in ihrer touristischen Ausprägung als ›Airport Art‹. Australien war auf der Landkarte der Kulturregionen nicht verzeichnet – und ist es bis heute nicht!

Für Pat Hoffie war der südliche Kontinent nicht nur ein Ort, der der europäischen Wissenschaft, »entsprechend den eigenen exotischen Wünschen«[10], lediglich als Labor für die Beweisführung von Darwins Evolutionstheorie diente.[11] »Unter dem Deckmantel der Objektivität« diente Australien mehreren Generationen von sogenannten ›Lehnstuhlanthropologen‹ als ein willkommenes Exerzierfeld für die Austragung des Streites um den Totemismus, der später von Lévi-Strauss als eine Theorie entlarvt wurde, die sogenannte ›Primitive‹ verschiedener zu machen versuchte, als sie sind.[12] Australien wurde benutzt, um vermeintlich existierende Modelle steinzeitlicher Kultur am lebenden Objekt zu untersuchen und sie entsprechend dem Stand der europäischen Zivilisation zu bewerten.

Aber nicht nur Europa fiel es schwer, zu Schwarz-Australien ein kulturelles Bewußtsein aufzubauen. Das eigene, ›andere‹ kulturelle Vermächtnis bleibt Australien selber weitgehend fremd.[13] Bis heute besitzt das offizielle Australien kein Konzept, wie das kulturelle Erbe, wie die ›andere‹ Kultur außerhalb der eigenen Grenzen angemessen und würdig zu vertreten sei.

»Die Notwendigkeit, Verschiedenheit in den eigenen Ordnungstraum selbstkontrollierter Erhabenheit einzusperren, kommt einem tragischen Irrtum gleich. Nur die Furcht vor dem Anderen drängt dazu, das Andere abzulehnen. Worüber wir sprechen, kann als eine Art von Stammesaberglauben der westlichen Zivilisation beschrieben werden: Die auf Hegels Philosophie beruhende Überzeugung, daß die eigene Kultur die entscheidende Zeitspanne der geschichtlichen Erfüllung bedeute.«[14]

Dieser Beitrag will die kunsthistorische Bewertung nicht-westlicher Kunst vor dem geistesgeschichtlichen und machtpolitischen Hintergrund eurozentrischen Denkens seit dem Aufbruch der Moderne um die Jahrhundertwende nicht analysieren. Zusammengefaßt werden lediglich einige Ereignisse in den 80er Jahren, die Ausgangspunkt einer Entwicklung wurden, die Achille Bonito Oliva in seiner Ankündigung zur 1993 stattfindenden Biennale in Venedig die »Verschiebung der Kontinente« nennt.[15] Nur langsam scheint sich das Konzept des ›Neuen Internationalismus‹ durchzusetzen, der Ausdruck einer kunstgeschichtlichen Veränderung vor dem Hintergrund der Nachkriegsmigration und der Verschiebung kultureller Grenzlinien ist, der damit auch eine Neubewertung der ›westlichen‹ Kunstgeschichte ermöglicht und für die bildende Kunst im kommenden Jahrhundert eine aufregende und neue Entwicklung ankündigt.[16]

Anläßlich der Weltkulturkonferenz, die 1982 in Mexiko City stattfand, forderten die Länder der sogenannten ›Dritten Welt‹ erstmals geschlossen die Anerkennung und die Gleichwertigkeit aller Kulturen, ungeachtet ihrer geographischen, ökonomischen und ihrer staatspolitischen Ordnung. Diese Forderung sollte auch Gleichberechtigung für Völker bringen, die unter politischer und ökonomischer Bevormundung im ehemals eigenen Land versuchen, ihre Identität zu bewahren – also auch Gleichberechtigung für die Kulturen der sogenannten ›Vierten Welt‹.[17]

1984 wurde in New York die von William Rubin und Kirk Varnedoe konzipierte Ausstellung »›Primitivism‹ in 20th Century Art«[18] (»Primitivismus in der Kunst des zwanzigsten Jahrhunderts«) eröffnet. Die Ausstellung und der gleichnamige Katalog, der zur wichtigen Dokumentation einer folgenreichen Epoche wurde, bestätigte gleichzeitig jedoch auch die Grenzen eurozentrischen Sehens und Denkens.[19]

Doch hier nochmals die Geschichte der ›abendländischen‹ Moderne im Lichte der Beeinflussung durch die sogenannt ›primitive‹ Kunst nachzuzeichnen – die William Rubin in Ausstellung und Katalog scheinheilig als eine Geschichte der Verwandtschaft und nicht der Beeinflussung zu definieren versuchte – ist uninteressant. Sie wurde in den Jahrzehnten vor und besonders im Anschluß an die New Yorker Ausstellung unzählige Male, schließlich bis zum Überdruß, wiederholt. Was dagegen – vor allem im deutschsprachigen Raum – unbeachtet blieb, ist das Aufbegehren einer jungen Generation nicht-europäisch/amerikanischer Künstler, die sowohl in ihren Heimatländern als auch bei uns, in der Diaspora lebend, eine völlig neue Geschichte ihrer kulturellen Identität erzählen.

Durch die Kontroverse zwischen den beiden Veranstaltern William Rubin und Kirk Varnedoe einerseits und Thomas McEvilley und James Clifford andererseits erreichte die New Yorker Ausstellung in den Medien zusätzliche Aufmerksamkeit –, sie erwies sich als eines der nachhaltigsten und prägendsten Ausstellungsereignisse der 80er Jahre. Anders als die Ausstellung, die auch in Europa große Aufmerksamkeit bei den Medien erregte, blieb die Kontroverse um diese Ausstellung diesseits des Atlantiks zunächst ohne unmittelbare Folgen. Sie beschäftigte ausschließlich einen kleinen Kreises von Eingeweihten.[20]

Fünf Jahre nach der New Yorker Ausstellung öffnete 1989 in Paris die Ausstellung ›Magiciens de la Terre‹ ihre Pforten. Von Jean-Hubert Martin war diese bewußt als Antithese zur New Yorker Ausstellung konzipiert. Martin charakterisierte Rubins Ausstellung als ein Projekt, das Spiritualität nach formalen statt nach funktionell/inhaltlichen Kriterien untersuchte.[21] ›Magiciens de la Terre‹ machte sich zum Ziel, 50 Künstler aus dem ›Westen‹, aus den ›Zentren‹ der sogenannten ›Ersten Welt‹ mit ebensovielen nicht-europäisch/amerikanischen Künstlern aus der kulturellen ›Peripherie‹ zu vereinen. Durch Martins Konzept wurde erstmals deutlich, daß durch das Hinterfragen der Strategie eines geographisch definierten Alleinvertretungsanspruchs der Mythos der Ausschließlichkeit der ›westlichen‹ Kunst ins Wanken geriet. Am Ende seiner kritischen Bilanz der Pariser Ausstellung – die ähnlich wie zuvor die New Yorker Ausstellung von einer heftigen Kontroverse begleitet wurde – vermerkte Thomas McEvilley, daß die kommende Documenta und die Biennale in Venedig die von Martin gestellte Frage beantworten würden, inwiefern die Tür zur insularen und hermetischen ›westlichen‹ Kunstszene, die ›Magiciens de la Terre‹ aufgestoßen habe, wirklich offen bleibe oder ob sie wieder geschloßen werde.[22]

›Magiciens de la Terre‹ stieß in Europa auf den erbitterten Widerstand einer mehrheitlich konservativen Kritik, während die New Yorker Ausstellung den Widerspruch der progressiven Kräfte herausforderte.

Die ›Documenta IX‹ des Jahres 1992 ist zu Ende –, Jan Hoet war ein unentschlossener Pförtner. Im Vorfeld der Ausstellung stieß Hoet die Tür rhetorisch weit auf, um sie später bei Eröffnung der Ausstellung praktisch gänzlich wieder zu schließen. Am Ende blieb sie gerade soweit geöffnet, daß der Vorwurf, sie sei geschlossen, nicht erhoben werden konnte. Der Beitrag nicht-europäisch/amerikanischer Künstler besaß lediglich Alibifunktion, er war marginal und konnte die im Vorfeld geweckten Erwartungen nicht erfüllen.

Der von Hoet in einem seiner Interviews geforderte »Anspruch des Aufbrechens vertrauter Positionen als einzigem Ziel«[23] ist bei der ›Documenta IX‹ des Jahres 1992 nicht realisiert worden. Das Planungskonzept, das Jan Hoet im Vorfeld zur angekündigten »Weltausstellung der Kunst« zum Weltreisenden werden ließ, sollte sich in der Realität als die Weltreise eines Mannes erweisen, der auszog das Unbekannte zu entdecken, jedoch mit der Feststellung zurückkehrte, daß das Vertraute die einzige Wirklichkeit sei. Letztendlich entsprachen alle auf der ›Documenta IX‹ gezeigten Arbeiten, selbst die der nicht-europäisch/amerikanischen Künstler, dem von Hoet ausdrücklich favorisierten tradierten Kantschen und Hegelschen Kanon europäischer Kunst.[24] Dies gilt auch für den einzigen zur ›Documenta IX‹ geladenen, noch auf seinem Heimatkontinent arbeitenden Afrikaner Ousmane Sow. Sow besuchte zum Ende der fünfziger Jahre die Pariser École des Beaux Arts, wo er offensichtlich unter starken Einfluß einer europäisch geprägten Bildtradition geriet. Außer seiner Thematik – Ringergestalten der Nuba – erinnert nichts in seinem Werk an seine afrikanische Herkunft.

Alle übrigen zur ›Documenta IX‹ geladenen Künstler nicht-europäisch/amerikanischer – oder japanischer – Herkunft, mit Ausnahme des in Bombay lebenden Inders Bhupen Khakhar und des Koreaners Keunbyung Yook sowie des zuvor erwähnten Sow, leben und arbeiten heute alle in der Diaspora, in einer der kulturellen Metropolen Europas oder der Vereinigten Staaten.

Als müßte dem »Unverständnis westlicher Betrachter fremder Bildtraditionen«[25] Hilfe zuteil werden, vermerkt der Ausstellungsführer durch die ›Documenta IX‹, daß Sows Werk »das Vorurteil der Europäer über die afrikanische Kunst korrigiert, das durch den jahrhundertealten Exotismus geprägt ist«.[26] Mit dieser Argumentation benutzt Hoet das Werk eines in der europäischen Tradition arbeitenden afrikanischen Künstlers, um die afrikanische Bildtradition gegenüber der europäischen zu desavouieren. Nicht die eigenwillige Qualität von Sows Werk steht zur Diskussion, auch nicht der Umstand, daß ein Afrikaner sich ausdrücklich nicht auf ›traditionelle afrikanische‹ Bildtraditionen beruft. Was zur Diskussion steht, ist Hoets Unvermögen, dem vor der Ausstellung geäußerten Anspruch des Aufbrechens vertrauter, auch geographisch vertrauter Positionen durch die Anerkennung eines globalen Stilpluralismus gerecht zu werden. Zumindest eine der im Vorfeld geäußerten Forderung hat die ›Documenta IX‹ nicht erfüllt: »die Ausstellung als einen Bogen zu betrachten, der die Kunst in die Welt katapultiert«.[27] Der Horizont auch dieser ›Documenta IX‹ war so nah wie je, er endete dort, wo er schon immer geendet hat: an den alten hegemonialen Grenzen eines weißen, marktorientierten Gefüges der ›westlichen‹ Welt.

›Documenta IX‹.
Links ein Werk des Japaners Katsura Funakoshi,
rechts eine Installation des deutschen Künstlers Gerhard Merz

Die 80er Jahre begannen in Europa schrill. Für kurze Zeit eroberte eine junge, expressiv malende Künstlergeneration Markt und Medien. Eine andere Entwicklung, die längerfristig ein nicht von formalen, sondern von geokulturellen und gesellschaftshistorischen Veränderungen geprägtes Geschehen einleitete, fand dagegen wenig Beachtung.

Voneinander unabhängige, nur zur selben Zeit stattfindende Ereignisse ergänzen sich später öfter unbeabsichtigt zu einer beinahe zwangsläufigen Einheit. Die Vorbereitungsarbeiten zu William Rubins ›Primitivismus‹-Ausstellung dauerten fünf Jahre. Sie begannen 1979, also drei Jahre vor der Konferenz in Mexiko City. Laut eigener Aussage wollte Rubin ursprünglich mit der Ausstellung die Neubewertung des alten, in Klischees steckengebliebenen ›Primitivismus‹-Themas leisten.[28] Aus der unbeabsichtigten Kombination der ›Primitivismus‹-Ausstellung und der Weltkulturkonferenz wurde überraschend eine Neubewertung des geokulturellen Wertesystems möglich, was zweifellos nicht Rubins Intentionen entsprach. Seine anfängliches Bestreben veränderte sich mit Dauer der Ausstellung – und auch in der Folge der anschließenden Diskussionen – in eine Richtung, die er nicht angesteuert hatte. McEvilleys und Cliffords Kritik und der daraus resultierende Diskurs mit Rubin und Varnedoe provozierten Jean-Hubert Martin 1985 in Paris schließlich zur Verwirklichung seines bereits vor der New Yorker Ausstellung entwickelten Konzeptes der Ausstellung ›Magiciens de la Terre‹. Die Reaktion der Medien auf die beiden epochalen Ausstellungen in New York und auf die fünf Jahre später in Paris war vielfältig und kontrovers – währenddessen die Konferenz von Mexiko City, die die politischen Grundlagen einer geokulturellen Neubewertung lieferte, lediglich in den politischen Spalten der Tagespresse Beachtung fand.

Der Trend der Verschiebung in Richtung auf eine geokulturelle Gewichtung der zeitgenössischen künstlerischen Produktion hat an Dynamik gewonnen, sie scheint unabwendbar. Die ›Documenta IX‹ mit ihrem Versuch, einem wechselnden Bewußtsein Rechnung zu tragen, die bevorstehende Biennale mit ihrer der neuen Situation angepaßten Thematik der ›Verschiebung der Kontinente‹ und auch die erwachende Aufmerksamkeit der Medien diesen Themen gegenüber sind unzweideutige Signale. Der euroideologische Damm des kulturellen Alleinvertretungsanspruchs ist ins Wanken geraten. An der Beschleunigung dieses Prozesses werden nicht nur Künstler in aller Welt arbeiten, sondern auch diejenigen, die in der Diaspora, fern ihrer Heimat, zu europäischen (und amerikanischen) Mitbürgern geworden sind. Sie werden versuchen, unter Anwendung und Ausnutzung unserer Strategien in Kunst und Medien ihre eigenen Ziele zu verfolgen.

»Als Rudi Fuchs 1982 gefragt wurde, weshalb er die ›Dritte Welt‹ nicht zur documenta desselben Jahres geladen hatte, antwortete er, daß die ›Dritte Welt‹ ihre eigene documenta veranstalten sollte.«[29]

Das Abenteuer ›Primitivismus‹ der europäischen Moderne begann anläßlich der Pariser Weltausstellung des Jahres 1889 – also beinahe einhundert Jahre vor der von Rudi Fuchs 1982 organisierten ›documenta 7‹. Damals, im Jahre 1889, hatten sich, wie bei ähnlichen Weltausstellungen zuvor, die europäischen Kolonialstaaten entschlossen, nicht nur ihre Kolonialwaren, sondern auch die kolonialen Untertanen und ihre Kultur in ihren überseeischen Herrschaftsgebieten in der Form lebendiger, exotischer Tableaus auszustellen. Zu den vielen Besuchern der Pariser Weltausstellung, die der fremden Welt inmitten von Paris begegneten, gehörte neben anderen Künstlern, auf deren Arbeit die damaligen Eindrücke nicht ohne Auswirkung blieben, auch Paul Gauguin. Doch keiner von ihnen sollte sein Leben und sein Werk kompromißloser verändern als Gauguin.

Für Gauguins Entscheidung, Europa zu verlassen, sind drei Umstände von entscheidender Bedeutung: erstens seine ethnische Herkunft, zweitens sein Leben vor seiner künstlerischen Laufbahn und drittens die Begegnung mit außereuropäischer Kunst. Man könnte annehmen, daß seine ethnische Herkunft für viele seiner Entscheidungen von Bedeutung war –, Gauguin wurde nicht zum ›Eingeborenen‹, wie in Abigail Solomon-Godeaus These ›Going Native‹ behauptet.[30] Gauguin *war* kraft seiner Herkunft wenigstens teilweise ›Eingeborener‹. (In eine andere Zeit und an eine geographisch andere Örtlichkeit übertragen, sollte sich in Australien erweisen, daß in den urbanen und ländlichen Zentren des Südens die Herkunft einer jungen gemischt-ethnischen Künstlergeneration für die Identitätsfindung durch ihre Arbeit von entscheidender Bedeutung war und ist.)

Paul Gauguin wird 1848 als Sohn eines Franzosen und einer Französin indianisch-peruanischer Herkunft in Paris geboren. Kurz nach der Geburt verlassen Gauguins Eltern Paris. 1856, nach achtjährigem Aufenthalt in Peru, nach dem Tod seines Vaters, kehren Mutter und Sohn nach Paris zurück. 1865 heuert Gauguin bei der französischen Handelsmarine an und wird später als Matrose der Kriegsmarine verpflichtet. 1871 verläßt er nach beinahe sechsjährigem Dienst zur See die Kriegsmarine. Während seiner Seereisen kehrt Gauguin nach Südamerika zurück und befährt von Panama aus erstmals auch den pazifischen Ozean. Unklar bleibt, ob er bereits damals die französische Kolonie Tahiti kennenlernt. Als 41jähriger besucht Gauguin 1889 die Pariser Weltausstellung und versucht unter dem Eindruck des Gesehenen, einige seiner Künstlerkollegen zur Einrichtung eines ›Tropenateliers‹ in Übersee zu ermuntern. Bereits vor Gauguins Interesse am damals noch exotisch Fremden hatte der Japonismus nach der erzwungenen Öffnung Japans 1853 zwar die Arbeit der französischen Künstler Emile Bernard, Edouard Vuillard, Edouard Manet und auch des Holländers Vincent van Gogh[31] wesentlich geprägt, doch nicht mit derselben

Konsequenz verändert wie dies mit Gauguins Leben und Werk in den kommenden Jahren geschehen sollte. Im September 1890 schreibt Gauguin an Odilon Redon:

»Die Gründe, die Sie mir nennen, um in Europa zu bleiben, sind eher schmeichelhaft als dazu angetan, mich zu überzeugen. Mein Entschluß steht fest, nur habe ich ihn abgeändert, seit ich in der Bretagne bin. Madagaskar liegt noch zu nahe bei der zivilisiertenWelt; ich gehe nach Tahiti und hoffe, mein Leben dort zu beschließen. Ich bin der Ansicht, daß meine Kunst [...] nur ein Ansatz ist, und ich hoffe sie dort für mich selbst im primitiven und wilden Zustand zu pflegen. Dafür habe ich Ruhe nötig«.[32]

Gauguins Herkunft und sein Werk scheinen prädestiniert, in ihm den »Gründervater des ›Primitivismus‹«[33] zu sehen. Seine peruanischen Ahnen, die Kindheit in Peru, Gauguin der Seefahrer und Weltumsegler, sein Interesse am Japonismus der damaligen Zeit und natürlich seine Reise nach Tahiti machen ihn zum ersten europäischen Künstler, der für sich und seine Arbeit von einer fremden Kultur existentielle Veränderung erhoffte und sich dieser Kultur am Ende, nicht zuletzt durch existentielle Abhängigkeiten erzwungen, kompromißlos auslieferte.

»Kaum einer Kunst nähert sich der Europäer dermaßen mißtrauisch wie der afrikanischen. Zunächst ist er geneigt, überhaupt die Tatsache ›Kunst‹ zu leugnen, und drückt den Abstand, der sich zwischen diesen Gebilden und der kontinentalen Einstellung auftut, durch eine Verachtung aus, die eine geradezu verneinende Terminologie schuf. Dieser Abstand und die Vorurteile erschweren jegliche ästhetische Einschätzung, ja sie verhindern sie gänzlich, weil die ästhetische Einschätzung nur vor dem Hintergrund des Angenähertseins erreicht werden kann. Der Neger gilt von Anbeginn als der inferiore Teil. Seine Kunst wird a priori als minderwertig eingestuft und deshalb abgelehnt. Leichtfertig wurden auf ihn vage Evolutionshypothesen angewandt; den einen wurde er zum Inbegriff der Primitivität, andere wiederum sahen in den afrikanischen Kulturen Völker ewiger Urzeit. Man hoffte im Neger den Beginn der Menschheit zu finden, ein Zustand, aus dem er sich nie herauszubewegen vermochte. Viele Meinungen über den afrikanischen Menschen beruhen zugunsten einer bequemen Theorie auf solchen Vorurteilen. Der Europäer beansprucht in seinem Urteil die Position der unbedingten und unabänderlichen Überlegenheit.

De facto entspricht unsere Nichtachtung einem Nichtwissen, das ihn zu Unrecht belastet.«

Carl Einstein, *Negerplastik*, Leipzig 1915.[34]

Für die europäische Avantgarde, beginnend mit den in Paris lebenden Künstlern, wurde die Ästhetik Afrikas und später Ozeaniens erst im Winter/Frühjahr 1906/07 zum Gegenstand ihrer eigenen Arbeit. Wenngleich eine zurückliegende Generation bereits im späten 19. Jahrhundert (vor allem) afrikanische ›Götzenbilder‹ sammelte, wagte damals doch niemand den revolutionären Schritt zur Nutzung der Werke Afrikas und Ozeaniens für die eigene Arbeit, wie dies zuvor mit den profanen Drucken Japans geschehen war.[35] Die exponiertesten Vertreter der neuen Entwicklung waren, neben André Derain und Pablo Picasso, vor allem Henri Matisse, Maurice de Vlaminck und später Constantin Brancusi, Max Ernst, zum Teil auch Fernand Léger und Paul Klee. Georges Braque, der ebenfalls afrikanische Masken und Skulpturen sammelte, wird von William Rubin und Jean-Louis Paudrat, einem weiteren Autor des ›Primitivismus‹-Kataloges, nur wegen seiner Bewunderung der konzeptuell-formalen Komplexität afrikanischer Kunst und als Partner kunsttheoretischer Diskurse erwähnt. Ähnlich wie Gauguin zuvor, dessen Interesse an der Kultur Ozeaniens nicht so sehr ästhetisch/formaler, sondern philosophischer Art war, begannen ab 1909/10 die deutschen Expressionisten mit Ernst Ludwig Kirchner, Erich Heckel und Emil Nolde afrikanische, vor allem jedoch ozeanische Objekte – gleichsam in einem Akt der demonstrativen Verbundenheit – in ihren Bildern darzustellen, um so auf ihr ei-

Paul Gauguin, *Woher kommen wir? Wer sind wir? Wohin gehen wir ? (D'où venons-nous? Que sommes-nous? Où allons-nous?),* 1897.
Öl auf Leinwand, 139,1 x 374,6 cm. Boston, Museum of Fine Arts, Sammlung Tompkins

genes »Programm der Unmittelbarkeit und der Unverfälschtheit« hinzuweisen.[36]

Carl Einsteins Veröffentlichungen ›Negerplastik‹ (1915) und ›Afrikanische Plastik‹ (1921)[37] gehörten zu den ersten, die für eine Anerkennung der Kunst und Ästhetik außereuropäischer Völker warben.[38] Einsteins Besprechungen und Anmerkungen zur Kunst Afrikas, Perus, Japans, Chinas oder zur Kunst der Nomaden Zentralasiens, die erst in Deutschland und später in der in Paris herausgegebenen Zeitschrift ›Documents‹ erschienen, gehören zu den eindrücklichsten Analysen nicht-europäischer Kunst zwischen den beiden Weltkriegen. Einstein war bemüht, Kunst im globalen Kontext als regionale Eigenständigkeit und in Relation zur (aktuellen) europäischen Kunst zu betrachten. Er war einer der ersten, wenn nicht der erste ›Globalist‹, ein früher Verfechter eines ›Neuen Internationalismus‹.

1930 schreibt Einstein in einem Essay zu einer Ausstellung in der Pariser Galerie Pigalle, daß »das gewaltige Gebiet der afrikanischen Kunst noch immer oberflächlicher behandelt werde als die Kunstgeschichte irgendeiner europäischen Stadt«.[39] Er fordert für die afrikanische Kunst auch die historische anstelle der ausschließlich ästhetischen Analyse und machte deutlich, daß die Betrachtung nur im soziokulturellen und religiösen Kontext erfolgen dürfe.[40]

Wo stehen wir in dieser Diskussion heute, am Ende des zwanzigsten Jahrhunderts? Wo stehen wir einige Generationen nach Einstein? Vielleicht ließe sich zusammenfassen, daß die *historische*, nicht jedoch die *zeitgenössische* Kunst Afrikas, Latein- und Nordamerikas oder Ozeaniens – unter Ausschluß von Australien – sich ihren Platz in der Enzyklopädie der Kunst und vor allem im Handel erobert hat. Beinahe scheint es, als müßte die Anerkennung der *zeitgenössischen* Kunst dieser Kulturen nochmals dieselben Vorurteile überwinden, die ihrer Akzeptanz schon zu Beginn dieses Jahrhunderts im Wege standen.

Thomas McEvilley schreibt zur New Yorker Ausstellung, in der rund 150 Werke der klassischen Moderne etwa 200 afrikanischen, ozeanischen und altamerikanischen Werken gegenübergestellt wurden, daß die Ausstellung einige der eindringlichsten Streitpunkte unserer Zeit zur Diskussion stelle[41], daß die Ausstellung jedoch unbeabsichtigt auch die beschränkten Grenzen unserer Weltsicht und die autistische Reflektion der westlichen Zivilisation zum kulturell Anderen offenbare.[42]

In der Kontroverse zwischen Rubin und McEvilley wird die Frage ausführlich diskutiert, inwieweit die Werke Afrikas, Ozeaniens sowie Nord- und Südamerikas tatsächlich die Entwicklung der Moderne beeinflußt haben oder ob sich die Moderne unabhängig von der Existenz sogenannter ›primitiver‹ Kunst bereits auf einem vorgezeichneten Weg der Veränderung befand. Rubin meint, daß zur Jahrhundertwende »die Veränderung zur Moderne die Kunst bereits erfaßt hatte, noch bevor einige Künstler der Avantgarde sich, der Existenz von Stammeskunst bewußt, deren Potential zur Veränderung zu Nutzen machte«.[43] McEvilley hält dieser These sein Argument entgegen, daß »weder die griechisch-römische, noch die Kunst der Renaissance oder diejenige des 19. Jahrhunderts schlüssige und logische Beweise einer solchen Entwicklung liefere und die Organisatoren der Ausstellung versuchten, die Entwicklung der Moderne nicht als einen Akt der Besitznahme oder der Aneignung fremder Werte, sondern als einen Akt der Kreativität aus eigenem Fundus und Antrieb hinzustellen«.[44]

McEvilley bemängelt das Fehlen jeglicher Hinweise zum Alter und zur ursprünglichen Verwendung im zeremoniellen Kontext der ausgestellten nicht-europäisch/amerikanischen Werke. Er kritisiert die Loslösung der Masken und Skulpturen aus ihrem anthropologischen Kontext wie auch die mangelnde Zusammenarbeit zwischen (auch afrikanischen) Kunsthistorikern und Anthropologen im Vorfeld der Ausstellung. Nach McEvilley wird »das Problem vom Museum of Modern Art auf einfache Weise gelöst: Die anthropologische Sicht wird vernachlässigt, die Deutung der inneren Aspekte der Werke wird unterschlagen, und der mögliche Versuch zur Deutung der kultureigenen Ästhetik nicht unternommen.«[45] McEvilley bezichtigt die Organisatoren der Ausstellung, Goldwaters zu seiner Zeit wichtige, in den 30er Jahren auf formalen Kriterien begründete Analyse afrikanischer und ozeanischer Kunst unkritisch zu wiederholen und gegenwärtige Entwicklungen nicht zu berücksichtigen. Und er fragt sich, »weshalb wir uns fünfzig Jahre später, nur aufwendiger, nochmals mit derselben Aufarbeitung beschäftigen sollten. [...] Rubins Liebe zum Modernismus beruht auf dem Umstand, daß der Primitivismus die westliche Kunst der bloßen Ebene des Illustrativen enthob.«[46] Wenn Rubin anmerkt, daß afrikanische und ozeanische oder indianische Handwerker nicht illustrieren, sondern »die wesentlich anspruchsvollere intellektuell bedingte Fähigkeit des Konzeptualisierens beherrschen, meint er ein anerkennendes Urteil zugunsten ihrer Modernität abgegeben zu haben. Indem er dies tut, unterminiert er ihr Realitätsystem. Durch die Verneinung, daß der Stammeskanon der bildlichen Darstellung Wirklichkeit abbildet, spricht er ihnen die Realität ihrer Weltsicht ab. Indem Rubin ihnen den vermeintlichen Gefallen erweist, als moderne Künstler in Erscheinung zu treten, entzieht er ihnen gleichzeitig den Boden der Realität.«[47]

Die unterschiedliche Anschauung zwischen kultureigenem und kulturfremdem Betrachten wird weder von Rubin noch von Varnedoe diskutiert. Für Rubin bleibt das persönliche Motiv der ästhetischen Entscheidung, des sich scheinbar allen kollektiven Vorgaben unterordnenden ›ethnischen‹ Künstlers, ohne Bedeutung. Es scheint, als wolle Rubin mit dem Mittel der Ausstellung die Überlegenheit der schöpferisch/individuellen Kreativität europäisch/amerikanischer Kunst über die ›kollektive Handwerklichkeit‹ nicht-europäischer Künstler endgültig beschwören.

McEvilley charakterisiert die lineare Kontinuität der westlichen (Kunst-)Geschichte als Mythos, der der Neudefinition bedarf. Nach McEvilley wurde der Modernismus von Hegels Sicht dominiert, der meinte, »daß Geschichte einer inneren Richtung folgend ein Ziel besitzt, daß Fortschritt effektiv ein Gesetz der Natur verwirklicht. Hingerissen von dieser Zuversicht, glaubte man den Fortgang der Geschichte auf seiner Seite zu haben.«[48] McEvilley folgert, daß die Ausstellung »›Primitivism‹ in 20th Century Art« der Kunst des zwanzigsten Jahrhunderts beweise, daß die »westlichen Egoismen unverändert weiterbestehen und sich im Laufe der Jahrhunderte des Kolonialismus in nichts veränderten. Das Museum of Modern Art gibt vor, sich der ›Dritten Welt‹ zu öffnen, während in Wirklichkeit die ›Dritte Welt‹ benutzt wird, um westliche Projektionen von Qualität und Überlegenheit zu bestätigen.«[49]

Sprache war seit jeher ein Symbol der Hierarchie innerhalb einer Gesellschaft oder der Herrschaft der einen über eine andere. Sprache ist von der geschichtlichen, strukturellen, soziologischen und politischen Veränderung einer Gesellschaft abhängig. So konnte nicht ausbleiben, daß sich auch die völkerkundliche Sprachregelung im Laufe ihrer geschichtlichen Anpassung veränderte – kaum jedoch die der bildenden Kunst in ihrem Verhältnis zum ›Fremden‹. Stammeskunst, Exotik, die Kunst der Primitiven (womit eigentlich und ursprünglich die sienesische Malerei des 14. Jahrhunderts gemeint war), primitive Kunst (Kunst der ›primitiven‹ Völker) einerseits und ›Primitivismus‹ (europäisch/amerikanische Künstler, die in ihrem Werk die Nähe ›primitiver‹ Völker suchen) andererseits sind immer noch gängige Begriffe einer geisteswissenschaftlichen Disziplin, die bis heute ein widersprüchliches Bild vom ›Fremden‹ vermittelt und vorbelastete Termini zu dessen Beschreibung unreflektiert verwendet. Unter diesen Voraussetzungen konnte nicht ausbleiben, daß zwischen den Kontrahenten auch die Sprachregelung und Terminologie zu einem wesentlichen Streitpunkt wurde.

Sowohl Rubin als auch McEvilley blieben beim eingeführten, konservativen Sprachgebrauch. James Clifford ersetzt in seinem Beitrag ›Histories of the Tribal and the Modern‹[50] ›primitiv‹ und ›primitive Kunst‹ (›primitive art‹), durch ›Stamm‹ (›tribe‹) und ›Stammeskunst‹ (›tribal art‹). Der Unzulänglichkeit der Termini bewußt, verwendet Clifford die Begriffe grundsätzlich nur in Anführungszeichen. Er widmet den Begriffen ›Stamm‹ und ›Stammeskunst‹ eine zusätzliche Erläuterung und weist darauf hin, daß mit dem »Stammesbegriff eine Gesellschaftsform bezeichnet wird, die logisch und verständlich nicht zu spezifizieren ist«. Clifford bezeichnet das ›Stammeskonzept‹ als »westliche Projektion, als administrative Taxonomie und nicht als eine grundsätzliche Qualität oder Gruppenspezifikation«.[51] Er weist aber gleichzeitig darauf hin, daß der Begriff von den Betroffenen selber, eventuell als Ausdruck von Identität, Verwendung findet.

Einige Jahre später lehnt Lucy Lippard in ihrer 1990 erschienenen Veröffentlichung ›Mixed Blessings‹, den Begriff des ›Primitivismus‹ aus der Sicht nicht-europäischer Künstler entschieden ab und bezeichnet die Terminologie als »heimtückische Strategie des Westens«.[52] Sie betont, daß »›Primitivismus‹ historisierend verwendet wurde, um die angeblich anspruchsvollere und zivilisiertere ›Hochkunst‹ des Westens von der gleichermaßen anspruchsvollen und zivilisierten, vom Westen angehäuften Kunst anderer Kulturen abzugrenzen. ›Primitivismus‹ werde üblicherweise in der fernen Vergangenheit lokalisiert, indem ein Stadium der frühen ›Entwicklung‹ beschrieben werde, das Simplizität auf der positiven und Rohheit und Barbarismus auf der negativen Seite vortäuschen würde.«[53] Lippard bezieht sich ausdrücklich auf Cliffords anläßlich der New Yorker Ausstellung geäußerten Vorbehalt, daß der Primitivismusbegriff ein widerspruchsvoller sei, da er als »Quelle oder als alter ego konstruiert, die neue ›Entdeckung‹ innerhalb des Territoriums des westlichen Selbstverständnisses gegenüber einer bestehenden, ›primitiven‹ Welt zu stützen hat, und von der der Westen glaubt, daß sie gleichzeitig der Erhaltung, der Befreiung und der Stellvertretung bedarf«.[54]

Im Gegensatz zu McEvilley, der kulturhistorisch und kulturästhetisch argumentierte, verfolgt Clifford eine direktere, kulturpolitisch orientierte Form der Kritik an der New Yorker Ausstellung. Er beschreibt die ›Stammesobjekte‹, die im Kontext der Ausstellung versammelt waren, als »Reisende erster Klasse, deren Behausung zuvor, als sie noch in ungeheizten Untergeschossen oder in den ›Laboratorien‹ anthropologischer Museen standen, in den meisten Fällen weniger luxuriös war«.[55] Mit der New Yorker Ausstellung mutierten Zeugnisse des »frühen Menschen mit einem Schlag von exotischen Kuriositäten vergangener Jahrzehnte zu ethnographischen Anschauungsobjekten, und von Fetischen zu hochrangigen Meisterwerken unserer Zeit«.[56] »Was Picasso genügte, war plötzlich gut genug für das Museum of Modern Art.«[57] »Aus der Nachbarschaft mit ihren Verwandten aus der nördlichen Hemisphäre wurde unvermittelt eine globale, gegensätzliche, erfindungsreiche und, seltsamerweise, einheitliche Familie: Jedes der ausgestellten Objekte genügte plötzlich äußerster Modernität.«[58]

In New York wurden Kunstwerke aus den verschiedensten kunsthistorischen Epochen dieses Jahrhunderts zusammengetragen. Zu einer wirklichen Begegnung zwischen den Kulturen kam es lediglich in den drei ersten Abteilungen der Ausstellung. In der vierten, von Kirk Varnedoe eingerichteten Abteilung wurde auf eine Gegenüberstellung weitgehend verzichtet. Varnedoe begründete die Entscheidung damit, daß in den 60er Jahren eher der unspektakuläre »Taschenbuchladen – und nicht der Trödelladen, die Galerie oder das Völkerkundemuseum – zum wichtigsten Treffpunkt der europäischen und amerikanischen Künstler mit Stammeskunst wurde«.[59] Der von Lévi-Strauss mitbegründete Strukturalismus avancierte nun zum eigentlichen Anreger eines modernen, eher konzeptuellen und oftmals nostalgisch bestimmten ›Primitivismus‹.

In der letzten Abteilung der Ausstellung wurde die Gelegenheit eines Ausblickes auf eine sich abzeichnende neue Entwicklung vertan. Noch einmal versuchten europäisch/amerikanische zeitgenössische Künstler mit den in der Ausstellung versammelten Werken das verblassende Erbe einer weltgeschichtlichen Epoche für sich zu vereinnahmen. Etwas Außergewöhnliches geschah: Während die Avantgarde der hochindustrialisierten nördlichen Welt ihren Blick im Schutz der musealen Abschirmung nochmals rückwärts richtete, begannen die Nachfahren der Schöpfer der Werke der New Yorker Ausstellung – die ausgeschlossenen zeitgenössischen, ›ethnischen‹ Künstler –, sich die Errungenschaften der Industriegesellschaft für eine neue, veränderte Kultur und Kunst, in Verbindung mit ihrem ›traditionellen‹ Erbe nutzbar zu machen. Hier setzt Cliffords Kritik unmittelbar ein. Clifford zufolge zelebrieren sowohl Rubin als auch Varnedoe den überschwenglichen Geist der Moderne, schließen gleichzeitig jedoch die Moderne der ›Dritten Welt‹ aus[60], »denn nichts in dieser Ausstellung deutet darauf hin, daß in den 80er Jahren gute zeitgenössische, nicht-europäisch/amerikanische Kunst produziert wird«.[61]

Varnedoe zitiert im Katalog Romare Bearden, den einzigen afro/amerikanischen Künstler dieses Abschnitts, mit einem 1964 entstandenen Werk, mit einem Werk also, das zwanzig Jahre vor der Ausstellung entstand.[62] Nicht erwähnt wird der inzwischen verstorbene Jean-Michel Basquiat, dessen ›Primitivismus‹ McEvilley als »schlaue Umkehrung der Taktik weißer Traditionen deutet, als eine mit Ironie und mit Forderungen nach Veränderung vorgetragene Umkehrung«.[63]

Mit der Ausstellung ›Primitivismus in der Kunst des zwanzigsten Jahrhunderts‹ wird von Rubin der Mythos suggeriert, daß nur die ›authentische‹ und ›traditionelle‹ Kunst die ›Peripherie‹ würdig vertrete, nicht jedoch die zeitgenössische hybride, das heißt durch ›westliche‹ Einflüsse bastardisierte Kunst dieser Kulturen. Kunst als eine zeitlose Kategorie des Genusses, von Fragen der Machtpolitik und der Hierarchie ethnischer Zugehörigkeit unberührt – ein bequemer Hochsitz des Erhabenen. Nicht nur Varnedoe sieht die Möglichkeit der Beeinflussung allein als eine von Nord nach Süd führende Einbahnstraße, später wird auch Jan Hoet auf seiner Suche nach ›Documenta IX‹-Beiträgen »seit Gauguin wenig Veränderung in dieser Situation erkennen«.[64] Auch Hoet sieht keine Möglichkeit, daß die Straße für absehbare Zeit von Süd nach Nord führen könnte. »Die Künstler (Europas und der USA) holen sich *dort* Impulse, um etwas Universelles zu denken und zu schaffen. Umgekehrt funktioniert das nicht.«[65]

Nicht nur die New Yorker Ausstellung, sondern auch die zurückliegende ›Documenta IX‹ machten deutlich, daß das rein ästhetisch/anthropologische Objektsystem des Nordens zu hinterfragen ist und daß die Politik des Sammelns und Zurschaustellens offensichtlich einer Veränderung bedarf.[66] Dazu meint Clifford abschließend in seiner Kritik an der New Yorker Ausstellung, daß

»die traditionellen und historischen nicht-westlichen Objekte längst als Meisterwerke erkannt und von unserem taxonomischen System vereinnahmt wurden und die Kunstwerke Afrikas, des pazifischen Raumes und vieler anderer, sogenannter Stammeskulturen ihren Zugang im westlich anthropologisch/ästhetischen Objektsystem gefunden haben. Was wir jedoch benötigen sind Ausstellungen, welche die geographischen Grenzen der Kunst und der momentanen Szene in Frage stellen. Wir benötigen einen Zustrom von noch wirklich unverdauten ›fremden‹ Kunstwerken. Eine Situation, die zuläßt, daß ein gewisser Teil der Menschheit die Macht der Auswahl, der Taxierung und die alleinige Möglichkeit des Sammelns besitzt, fordert Kritik und Veränderung [...] Zwischenzeitlich sind Ausstellungen denkbar, die vergangene und gegenwärtige, unreine und ›inauthentische‹ Produktionen nicht-europäisch/amerikanischer Herkunft zeigen. Ausstellungen radikaler Heterogenität in ihrer globalen Mischung der Stile. Ausstellungen, die von spezifisch multikulturellem Zusammentreffen leben. Ausstellungen, die Prinzipien der Zusammenführung hinterfragen.«[67]

Auszug aus einem Gespräch zwischen Jean Hubert Martin und Benjamin H.D. Buchloh: »*Buchloh:* In der Diskussion der unmittelbar zurückliegenden Jahre wurde die Frage der kulturellen Dezentralisation von zunehmender Bedeutung [...] Doch ist die Frage der Dezentralisation auch eine weiterführende Kritik am hegemonialen Zustand der kulturellen Klasse der bürgerlichen Moderne und der Analyse der Dominanz der kulturellen Produktion der kapitalistisch westlichen Welt sowie des Marktes über die kulturelle Praxis der geokulturellen ›Ränder‹.
Martin: Das Problem Zentrum – Peripherie wurde in der europäisch/amerikanischen Avantgarde-Szene in den zurückliegenden Jahren öfters diskutiert. ›Magiciens de la Terre‹ *ist* das Resultat dieser Diskussion.«[68]

Die Berichterstattung über das Ereignis war erwartungsgemäß am intensivsten in den ›Zentren‹ kultureller Entfaltung. Über Berichte aus der ›Peripherie‹, aus den Herkunftsländern von rund 50% der teilnehmenden Künstler ist dagegen wenig bekannt. Von besonderer Bedeutung für die Diskussion anspruchsvoller interkultureller Ereignisse ist der freie Fluß von Informationen auf der Basis der globalen medialen Vernetzung, der auf der Ebene des internationalen Güteraustauschs und der Finanzmärkte erfahrungsgemäß perfekt funktioniert, nicht jedoch in kulturellen Fragen. Solange Kommunikation und Medien jedoch allein der wirtschaftlichen Machtentfaltung dienen und diese die Verbreitung von Informationen allein bestimmt, wird der größte Teil des Erdkreises vom freien Fluß der kulturellen Berichterstattung ausgeschlossen, werden Veranstaltungen wie ›Magiciens de la Terre‹ nur für die ›Zentren‹ der dominanten Kulturen von wirklicher Bedeutung sein.

Die Veranstalter der Ausstellung waren sich der Problematik und des Risikos bewußt –, die Kontroverse war eingeplant. Für McEvilley, den hauptsächlichen Kritiker von William Rubins New Yorker Ausstellung, hatte ›Magiciens de la Terre‹ nicht so sehr eine ästhetisch/kunstgeschichtliche, sondern eine herausragende sozial/kunstgeschichtliche Bedeutung.[69] Mit dieser Einschätzung vertrat er eine Position konträr derjenigen einer Reihe von konservativen Kritikern, zu denen auch Werner Spies gehörte, der das Projekt als »die

Ausstellung ›Magiciens de la Terre‹,
Bodenmalerei der Yuendumu-Gemeinde

brüderliche Kopulation unserer Ausstellungskunst und der Airport-Art« beschrieb. Spies stellte außerdem die Frage, ob es wünschenswert sei, daß »wir im Bereich der Kunst ohne Vorlieben und ohne die Kategorie des Fremden auskommen [...] Der Definition und dem ausschließenden Urteil wird die Toleranz entgegengehalten, die keine Grenzen mehr ziehen möchte. Sie gibt das dürftige Alibi ab, das den Pariser Mischmasch aus Särgen, Grabwächtern, Schmiedeisernem, Architekturträumen und Riesenhostien reinwaschen soll«.[70]

Die Kritik, der Kunstbegriff sei nicht beliebig dehnbar und die anthropologisch angelegte »planetarische Folklore der Dritten Welt«[71] ließe sich nicht mit den auf Kontemplation und Sammlerwünschen ausgelegten Werke der westlichen Welt vermischen, verdient kaum eine ernsthafte Betrachtung.[72] Dieselben Kritiker diskutieren die Möglichkeiten der anthropologischen und gesellschaftsbezogenen Auslegung zeitgenössischer euro/amerikanischer Kunst. Verkäuflichkeit ist nicht die ausschließliche Absicht der ›westlichen‹ Kunst, ebensowenig wie heute der anthropologische Kontext alleiniger Antrieb nicht-›westlicher‹ Kunst ist. Beiden sind sowohl inhaltliche als auch kommerzielle Anliegen eigen. Seit geraumer Zeit beobachten wir, daß nicht-›westliche‹ Künstler die dogmatisch festgeschriebene Einbindung in anthropologische und gesellschaftsbezogene, festgefügte Schemata durchbrechen und (verkäufliche) Kunst (neben allen anderen künstlerischen Medien) zur Darstellung ihrer kulturellen Identität nutzen. Eine Annäherung der Standpunkte ist zeitbedingt und unabwendbar.

Vor allen anderen bot die Ausstellung ›Magiciens de la Terre‹ zwei Angriffspunkte: Der Titel der Ausstellung selber und die Ausklammerung der hybriden Ergebnisse von Künstlern, die ihrer Tradition entfremdet in der Diaspora der urbanen Zentren Afrikas, Asiens, des pazifisch/australischen oder des amerikanischen Raumes leben. In den USA sind dies die von ihren Ländereien vertriebenen Amerikaner indianischer Abstammung, die aus wirtschaftlicher Not emigrierten Latinos aus den südlichen Regionen der amerikanischen Kontinente, die Asiaten und schließlich die Afroamerikaner, die Nachkommen der verschleppten Sklaven Afrikas. Weitgehend ausgeklammert wurden auch Künstler, die heute in den europäischen Kapitalen der ehemaligen Kolonialreiche leben und arbeiten.

Der Titel der Ausstellung ließ auf eine eigenartige Romanze mit dem Unbekannten schließen. Schon im Vorfeld der Ausstellung zeichnete sich ab, daß diejenigen Künstler, von denen man meinte, der Titel würde ihre Arbeit besonders treffend charakterisieren, diesen mit dem Argument ablehnten, er unterlaufe ihre Strategie, das eurozentrische Bild des ›ursprünglichen‹ und ›magischen‹ Künstlers abzustreifen und eine neue, auf rationalen, zeitgenössischen Kriterien aufbauende Betrachtung zu erreichen, kontraproduktiv.[73] Trotz aller Kritik gelang ›Magiciens de la Terre‹ ein Durchbruch, der die Ausstellungssituation künftig um eine interkulturelle, internationale Dimension bereichern wird. Sowohl die New Yorker ›Primitivismus‹-Ausstellung als auch die Ausstellung in Paris und natürlich die Weltkulturkonferenz in Mexico-City waren Wegbereiter einer Entwicklung, die im Laufe der kommenden Jahrzehnte die mentalen und physischen Barrikaden der Abgrenzung wenn nicht gänzlich beseitigen, so doch durchlässiger machen wird.

»Die Diskussionen der nationalen Identität einzelner europäischer Länder sind fragwürdig. Sie nehmen wenig Rücksicht auf die Mannigfaltigkeit fremder Nationalitäten in unserer Mitte, auf die zunehmenden rassistischen und gewalttätigen Übergriffe und auf die zunehmend lauter werdenden Forderungen nach einer restriktiveren Einwanderungspolitik Europas. Die absehbaren Folgen, die aus einem Erstarken Europas für die ökonomischen Beziehungen gegenüber den Ländern der sogenannten ›Dritten Welt‹ erwachsen, bedürfen der Regelung und Klärung. Die Aufgabe von Pipers Werk ist es, unser Verhalten zu überprüfen und Schritte zur Veränderung unseres Verhaltens und des Systems zu unternehmen, nach dem wir handeln. Letzten Endes ist alles Persönliche auch politisch zu verstehen.«[74]

Adrian Pipers Werk, das kürzlich in Europa erstmals einem größerem Kreis vorgestellt wurde, steht in den Vereinigten Staaten für eine neue Künstlergeneration, die sich ausdrücklich als amerikanische Staatsbürger bekennen, jedoch nicht-europäischer Herkunft sind. Sie sind Nachkommen der ›ersten‹ Amerikaner, der verschiedenen indianischen Völker der USA, Nachkommen verschleppter afrikanischer Sklaven, oder Nachkommen verschiedener Generationen von Immigranten aus lateinamerikanischen und asiatischen Ländern – nicht unähnlich einer demographischen Verschiebung, die auch Europa seit einigen Generationen verzeichnet und die zunehmend ähnliche Charakteristika wie das Völkergemisch in den Vereinigten Staaten aufweist. In Europa begann die koloniale und nachkoloniale Völkerwanderung vor Jahrzehnten und erreichte ihren vorläufigen Höhepunkt kurz vor und nach dem Ende der Kolonialherrschaft.

Eine weitere Einwanderungswelle erreichte Europa vorwiegend aus südosteuropäischen, vorderasiatischen und nordafrikanischen Ländern. ›Gastarbeiter‹, Zuwanderer aus diesen Regionen spielten eine wesentliche Rolle für den Wiederaufbau und das wirtschaftliche Wiedererstarken Europas nach dem Zweiten Weltkrieg. Ein Gang durch die großen europäischen Metropolen Paris, London und Amsterdam, aber auch durch die Provinzstädte Frankreichs, Großbritanniens und zunehmend auch Deutschlands wird die Zweifler an der Theorie, daß Europa ein Einwanderungskontinent ist, eines Besseren belehren.

So konnte nicht ausbleiben, daß Musiker, Literaten, Tänzer und bildende Künstler dem wirtschaftlichen und oft auch politischen Druck ihrer Heimatländer entflohen und Anerkennung und künstlerische Freiheit woanders suchten. Ihre Herkunftsländer konnten Künstlern mit Ambitionen zum Neuen keine eigene, moderne Infrastruktur und entsprechende Institutionen bieten. Sie verließen ihre Heimatländer und suchten das zuhause nicht Vorhandene in der ›Fremde‹.

Die Geschichte der europäischen Moderne ist eine Geschichte der Emigration. Das Paris der Jahrhundertwende und der nachfolgenden Dekaden bis zum Zweiten Weltkrieg und anschließend New York sind beredte Zeugnisse dieser Entwicklung. Nachdem Paris und New York ihren Sog als Zentren der künstlerischen Erneuerung einbüßten, fällt die Benennung eines einzelnen Zentrums heute schwer, da sich die Szene dezentralisiert hat. Der Austausch von Kunstwerken und die Begegnung von Künstlern entwickelt sich auch in den vormals ›peripheren‹ Zentren der Welt zusehends kosmopolitischer.

Wie steht es aber um die Chancengleichheit der Künstler? Ist es richtig, daß die Kunst zwar kosmopolitischer wurde, daß jedoch die Akteure, die die Entscheidungsgewalt über den Wert der einzelnen Künstler und deren Werk innehaben, rund um die Welt dieselben sind? Wie steht es um die Künstler und ihre Kunst aus der sogenannten ›Peripherie‹ oder um nichteuropäisch/amerikanische Künstler, die in Europa leben?

Der indische, heute in London lebende Küstler Rasheed Araeen untersuchte die Frage 1989 anläßlich der Londoner Ausstellung ›The Other Story‹ und bemerkte, daß bereits vor zwanzig Jahren die nicht-europäischen Künstler »ungeachtet ihres Erfolges ›Andere‹ geblieben sind und allein ihr ›Anderssein‹ in Verbindung zu ihrem Werk diskutiert wurde. (...) Zugegebenermaßen hätten einige Kritiker versucht, das Problem

Adrian Piper,
Safe # 1, 1990. Mixed media Installation, vier vergrößerte Magazin-Photographien mit in Siebdruck eingedrucktem Text, Tonanlage, 51 × 104 cm

kritisch und wohlwollend zu thematisieren; nicht um sie vom Diskurs der Moderne auszuschließen, sondern um Fragen anderer kultureller Traditionen in Verbindung zur Moderne zu stellen.[75] Er zog ein kritisches Resümee mit den Worten von W.G. Archer, der bereits 1968 die Frage stellte, inwieweit »die zeitgenössische Kunst ein geschlossener Kreis, ein privater Club, ein Gehege Europas und der Vereinigten Staaten sei, oder ob es Künstlern anderer Länder wirklich gelingen würde, in diese Phalanx einzubrechen«.[76] Araeen kam zum Schluß, daß sich heute, über zwanzig Jahre später, an dieser Situation kaum etwas verändert habe.

Die Problematik der institutionellen Diskriminierung im Ausstellungsbetrieb wird in den USA, in Großbritannien und teilweise in Frankreich, in den Ländern mit einer seit Generationen hohen Quote ›fremder‹ Mitbürger, dank derer viel direkter, kompromißloser und unnachgiebiger diskutiert als in den übrigen Ländern Kontinentaleuropas, die in diesen Fragen bis heute kein waches Bewußtsein entwickelt haben. Obwohl die Integration der Zuwanderer in den vormaligen kolonialen Herrschaftsländern auch heute noch unübersehbare Probleme in sich birgt, scheint die Gesellschaft auf die kulturellen Forderungen der ethnischen Minoritäten offener und risikobereiter zu reagieren als im übrigen kontinentalen Europa. In den europäischen Ländern drängt eine junge Zuwanderergeneration mit Selbstbewußtsein zunehmend in akademische und in kulturelle, kreative Berufe. Europa wird bevölkerungsdemographisch den USA immer ähnlicher. Mitbürger aus peripheren, an Europa angrenzenden Ländern und Mitbürger aus kulturell verschiedenen Regionen des Erdkreises sind erfolgreich im Sport, im Entertainment, zunehmend in den Print- und elektronischen Medien und vereinzelt auch in Politik und Wirtschaft. Wo aber sind die erfolgreichen ›farbigen‹ bildenden Künstler? Wer kennt – außer im Fall von Jean Michel Basquiat und Wifredo Lam – die Namen der zahllosen Künstler Afrikas, Asiens, Ozeaniens, Australiens, Südostasiens und des weithin unbekannten Raumes Nordostasiens, Latein- oder Mittelamerikas? In welchen Gruppen- und Einzelausstellungen sind sie vertreten?

Wen wundert da die Frage nach der rassischen Ausgrenzung in den Museen. »Sind Kunstmuseen rassistisch?«, fragt Maurice Berger in einem Leitartikel in ›Art in America‹ und findet die Antwort in der traditionell konservativen Politik und im unausgesprochenen Vorurteil der Museen begründet.[77] Eine Frage, die, wenn auch an weniger prominenter Stelle, Lamella Lewis bereits zwanzig Jahre zuvor stellte und mit dem Hinweis beantwortete, daß in der westlichen Welt die Kunst traditionellerweise zum Vorteil derjenigen funktioniere, die Positionen der Macht bekleiden und Kunst als ein Instrument der Erhaltung und der Ausdehnung von Macht nutzen.[78]

So betrachtet ist David Hammons' Antwort auf die Frage von Maurice Berger, weshalb die etablierten Häuser im allgemeinen Kunstwerke mit politischem Inhalt ablehnen, beinahe identisch mit der Folgerung von Lewis, daß die Verantwortlichen im Falle eines Ankaufs zur Rechenschaft gezogen und gleichzeitig die Haltung der Künstler bemängelt würden, die statt zu irritieren und zu kritisieren, das System hofierten, um selbst am Hof des Königs teilzuhaben.[79] Mit dieser Aussage fordert Hammons eine politisch bewußtere Haltung der Künstler.

Neben Fragen der ethnischen Diskriminierung und der inhaltlich/formalen Ablehnung sind im Kunstbetrieb die Fragen der Verneinung der historischen, der demographischen, der wirtschaftlichen und der geopolitischen Veränderung zutiefst verunsichernd. Wo müßte ein Umdenken ansetzen, wenn nicht bei der akademischen Ausbildung der kommenden Generation von Völkerkundlern, Kunsthistorikern, Theoretikern, Pädagogen und Kritikern? Johnnetta Cole teilt die Skepsis einem System gegenüber, das sich der Kunst der nichteuropäisch/amerikanischen Hemisphäre verschließt. Sie führt zur Begründung an, daß möglicherweise angesichts der einschneidenden ökonomischen Konsequenzen die Ausweitung in bisher ausgegrenzte Bereiche bewußt verhindert werde. Cole zitiert Frederick Douglass, nach dem »die Klasse der Bestimmenden zur Aufgabe der Macht und der Privilegien nicht bereit sein wird. Sie war es bisher nicht. Sie hat nichts zugestanden und wird möglicherweise nie etwas zugestehen«[80] – es sei denn, unter wirtschaftlichem und politischem Druck. Cole mißt neben dem prestigeverdächtigen Museum den von unserer Gesellschaft entwickelten Bilderwelten der Print- und elektronischen Massenmedien für die Aufdeckung der der Kunst zugrundeliegenden politischen Realitäten eine zusätzliche Bedeutung bei. Durch die neuen Medien verfügen wir über außerordentliche Möglichkeiten, Kunst als eine positive Kraft der Bildung und der Veränderung einzusetzen. In einer immer weniger von geographischen Grenzen bestimmten Welt, in der die wirtschaftlichen und kulturellen Verflechtungen stetig und proportional zunehmen, könnten gerade die Massenmedien einen wesentlichen Beitrag zur Erziehung zur Kultur des Miteinander leisten.

Heute gehören Kunstwerke ebenso selbstverständlich zum transatlantischen Jet-set wie die Größen aus Politik, Gesellschaft, Wirtschaft und Kultur –, auch sie reisen, anders als andere Güter, nur erster Klasse. Der internationale europäische und interkontinentale Austausch von Kunstwerken zwischen Europa und den Vereinigten Staaten ist grenzenlos, und wenn, dann scheitert die Reise oftmals einzig am Machtwort der Konservatoren. Richtete sich der Blick vor der politischen Wende innerhalb Europas meist westwärts über den Atlantik, so gewinnen nun auch die östlichen Nachbarn zusehends wieder an Bedeutung. Die Wiederaufnahme des traditionellen Austauschs mit Osteuropa, der bis vor der künstlichen Trennung auf beiden Seiten fruchtbaren kulturellen Gewinn brachte, scheint mehr eine Frage der ökonomischen Stabilisierung als eine der Überwindung kultureller Schranken zu sein.

Doch gilt es nicht nur, mentale Schranken abzubauen. Dem Austausch von Nord nach Süd und von Ost nach West über die bisher bestehenden Grenzen hinweg, stehen an beiden Enden ebenso kommunikative, administrative wie auch wirtschaftliche Schranken im Wege. Innerhalb Europas und über den Atlantik hinweg entstanden im Laufe der unmittelbar zurückliegenden Jahrzehnte nahezu unbegrenzte Kommunikations-, Transport- und Finanzstrukturen, die in südlicher Richtung und über die gängigen west-östlichen Grenzen fehlen. Dem interkulturellen Dialog zwischen Nord nach Süd fehlen jedoch nicht nur die inhaltlich/konzeptuellen Werkzeuge zur Verständigung, sondern auch die gemeinsamen logistisch/administrativen Strukturen, die einen mühelosen Austausch ermöglichen.

Ausstellungen über kulturelle Grenzen hinweg sind kommunikationsintensiv, die Koordination der Kommunikation leidet unter den Zeitverschiebungen. Der Mangel an einer systematischen Dokumentation, die unserem eigenen System entspricht, wirkt sich hemmend aus. Die Gefahr von Mißverständnissen, die aus dem Fehlen einer beiderseitig gültigen Terminologie herrührt, ist unübersehbar. Gemeinsame administrative Strukturen und ein Austausch zwischen den administrativen Einrichtungen fehlen gänzlich. Mentale und sprachliche Probleme verhindern zudem die Kommunikation zwischen Künstlern.

Letztendlich werden jedoch nicht die Schwierigkeiten den Fortgang des interkulturellen Dialoges bestimmen, sondern die Künstler selber, die durch ihren Strom unaufhaltsamer Kreativität die Beschäftigung mit dem kulturell Anderen zur unumgänglichen Notwendigkeit werden lassen.

»Anzunehmen, daß nur solche Künstler einer kritischen Betrachtung wert sind, die einen den Weißen vorbehaltenen künstlerischen Standard erreicht haben, hieße, davon auszugehen, daß Kunst eigentlich töricht ist, wo wir doch wissen, daß sie in Wahrheit als Teil des kulturellen Gefüges, durch das sich Macht anhäufen läßt, eine ziemlich ernsthafte Sache ist.«[81]

Hoyerswerda
Asylbewerber hinter zerschlagener Scheibe

1 J. Berger, *Ways Of Seeing*, London und Harmondsworth 1977, S. 7.

2 Vgl. L. Sissay, »Display Your Ticket And Park Here«, in: *Artrage: Inter-Cultural Arts Magazine*, (Heft 27)/90, S. 2.

3 C. Owen, »The Global Issue: A Symposium«, in: *Art In America*, (Heft 5)/1988, S. 89.

4 S. Felix, persönlicher Brief.

5 Vgl. Kat. Ausst. *Bernhard Lüthi: Zeichnungen, Photographie, Projekte*, bearb. von Peter Friese, Zürich 1984, S. 34-37.

6 Vgl. dazu die weiterführende Diskussion um Darwins Evolutionstheorie u.a. von Herbert Spencer, Conwy Lloyd Morgan und Adolf Bastian.

7 Vgl. J. Clifford, »Histories Of The Tribal And The Modern«, in: *Art In America*, (Heft 4)/1985, S. 167.

8 Vgl. W. Rubin, »Pablo Picasso«, in: *Primitivismus in der Kunst des zwanzigsten Jahrhunderts*, hrsg. von William Rubin, München 1984, S. 249.

9 Vgl. J. Laude, »Paul Klee«, in: W. Rubin (Hg.), 1984, S. 505-506.

10 P. Hoffie, »Disappointing Shores: National Identity In The Eighties«, in: *Art Monthly Australia*, (Heft 48)/1992, S. 7.

11 Vgl. Anm. 6.

12 Vgl. C. Lévi-Strauss, *Das Ende des Totemismus*, Frankfurt/M 1965, S. 7. In den Disput waren laut Lévi-Strauss hauptsächlich die Forscher H. Bergson, F. Boas, E. Durkheim, A.P. Elkin, E.E. Evans-Pritchard, F.J. Gillen, B. Malinowski, A. R. Radcliffe-Brown, B. Spencer, T.G.H. Strelow, E.B. Taylor und A. van Gennep verwickelt.

13 Die australische Bundesregierung hat bis heute alle Anträge zur finanziellen Unterstützung von repräsentativen Projekten abgelehnt, die sich zum Ziel setzten, das kulturelle Vermächtnis des australischen Kontinents, die Kunst der verschiedenen Völker Australiens in Übersee umfassend vorzustellen. ›Aboriginal Australia‹, eine 1981 für Übersee konzipierte Ausstellung, wurde nach zwei Stationen in Australien (Melbourne und Sydney) wieder aufgelöst, ohne das angestrebte Ziel, die Präsentation der Werke in Übersee, jemals zu erreichen. Die Ausstellung ›Dreamings: The Art of Aboriginal Australia‹ (der gleichnamige Katalog wurde von Peter Sutton bearbeitet, s. Bibliographie), konzipiert vom Museum of South Australia in Zusammenarbeit mit der Asia Society, New York, und wurde, nach Mitteilung von Andrew Pekarik, Direktor der Asia Society Galleries, bis auf einen minimalen Betrag vollständig mit US-Geldern finanziert. Vgl. dazu: S. Wyndham/P. Ward, »Dreamtime In New York«, in: *The Australian Magazine*, 1988, S. 38ff.

14 Vgl. T. McEvilley, *Art & Discontent: Theory At The Millennium*, New York 1991.

15 »Aperto soll ein Kleinod der Biennale werden: Interview mit Biennale-Direktor Achille Bonito Oliva«, in: *ART* (Heft 8)/1992, S. 11-12.

16 Vgl. S. Wason, Informationsblatt zur Gründung des Institute of New International Visual Arts (INIVA), hrsg. vom Arts Council of Great Britain, London, 10. Dezember 1992, S. 1 (unveröffentlicht).

17 Vgl. *Weltkonferenz über Kulturpolitik: Schlußbericht der von der UNESCO vom 26. Juli bis 6. August 1982 in Mexiko-Stadt veranstalteten internationalen Konferenz* (UNESCO-Konferenzbericht Nr. 5), München 1983.

18 »›Primitivism‹ in 20th Century Art«, Museum of Modern Art, New York, 27. Sept. 1984 – 15. Jan. 1985, danach Detroit Institute of Arts und Dallas Museum of Art. Die amerikanische Originalausgabe des Kataloges erschien unter demselben Titel als Publikation des Museum of Modern Art, New York. Kat. Ausst. *›Primitivism‹ in 20th Century Art*, 2 Bde., bearb. von W. Rubin, Museum of Modern Art, New York 1984. Die deutschsprachige Ausgabe wurde vom Prestel Verlag, München 1984, unter dem Titel *Primitivismus in der Kunst des zwanzigsten Jahrhunderts* in einem Band veröffentlicht. In beiden Ausgaben wird der Begriff ›Primitivismus‹ kritisch diskutiert. Trotzdem verzichtet der Herausgeber der deutschsprachigen Ausgabe, im Gegensatz zur amerikanischen Originalausgabe, im Titel auf die Setzung von Anführungszeichen.

19 Vgl. T. McEvilley, »Doctor Lawyer Indian Chief: ›Primitivism‹ In 20th Century Art At The Museum Of Modern Art In 1984«, in: *Artforum*, (Nr. 11)/1984, S. 54-60. Dieser Artikel löste eine Kontroverse aus, die in *Artforum* publiziert wurde: W. Rubin, in: *Artforum*, (Heft 2)/1985, S. 42-45; K. Varnedoe, in: *Artforum*, (Heft 2)/1985, S. 45-46; T. McEvilley, in: *Artforum*, (Heft 2)/1985, S. 46-51; W. Rubin, in: *Artforum*, (Heft 5)/1985, S. 63.
Entgegnung T. McEvilleys auf Rubin, in: *Artforum*, (Heft 5)/1985, S. 65-71.
Weitere Artikel zur Ausstellung: J. Clifford, »Histories Of The Tribal And The Modern«, in: *Art In America*, (Heft 4)/1985, S. 11-21; Y.A. Bois, »La Pensée Sauvage«, in: *Art In America*, (Heft 4)/1985, S. 178-189; K. Varnedoe, »On The Claims And Critics Of The Primitivism Show«, in: *Art In America*, (Heft 5)/1985, S. 11-21; V. Herms-Drath, »Aus dem Fundus der Stammeskunst in den Zeitgeist hineingehoben«, in: *Handelsblatt*, 9. Oktober 1984, S. 23; M. Hoelterhoff, »Die Herkunft des goldenen Phallus«, in: *Die Zeit*, 26. Oktober 1984, S. 66;
J. Hohmeyer, »Im kalten Frührot fremder Kunst begegnet«, in: *Der Spiegel*, (Heft 43)/1984, S. 243-246; U.M. Schneede, »Picasso traf es wie ein Blitz: Wie fremde Kulturen die moderne Kunst veränderten«, in: *ART*, (Heft 2)/1985, S. 20-39; W. Spies, »Das verlorene Paradies«, in: *Frankfurter Allgemeine Zeitung*, 10. November 1984, S. 25; R. Hollenstein, »Stammeskunst als Offenbarung«, in: *Neue Zürcher Zeitung*, 11. Oktober 1984; G. Zehm, »Primitivismus«, in: *Basler Zeitung*, 6. Dezember 1984.

20 Eine Übersetzung von T. McEvilleys erster Kritik an der Ausstellung (vgl. Anm. 18) erschien im deutschsprachigen Raum erst acht Jahre nach der Erstveröffentlichung in: *Kunstforum International*, Bd. 118/1992, S. 176-196.

21 Vgl. B.H.D. Buchloh, »The Whole Earth Show«, Interview mit J.H. Martin, in: *Art In America*, (Heft 5)/1989, S. 155.

22 Vgl. T. McEvilley, »The Global Issue«, in: *ARTFORUM*, (Heft 3)/1990, S. 21.

23 M. Gibson/J. Lloyd, »Opening Minds Is Everything«, Interview mit J. Hoet, in: *Art International*, (Heft 10)/1990, S. 44.

24 Beispielhaft für die Diskussion und Kritik an der europäischen Theorie der ästhetischen Autonomie sei auf die zahlreichen Veröffentlichungen von Thomas McEvilley verwiesen. Siehe besonders *Art & Discontent*, New York 1991.

25 »Bhupen Khakhar«, in: *Documenta IX: Kurzführer*, Stuttgart 1992, S. 194.

26 »Ousmane Sow«, ebd. S. 183.

27 Jan Hoet, Zitat aus seinem Konzeptentwurf zur Ausstellung von 1988 (unveröffentlicht).

28 Vgl. W. Rubin, »Vorwort«, in: ders. (Hg.) 1984, S. 7.

29 »Vorwort«, in: *Kunst & Museum Journaal*, Bd. 3 (Heft 2)/1991, o.S.

30 Vgl. A. Solomom-Godeau, »Going Native«, in: *Art In America*, (Heft 7)/1989, S. 110.

31 Vgl. K. Volprecht, »Folkwang 2. Teil: Die Sammlung außereuropäischer Kunst«, in: *Karl Ernst Osthaus: Leben und Werk*, Recklinghausen 1971, S. 245-246.
32 M. Hoog, *Paul Gauguin: Leben und Werk*, München und Fribourg 1987, S. 139.
33 A. Solomon-Godeau, 1989, S. 119.
34 Vgl. C. Einstein, *Negerplastik*, Leipzig 1915. S.V. Einstein verwendete den damals gebräuchlichen Begriff ›Neger‹ für die Völker südlich der Sahara. Der Gebrauch des Ausdrucks ›Neger‹ ist auch ein Beispiel für die Verwendung unserer Terminologie für nicht-europäische Kulturen, die sich mit zeitlich bedingten Erkenntniszusammenhängen verändert.
35 Die Beiträge von Feest, Petier und Baudrat im Katalog der New Yorker Ausstellung von 1984 geben einen Einblick in die Rezeption außereuropäischer Kunst bei ihrer erstmaligen Ausstellung auf europäischem Boden und der darauf folgenden Sammlertätigkeit.
36 D.E. Gordon, ebd. S. 381ff.
37 Vgl. C. Einstein, *Afrikanische Plastik* (Orbis Pictus Bd. 7), Berlin 1921.
38 In diesem Zusammenhang sei auch auf die Publikationen von Ernst Fuhrmann verwiesen, s. u.a. *Neu-Guinea*, Hagen [Folkwang] 1922.
39 C. Einstein, *Documents*, Nr. 2, 1930, S. 104-110.
40 Vgl. C. Einstein, 1921, S. 62.
41 Vgl. T. McEvilley, »Doctor Lawyer Indian Chief«, in: *Artforum*, (Heft 11)/1984, S. 55.
42 Vgl. ebd.
43 Ebd. S. 56. McEvilley zitiert Rubin und setzt wie dieser beim Begriff Stammeskunst (tribal art) keine Anführungszeichen.
44 Vgl. ebd. S. 57.
45 Vgl. ebd. S. 57.
46 Ebd. S. 60.
47 Ebd. S. 60.
48 T. McEvilley, 1991, S. 170.
49 Ebd. S. 60.
50 Vgl. J. Clifford, 1985, S. 164-177, 215.
51 Ebd. S. 177.
52 L. Lippard, *Mixed Blessings*, New York 1990, S. 24.
53 Ebd. S. 24.
54 J. Clifford, 1985, S. 171.
55 Ebd. S. 164.
56 Ebd. S. 164.
57 Ebd. S. 171.
58 Ebd. S. 165.
59 K. Varnedoe, »Zeitgenössische Tendenzen«, in: W. Rubin (Hg.), München 1984, S. 677.
60 J. Clifford, 1985, S. 167.
61 Ebd. S. 171.
62 Vgl. R. Bearden, ›Das Vorherrschen des Rituals: Taufe‹, (amerik. ›The Prevalence Of Ritual, Baptism‹), 1964, Mixed media, 23 x 30,5 cm, Hirshhorn Museum and Sculpture Garden, Smithsonian Institution, Washington.
63 T. McEvilley, »Royal Slumming: Jean-Michel Basquiat Here Bellow«, in: *Artforum*, (Heft 11)/1992, S. 93-97.
64 N.B. Forstbauer, »Documenta 9: Wir sind verletzbar«, in: *Zyma: Art Today*, Bd. 9 (Heft 2)/1991, S. 7.
65 Ebd. S. 8.
66 Vgl. J. Clifford, 1985, S. 175.
67 Ebd. S. 176-177.
68 Auszug aus zwei Gesprächen (14. Juli 1986 und Oktober 1988) zwischen Jean-Hubert Martin, dem Direktor der Ausstellung ›Magiciens de la Terre‹, die 1989 in Paris stattfand, und Benjamin H.D. Buchloh, Professor für moderne und zeitgenössische Kunstgeschichte an der Fakultät für Architektur am Massachusetts Institute of Technology (MIT), in: *Art In America*, (Nr. 5)/1989, S. 150-159, 211, 213.
69 Vgl. T. McEvilley, »The Global Issue«, in: *ARTFORUM*, (Heft 3)/1990, S. 19-21.
70 W. Spies, »Avantgarde – global? Kunst im Nord-Süd Dialog: ›Magier der Erde‹ in Paris«, in: *Frankfurter Allgemeine Zeitung*, 2. Juni 1989, S. 33.
71 G. Metken, »Planetarische Folklore: Zur Doppelausstellung ›Magier der Erde‹ in Paris«, in: *Süddeutsche Zeitung*, 10. Juli 1989.
72 Vgl. ebd.
73 Aus persönlichen Gesprächen, die der Autor in Australien führte. Der Autor war als Chargée de Mission für den schwarz-australischen Beitrag von ›Magiciens de la Terre‹ verantwortlich.
74 E. A. MacGregor, in: Kat. Ausst. *Adrian Piper*, Ikon Gallery, Birmingham 1991; Cornerhouse, Manchester 1991, S. 27.
75 R. Araeen, *The Other Story: Afro-Asian Artists In Post-War Britain*, Hayward Gallery, London 1989, S. 13.
76 W. G. Archer, »Pictures From A Wider World«, in: *The Sunday Telegraph*, 15. April 1962.
77 Vgl. M. Berger, »Are Art Museums Racist?«, in: *Art In America*, Bd. 78 (Heft 9)/1990, S. 69.
78 Vgl. S. Lewis/R.G. Waddy, *Black Artists On Art*, Bd. 2, Los Angeles 1971, S. X.
79 Vgl. M. Berger, 1990, S. 81.
80 J. Cole, »Speaking Out: Some Distance To Go ...: Six Interviews With M. Berger«, in: *Art in America*, Bd. 78 (Heft 9)/1990, S. 85.
81 J. Durham, »Amerikaner oder der ›Andere‹?«, in: *Kunstforum International*, Bd. 113 (Heft 5-6)/1991, S. 174.

EINE VERZÖGERTE KOMMUNIKATION

JEAN-HUBERT MARTIN

Von links nach rechts: Richard Long,
Yuendumu Community und Esther Malangu.
Ausstellung ›Magiciens de la Terre‹, Paris 1989

Man weiß nicht besonders viel über die Kunst indigener Völker. Es gibt bekanntlich nicht nur eine einzige, sondern verschiedene charakteristische Darstellungsweisen. Dies gilt für alle Kontinente, auf denen traditionelle Kulturen durch die westlichen Betrachter negativ definiert werden. Sie werden in großen allgemeinen Gruppierungen zusammengefaßt, die durch die Abgrenzung gegenüber der technologischen Gesellschaft gekennzeichnet sind, wobei nur selten ihre spezifische Eigenart Berücksichtigung findet. Abgesehen von der Kunst, die durch die von unserer Kultur durchdrungenen Ureinwohner eines Landes geschaffen wird, erfassen die Angehörigen der verschiedenen Gemeinschaften vermutlich sofort die jeweiligen regionalen Besonderheiten. Michel Leiris hob die Künstlichkeit der ›Negerkunst‹ hervor; eine Kategorie, die von den Weißen als Gegenpol zu ihrer eigenen Kultur eingeführt wurde, in der sich jedoch viele Schwarze nicht wiedererkannten, da sie sich in erster Linie über Entsprechungen und Gegensätze zu benachbarten Gemeinschaften definierten. Ebenso ist die Einführung des Begriffs ›primitive Kunst‹ auf die Notwendigkeit zurückzuführen, eine künstlerische Kategorie zu definieren, die sich der Tradition des abendländischen Illusionismus völlig entzieht. Die illusionistischen Konventionen sind zwar durch die moderne Kunst, die sich auf die ›primitive‹ Kunst stützen konnte, schwer erschüttert worden; ihre dominierende Stellung haben sie jedoch längst noch nicht verloren.

Man kann sich in etwa vorstellen, was ›Dreaming‹ bedeutet, jenes Band, das den Einzelnen mit seinem Land, den Clan mit seinem Lebensraum verbindet. Die Gemälde stellen diese bildhaften Räume dar, die konkreten und gleichzeitig geistigen Räumen entsprechen; mehr läßt sich jedoch kaum sagen. Unter der Anleitung der Aborigines kann man die verschiedenen Elemente der Gemälde erkennen und benennen. Was die Struktur des Denkens, die Referenzen und die Bedeutungsträger dieser Worte und dieser Satzfetzen anbetrifft, die in einer durch die Übersetzung entstellten Form zu uns gelangen, bleibt diese Struktur trotz der mutigen Versuche der nachfolgenden Texte weiterhin eine Unbekannte. Eine nicht unerhebliche Schwierigkeit ergibt sich aus dem Geheimnis, das bestimmte Rituale und deren formale Umsetzungen umgibt. Dabei ist zu bedenken, daß das, was heute an Kunst der Aborigines zu uns gelangt, nur das ist, was man uns zukommen lassen will.

Es bleiben der optische Eindruck und die formalen Eigenschaften der Werke, die nüchterne Effizienz der grundsätzlichen Beschränkung auf vier Farben (Schwarz, Weiß, Gelb und Rot), die Sinnlichkeit der Rinde als Bildträger und des mit Tiefenwirkung aufgetragenen Farbpigments, die Feinheit der Zeichnung mit rasterartigen Strukturen.

Weder die Ethnologie noch die ästhetische Beurteilung allein können dem Umfang einer Kultur, ihren Objekten und ihren Bildern gerecht werden. Die Ausdrucksformen und die Figuren, die sie hervorbringt, sind die Transkription eines Wissens und eine Interpretation der Welt. Um sie – nach unserer Art – zu deuten, ist der Einsatz einer abgewogenen Dosierung von analytischem Geist in Verbindung mit einem gewissen Empfindungsvermögen erforderlich.

Zweifellos machen diese Gemälde Sinn. Grundsätzlich tendieren die westlichen Beobachter eher dazu, in ihnen eine zusätzliche sakrale Komponente zu sehen. Bei dieser magischen Überhöhung, welche den sogenannten ›primitiven‹ Künsten anhaftet, handelt es sich um eine Art Gegenmittel für einen Mangel an geistigem Wert, den die westliche Gesellschaft verspürt. Sie fühlt sich wegen ihres Materialismus schuldig und hält sich selbst vor, daß es ihr nicht gelingt, ihre Werte formal zum Ausdruck zu bringen. Denn diese geistigen Werte sind komplex, vielschichtig und paradox; und nur selten geben sie Anlaß zu in sich geschlossenen, leicht identifizierbaren Ritualen. Diese übersteigerte Suche nach vermeintlichen Werten im Leben der Stammeskulturen und in ihren Ausdrucksformen – bei denen es sich letztendlich um ein Wiederaufleben des Mythos vom ›guten Wilden‹ und des Reinheitsideals in einer weiterentwickelten Form handelt – geht einher mit dem unwiderruflichen Untergang dieser Lebens- und Kunstformen. So konnte die Ausstellung ›Primitivismus in der Kunst des zwanzigsten Jahrhunderts‹, die 1984 im New Yorker Museum of Modern Art stattfand, in aller Gelassenheit und in triumphierender Geste über eine tote, durch den Kolonialismus liquidierte Kunstform theoretisieren und diskutieren.

Ebenso wie letztendlich dem Werk eines westlichen Künstlers erst nach seinem Tod besonderer Wert beigemessen wird, wenn man es schließlich mit einem abgeschlossenen und fertigen Ganzen zu tun hat, konnte sich auch die ›primitive‹ Kunst, so wie sie vom Heer der Sammler, Museen und Galerien verstanden wird, erst auf der Grundlage eines Korpus von virtuell identifizierbaren und katalogisierbaren Werken entwickeln. Die ›primitiven‹ Künste müssen erst tot sein, damit sie zum Gegenstand einer seriösen Studien- und Sammeltätigkeit werden können.

Welchen Platz kann die Kunst der Aborigines in einem derartigen Umfeld einnehmen? Die Künstler der Papunya-Schule, die mit Acrylfarben auf Leinwand arbeiten, können aufgrund des von ihnen benutzten Bildträgers Eingang in das zeitgenössische internationale Kunstwesen finden. Die Malereien auf Baumrinden sind hingegen suspekt. Die Kenner sammeln formale und intellektuelle Beweise, um sie in Mißkredit zu bringen; denn wenn die Aborigines Werke schaffen, deren Wert anerkannt wird, bedürfen die Kategorien, nach denen sich unsere Institutionen richten, einer gründlichen Überprüfung.

Aus diesem Grunde wird die gesamte derzeitige Kunstproduktion in der Dritten Welt von gewissen Kritikern kurzerhand als folkloristisch bezeichnet, d.h. als eine rituell und mechanisch reproduzierte Form, die jedoch ihren Sinn, ihren sakralen, geistigen oder magischen Inhalt verloren hat.[1] Die Fähigkeit der Intellektuellen, Behauptungen aufzustellen und Beurteilungen von sich zu geben, ohne ihre vier Wände zu verlassen, ist außerordentlich. Man kann sich zwar die Welt von seinem Sessel in Paris aus vorstellen; aber es besteht die Gefahr, daß man sich irrt, wenn es sich um die Beurteilung lebender Künstler handelt, die anderen Kulturen angehören; und zwar aus dem einfachen Grund, weil dieses Phänomen nur sehr fragmentarisch beschrieben, analysiert und kommentiert worden ist. Um sich eine wirkliche Vorstellung von dieser Sache zu machen, kann man sich nicht mit den fertig vorgegebenen Interpretationsrastern des Neokolonialismus, des Exotismus, des Ethnozentrismus und der Kulturübertragung begnügen. Sondern man muß diese Künstler vielmehr aufsuchen und versuchen, die neue Situation, in der wir uns befinden, zu verstehen.

Die Ansicht, die Einwohner der Dritten Welt haben ihren ursprünglichen Glauben und ihre traditionelle Denkungsweise völlig verloren, weil sie sich tagtäglich der Technologie bedienen, die wir ihnen verkaufen, zeugt von größter Naivität.

Die andere Kritik an den traditionellen Künsten stammt von den Kennern, die anhand bestimmter Entwicklungsschemata (Archaismus/Aufblühen, Klassik/Höhepunkt, Barock/Niedergang) nachweisen, daß die gegenwärtig geschaffenen Werke von der Qualität ihrer ›Machart‹ her den Werken der Vergangenheit unterlegen sind. Die stilistischen Entwicklungen sind normal und sichtbar; aber die aktuelle Entwicklungsstufe wird oft durch Vorurteile belastet, da man von vornherein davon ausgeht, daß jeder Kontakt mit unserer Kultur eine Verunreinigung bewirkt. Als reiner Ausdruck der ›primitiven‹ Kunst gelten die Werke, die vor der Ankunft des weißen Mannes geschaffen wurden und die von daher der Klassik zugeordnet werden.[2] Wenn es zutrifft, daß die Missionare und die anderen Weißen in vielen Ländern gewaltige Verwüstungen angerichtet haben, so erscheint es mir ebenso zutreffend, daß es zahlreichen kulturellen Ausdrucksformen gelungen ist, den Kontakt mit den Weißen zu überleben. Es hat schon eine seltsame Bewandtnis mit unserer Zivilisation, die ihre Herrschaft über die ganze Erde ausdehnt und nur solchen Werken Wert beimißt, die nicht mit ihr in Berührung gekommen sind.

Andererseits sind Hierarchien von Stilperioden grundsätzlich suspekt, da sie im wesentlichen auf dem Bedürfnis beruhen, eine gegenwärtige Geschmackskonstellation historisch zu rechtfertigen. Von daher haben sie stets einen mythischen Charakter, selbst wenn sie sich auf weit ausholende kunsthistorische Argumente stützen.

Ich ziehe eine relativistische Position sowohl auf der räumlichen als auch auf der zeitlichen Ebene vor, die sich in jeder Kunstperiode mit der Umsetzung des Denkens einer Gruppe befaßt. Es ist davon auszugehen, daß bestimmte Formen sich als schlüssiger und von ihrer kommunikativen Leistung her effizienter als andere erweisen und daß der Einfluß des Einzelnen in bestimmten Fällen von entscheidender Bedeutung für die Erneuerung der Formen sein kann.

Ich habe mich unter anderem aus diesen Gründen entschlossen, die Untersuchung einzuleiten, aus der schließlich die Ausstellung ›Magiciens de la Terre‹ hervorgegangen ist. Bei dieser Arbeit ging es weniger um die Erfassung und Sammlung von Objekten als darum, den Menschen zu begegnen, die diese Objekte geschaffen haben.

Der Künstler verschwindet hinter den ausgestellten Werken, so daß er als Person nicht mehr sichtbar ist. Darin liegt das entscheidende Wagnis der Ausstellung ›Magiciens de la Terre‹. Es gibt heute in der ganzen Welt Künstler, die faszinierende Werke schaffen. Geben wir ihnen die Gelegenheit, sie zu zeigen, sich zu äußern und über ihre Werke zu sprechen. Warten wir nicht, bis sie tot sind, um ihren Werken Eingang in die Museen zu verschaffen. Es gilt, die westlichen Interpretationsexzesse und die überschäumende Kommentierlust durch einen Dialog oder durch die Aussage der Künstler zu ersetzen.

Zurück zum Werk, zum kreativen Akt und zum Kommentar des Künstlers, wie dies auch gewisse Ethnologen fordern, die bei jeder Werkinterpretation von der Aussage der Menschen ausgehen, die der betreffenden Kultur angehören.[3] Die Intuition auf der Grundlage der Erfahrung, die praktische Anwendung der Parameter der ästhetischen Urteilskraft, die Neugier und der Wunsch, den anderen in seiner Umgebung kennenzulernen, die Begegnung und der Dialog sind die Faktoren, die – insgesamt – die Voraussetzungen dafür schaffen, daß eine Auswahl getroffen werden kann, die Sinn macht (vermutlich sogar zuviel!). Bei den Ausstellungen besteht grundsätzlich die Tendenz, dem Homogenen gegenüber dem Heterogenen den Vorzug zu geben. Um diese Werte, die Werte der Moderne als Erbin des Humanismus, zu aktivieren und praktisch umzusetzen, braucht man durchaus nicht zwangsläufig dem Ritual unserer Intellektuellen zu huldigen. Diese sehen ihre Aufgabe darin, künstlerische Ereignisse in ein bibliographisches Raster einzuordnen, das angeblich die Existenzberechtigung der Ausstellungen entschlüsseln und dem Publikum die heimtückischen Machenschaften enthüllen soll, die von den machiavellistischen und inkompetenten Ausstellungsorganisatoren betrieben werden, um die Künstler herabzuwürdigen.[4] Da es sich eher um zynische Schulmeisterei und um pamphletische Bissigkeit handelt, findet keinerlei Analyse statt, sondern man begnügt sich mit hochgestochenen Erklärungen über die Notwendigkeit des Schönen, der Authentizität und der Qualität usw. Und einmal mehr bleibt es beim Herunterleiern von oberflächlichen und widersprüchlichen Interpretationen, von sinnentleerten Wörtern, die sich letztendlich nicht auf die jeweiligen Künstler oder Werke beziehen.

Es bleibt die Frage nach der Auswahl dieser lebenden Künstler. Dafür ist ein Kurator und das Team, mit dem er arbeitet, zuständig. Ich will an dieser Stelle nicht nochmals auf die Methoden und die Kriterien eingehen, die ich im Ausstellungskatalog beschrieben habe, ebensowenig wie auf die Evidenz unseres westlichen Standpunktes. Die Diskussion über unsere eigenen Kriterien ist bereits so unüberschaubar – wie könnte man da an die Aufstellung eines für alle Kulturen geltenden, konsensfähigen Beurteilungssystems glauben? Der rationalistische Fanatismus, der das ganze westliche Denken durchtränkt, droht regelmäßig das Empfindungsvermögen zu ersticken. Die Abhandlungen, die Kategorien und die Etiketten sind Bestandteil unserer Ritualisierungsformen. Wissen und Empfindungsvermögen können gut miteinander auskommen, sofern nicht der Kontakt mit der konkreten Realität und mit den durch sie hervorgerufenen Wahrnehmungen und Gefühlsregungen verlorengeht.

Ebenso lassen sich ein echtes Geschichtsbewußtsein und ein kritischer Ansatz nicht auf eine bloße – mit verständnisvollem Ausdruck – vorgetragene Aufzählung von Schlüsselbegriffen reduzieren, die nicht mehr einer neuen Realität gerecht werden, wie etwa (Neo-) Kolonialismus, Exotismus, Monotheismus, Tribalismus, Volkskunst ...

Angesichts einer komplexen Situation, der kein System gerecht werden kann, zieht man sich auf abgedroschene Schemata zurück und läßt es bei lächerlichen und verzweifelten Etikettierungen bewenden. So ist beispielsweise das Schema einer Dichotomie zwischen Volkskunst und gelehrter Kunst äußerst kritikwürdig. Die Kategorisierung läßt sich vielleicht bei einer westlichen Kultur nachvollziehen und auf bestimmte Gesellschaften mit stark hierarchisch gegliederten und gegeneinander abgeschotteten sozialen Schichten übertragen. Aber worauf soll sie sich in individuellen Gesellschaften beziehen? Gehört das, was man als ›primitive Kunst‹ bezeichnet, zum Bereich der Volkskunst, aufgrund der Form, die wir in die Schublade des Urtümlichen und Archaischen einordnen? Zum einen ist diese ›primitive‹ Kunst nicht dekorativ und leitet sich nicht von einer vermeintlich höher entwickelten gelehrten Kunst her. Zum anderen stützt sie sich oftmals auf einen Bestand an ausgearbeiteten und komplexen Kenntnissen, die durch die Tradition überliefert und durch den Künstler oder durch die Gruppe wiederbelebt werden. Von daher würde es heute naheliegen, sie eher der gelehrten Kategorie zuzuordnen. Aber zunächst einmal scheint festzustehen, daß sich die Kunst der Aborigines nicht in diese Dialektik einzwingen läßt.

Eine – und nicht die geringste – der Gefahren, mit denen man sich konfrontiert sieht, wenn man die Werke einer anderen Kultur zeigt, besteht darin, daß die Kommunikation, die sich zwischen den verschiedenen Beteiligten einstellen kann, durch die Gefechte zwischen – natürlich westlichen – Experten überlagert wird.

In dem Maße, in dem das Interesse an diesen Kulturen und ihren künstlerischen Ausdrucksformen zunimmt, können heftige Kontroversen entstehen. Diskussionen sind notwendig, um unsere Beurteilungsmethoden zu schärfen. Aber in gewissen Fällen geht es unter dem Deckmantel der ideellen Auseinandersetzung darum, sich ein Forschungsterrain anzueignen, auf dem man jedem anderen das Recht auf eigene Aussagen streitig machen möchte. Lächerliche Gefechte im Zeichen des persönlichen Ehrgeizes angesichts der Möglichkeiten und Risiken einer globalen Sichtweise, um die es eigentlich geht.[5]

Die Werke sind alle in gewissem Grad Kommunikationsträger. Die Intensität und die Präzision dieser Kommunikation kann großen Veränderungen unterliegen. Sie wird schwächer, je mehr die zeitliche oder räumliche Entfernung vom Werk und von seinem Schöpfer zunimmt.

Eine präzise und exakte Kommunikation ermöglicht das Werk nur im Umfeld der Personen, die in den Code, der ihm zugrundeliegt, eingeweiht sind. Bei diesen Eingeweihten kann es sich um die Mitglieder einer Sekte, um Kunstliebhaber oder um eine ganze Gemeinschaft handeln.

Selbst wenn man das Werk aus seinem Kontext herauslöst, fungiert es weiterhin noch als Kommunikationsträger nach Maßgabe des Interesses, das ihm seine Käufer und seine Betrachter entgegenbringen. Wir haben es dann mit einer verzögerten und verschobenen Kommunikation zu tun. Diese verzögerte Kommunikation hat sich unter dem Einfluß der Interpretationen, die von den verschiedenen Epochen beigesteuert wurden, entwickelt. Seitdem Europa schriftliche Zeugnisse über seine Kontakte mit anderen Kulturen bewahrt, hat die Rezeption der aus diesen Kulturen stammenden Objekte zu unterschiedlichen und völlig gegensätzlichen Einstellungen geführt. Aber schon lange bevor die Portugiesen im 15. Jahrhundert Gegenstände aus Elfenbein von den Künstlern aus Benin herstellen ließen, bildeten die Beziehungen zu den Fremden und zu den Barbaren das Ferment der Menschheitsgeschichte. Man weiß heute, daß die Suche nach der absoluten ›Wahrheit‹ dieser Werke insofern vergeblich ist, als sie von ihrem Kontext getrennt sind. Letztendlich sind sie nicht nur in bezug auf das Umfeld, aus dem sie hervorgegangen sind, sondern auch in bezug auf uns selbst aufschlußreich. Als Austauschobjekte enthalten sie Informationen über beide Akteure: über den Sender und über den Empfänger. Die tiefgreifenden Veränderungen unserer Interpretationen, deren Entwicklung mit Sicherheit noch nicht abgeschlossen ist, sollten uns zu einer gewissen Vorsicht veranlassen, da rückblickend letztlich doch wohl die Konsumenten, die bei der Vermittlung ihrer Kenntnisse mehr von Poesie als von Wissenschaftsdenken Gebrauch machen, auch heute noch unser Interesse erregen.

In den Wunderkammern wurden die Objekte zusammengetragen, in denen die Grenzen der Kenntnisse konkrete Gestalt annahmen. Das moderne Denken hat sich daran gemacht, die Extreme des menschlichen Verhaltens zu analysieren. Die moderne Kunst hat die vielfältigen Möglichkeiten der Kommunikation durch Formen und Farben ergründet. Diese Bewegung des Sich-Öffnens und der Suche nach dem Neuen vollzog sich oftmals über die Ausbeutung anderer Kulturen, da ein anderer Weg nicht möglich war. Heute, da die materiellen Mittel dies ermöglichen und die Dialog-, Informations- und Verbreitungsmöglichkeiten die Voraussetzungen für eine Rezeption schaffen, bei der es sich nicht um einen absoluten Verrat oder um einen grundlegenden Gegensatz zu den anderen Kulturen handelt, käme es einer absonderlichen Autarkiehaltung gleich, wenn man sie nicht dazu einladen würde, in den Museen auszustellen.

1 C. Francblin: »Diese Motive als Träger eines Denkens, das für diese Gesellschaften selbst kaum mehr lebendig ist [...]«, »Leitartikel«, in: *Art Press*, Paris o.D. (Juni) 1989.

2 Die Dapper-Stiftung in Paris befaßt sich gemäß ihrer Satzung nur mit präkolonialer Kunst.

3 Christian Kaufmann, mündliche Mitteilung.

4 Y. Michaud, *The Artist And The Curators: Four Essays, Not On Contemporary Art, But On Those Who Deal With It*, Paris 1989.

5 C. Deliss, »White Mischiefs«, in: *Frieze*, (Heft 7)/1992.

WIE LIEST MAN ›FREMDE‹ BILDER ?

UNSER TREFFEN MIT DEM ÄSTHETISCHEN PRODUKT AUS ANDEREN KULTUREN

ULRICH KREMPEL

Die Kunst der ›ersten‹ Australier hat, wenn wir als Europäer im Museum für zeitgenössische Kunst auf sie treffen, ihren angestammten Lebensumraum bereits verlassen und damit ein Stück weit auch die konkreten Lebens- und Existenzzusammenhänge, in denen sie sich ausbilden konnte, nach deren Regelsystemen, Traditionen und Mythen sich ihre Bildsprache ausbildete. Wir begegnen dieser Kunst als einer anderen, uns nicht zugänglichen, ganz im Gegensatz zu all den unterschiedlichen Ebenen, auf denen sie für den Eingeweihten verständlich ist. Wir begegnen ihr als Zuschauende, die zunächst nur auf der Ebene des ersten, naiven Sehens eine Beziehung zum ›fremden‹ Kunstwerk aufbauen können. Hier liegt der Ausgangspunkt unserer Probleme mit ›fremder‹ Kunst: Nicht nur sind uns diese Werke fern und die Kultur, der sie entstammen; ›fremd‹ sind auch wir vor der und für diese Kultur. Das bedenken wir zu wenig, wenn wir auf das Andere stoßen und es das Fremde nennen, daß wir mit einer solchen Weltsicht den Menschen des Zeitalters vor Galilei ähneln, die die Sonne um die Erde kreisen lassen wollten. Für uns, die wir in einer globalen Kultur zu leben meinen, kreist immer noch die Erde um uns: Das Andere ist das Fremde und Bedrohliche, weil es anders ist als wir. *Wir* und unsere Konditionen setzen die Maßstäbe, nach denen das Andere als das Fremde gesehen wird. Solches Vorgehen ist angstbesetzt und zeigt, wie wenig souverän und kenntnisreich Urteile über die ästhetischen Phänomene des Anderen sein müssen, wenn sie ohne Kenntnis des Anderen vorgenommen werden, ohne verbindende Parameter, die die Distanz zum scheinbar Fremden überbrücken helfen.

Daß wir uns für gewöhnlich das Andere auf solchen Wegen aneignen, durch die wir von ihm auf Dauer getrennt und verschont bleiben – etwa wenn wir ihm in den realitätsersetzenden elektronischen Medien begegnen – kann kein Ersatz sein für den wirklichen Versuch, das Treffen mit dem Anderen ohne die Beschwörung des Fremden zu vollziehen. Dazu gehören einige grundsätzliche Voraussetzungen, wie zunächst die Überwindung einer hierarchischen Distanz, wie sie sich – auch jenseits aller Rassismen – noch im Konzept der ›ersten‹ bis ›dritten‹ Welt widerspiegelt. Dazu gehört auch die Bereitschaft, versuchsweise – heuristisch – abzusehen von den nur eigenen Kategorien und solche zu erkennen und zu übernehmen, die der anderen Kultur zugehören, diese aber zumindest als existent zu akzeptieren und zu begreifen, wie sehr diese anderen Kategorien für die Ausbildung eines komplexen Systems von Bildern im Kontext einer anderen Kultur notwendig und verantworlich sind.

Im Falle der Kunst australischer Aborigines ist es zunächst wichtig, von der Illusion einer erlernbaren Ikonographie Abstand zu nehmen. Denn anders als in den westlichen Kulturen ist in der australischen Kultur das Abbilden eines Musters oder eines Motivs nicht zugleich mit der Offenlegung von dessen Inhalten oder Bedeutung verbunden, die über das Sehen und Erkennen durch jedermann abgerufen werden kann. Eher eignet – besonders im tabuisierten sakralen Bereich, den unsere Ausstellung bewußt ausspart – der traditionellen Kunst der Aborigines eine »Verhüllungsfunktion der Motive«[1], die sich auch auf die verschiedenen Stadien des Wissens innerhalb der eigenen Gesellschaft bezieht. Dazu Schlatter: »Die Bedeutung der Motive läßt sich nur aus dem Kontext erschließen, nur wer den mit den Eingravierungen verbundenen esoterischen Mytheninhalt kennt, kann die Motive deuten.«[2] Die Komplexität der Aboriginal-Mythologie ist in der traditionellen Gesellschaft geborgen im zeremoniellen Leben; dieses kennt unterschiedliche Stufen des Wissens und der Initiation, aber auch die Unterschiedlichkeit der den verschiedenen Gruppen eigenen Geschichten von Ahnenwesen und sakralen Figuren, die zu einer ganz unterschiedlichen Inhaltlichkeit einzelner Zeichen führen können. »[...] ein buchstabenartiges Lesen der einzelnen Motive ist nicht möglich, der Text ist verschlüsselt. Ein konzentrischer Kreis konnte zum Beispiel Campfeuer, Lager, Höhle, Felsloch, Quelle, Baum, Berg [...] bedeuten. Das war von *tjurunga* zu *tjurunga* verschieden, von Gruppe zu Gruppe und sogar [...] von Aussage zu Aussage. Es handelt sich hier jedoch um verschiedene Interpretationsebenen einzelner Motive.«[3]

Dazu treten die normalen Schwierigkeiten verbaler Kommunikation im Sprung der Kulturen: »Befragt über ihre Gemälde, antworten die Künstler für gewöhnlich, das Gemälde ›bedeute‹ oder sei ›mein Land‹, d.h. das Gemälde ist eine Beschreibung des Lebensgebietes des Künstlers. Weiterhin befragt über die ›Dreaming story‹, wird der Künstler oft den wichtigsten dargestellten Ahnen identifizieren und vielleicht die wichtige Örtlichkeit, an der der Vorfahr die Handlung vollzog, die im Gemälde dargestellt ist. An diesem Punkt weist der Künstler möglicherweise auf ikonographische Elemente hin. Es ist für einen Außenstehenden – besonders, wenn er in der örtlichen Sprache arbeitet – möglich, weitere Einsicht in die erzählbaren Anteile der im Bild dargestellten Ereignisse zu nehmen, aber selbst dann kann der Zugang zu den verschiedenen Ebenen von Bedeutung verweigert werden.«[4]

Neben der Ebene der Bedeutung und Mitteilung interessiert den Kunstliebhaber in Europa auch die Faktologie der Bilder. Aber welche Möglichkeiten des besseren Verstehens geben die Kenntnisse vom Gemachtwerden der Bilder, wenn die tieferen Ebenen des Verstehens von Inhalten sich mit restringierten Ebenen des Machens verbinden, sich also wieder verschließen? In Australien trifft der europäische Betrachter auf eine große Varietät: von traditioneller Kunst – Gemälden auf Felsen und auf Rinde, auf Baumstämmen, im rituellen Kontext –, von Kunst im Übergang von der traditionellen Formulierung hin zu Gemälden in Acrylfarben auf Leinwand, bis hin zu den modernen zeitgenössischen Künstlern in den Städten vor allem des Südostens, die die ganze Breite traditioneller und moderner Ausdrucksmöglichkeiten und Gestaltungsweisen für sich nutzen. All diesen bewußt sich als Aboriginal-Künstler verstehenden Individuen gemeinsam ist die Kenntnis eines ästhetisch eigenständigen Systems von Bilderschaffung, das über eigene Gesetze der Komposition und Farbsetzung verfügt, über abstrakte Zeichen ebenso wie figürlich ablesbare Repräsentationen. Wie frei oder traditionell gebunden eine Künstlerin/ein Künstler sich für einen Stil oder eine Gestaltungsweise entscheidet, entzieht sich der Kenntnis der von fern auf diese Kunst Schauenden. Zudem verbergen sich im Bild andere Inhalte und Sinnebenen, die sich dem initiierten Betrachter erschließen, allen anderen aber verborgen bleiben.Traditionelle Künstler heute berichten über die Strategie des Verbergens: »Alle sie Punkte, gelb und rot, alles. (Zuerst, wir) setzen Kreis, Kreis und Dreaming (um zu vergegenwärtigen) Körpermalerei oder könnte Bodenfarbe sein. Und nach dem, du setzt die verschiedene verschiedene Farbe. Das ist meine Idee.«[5] Clifford Possum Japaljarris Sätze aus Papunya decken sich mit dem Zitat Morphys zur Malerei der *Yolngu* in Arnhemland: »Künstler versichern, daß es nicht wichtig ist, ob man die figurativen Repräsentationen nur roh oder das Gruppenzeichen schnell zeichnet (solange es korrekt ist): ›du zeichnest sie grob, weil du sie überdecken wirst.«[6] Solchermaßen kehren große Teile des Bildes in den geheimen, nur den Wissenden verfügbaren Bereich zurück, bevor es noch ›gesehen‹ werden kann. Dies noch besonders dort, wo es – im 89rituellen Kontext – nach seiner Herstellung im Ritus wieder zerstört wird, bevor es öffentlich werden kann.

Auch die Farbigkeit traditioneller Aboriginal-Kunst ist eine eigenständige, basierend auf den natürlichen Farbigkeiten des Ockers und weißen Pfeifentons, der in traditioneller Malerei (Körperbemalung,Ritus) benutzt wurde; auch der Zugriff auf ›moderne‹(d.h. Acryl-)Farben läßt traditionell orientierte Aborigines dem eigenen Kultursystem verbunden bleiben. »Nicht sie weiße Mann Farbe. Nein, sie eingeborene Farbe, sie rote, sie weiße, schwarze. Ich beginne (mit) *yurlpa, karrku, ngujunguju, karntawarra*. Von vier Farbe: rote und eine gelbe, schwarze, weiße, aus vier Farbe... Ich misch sie andere vier mehr, ich misch sie von weiß andere vier mehr.«[7]

Morphy hat in seiner Untersuchung zur Ästhetik der *Yolngu* konstitutive Elemente von Aboriginal-Kunst benannt: »Die Gemälde der *Yolngu* sind aus einer Anzahl von Komponenten verschiedener Typen zusammengesetzt, die in besonderer Weise organisiert sind. Da ist eine Grundfarbe, dann verschiedene innere Unterteilungen, figurative Darstellungen, geometrische Hintergrundmuster und Kreuzschraffur. [...] in unserem Zusammenhang ist es nur nötig, zwischen Kreuzschraffur und den anderen Komponenten zu unterscheiden, auf die wir uns insgesamt als darunterliegende Zeichnung beziehen können.«[8] Wie sehr also Kreuzschraffur (im Norden) und Punktmalerei (in Zentralaustralien) stilistisch-inhaltliche, ja sakrale Bedeutung haben, wird sich außerhalb der Kulturen der Aborigines nur da verstehen lassen, wo uns die Autoren selbst oder die Wissenden der Kultur den Zugang ermöglichen.

Aber so komplex die Strategien der Annäherung an das Andere sein mögen, sie geraten auch immer wieder in unmittelbare Relation zu schon Bekanntem. Die Frage etwa, in welcher Relation das Tafelbild – wie es ja heute in Australien vielfach produziert wird – zur traditionellen Erscheinungsform des Bildes steht, bleibt unklar (und ist vielleicht auch nur für den europäischen Betrachter relevant). Wenn wir an Körperbemalung und Felsmalerei denken, wird keine Verbindung deutlich. Anders schon ist das bei der traditionellen Rindenmalerei, deren Bildträger in der Regel hoch- oder querformatige Rechtecke sind. Aber was nützt uns das Wissen darüber, daß die Malerei in Zentral- und Nordaustralien für gewöhnlich nicht auf einer Staffelei entsteht, sondern daß der Bildträger liegt, während der Künstler an ihm arbeitet? Erklärt sich die unhierarchische Richtungslosigkeit der nichtgegenständlichen Kompositionen aus dieser Herstellungsweise oder aus einem Konzept von Malerei, das von einem ganz anderen Blickwinkel des Malers auf sein Bild wie seine Welt ausgeht? Strehlow beschrieb, »wie Männer, Frauen und Kinder, sobald sie eine Geschichte erzählen, gleichzeitig zur Illustration des Gesagten Markierungen in den Sand malen.«[9] Und: »Ein Aborigine aus Zentralaustralien las auf dem Boden wie in einem Buch. Kam er in ein verlassenes Lager, konnte er durch den Blick auf den Boden angeben, wie viele Männer, Frauen und Kinder ihre Spuren hinterlassen hatten, wo sie geschlafen, wo und was sie gegessen hatten, wann sie zum letzten Male dort gewesen waren, usw. [...] Als ein Ergebnis hatte das Volk der Aranda, natürlich genug, in seiner bildenden Kunst die Angewohnheit, auf eine Landschaft herabzublicken und nicht sie von der Seite anzuschauen, wie wir es tun.«[10]

Letztlich stehen mehr neue Fragen als Antworten auf den Versuch, die Bedingungen der Annäherung an die Kunst der Aborigines zu diskutieren. Die abendländische Kultur hat ihrer bildenden Kunst längst keinen existierenden Kontext mit Gesellschaft, Ritus, den Nachbarkünsten anzubieten. Anders im Fortgang der Aboriginal-Kultur, wie sie Morphy für die *Yolngu* konstatiert: »Komponenten des *Yolngu*-Rituals sind [...] die *mardayin*: die Lieder, Tänze, Gemälde, Beschwörungen und die rituelle Handlung, verbunden mit den Handlungen der Ahnenwesen in der Vergangenheit der Vorfahren, die in die Erschaffung der Landschaft mündeten.«[11]

Die Komplexität des Herstellungsprozesses erschließt sich aus der Fülle der Informationen, die uns in unserer so fernen, anderen Kultur zur Verfügung stehen. Jenseits aller persönlichen Aneignung über das eigene Sehen sind allmähliche Bewegungen in den Kontext der Aboriginal-Kunst hinein notwendig, um Gegenstand, Inhalt und Ausführung eines Bildes wirklich zu begreifen. Johnny Warrangula Tjupurrulas Gemälde ›Wie Busch-Nahrung wächst‹, über dessen allmähliche Entstehung uns eine ausführliche Notiz vorliegt, mag solche Komplexitäten verdeutlichen. Wie aber, das bleibt als Frage, erreichen wir die Tiefe des Begreifens, die der Intensität des Schaffens gleichkommen könnte?

»In mehreren Schichten liegen Punkte in diesem Bild übereinander, das den nach dem Regen wieder neu austreibenden Pflanzen, Gräsern und Blumen gewidmet ist. Das als Malgrund verwendete Brett ist in drei Lagen mit rotem Ocker präpariert. Für die ersten beiden wurde ein Kamelhaarpinsel verwendet, die letzte mit teilweise weichgekauten Grashalmen aufgetragen.

Der Künstler malte zuerst in Schwarz alle ausgetrockneten Flüsse und Bäche und deutete Sickerwasserstellen mit konzentrischen Kreisen an. Gestreifte Rechtecke bezeichnen die von Frauen flachgetretenen Plätze, an denen Männer, die dem Wasser-*Tjukurrpa* zugehören, gewöhnlich die Tänze der Wachstumszeremonie aufführen. Anschließend wurde das Bild zwei Monate lang beiseite gestellt.

Mit Beginn der Regenzeit entstand die zweite Schicht. Tjupurrula zeichnete mit Punkten die Wasserlöcher und Flüsse ein; dabei verwendte er immer noch den Kamelhaarpinsel.

Als der Regen von neuem einsetzte, benutzte der Künstler Grashalme für die letzte, dritte Schicht. Drei Wochen lang arbeitete er jeden Tag an dem Bild und trug in einer sehr feinen Maltechnik dünne Farbschichten auf. Diese zarten Striche spiegeln die Veränderung der Wüste wider – nach dem Regen ist sie vom neuen Leben der Pflanzen, Gräser und blühenden Sträucher erfüllt. Die schwarzen Flecken stehen für die dunklen Samenkörner, die die Frauen in den feuchten Boden getreten haben, während die weißen Flecken eine andere Pflanzenart darstellen, die in der Gegend gedeiht. Viele dieser Gewächse sind sehr kurzlebig.«[12]

1 Vgl. dazu G. Schlatter, *Bumerang und Schwirrholz: Eine Einführung in die traditionelle Kultur australischer Aborigines*, Berlin 1985, S. 131.
2 Ebd. S. 129.
3 Ebd. S. 131.
4 Ch. Anderson/F. Dussart, »Dreamings In Acrylic: Western Desert Art«, in: Kat. Ausst. *Dreamings: The Art Of Aboriginal Australia*, bearb. von P. Sutton, Ringwood 1988, S. 118.
5 Ebd. S. 116.
6 H. Morphy, »From Dull To Brilliant: The Aesthetics Of Spiritual Power Among The Yolgnu«, in: *Man*, Bd. 24 (Heft 1)/1989, S. 27.
7 Ch. Anderson/F. Dussart, in: Kat. Ausst. *Dreamings*, 1988, S. 116.
8 H. Morphy, 1989, S. 27.
9 G. Schlatter, 1985, S. 130. Schlatter zitiert T.G.H. Strehlows Aufsatz »The Art Of Circle Line And Square (1964)«, in: *Australian Aboriginal Art*, hrsg. von R.M. Berndt, Sydney 1964, S. 44-59.
10 Ebd. S. 47.
11 H. Morphy, 1989, S. 33.
12 Vgl. dazu Kat. Nr. 96.

GESCHICHTE DER ANERKENNUNG SCHWARZAUSTRALISCHER KUNST

GARY LEE

Die Geschichte der Anerkennung der Kunst von Aborigines vollzieht sich als Prozeß, dessen Wurzeln in einer kolonialistischen Grundsituation liegen. Ich möchte einige öffentliche Einrichtungen in Darwin von dieser Basis her betrachten und dabei herausarbeiten, in welcher Weise diese kolonialistische Grundsituation nach wie vor besteht. Die Geschichte der Anerkennung von Aboriginal-Kunst ist eigentlich die Geschichte ihrer Mißachtung oder, um es besser zu formulieren, ihrer Ausbeutung. Vieles von dem, was ich hier schreibe, leitet sich aus meiner Situation als Mitglied des *Larrakia (Larrakeah)*-Volkes ab. Die *Larrakia* sind die traditionellen Besitzer und die ursprünglichen Bewohner des Gebiets der Halbinsel von Darwin und Cox im Northern Territory (siehe Landkarte).

Als erstes will ich das aktuelle Umfeld dieser Geschichte klären und den Blick auf solche Kunstwerke von Aborigines lenken, die in Darwin öffentlich zugänglich sind. Meines Wissens muß die Frage: ›Was sagt die Zurschaustellung von Aboriginal-Kunst in diesen Gebäuden aus?‹, erst noch beantwortet werden. Wie spiegeln diese Gemälde die mangelnde Repräsentation und fehlende Anerkennung der Kultur des Volkes wider, in dessen Land die Bauten stehen? Ist es Zufall, daß die betreffenden Bauwerke neu errichtete, wichtige öffentliche Gebäude sind, bei denen die Landesregierung des Northern Territory nicht gespart hat? Die Gebäude, auf die ich mich beziehe, sind die Hauptpost, das Kulturzentrum und der internationale Flughafen von Darwin.

Kunst von Aborigines erscheint in allen drei Bauwerken in Art und Format von großflächigen Wandbildern und ist ein wesentlicher Bestandteil des Gesamteindrucks dieser Bauten. In der Hauptpost sind zwölf rechteckige Malereien direkt unter der Dachkante im Innenraum angebracht. Die Plazierung nutzt die Flächen über den Hauptein- und -ausgängen und den Publikumsschaltern sehr gut aus. Ausgeführt wurden die Gemälde von Künstlern aus dem nördlichen Zentral-Arnhemland und dem Gebiet südlich von Darwin. Die vier Bilder, um die es hier geht, tragen die Titel ›Universum‹, ›Natur‹, ›Schöpfung‹ und ›Wissen und Recht‹ und werden von einem kommentierenden Text begleitet, um die Sichtweise der Künstler als Eingeborene zu verdeutlichen. Laut der begleitenden Dokumentation »[...]hoffen wir, daß diese Bilder Verständnis und Anerkennung der Werte, Überzeugungen und Weltsicht der Eingeborenen vermitteln«. Es ist nicht klar, ob das ›wir‹ in diesem Text die Empfindungen der Landesregierung oder die der Künstler meint.

Auch im Kulturzentrum ist das Gemälde mit dem Titel ›Paddy Dhatangu Mural‹ an prominenter Stelle plaziert, um die Aufmerksamkeit der Theaterbesucher zu erregen. Es nimmt mit seinen Außenmaßen von 2,3 x 7,8 Metern den Raum zwischen den beiden Treppen ein, die zum Zwischengeschoß führen. Die Abbildung einer *Marradjirri*-Zeremonie (Herstellung von Bändern) ist dem verstorbenen Vater von Dhatangu gewidmet. Dhatangu hat die Ausführung dieses Wandbildes, das eine Kopie seines gleichnamigen Rindenbildes ist, selbst überwacht.

Auch im neuen internationalen Flughafen von Darwin gibt es ein großformatiges Aboriginal-Wandbild, das den internationalen Ankunftsbereich beherrscht. Das Bild mit dem Titel ›*Yingarra*, die Regenbogenschlange‹, ist in Anlehnung an ein Rindenbild von Bandayal Nadjemerrek entstanden, das sich wiederum auf eine Felsenmalerei im Gebiet seines Clans bezieht. Zu dem Wandbild gibt es ein Photo und eine Dokumentation zu Bandayals Rindenbild, in der auch knapp die Verbindung der Schlange mit der Mythologie von West-Arnhemland erklärt wird. Unter Aufsicht von Bandayal haben zwei Künstler das Bild geschaffen. Bandayal wird als »sehr gefragter Künstler der Malak-Künstlerorganisation von Oenpelli« vorgestellt.

Direkt vor dem Flughafen, dem internationalen Ankunftsbereich, sind einige *Tutini-Pukumani*-Grabpfähle von Melville und den Bathurst-Inseln aufgestellt. Im Unterschied zu dem Hinweis auf Bandayals Marktfähigkeit werden die Grabpfähle weniger zurückhaltend beschrieben: »Diese Pfähle sind nicht sakral und werden heute auch für den Verkauf hergestellt.«

Obwohl ich gegen die Ästhetik all dieser Arbeiten grundsätzlich nichts einzuwenden habe, muß ich doch betonen, daß es sich hierbei um Werke aus Aboriginal-Kulturen handelt, die aus Regionen des Northern Territory stammen und nicht in Darwin beheimatet sind. Als Angehöriger der *Larrakia* frage ich mich: Wenn man schon so viel Mühe auf die Präsentation dieser Gemälde in den Gebäuden, die sie ausschmücken, verwendet hat, warum ist dann nichts von Künstlern der *Larrakia* dabei? Wenn die Landesregierung des Northern Territory ihre Wertschätzung von Aboriginal-Kultur demonstrieren möchte, warum ignoriert sie ausgerechnet die Kultur meines Volkes, auf dessen Grund und Boden die Bauwerke so selbstgefällig stehen? Diese offensichtliche Befangenheit gegenüber der *Larrakia*-Kultur kann dem Einfluß der Arts and Craft Advisors angerechnet werden. Aufstieg und Einfluß dieser Leute haben in den vergangenen zehn Jahren dazu geführt, daß bestimmte Kunst aus bestimmten Gebieten als Kunst von Aborigines scheinbar ›authentischer‹ repräsentiert und deshalb in den Vordergrund gerückt wurde. Um dieses hinterhältige Szenario besser zu verstehen, in dem Kunst von Aborigines so weit zurechtgestutzt wird, bis sie die eigene Kultur von Aborigines selbst in ihrem lokalen und nationalen Zusammenhang nicht mehr in adäquater Weise anspricht, müssen wir uns dieser Geschichte der Anerkennung zuwenden, die die Position von Arts and Craft Advisors notwendig und stark gemacht hat.

Seit Ende der 60er Jahre wurde Aboriginal-Kunst einer zunehmend größeren Zahl von Menschen nähergebracht. 1973 veranstaltete die Australian National University (ANU) ein landesweites Seminar über Aboriginal-Kunst in Australien, in dem Entschließungen verabschiedet wurden, die zur Gründung des AAB – Aboriginal Arts Board – führten. Der AAB entwickelte von Anfang an eine Politik der Unterstützung der Arts and Craft Advisors in etlichen Gemeinden von Arnhemland.

Die Bedeutung dieser Berater kann nicht deutlich genug betont werden, da heute die Kuratoren für Aboriginal-Kunst gerade von dieser Gruppe besonders abhängig sind. Der starke politische Einfluß dieser Leute hat ihnen in jüngster Vergangenheit eine wesentlich aktivere Rolle als je zuvor ermöglicht.[1] Zwar sind die meisten Berater im Northern Territory tätig, doch am wichtigsten ist ihre Einflußnahme auf das Marketing von Aboriginal-Kunst und ihre Förderung von ›Stars‹ auf nationaler und letztlich auch internationaler Ebene.

In seiner kurzen Zusammenfassung stellt Morphy die Aufgaben dieser Arts and Craft Advisors dar als Kombination aus dem »Können [...] [eines] [...] Geschäftsmannes, Organisators, Anthropologen, Sozialarbeiters und Facharbeiters«.[2] Die Berater sind den Künstlern bei der Beschaffung von Rohmaterialien behilflich, sie regeln den Einzelverkauf von Kunstwerken in den Gemeinden, holen die Arbeiten von solchen Künstlern, die schwer erreichbar im Busch leben, organisieren Verkauf, Verpackung und Transport von Einzelwerken und ganzen Ausstellungen.[3]

Einer der wichtigsten Aspekte in der Position der Berater liegt in ihren Beziehungen zu den Kuratoren für Aboriginal-Kunst: Beispielsweise können sie Kuratoren auf wichtige Bilder, wie Meisterwerke oder ganze Folgen eines Künstlers, hinweisen; sie können aber auch Verhandlungen über Aufträge und über angemessene Honorare für besonders gute Arbeiten führen. (Dieser Bereich hat sich allerdings erst in den letzten fünf Jahren entwickelt.) Sie weisen auf Künstler hin, die am Beginn ihrer Laufbahn stehen, können doch die Kuratoren wegen beschränkter Budgetmittel oft nicht selbst nach Arnhemland reisen. Eine derartige Verbindung zwischen Beratern und Kuratoren kann für beide Seiten nützlich sein, besonders wenn es um Planung und Vorbereitung von möglichen ›Verkaufs‹-Ausstellungen geht oder um die Zusammenarbeit mit Kunstgalerien, die Kunstwerke von Aborigines erwerben oder ihren vorhandenen Bestand vergrößern wollen. Seit der Einsetzung von Arts and Craft Advisors in den frühen 70er Jahren ist ein steigendes Kaufinteresse und eine zunehmende Beteiligung von Regierungsstellen bei Erwerb und Präsentation von Aboriginal-Kunst zu erkennen.

Der Aufstieg der Berater und die damit verbundene offensichtliche Nutzbarmachung von Aboriginal-Kunst kann innerhalb des größeren Maßstabs einer kolonialistischen Leitlinie betrachtet werden. Man könnte sagen, daß das Sammeln von Kunstgegenständen der australischen Aborigines mit einem Besuch von Captain James Cook im Jahr 1770 begann.[4] Es ist bekannt, daß Cook einige Waffen (Speere, *boomerangs,* Schilde) zusammengetragen hat und nach ihm kommende Forscher dies ebenfalls getan haben, da sie wohl unbedingt greifbare Beweise für die Existenz der Menschen brauchten, denen sie begegnet waren. Einer der Expeditionsleiter, John Eyre, veröffentlichte bereits 1841 Zeichnungen von ›Werkzeugen der Natur‹ aus Australien, die er zuvor gesammelt hatte.[5]

Allerdings, und dies ist sehr bemerkenswert, waren vermutlich die Missionare die ersten, die sich ernsthaft für Gegenstände von Aborigines interessierten. Um die Jahrhundertwende begannen Lutheraner wie Carl Strehlow in Herrmannsburg und Johann Reuther in Killalpaninna sakrale und andere Objekte zu erwerben. Damals hielten die Lutheraner alle religiösen Gegenstände für Götzenzeug, und dies allein reichte ihnen als Grund für weitere Studien aus. Seine Rechtfertigung fand dies offenbar in den Bemühungen der Missionare, die Kultur und die Menschen zu verstehen, die zu ›retten‹ sie sich vorgenommen hatten.

Auch andere sammelten vereinzelt in dieser Zeit. Die Übergriffe der Europäer auf das Land führten dazu, daß Aborigines zu ihren Siedlungen zogen und dort Dinge aus ihrem Besitz, häufig gegen Grundnahrungsmittel wie Mehl, Zucker und Tee oder Äxte und anderes, eintauschten. In der Folge hingen an den Wohnzimmerwänden in vielen Häusern von Weißen Gegenstände von Aborigines. Jones schreibt dazu: »Der solchen Sammlungen beigemessene Wert hatte mehr mit ihrem Symbol als Trophäen zu tun und weniger mit der Wertschätzung ihrer Schönheit, Kunstfertigkeit oder handwerklichen Leistung.«[6] Auch die einfachen Regierungsangestellten, die in Zentral- und Nordaustralien tätig waren, sammelten Material, auf das sie bei ihrer Arbeit in oder bei Gemeinden von Aborigines ›zufällig‹ stießen. Allem Anschein nach waren jedoch die früheren Sammlungen von Missionaren wie Strehlow und Reuther in der damaligen Zeit die umfassendsten und auch die grundlegendsten.

Den ersten Anstoß für ihre Sammlertätigkeit erhielten diese Missionare vielleicht durch die Vorstellung, Museen ›im Süden‹ mit Kunst von Aborigines auszustatten. Doch wurden diese Objekte zweifellos noch als Ethnographica angesehen, man sprach ihnen noch keinen ästhetischen Wert zu. Von großem Einfluß auf diese Statusverschiebung war eine weitere Gruppe von Ethnologen und Anthropologen, deren wichtige Rolle in einem größeren Zusammenhang im folgenden kurz umrissen werden soll.

Gegen Ende des 19. Jahrhunderts sprachen Veröffentlichungen wie ›Native Tribes Of Central Australia‹ von Spencer und ›Native Tribes Of South East Australia‹ von Howitt für das beginnende Interesse von Ethnographen und Anthropologen, Material von Aborigines zusammenzutragen. Unterstützt vom Direktor des South Australian Museum sammelten Amateurethnographen wie Paul Foelsche (ein Polizist) und Händler wie D. M. Sayers Objekte von Aborigines aus Nordaustralien.[7] 1907 publizierte Basedow in seinen ›Anthropological Notes On The Western Coastal Tribes Of The Northern Territory Of South Australia‹ ein Rindenbild, das Foelsche in Port Essington aufgetan hatte. 1884 bereiste F. Carrington das Gebiet des South Alligator River und brachte von dort fünf Rindenbilder mit.[8] Laut Mountfort (1957) befinden sich diese Bilder jetzt in den umfangreichen Beständen des South Australien Museum. Wie all diese Bilder in diese Sammlungen gekommen sind, kann man nur ahnen, wahrscheinlich wurden sie einfach aus den Schutzhütten für die Regenzeit weggenommen. Damals hatten die Aborigines von Arnhemland noch nicht viele Weiße gesehen, also wurden die Bilder vermutlich nicht bezahlt. Möglicherweise haben Leute wie Foelsche versucht, die üblichen Waren wie Mehl, Zucker, Tabak usw. dafür zu tauschen, da eine Bezahlung mit Geld zu diesem Zeitpunkt nicht sehr sinnvoll gewesen wäre.

Eine der ersten ausführlich dokumentierten und ausgesprochen materialreichen Sammlungen mit Malereien von Aborigines stellte Baldwin Spencer im Jahre 1912 in Oenpelli zusammen. Spencer holte bemalte Rindenstücke aus Unterkünften,[9] bezahlte jedoch später mit Tabak, der bevorzugten ›Währung‹, um mehr zu bekommen und bat einige Männer, die Felsenbilder vom nahegelegenen Inyaluk Hill auf Rinde zu kopieren.

Leider traten Spencers evolutionäre Vorurteile gegenüber den Werken (und Menschen), mit denen er zu tun hatte (ein Glück für den Forscher), in seinen Beobachtungen zu Tage, daß »[das] [...] Bild, wie grob auch immer, die eindrucksvollen Züge des Tieres wiedergibt, wie der Geist der Wilden sie wahrnimmt«.[10]

Ähnliche evolutionäre Äußerungen finden sich in allen Schriften von Spencer. Positiv bleibt anzumerken, daß er keinen Einfluß auf die Themen der Bilder nahm, sondern dies ganz den Künstlern überließ.[11] Zu seiner Zeit in Oenpelli gab Spencer auf diese Weise rund 50 Bilder ›in Auftrag‹, wie Mulvaney und Calaby feststellten.[12] Weitere solcher ›Kopien‹ von Felsbildern auf Rinde[13] ließ sich Spencer später nach Melbourne schicken; dies erledigte Paddy Cahill, ein Büffeljäger, der damals Superintendent in der Missionsstation von Oenpelli war. Bis 1920 schickte Cahill bereits mehr als 150 dieser Malereien nach Melborne.[14]

Auch andere Menschen mit Erfahrungen oder einer Ausbildung als Ethnologe und Anthropologe trugen in dieser Zeit zu detaillierten Sammlungen mit Kunst von Aborigines bei. Um nur einige zu nennen: C. P. Mountford (der sich vor allem für Felsmalereien interessierte), Ursula McConnel, Ronald und Catherine Berndt, Donald Thomson. Alle hier Genannten trugen während ihrer Feldforschungen wesentliche und gut bearbeitete Sammlungen zusammen, doch meiner Meinung nach setzte Thomson durch die Qualität seiner gründlichen Dokumentation die Standards, an denen sich auch heute noch viele in ihren Feldforschungen orientieren.

Ganz allgemein gesagt, hatten diese ersten Sammler von ethnographischem Material sehr genau umrissene Vorstellungen von dem, wonach sie bei den Aborigines suchten. Normalerweise ging es um Waffen und Werkzeuge, die auch reichlich zu finden waren. Diese Vorliebe für normale Gebrauchsgegenstände spiegelte sich in den Ausstellungen des 19. Jahrhunderts in Europa und Australien deutlich wider: Religiöse oder kultische Objekte lassen sich in diesem Sammlungen kaum finden. Parallelen zu dieser Situation lassen sich an damals beliebten Postkarten und photographischen Motiven aufzeigen. Photopostkarten trugen – obgleich mit gestellten Szenarien – zweifellos zur weltweiten ›Vertrautheit‹ mit der materiellen Kultur der Aborigines bei. Klischeehaft wurden hier Aborigines abgebildet, indem man sie bei der Benutzung ›authentischer‹ Gerätschaften zeigte, um so ihren angeblichen ›Naturzustand‹ zu beweisen.

Die mit diesen frühen Photographien und Postkarten illustrierte anthropozentrische Haltung kam auch in den bereits erwähnten Weltausstellungen und Handelsmessen zum Ausdruck. Dort wurde immer wieder das alte Stereotyp vom Aboriginal-Jäger oder -›Krieger‹ bestätigt und befördert, der ständig auf Nahrungssuche oder in Alarmbereitschaft ist und wenig Zeit für religiöse oder kultische Handlungen hat. Die Sammlungen ›bewiesen‹ die Überlegenheit der westlichen Welt über die ›Eroberten‹, die ›einfachen Wilden‹, wie beispielsweise die Aborigines, die ganz unten, auf der niedrigsten Sprosse der entwicklungsgeschichtlichen Leiter gesehen wurden.

Bis zum 20. Jahrhundert wurden Gegenstände aus eingeborenen Kulturen als ›Raritäten‹ und ›befremdliche Objekte‹ erworben. Ausgesprochen häufig bildete eine Sammlung einen Mikrokosmos, in dem vereinzelte Objekte ersatzweise eine gesamte Region oder ›Kultur‹ repräsentierten. Im 19. Jahrhundert begann man, sich ernsthafter mit Klassifizierungen und der Ausarbeitung vollständiger Serien zu befassen. Diese Vorgehensweise eigneten sich Naturwissenschaftler in der Folgezeit zunehmend an,[15] und die Wertschätzung von Objekten orientierte sich jetzt an ihrer möglichen Zuordnung innerhalb eines schematisierten Katalogs: Nahrungsbeschaffung, Jagd, Kriegszüge usw. Diese Art einer klassifizierenden Sichtweise kann man in typologischen Schausammlungen, wie denen von A.H.L.F. Pitt Rivers sehen.[16] Das Pitt Rivers Museum der Universität von Oxford ist als reichhaltige Fundgrube von Dingen aus den Kulturen der Aborigines bekannt. Morphy hat die Entwicklung dieser großen (und wichtigen) australischen Sammlung, die er jetzt als Kurator betreut, dargelegt.[17]

Pitt Rivers erarbeitete in seinen Typologien Abfolgen, die sich an Entwicklungsstadien orientieren; und zum Ende des Jahrhunderts war die Evolutionslehre die vorherrschende Doktrin, die als Leitfaden für den Aufbau der Sammlungen von exotischen Gegenständen diente. Immer wurde die ›Geschichte‹ der Entwicklung des Menschen ›erzählt‹, und die Objekte wurden nach geographischen Gesichtspunkten geordnet, in aufwendigen Aufbauten oder ›lebensechten‹ Dioramen ausgebreitet. In einem solchen Szenario waren die Gegenstände nicht länger ›exotische Kuriositäten‹, sondern dienten jetzt als Informationsquellen, die ganz in das Weltbild des ›westlichen Menschen‹ integriert waren.[18] In diesem Verständnis erhielten die ›exotischen‹

Objekte ihren Wert durch die Eigenschaft, der ›Wirklichkeit‹ früherer Stadien in der allen Menschen gemeinsamen Vergangenheit zu entsprechen – ein Beleg für den Triumph des technologischen Europa in der Gegenwart.

Mit dem Aufkommen einer relativierenden Anthropologie wie bei Franz Boas wurde die Betonung auf eine Plazierung der Objekte in eigene, ›lebensnahe‹ Umgebungen gelegt. Das heißt, daß die solchermaßen vorgeführten ›Kulturen‹ in einer evolutionär aufgebauten Abfolge aus Gattungen oder in gleichzeitig nebeneinander bestehenden ›ethnographischen Gegenwarten‹ ausgestellt wurden. Bei den letztgenannten ging es nicht um den Zeitbegriff ›alt‹ oder ›20. Jahrhundert‹, sondern eher um eine ›authentische‹ Umgebung für die ausgestellten Objekte, die oft fast wichtiger war als die gesammelten und ausgestellten Dinge selbst. In diesem Sinn konnten sowohl die Sammler als auch die Ethnographen, die das noch Vorhandene auswerteten, für sich in Anspruch nehmen, die letzten Retter des ›Eigentlichen und Wahren‹ gewesen zu sein. Authentizität war dabei gesichert.

Authentizität war vorgeblich die Basis für die Sammlungen und Ausstellungen mit Gegenständen von Aborigines bei den frühen Weltausstellungen und internationalen Handelsmessen. Ein allgemeines Volksvergnügen waren auch die Kolonialmuseen. Dort wurden nicht nur Ansichten über das ›authentische Leben der Primitiven‹ fortgeschrieben und damit das Fundament für ein Verständnis der von Aborigines stammenden Ethnographica gelegt, sondern das westliche Museumspublikum wurde dort nicht besser bedient als der erfahrene Kenner oder Sammler.[19]

Um die Jahrhundertwende entstanden in Australien Firmen, die sich darauf spezialisierten, Museen mit ethnographischen Kuriositäten zu beliefern.[20] In Übersee boten ähnliche Unternehmen Photographien und ausführlich bebilderte Kataloge an,[21] die für die weltweite Vermarktung von Gegenständen der Aborigines eine große Rolle spielten. Man kann festhalten, daß die materielle Kultur der Aborigines (einschließlich der Rindenmalereien) bereits zwischen 1890 und 1900 auf einfache Beurteilungsmuster reduziert worden ist. Sogar innerhalb eines weitgefächerten Evolutionsschemas rangierten die Aborigines auf der niedrigsten Position. Dazu Jones: »Auch in ihrer Preisgestaltung zeigen diese Kataloge das nach wie vor niedrige Wertprofil der Kunst von Aborigines, in einer Zeit, als die Aufmerksamkeit internationaler Sammler und Kunsthistoriker mehr auf Afrika und Polynesien gerichtet war.«[22] In finanziellen Maßstäben wurden die Arbeiten von Aborigines tatäschlich sehr niedrig angesetzt, oft waren sie die billigste zum Verkauf angebotene Ware. Kultur von Aborigines gab es zum Schleuderpreis.

Wenn sich Museen bestimmte Ankäufe nicht leisten konnten, so haben sie sie oft im Tausch mit anderen Objekten erworben. So hätten beispielsweise einige Speere aus Australien für eine afrikanische Plastik eingetauscht werden können. Auf diese Weise konnte ein Museum mit einem Überhang an Objekten aus einem Land seine Kollektion mit Material aus einer anderen ›Kultur‹ ausbauen. In der Mitte des 19. Jahrhunderts war das Bestreben der Kolonialmuseen mehr darauf ausgerichtet, repräsentative Sammlungen ›aus aller Welt‹ wie auch von Völkern vorzuweisen, die man noch als »homogene und undifferenzierte Rasse«[23] ansah. Vor allem dieser Einstellung ist es zuzuschreiben, daß seltenes Material der Aboriginal-Völker kaum mehr in Australien zu finden ist, da die Museen Europas und Amerikas intensiv Dinge aus anderen Ländern gesammelt haben.

Gegen Ende des 19. Jahrhunderts entstanden die naturgeschichtlichen Museen in Australien.[24] Wie bei den Vorbildern in England und den USA begannen die naturhistorischen Museen von Australien mit der Präsentation didaktischen Anschauungsmaterials, wobei Gegenstände aus den Aboriginal-Kulturen die aktuell gültigen Theorien illustrierten. Sutton arbeitete die Motive heraus, die seiner Meinung nach im letzten Jahrhundert für die Einrichtung dieser Museen verantwortlich waren:

» – Sammlungen zu schaffen, in denen Objekte und Wissen verfügbar waren, die man bei der ökonomischen Entwicklung der Kolonie brauchte;
– Tempel der Wissenschaft (weniger der Musen, wie es der Begriff etymologisch gesehen beinhaltet), in denen die neue Rationalität gepflegt und öffentlich vorgeführt wurde, wie auch der intellektuelle Entwicklungsstand der örtlichen Vertreter der westlichen Zivilisation (!) [sic];
– einige der seltsamen und fremden Varianten menschlichen und tierischen Lebens in der Kolonie zu bewahren, bevor sie unter dem verschwinden, was für den unaufhaltsamen Vormarsch des Fortschritts gehalten wird.«[25]

Auch Prestigestreben spielte eine Rolle, da bei der bevorstehenden ›Föderation‹ kein Landesteil von Australien ohne kulturelle Komplettausstattung bleiben wollte. Sowohl in Adelaide als auch in Melbourne und Sydney war der Wunsch nach einem Museum sehr ausgeprägt, da diese Städte hofften, die zukünftige Hauptstadt Australiens zu werden. Die Ironie der Geschichte wollte es, daß die Stadt, die dann tatsächlich Hauptstadt wurde, zu diesem Zeitpunkt weder entworfen noch gebaut war und es auch 1993 noch immer kein Gebäude für das Australian National Museum gibt.

Dank einiger unklarer Theorien, die Ägypten als das Ursprungsland der meisten Neuerungen in der Zivilisationsgeschichte ansehen, verfügen die meisten Kolonialmuseen über einen ›ägyptischen Saal‹, der immer noch zur Standardeinrichtung gehört. In seiner Aufteilung umfaßt das naturgeschichtliche Museum Mineralien, Fauna und Menschen als Grundlagen der Sammlungen. Daher übrrascht es vielleicht nicht, daß Aborigines im heutigen Australien Museen lange Zeit mit Verachtung gestraft haben. 1969 machte ich im Australian Museum in Sydney die schockierende Entdeckung, daß Kultur und Erbe von Aborigines dort zwischen Gesteinsproben und Tieren ausgestellt wurden. Heute kann man die Aboriginal Gallery des Museums besuchen und eine moderne (sprich: ›authentische‹) Wohnung auf dem Land beim Blythe River anschauen: mit ›kaputtem‹ Kassettenradio, rostigen Eisenblechen, leeren Limonaden- und Bierdosen, zerbrochenen Flaschen, Holzstücken und Sand, dazu noch die üblichen Hühnerflügel und -knochen, damit alles seine Ordnung hat. ›Dreamtime‹-Dioramen wie dieses sind eine Beleidigung für Aborigines, und solche Anschläge auf die intellektuelle Integrität durch das Australian Museum tragen wenig dazu bei, die Ablehnung der heutigen Museen zu verringern, eine Ausstellung von Aborigines mit Aboriginal-Werken zu ermöglichen.

In den meisten naturgeschichtlichen Museen gibt es immer noch Schaustellungen von ›kleinen‹ und ›exotischen‹ Kulturen. Die Idee der Aufnahme von spezifischen Kulturen in naturgeschichtliche Museen stammt noch aus der Zeit, als evolutionäre Ansichten die Konzepte bestimmten. Obwohl solche Auffassungen bereits im 19. Jahrhundert in der Anthropologie diskutiert wurden, nutzen anthropologische Museen bis heute ihre Sammlungen weiterhin als Informationsquellen über ›Kultur‹. Ein Beispiel bietet das anthropologische Museum der University of Western Australia.[26] Wie in diesem Fall schätzen anthropologische Museen generell breit angelegte Sammlungen, die sowohl extensiv dokumentiert sind als auch Duplikate enthalten. Diese Richtung und Ankaufspolitik in Bezug auf Material aus Aboriginal-Kulturen wurde deshalb gepflegt, weil Museen nicht das Besondere, sondern das Typische für eine Kultur suchten. Daraus entstanden Präsentationen (mehr in der Vergangenheit, obwohl es sie auch heute noch gibt) großer Serien von sehr ähnlichen Objekten, die oft typologisch zusammengestellt waren (z.B. Waffen, Schnitzereien, Werkzeuge, Kleidung etc.).

Im Gegensatz dazu widmeten sich Kunstgalerien im allgemeinen nicht so sehr der Dokumentation. Eher gab es dort die Konzentration auf die ›besonderen‹ Objekte, die durch Originalität und Einfallsreichtum auffielen. Diese Eigenschaften bilden die grundlegende Trennungslinie, die zwischen den in der westlichen Welt gebräuchlichen Definitionen von ›Kunst‹ und ›Handwerk‹ verläuft. Getreu diesem Schema haben australische Kunstgalerien ihre Arbeiten Stück für Stück erworben (oder ganze Sammlungen gekauft, die so aufgebaut waren) und dadurch unnötige Wiederholungen vermieden. In den 40 bis 50 Jahren, in denen Kunstgalerien in Australien mit Kunst von Aborigines handeln, ist die Trennung zwischen rein anthropologischen und kunstgeschichtlichen Zugängen jedoch wesentlich geringer geworden. Anthropologen sind inzwischen sehr viel aufnahmebereiter für die ästhetischen Dimensionen der Malereien von Aborigines, wie auch australische Kunsthistoriker das umfangreiche anthropologische Material, das sie zum Verständnis der Kunst von Aborigines nutzen können, viel stärker wahrnehmen. Ein Ergebnis dieser Veränderung kann man in verschiedenen Ausstellungen und Installationen von Kunstgalerien und Museen sehen, die einander zunehmend ähneln. In publikumswirksam und gefällig inszenierten Installationen, die schon fast die Norm sind, werden die Objekte so präsentiert, als ob sie mehr ihren Geldwert und weniger ihre kulturelle Bedeutung ausdrücken sollen.

So gesehen werden Gegenstände aus Aboriginal-Kulturen, ob in Ausstellungen in einem naturhistorischen oder anthropologischen Museum oder in einer Kunstgalerie, offensichtlich vorgeführt als im doppelten Sinne hochwertige Objekte, die sie inzwischen geworden sind. In seiner Präsentation von Aboriginal-Kunst bildet beispielsweise das Northern Territory Museum of Arts and Science keine Ausnahme.

Es besteht sicherlich kein Zweifel daran, daß die Präsentation von Kunst und Kultur von Aborigines nicht nur dazu diente, den Umgang mit Aborigines politisch zu legitimieren, wie dies beispielsweise mit der Anbringung von Arbeiten in öffentlichen Gebäuden in Darwin versucht wird, sondern auch in den Sammlungen des Northern Territory Museum eine große Rolle spielt. Die vierseitige Besucherinformation versichert: »In dieser Galerie werden Sie eine interessante Sicht auf die Geschichte der Aboriginal-Kultur finden.« Sehr interessant, wenn man bedenkt, daß das Wort ›*Larrakia*‹ nirgendwo in der ganzen Dokumentation auftaucht, und dies, obwohl die derzeitige Superausstellung zum 50. Jahrestag von Darwin genauso gründlich vorbereitet wurde wie andere Kunst- und Kulturereignisse. Diese Tatsache ist um so ärgerlicher, als das Museum auf dem Gelände eines *Larrakia*-Friedhofs steht und Angehörige der *Larrakia* während der Bauarbeiten explizit auf diesen Sachverhalt hingewiesen haben. Ganz offensichtlich erstreckt sich das Programm der Museumskuratoren auf den Aufbau einer breit gefächerten und vielfältig angelegten Sammlung mit Stücken aus den hochangesehenen Aboriginal-Kulturen, die traditionellen Besitzer und ursprünglichen Bewohner der Region um Darwin werden dabei jedoch nicht berücksichtigt.

Daß das Northern Territory Museum Kunstwerke von Aborigines als Waren schätzt, ist erkennbar an der bereitwilligen Förderung von Arbeiten aus größeren Gemeinden, die im Northern Territory produzieren, während die Kultur der ortsansässigen Eingeborenen geflissentlich übergangen wird. An diesem Punkt ist der maßgebliche Mangel an Anerkennung für die Kultur von Aborigines offensichtlich – die Kultur der *Larrakia* fehlt. Die Wertschätzung/Nutzbarmachung von Aboriginal-Kunst scheint dem Ausmaß an Sponsoring durch Firmen zu entsprechen, wie dies für The Mobil Yathalamerra Collection mit Kunst und Handwerk des *Balmbi*-Clans aus Zentral-Arnhemland gilt, die im Museum gezeigt wird. Der boutiquenhafte Stil, in dem Aboriginal-Kunst als wertvolle Ware präsentiert wird, ist überall im Museum anzutreffen.

PHOTOGRAPHIEREN VERBOTEN

Obwohl die Geschichte der Wertschätzung von Aboriginal-Kunst zeigt, daß sich ihre Beurteilung um 180 Grad gedreht hat – von der anfänglichen Einordnung als billige Objekte von ethnographischem Interesse zur ›großen Kunst‹ von heute –, so verharrt das, was diese Wertschätzung ausmacht, zumindest in Darwin sehr deutlich in einer kolonialistischen Grundhaltung. Die Art und Weise, wie Aboriginal-Kunst in den drei vorher erwähnten öffentlichen Gebäuden und auch im Museum präsentiert wird, sehe ich als wesensgleich mit der Präsentation in den Herrensalons der früheren Wohnungen von Nicht-Aborigines auf dem Land. In öffentlichen Gebäuden ist Aboriginal-Kunst nichts weiter als eine Trophäe – der Mythos von der Überlegenheit der weißen Kultur wird so im Stil der 90er Jahre fortgeschrieben.

Als Trophäen haben die betreffenden Gemälde zweifellos ihren kulturellen und finanziellen Wert. Sie sind richtiggehende Zugnummern; durch Größe, Plazierung und genutzte Fläche werden die Bauten, denen sie ästhetisch und politisch dienen, legitimiert. Dem Publikum, das sich in diesen Gebäuden aufhält, mag diese Zurschaustellung von Aboriginal-Kunst als Ausdruck einer förderlichen Haltung der Landesregierung gegenüber der Kultur von Aborigines erscheinen. Notwendig ist eine derartige Legitimation aufgrund der tatsächlichen Regierungspolitik, die darauf hinausläuft, die Bestrebungen der Aborigines nach Wahrung ihrer Landrechte zu durchkreuzen. Die Aboriginal-Kunst in diesen Gebäuden hat mehr mit ihrem Status als prestigeträchtige Kunstwerke und Symbole des guten Willens zwischen Regierung und Aborigines zu tun. Doch wer bereit ist, genau hinzusehen, wird feststellen, daß die Gemälde eigentlich Symbole der Ausbeutung von Aboriginal-Kultur durch die Regierung sind und deren vorrangiger Anteil an der ›Geschichte der Wertschätzung von Aboriginal-Kunst‹ darin besteht, daß sie ihre Bemühungen um eine weltweite Anerkennung von Aboriginal-Kunst darauf beschränkt, lediglich auf die finanzielle Wertsteigerung dieser Kunstwerke innerhalb der Kunst-Welt hinzuweisen.

1 Vgl. S. Anderson, »To Clean A Rusty Anchor!«, in: *Artlink*, Bd. 10 (Heft 1-2)/1990, S. 34-35.
2 H. Morphy, »Audiences For Art«, in: *Australians: A Historical Library. From 1939*, hrsg. von A. Curthoys/A.W. Marint/T. Rowse, Sydney 1987, S. 172.
3 Vgl. P. Cooke, »The Craft Adviser's Role In the Battle Against Headless Crocodiles«, in: *Aboriginal Arts And Crafts And The Market* (Australian National University North Australian Research Unit Monograph), hrsg. von P. Loveday/P. Cooke, Darwin 1983, S. 69; D. Mundine, »Art-Coordinator: No Ordinary Job«, in: *Artlink*, Bd. 10 (Heft 1-2)/1990, S. 30-31; D. Moon, »Maningrida: Traditions Open To Change«, in: *Artlink*, Bd. 10 (Heft 1-2)/1990, S. 27-28.
4 Vgl. A. Kaeppler, *Artificial Curiosities: An Exposition Of Native Manufactures Collected On The Three Pacific Voyages Of Captain James Cook R.N.*, Honolulu 1978.
5 Vgl. P. Jones, »Perceptions Of Aboriginal Art: A History«, in: Kat. Ausst. *Dreamings: The Art Of Aboriginal Australia*, bearb. von P. Sutton, New York 1988, S. 150.
6 Ebd. S. 15.
7 Ebd. S. 151–152
8 Vgl. F. Carrington, »The Rivers Of The Northern Territory Of South Australia«, in: *Royal Geographic Society Of Australasia (S.A.)* (Tätigkeitsbericht Nr. 2), o.O. 1890, S. 73.
9 Vgl. Ch. P. Mountford, »Aboriginal Bark Paintings From Field Island, Northern Territory«, in: *South Australian Museum* Bd. 13/1957, S. 101-115.
10 B. Spencer, *Wanderings In Wild Australia*, Bd. 2, London 1928, S. 793.
11 Vgl. ebd. S. 809.
12 Vgl. ebd. S. 794.
13 Vgl. D.J. Mulvaney/J.H. Calaby, *So Much That Is New: Baldwin Spencer 1860-1929*, Melbourne 1985, S. 292-303.
14 Vgl. ebd. S. 303.
15 Vgl. ebd.
16 Vgl. W. Chapman, »Arranging Ethnology: A.H.L.F. Pitt Rivers And The Typological Tradition«, in: *History Of Anthropology*, Bd. 3, hrsg. von G. Stocking, o.O. 1985, S. 24-25.
17 Vgl. H. Morphy, »The Original Australians And The Evolution Of Anthropology«, in: Kat. Ausst. *Australia In Oxford* (Pitt Rivers Museum University of Oxford Monograph 4), bearb. von H. Morphy/E. Edwards, Pitt Rivers Museum, Oxford 1988, S. 48-61.
18 Vgl. N. Dias, *La Fondation du musée d'ethnographie du Trocadéro (1879-1900): Un Aspect de l'histoire institutionelle de l'anthropologie française. Thésis, troisième Cycle*, Paris 1985, S. 378-379.
19 Vgl. dazu P. Jones, in: Kat. Ausst. *Dreamings*, 1988, S. 155.
20 Vgl. ebd.
21 Photographien wurden zusammen mit Kuriositäten in Umlauf gebracht. Der vielleicht bekannteste Photograph von Aborigines war der Deutsche J.W.Lindt; seine Abbildungen von den Menschen des *Bandjalang*-Volkes im nördlichen New South Wales (Clarence-River) wurden häufig reproduziert. Lindt postierte die Aborigines oft in ein Sammelsurium aus Gegenständen. Vgl. E. Edwards, »Representation And Reality: Science And The Visual Image«, in: Kat. Ausst. Australia In Oxford, Oxford 1988, S. 40.
22 P. Jones, in: Kat. Ausst. *Dreamings*, 1988, S. 155.
23 Ebd. S. 156.
24 Vgl. P. Sutton, »Responding To Aboriginal Art«, in: Kat. Ausst. *Dreamings*, 1988, S. 47.
25 Vgl. ebd.
26 Vgl. dazu R.M. Berndt/J.E. Stanton, *Australian Aboriginal Art In The Anthropology Museum Of The University Of Western Australia*, Perth 1980.

KUNST DER ABORIGINES AUSTRALIENS: ANDERSARTIGKEIT ODER ÄHNLICHKEIT?

JUDITH RYAN

Zeitgenössische Kunst von Aborigines aus abgelegenen Gebieten Australiens tritt auf dem Weltmarkt als absichtliche Transformation jener alten Vorlagen in Erscheinung, die ursprünglich für rituelle Zwecke angefertigt wurden. Der ästhetische Wert und die Ikonographie dieser profanen, für den Verkauf an Europäer hergestellten Werke beziehen sich zwar auf die Riten, unterscheiden sich jedoch deutlich von den kurzlebigen Zeichen, die in genau umrissenen Zusammenhängen ausschließlich für Initiierte gedacht sind. Im Unterschied zu denen, die noch in tribalen Gemeinschaften leben, sind Aboriginal-Künstler aus den Städten nicht mehr unbedingt von Kind an mit den alten Zeichen vertraut, noch haben sie diese im Laufe ihrer Erziehung erlernt. Oft verwenden sie nicht die Zeichen derjenigen kulturellen Gemeinschaft von Aborigines, aus der sie selbst stammen, sondern von anderen Gruppen.

Anders als die bei nicht-westlichen Völkern ergatterten Objekte der ›primitiven‹ oder ›Stammes‹-Kunst, die in einer ›immensen Wandlung etwas Reiches und Eigenartiges‹ und insbesondere zu objets d'art für ›zivilisierte‹ Örtlichkeiten werden, sind die meisten Kunstwerke von Aborigines innerhalb einer ›Industrie‹ von Aboriginal-Kunst datierte Schöpfungen namentlich bekannter Künstler. Diese Arbeiten sind zeitgenössisch, weder anonym noch zeitlos. Ihnen fehlen die Patina und Kraft solcher Gegenstände, die vor dem Eintreffen der Europäer bereits bei Zeremonien verwendet und nur mit Steinwerkzeugen aus rein organischen Materialien hergestellt wurden. Sie sind keine fossilen Reste aus einer bewegungslos verharrenden Welt, sondern Kunstwerke, die Teil eines lebendigen Prozesses sind und sich in einer dynamischen, veränderlichen Ästhetik mitteilen. Obwohl die Kunst der Aborigines ursprünglich aufgrund einer gezielten Nachfrage als Nebenprodukt von Kolonisation und zunehmenden Kontakten zwischen Weißen und Schwarzen entstand, stellt sie doch eine Bestätigung für ihre Schöpfer dar und ist zu einem Medium sozialer Gerechtigkeit geworden. Aboriginal-Künstler sind in keiner Weise namen- und stimmlose Opfer des Kunsthandels, sondern sie bestimmen selbst, was sie tun, für wen sie es tun, und sie bestimmen in eigener Verantwortung, was sie von der Ikonographie ihres Werkes offenlegen oder verbergen wollen. Jeder Künstler ist ganz und gar Individualist und sollte auch als solcher gesehen und beurteilt werden.

Kunst von Aborigines ist durch all dies von vornherein etwas anderes als ›primitive Kunst‹, die nur als solche bezeichnet wird, wenn sie angemessen ›alt‹ ist und nicht für den Verkauf hergestellt wurde. Keiner der namhaften modernen Künstler oder Kritiker hat etwas von dieser Kunst gesehen, gesammelt oder besonders dafür geworben. Daher wurde sie von den Avantgarden auch nicht für die westliche Welt entdeckt. Kunst von Aborigines paßt nicht in die Primitivismus-Modernismus-Debatte. Aufgrund visueller Übereinstimmungen werden zwar über die Terminologie der Kunstgeschichte immer wieder Berührungspunkte benannt, doch solche Bezüge zu Minimalismus, Abstraktion, Pointillismus usw. berühren nur die Außenhaut oder oberste Schicht. Diese Kunst gehört nicht als erloschene oder statische Tradition der Vergangenheit an und ist doch außerhalb der Hauptströmungen der australischen Kunst angesiedelt. Auf analytischem Wege und durch ausgewählte Beispiele möchte ich darlegen, daß die tiefe Anziehungskraft dieser Kunst in ihrem ästhetischen und ikonographischen Anderssein begründet liegt. Ihr ikonographisches System steht dem der westlichen Kunst entgegen und legt Zeugnis ab von einer anderen Denkungsweise, einem anderen Glauben sowie von einer anderen Weltsicht. Für westliche Betrachter wie mich ist die Ästhetik der Kunst von Aborigines eher eine der Andersartigkeit als der Ähnlichkeit mit der westlichen Kunst.

Ein unüberbrückbarer Graben trennt uns von den Aborigines Australiens und ihrer Kunst. Muta von den *Murimbala* hat diese Situation in einfache, klare Worte gefaßt:

»Der Weiße Mensch kennt kein Träumen,
er geht einen anderen Weg,
der Weiße Mann macht alles anders,
er geht allein auf seiner Straße.«[1]

Es gibt ›zwei Wege‹ zu denken, zu leben und die Welt zu betrachten – die Kunst ist die visuelle Metapher für beide, für den schwarzen wie für den weißen Weg. Die europäische Art der Intellektualisierung und der Kunst-Sprache greift bei Kunst von Aborigines nicht: Der Versuch, Kategorien aufzustellen, wird von der Menge der Beispiele unterlaufen. Das Konzept des ›Träumens‹ [›Dreaming‹, ›Dreamtime‹], das für die Vermarktung der Kultur und Kunst von Aborigines so effektiv ausgebeutet wurde, bringt uns einem Verständnis der kulturellen Unterschiede nicht näher.

Die umfassendste Ausstellung mit Kunst von Aborigines, die in den USA bisher gezeigt wurde, trug den Titel: ›DREAMINGS – The Art of Aboriginal Australia‹ [›TRÄUME – die Kunst der Aborigines aus Australien‹]. Ein Titel, der nahelegt, daß all diese Kunst mit einer Schicht metaphysischer oder kosmischer Bedeutung überzogen ist. Europäer können diesen Begriff des Träumens schwer verstehen, weil er als Hauptwort und als Verb gleichermaßen in ungenauen und in grammatikalisch nicht eindeutigen Zusammenhängen eingesetzt wurde und dabei auf Verschiedenstes Bezug nehmen sollte: auf die Zeit der Schöpfung, den Ort der Zeugung, Totem, Ahnenwesen, Lebensumgebung und die Kenntnis des Übernatürlichen, Ewigen oder Unerschaffenen. Der Begriff taucht in den Titeln der Bilder oder als Adjektiv in den Bildbeschreibungen auf, und immer gilt es, mindestens eine dieser Konnotationen im Hinterkopf zu haben. Unglücklicherweise dient er oft als Ersatz für genaue Informationen. Als er ›Dreaming‹ auf Englisch erklären sollte, meinte der Künstler Hector Jandany Jongoorra von den *Gija*: »Es ist das, was bei Ihnen Jesus heißt.«[2] Wenn man sich so deutlich auf ein konkretes Äquivalent bezieht, wird die mystische Aura der ›Spiritualität‹ verleugnet, die der Kunst von Aborigines eigen ist. Laut Jandany gibt es zwei Lebensweisen: die weiße und die schwarze. Er selbst verwirklicht beide in seinem Leben, seiner Religionsphilosophie und in seiner Kunst.

IKONOGRAPHIE

Um die ›Andersartigkeit‹ der Kunst der Aborigines definieren zu können, muß man über ihre Bildsprache oder Ikonographie diskutieren. In den meisten Arbeiten geht es darum, symbolische Bedeutungen zu vermitteln, die auf einem System aus Symbolen und Zeichen beruhen, deren Verwendung bestimmten Personen oder Gruppen in genau umrissenen Zusammenhängen vorbehalten ist. Das ikonographische Zeichensystem beinhaltet Informationen auf vielen Bedeutungsebenen, die sich an einem sowohl weltlichen als auch sakralen und geheimen Kontinuum privilegierten Wissens orientieren, das an Personen weitergegeben wird, die durch ihren Status oder ihre Zugehörigkeit zu einer Familie dafür geeignet sind. Da Wissen bei den Aborigines gleichzusetzen ist mit Macht, wird die den Zeichen innewohnende Bedeutung oft ganz bewußt nur vor initiierten Männern oder älteren Frauen offengelegt. Das Überleben dieser komplexen Zeichensysteme ist abhängig vom Überleben der Sprachen, die von Gemeinschaft zu Gemeinschaft so verschieden voneinander sind wie diejenigen in den europäischen Ländern. Gesprochene und Bildsprachen sind sowohl als Denksysteme eng miteinander verbunden als auch durch die ihnen zugrundeliegenden Quellen, auf die man sich beruft.

Ein einzelnes Zeichen kann gleichzeitig mehrere sehr unterschiedliche Bedeutungen oder Ausdrucksebenen transportieren. Es kann auch in unterschiedlichen Kontexten Unterschiedliches bedeuten, denn dieses Repertoire aus Zeichen (Bezeichnendem) ist geringer als die Anzahl dessen, was es zu bezeichnen gilt. Das diamantförmige Zeichen der *Yirritja* moiety der *Yolngu* in Nordost-Arnhemland kann also je nach Zusammenhang die Bedeutung von Feuer, Wasser oder wildem Honig haben. Für die *Warlpiri* von Yuendumu und Lajamanu kann ein Mäander für Wasser, Schlange,

Reise oder alle drei Topoi zugleich stehen, wenn das Zeichen zwischen zwei Lagerplätze gesetzt ist. Bei den *Yolngu-* und *Warlpiri*-Malereien leitet uns die Lesbarkeit der graphischen Symbole zum eigentlichen Bedeutungskern. Ihre Zusammenstellung bedingt den kompositorischen Rhythmus eines Bildes, der fließen, singen, zu einem lauten Crescendo anschwellen oder verhalten sein kann wie eine Musik. Es ist nicht angebracht, die Kunst abstrakt oder minimalistisch zu nennen, da sie für ihre Produzenten eine Kommunikationsform darstellt, eine Sprache, die in organischen, asymmetrischen Mustern oder Strukturen verläuft.

Ahnenwesen können entweder indirekt über *kuruwarri* (*Warlpiri*-Wort für eine Markierung oder Spur, die ein Ahnenwesen in der Landschaft hinterlassen hat) oder durch *rarrk* (Kreuzschraffuren, siehe Glossar S. 361) angerufen werden, die im Körper eines solchen Wesens oder auf dem Untergrund eines Rindenbildes zu finden sind und eine sakrale geometrische Form bilden. Im Westen von Arnhemland werden Ahnenwesen direkt als sichtbare Ikonen angerufen. Diese Bilder von Ahnengeistern zeigen oft deren Körperteile und füllen die Bildfläche ganz aus. Zusätzliche darunterliegende Schraffuren oder Punkte rufen als schimmernde tonale Schwingungen die sakrale Kraft oder das Leben in diesem Wesen wach – zwar unsichtbar, aber im Denken des Künstlers existent.

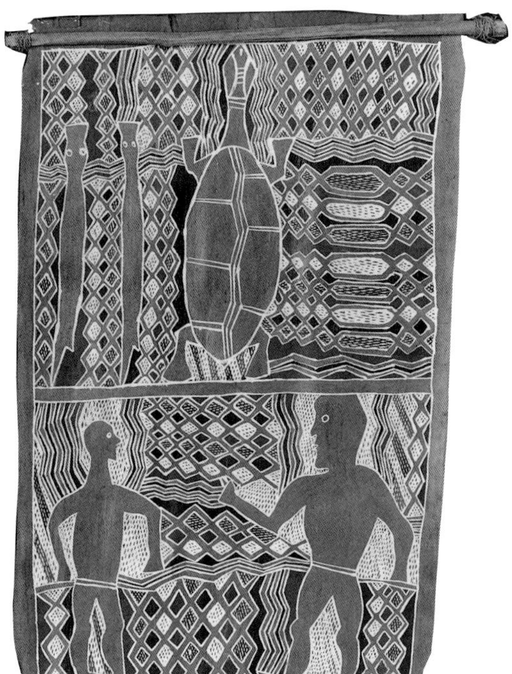

Abb. 1 Birrikitji
Barrama Story, 1975
Ocker auf Rinde, 82 × 51,6 cm
Dhalwangu-Gruppe, *Yirritja*-Moiety
Gangan, Nordost-Arnhemland, National Gallery of Victoria, Melbourne

Die Ikonographie einiger Arbeiten von Aborigines wird als unverletzlich angesehen, das heißt, daß sie nach einem feststehenden Schema von Ahnenwesen auf Einzelpersonen weitervererbt wurde (Abb. 1). Das Recht zur Verwendung bestimmter Zeichen oder bestimmter Orte, Linien besonderer Plätze oder Schöpfungsgeschichten anzugeben, wird ererbt oder erworben; das ist besonders in Nord- und Zentralaustralien der Fall, wo der Einfluß des Kolonialismus nicht so verheerend war wie im Süden nach dem Völkermord.

DAS MEDIUM RINDE

Die Rinde als Untergrund dient als Metapher für die Art der *Yolngu* und *Kunwinjku*, ihre Weltsicht darzustellen (Abb. 1-3). Kaum ein anderer Malgrund verfügt über diese reinen, organischen Eigenschaften. Zudem stammt das Material aus eben dem Land, dem sich diese Aborigines auch geistig verbunden fühlen. Die Oberfläche spaltet und biegt sich, der Ocker selbst ist vergänglich und nicht von ewiger Dauer. Die Kunstform hat eine einzigartige Ästhetik der Zurückhaltung und spirituelle Resonanz, die auf der feinen Modulation der Ockertöne beruht. Stillstand oder Ruhe entsteht, weil die Künstler durch die einzelnen Elemente eine Vision des Landes als Ikone vermitteln: reine Erdfarben auf einem lebenden Baum. Das Land wird fast menschlich und doch entrückt, es wird in Symbolen gezeigt, als ob sie seine Knochen seien. Jedes Stück Rinde hat seine eigene unregelmäßige Textur und Abmessung, die das Vorhaben des Künstlers determinieren. Der *Gunardba*-Künstler England Bangala erklärt dazu: »Die Rinde sagt [ihm], was gemalt werden soll.«[3] Es ist fast so, als ob das Thema in dem Stück Rinde verborgen läge. Der Untergrund aus Rinde wirkt wie eine Skulptur, wie ein Organismus, der immer noch ein Baum sein möchte. Jede Kante hat eine ›lebendige Kontur‹ – die schief und nicht exakt gerade verläuft. Die Oberfläche ist uneben und gibt den Farbschichten damit noch eine zusätzliche Resonanz. Papier oder die seit kurzem verwendeten Leinwände hingegen sind flach und symmetrisch; dort fehlen die skulpturalen, texturalen und unreinen Qualitäten, die dem Eucalyptus tetradonta mit seinen engen, meistens vertikal verlaufenden, baumartigen Proportionen eigen sind. Erdpigmente, die mit pflanzlichen Fixativen gemischt wurden, sind matt und von unterschiedlicher Stärke. Der weiße Pfeifenton kann entfärbt werden. Holzleim, der seit einiger Zeit hinzugefügt wird, um eine stabilere Oberfläche zu erzielen, macht die Farbschichten leuchtender, glänzender, weicher und dauerhafter als die Verbindung von Ocker mit organischen Bindemitteln, Farbtonkontraste werden verstärkt.

Birrikitjis ›*Barrama* Story‹ von 1975 (Abb. 1) ist ein charakteristisches, doch nicht außergewöhnliches Beispiel für die Besonderheiten der komplexen Ikonographie der *Yolngu*-Rindenarbeiten. Das Bild zeigt einiges aus der Geschichte von *Barrama*, dem größten der *Yirrtija wangarr* (übernatürliche Wesen), das auf der rechten Seite als Silhouette gezeigt wird. Er kam nach *Gangan* im *Dhalwangu*-Territorium, um dort seine Gesetze einzuführen und das Volk der *Dhalwangu* in Liedern, Tänzen, Riten und heiligen Zeichen zu unterweisen. Um zu gewährleisten, daß all seine Gesetze befolgt wurden, beauftragte er Laintjung (links im Bild), an der Küste entlang von Blue Mud Bay nordwärts nach Yirrkala zu reisen, von dort aus nach Westen nach Milingimbi und allen *Yirritja*-Clans auf seinem Weg einige *rangga* (sakrale Zeichen) zu überlassen. Jedem Clan gehört ein Teil dieser Geschichte und ein Teil des Landes, über das der sakrale Fußabdruck oder die Spur dieser übernatürlichen Wesen verläuft. Sie stammen alle von *Barrama* ab und teilen das heilige Diamantenzeichen, das erstmals auf *Barramas* Körper erschien, als er aus dem Meer aufstieg und der Schaum als Diamanten an seinem Körper blieb. Dieses Zeichen zieht sich wie ein Leitmotiv durch Arbeiten von Künstlern der *Yirritja* und verschlüsselt Inhalte, die einem bestimmten Clan gehören und sich von anderen wie die einzelnen Wörter eines Satzes unterscheiden. Im unteren Teil ist – etwas größer angelegt – *Barrama* zu sehen, ›der Boss‹, der Laintjung gerade in *Gangan* einweist, wo sie einander in *wangarr*-(Ur-)Zeiten das erstemal begegnet sind. Der obere Bildteil bezieht sich auf ein Ereignis, als diese beiden Ahnenwesen zum Fischen gingen und im *Gululaji* Creek im *Dhalwangu*-Gebiet eine Fischfalle auslegten. Das horizontal verlaufende Band bezeichnet diese Fischfalle, die inzwischen eine natürliche Felsenformation an dieser Stelle ist. In dem Fluß sahen die beiden *Minhala*, die Frischwasser-Schildkröte und die gelben Wasserschlangen (in der Bildmitte und links zu erkennen), die sie zu sakralen Tieren der Leute der *Dhalwangu* erklärten. Der Hintergrund dieses Bildteiles aus vertikalen Bändern in der Form eines diamantförmigen Musters, das auf halber Höhe von einer Reihe aus langen Ovalen unterbrochen wird, symbolisiert frisches Wasser, das langsam von der Quelle am Hügel abwärts rinnt, in seinem Verlauf einen *billabong* formt, dann weiterfließt, bis es das Meer erreicht und auf seinem Weg Pflanzen und Schlamm aufwühlt. Das ist die persönliche Gestaltung des Künstlers. Bei wichtigen Zeremonien der *Dhalwangu* gibt es auch Körperbemalungen, z.B. bei *dhapi* (Beschneidung), *ngarra* (Offenbarung geheimen Clan-Wissens) und einem Komplex von Begräbnisriten, bei denen der Geist des Verstorbenen zu seinem Ahnengeist an der Wasserstelle des Clans zurückgeleitet wird. Die figurativen Elemente wurden in das Bild integriert, um Zusammenhalt und Lesbarkeit der Geschichte für *balanda* (Europäer) zu gewährleisten, sie verbergen auch tieferliegende Bedeutungen vor Nichtinitiierten.

Visuelle Komplexität und nuancierte Farbgebung charakterisieren dieses *Dhalwangu*-Bild, in dem *buthalak* (Gelb) die Farbskala bestimmt. Das Kreuzmuster,

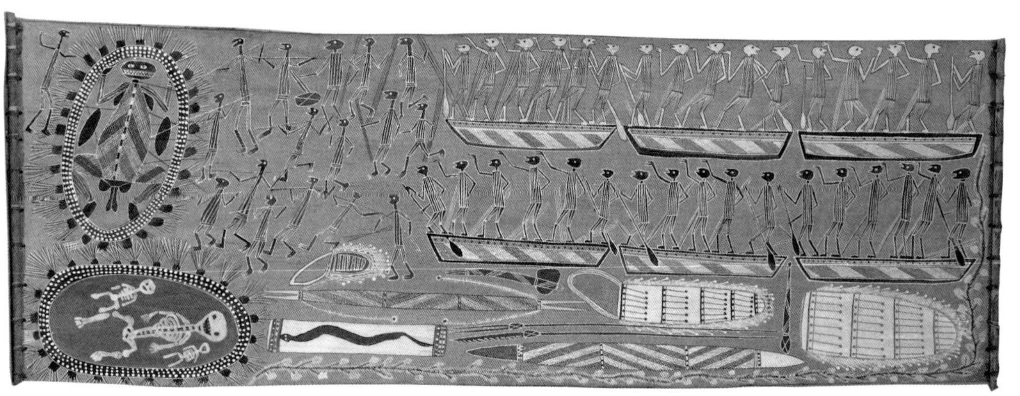

Abb. 2 Djolom Nalorlman
The Killing of *Lumaluma,* 1988
Ocker auf Rinde, 63,1 × 170,5 cm
Kunwinjku, Born-Gruppe,
Oenpelli, West-Arnhemland, National Gallery of Victoria, Melbourne

das mit einem *marwat* (Pinsel aus Menschenhaar) aufgetragen wurde, ist präzise und kräftig. Diese gleichlaufenden Streifen sollen dem Bild *bir'yun* (Leuchtkraft, Strahlen) verleihen, da die *Yolngu* das als Ausdruck von *marr* (Kraft der Ahnen) ansehen.[4] Die langen, querliegenden ovalen Formen rechts erzeugen sichtbar den musikalischen Klang von Wasser, das über Gräser fließt. Die horizontalen Zickzackmuster stehen für die Wasserpflanzen, die sich um die Füße der Frischwasserschildkröte gelegt haben. Das Bild hinterläßt einen Eindruck sehr genauer Strukturierung und geplanter Ausstrahlung. In den diamantförmigen Mustern des Hintergrunds verbirgt sich das innerste, nicht mitteilbare Wissen. Zwischen Vorder- und Hintergrund gibt es kaum eine Unterscheidung. Die Figuren bleiben flach und sind den wiederkehrenden Symbolen der Clan-Identität, des Ursprungs und Ortes untergeordnet: Hierin zeigt sich die Macht des Clans. Die ineinandergreifenden ›Diamanten‹ signalisieren Ordnung: Hier ist das Land, das Land ist der Clan, der Clan ist die Kunst, und die Kunst ist das Symbol des Clans. Diese vom Chaos der Kolonisierung ungebrochene Ordnung hat die Kraft einer Wahrheit. Diese Wahrheit verfügt über ihre eigene Schönheit oder ästhetische Kraft.

Abb. 3 John Mawandjul
Ngalyod, the Rainbow Serpent, 1979
Ocker auf Rinde, 124 × 90 cm
Kunwinjku, Kurulk-Gruppe
Mumeka, West-Arnhemland,
National Gallery of Victoria, Melbourne

Im Gegensatz zu der sakralen Geometrie von Birrikitjis ›*Barrama* Story‹ von 1975 zeigt Nalorlman in seinem dramatisch-erzählerischen Bild ›The Killing of *Lumaluma*‹ (Abb. 2) viele Akteure auf einem glatten ockergelben Grund. Der Maler hat eine Folge von Ereignissen aus der epischen Erzählung über *Lumaluma* eingefroren. Die Rinde wird als horizontale Sequenz von rechts nach links gelesen und beginnt mit den *Duwa*- und *Yirritja*-Männern, die *Lumaluma* in ihren Kanus verfolgen. Das lange Rindenstück ist wie eine Bühne, auf der zusammenhängende Teile der Erzählung direkt nebeneinandergesetzt sind. Die *Duwa*- und *Yirritja*-Männer werden sowohl in ihren Booten gezeigt als auch im heftigen Kampf mit *Lumaluma*, dem Urriesen, der ihre Frauen verschlungen hat. Der Betrachter wird zur Figur des von Speeren durchbohrten *Lumaluma* weitergeleitet, dessen Körper für die *Mardayin*-Zeremonie von geometrischen Zeichen zerschnitten ist, die er sich vor seinem Tod noch mit scharfen Steinmessern beibrachte. Unter ihm liegen sein Skelett und die Überreste von zwei Frauen, mit denen er sich während des Überfalls versteckte. Rechts sind groß sakrale Gegenstände aus der *Mardayin*-Zeremonie dargestellt, die nach *Lumalumas* Tod aus seinem Körper entnommen wurden, auch sind die menschlichen Vorfahren der heutigen Clangruppen des *Kunwinjku*-Volks zu sehen. Wie *Lumalumas* Skelett werden auch sie horizontal dargestellt, als ob sie aus den Knochen des Ahnenwesens entstünden.

Anders als Nalorlmans dicht bevölkertes, erzählerisches Bild, das zur Erklärung der Entstehung der *Mardayin*-Zeremonie eine Abfolge von Geschehnissen aneinanderreiht, zeigt Mawandjuls ›*Ngalyod*, the Rainbow Serpent‹ von 1979 (Abb. 3) eines der bedeutendsten Ahnenwesen als statisches, ikonenhaftes Einzelbild. *Ngalyods* aufgeblähter Bauch schwillt an mit rituellen, geschichtlichen, mythologischen und topographischen Assoziationen. Das Kosmische wird in das Konkrete hineingenommen. Die Schlange wird ganz nah gezeigt, wie eine Innenansicht, als vergrößerter Kartenausschnitt oder Detailansicht – ganz anders als die Protagonisten von ›The Killing of *Lumaluma*‹, die von einem weiter entfernten Standpunkt aus dargestellt werden.

Die geometrischen Zeichen, die *Ngalyod* bedecken, kommen aus dem Körper und den Knochen des Ahnenwesens und beschwören seine Macht. Die Knochen der Schlange formen die Knochen des Landes, die in diesen abstrakten Mustern schimmern wie die Haut der Regenbogenschlange. Das weiße Pigment vom heiligen Ort *Kudjangal* gilt als der verwandelte Kot von *Ngalyod*, dem Urschöpfer und Thema des Bildes. Der unberührbare Schöpfer ist hier in physischer Dichte verkörpert – heroisch in der Größe, angefüllt mit Symbolismus und Macht, und doch in seiner drückenden Leibesfülle gekrümmt. Die menschlichen Wesen – eines mit abgetrennten Gliedmaßen, das andere hängend – sind Ausdruck von *Ngalyods* potentieller Bösartigkeit.

Fast das gesamte Rindenstück besteht aus den partiell gepunkteten, mit unterschiedlichen *rarrk*-Zeichen ausgefüllten Unterteilungen, die denjenigen auf dem für die *Mardayin*-Zeremonie vorbereiteten Körper ähneln. Innerhalb der schematischen Umhüllung des Schlangenkörpers wird das Ahnenwesen in der Vorstellung des Künstlers zu einem *Mardayin* (heiligen Objekt) umgeformt. Die geraden, gekreuzten und partiell gepunkteten Abschnitte vibrieren mit einer nervösen Intensität, die so lebendig widerhallt wie die Musik eines Streichquartetts. Das ist nicht einfach irgendein Muster oder Füllsel, sondern eine Form symbolischer Ausarbeitung, die das Bild mit einem beinahe rituellen Status belegt.

DAS MEDIUM ACRYL

Warlpiri-Künstler von Yuendumu und Lajamanu setzen wie die Fauves kräftige Farben ein und verweigern sich dem ›Ocker-Kanon‹, der mit dem Bildträger Rinde in Verbindung gebracht wird. Durch ihre Entscheidung, *kardiya* (europäische) Materialien aus synthetischen Polymeren auf Leinwand oder Karton zu benutzen, bringen sie ein As ins Spiel – die Dynamik der Farben. Die Verwendung der Materialien der ›Weißhäute‹ negiert jedoch weder *yapakurlangu*, die Gesetze der ›Schwarzhäute‹, noch wird die ikonographische Integrität zerstört, wie sich in dem Bild von Uni Nampijinpa und

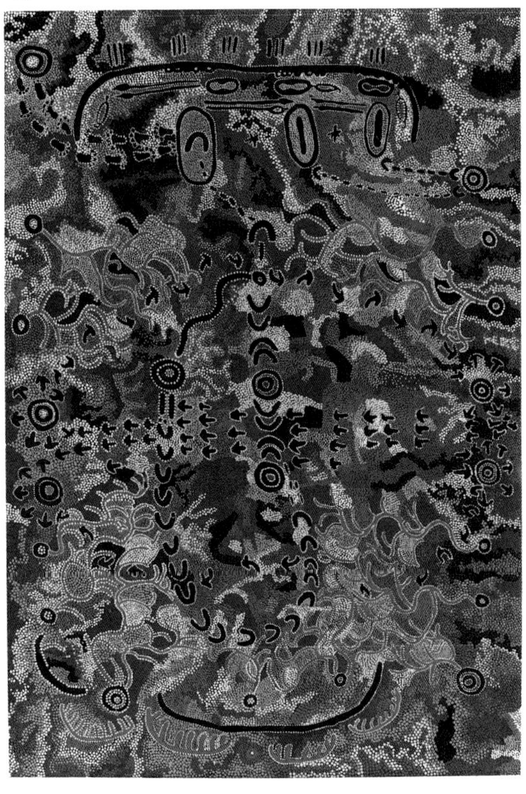

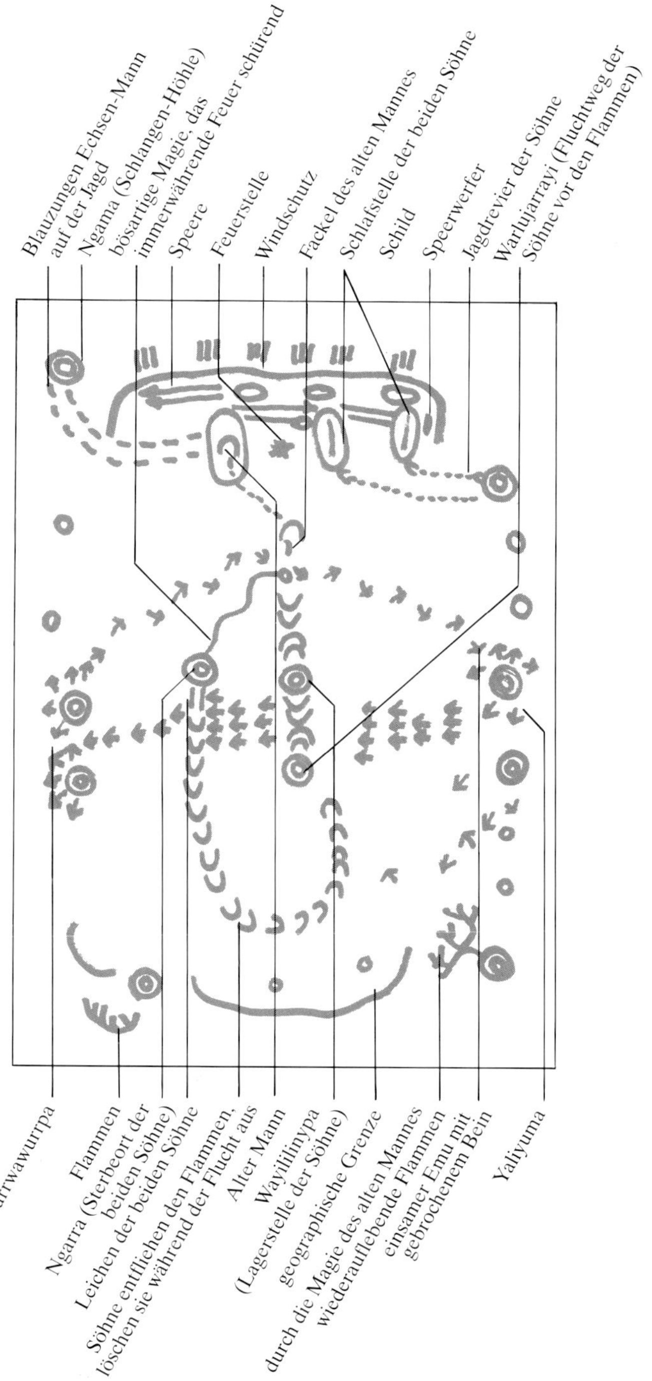

Abb. 4/5 Uni Nampijinpa Martin und Dolly Nampijinpa Granites
Warlukurlangu (Fire Country) ›Dreaming‹, 1988
Acryl auf Leinwand, 182,4 × 12,8 cm
Warlpiri, Yuendumu, Westliches Zentralaustralien
National Gallery of Victoria, Melbourne

Dolly Nampijinpa ›*Warlukurlangu* (Fire Country Story)‹ von 1988 erkennen läßt (Abb. 4–5). In grellen Farben und komplizierten graphischen Symbolismen wird hier in aller Farbigkeit eine komplexe Geschichte erzählt.

Die *Kuruwarri* (Zeichen der Ahnenwesen in einer mythologischen Topographie) überlagern sich und erzeugen ein vielfarbiges Feld, in dem fast kein Raum mehr frei ist. Die dichte und ausgeklügelte Komposition, die in gleicher Weise für Rindenarbeiten von Birrikitji, Nalorlman und Mawandjul charakteristisch ist, unterscheidet sich von diesen durch das Fehlen figurativer Elemente. Vielmehr rückt die Erzählung selbst durch die Wiederholung von Zeichen in den Vordergrund des Bildes. Die Oberfläche aller drei Arbeiten ist sehr genau ausgeführt, in ihr sind verschiedene Bedeutungsebenen verborgen, die den Schlüssel zur Kraft der Bilder enthalten.

Die Verwendung unverdünnter Primärfarben und ergänzender Punktmuster unterscheidet die *Warlpiri*-Arbeit von den bereits vorgestellten Rindenbildern; dies wird noch durch die glatte, rechteckige Oberfläche betont, die der Zug des Spannrahmens schafft. Die klare Symmetrie der Ränder steht im Gegensatz zum mäandernden Rhythmus der sich verzweigenden Linien und grellen Farbflächen. Eine Textur gibt es nicht, da Acrylfarben eine eigene glatte Oberfläche auf einer Leinwand erzeugen. Trotz der solchen Werken wie ›*Warlukurlangu* (Fire Country Story)‹, 1988,[5] innewohnenden Ikonographie, das zwei *Jangala*-Männer darstellt, die auf der Flucht vor dem Feuer nacheinander durch mehrere Orte kommen, haben Kritiker, die nicht den *Warlpiri* angehören, die abwertende Bezeichnung ›Tupfenbilder‹ (›dot paintings‹) für Kunst aus der Great Desert geprägt. Diese Bezeichnung benennt ausschließlich das unwichtigste Stilelement und vermittelt den falschen Eindruck, daß es im Kunstschaffen aus den Wüstengebieten nichts anderes als Tupfen gäbe. Wenn die Punkte von Künstlern, die außerhalb des tradierten Erbes der Symbole und Sprachstrukturen stehen, ohne die graphischen Zeichen eingesetzt werden, die die symbolische Bedeutung verschlüsseln und mitteilen, dann ist das Resultat leer und bedeutungslos. Dekorative Füllsel haben nichts mit der Kunstform zu tun. In der Kunst der *Warlpiri* gibt es wesentlich mehr als nur Punkte, so wie auch die Kunst der *Yolngu* mehr vorzuweisen hat als nur *rarrk* (Kreuzschraffuren).

Johnny Warrangula Tjupurrula entwickelte als erster die Technik übereinanderliegender Schichten aus Punkten, die in ihrer Farbgebung fein abgestimmt und mit Weiß gemischt waren. Wenn Punkte mit federfeinen Pinselstrichen in mehreren Lagen übereinander gesetzt werden, erzeugt das eine helle und ätherische Stimmung wie ›getönter Rauch‹ in Bildern wie etwa ›A Bush Tucker Story‹ von 1972 (Abb. 6). Anstatt das Zeichen für Regen einzusetzen, zelebriert Tjupurrula lieber mit kleinen Licht- und Farbpartikeln die Wirkung des Regengusses in der Wüste. Die schwarzen und weißen Flecken sind reichlich vorhandene Samenkörner, die die Frauen in das Fladenbrot drücken. Mit ihrer rhapsodischen Energie beschwören die Pinselstriche das Leben der aufkeimenden, frischen Saat und Gräser. Die zahlreichen Punkte leiten sich her von Körperbemalungen, Felsbildern, den Malereien auf den Schilden der Männer und dem weißen Flaum, der bei Bodenzeichnungen aufgetragen wird. Sie haben auch eine weitere, tieferliegende Bedeutung, die laut Ronnie Jakamarra Lawson so etwas wie ›Reifeprüfung‹ (Initiationsriten) aussagt. Tjupurrula verändert diese Bedeutungen, indem er die Punkte massenhaft und in verschiedenen Farbtönen und Größen verteilt. An man-

Abb. 6 Johnny Warrangula Tjupurrula
A Bush Tucker Story, 1972
Acryl auf Hartfaser, 91,7 × 66,3 cm
Luritja, Papunya, Westliches Zentralaustralien
National Gallery of Victoria, Melbourne

chen Stellen dichtgedrängt, dann wieder lose miteinander verbunden, schaffen sie freie Rhythmen aus Licht und Farbe.

Vergleichbar mit Tjupurrulas phantasievollem Einsatz der sich überlagernden Punkte verschleiert Emily Kame Kngwarreye die zuerst aufgetragene Unterschicht von Körperbemalungen, indem sie diese schichtweise mit verschieden großen, unordentlich und energisch verteilten Tupfen überdeckt. Dem Betrachter bietet sich eine Oberfläche aus gepunkteten Flecken, doch die darunterliegenden Schichten weisen auf weitere dem Werk innewohnende Bedeutungsebenen hin. Außer den Punkten geben sich verzweigende Linien der Körperbemalungen, die wie Wurzeln durch den Boden zu wachsen scheinen, dem Bild eine Struktur und einen anregenden, lebendigen Rhythmus. Diese Bilder als ›Punkt-Bilder‹ zu bezeichnen, hieße den ihnen innewohnenden Symbolismus zu verleugnen. In ›*Ankerre Merne-Intekwe*‹ von 1990 hat die Künstlerin beispielweise zuerst die ihr heiligen Körperbemalungen für *intekwe* (bevorzugte Nahrung von Emus) aufgetragen. Die darüberliegende Schicht aus Punkten zeigt die Blüten der *intekwe*-Pflanze, welche die sakralen Zeichen bedecken. Die Punkte wurden mit lebhaftem Gestus aufgebracht und verleihen dem Bild einen ungleichmäßigen, fließenden Rhythmus, frei von aller Künstlichkeit.

Abb. 7 Freddy Patrick Jangala
Ngapa/Wirnpa Jukurrpa (Water/Lightning ›Dreaming‹), 1986
Malerfarbe auf Hartfaser, 121,3 × 119,8 cm
Warlpiri, Lajamanu, Nordwestliches Zentralaustralien
National Gallery of Victoria, Melbourne

EINE KÜHNE ÄSTHETIK

Durch ihre explosive Vitalität stehen die ersten Bilder aus Lajamanu in deutlichem Kontrast zu den bisher vorgestellten Werken. Diese großformatigen Arbeiten in leuchtender Malfarbe und schreienden Farbtönen treffen den Betrachter wie ein Faustschlag und laufen jedem Vorverständnis über Malerei von Aborigines zuwider. Wo sind die kleinteiligen Punktmuster, farblich fein nuanciert, die mosaikartigen Muster und Mäander des Papunya-Tula-Stils, der sich von Körperbemalungen, Waffenschmuck, *coolamon*-Mustern und Bodenbildern ableitet?[6] Wo sind die ruhigen Ockertöne und organischen Strukturen der Rinden-›Tradition‹? In ihrer rohen und ›unbehandelten‹ Art gehören die ersten Lajamanu-Arbeiten, gemalt auf unebenen, wiederverwendeten Brettern aus dem Hausbau, deutlich ins 20. Jahrhundert und sind doch auch mit der Felsmalerei dieser Region verbunden. So spiegeln sie losgelöste Bestandteile des seßhaften Lebens wider – Farben der Neonreklametafeln, Bilder aus brutalen Videos, Geländefahrzeuge, Kartenspiele und Konservendosen.

Abb. 8 Japanangka
Snake *Jukurrpa* (›Dreaming‹), 1986
Acryl und Malerfarbe auf Hartfaser,
110,5 × 210,4 cm
Kartangarru, Lajamanu,
Nordwestliches Zentralaustralien
National Gallery of Victoria, Melbourne

Das 1986 entstandene Werk ›*Ngapa/Wirnpa Jukurrpa*‹ von Freddy Patrick Jangala (Abb.7) wird von drei kräftigen Vertikalen mit breiten roten und gelben Blitzstreifen, ›frechem Regen‹, beherrscht. Die Blitze schlugen ›ein-, zwei- oder dreimal‹ in der *Jukurrpa* (siehe Anhang: Religion und Kosmogonie) ein und verursachten ›großen Regen‹ bis in die Gegend von Darwin. *Wirnpa* (Blitz), der »die Wolken und die Bäume teilt«, wird bei Meggitt als »Penis des Regentraums«[7] bezeichnet und kann laut Munn personifiziert werden »als junger Mann, der aufsteht« und, wie in diesem Bild, »in den Himmel geht«[8]. Der Hinweis auf die Befruchtung des Landes, genauer auf jegliche Fruchtbarkeit, ist unabdingbar für den Komplex des Wassertraums und kommt aus der Auffassung, Regentropfen seien ›Kinder‹. Über den Blitzen läßt Jangala kleine Wolken aufziehen, die nach dem Blitzschlag Regen bringen – dargestellt als kreuz und quer verlaufende Linien. Die roten Striche mit den gelben Rändern dramatisieren die Bewegung des Wolke-Regen-Wasser-Blitz-*Jukurrpa* über dem Land.

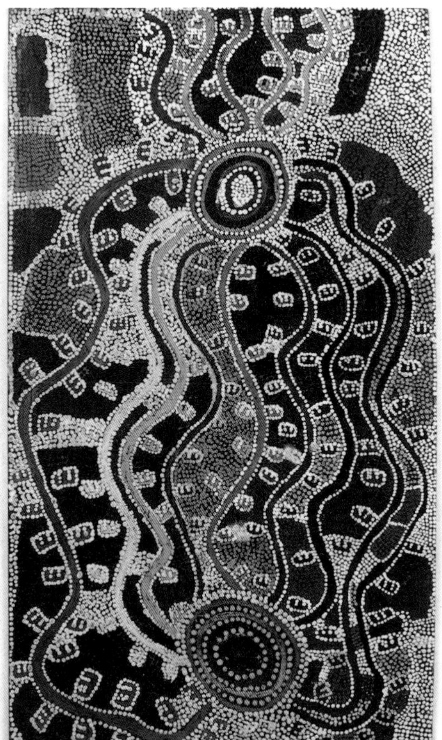

Abb. 9 Paddy Japaljarri Gibson (Jampalwarnu)
Jugunypa (Marsupial Mouse) *Jukurrpa*
(›Dreaming‹), 1986
Malerfarbe auf Hartfaser, 118,2 × 64,4 cm
Warlpiri, Lajamanu,
Nordwestliches Zentralaustralien
National Gallery of Victoria, Melbourne

Als ich mit dem Künstler über sein Werk sprach, ohne es direkt zur Hand zu haben, bat ich ihn, es aus dem Gedächtnis zu skizzieren. Die etwas zittrige, doch bestimmte Art, in der er dies tat, zeigte, daß das Bild Teil seiner selbst, sein Eigentum war. Den Kugelschreiber handhabte er so nervös und unsicher wie andere, ältere Lajamanu-Künstler, die den Umgang mit Stift oder Pinsel ebenfalls nicht gelernt hatten. Finger und Zweige haben ihnen vermutlich anfangs genügt, wie die dicken, ungleichmäßigen Farbkleckse und wackeligen Linien beweisen. Die unordentliche, fast gestische künstlerische Technik steht so in enger Beziehung zu den Männern, die ›sich für eine Zeremonie sehr großflächig anmalen‹ und sich nicht mit kleinteiliger Malerei aufhalten, die mit Hilfe zierlicher Holzstöckchen auf einer gespannten Leinwand entsteht.

Die monochromen weißen Punkte des Hintergrunds sollen die isoliert im Raum stehenden Zeichen hervorheben, die eindeutig und ohne Camouflage wie Symbole auf einem einfachen Blatt Papier gelesen werden können. In der knappen, konzentrierten Zeichnung kristallisiert sich beispielhaft der elementare Kern vom *Jukurrpa* des Künstlers – ein kompromißloser Stil in kühner Ökonomie und Unmittelbarkeit.

Die mächtige Kraft des Schlangenahns ist in Japanangkas ›Snake Dreaming‹ von 1986 verewigt (Abb. 8, Tafel S. 269). Japanangka zeigt die in Flammen stehende Schlange, die, nachdem sie dem Salzwasser Westaustraliens entstiegen war, auf dem Festland nach Wasser suchte. Als sie vorübergezogen war, erschien ein Regenbogen, dann begann es zu regnen. Darin liegt die Macht der Schlange, die das Land wieder erfrischt, den Regen und die Gewässer kontrolliert und aus deren Körper weitere Schlangen schlüpfen. Das Bild wurde vor dem Verkauf noch einmal bearbeitet, da die blauschwarzen Pigmente durch die Lagerung zum großen Teil verwittert waren. Japanangka arbeitete mit neuerworbenen Acrylfarben und einer aus einem Stecken und einem Teil eines Besens zusammengesetzten Bürste; seine Frau Florrie Napurrula Blacksmith war ihm dabei behilflich. Napurrula fügte einige Punkte hinzu, rührte jedoch die graphischen Symbole – die Quelle der mythologischen Aussage – nicht an. Japanangka sagte zu seiner Arbeit, daß er auf diese Weise »die Schlangen und Wasserlöcher wieder stark und lebendig« mache. Seine Bemerkung erinnert daran, daß der Akt des Malens für die Menschen der *Warlpiri* einer rituellen

Wiedererschaffung und Erneuerung gleichkommt, in der die lebenspendenden Mythen aus der heroischen Vergangenheit in die Gegenwart vordringen und Zukünftiges eröffnen. Die Macht der Schlange wurde in das Bild ›hineingesungen‹; das Gesetz wurde erfüllt und damit einerseits das Weiterbestehen der Art und der *Japanangka-Japangardi*-Untergruppe gesichert, andererseits die dem regenbringenden Wesen eigenen übernatürlichen Fähigkeiten oder Kräfte beherrscht und wieder gestärkt.

Dem Fruchtbarkeitsprinzip ist Paddy Japaljarri Gibsons ›Marsupial Mouse Dreaming‹ von 1986 gewidmet (Abb. 9). Japaljarri zeigt die Pfade des Ahnenwesens *Jugunypa* (Beutelmaus), dargestellt durch das Mäandermuster seines Schwanzes (Penis), das zwischen den beiden Spuren seiner Pfoten verläuft. Die konzentrischen Kreise sind das Loch oder Lager der Maus, in dem sie ihre Jungen gebärt. Auch werden damit besondere Plätze für Männer der *Japaljarri* und *Jungarrayi* angezeigt – *kirda* (Eigner, siehe Glossar, S. 359) dieses besonderen *Jukurrpa*. Die Arbeit ist von einer Überfülle geschlängelter Pfade gekennzeichnet, mit denen eine Zunahme dieser Tierart verdeutlicht wird. Genau diese Kernzeichen des Pfades (männlich) und des Lagers (weiblich) stellen auf dem Körper und Kopf eines Tänzers bei den *banba* oder Fruchtbarkeitszeremonien der Männer die Beutelmaus dar.[9] Der Tänzer wird mit den Zeichen geschmückt, die sowohl männliche als auch weibliche Elemente verkörpern – das Lager und den Pfad –, ausgedrückt in der Verbindung aus Schlangenlinien auf dem Körper und einem runden Kopfschmuck. Die Bewegungen des Tänzers und sein rituelles Zittern symbolisieren Fortpflanzung. Japaljarris Komposition hallt wider vom Rhythmus der männlichen Tänzer und ihren mit weißem Flaum gehöhten rituellen *jungunypa*-Körperbemalungen in rotem Ocker.

Die ständige Wanderung von einem Wasserloch zum nächsten, in Anordnungen aus Pfaden und Kreisen wiedergegeben, denen auch männliche und weibliche Konnotationen zukommen, ist ein zentrales Motiv für die Kunst der westlichen Wüstengebiete. In jeder größeren oder kleineren nicht versiegenden Quelle oder Wasserstelle ist das Ahnenwesen zu spüren, das aus seinem ewigen Schlaf erwacht und durch die Erdkruste an die Oberfläche kommt. Der konzentrische Kreis verdichtet dieses metaphysische Verständnis von der Erde, die durch das Wasser befruchtet wird – das Zeichen steht auch für die Frau als Gebärerin und Ernährerin der Kinder und für das Lager oder das Zuhause. Die Verbindungspfade, Symbole des dynamischen männlichen Prinzips des Weiterziehens, folgen denen der übernatürlichen Wesen und zeigen an, wo diese ihre lebenspendende Substanz als Heimstatt der noch zu gebärenden Geistkinder zurückließen.

Die Erdoberfläche mit ihren von seit ewigen Zeiten darin lebenden Ahnenwesen geschaffenen festen Formen bildet das spirituelle Zentrum und Hauptthema der Kunst aus der Wüste. Die Zeichen oder Markierungen für die geistigen Vorfahren (*Kurruwarri*) – sei es das Mäandermuster für Wasser oder Schlange, der lange Balken für den Blitz oder die Spiralform für Pflanzensamen – sind das Rückgrat dieser Kunstform. Sie ermöglichen die Lesbarkeit des/der *Jukurrpa* vor dem Hintergrund der Punkte zu erkennen und zu verstehen. Die graphischen Elemente beleben die Komposition und bestimmen ihren Rhythmus oder visuellen Klang. Jangalas Komposition gewinnt in der Anlage geschlossene Dichte durch den starken Strom des *Kuruwarri* und ist eigentlich eine Metapher für die Kraft von *Ngapa* (Wasser, Regen) und *Wirnpa* (Blitz), die sich in Gestalt des Bodens manifestiert. Es ähnelt der Negativform einer Bodenzeichnung, deren Bildelemente in dunklen Farben auf einen weißen Grund aufgetragen wurden, anstatt umgekehrt. Die Symbole zur Anrufung von *Wirnpa* sind verstärkt und vergrößert, um die Bildfläche ganz auszufüllen. Laut und deutlich drängen sie sich in das Blickfeld des Betrachters. Der Farbauftrag ist dick und unordentlich, die Linien sind krumm und verwackelt, die Oberfläche bröckelt mit klaffenden

Abb. 10 Rover Thomas (Julama)
›Dreamtime‹ Story of the *Willy Willy*, 1989
Ocker und Naturbinder auf Leinwand, 160 × 200 cm
Kukatja/Wangajungka, Warmun, Ost-Kimberley
National Gallery of Victoria, Melbourne

Lücken und Verwerfungen, es entsteht der Eindruck einer texturalen Qualität, die dem Zustand des Bodens entspricht, auf dem der Künstler beim Malen sitzt. Das Werk entbehrt jeder Künstlichkeit: Seine Beschaffenheit zeigt seinem Schöpfer an, daß es als wahr angenommen werden kann. Darin liegt in Form und Ikonographie seine ›Andersartigkeit‹, die die Antithese sowohl zum Begriff der ›Tupfenbilder‹ darstellt als auch zur Einordnung als ›minimalistisch‹, die oft verwendet wird, um für Bilder von Künstlern wie Rover Thomas Julama zu werben, dessen Arbeiten nie inhaltsleer sind.

GERÜST DES LANDES

Rover Thomas Julama verdichtet wie Tjangala komplexe mythologische und topographische Information auf ihren wesentlichen Gehalt. Seine ›Dreamtime Story of the *Willy Willy*‹ von 1989 (Abb. 10) zeigt den aus der Zeit der Ahnenwesen stammenden Pfad des *miowin* (*willy-willy*), das rechts unten als Gemurmel begann und auf seinem Zug durch das *Jaru*-Land immer größer und schneller wurde. Sein Ziel war *badanga ngapa* (die wichtigste Wasserstelle), die von der Spirale umschlossen ist; an diesem Punkt wurde *willy-willy* schließlich von der Regenbogenschlange *Gunagi* verschlungen, die mit Stürmen in der Kimberley-Region in Verbindung steht.

Als Zeichen in rotem Ocker erscheint *willy-willy* (ein Wirbelwind aus Staub), der auf das Land losgelassen wurde und sich mit einem schlangenähnlichen Zischen von rechts nach links ausbreitet. Der Untergrund aus cremigem, weißem Pigment symbolisiert in seiner feinen, sichtbaren Textur und durch das Fehlen weiterer Muster das vom Sturm bewegte Land. Kühn und kompromißlos ist der Entwurf in seiner direkten Art der Mitteilung. Die Komposition kann als ein Ganzes gelesen werden. Der dynamische Schwung der Spiralen in rotem Ocker ruft die Kraft des Sturms wie einen Organismus auf, der auf der Leinwand zu wüten beginnt.

›*Yari* Country‹ von 1989 (Abb. 11) faßt die Geschichte eines alten Geistermannes (einer der *wattikutjara*, zwei Männern aus der *Kukatja*-Mythologie) in einer sparsamen Komposition aus vier Rechtecken zusammen. Die Fläche aus rotem Ocker steht für *wala* (Wüste), wo der alte Mann verdurstete. Seine Geschichte beginnt unten rechts; auf zwei Seiten stellen weiße Felder *Yari* dar (*billabongs* mit milchigem Wasser), wo er niederkniete und gierig das giftige Wasser trank. Das verwischte schwarze Rechteck steht für *junpa* (Kohlenfeuer). Hier entzündete der alte Mann ein Feuer, das außer Kontrolle geriet und in dem er verbrannte. Die ewige Gegenwart des alten Mannes in der Landschaft wird durch den schwarzen Balken dargestellt, durch seine *nulla nulla* (Keule).

Thomas hat den Symbolismus der Farben eingesetzt, um eine komplexe Erzählung aufzubauen. Rot steht für Trockenheit, Weiß für ausgedehnte Flächen mit vergiftetem Wasser, Schwarz ist das tödliche Feuer. Die Farben verdeutlichen den harten Überlebenskampf in der Wüste, in der die Mutter des Künstlers während einer anhaltenden Trockenperiode umkam. Die mit Buschgummi statt mit synthetischen Polymeren vermischten Erdfarben weisen eine grobe, sandige Textur mit matt

Abb. 11 Rover Thomas (Julama)
Yari Country, 1989
Ocker und Naturbinder auf Leinwand, 160 × 200 cm
Kukatja/Wangajungka
Warmun, Ost-Kimberley
National Gallery of Victoria, Melbourne

Abb. 12 Jack Britten (Julama)
Purnululu Country, 1989
Ocker und Naturbinder auf Leinwand, 160 × 200 cm
Gija, Frog Hollow, Ost-Kimberley
National Gallery of Victoria, Melbourne

deckender Qualität auf. Unterschiedliche Farbtonwerte und Dichte der Pigmente bewahren das Werk davor, flach zu wirken. Wie auch beim Medium Rinde behalten die Schichten aus Kaolin, Holzkohle, Ocker und Gummi ihre Bindung an das Land, aus dem die Materialien stammen und die fast unverändert verwendet wurden.

Wie die *Warlpiri*-Künstler von Lajamanu breitet Thomas eine flache Landschaft aus, die jeglicher Oberflächendetails entbehrt. Durch die Topographie blickt er auf das darunterliegende Gerüst seiner sakralen Erzählung, das wie eine Landkarte gelesen werden kann. Unverrückbare Elemente des Gesetzes und konkrete geographische Strukturen stehen isoliert auf dem Untergrund, wirken nackt und bloß, das Land wird eher aus der Vogelperspektive als im Profil betrachtet. Mit dieser Haltung unterscheidet sich Thomas z.B. von dem *Gija*-Künstler Jack Britten Julama, in dessen Kompositionen sich dichte Hügelketten und Felsformationen erheben und in das Blickfeld des Betrachters schieben, wie es in der Gegend der East-Kimberley-Region der Fall ist.

›*Purnululu* Country‹ aus dem Jahre 1989 (Abb. 12) zeigt Brittens einzigartige Sicht auf die Bungle-Bungle-Berge. Aus dem dunklen, schattigen Boden steigen die überdeutlich ausgeführten Umrisse glockenförmiger Felsen. Die gestreiften Konturen der sich nach oben verjüngenden Kuppen ergeben als Frontansichten in eigenwilliger Anordnung eine Komposition voll tänzerischer Bewegung. Da eine Umrandung aus Punkten fehlt, kann sich die Landschaft über die Bildfläche hinaus ausbreiten. Britten hat die dunkle, harzige Oberfläche mit Zickzack-Mustern überzogen, die an die eingeritzten Muster in Gebrauchsgegenständen und Boab-Nüssen in der Kimberley-Region erinnern. Die Felsen tragen auch Punktmuster, die aus Körperbemalungen abgeleitet sind – Land und Lebensordnung sind im Bewußtsein des Künstlers miteinander verflochten.

Diese Verbindung ist in Brittens Bild ›*Woorreranginy* Country‹ (1991 entstanden; Abb. 13) sogar noch stärker: Vier quadratische Paneele zeigen vier verschiedene Aspekte der Heimat des Künstlers etwas südlich von Frog Hollow. Typographie und Mythologie gehen ineinander über und werden in dieser Arbeit voll kontrapunktischer Dichte greifbar. Die vier Teile repräsentieren vier Verse eines *corroboree*, das die Mutter des Künstlers in einem Traum über dieses Land erlebte. Das Bild ist der visuelle Ausdruck des *corroborees* (mit diesem Begriff bezeichnen die *Gija* eine mythisch-rituelle Tradition, in der sich Mythos, Rituale und Gesänge verbinden). Vier Lieder sind direkt wiedergegeben, der Rhythmus der Sprache hallt wider in gegenläufigen Rhythmen in der Komposition und in dichtgedrängten Formationen, die die Topographie von Brittens Land darstellen.

Der linke obere Bildteil zeigt das südwestlich von Frog Hollow gelegene Gebiet von *Thawoolen* (Han Spring) mit seinen zahlreichen *joowooliny*, niedrigen, runden Felskuppen. Das Lied dieses Landstrichs lautet: »*Thawoolen ganayi, woorrawooralayi, man-manbiri.*« (*Thawoolen* ist das Land, und die Ahnfrau lebt dort an den dunklen Orten.) Das Viertel unten links stellt vier *jarlangarnany* dar (Känguruhs, die in den Ebenen leben), die im *ngarrankami* (Traum) zu Stein wurden, als das letzte zurückblickte. Ihr Lied: »*Jarliliny – ganayi thamarra – marrayi Berramerle – berremerlayi jariliny – ganayi.*« (Sie stehen alle in einer Reihe auf dem Berg, wie die Gräser, die im Wasser wachsen.)

Die Heimat von Britten bei *Tickelara* ist in dem Teil oben rechts durch viele bewachsene *goowale-wale* (große runde Hügel) wiedergegeben. Das dazugehörige Lied: »*Jarlaloon – ganayi garlinybarrarrayi jarlaloon – ganayi labalarryi.*« (*Labal* – Urzeitkorallen – kann man oben auf allen Hügel im *Jarlaloon*-Land finden.) Bei diesem Tanz wird ein großer runder Haarschmuck getragen. Die rechte untere Bildfläche zeigt das Land westlich von *Thawoolen* (Han Spring), wo zwei Männer einander in der Schöpfungszeit auf den Kopf schlugen. Heute steht der eine auf den Hügeln, der andere liegt

Abb. 13 Jack Britten (Julama)
Woorreranginy Country, 1991
Ocker und Naturbinder auf Leinwand, 160 × 200 cm
Gija, Frog Hollow, Ost-Kimberley
National Gallery of Victoria, Melbourne

auf dem Boden. Viele Männer liefen dorthin, um sich das anzusehen und wurden in Steine verwandelt; in diesem Bild berichtet die untere Reihe aus Rundbögen von dieser Geschichte.

POLITISCHES BEWUSSTSEIN

Allen bisher vorgestellten Bildern ist ein starkes politisches Bewußtsein eigen. Kunst von Aborigines bezieht sich sehr deutlich auf das Land und seine Gesetze: Darin liegt ihr Gehalt an Politik, und das ist auch ihr innerster Kern. In ihrer gegenwärtigen Form entstammt die Kunst der Kolonisation und Enteignung des Landes der Vorfahren durch die Weißen. Die schweren Ketten der *kardiya* (weißen) Kontrolle und die Unterdrückung haben ihre Zeichen hinterlassen. Obwohl Kunst von manchen vielleicht als Spielzeug der Kolonisatoren angesehen werden mag, bedeutet sie für diejenigen, die sie erschaffen, eine Möglichkeit der Bestätigung. Sie ist ein politisches Werkzeug im Kampf um die Wiedererlangung der Souveränität über das Land. Den meisten Arbeiten von Künstlern der Aborigines liegen die Land Rights (Landrechte) zugrunde. Die Fahne, die die Rechte an Land symbolisiert, wurde 1971 entworfen, zur selben Zeit als Papunya-Künstler erstmals Bilder für den Verkauf malten und dieses Potential als Form einer kulturellen Selbstbesinnung erkannten, als Möglichkeit, sich auf ihr Land zu beziehen und sich ihrer Identität zu versichern.

Abb. 14 Mick Namerari Tjapaltjarri
Medicine Story, 1972
Acryl auf Leinwand, 76,2 × 61 cm
Pintupi, Kintore, West-Zentralaustralien
National Gallery of Victoria, Melbourne

Man sollte nicht vergessen, daß die materiellen Lebensgrundlagen von Aborigines heute völlig anders aussehen als zu der Zeit, bevor die Europäer kamen. Sie haben ihr ›traditionelles‹ Leben aufgegeben zugunsten einer Lebensweise, die vom westlichen Wirtschaftssystem, Arbeitsmarkt und modernen Konsumdenken bestimmt ist. Wie Kolig feststellt, sind »breitrandige Cowboyhüte, hochhackige Stiefel, Bier und Essen aus Konserven an die Stelle von Speer und *boomerang*, von geflochtenem Haarband und gebratener Eidechse getreten. Ein stattlicher Reiter oder Autobesitzer hat heute mehr Prestige als ein Mann, der mit dem Speer umzugehen weiß und die Geheimnisse des Lebens im Busch kennt. Die Freiheit, ungebunden das Land zu durchstreifen, wurde aufgegeben zugunsten eines mehr oder weniger regelmäßigen Jobs als Viehtreiber, Arbeiter auf einer Farm oder als Hausgehilfe oder auch für ein Leben als Rentner oder Empfänger von Sozialhilfe.«[10]

Der *Pintupi*-Künstler Mick Namerari Tjapaljarri setzt sich in seinem Bild ›Medicine Story‹ direkt mit den sozialen Veränderungen auseinander (Abb. 14), das in Papunya die erste Arbeit auf Leinwand war. Damals gab es im *Pintupi*-Camp die ersten vom Alkoholmißbrauch gezeichneten Männer und einige Jugendliche, die der Sucht des Benzinschnüffelns verfallen waren. Der Künstler spürte, welche Bedrohung in dieser Sucht liegt. Die vier *corroboree*-Männer im Zentrum des Bildes tanzen, um eine gute Medizin zu finden, ihr Gesang soll ›mehr Kinder am Leben erhalten‹. In den zusammenhängenden Bögen schwingt der Rhythmus ihres Tanzes, der auch in der unterschiedlichen Körpergröße der Figuren zum Ausdruck kommt. Über den Tänzern breitet sich eine große Buschpflanze von ihren Wurzeln aus über die Wüste; darüber sind zwei ›lebendige Kinder‹ zu sehen, deren Körperbemalungen mit denen der Tänzer korrespondieren. Im unteren Bildteil wachsen die unterirdischen Wurzeln guter, im Busch gewonnener Nahrung.

Für Aborigines, die in den Städten des Südens leben, wo sie Genozid und Ethnozid ausgeliefert sind, hat sich die Invasion der Weißen als in der Tat tödlich erwiesen. Die Kunst der *Koories* ist gefühlsgeladen: Zornig, hoffnungslos, humorvoll, ironisch legt sie mit entwaffnender Ehrlichkeit bloß, was verloren ist. Sie spielt mit der Dichotomie zwischen dem, was war und dem, was ist – Trevor Nickolls fand dafür die Bezeichnung ›Dreamtime/Machinetime‹. Die politischen Botschaften sind ungeschönt, häßlich, bewußt übersteigert und auf Konfrontation angelegt, denn *Koories* – Menschen, die ihr Land, ihre Sprachen und familiären Beziehungen verloren haben, die ihren Müttern weggenommen wurden und als die neuen Armen der Städte gezwungen sind, wurzellos zu leben – sind jetzt ›da‹. Die Identität als Aborigine muß nicht länger verborgen gehalten werden: Wenn du einer bist, sei stolz und zeige es. In Nickolls' ›Dreamtime Calling from Gondolaland‹ aus dem Jahre 1990 (Abb. 15) ist auch ein frecher Zug bemerkbar, nach dem Motto ›Hey *gubba* [verächtliche Bezeichnung für Weiße], wir haben's überlebt: Wir stehen jetzt gut da mit unserer Kunst, und uns kriegt keiner klein.‹ Dieselbe Haltung ist auch in Arbeiten spürbar, die aus Arnhemland, Zentralaustralien oder der Kimberley-Region stammen. ›Dreamtime Calling‹ ist voller ikonographischer Anspielungen und schrulligem Humor. Nickolls kommentiert die Erfahrungen, die er 1990 gemeinsam mit Rover Thomas Julama als Vertreter Australiens auf der Biennale in Venedig gemacht hat. Die Umrandung bezieht sich auf das Hotelzimmer, das Nickolls in einem alten Stadtteil von Venedig bewohnte. Der Holzboden und die Decke waren typisch für sein kleines Zimmer. Die Ziegelmauer ist jedoch ein bewußter Bezug auf Philip Gustons Arbeiten, die er 1984 in einer Wanderausstellung in Australien sah. Die Ziegel sind mit einem Punktmuster ausgeführt, auf anderen Flächen finden sich Muster aus Wirbellinien oder Schraffuren, dekorative Elemente, die, wie bereits ausgeführt wurde, aus der Maltradition der Aborigines stammen. Hier verleihen sie dem Werk eine Textur und schaffen eine spielerische Verbindung zwischen Nickolls' Herkunft als Aborigine und seinem Aufenthalt in Venedig.

Die zigarettenrauchende Regenbogenschlange auf der rechten Seite ist Symbol der ›Traumzeit‹, der Muse des Künstlers. Aus der Kreuzschraffur des Schlangenkörpers kommen Pinsel und Palette und die Hand des Malers – der Künstler wird ›von der Traumzeit genährt‹. Weiter rechts ist ein gerahmtes Bild, an dem noch gearbeitet wird. Auf dem Kopf der Schlange sitzt ein französisches Künstlerbarrett, mit dem Nickolls seine Begeisterung für die Beatnik-Generation zum Ausdruck bringt. Wie in einem Cartoon steigt in einer Sprechblase ein Gedanke nach oben, der besagt, daß die ›Kunst in schrecklicher Not‹ ist. Diese Aussage ist tatsächlich ›schrecklich‹, denn die Anfangsbuchstaben (des englischen Satzes) bilden das Wort AIDS. Außerdem ergibt das Wortspiel noch einen weiteren engen Bezug des Gemäldes zur Gegenwart, da es in den Vokabeln ›Art's in Dire Straits‹ auch den Namen einer aktuellen Rockband enthält. Das Bild beinhaltet noch zahlreiche andere Doppelbedeutungen und Wortspiele. Die Schlange erhält von einem ›ägyptischen‹ Boten eine Mitteilung, daß Vincent van Gogh, Rover Thomas und Nickolls' Sohn Art angerufen haben – und auch jemand namens Boomerang. In dieser Sprechblase sind die wichtigsten Gedanken des Künstlers zusammengefaßt, die ihn während seines Europaaufenthalts beschäftigten. Der Bote hält den Viehtreiberhut von Rover Thomas in der Hand. Daß Thomas gegenwärtig ist, zeigen auch die ans Fenster pickende Eule und der Schuh auf dem Boden an. Hinweise auf Vincent van Gogh, dessen Ausstellung von 1990 in Amsterdam einen großen Eindruck bei Nickolls hinterließ, sind die

Abb. 15 Trevor Nickolls
›Dreamtime‹ Calling from Gondolaland, 1990
Acryl auf Leinwand, 213 × 152 cm
National Gallery of Victoria, Melbourne

Sonnenblume und die ›sternenübersäte‹ Nacht draußen vor dem offenen Fenster. In den Pinselstrichen entsteht der Umriß eines Astronauten, die Spiralen erinnern an die Papunya-Tula-Bilderwelt. Amerikas Rolle symbolisieren der Baseball und die direkt unter der Steckdose neugierig ins Zimmer schauende Mickey Mouse, die auch auf Nickolls' Anfänge als Cartoonzeichner und auf den nach wie vor wirksamen Einfluß dieses Mediums verweist. Im Zentrum steht das angeschlossene Telefon mit seinen Kabeln – stellvertretend für die Bedeutung weltweiter Kommunikation. *Boomerang* und Haustock wirken davor winzig, als ob Nickolls sich selbst als Bestandteil der allseits akzeptierten zeitgenössischen Kunst sähe und weder abgestempelt noch an den Rand gedrängt werden möchte. Der Ring bezieht sich auf das Läuten des Telefons und auch auf das der Glocken, die in Venedig ständig zu hören sind, ohne daß man als Besucher wüßte, warum das so ist. Unter dem Marmortisch, den vier idealisierte Frauenkörper tragen, ist als Symbol der traditionellen Felsmalerei die Stilisierung einer Hand zu sehen. Die ›Katze auf der Matte‹ sitzt in Adelaide immer im Atelier des Künstlers, das urinierende Baby bezieht sich auf ein Bild von Picasso, einen Frauenakt, den Nickolls in einer Ausstellung gesehen hat.

Nickolls, der an einer Kunstschule unterrrichtete, verwendet ikonographische Elemente aus seiner eigenen Erfahrung und aus der Kunst. Aus seinem Hintergrund ergeben sich sowohl Bezüge zur zeitgenössischen westlichen Kunst als auch zu der der Aborigines. Seine Malweise und seine Bildsprache bleiben jedoch in jedem Fall ganz persönlich; sein Schaffen muß als das eines Individuums gesehen und beurteilt werden.

Dasselbe gilt für andere Künstler, die Aborigines sind und in den Städten leben, z.B. Judy Watson, Lin Onus, Fiona Foley oder Gordon Bennett. Es ist unmöglich, eine allen gemeinsame Ikonographie oder Ästhetik aus ihren Bildern abzuleiten. In gleichem Maß gefährlich sind Generalisierungen, mit denen Künstler aus verschiedenen Sprachgruppen oder Regionen Australiens miteinander in Verbindung gebracht werden sollen.

Als Europäer muß man sich bei der Kunst aus Nord- und Zentralaustralien, wo der Symbolismus der Bilder der Verständigung dient und durch das Überleben der Sprache, der Bräuche und Lebensordnungen wieder erstarkt, wo die Bildzeichen fest verankert sind, einer Ikonographie und Ästhetik der ›Andersartigkeit‹ stellen. Es geht nicht darum, das in der Natur Vorhandene abzumalen. Die Künstler bilden ihr Land aus dem Inneren heraus ab, nicht von außen mit dem Pinsel als Kamera. Die Bilder und Muster werden über die Gemeinschaft erlernt und können im Kollektiv der Gruppe erprobt werden, anders als bei dem Wissen, das man in einer Kunstschule erwirbt. In ihrem Land gibt es keine Horizontlinie. Wenn schmale hohe Rindenbilder immer auf einen bestimmten Ort bezogen sind, so schließen großformatige Werke auf Leinwand den Betrachter in die Weite des Kontinents ein, geleiten ihn auf ausgedehnten Streifzügen durch eine Abfolge genau bekannter Plätze. Diese Ästhetik baut auf Ungleichmäßigkeit, Textur und ›lebende‹ Linien. Die zwischen allen Teilen bestehende wechselseitige Verbindung schafft eine visuelle Musik oder einen Rhythmus, der die Komposition als Ganzes lesbar macht. Die Kunst sagt: »*Tyerabarrbowaryadu*.«[11] (Ich werde nie ein Weißer werden.)

1 Vgl. W.E.H. Stanner, »The Dreaming (1953)«, in: *White Man Got No Dreaming: Essays 1938-1973*, Canberra 1979, S. 23-40.
2 *The Serpent And The Cross*, Aspire Films 1991, Regie: Chris Hilton.
3 Zit. in: Kat. Ausst. *Spirit In Land: Bark Paintings From Arnhem Land*, bearb. von J. Ryan, National Gallery of Victoria, Melbourne 1991, S. 2.
4 Vgl. H. Morphy, »From Dull To Brilliant: The Aesthetics Of Spiritual Power Among The Yolngu«, in: *Man*, Bd. 24 (Heft 1) 1989, S. 21-40.
5 Ausführliche Erläuterung der Ikonographie in: Kat. Ausst. *Mythscapes: Aboriginal Art Of The Desert From The National Gallery Of Victoria*, bearb. von J. Ryan, National Gallery of Victoria, Melbourne 1989, S. 70-71.
6 Siehe dazu Maxie Tjampitjinpas Bild ›Ipalu: Bush Banana Dreaming‹ von 1986, Tafel S. 268.
7 Vgl. M.J. Meggitt, *Desert People: A Study Of The Walbiri Aborigines Of Central Australia*, Sydney 1962, S. 73.
8 Vgl. N. Munn, *Walbiri Iconography: Graphic Representation And Cultural Symbolism In A Central Australia Society*, Ithaca und London 1973, S. 180.
9 Ebd. S. 200.
10 E. Kolig, *Dreamtime Politics: Religion, World View And Utopian Thought In Australian Aboriginal Society*, Berlin 1989, S. 71.
11 *Tyerabarrbowaryadu* (Ich werde nie ein Weißer werden) war der Titel einer Ausstellung mit zeitgenössischer Kunst von Aborigines im Museum of Contemporary Art in Sydney.

DER KONFLIKT ZWISCHEN SCHWARZ UND WEISS

GALARRWUY YUNUPINGU

Tent Embassy II vor dem alten Parlamentsgebäude, Canberra

Viele Australier finden ihr Geschichtsbild fest verankert in bestimmten Gemälden, die Captain Phillip und einige Soldaten im Jahr 1788 bei Camp Cove beim Hissen der britischen Flagge zeigen. Ich weiß nicht genau, wer diese Bilder gemalt hat, doch scheint es mehrere Darstellungen dieses Themas zu geben. Auf einigen sind beispielsweise Aborigines dargestellt, die die Szene von einem Aussichtspunkt im Busch aus verfolgen; auf anderen Versionen sind nur Weiße zu sehen.

Jedes dieser Bilder sagt jedenfalls viel über die darauffolgenden 200 Jahre aus. Gezeigt wird eine Gruppe von Menschen, die in unserem Land fremd sind und als erste das vollziehen, was 190 Jahre später als ›Anspruch auf Land‹ bezeichnet wurde. Im Namen eines weit entfernt herrschenden Königs bedeutete das Hissen eines bunten Stücks Segeltuch eine völlig andere Art von Landnahme als die, die wir vor kurzer Zeit erlebt haben. Unter der Deckung von bewaffneten Soldaten und Siedlern und mit der Unterstützung einer Gruppe verbannter Verbrecher begannen diese Fremden, ein Land und die dort lebenden Menschen zu mißhandeln und zu zerstören. In einem anderen Gemälde dieser Szene sind Aborigines überhaupt nicht dargestellt, in anderen werden sie zu Randfiguren.

Es ist bezeichnend, daß Nicht-Aborigines die Ereignisse von 1788 in Form von Malerei festgehalten haben, denn Malerei war den Besitzern des Landes bereits Tausende von Jahren vor der auf europäischen Bildern dargestellten Besitznahme wichtig, auch wenn ihre Malerei mit anderen Materialien und aus anderen Gründen geschaffen wurde.

Die Bedeutung, die Malerei für Aborigines hat, ist seit 1788 nicht geringer geworden. Sie ist sogar ein zentrales Ausdrucksmittel für den Konflikt geworden, der seit dieser Zeit zwischen Aborigines und Nicht-Aborigines besteht, und begleitet in der jüngsten Vergangenheit auf vielfältige Weise unseren politischen Kampf für den Erhalt unserer Kultur und unserer Rechte auf unser Land.

Das eindrucksvollste Beispiel dafür lieferten die Clans aus Nordost-Arnhemland, woher auch ich stamme. Exakt 175 Jahre nach der Invasion, die in Sydney Cove ihren Ausgang nahm, sahen wir uns der gewaltsamen Inbesitznahme unseres Landes durch eine Bergbaugesellschaft ausgesetzt. Nach dem Gesetz der Weißen war das Gebiet zwar ein Reservat für Aborigines, und auch nach unserem Gesetz gehörte es schon seit Tausenden von Jahren unserem Volk, doch jetzt sollte es willkürlich zerstört werden.

Wir versuchten, mit Nicht-Aborigines über das zu sprechen, was sie dort vorhatten, doch wer hörte uns schon zu? Nur sehr wenige Weiße haben sich je bemüht, unsere Sprache zu erlernen, und die englische Sprache kann unser Verhältnis zum Land unserer Vorfahren nicht ausdrücken. Wir entschieden uns dann für einen Weg, den Nicht-Aborigines, wie wir hofften, verstehen könnten: Wir wollten Bilder malen. Wenn sie uns nicht zuhörten, so würden sie vielleicht versuchen, unsere Bilder zu verstehen.

Am 28. August 1963 reichten wir im Parlament eine Petition ein. Es war keine Petition in der üblichen Form: Wir hatten sie als Rindenbild verfaßt, das die Zeichen all der Clans trug, deren Gebiete durch die Bergbaugesellschaft bedroht waren. Es zeigte in einer Art und Weise, neben der das Hissen eines Stücks aus buntem Segeltuch nie bestehen konnte, die alten Pflichten und Verantwortlichkeiten, die wir unserem Land gegenüber haben. Und es zeigte auf, daß wir keine Menschen sind, die man aus dem Bild ›hinausmalen‹ oder am Rand der Geschichte stehenlassen kann.

Im Endergebnis reichten sogar Bilder nicht aus, um einem Volk, dessen visuelle Sprache von Grund auf zweidimensional ist, die Beziehung zwischen uns und unserem Land nahezubringen. Nach einer langen gerichtlichen Auseinandersetzung verweigerte die Rechtsprechung der Nicht-Aborigines nicht nur die Anerkennung unserer Ansprüche auf unser Land, sondern weigerte sich auch, zur Kenntnis zu nehmen, daß wir je dort gelebt hatten! Im Jahr 1970 zitierte ein Richter eine Abhandlung mit dem Titel ›terra nullius‹ [Niemandes Land], laut der wir »ein unzivilisiertes Volk ohne erkennbares Rechtssystem« sind, keinen »Besitzanspruch auf Land« hätten und wir zwar durch das Land zögen, es uns aber nicht gehöre.

Albert Namatjira und seine Frau Rubia,
Mc Donnell Ranges 1946

Was dieser Richter nicht akzeptieren wollte, war, daß die ›Bark Petition‹, die wir dem Parlament vorlegten, nicht einfach eine Bilderfolge war, sondern gemäß unserem Gesetz das Anrecht auf unser Land repräsentierte. Die Zeichen, die wir abbildeten, besitzen wir einige tausend Jahre länger als es in diesem Land weiße Richter gibt, die uns sagen, daß wir nie wirklich existiert hätten.

Dieses Geschehen ist 200 Jahre nach dem Ereignis, das in der eingangs erwähnten Darstellung aus Europa gezeigt wurde, für das Verständnis der Geschichte Australiens seit der Invasion wesentlich.

Im Verlauf dieser Invasion sind viele von unserem Volk umgekommen oder von ihrem Land vertrieben worden: Es ist eine Geschichte, in der die Invasoren mit Kalkül versucht haben, unsere Kulturen zu zerstören. Unter dem Druck von Gewehr und Bibel wurden viele Aborigines gezwungen, ihre Riten und Lieder aufzugeben. Von den 300 Sprachen, die 1788 in Australien gesprochen wurden, existieren nur noch 50, die man als ›gesund‹ bezeichnen könnte. In jedem Jahr stirbt eine weitere Sprache. Zur Zeit des Zweiten Weltkriegs hieß es, auch wir würden bald aussterben, und daß man nichts tun könnte, als einer im Verschwinden begriffenen Rasse ein ›weiches Sterbebett zu bereiten‹. Für andere Aborigines, die in Städten weit weg von ihrem Land leben mußten, war Assimilation die einzige Möglichkeit zu überleben.

Doch unsere Kulturen haben überlebt, und wir haben das Ringen um ihr Weiterbestehen zum Teil unseres Kampfes mit den Invasoren um Gerechtigkeit bei der Verteilung des Landbesitzes und um Frieden gemacht.

Wenn wir malen – sei es rituelle Körperbemalung, die Rindenmalerei oder die für den Verkauf vorgesehene Malerei –, dann tun wir das weder aus Spaß noch um des Verdienstes willen. Immer schon legte unsere Malerei unsere immerwährende Verbindung mit unserer geistigen Heimat und mit den Pflichten und Verantwortlichkeiten ihr gegenüber dar. Außerdem malen wir, um dem Rest der Welt zu zeigen, daß uns dieses Land gehört und wir diesem Land gehören. Unsere Malerei ist politische Aktivität. Leider wollen Nicht-Aborigines diese Tatsache oft nicht wahrhaben oder ziehen es bewußt vor, dieses Element unserer Arbeit außer acht zu lassen.

Vor vielen Jahren wurde Albert Namatjira (1902 – 1959), ein Aborigine aus Zentralaustralien, als Maler berühmt. Mit westlichen Aquarellfarben und Maltechniken malte er viele Landschaften. Doch Nicht-Aborigines verstanden nicht oder wollten nicht verstehen, daß er sein Land malte, das Land des Volkes der *Arrernte*. Er führte allen Menschen das gültige Anrecht seines Volkes auf die Gebiete vor, in denen sie seit Jahrtausenden lebten.

Nicht-Aborigines weigerten sich nicht nur, dies anzuerkennen, sondern viele sagten sogar, er sei ohnehin kein guter Maler, würde nur europäische künstlerische Stilformen nachahmen und nette Bildchen malen. Niemand fragte ihn nach dem Namen des Landes, das er malte, oder nach den *Wangarr,* die dieses Land auszeichneten. Alle dachten, der alte Mann brauchte nichts weiter als ein wenig Geld für seine Bilder. Die Käufer akzeptierten das Gesetz der Aborigines nicht, das ihn an das von ihm abgebildete Land band.

Das traurigste Kapitel der Geschichte von Albert Namatjira ist, daß er mit dem Geld, das er durch die Malerei verdient hatte, in Alice Springs ein Haus kaufen wollte und ihm dies verweigert wurde. Nach dem Gesetz der Weißen konnte er nichts vom Land seines Volkes zurückkaufen.

So bestanden die vergangenen 200 Jahre sowohl aus kulturellem als auch politischem Kampf, und dieser Kampf geht immer noch weiter. Heute versuchen Nicht-Aborigines unsere Kultur zu stehlen, wie sie auch immer noch versuchen, uns unser Land wegzunehmen.

Vor einigen Jahren wurde einem alten Mann aus meiner Gegend ein Bild entwendet und dann auf Geschirrtüchern abgebildet, die Nicht-Aborigines herstellten. Als der alte Mann dies erfuhr, brach ihm das Herz, und über drei Jahre weigerte er sich, wieder zu malen. Es ging in diesem Fall nicht nur darum, daß ein Weißer das eigene Urheberrecht gebrochen hatte, hatte er doch auch ein Stück aus dem Leben des alten Mannes gestohlen, aus seinem Ritus und aus seinem Land und zudem auch gegen das Recht der Aborigines verstoßen.

Anscheinend nimmt diese Art von kulturellem Diebstahl an unserem Volk zu, wenn Menschen versuchen, die letzten 200 Jahre der Besetzung unseres Landes zu rechtfertigen. Jede Woche stoßen wir wieder auf Nicht-Aborigines, die unsere Zeichen und Bilder stehlen, um damit T-Shirts, Stoffe, Speisekarten und anderes zu verzieren. Sie setzen wieder die alte Taktik der Assimilation ein, bloß versuchen sie jetzt, unsere Kultur in ihre Welt zu integrieren, weil es ihnen so gefällt und sie damit Geld verdienen wollen.

So, wie wir die beiden letzten Jahrhunderte politischen und kulturellen Kampfes überstanden haben, werden wir auch diese Versuche überstehen, unsere Völker auszulöschen. Vor mehr als zehn Jahren wurde vielen von uns im Northern Territory nach weißem Gesetz einiges von unserem Land zugesprochen. In den übrigen Gebieten warten wir noch auf die Anerkennung, die im ›Northern Territory Land Rights Act‹ formuliert wurde. So, wie auch unser politischer Kampf ungebrochen weitergeht, werden wir auch darum kämpfen, unsere Kultur zu bewahren und am Leben zu erhalten, denn unser Land und unsere Kultur sind untrennbar mit unserem Leben verbunden.

Daher bitte ich die Leser, sich dies immer wieder vor Augen zu halten. Es geht mir nicht darum, die Schönheit der Arbeiten geringzuschätzen; meiner Ansicht nach übertrifft unsere Kunst die Kultur anderer Völker – meine eigenen Vorurteile kann ich nicht ignorieren! Doch ich bitte nachdrücklich darum, sich zu vergegenwärtigen, daß die Gemälde nicht einfach schöne Bilder sind. Sie handeln von den Gesetzen, vom Leben der Aborigines. Sie handeln auch von unserem 200 Jahre währenden Widerstand und unserer Weigerung, das Land unserer Vorfahren zu vergessen. Sie handeln von kulturellem, sozialem und politischem Überleben. Deutlicher kann man es nicht sagen.

DIE BARK PETITION

(siehe auch Tafeln S. 178–180)

AN DEN EHRENWERTEN SPRECHER UND DIE EHRENWERTEN IM PARLAMENT VERSAMMELTEN MITGLIEDER DES REPRÄSENTANTENHAUSES

Die bescheidene Anfrage der unterzeichneten Aborigines von Yirrkala, die zu den Stämmen der Balamumu, Narrkala, Gapiny und Miliwurrwurr, der Djapu, Mangalili, Madarrpa, Magarrwanalinirri, Djambarrpuynu, Gumaitj, Marrakulu, Galpu, Dhaluangu, Wangurri, Warramirri, Naymil, Rirritjingu gehören, zeigt voller Ehrerbietung an:

1. Daß fast 500 Menschen der oben genannten Stämme Bewohner des Gebietes sind, das vom Aboriginal-Reservat in Arnhemland abgetrennt wurde.

2. Daß der Vorgang der Abtrennung dieses Landes und die weitere Bestimmung der dort lebenden Menschen diesen niemals erläutert, sondern vor ihnen geheimgehalten wurden.

3. Daß Beamte der Sozialbehörden und der Regierung, die ihnen Entscheidungen mitteilten, die ohne diese Menschen und gegen sie gefällt wurden, es nicht auf sich nahmen, der Regierung in Canberra die Ansichten und Gefühle der Aborigines von Yirrkala zu übermitteln.

4. Daß die Stämme von Yirrkala in dem betreffenden Land seit Urzeiten gejagt und ihre Nahrung gesammelt haben: Wir sind alle dort geboren.

5. Daß Stätten, die den Menschen von Yirrkala heilig und für ihre Existenz lebenswichtig sind, inbesondere die Melville Bay, sich in dem abgetrennten Gebiet befinden.

6. Daß die Menschen dieses Gebietes befürchten, daß ihre Interessen wieder so vollständig ignoriert werden, wie dies in der Vergangenheit der Fall war, und daß sie das gleiche Schicksal ereilt wie es das Volk der Larrakeah ereilt hat.

7. Darum ersuchen sie in aller Bescheidenheit darum, das ehrenwerte Repräsentantenhaus möge einen Ausschuß einrichten, der mit Unterstützung kompetenter Übersetzer die Meinungen der Menschen von Yirrkala anhört, bevor die Abtrennung dieses Landes gestattet wird.

8. Sie bitten bescheiden darum, daß mit keiner Gesellschaft irgendwelche Vereinbarungen getroffen werden, die das Überleben und die Unabhängigkeit der Menschen von Yirrkala zerstören würden.

Und Ihre Bittsteller werden in Erfüllung ihrer Pflicht zu Gott beten, Ihnen und uns beizustehen.

(Übersetzung aus dem Englischen)

DIE ERKLÄRUNG VON BARUNGA

(siehe auch Tafel S. 181)

Wir, die indigenen Besitzer und Bewohner Australiens, rufen die australische Regierung und das australische Volk auf, unsere Rechte anzuerkennen:

– unser Recht auf Selbstbestimmung und Selbstverwaltung, einschließlich der Freiheit, unsere eigene wirtschaftliche, soziale, religiöse und kulturelle Entwicklung zu verfolgen;

– unser Recht auf dauerhafte Kontrolle und dauerhafte Nutznießung des Landes unserer Vorfahren;

– unser Recht auf Entschädigung für den Verlust unseres Landes, ohne daß wir unser ursprüngliches Recht auf unser Land aufgegeben hätten;

– unser Recht auf den Schutz und die Kontrolle von sowie den Zugang zu unseren Sakralen Orten, Sakralen Gegenständen, Artefakten, Ikonographie, Kenntnissen und Kunstwerken;

– unser Recht auf Rückgabe der sterblichen Überreste unserer Ahnen, damit sie in Übereinstimmung mit unserer Tradition beigesetzt werden können;

– unser Recht auf Respekt vor und Förderung unserer Identität als Aborigines, einschließlich kultureller, sprachlicher, religiöser und geschichtlicher Aspekte und einschließlich des Rechts, in unserer eigenen Sprache, Kultur und Geschichte unterrichtet zu werden.

– in Übereinstimmung mit der ›Allgemeinen Erklärung der Menschenrechte‹, dem ›Internationalen Pakt über die wirtschaftlichen, sozialen und kulturellen Rechte‹, dem ›Internationalen Pakt über die bürgerlichen und politischen Rechte‹ und dem ›Internationalen Abkommen zur Beseitigung jeder Form von Rassendiskriminierung‹ unser Recht auf Leben, Freiheit und Sicherheit der Person, Nahrung, Kleidung, Wohnung, ärztliche Betreuung, Bildung und Arbeit, notwendige Leistungen der sozialen Fürsorge und andere grundlegende Rechte.

Wir fordern den Commonwealth von Australien auf, Gesetze zu erlassen, die die Voraussetzung schaffen für:

– eine national gewählte Organisation der Aborigines und Torres Strait Islanders, die die Belange der Aborigines und Torres Strait Islanders überwacht;

– ein nationales Landrechts-System;

– ein Polizei- und Justiz-System, das unser traditionelles Recht anerkennt und uns vor Diskriminierung und vor Aktivitäten schützt, die unsere Identität oder Sicherheit bedrohen, unser Recht auf freie Meinungsäußerung und Versammlungsfreiheit beeinträchtigen oder uns sonstwie an der vollen Nutznießung und der Ausübung allgemein anerkannter Menschenrechte und Grundfreiheiten hindern würden.

Wir fordern die australische Regierung auf, die Aborigines in der Erarbeitung einer internationalen Deklaration von Prinzipien indigener Rechte, als Vorstufe zu einem internationalen Abkommen, zu unterstützen.

Und wir rufen das Parlament des Commonwealth von Australien auf, einen Vertrag mit uns auszuhandeln, der unseren ehemaligen Besitz des Landes und unser fortgesetztes Anrecht sowie Souveränität anerkennt und der unsere Menschenrechte und unsere Freiheit bekräftigt.

Zitiert nach *Land Rights News,* Juli 1988 (Nr. 26),
Übersetzung E. Strohscheidt-Funken.

YIRRKALA HEUTE

BANDUK MARIKA

Bis 1930 war der Nordosten von Arnhemland von der modernen Entwicklung im ›weißen‹ Australien isoliert. Als die Commonwealth-Regierung im Jahr 1931 das Aborigine-Reservat von Arnhemland »zum ausschließlichen Nutzen und Wohl von Aborigines« einrichtete, sollte damit scheinbar ›kulturelles Erbe‹ unterstützt werden, indem unsere charakteristische und alte Kultur als Ureinwohner dieses Kontinents geschützt wurde. Doch als 1932 einige mit meinem Vater Mawalan sehr verbundene Männer ins Gefängnis kamen, nachdem sie japanische Fischer umgebracht hatten, war klar, daß die Regierung uns auf ganz bestimmte Weise kontrollieren wollte. 1934 erhielten die Methodisten die Erlaubnis, in Yirrkala auf dem Gebiet des *Rirritjingu*-Clans eine Niederlassung zu errichten; auf die benachbarten Clans wurde mit drastischen Mitteln Druck ausgeübt, um die Menschen zum Besuch der Missionsstation zu bewegen. Erstmals wurden Glauben und Überzeugungen der *Yolngu* und die Autorität unserer Stammesältesten in Zweifel gezogen. Durch eine neue Sprache und die Anmaßung, wir seien die ›hübschen Kinder des Teufels‹, begann man, unsere Existenz zu unterminieren.

Männer aus der Generation meines Vaters holzten im Zweiten Weltkrieg im Busch das Gelände für Flugplätze, Landeplätze für Flugboote und Nachschublager ab. Der Bruder meines Schwagers kam auf dem Meer auf seinem Heimweg von Milingimbi durch japanische Bomben um, und mein Bruder rettete einem amerikanischen Piloten, dessen Maschine ins Meer gestürzt war, das Leben und brachte ihn in seinem Kanu an Land. Während des Krieges begann die Australian Aluminium Production Commission, die Suche nach Bauxit als Ausgangsmaterial für Aluminium zu fördern. Die allgemeine Besessenheit der Nachkriegszeit, sich ›verteidigen‹ zu müssen, die schließlich zum Einsatz der Atombombe in Maralinga führte, war auch der Hintergrund für den in großem Ausmaß stattfindenden Abbau von mineralischen Bodenschätzen in Arnhemland.

Als die Vorbereitungen für den Ausbau der Bauxitlager von Gove fortgeschritten waren, legte uns die Commonwealth-Regierung nahe, uns durch Lizenzzahlungen für den Verlust des Bodens entschädigen zu lassen. Normalerweise erhielt die Regierung Pachteinnahmen aus den Bergbaulizenzen für das Land, das der Krone gehörte. Der Vorschlag, daß die *Yolngu* durch einen Unternehmensfonds dieses Geld bekommen sollten, erweckte bei unseren Ältesten den Eindruck, daß unser Land anders bewertet würde als das zur Krone gehörende und daß wir selbst über seine Verwendung bestimmen könnten. Bald jedoch war klar, daß die Regierung die Bergbauindustrie als ›Symbol nationaler Entwicklung‹ unterstützte und daß das, was für Australien gut war, auch für uns richtig zu sein hatte.

Anthropologen und Missionare, die den Standpunkt unserer Führer respektierten, halfen meinem Vater und anderen Clanoberen dabei, die ›Bark Petition‹ zu formulieren, die sich inzwischen im Parlamentsgebäude in Canberra befindet. Diese Männer der *Yolngu* sollten in unserem Land die wichtigsten Autoritäten bleiben, denen auch das Recht zustand, jeglichen geplanten Ausbau der Bergbauaktivitäten zu unterbinden, wenn er sich gegen unsere Interessen richtete. 1963 wurde im House of Representatives eine Spezialkommission für die ›Beschwerden der Aborigines von Yirrkala‹ eingerichtet. Diese Kommission schlug vor, daß ein ständiges Komitee auf die Wahrung unserer Interessen in allen Bereichen achten sollte; das schloß auch Jagdgründe und sakrale Örtlichkeiten ein, ebenso wie Wasserstellen, Rohmaterialien für Kunst und Handwerk, die Kontrolle der Zugangsberechtigungen, Schaffung von neuem Wohnraum bei allen zukünftigen Entwicklungen in den Siedlungen, Ersatzzahlungen und die Erweiterung der sozialen Dienste für die Menschen von Yirrkala.

Bereits 1963 hatte der Generalsekretär der Überseemission der Methodisten den Superintendenten von der Missionsstation in Yirrkala dringend aufgefordert, »der Bergbaugesellschaft ein Maximum an Unterstützung zu gewähren, wodurch wir die Chance erhalten, zu einem späteren Zeitpunkt, wenn der Abbau weiter fortgeschritten ist, unsere Interessen durchzusetzen«. Angestellte der Kirche, die die Positionen unserer Ältesten unterstützten, wurden entlassen. Außerdem wählten die Kirchenvertreter einen einzelnen *Yolngu*-Ältesten aus, mit dem sie besser zurechtkamen als mit einer ganzen Gruppe, der die Interessen aller in Yirrkala lebenden Clans repräsentieren sollte.

1968 gab die Commonwealth-Regierung der Bergbaugesellschaft Nabalco einen Pachtvertrag mit 42 Jahren Laufzeit (und der Möglichkeit, diesen danach wiederum um 42 Jahre zu verlängern) und einem Sonderabbaurecht für ein 54 km^2 großes Regenwaldgebiet, mit dem Recht, alle Arten von Abbau oder ähnlichen Maßnahmen zu betreiben, sogar wenn das bedeutete, die »Wasservorräte von Yirrkala zu vergiften, aufzubrauchen oder in anderer Weise anzutasten, die Bereitstellung einer anderen Möglichkeit der Wasserversorgung vorausgesetzt«. In dieser gnadenlosen ›Übereinkunft‹ tauchen die *Yolngu* nur als »in der Mission lebende Aborigines« auf, und damit entsteht für jeden Leser der falsche Eindruck, daß wir nur in der Mission und nicht auf dem Pachtland der Bergbaugesellschaft leben. Nirgendwo ist erwähnt, daß das Wasser – wir bezeichnen es als *Yirrkala* – lebenswichtig für uns ist und daß es bereits in der Zeit vor der Geburt von Jesus Christus seine spirituelle Bedeutung hatte. Die Nabalco erhielt das Recht, Wasser, Bäume, Steine, Sand, Lehm und andere Materialien für den Bau ihres Hafens, der Raffinerie und der neuen Stadt Nhulunbuy zu verwenden. Das Abkommen von 1968 gestattet uns, das Pachtland dann zu betreten, wenn es von der Nabalco nicht als Sperrgebiet ausgewiesen ist. Seit dieser Zeit ist unsere Lebensweise, jeden Tag und den Jahreszeiten entsprechend auf Jagd zu gehen, völlig verändert. Statt der Wildnis gibt es heute nur noch große Löcher in der roten Erde des Bodens.

Im Jahr 1970 wandten sich unsere Ältesten an den Obersten Gerichtshof des Northern Territory und klagten, daß der Zugriff der Nabalco auf das Land zur Bauxitgewinnung illegal sei, weil dies dem System des Landbesitzes der *Yolngu* zuwiderlief, und daß damit der Anspruch des Commonwealth, der Nabalco Rechte an unserem Land zu gewähren, nicht anerkannt werden könne. Unser Gesetz wurde als ›zu primitiv‹ bezeichnet, die Existenz von Grenzen und die Dauer unserer Inbesitznahme des Landes angezweifelt. Richter Blackburn schloß mit der Feststellung, daß die britische Krone zwar die Rechte von Eingeborenen anerkenne, aber die Macht habe, über jegliches Land zu verfügen, gleichgültig, was dessen Ureinwohner forderten.

In Wahrheit bekam der Konzern Alusuisse, nicht die Nabalco, die Kontrolle über unser Land. In dem Gesetz über die Regelung der Pacht und die Unterzeichnung des Abkommens wird zwar die Nabalco als ›Hauptpartner‹ genannt, doch auf alle Anfragen, die wir wegen Erträgen aus Aluminium- und Bauxitverkäufen an die Nabalco richten, erhalten wir die Antwort, daß diese Gesellschaft nicht über die Rechte oder die Pacht verfügt, sondern nur die Geschäfte für die Schweizer Muttergesellschaft Alusuisse-Lonza verwaltet. Das Projekt in Gove stellt für die Alusuisse die Hauptquelle an Rohstoffen dar und liefert das Aluminium für ihre internationalen Unternehmungen.

1973 stellte die Nabalco während der laufenden Aboriginal Land Rights Inquiry fest, daß »die Bürger von Nhulunbuy unter keinen Umständen vom Genuß des freien Zugangs zur Küste und in das Landesinnere ausgeschlossen sein dürfen, da dies ein natürliches Recht ist, das alle anderen Australier in Anspruch nehmen können«. Die Nabalco erweckte damit den Eindruck, daß die ›Freiheiten‹ der Bewohner ihrer Minenarbeiterstadt am besten durch einen Aboriginal Land Rights Act gewahrt würden, der ihnen das Recht zugestand, unser Land auch dann zu betreten, wenn es gar nicht zum Pachtland der Gesellschaft gehörte.

Als das Ständige Komitee 1974 in seinem Bericht feststellte, daß »viele Befürchtungen, die die Menschen 1963 geäußert haben, inzwischen Realität geworden sind«, war unsere Kultur bereits im Zerfall begriffen. Die Vorstellung, ›ein *Yolngu* zu sein‹, begann sich auf einen Lebensstil zu beziehen, der nur noch mit der Vergangenheit verbunden war. Weiße Menschen sahen uns an, als ob wir eigentlich schon ausgestorben sein müßten.

Bei der Verabschiedung des Northern Territory Land Rights Act im Jahr 1976 wurden alle Reservate der Aborigines in die erste Kategorie aufgenommen und damit automatisch zu Land der Aborigines erklärt. In unserem Fall bleibt das Land unter der treuhänderischen Verwaltung der Nabalco, bis der Pachtvertrag im

Jahr 2021 ausläuft. Wäre die Mine unter den Voraussetzungen des Land Rights Act eröffnet worden, hätte die Nabalco zu einer Einigung mit den traditionellen Eigentümern kommen müssen, denen bei den Verhandlungen über die Vertragsbedingungen die Unterstützung des Northern Land Council sicher gewesen wäre. Gegenstand der Verhandlungen wären dann die Pacht- und Mietzahlungen für besondere Pachtareale wie Wohngebiete, Industriegebiete und den Damm aus rotem Lehm gewesen. Außerdem hätte man über Ersatzzahlungen für Behinderungen und Umweltzerstörungen in der Zeit der Ausbeutung der Mine verhandelt, die Zahlungen wären wie auch weitere festgesetzte Ausgleichszahlungen auf der Basis einer Übereinkunft zwischen den traditionellen Besitzern des Bodens und dem Unternehmen ausgehandelt worden.

Aborigines, denen entsprechend den Traditionen Boden gehörte, wurden zunehmend unter Druck gesetzt, um der Ausbeutung ihres Landes durch Bergbau zuzustimmen. Die Landesregierung des Northern Territory, die den Bergbau auf Grund und Boden von Aborigines unterstützt, berichtigte 1987 den Land Rights Act dahingehend, daß die Minengesellschaften damit nun über ein Instrument verfügen, um das Vetorecht der Landbesitzer bei der Gewährung von Schürfrechten zu unterlaufen. Ein ›Veto‹ gilt nun de facto nur noch maximal fünf Jahre; die Firmen können ihr Interesse an dem Land offiziell aufrechterhalten, indem sie es sofort nach einem ›Veto‹ wieder anmelden. Einige wenige Unternehmen haben sich langfristige Exklusivrechte für große Gebiete in Arnhemland gesichert. Das schmälert jegliche Autorität, über die wir nach dem Land Rights Act verfügen.

Der Druck, unter dem wir seit inzwischen zwanzig Jahren stehen, führt nun zu sichtbaren Veränderungen. Die Mitglieder des Riritjingu-Clans sind in zwei Lager gespalten: Die einen würden Zahlungen aus den Erträgen der Minen akzeptieren, für die anderen käme das auf gar keinen Fall in Frage. Alkoholismus, Kettenrauchen, Kavabier, Benzinschnüffelei, Gewalt in den Familien, den Traditionen nicht entsprechende Ehen und schädliche sexuelle Verhaltensweisen, gedankenloser Umgang mit Geld, Zeitverschwendung durch Spielsucht, sogar Selbstmorde und Mordtaten sind in unser Leben getreten. Die meisten *Yolngu* sind apathisch geworden, haben den Halt verloren und widersetzen sich positiven Veränderungen. Die Angestellten der Nabalco, Bewohner der Stadt und die ›weiße‹ Bevölkerung von Yirrkala nutzen unser Land ohne Einschränkungen zu Erholungszwecken. Die *Rirritjingu* sind der Clan der ›Erstgeborenen‹ für die Ahnen, die in *Yalanbara* in Australien ankamen. Unsere sakralste Örtlichkeit ist in Gefahr. Das System der Zugangsberechtigungen wurde seit seiner Einführung nicht mehr erneuert und entspricht nicht mehr dem Verkehrsaufkommen. Durch neue Fahrwege kam es zu Bodenerosion und Beschädigungen der Umwelt, Legegebiete der Schildkröten wurden zerstört. Giftige Abwässer aus den Anlagen der Nabalco beeinträchtigen die Nahrung, die wir aus dem Meer gewinnen, die Norforce nutzt unsere vor der Küste gelegenen Inseln, die als bedeutende Orte ausgewiesen sind, für Zielübungen, und unsere Ortsnamen erhielten englische Bezeichnungen.

Die alteingesessenen Grundbesitzer haben den Northern Land Council beauftragt, mit allem Nachdruck für eine Neuverhandlung des 1968 geschlossenen Abkommens einzutreten. Die Nabalco sperrt sich gegen jede neue Formulierung und die Commonwealth-Regierung unternimmt nichts, um die gegenwärtige Situation zu verändern.

Ab 1992 gilt für das Gove-Projekt der Northern Territory Mineral Royalty Act, durch den Abgaben in Höhe von 18% des Nettoprofits aus der Produktion anfallen. Dadurch ergibt sich für die Gruppen, die Pachtgebühren erhalten, eine deutliche Steigerung der Einnahmen. Doch das Problem der nicht verhandelten Abgaben wird damit genausowenig gelöst wie der Ausschluß der *Yolngu* von den Gesprächen über andere Bestimmungen des Abkommens, in dem nichts über den ›Schutz einheimischer Lebensvielfalt‹ oder die ›ökologisch verträgliche Entwicklung‹ enthalten ist. Außer dem Abschnitt im Abkommen von 1968, der eine Neuverhandlung der Abgabenzahlungen im Abstand von jeweils zwanzig Jahren vorsieht (das ist 1992 fällig geworden), existieren keine Vereinbarungen, in denen die langfristigen Erwartungen der *Yolngu* zum Ausdruck kommen.

Die Mehrheit der ›ständigen Bewohner‹ des Nordostens von Arnhemland ist im Prozeß der Entscheidungsfindung an den Rand gedrängt. Den alten *Yolngu,* die die größten Rechte haben sollten, entgleitet ihre Autorität. Es gibt bei uns jetzt Bürokraten, die zwar mit uns leben und ›nationale‹ und ›staatliche‹ politische Ziele vertreten, jedoch unsere Bedürfnisse vor Ort nicht kennen. Die Schwierigkeit, daß wir jetzt in allen Fragen Übereinstimmung erzielen und Entscheidungen fällen müssen, die unser traditionelles Gesetz respektieren, sehen diese Bürokraten als Schwäche, die es auszunutzen gilt.

Trotz eines erfolgreich mit der Conservation Commission of the Northern Territory durchgeführten ethno-botanischen Projekts (inklusive einer Buchveröffentlichung), den 1990 und 1991 zuerkannten Preisen Tidy Towns Award und einem Landpflegeplan, der vom Bundesminister für Aborigine-Angelegenheiten, dem Landesminister für Umwelt, den Leitern der Laynhapuy Homeland Association und den Ältesten meines eigenen Clans unterstützt wird, muß ich mit der Community Council Association meines eigenen Landes kämpfen, damit sie Umweltfragen als einen Hauptbereich der Finanzierung anerkennt. Mir wurde noch nie gestattet, über Regierungsgelder, die für kommunale Beschäftigungsprogramme bewilligt wurden, direkt zu verfügen. Meine eigenen Verwaltungskosten muß ich aus einem Topf für Vortragshonorare bestreiten.

Meine Weltsicht ist durch diese Erfahrungen geformt, und ich beginne nun die Kraft zu verstehen, die die Beziehungen der *Yolngu* untereinander prägt und das Verhältnis zu unseren Kindern zerstört.

Da wir uns nicht einschüchtern lassen wollten, haben meine Schwestern und ich jetzt die *Mawalan (1) Gamarrwa Nuwul* Assoziation für Landpflege und die *Miliwurrurr Yolngu Djakami Nanapilinguru Nayiwu* Land Care Group gegründet. Uns ist wichtig, daß unsere kulturelle Bindung an das Meer und die Inseln Dhambaliya und diejenigen aus der Östlichen Bremer-Gruppe bestehen bleibt. Meine beiden ältesten Schwestern leben ständig auf Dhambaliya, drei andere leben in Gamarra Nuwul. Die Bevölkerung von Dhambaliya ist stark abhängig von Nahrungsmitteln, die die Natur bietet. Im Landesinneren sammeln die Menschen eine Vielzahl von Früchten und Knollengewächsen, im Sand finden sie Muscheln und Krabben, und aus dem Meer holen sie Fische, Schildkröten, Muscheln, Austern und andere Schalentiere – daher ist eine Verunreinigung der Küsten für sie gefährlich. Wichtig ist auch, daß die Bewohner von Dhambaliya ein Bewußtsein für die Langzeitwirkungen entwickeln, die vom Festland auf die Insel gebrachter Müll, neue Technologie und Maschinen auf die Umwelt haben. Der wichtigste Brennstoff auf Dhambaliya ist Holz, daher werden Bodenerosion und Abholzen zu einem Problem. Auch gibt es Schweine, die Schäden verursachen.

Die Land Care Group möchten wir so einsetzen, daß unsere Jugendlichen lernen, sich aktiv an der Pflege des Landes zu beteiligen. Bei den *Yolngu* hat es in den vergangenen zwanzig Jahren viele Mischlingskinder gegeben. Für das ›weiße‹ Australien ist es wichtig zu wissen, daß wir sie nicht diskriminieren und sie dieselben Rechte wie Kinder aus Aboriginal-Familien haben. Alle lernen, ihr Land zu lieben. Meine Anstrengungen zielen nun darauf ab, dieser neuen und positiven Erfahrung zum Erfolg zu verhelfen, damit wir leben können, ohne unsere spirituellen Bedürfnisse zu vernachlässigen.

ABORIGINAL-FRAUEN – ENDLICH KÜNSTLERINNEN !

HENRIETTA FOURMILE

Nach 200 Jahren Unterdrückung und kultureller Enteignung durch die weiße Kolonialmacht erlebte die Kunst der Aborigines in den letzten zehn Jahren in all ihren Erscheinungsformen eine Renaissance. Während die bildende Kunst eine begrenzte Anerkennung erfuhr, wurden Gesänge, Tänze und das Geschichtenerzählen durch Missionare und Reservatsbehörden offen unterdrückt. Immerhin kam diese gewisse Anerkennung größtenteils von Anthropologen[1] und einigen wenigen privaten Sammlern[2], obwohl ›*Art In Australia*‹ in den 20er und 30er Jahren vereinzelte Artikel über die ästhetischen Qualitäten von Kunst und Design der Aborigines[3] veröffentlichte. Jedoch erst in den 60er und 70er Jahren, nachdem unterdrückende und einschränkende Gesetze außer Kraft gesetzt und eine weniger diskriminierende, auf Selbstbestimmung und Selbstverwaltung basierende Politik gegenüber Aborigines eingeschlagen wurde, konnten sich die Aboriginal-Künstler freier fühlen. Gleichzeitig mußte die australische Kunstwelt selbst ihre eigenen ethnozentrischen Vorurteile überwinden, damit die ›Kunst‹ der Aborigines nicht als Kunsthandwerk, sondern als Kunst akzeptiert und in denselben Galerien wie die Bilder und Skulpturen der verehrten weißen australischen Künstler gezeigt werden konnte.[4] Diese Befreiung war so spektakulär und so weitgehend, daß Australien seine kulturelle Glaubwürdigkeit in den Augen der Welt jetzt durch die Aboriginal-Künstler bekommt.[5]

Für die Aboriginal-Künstlerinnen fand diese Befreiung jedoch nicht vor Mitte der 80er Jahre statt. An drei Fronten zugleich litten sie unter den Benachteiligungen ihres Geschlechts.

Erstens spiegelten sich die patriarchalischen Obsessionen des weißen Australien in den Darstellungen der Aboriginal-Gesellschaften wider, die vorwiegend männliche Anthropologen und andere Beobachter verfaßt hatten.[6]

Der traditionelle Status der Aboriginal-Frauen als gleichwertige, autonome und ergänzende Partnerinnen ihrer Männer, wie er in dem Titel des Buches ›*We Are Bosses Ourselves*‹[7] zum Ausdruck kommt, wurde erst in den 60er und 70er Jahren richtig wahrgenommen, als Anthropologinnen die deformierten Ansichten ihrer männlichen Kollegen zu korrigieren begannen.[8]

Zweitens waren es die Vorurteile innerhalb der Kunstwelt selbst – im speziellen die Unterscheidung zwischen ›freier‹ Kunst (Malerei, Graphik und Bildhauerei) und Kunsthandwerk (Gebrauchsgegenstände) –, die einer Anerkennung der Kunst von Aboriginal-Frauen entgegenstanden.[9] Die Männer der Aborigines wurden als die Maler (auf Rinden und Umsetzungen in Acryl von Totemsymbolen auf der Erde), die Frauen als die Kunsthandwerkerinnen (aktiv in den Sparten Korbflechten und Textilgestaltung) anerkannt. Viele der Ausstellungen, Bücher und Kataloge zur Kunst von Aborigines aus den späten 70er und den frühen 80er Jahren konzentrierten sich auf die Kunst der Männer.[10] Auf Gruppenausstellungen zu besonderen Gemeinschaften folgten Einzelausstellungen[11], aber erst Mitte der 80er Jahre erhielten die Frauen die ihnen gebührende Anerkennung.[12] In ähnlicher Weise wie vorher bei den Männern wurde jetzt die Kunst der Frauen verbreitet: Auf Ausstellungen mit dem Schwerpunkt auf Arbeiten aus einer bestimmten Gemeinde folgten

Gruppenpräsentationen und danach Einzelausstellungen.[13]

Schließlich litten die Frauen unter Benachteiligungen durch die Unterteilung der Aboriginal Kunst in ›authentische‹ (d.h. ›echte‹, ›traditionelle‹, ›tiefgründige‹, ›Stammes-‹) Kunst und ›nicht-traditionelle‹ (›verwestlichte‹, ›städtische‹, ›bastardisierte‹ und ›touristische‹) Objekte. Die Frauen behandelten Kunst, die sich mit ›Frauenthemen‹ beschäftigte, grundsätzlich eher als etwas Geheimes, und sie sträubten sich so lange, in der Art der Männer zu malen, bis sie ihre eigenen Ausdrucksformen gefunden hatten, mit denen sie bestimmte Aspekte ihrer Religion als Malerei formulieren und offenlegen konnten. So blieben sie bei der Herstellung traditioneller Objekte wie Körbe, Flechttaschen und Matten; beschäftigten sich mit Textilien, wobei sie am liebsten Kleiderstoffe und Wandbehänge gestalteten und für die Verzierungen Techniken wie Handdruck, Schnurbatik und Batik einsetzten. Ihre Kunst wurde als touristenorientiert und folgerichtig weniger bedeutend für eine Beurteilung durch die Kunstkritik eingestuft.

In der Zwischenzeit hatte die Kunst der in der Stadt ansässigen Aborigines – grob geschätzt zwei Drittel der gesamten australischen indigenen Bevölkerung – einen noch härteren Weg bis zu ihrer Anerkennung zu durchlaufen. Wendepunkt für diese Kunst, die man in den Standardwerken zur Kunst der Aborigines[14] immer ignoriert hatte, war die Ausstellung ›*Koori* Art '84‹ im Artspace in Sydney.[15] Der größte Teil der australischen Gesellschaft betrachtete die sogenannten ›Stadt-Aborigines‹ in erster Linie als einen ›Haufen Mischlinge‹, die ihre ›Aboriginality‹ verloren hatten und daran vor allem selbst schuld waren. Die Fragen, die ihre Kunst aufwarf, drehten sich hauptsächlich um das Problem: »Ist das Aboriginal-Kunst« oder nur »Kunst von einem Aborigine«?[16] Die Aboriginal-Künstler, die in den großen Städten an der Ost- und Südküste dieses Kontinents leben, stammen oft aus Gemeinden, die äußerst stark durch Zwangsumsiedlungen und kulturelle Enteignungen zerstört wurden. Nur wenige dieser Gemeinschaften besitzen eine repräsentative Sammlung ihres eigenen künstlerischen Erbes und damit eine grundlegende Quelle der Inspiration und Identität. Was davon nicht verlorengegangen ist, befindet sich heute zu einem großen Teil in den staatlichen Museen, d.h. oft Tausende von Kilometern entfernt von den Gemeinschaften, aus denen diese Objekte und Symbole stammen. Allein dieser Umstand stellt eine massive Verletzung unserer kulturellen Rechte dar, wie sie in vielen Menschenrechtskonventionen niedergelegt sind,[17] und ein Ergebnis dieser Situation ist, daß viele Künstler ohne Wissen um ihre eigene Stammesgeschichte und ihr Geburtsrecht aufwuchsen.[18] Daher erstaunt es nicht, daß viele Arbeiten der in den Städten lebenden Künstler um Themen wie die folgenden kreisen: Wiederfinden der eigenen Identität, die Suche nach den kulturellen Wurzeln und grundsätzliche Fragen zur Bewertung der Beziehungen zwischen Schwarz und Weiß. Diese Themen sind oftmals politisch motiviert. Dieser Grundstock der Kunst von Aborigines wurde schließlich als legitimer, eigenständiger Zweig inmitten der großen Welt der Kunst anerkannt.[19] An dieser Entwicklung waren sowohl die männlichen als auch die weiblichen Aboriginal-Künstler, die in einem städtischen Kontext arbeiten, mit einem sehr hohen Maß gleichberechtigt beteiligt.

Diese Ausstellung deutet die Vielschichtigkeit der Kunst der Aboriginal-Frauen an und versammelt einige Arbeiten der bekanntesten Künstlerinnen als eine Hymne an unsere Würde, Kraft und Überlebensfähigkeit. Einige der Frauen sind Stammesälteste in ihren Gemeinden und malen ihre ›Dreamings‹, so wie sie ihnen von ihren Müttern und Großmüttern überliefert wurden (Emily Kame Kngwarreye, Sister Nakamarra, Ada Bird Petyarre). Andere wiederum leben weit entfernt von ihrem Land – entweder aus eigener Entscheidung oder weil die Verhältnisse sie dazu zwingen (Fiona Foley). Manche haben Erfahrungen mit den Hauptströmungen der zeitgenössischen Kunst gesammelt und verwenden neu eingeführte Materialien, Medien oder Techniken wie Öl und Acryl, Photographie und Radierung, Batik und Siebdruck (Karen Casey, Brenda Croft, Wendy Dunn, Alice Hinton Bateup, Leah King-Smith, Ruth Whitebourne). Überlieferte Fertigkeiten benützen andere für die Herstellung oder Verzierung von traditionellen Objekten wie Flechttaschen, Körperornamenten, Körben, Särgen aus hohlen Stämmen. Die Themen der Kunstwerke spiegeln auch die unterschiedlichen Lebensumstände der Künstlerinnen wider – so dominieren unter den Arbeiten aus Zentral- und Nordaustralien die überlieferten Themen der Beziehung zum Land, zur Religion und zur Nahrungsbeschaffung im Busch (Dorothy Djukulul, Katje Kemarre, Sarah Kngwarreye, Hazel Kngwarreye, Milliga Napaltjarri, Pansy Napangati). Ein breiteres Spektrum wird bei den Künstlerinnen aus der Stadt sichtbar, wie der Konflikt zwischen Schwarz und Weiß in den Zeiten der Kolonisierung (Karen Casey, Fiona Foley, Sally Morgan), die Zwangsadoption von Aboriginal-Kindern, und einige haben in einem Verschmelzungsprozeß die Bildsprachen verschiedener westlicher Kunstströmungen (Judy Watson) oder anderer Kulturen übernommen.

Die Kunst von Aboriginal-Frauen, die in dieser Ausstellung gezeigt wird, macht Schluß mit sämtlichen Stereotypen, die uns so oft entzweien und herabwürdigen sollten: die Unterscheidungen in ›Stammes-‹, ›Stadt-‹, ›Vollblut-‹ und ›Mischlingskunst‹. Unsere Würde und Kraft liegen darin, daß wir jetzt in der Lage sind, mit den Vorurteilen der Nicht-Aborigines uns gegenüber aufzuräumen und fordern können, als diejenigen angesehen zu werden, die wir sind, als Aboriginal-Frauen.

1 Z. B. Baldwin Spencer, Frederick McCarthy, Adolphus Peter Elkin, Charles Mountford, Norman Tindale, Ursula McConnel und Ronald Berndt.

2 Bedeutende Privatsammler sind: Leonard Adam, Karel Kupka, Ed Ruhe, Charles Barrett und Louis Allen.

3 Vgl. M. Preston, »The Indigenous Art of Australia«, in: *Art in Australia*, 3. Serie, Bd. 11; dies., »Application of Aboriginal Design«, in: *Art in Australia*, 3. Serie, Bd. 81, 1940; U.M. McConnel, »Inspiration and Design in Aboriginal Art«, in: *Art in Australia*, Bd. 59, Nr. 5, 1935; F.D. McCarthy, »Aboriginal Art«, in: *Art in Australia*, 3. Serie (No. 11), 1939.

4 Vgl. J.V. S. Megan, »Western Desert Acrylic Painting – Artefact Or Art?«, in: *Art History*, Bd. 5 (Heft 2)/1982, S. 205–218.

5 Vgl. »International Visitors And Aboriginal Art«, in: *Art Facts* (Research Paper No. 4), hrsg. vom Australia Council, 1990.

6 Zu Beginn dieses Jahrhunderts gab es nur wenige Anthropologinnen. Daisy Bates, Ursula McConnel und Phyllis Kaberry waren die wichtigsten unter ihnen.

7 F. Gale (Hg.), *We Are Bosses Ourselves: The Status And Role Of Aboriginal Women Today* (A.I.A.S.-Mikrofiche), Canberra 1983.

8 Als Anthropologinnen sind erwähnenswert: Marie Reay, Catherine Berndt, Catherine Ellis, Luise Herens, Annette Hamilton, Betty Meehan, Isobel White, Diane Barwick, Diane Bell, Isobel Mc Bryde, Faye Gale und Nancy Williams.

9 Vgl. M. Hill, *From The Ochres Of Mungo: Aboriginal Art Today*, West-Heidelberg 1984, S. 61: »Außer den Malereien, Skulpturen und dreidimensionalen Formen, die eine ›Kunst‹-Tradition in formaler Weise begründen, gibt es eine große Anzahl von Objekten, die entweder Gebrauchsgegenstände oder für rituelle Zeremonien bestimmt sind und mehr einer Tradition im Sinne des ›Kunsthandwerks‹ entsprechen.« Eine sorgfältige Widerlegung dieser Unterscheidung in Kunst/Kunsthandwerk liefert A. Marriel, *Anthropology And Art: The Failure Of The Anthropology Discipline To Contribute Towards The Elucidation Of A General Theory Of Art*, (unveröffentliche Diss.) o.J.

10 Vgl. A.E. Wells, *This Their Dreaming*, St Lucia 1971; L.A. Allen, *Time Before Morning: Art And Myth Of The Australian Aborigines*, New York 1975; G. Bardon, *Aboriginal Art Of The Western Desert*, Adelaide 1979.

11 Vgl. Kat. Ausst. *Charlie Tjaruru Tjungurrayi: A Retrospective 1970–1986*, Orange Regional Gallery u.a., Orange 1987.

12 Natürlich gab es auch Ausnahmen. Thancoupie (vgl. J. Isaacs, *Thancoupie The Potter*, Sydney 1982) und Miriam-Rose Ungummer-Baumann (*Australian Stations Of The Cross*, Melbourne 1989) wurden früh anerkannt.

13 Vgl. J. Green, *Utopia: Women, Country And Batik*, Alice Springs 1981; K. Khan, »Warlpiri Women At The Australian Museum«, in: *Coma Bulletin*, (Heft 12)/1983, S. 22–25; W.M. Hilliard, »Ernabella Batiks«, in: *Craft Australia*, (Heft 3,1)/1985, S. 89–93; das Gründungsfest von Aboriginal Women's Art im Festival Centre von Adelaide, 1.–16. Februar 1985, auf dem Werke von Aboriginal-Frauen aus den Gemeinden Fregon, Ernabella, Yuendumu, Utopia, Bathurst und Melville Islands, Maningrida, Katherine, Broome, Balgo und Kununurra ausgestellt waren. Vgl. Kat. Ausst. *Karnta: Aboriginal Women's Art*, bearb. von C. McGuigan, Sidney 1987. Die *Miyalko* Annual Exhibition of Aboriginal Women's Art (Jahresausstellung) wurde 1985 begründet.

14 Vgl. besonders R.M. Berndt/E.S. Philips (Hg.), *The Australian Aboriginal Heritage: An Introduction Through The Arts*, Sydney 1978; C.H. Berndt/R.M. Berndt/J.E. Stanton, *Aboriginal Australian Art*, Sydney 1981.

15 Vgl. Kat. Ausst. *Koori Art '84*, Artspace, Surry Hills/NSW 1984.

16 Vgl. Kommentare von Graham Sturgeon zur ›Perspecta 1981‹, in: *Art And Australia*, Bd. 19 (Heft 3)/1982, S. 337.

17 Darunter fallen die ›International Convention on the Elimination of All Forms of Racial Discrimination‹ und der ›International Covenant on Economic, Social and Cultural Rights‹. Auch der Abschnitt des Völkerrechts über die Rechte indigener Völker, wie sie in der ›Draft Declaration on the Rights of Indigenous Peoples‹ festgelegt sind, muß berücksichtigt werden.

18 Museen, die einst als Bewahrer des kulturellen Erbes der Aborigines auftraten, müssen nun als dessen Zerstörer gesehen werden, da sie unseren Gemeinden ihr kulturelles Eigentum und ihre kulturellen Quellen vorenthalten. Dies stimmt mit der inoffiziellen Assimilierungspolitik der Regierung überein, d.h. kultureller Völkermord. Dieses Vorgehen findet seine Entsprechung in Amerika. Bowen Blair, der sich mit dem indianischen Erbe beschäftigt hat, beschreibt die fundamentale Rolle der Museen als Bewahrer der Überreste und Zerstörer einer Kultur. Vgl. B. Blair, in: *American Indian Journal*, (Heft 5)/1979, S. 13–21, (Heft 6)/1979, S. 2–6. Vgl. auch H. Fourmile, »Museums And Aborigines: A Case Study In Contemporary Scientific Colonialism«, in: *Praxis M.* (Heft 17)/1987, S. 7–11.

19 Dies wurde mit der Wahl von Trevor Nickolls als einem von zwei Vertretern der australischen Kunst für die Biennale in Venedig 1990 (der andere war Rover Thomas) und von Gordon Bennett unter Beweis gestellt, der den angesehenen Moët-Chandon Art Award in einem offenen internationalen Wettbewerb erlangt hat.

ARTS CO-ORDINATOR: KEIN GEWÖHNLICHER JOB

Ein Gespräch zwischen Djon Mundine und Howard Morphy in Ramingining, Arnhemland, Northern Territory, unter Mitwirkung von Luke Taylor

Howard Morphy: In vieler Hinsicht hat die Arbeit, die Sie in den letzten zehn Jahren geleistet haben, dazu geführt, daß Ramingining auf der Landkarte, zumindest auf der der australischen Kunstorte, aufgetaucht ist. Erreicht haben Sie dies durch das Ausarbeiten spezifischer Ausstellungen, den Aufbau guter Beziehungen zu den wichtigsten Galerien und die Gewährleistung, daß die Arbeiten auch in diese Galerien gelangen. Haben Sie in Ramingining von Anfang an bewußt nach Wegen gesucht, eine Identität und einen Markt für die Kunst dieses Ortes aufzubauen, und – unabhängig von Ihrer anfänglichen Haltung – haben Sie zu einem gewissen Zeitpunkt erkannt, daß ein Markt entstand, die Zeiten sich geändert hatten und die Gemeinde anerkannt wurde?

Djon Mundine: Ich habe schon gleich einen Markt gesehen und der Wandel war ja schon im Gange, bevor ich hierher kam. Die Leute oder die Kunst von Ramingining waren schon einige Jahre länger bekannt. Die ersten Aboriginal-Kunstwerke, die 1979 oder 1980 auf der Biennale in Sydney zu sehen waren, kamen von hier. Daß diese Arbeiten miteinbezogen wurden, war meiner Meinung nach eine unpolitische, wirklich unbegründete Entscheidung – sicher hatte das die politische Bedeutung: »Ja, das war ästhetisch sehr schöne Kunst und zugleich eine zeitgenössische australische Kunst«, und so gesehen war das schon eine wichtige Aussage, aber eben nicht mehr. Funktioniert hat dies sicher auf der Ebene der großen Meister der Kunst, auf die sich die Leute bei Religion und Kultur immer bezogen haben. Sie haben das Konzept der ›Dreamtime‹-Religion benutzt, über das ständig gesprochen wurde und das ein derart undurchsichtiger Bereich ist, in den man alles hineininterpretieren kann und nichts mehr erklären muß. Ist das verständlich?

HM: Ja, aber ich dachte irgendwie, daß Sie durch die thematischen Ausstellungen eines getan haben, nämlich indirekt Kunst aus Ramingining zu machen – Kunst in genau diesem europäischen Sinn: herrliche Gemälde, die man an den Wänden der Australian National Gallery bewundern kann. Bis in die späten 70er Jahre wurde Kunst der Aborigines nicht in der Klasse der großen Meisterwerke der Weltkunst in irgendeiner der bedeutenden Galerien und oder einem der Museen ausgestellt.

DM: Das stimmt, aber ich habe ja gesagt, daß die Dinge bereits lange vorher in Bewegung geraten waren. Ich denke, daß die Diskussion um die Kunst aus

BulaBula Arts Centre, Ramingining

der Western Desert in den späten 70er Jahren zugunsten der Aboriginal-Künstler umschlug und in den frühen 80er Jahren eine Neubewertung stattgefunden hat. Dies hatte Auswirkungen auf die Australian National Gallery, denn nun mußte auch sie zu einer positiveren Betrachtung dieser Kunst gelangen und sie in ihre Sammlung aufnehmen. Das brachte viele Leute dazu, sich diesem Trend anzuschließen, und nach und nach taten sie es auch. Dieser Prozeß fiel genau in die Zeit, in der ich sehr aktiv war. Ich will nicht versuchen, bescheiden zu erscheinen, aber was das angeht, kam ich gerade zur richtigen Zeit. Meiner Meinung nach beginnt das Interesse der Kunstwelt an Aboriginal-Kunst zu stagnieren, oder besser: Die Kreativität beginnt in einzelnen Gegenden zu stagnieren. Anscheinend ist man dort auf einer Ebene angekommen, von der aus man nicht weiter weiß. Und jetzt besteht die Gefahr, von der ich vorher sprach – die Massenproduktion von bestimmten Objekten, die jetzt einfach einen anderen Level erreicht hat: Statt 20-Dollar-Objekte für die Touristen stellt man eben jetzt 10 000-Dollar-Objekte für die Touristen her. Ich bin mir sicher, daß diese Gefahr für bestimmte Formen der Aboriginal-Kunst besteht, doch die Künstler sollten das sehr sorgsam angehen und nach Auswegen suchen. Thematische Ausstellungen sind da wohl ganz richtig, die Dinge stehen dort in ihrem Kontext, man kann die Kunst wieder als Kunst sehen und sie von Grund auf analysieren.

HM: Sie sagen also, daß es von Anfang an Ihr Ziel war, die Kunst in ihrer ganzen Komplexität zu zeigen, und daß Ihnen nicht so sehr daran lag, neue Märkte oder ähnliches für diese Kunst zu finden?

DM: Ich sah mich selbst nicht als Händler, aber zu diesem Zeitpunkt fand gerade dieser Wechsel hin zum Kommerziellen statt, was diese australische Kunst und ihre Bewertung betrifft, so daß meine Anwesenheit und Aktivität hilfreich war. Aber ganz bestimmt habe ich nicht gedacht: »Ach, diese Arbeiten kann ich jetzt doppelt so teuer verkaufen, weil sie in diesem Kontext stehen.« Der didaktische Teil, die multikulturellen Bezüge waren mir viel wichtiger als das Geld, denn das Geld war eine Art Nebenprodukt. Die Leute mochten unsere Arbeit, fanden die Themen der Ausstellungen gut und stellten fest, daß es ihnen nichts ausmachte, für diese Extras zu bezahlen.

HM: Sie sind ein Aborigine aus New South Wales. Hatten Sie zu Beginn Schwierigkeiten, von den Gemeinden in Arnhemland akzeptiert zu werden oder...

DM: Nein. Man sagte mir, daß das möglich sei, daß es passieren könnte, und daß die Leute mich nicht akzeptieren würden, mich nicht als vertrauenswürdig erachten und mich nicht als einen der ihren anerkennen würden. Was die Vertrauenswürdigkeit betrifft, so ist das mit jedem gleich, egal ob er schwarz oder weiß ist. Und mich hat das nicht so furchtbar interessiert. Und meine Abstammung – da wußte ich im Prinzip, wer ich bin und ganz bestimmt war mir das in einem historischen Sinne klar. Damit habe ich mich nicht mehr sehr aufgehalten. Ich akzeptiere das und sage, daß es verschiedene Stadien der historischen Entwicklung gibt, die man akzeptieren muß. Ich habe mich nie gescheut, den Leuten zu erzählen, wo ich lebe und wer meine Familie ist, und daß ich ein Aborigine aus New South Wales bin. Und oft kam dann erstaunliche moralische Unterstützung, denn anscheinend haben die Leute, zumindest die wichtigsten Künstler, wenn nicht viel mehr Menschen, eine durchaus positive Meinung von Aborigines, die aus New South Wales, Victoria und anderen Gegenden kommen, wo die überlieferte Religion nicht mehr ausgeübt wird.

HM: Glauben Sie, daß dieses Verständnis größer geworden ist, seit Sie hier sind?

DM: Ein wichtiger Aspekt der thematischen Ausstellungen war mein Versuch, die Künstler in die Ausstellung einzubeziehen. In der Vergangenheit war es so, daß man die Künstler als lebende Ausstellungsstücke hineinnahm, als lebende Gags, um die Kunst besser verkaufen zu können. Wenn ich Künstler in die Ausstellung einbezogen habe, habe ich versucht, dafür zu sorgen, daß die lokalen Aboriginal-Gruppen der Orte, wo die Ausstellung gezeigt wurde – sei es in Armidale, Adelaide oder Perth –, eingeladen wurden und den mitreisenden Künstler kennenlernen konnten. Auf diese Art und Weise versuche ich, die Geschichte der Aborigines in Australien einem breiteren Publikum bewußt zu machen, denn wir leben hier immer noch in einer in vielen Bereichen geschlossenen Gesellschaft. Ich bin nicht so kühn und behaupte, daß die Menschen wegen irgendeiner meiner Aktivitäten unglaublich mehr wissen. Die Leute wissen mehr durch die grundlegend offenere Kommunikation mit der Außenwelt und den politischen Bewegungen, die in den letzten Jahren entstanden sind und sie beeinflußt haben. Und das alles hatte einen viel größeren Einfluß auf die Gemeinde, als ich je hätte haben können.

HM: Sind Sie der Meinung, daß sich ein Aboriginal Arts and Craft Advisor mit dieser Rolle des Vermittlers zwischen den Leuten von Ramingining und den Aborigines im Süden leichter tut?

DM: In einigen Bereichen sicher. Manche Leute mißtrauen mir und dem, was ich tue, weil ich nicht in jeder Gruppe in New South Wales oder Victoria oder sonstwo bekannt bin. Aber es ist sicher hilfreich und bedeutet auch, daß ich zumindest viele andere Gruppen oder Aboriginal-Organisationen kenne, die an Ausstellungsbesuchen interessiert sind. Viele Galerien, in denen wir unsere Ausstellung zeigten, hatten vorher kaum, und ganz bestimmt keinen lokalen, Kontakt zu Aborigines.

HM: Sehen Sie es als richtig oder als wünschenswert an, Arts and Craft Advisor eher aus den lokalen Kunstproduktionszentren zu rekrutieren als sie von außen kommen zu lassen, oder denken Sie, daß unter den gegebenen historischen Umständen ein Außenstehender diesen Job besser, effizienter und leichter machen könnte?

DM: Das würde ich nicht sagen – Leute aus Ramingining haben solche Stellen bekleidet, aber es muß eine außergewöhnliche Person sein, denn dieser Job ist schlecht bezahlt. Diese Arbeit ist unterbezahlt, sehr anspruchsvoll und ungewöhnlich was die Arbeitsbedingungen betrifft. Dazu kommt, daß es absolut keine Garantien für den Arbeitsplatz gibt. Eine Person aus der Gemeinde müßte schon sehr idealistisch sein – es kann immer nur ein Idealist sein –, und ich habe in einem anderen Zusammenhang gesagt, daß das eigentlich eine verdammte weiße Sklavenarbeit ist. In der Welt der Kunst im allgemeinen, in der Welt der australischen Kunstwelt der Weißen, erwarten die Leute keine großen Gehälter, unermeßlichen Ruhm oder sonst etwas. Sie machen diese Arbeit aus Liebe zur Kunst. Ein weißer Arts and Craft Advisor arbeitet in diesem Sinne. Ein Aborigine könnte sich in einer solchen Position im Abseits fühlen, und weil er aus dem Ort stammt dann unter größerem Druck stehen. Der Druck, der auf einen weißen, hier lebenden Berater ausgeübt wird, ist sehr groß, und das könnte vielleicht für jemanden, der aus Ramingining stammt, zu viel sein. Verschiedentlich habe ich gesehen, daß der Druck auf diese Person zu stark wurde, als es darum ging, Preise festzulegen und bestimmte Kunstgruppierungen innerhalb der Gemeinschaft besonders zu fördern. Es wird oft behauptet, daß es das ist, was wir beabsichtigen und als unsere Politik verkaufen. Aber ich bin nicht der Meinung, daß das ein korrektes Vorgehen ist. Das muß von Fall zu Fall entschieden und gemessen an den Beteiligten beurteilt werden.

HM: Sind Sie der Meinung, daß es wünschenswert wäre, wenn die Stellen der Arts and Craft Advisors auf lange Sicht nur noch von Aborigines besetzt würden, oder denken Sie, daß jeder, der für diesen Job geeignet...

DM: Die Qualifikationen sind sehr weit gefaßt. Oft werden gerade die Leute mit den seltsamsten Lebensläufen irgendwie die besten Berater. Während andere, mit unglaublich guter Ausbildung, die Kunstzentren auf Jahre hinaus vollstopfen, weil sie Mißwirtschaft betreiben. Ich denke, daß wir eine Politik der ›Aboriginalisation‹ als Ziel sehen sollten, aber da muß sehr sorgsam vorgegangen werden. Wir wollen doch alle niemanden in dieser Position, der nur die Depots vollstopft, das könnte nur noch mehr Schaden anrichten. Das Gefährlichste daran ist, daß es sich um die Kultur der Aborigines handelt, eine Kultur, die im Begriff steht, sich dramatisch zum Schlechten hin zu verändern, und wir uns in einem kritischen Stadium der Geschichte befinden. Meiner Meinung nach ist das der Punkt, auf den man besonders achten muß, und darauf, daß es nichts bringt, jemandem den Job anzuvertrauen, weil er vielleicht ein Aborigine ist, und es kommt dann aber doch nichts Richtiges dabei heraus.

(Wiederabdruck mit freundlicher Genehmigung durch *Artlink*, Band 10, Nr. 1 und 2, Herbst/Winter 1990, Sonderheft Zeitgenössische Kunst der Aborigines)

MANINGRIDA: TRADITION IM WANDEL

DIANE MOON

Das kommunale Museum von Maningrida Arts and Craft, Maningrida

Zwischen der Arafura-See und dem Liverpool River liegt Maningrida an der Küste von Zentral-Arnhemland. Kunst aus Maningrida stützt sich stilistisch auf die Traditionen, die im Osten in Ramingining, im Westen in Oenpelli und im Süden in Beswick und Barunga lebendig sind. Die vielen Sprachgruppen, die in Maningrida und seinen Outstations beheimatet sind, haben sich bis heute einen starken zeremoniellen und sozialen Zusammenhalt mit ihren benachbart lebenden Familien bewahrt und pflegen einen intensiven kulturellen und künstlerischen Austausch. Die Verschiedenartigkeit der künstlerischen Ausdrucksformen gründet auch auf den Kontrasten des ›Landes‹, die das Zuhause unserer wichtigsten Künstler ist. Steile Felsabbrüche, eine zerklüftete Landschaft und die immer noch vorhandenen frühen Felsmalereien inspirieren die Bilder der mythischen Wesen, die diese Landschaft erschufen und nach wie vor bewohnen. Das sind vor allem *Mimis,* übersinnliche Wesen, *Namorrkon,* der Blitz, und *Nawarrang,* die gigantische Felspython Oenpellis, wie auch Salz- und Süßwasserkrokodile, die zahlreich in den breiten sandigen Flüssen schwimmen. Themen sind Salzwassertiere wie der Hai oder der Stachelrochen und Erzählungen über die spirituellen Ahnen, die von Osten kamen; dies macht einen Teil der Motive aus, auf die sich Künstler aus Maningrida in ihrer Arbeit beziehen.

Maningrida Arts and Craft arbeitet unter der Dachorganisation Bawinanga Aboriginal Corporation, die auf einem Gebiet von rund 10 000 km^2 mehr als 30 Außenstationen betreut.

Diese Bewegung zurück in das Leben in Clan-Zugehörigkeiten ist das Ergebnis des starken Wunsches der Aborigines in diesem Gebiet, sich praktisch wie auch spirituell um den Erhalt ihrer sakralen Orte kümmern zu können. Dabei wird einerseits oft der Wunsch nach einem schöpferischen Leben als Künstler zum Antrieb, so wie andererseits das Kunstwerk von der Umgebung inspiriert wird.

Die Darstellung der Landschaft in der Kunst vergegenwärtigt deren Schöpfungsgeschichte, bindet diese so in das tägliche Leben der Menschen ein und bewahrt ihr dauerhafte Bedeutung.

Die Welt der Bilder ist eng mit den Gesängen und den religiösen Zeremonien verbunden und dient auch zur Erziehung der jüngeren Gemeindemitglieder, die traditionellen Werte hochzuhalten und zu stärken. Die Heldenfiguren der Kultur der Aborigines reisten, um das Land zu erschaffen, und ließen ihre geistige Essenz in Form sakraler Gegenstände zurück. Diese Reisen stellen Verbindungen zwischen den einzelnen Stämmen her, und so steht die Geschichte der Landschaft in engster Verbindung mit den Menschen und ihrem Leben – anders als das europäische Verständnis von Landschaft, das diese nur von Menschen bereist sieht. Für Aborigines agiert und reagiert Landschaft, sie ist nicht passiv; sie ist aber auch nicht veränderbar, da die Kultur der Aborigines Eingriffe vermeidet und Regeln befolgt, die sich auf ganz bestimmte Örtlichkeiten beziehen. Während westlich geprägte Menschen das Land entdecken und sich dafür zu interessieren beginnen, indem sie es bearbeiten oder indem sie über ihre Freiheit phantasieren, dies tun zu können, gewinnen die Aborigines Zugang zur spirituellen Essenz der Erde, indem sie sich durch geeignete zeremonielle Tänze und Gesänge mit ihr verbinden.

Dieser enge Bezug zur Landschaft ist eine der treibenden Kräfte, die die Künstler aus Maningrida zu qualitätvollen, bedeutsamen Kunstwerken anregen. Eine kraftvolle Energie ist diesen Werken eigen, die aus der konzentrierten Kraftanstrengung und Konzentration herrührt, die ein Leben in den Outstations erfordert.

Eine der bemerkenswerten Weiterentwicklungen der Maningrida-Kunst der letzten fünf Jahre sind die größeren Formate der Rindenbilder und Skulpturen. Von den Künstlern wurde nie verlangt, sich den Kleinformaten für das Touristengeschäft anzupassen; sie hatten die künstlerische Freiheit, das zu produzieren, wozu sie sich inspiriert fühlten, und es lag in der Hand der Arts and Craft Advisors, einen Markt für diese Objekte zu finden. Selbst Flechtarbeiten, egal ob traditionell oder innovativ, erreichten nie dagewesene Größen und Längen als Schleppnetze und Reusen, große Jagdtaschen und rundgeflochtene Körbe. Eine Sammlung von 600 Objekten, die die gesamte Flechtkultur Maningridas repräsentieren, wurde im Museum of Contemporary Art in Sydney gelagert, konservatorisch behandelt und ausgestellt.

Als wichtig angesehen wird die Einbeziehung der Künstler Maningridas in das Sammeln und Bewahren. Auf ihre eigene Initiative hin entstanden Sammlungen mit Gemälden und Flechtarbeiten sowohl von männlichen wie auch weiblichen Künstlern. Eine der bedeutendsten ist eine Folge von 32 Arbeiten Jack Wunuwuns aus den Jahren 1987 und 1988, die einen gesamten *Manikay* oder Liedzyklus – den des *Barnumbirr,* des Morgensterns – darstellt. Jack Wunuwun wollte den Betrachtern mit dieser Folge eine ausführliche Version dieser wichtigen Schöpfungsgeschichte vorstellen, so daß die Menschen sie schätzen und aus ihr lernen könnten. Dieser Zyklus aus dem Besitz von Holmes à Court wurde 1989 in der Ausstellung ›Magiciens de la Terre‹ in Paris gezeigt, danach in einer großen Ausstellung in der Harvard-University, die mit den Beständen der Sammlung Holmes à Court unter Leitung der Kustodin Anne Brodie einen Überblick über zeitgenössische Kunst von Aborigines gab.

Kunstwerke, die aus dem Busch zusammengetragen wurden, lagern so lange im Gebäude von Maningrida Arts and Craft, bis sie entweder per Schleppkahn oder Leichtflugzeug an die Verkaufsorte transportiert werden. Sowohl hier wie im Busch müssen sich die Künstler und ihre Familien den Fragen nach Qualität und Authentizität stellen. Gemeindemitglieder kommentieren Motive, Linienführung, Farbe und Bearbeitung der Oberfläche und weisen auf Feinheiten des Ausdrucks oder tiefere Bedeutungen hin, die das Wissen und die Autorität des Künstlers belegen. Von besonderem Interesse ist das *rarrk,* die Kreuzschraffur. Ein Künstler/eine Künstlerin ist verpflichtet, immer in der richtigen Farbe und Abfolge zu malen, die ihm oder ihr als unveränderliche Tradition auf Lebenszeit zugewiesen worden ist. Diese Auseinandersetzung ist eine der wichtigen Funktionen eines kommunalen Kunstzentrums. Sie fehlt in den Gegenden, wo individuelle Arbeiten von privaten Sammlern aufgekauft werden.

Die Intensität und Integrität der Beziehung des Künstlers zu seinen oder ihren Materialien und Themen führt zu Arbeiten, deren Qualität auch die Dekontextualisierung übersteht, die bei Ausstellungen von Kunstwerken in wichtigen Galerien oder Kunstzentren, weit weg von ihren Ursprüngen, eintritt. Diese Qualität

Malerei eines Kindes auf Rinde. Sebasto, Sohn von J. Mawandjul
Courtesy: Diane Moon, Maningrida

ist wichtig, damit die Arbeiten alle solchen Probleme überwinden können, die sich aus einem wenig förderlichen Ambiente oder einem Publikum ergeben können, das entweder zu sentimental oder nicht in Einklang mit der Kunst ist. Um ihre eigentliche Aufgabe erfüllen zu können, müssen die Werke nach ihren spezifischen Besonderheiten beurteilt werden und nicht nach ihrer Exotik, die sich aus der Verlagerung der Objekte von einer Kultur in eine andere ergibt. Diese Integrität und Qualität zu erhalten ist in der Kunstproduktion in Maningrida vorrangig.

Die subtilen Veränderungen der letzten Zeit in der Kunst von Maningrida können auf der Ebene einer konservativen künstlerischen Tradition durchaus als ziemlich dramatisch angesehen werden. Zu nennen sind beispielsweise Ockertönungen, um neue Farbnuancen zu erhalten (einige davon sind ganz gezielt erarbeitet); aktuelle Themen wie auf dem Rindenbild von Les Midikuria, mit dem er sich zum Problem des Benzinschnüffelns äußert; oder die japanischen Fischer, die in früheren Zeiten Gebrauchsgegenstände an Aborigines-Frauen verkauft haben (eine neuere Rindenarbeit von Jack Wunuwun); einige Experimente mit Leinwand und Collagen aus Grashalmen auf Rinde, um die Konstruktionsweise einer bestimmten Reuse aufzuzeigen, sowie Elemente einer nicht-traditionellen Bildsprache als individuelle Form von Ausdrucksmöglichkeiten.

Die jüngeren Künstler absolvieren ihre Lehrzeit im Busch und werden von den älteren in einer Art und Weise unterrichtet, die dem westlichen Ausbildungsprinzip entspricht. Frauen wie Lena Yaringura und Dorothy Galaledba durchbrachen kulturelle Schranken, als sie sich als eigenständige Künstlerinnen etablierten und nicht länger reine Assistentinnen ihrer Männer blieben. Sie werden ohne Zweifel ihre Erfahrungen und Erkenntnisse als Frauen für die weitere Belebung der Kunst einsetzen.

Eine der wichtigsten Aufgaben der Künstlergemeinschaft von Maningrida ist die Pflege der gegenseitigen Beziehungen zwischen Aborigine-Künstlern aus einem traditionellen Umfeld und den sogenannten städtischen oder ländlichen Künstlern. Äußerst erfolgreich war die Zusammenarbeit der Maningrida-Künstler mit dem in Melbourne lebenden Maler Lin Onus, der Filmemacherin und Photographin Tracey Moffatt und Fiona Foley, der Künstlerin von Fraser Island in Queensland. Die National Gallery of Victoria zeigte im September 1988 eine Ausstellung mit Werken von Maningrida-Künstlern und Arbeiten von Lin Onus, die unter dem Einfluß seines Aufenthalts in Maningrida entstanden sind. Aus Fotoserien von Tracey Moffatt wurde ein Poster, das die Flechtkünstler in Maningrida und deren Arbeiten zeigt und einem breiten Publikum sehr erfolgreich die Schönheit und Kreativität der Frauen und ihres Lebensraumes vermittelte. Fiona Foley, die eine Weile in Maningrida lebte und arbeitete, schuf im November 1989 eine Bildfolge, die zunächst in einer Sonderausstellung in Maningrida, danach in der Roslyn Oxley Gallery in Sydney gezeigt wurde. Solche Zusammenarbeit soll in Zukunft auch Aborigine-Schriftsteller, -Tänzer, -Bildhauer und -Graphiker mit einschließen, denn sie kann so dazu beitragen, die Kunstformen beider Traditionen neu zu beleben.

(Wiederabdruck mit freundlicher Genehmigung durch *Artlink*, Band 10, Nr. 1 und 2, Herbst/Winter 1990, Sonderheft Zeitgenössische Kunst der Aborigines)

LES GRIGGS: KÜNSTLER

Les Griggs wurde in Melbourne geboren. Er stammt aus dem Volk der Gournditjmara, und seine Mutter kam vom Lake Condan, wo es eine Missionsstation für Aborigines gab. Im Alter von zwei Jahren wurde er in ein Erziehungsheim gebracht und geriet so in einen 20 Jahre währenden Kreislauf, in dem er von einem Heim ins nächste und schließlich ins Gefängnis kam. Im Pentridge-Gefängnis begann er zu malen, und es war seine Malerei, die schließlich zu seiner Entlassung führte. Inzwischen lebt er in Northcote bei Melbourne, wo er weiterhin malt und eine Kunstschule besucht. In seinen Arbeiten verwendet er Symbole, die sich auf seine Erfahrungen in den Heimen und verschiedene soziale Themen beziehen, mit denen er sich auseinandersetzt.

Da meine Mutter Aborigine war, wurde ich ihr gemäß dem Assimilation Act im Alter von zwei Jahren weggenommen. Zu dieser Zeit gab es in der Wohlfahrtspolitik der Regierung die Linie, Aboriginal-Kinder von ihren Eltern zu trennen. Man war der Meinung, uns mehr bieten zu können, als es unseren Eltern möglich gewesen wäre. Damals hatten Aborigines in diesem Land keinerlei Rechte.

Ich muß wohl ein ziemlich wüster Kerl gewesen sein, denn ich wurde von Heim zu Heim weitergereicht, weil ich überall ausgerissen bin. Ich war mit der Erziehung im Heim nicht einverstanden. Ich mochte das nicht. Manchmal war es ganz gut, doch eigentlich ist es nur gut, weil man nichts anderes kennt. Die meiste Zeit über war es lausig. Wenn ich einmal tatsächlich nichts angestellt hatte, wurde mir viel mehr bewußt, wie die Leute versuchten, mein Leben zu kontrollieren. Sie bringen dich von einem Heim ins nächste und sagen deinen Verwandten nicht, wo du bist. Nachdem man mich einige Male weitergereicht hatte, war es für meine Familie ziemlich schwierig, mit mir in Kontakt zu bleiben.

Ich habe immer gezeichnet und Skizzen gemacht. Im Gefängnis habe ich angefangen zu malen. Ich war im Pentridge-Gefängnis und habe dort all die Bilder gesehen. Die habe ich mir gegriffen – einem geschenkten Gaul schaue ich nie ins Maul. Dann habe ich mit den Bildern gespielt – das hat Spaß gemacht. Ich fand einfach, ich könnte malen. Ich konnte malen, was ich sagen wollte, wie ich es sagen wollte, und den Leuten gefiel, was ich tat.

Das Malen half mir gegen die Wut und den Groll in mir. Es war eine Möglichkeit, ein Ventil zu öffnen und alles rauszulassen, ohne gewalttätig zu werden. Als Jugendlicher war ich wirklich gewalttätig und das ging mir auf den Geist.

Meine Bilder haben sich entwickelt. Je mehr ich mich gefordert habe, desto mehr Bereiche habe ich entdeckt, in die ich einsteigen und mich dadurch anderen Menschen mitteilen konnte.

Hauptsächlich male ich Bilder zu aktuellen sozialen Themen. Die Heimerziehung empfinde ich als eines der wichtigsten, und wenn die Aborigines es einmal erreicht haben werden, daß das hinter ihnen liegt, dann haben sie ein gutes Stück des Weges geschafft.

Ziemlich bald konnte ich raus, um ein Wandgemälde über die Situation der Aborigines in der Politik und bei den Landrechten zu gestalten. Sie haben mich aus einem konkreten Grund herausgelassen – sonst habe ich alles immer wieder gleich vermasselt, habe den Bundesstaat verlassen oder mich nicht mehr gemeldet. Sie haben mich damals vor allem deshalb rausgelassen, damit ich malte, und seither male ich. Ich glaube, es war einfach so, daß mich jemand für etwas bezahlt hat, das ich gern getan habe, anstatt mich für etwas zu bezahlen, das ich nicht gern getan habe, wie in der Fabrik zu arbeiten oder Autos zu waschen, das alles hat mir nie gefallen. Jetzt hatte ich etwas zu tun, das gab mir eine neue Richtung, aus der ich beginnen konnte zu kämpfen. Anders als mit meinen Fäusten oder mit Knüppeln oder einer Knarre oder sonst etwas in der Art konnte ich jetzt mit einem Pinsel genauso gut und so erfolgreich kämpfen und gleichzeitig mehr Leuten eins aufs Auge geben.

Als ich aus dem Gefängnis kam, ging ich auf eine Kunstschule, doch meiner Meinung nach erzählen sie einem dort eine ziemliche Menge Märchen. Sie schauen sich immer irgendein Bild an, meistens eines über Geschichte, ihre Geschichte, europäische Geschichte, aber es war nicht wirklich. Es war ein hübsches Bild, und der, der das gemalt hat, war in der Meinung eines europäischen Kunstkritikers vielleicht ein ziemlich berühmter Mensch, aber für mich waren das bloß Märchen. Die europäischen Künstler haben sich nicht genügend angestrengt, um das Leben so zu beschreiben, wie es wirklich ist.

In der Kunst hat es enorme Entwicklungen gegeben, da die Aborigines jetzt erkennen, daß es andere Möglichkeiten gibt, um die Barrieren zu durchbrechen. In der Vergangenheit haben sie das mit viel Engagement für den Sport versucht und mit ähnlichen Ideen; jetzt haben wir die Welt der Kunst entdeckt, die wir nutzen können, um Menschen anzusprechen und aufzuklären, die sich nicht für Sport interessieren. Für kreative Aborigines ist das eine Möglichkeit, Zugang zu einem gesellschaftlichen Spektrum zu finden, das sie mit nichts anderem erreichen könnten.

Kunst von Aborigines hat es immer gegeben, sie fand bloß nie solche Aufmerksamkeit, wie es seit den vergangenen zehn Jahren der Fall ist. Aborigines haben, seit es sie gibt, immer gesungen und getanzt und gezeichnet und gemalt, aber man hat das alles nie wahrgenommen. Zeitgenössische Kunst ist für Aborigines einfach ein Weg, ihre Lebenserfahrungen auszudrücken.

Die Heimerziehung hat mir lange Zeit sehr zugesetzt. Erst Ende 20 bin ich aufgewacht und habe ein Gefühl für mich selbst bekommen, und das ging nur mit der Hilfe und der Unterstützung von einer Menge anderer Menschen. Sonst wäre ich immer noch in derselben Tretmühle, in der ich 20 Jahre lang im Kreis gelaufen bin. Viele Menschen haben nicht diese Hilfe, haben nicht die Unterstützung, wenn sie aus so einer Institution herauskommen. Also kehren sie zurück, gehen immer wieder rein und kommen wieder raus, rein und raus, und das ist dann die Geschichte, daß Schwarze im Gefängnis sterben. Die meisten *Koories,* mit denen ich drinnen zusammengekommen bin, sind immer noch dort oder sind an einer Überdosis Rauschgift gestorben – ich bin also einer von den wenigen, die Glück gehabt haben. Doch ich sollte eigentlich nicht der einzige sein. Alle sollten diese Chance haben, nicht nur einer.

Der Mangel an Liebe führt zu dieser Situation. Ein Mensch, der ohne Liebe lebt, hat nichts. Man erkennt das nicht, wenn sich die Liebe zeigt und man sie sich für den Rest des Lebens versagt. Man sucht dann auch nichts mehr – nur das Überleben ist wichtig. In den Institutionen dieses Systems bedeutet jeder einzelne Tag einen Überlebenskampf, man plant nichts für den Rest des Lebens so wie die Menschen draußen, denn es gibt nichts, was in die Zukunft weist.

Gerade Aborigines sollten nicht in die Institutionen gezwungen werden. Für uns ist die dort notwendige Anpassung zu schwer, und wenn wir uns einmal angepaßt haben, können wir das nicht mehr loswerden, wenn wir in die Welt ›draußen‹ zurückkehren. Das versuche ich, den Menschen klarzumachen. Man kann Menschen nicht wegen eines Vergehens einsperren, das vor allem deshalb geschehen ist, weil jemand überleben will. Die meisten Menschen sind in die Institutionen gekommen, weil sie sich nicht anders zu helfen gewußt, nichts anderes gelernt haben und keine Gelegenheit hatten, etwas anderes zu erfahren. Wenn ich mit meiner Kunst dazu beitragen kann, daß Menschen eine andere Art des Umgangs mit der Welt kennenlernen – mit der ›Außen‹-Welt, der europäischen Welt –, dann ist es genau das, was ich will.

Aborigines verfügen inzwischen über etwas mehr Selbstachtung, die Abstammung als Aborigine wird nicht mehr ganz so häufig als etwas Schlechtes empfunden. Vor zehn, 15 Jahren haben sich die Menschen versteckt oder verleugnet. Im Zuge all der Veränderungen in der letzten Zeit melden sich Aborigines zu Wort und wollen gehört werden, und je mehr von uns in dieser Weise präsent sind, desto größer sind unsere Chancen, unsere Ziele tatsächlich zu verwirklichen: Selbstbestimmung und ökonomische Unabhängigkeit.

Solange wir uns nicht in einer Sprache miteinander verständigen, die alle verstehen, wird der ganze Mist einfach immer so weitergehen, und die Menschen werden sich isoliert, geächtet und schikaniert fühlen.

Ich glaube, daß es für mich wichtig ist, mit Menschen in Kontakt zu treten, die keine Vorstellung von solch einem Leben haben, und mit der Malerei zu versuchen, daß sie die Bilder sehen und darüber etwas erkennen und verstehen können. Vielleicht denken sie dann etwas mehr nach, wenn sie wieder einmal über jemanden zu Gericht sitzen oder jemanden beurteilen, ohne wirklich die ganzen Hintergründe der Situation zu kennen.

(Wiederabgedruckt mit freundlicher Genehmigung von *Aboriginal Voices*, hrsg. von Liz Thompson, Australia 1990 [Simon & Schuster])

ÄSTHETIK UND IKONOGRAPHIE: ANNÄHERUNGSVERSUCH EINES KÜNSTLERS

GORDON BENNETT

Am besten wäre es, alle Schwarzen zu erschießen und mit ihren Kadavern dann den Boden zu düngen.
William Cox, Grundbesitzer, 1824[1]

Jetzt ist es offensichtlich, daß mit den Aborigines etwas geschehen muß. Es kann nicht eigene Gesetze für sie und andere Gesetze für die übrige Bevölkerung von Australien geben.
B. L. Farnik, 1992[2]

168 Jahre liegen zwischen diesen beiden Zitaten aus australischen Zeitungen, und es mag eigenartig erscheinen, einen Text über Ästhetik und Ikonographie in dieser Weise zu beginnen. Doch angesichts der starken sozialen, politischen und geistigen Aspekte einer ›klassischen‹ Ästhetik der Aborigines[3] wird der Stellenwert dieser beiden Zitate im weiteren Verlauf meiner Ausführungen hoffentlich deutlich werden.

Vor allem anderen ist ›Ästhetik‹ ein Begriff, der nicht überall in gleicher Weise definiert wird.[4] In einem Wörterbuch findet sich die im Griechischen wurzelnde etymologische Ableitung: aisthetikós – mit den Sinnen wahrnehmbar, von aísthesthai – wahrnehmen.[5] Daher ist grundsätzlich schon einmal davon auszugehen, daß Ästhetik den Vorgang der Wahrnehmung beinhaltet, d.h. gründlich aufzunehmen oder zu verstehen oder: etwas sinnlich, und dabei vor allem durch die Anschauung zu erkennen. Diese Anmerkung mag überflüssig erscheinen, doch für mich ist damit die Frage danach verbunden, wie wir ›erkennen‹, was wir wahrnehmen.

Wenn wir etwas wiederzuerkennen meinen, scheint uns, als hätten wir den Gegenstand schon einmal gesehen, als ob wir das Objekt, das wir gerade betrachten, bereits kennen oder zumindest schon etwas darüber wissen und darauf unsere Beobachtungen stützen können. Wissen erwerben wir unser ganzes Leben lang, es ermöglicht uns, überhaupt Erfahrungen zu sammeln. Wissen besteht aus verarbeiteten Erfahrungen, und für diese Verarbeitung, für die eigentliche Strukturierung bedarf es eines Vermittlers. Diese Vermittlungsinstanz ist die Sprache.

Mit der Sprache sind wir alle sehr vertraut. Manchmal erscheint uns die Fähigkeit zu sprechen so selbstverständlich, gleichsam als ein völlig natürliches Phänomen, in direkter und engster Verbindung mit unserer Umgebung. Es erscheint so simpel und gewiß, Sprache ganz einfach als natürliches Inventar aller Erfahrungen anzusehen.[6] Das jedoch ist falsch, denn Sprache ist – wie alle, die sich daran erinnern, wie mühsam sie als Kinder das Alphabet, das Buchstabieren und die Grammatik erlernt haben, bezeugen können – nie naturgegeben.

Ich erinnere mich noch genau an den Tadel, den ich für ein falsch buchstabiertes Wort erhielt, das ich phonetisch richtig wiedergegeben hatte. Warum war meine Art zu buchstabieren falsch und die andere richtig? Warum hörte sich das eine richtig und das andere falsch an? Die Furcht vor weiteren Zurechtweisungen und auch vor körperlicher Züchtigung hielt mich davon ab, dieser Frage allzusehr nachzuhängen. Jedenfalls wachsen wir als Kinder in ein ganz bestimmtes gesellschaftliches Gefüge hinein, in ein Netzwerk von Beziehungen zur und Vorstellungen von der Welt, die allesamt durch Sprache strukturiert sind. Man könnte Sprache deshalb als den Zement bezeichnen, der die soziale Organisation einer bestimmten Gesellschaft oder kulturellen Gruppe in sich bindet und zusammenhält.

Sprache definiert die unsichtbaren Grenzen und Schranken, die dem Verstehen der Welt der Erfahrungen entgegenstehen. Sie schafft kein natürliches Bestandsverzeichnis der Welt, sondern bildet eher ein System aus konventionellen und willkürlichen Geräuschen und Symbolen, die die subjektive Wahrnehmung der Menschen in dieser Welt wiedergeben. Ein Wort kann als solches kein Objekt repräsentieren, sondern nur das vom menschlichen Denken reflektierte Bild dieses Objekts.[7] Wenn man diese grundsätzlich vorhandene Kluft oder den ›Raum‹ zwischen der Sprache als einem abbildenden, beschreibenden Zeichensystem und der Welt der Dinge und Empfindungen, die von diesem System dargestellt wird oder auf die es sich bezieht, anerkennt, kann man auch wieder auf Ästhetik und im weiteren auch auf Ikonographie zu sprechen kommen.

Howard Morphy stellt zu Beginn seines Textes *From Dull To Brilliant: The Aesthetics Of Spiritual Power Among The Yolngu*[8] folgende allgemeine Definition von Ästhetik auf:

»Die Ästhetik befaßt sich mit Sinneseindrücken. Bei der Malerei fragt sie nach der visuellen Wirkung, die sie auf den Betrachter ausübt. Eine ästhetische Reaktion beinhaltet Gefühle und Empfindungen, die beim Betrachten eines Gemäldes geweckt oder hervorgerufen werden: Es ist eine positive emotionale Reaktion, mit der sich zwar Glücksgefühle verbinden, die jedoch nicht unbedingt als Glück zu bezeichnen ist. Zusätzlich kann eine ästhetische Wirkung von einem Gegenstand, mit dem auch andere Eigenschaften – etwa seine kommunikativen oder praktischen Funktionen – verknüpft sind, ausgehen. Die ästhetische Wirkung kann solchen Funktionen entgegenstehen oder auch Voraussetzung sein, die es ermöglicht, eine andere Funktion erfüllen zu können. So kann ein Gegenstand zum Beispiel durch seine angenehme ästhetische Gestaltung die Aufmerksamkeit des Betrachters auf sich ziehen, um eine andere Funktion zu erfüllen oder eine Botschaft zu übermitteln. Ein ästhetischer Effekt kann auch aus der Art und Weise resultieren, wie eine andere Vorstellung von einem Gegenstand – beispielsweise durch die vollkommen funktionale Gestaltung eines Stuhls, die überzeugende Einfachheit einer Idee oder die Eleganz einer Problemlösung – verwirklicht wurde.«

All denen, die mit dieser Kunstauffassung und ihrer Tradition vertraut sind, die man als westliche bezeichnen könnte, sind diese allgemeinen Definitionen bekannt. Innerhalb dieser Sichtweise ist auch Raum für andere Vorstellungen von Ästhetik, die durch die ähnlich weitgefaßten Auffassungen von Schönheit definiert sind. Beispielsweise können wir lernen, einen Sonnenaufgang oder Sonnenuntergang oder etwa auch das Spiel des Lichts auf einer Wasseroberfläche als etwas Schönes zu erleben. Oft wird Naturerleben und -erfahrung als ›schön‹ bezeichnet. Doch all diesen Definitionen ist gemeinsam, daß sie Ausdruck eingeübter Erfahrungen sind. Wir lernen, Schönheit zu ›erkennen‹, wenn wir sie sehen. Natürlich muß man mit diesem durch unsere Kultur vorgegebenen Beurteilungssystem nicht übereinstimmen. Auch wenn wir vielleicht unser Verständnis von Schönheit gegenüber jemand anderem vertreten wollen, so bleibt unsere Definition doch immer in dem Darstellungssystem der Sprache verhaftet und spiegelt so die Welt der Erfahrungen unserer speziellen Gesellschaft oder Sprachgemeinschaft wider.[9]

Stellen wir uns einen Menschen vor, der seine Empfindungen über die Schönheit der Natur mitteilen will, so wie er sie erlebt. Als Maler möchte ich mich im weiteren auf die Malerei beschränken. Um einen bestimmten Aspekt der Schönheit von Natur darzustellen, setzt der Maler die Farbe auf besondere Weise ein. Er organisiert Farbe in Flächen. Es gibt Hell-Dunkel-Bereiche

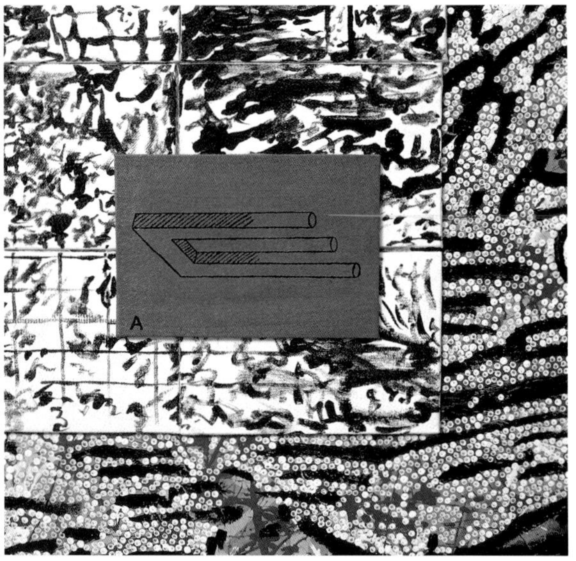

Gordon Bennett
Ausschnitt aus: The Nine Ricochets (Fall Down Black Fella, Jump Up White Fella), 1990
Öl und Acryl auf Leinwand, 220 × 182 cm
Privatbesitz

sowie verschieden große Flächen und Formen, um aus alldem ein Bild herzustellen, das die Wahrnehmung der Landschaft durch den Künstler wiedergibt. Der Maler greift dabei auf ein Repertoire allgemein bekannter visueller Zeichen und Signale zurück, mit dem er als Mensch seine zutiefst subjektive Erfahrung der Welt darstellt. Das so entstandene Gemälde bildet nicht die Welt selbst ab, sondern ihre Erscheinung und Aufnahme im menschlichen Denken. Man kann also davon ausgehen, daß visuelle Zeichen oder ›Ikonen‹ durch denselben grundsätzlich vorhandenen Abstand wie die Sprache von der Welt der Dinge getrennt sind.

Das System visueller Zeichen, das die Ikonographie einer westlichen Tradition künstlerischer Darstellung begründet, strukturiert demzufolge die Weltsicht in gleicher Weise wie eine Sprache. Hervorzuheben ist, daß der Begriff ›Weltsicht‹ auch eine ideologische Komponente beinhaltet. Ideologie, verstanden als Gedankengebäude, das die Überzeugungen und Interessen einer kulturellen Gruppe oder einer Gesellschaft widerspiegelt, wird selbst durch visuelle Darstellung wiedergegeben, erhalten oder verstärkt.

Gordon Bennett und Eugene Carchesio
Daddy's Little Girl, 1989
Aquarellfarbe auf Papier, 37 × 27 cm
Queensland Art Gallery, Brisbane

Repräsentation ist ja ein wichtiges soziales Instrument für die Erschaffung und den Erhalt der Welt, in der wir leben.[10] Das gilt genauso für die gesellschaftlichen Verbände der australischen Aborigines wie für jede westliche Gesellschaft – es trifft in der Tat auf alle Gesellschaften zu.

Mein eigenes ästhetisches Empfinden entstammt dem Gebäude einer eurozentristischen Weltsicht. Ich wurde mit einem euro-australischen Darstellungssystem groß, das auch die Ausbildung an einer Kunstschule bestimmte. Durch meine Auseinandersetzung möchte ich jedoch mein eigenes Verständnis von Ästhetik erweitern und dadurch zu anderen Darstellungsformen gelangen.

An einem bestimmten Punkt meines Lebens, meines Selbstverständnisses und meiner Identität als Australier wurde mir bewußt, welches Erbe von Seiten der Aborigines ich in mir trage. Das hat auf den ersten Blick nicht viel mit unserem Thema zu tun. Wie problematisch diese Erkenntnis jedoch für mein Selbstverständnis war, wird vielleicht verständlich, wenn man sich den schwerwiegenden Einfluß der europäischen Sichtweise vor Augen führt. Sie stellt die Aborigines als die wirklich und tatsächlich ganz ›anderen‹ ›Primitiven‹ dar; vielleicht kann man diese Einstellung als Abstraktionsebene betrachten, die einen Diskurs über das Eigene und das Andere einschließt, das wir zwar aus Büchern und Seminaren, kaum jedoch aus eigenem Erleben kennen.[11] Für mich brach damals der grundsätzlich vorhandene Abstand zwischen dem Eigenen und dem Anderen zusammen, ich wurde in einen Strudel gerissen.

In Michel Foucaults Konzept einer ›kritischen Gemeinschaft‹ liegt etwas ›Untragbares‹ innerhalb eines Identifikationssystems. Dieses wird als Verweigerung der Teilnahme an diesem Erkennungssystem beschrieben, Identität wird ›problematisiert‹, ›Subjektivität‹ gerät zu einer offenen, endlosen Frage, die den einzelnen wie die Gemeinschaft als Ganzes betrifft.[12]

Ausgangspunkt des herrschenden Identifikationssystems in Australien ist die ›Entdeckung‹ des Kontinents durch Kapitän James Cook. Dann folgt die ›Erforschung‹ und ›erste Besiedelung‹ eines scheinbar leeren Landes. Auch heute noch gelten ›Pioniergeist‹ und das Image vom »wilden Leben im Busch«[13] als die allen Australiern gemeinsame Identität, obwohl die Mehrheit der Bewohner in den Zentren eines der am meisten verstädterten Länder der Welt lebt. Ich teile diese

Identität inzwischen nicht mehr. Meine Haltung gegenüber der dazugehörenden und sie stützenden Ikonographie ist dekonstruktiv: Mir liegt nicht daran, die Entbehrungen dieser Europäer abzustreiten, deren Einzelschicksale romantisiert und zu Heldengeschichten der Historie Australiens mythologisiert wurden, sondern ich will andere Geschichten aufzeigen, andere Darstellungen der Besiedelung, der Erforschung und Ausbeutung und andere Identifikationsmuster. Ich möchte wieder ein Bewußtsein schaffen, das die Aborigines innerhalb des herrschenden kulturellen Systems als menschliche Wesen sieht und nicht als visuelles Zeichen für ›Primitive‹, ›edle Wilde‹ oder andere europäische Konstrukte über dunkelhäutige Menschen.

Laut Foucault kommt dem ›Widerstand‹ gegenüber einer bestimmten Identität eine analytische Rolle zu, die mit einer Wahrheit verbunden ist: Er legt eine spezielle ›Machtstrategie‹ frei. Damit wird immer etwas Unakzeptables und bisher nicht Erkanntes in einer Identitätsform enthüllt und in Frage gestellt.[14] Foucault hielt die Herausbildung von Identität aus der Geschichte und das leidenschaftliche Streben nach Identifikation für ein zentrales Thema.[15]

Aus dem Jahr 1835 stammt ein Ausspruch von Reverend William Yate über Aborigines: »[...] kaum etwas besseres als Hunde, und [...] auf einen von ihnen zu schießen, machte ebenso wenig her, als wenn man einen lästigen Hund erschießt.«[16] In Konsequenz zu diesem eurozentristischen Werte- und Identifikationssystem von Reverend Yate und seinen Zeitgenossen war man der Ansicht, daß den Aborigines das Land nicht gehöre, daß sie keine Kultur hatten, sondern herumzögen wie die Tiere. All diese Werturteile waren Ausdruck des damaligen Darstellungssystems, wie es sich in Sprach- und ikonographischen Strukturen manifestierte.

Als James Cook zum erstenmal die Küste Australiens erblickte, hatte er bereits ein Vorverständnis von den ›Primitiven‹; er mußte nur noch alles richtig ›einordnen‹, um die Aborigines in diesem Gedankengebäude entsprechend unterzubringen. Cook brachte auch Auffassungen von Kultur und Landschaft als Besitztümern mit; es war ihm ein leichtes zu ›erkennen‹, daß die Aborigines über beides nicht verfügten. Daher wurde Australien zur ›terra nullius‹, zu leerem Land erklärt und zum ›Besitz‹ der englischen Krone.

Die Kulturen der Aborigines gehören zu den ältesten und beeindruckendsten der Welt, zu denen eine sehr sensible, komplexe und reiche Lebensweise zählt. Höhlenmalereien von Aborigines sind fast 20 000 Jahre älter als die berühmten Felsbilder mit Rindern, Pferden und Wild in den Höhlen von Lascaux. Nachweislich haben Aborigines bereits 10 000 Jahre vor den Menschen am Nil und im Euphrat-Tigris-Delta ihre erste Religion und Begräbnisrituale entwickelt.[17] Dies weist natürlich auf eine lange Tradition kultureller und individueller Darstellungsformen in Sprache und Kunst hin, die als zeremonielle Tänze und als Malerei existierten.

Die Ikonographie der Aborigines ist ebenfalls ein Zeichensystem, das nicht die Welt der Dinge abbildet, sondern auch wieder deren Widerschein im menschlichen Denken reflektiert. Dieses Zeichensystem verbindet die Sozialstrukturen der Aborigines ebenso fest zu einer Gemeinschaft, wie dies jede europäische Sprache vermag, sei sie eine bildliche oder eine gesprochene. Gehen wir davon aus, daß die linguistische Wurzel der Ästhetik im sinnlich Wahrnehmbaren liegt, so möchte ich daraus schließen, daß der Akt gedanklicher Darstellung als Akt schöpferischer Wahrnehmung verstan-

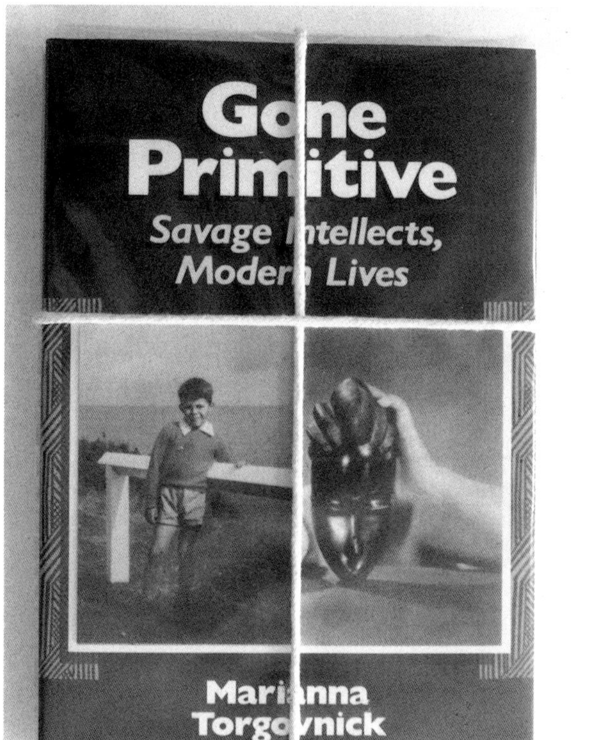

Gordon Bennett
Self-Portrait (Gone Primitive), 1992
Schwarzweiß-Photographie, in Plastikfolie verpacktes Buch
Klebeband und weiße Kordel, 23 × 16 cm
Courtesy Bellas Gallery, Brisbane

den werden kann. Darin liegt auch die Verkörperung der Ästhetik einer Kultur. Anders ausgedrückt: Die Ästhetik einer Kultur ist nicht äußerlich in einem ›Kunst‹-Objekt oder in engen Definitionen ästhetischer Standards angesiedelt, sondern innerlich, im Raum zwischen Bezeichnendem und Bezeichnetem. Noch einmal Foucault: »Wir sollten nicht die schöpferische Aktivität eines Menschen auf sein Verhältnis zu sich selbst beziehen müssen, sondern sein Verhältnis zu sich selbst als eine schöpferische Aktivität begreifen.«[18]

In diesem Verhältnis könnte ein Gefühl für ›Schönheit‹ als wichtige ethische Kategorie für die Gestaltung der Lebensweise eines Menschen gelten. Das würde einen Typus kritischer ›Leidenschaft‹ einschließen, die nicht-rassistisch oder anti-rassistisch wäre. Diese Leidenschaft sähe Identität nicht als Quelle der Selbstvergewisserung und etwas anderes Ausschließendes, sondern als Ziel einer ständigen Befragung, durch die die Menschen sich nach und nach von den historischen Beschränkungen ihrer Identifikation freimachen könnten.[19] Das würde nicht den Verlust von Identität bedeuten, sondern ihre Veränderung und Erweiterung hin auf ein Überschreiten enger kultureller und nationaler Grenzen, um ein Gespür für eine solche Art von menschlicher Identität zu entwickeln, die wesentlich genauer und präziser ist.

Gordon Bennett
Australian Icon (Notes on Perception No 1) 1989
Öl und Acryl auf Papier, 76 × 57 cm

Das ist mein Verständnis von Ästhetik im weitesten Sinn, doch innerhalb pointierter Definitionen sehe ich meine Haltung in enger Verbindung mit den Konventionen der westlichen ästhetischen und ikonographischen Traditionen. Meine Haltung ist jedoch in ihrer Zielrichtung dekonstruktiv. Mit der von mir verfolgten Strategie des Zitats und der Aneignung will ich von mir sogenannte ›geschichtliche‹ Bilder schaffen. Ich beziehe mich auf die ikonographischen Paradigmen der Kunst in Australien und Europa in einer Weise, die eine Art ethnographischer Erforschung eines euro-australischen Darstellungssystems im allgemeinen ergibt, sich im besonderen jedoch auf die Repräsentation der Völker der Aborigines ausrichtet.

Herausstellen möchte ich den Einsatz der Perspektive als fundamentales Mittel einer eurozentristischen Sicht. Als Basis eines ganzen Darstellungssystems erzeugt die Perspektive mit Hilfe unsichtbarer, auf einen Fluchtpunkt zulaufender Linien die Illusion von räumlicher Tiefe auf einem dem Wesen nach zweidimensionalen Untergrund. Der Fluchtpunkt kann auch als Ausgangspunkt gesehen werden, von dem aus sich diese Linien über das ganze Bild ausbreiten, und den Betrachter, Beobachter eines harmonischen, selbstbezogenen Ganzen, in den Bildraum einbeziehen.

Die Perspektive wurde als eine systematische Abstraktion vom Aufbau des psychophysiologischen Raumes bezeichnet.[20] Durch den vorgegebenen Standort des Betrachters in bezug zur Horizontlinie kann die Perspektive als symbolisch für eine bestimmte Art von Machtstruktur angesehen werden, die mit einer ganz eigenen europäischen Weltsicht einhergeht. Der Betrachter nimmt eine Position im Zentrum ein, auf ihn hin sind die Bildelemente angeordnet, die in einer verdichteten symbolischen Aufstellung alle sichtbar werden. Durch die Einbeziehung von einzelnen Veränderungen des Bekannten werden Vergleiche, Unterscheidungen, Kontraste und Abänderungen sofort erkennbar.[21] Dieser ideologische Aufbau ist ein aussagekräftiges Darstellungsmuster, das die Beziehungen festhält, in denen Individuen sich in einer Welt der Objekte als dem sie bezeichnenden Universum selbst darstellen – ein Spiegel sowohl der Welt als auch des Selbst.[22] Diesem Abbildungssystem verbundene Aborigines verharren als ›erstarrte‹ Objekte innerhalb des

Territoriums einer europäisch ausgerichteten Wahrnehmungsweise.

Über die Kunst von Aborigines aus der westlichen Wüste wurde gesagt, daß ihr begrenztes Gestaltungsrepertoire durch Herauslösen – sogar nur durch Andeutungen – aus einem eigentlich unbegrenzten Kanon miteinander verknüpfter Plätze, Träume und Menschen entsteht, in dem echte räumliche Beziehungen geordnet und dargestellt werden.[23] Wenn ich aus der europäischen Tradition zitiere, so suche ich Bilder aus der euro-australischen Kunstgeschichte, die im Lauf der Zeit zu Trägern einer bestimmten Aussage geworden sind, und setze sie mit anderen Bildern in neue Beziehung. Diese Bilder finde ich in Kunst- und Geschichtsbüchern. Untereinander verbunden sind sie durch das Punktraster der fotomechanischen Wiedergabe und die ikonographischen Bezüge zum westlichen Wahrnehmungsmuster. Indem ich die so aus dem Schema euro-australischer ›Selbst‹-Darstellung herausgenommenen Bilder in einen neuen Zusammenhang stelle, versuche ich, die vorgegebene Sicht auf Geschichte und Identifikation als willkürlich, nicht festgeschrieben oder naturgegeben vorzuführen und auf die Offenheit für neue Deutungen und Identifikationen hinzuweisen.

Dies kann in gewissem Sinn als Vorgehensweise von Aborigines betrachtet werden: Zum einen durch das Herauslösen, Zitieren aus einem grundsätzlich unendlich weiten Netz aus Identifikationspunkten oder ›-stellen‹, zum anderen durch die anschaulich gemachte Tatsache, daß Bilder als ikonographische Bezugspunkte in unterschiedlichen Kontexten auch unterschiedliche Bedeutungen haben können. Es wurde bereits an anderer Stelle dargelegt, daß Künstler aus diesem westlichen Wüstengebiet über ein Grundrepertoire ikonographischer Symbole verfügen – etwa geschwungene und gerade Linien, Punkte und konzentrische Kreise –, die je nach Zusammenstellung verschiedene Bedeutungen haben.[24]

Wenn ich in einigen Arbeiten Punkte verwende, so bezieht sich dies einerseits – abgesehen vom ästhetischen Gehalt – auf das vereinheitlichte Punktraster der photographischen Wiedergabe und andererseits auf die Sichtweise der Aborigines, die den Punkt in Beziehung setzen zu ihrem Verständnis von Landschaft, das Orte kultureller Identität zu einem Raumgefüge verbindet. Landschaft existiert nicht vom Individuum unabhängig, sondern wird als ein künstlich geschaffenes Produkt des Geistes verstanden. Im tradierten Denken der Aborigines existiert keine Natur ohne Kultur, so wie es den Gegensatz zwischen gebändigter Landschaft und Wildnis genausowenig gibt wie den zwischen einer Interieurszene und einem außerhalb der vier Wände angesiedelten weitläufigen ›Draußen‹.[25] Diese Sichtweise brachte mich dazu, das eurozentristische Wahrnehmungsmuster mit seinen Orten ikonographischen Erkennens als eine Art Landschaft des Denkens zu betrachten – eine psychotopographische Landkarte, auf der bestimmte Plätze, die im Gedächtnis beheimatet sind, für die subjektive menschliche Identifikation mit der wahrgenommenen Welt stehen.

Indem ich Bilder oder Fragmente in bestimmte neue Zusammenhänge setze, hoffe ich, die selbstzufriedene Übereinkunft mit der allgemeinen Geschichte etwas in Unordnung zu bringen. Ich möchte ein wenig Chaos in der Identifikation anrichten, um Möglichkeiten für neue Ansätze zu eröffnen. Dieses erweiterte Verständnis von Kunst und Ästhetik liegt auf der Linie von Foucaults bereits zitierter Bemerkung über unsere

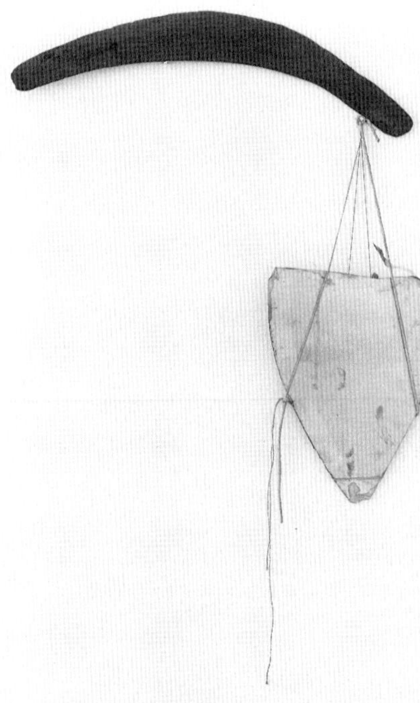

Joseph Beuys
Ohne Titel *(Boomerang* mit Spiegel), 1982
Australischer *Boomerang,* Spiegelscherbe und Kordel
Boomerang: ca. 54 cm, Spiegel: ca. 34 × 23 cm
Nachlaß Joseph Beuys

schöpferische Sicht auf uns selbst. Aufgrund der Einsichten aus der Wahrnehmung und der Erfahrung von ›Nuancen‹, die zwischen all den feststehenden Definitionen von Identifikation bestehen, können neuartige Beziehungen zu anderen entstehen.

Ich bin nun wieder bei dem Zugang zum Begriff ›Ästhetik‹, der mich am meisten interessiert: Man könnte ihn auch mit ›Leben als Kunst‹ bezeichnen. In dieser Kunst liegt der ästhetische Ort in der schöpferischen Wahrnehmung des feinen Unterschieds, der zwischen vorgefaßten Denkkategorien und historisch gewachsenen Identitäten besteht. Dies ist die Kunst eines schönen Lebens oder die altertümliche Vorstellung einer edlen Existenz. Eine Kunst zu leben oder sich selbst Freiheit zu verschaffen, im Sinne einer Überprüfung dessen, wie uns unsere eigene Geschichte als Selbstbild prägt.[26]

Mein Verhältnis zur Ikonographie kann ich am besten als ein allegorisches beschreiben, in dem Bilder als Orte historischer Bedeutung herausgelöst und neu zusammengesetzt werden, um neue Beziehungen und Möglichkeiten für die Entstehung von Nuancierungen zu schaffen. Der grundsätzliche Abstand zwischen Bezeichnendem und Bezeichnetem wird in Allegorien am ehesten deutlich, und das wahre ästhetische Vergnügen liegt im Erlebnis des Interpretierens, im Herausarbeiten der Differenzen zwischen verschiedenen möglichen Aussagen.

Als Schlußfolgerung könnten diese Herangehensweisen als utopisch abgetan werden, und ich würde zustimmen, daß sie dies im Kern sind – allerdings nur im wörtlichen Sinn, sozusagen ›ohne Ort‹; denn wenn Utopie wahr wird, würde all dies stagnieren und steril werden. Sicher keine wünschenswerte Vorstellung. Der Weg zu diesem ›ohne Ort‹ ist eine Frage der Haltung, der Sensibilität gegenüber Nuancen und den Möglichkeiten der Evolution hin zu einer Art ökologischem Bewußtsein des Denkens und damit auch des Handelns. In jedem Fall ist der Weg der Schlüssel und nicht irgendein fernes Ziel.

Vielleicht kann diese Frage der eigenen Einstellung auf weniger ideologische Weise Ausdruck finden, wenn ich auf ein Werk verweise, das zum Zeitpunkt der Niederschrift dieses Textes erst im Entstehen begriffen ist. In seinem Zentrum steht eine Aussage, die meine Annäherung an Ästhetik und Ikonographie in sehr einfacher Weise zusammenfaßt:

»Ich versuche, das eine Bild zu malen, das die Welt verändert, vor dem auch die ganz Engstirnigen und die verstocktesten Rassisten auf die Knie sinken und mit ihrem ganzen Bewußtsein und ihrer geistigen Aufnahmefähigkeit erkennen, wie dumm sie eigentlich sind, und sich damit auch gleichzeitig verändern. [...] Natürlich ist auch das ziemlich dumm, und ich bin ein Narr. Aber ich sage mir: Was kann ich schon verlieren, wenn ich es einfach versuche?«

Ein Leben ohne Prüfungen ist nicht lebenswert.
Sokrates

1 B. Elder, *Blood On The Waddle: Massacres And Treatment Of Australian Aborigines Since 1788,* o.O./Australia 1988, S. 4.
2 Brief an den Herausgeber in: *The Courier Mail* (eine Zeitung für Queensland, mit Sitz in Brisbane), 7.2. 1992.
3 Vgl. Kat. Ausst. *Dreamings: The Art Of Aboriginal Australia,* bearb. von P. Sutton, Ringwood 1988, S. 8.
4 Vgl. H. Morphy, »From Dull To Brilliant: The Aesthetics Of Spiritual Power Among The Yolngu«, in: *Man*, Bd. 24 (Heft 1)/1989, S. 21.
5 Vgl. *Collins English Dictionary,* hrsg. von H. Collins, Glasgow 1991.
6 Vgl. D. Preziosi, *Rethinking Art History: Meditations On A Coy Science,* New Haven und London 1989, S. 7.
7 Ebd. S. 98.
8 H. Morphy, 1989, S. 21.
9 Vgl. D. Preziosi, 1989, S. 97.
10 Ebd. S. 49.
11 Vgl. M. Torgovnick, *Gone Primitive: Savage Intellects, Modern Lives,* Chicago und London 1990, S. 14.
12 Vgl. J. Rajchman, *Truth And Eros: Foucault, Lacan And The Question Of Ethics,* New York und London 1991, S. 102.
13 Stanthorpe Art Gallery Society Incorporated in einem Schreiben zur Ankündigung des Stanthorpe Heritage Arts Festival, das im Februar 1992 stattfand. Hauptträger ist die Heritage Building Society, eine Finanzierungs- und Investmentgesellschaft aus Queensland. Stanthorpe ist eine mittelgroße Stadt in der Nähe der Grenze zwischen New South Wales und Queensland und gilt als eines der landwirtschaftlichen Zentren der Region.
14 Vgl. J. Rajchman, 1991, S. 102.
15 Ebd. S. 108.
16 B. Elder, 1988, S. 9.
17 Ebd. S. 199.
18 J. Rajchman, 1991, S. 98.
19 Ebd. S. 108.
20 Vgl. W.J.T. Mitchell, »The Pictorial Turn«, in: *Art Forum,* Bd. 30 (Heft 3)/1992, S. 91, bezugnehmend auf den Aufsatz von Erwin Panofsky »Perspektive als symbolische Form« von 1924.
21 Vgl. D. Preziosi, 1989, S. 66.
22 Ebd. S. 68.
23 Vgl. Kat. Ausst. *Dreamings,* 1988, S. 84.
24 Ebd. S. 91.
25 Ebd. S. 18.
26 Vgl. J. Rajchman, 1991, S. 109.

DIE REGIONEN AUSTRALIENS

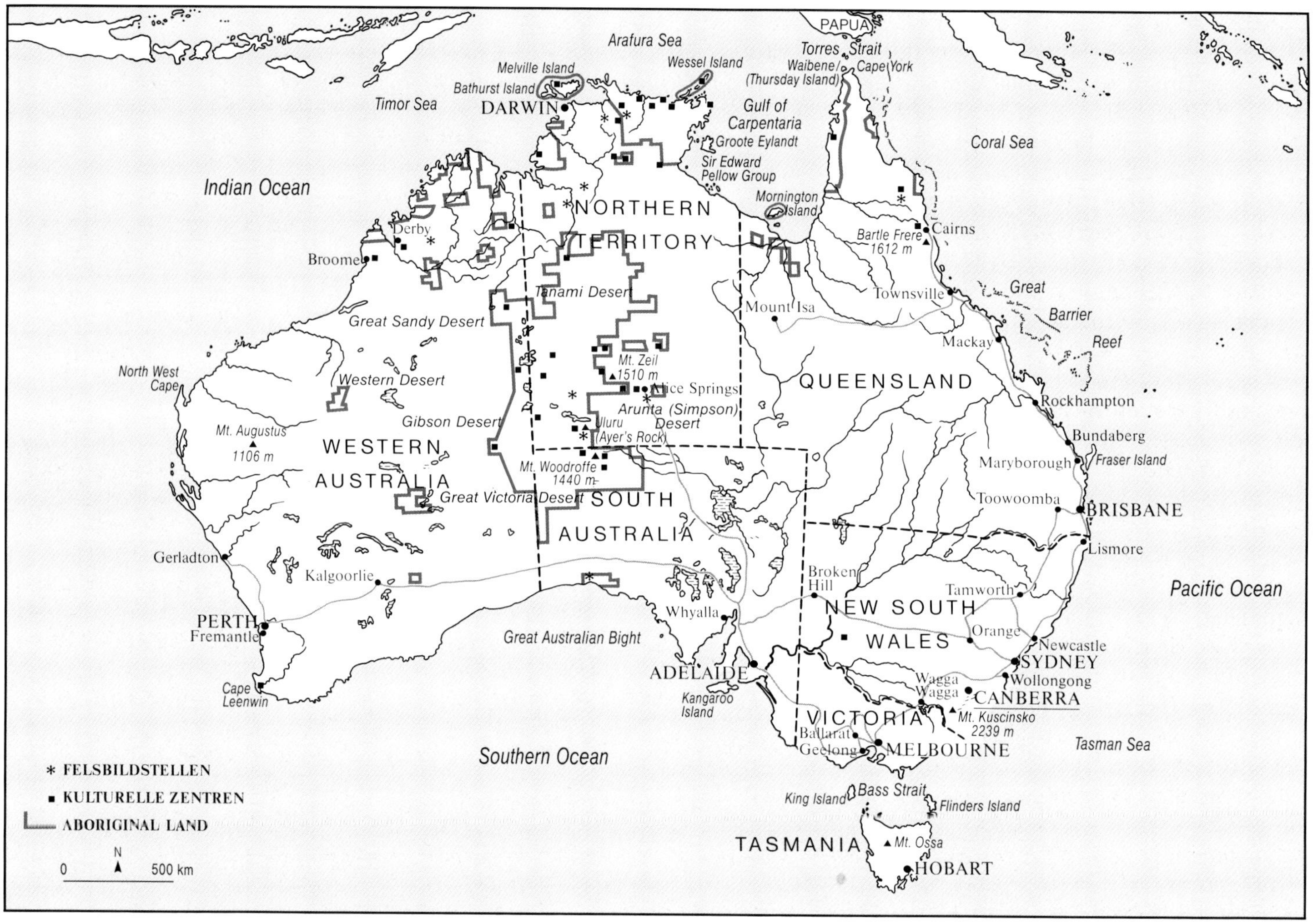

DIE INSELN DER TORRESSTRASSE

LINDSAY WILSON

Die Torresstraße ist die Meerenge zwischen Cape York, dem nördlichsten Punkt des australischen Festlandes, und der Landmasse, die Papua-Neuguinea und die indonesische Provinz Irian Jaya mit einschließt.

Der flache Küstensockel der Torresstraße ist entlang seiner Nord-Süd-Achse ungefähr 10 bis 15 m und im Verlauf seiner 100 km langen Ausdehnung nach Westen bis zu 30 m tief. Im Osten finden sich tiefere Stellen jenseits des Riffs, das sich von Sue Island über Tutu fast bis zur Küste von Papua südlich der Insel Bobo erstreckt. Die nördlichste Spitze des Great Barrier Reef liegt circa 90 km weiter ostwärts; jenseits der Insel Murray nimmt die Wassertiefe dann beträchtlich zu. In der Torresstraße treffen zwei große Meere aufeinander: Von Osten das Korallenmeer und von Westen die Arafurasee. Durch das seichte Wasser und die vielen Riffe, Korallenbänke und Inseln beträgt die Strömungsgeschwindigkeit des Gezeitenhubs bis zu sechs Knoten. Bedingt durch zusammenlaufende Strömungen aus der Arafurasee und Wassermassen nahe dem östlichen Neuguinea erreicht eine durchschnittliche Tide 3,5 m.

Außer Inselchen und teilweise aus dem Wasser ragenden Sandbänken und Riffen befinden sich über 100 Inseln in der Torresstraße. Bezogen auf ihre geologische Beschaffenheit und Lage können diese Inseln grob in vier Gruppen zusammengefaßt werden: Im Osten eine Gruppierung vulkanischen Ursprungs, die zum größten Teil aus Lava und vulkanischer Asche besteht; im Zentrum niedrige, sandige Inseln, von denen einige durch Wind und Wellenbewegung auf Korallenriffen entstandene Sandbänke sind; im Westen hohe Inseln aus altem vulkanischem Gestein und Granit; und im Nordwesten niedrige Inseln, wo angeschwemmter Schlick alte Korallenriffe überlagert. Diesen Gruppierungen werden die einzelnen Inseln heute im allgemeinen wie folgt zugeordnet:

Im Osten: Murray, Darnley, Stephen, Dauar, Waier, Bramble Cay.

Im Zentrum: Nagir, Sue, Long, Yam, Cap, Gabba, Dungeness, Tutu, Coconut, Aurid, Damut, Yorke.

Im Westen: Badu, Moa, Mabuiag, Prince of Wales, Wednesday, Thursday, Friday, Hammond, Horn, Goode, Entrance, Mount Adolphus, Possession.

Im Nordwesten: Boigu, Buru, Dauan, Saibai, Bobo. Die Inseln Daru und Parama gehören geographisch zur nordwestlichen Gruppe, sind aber Teil von Papua-Neuguinea.

Darüber hinaus gibt es Ausnahmen in der physikalischen Beschaffenheit. Die nordwestliche Insel Dauan beispielsweise ist das Überbleibsel einer versunkenen Bergkette. Sie ist hoch und besteht aus Granit.

Wie die Torrestraße in vorgeschichtlicher Zeit entstanden ist, ist nur unvollständig bekannt. Man weiß, daß von 80 000 bis ca. 9 000 vor unserer Zeit eine Landverbindung zwischen dem australischen Festland und Papua-Neuguinea bestand, die Sahul-Schelf genannt wird. Diese Landbrücke fiel nach Westen hin ab und war von Flüssen und Sümpfen durchzogen, die durch abfließendes Wasser aus dem Norden Australiens und dem Süden Neuguineas gespeist wurden. In dieser Umgebung hätten Menschen überleben können. Sicher waren Australien und Neuguinea zu dieser Zeit bewohnt und so kann auch für den Sahul-Schelf eine Besiedelung angenommen werden. Im frühen Holozän, zwischen 8 500 und 6 500 vor unserer Zeit, durchbrach eine nacheiszeitliche Flut die Landbrücke. Die Bewohner könnten sich in der Folge auf die verbliebenen vulkanischen Gipfel oder die höher gelegene Halbinsel Cape York und in das südliche Papua-Neuguinea zurückgezogen haben.

An ihrer engsten Stelle ist die Torresstraße von Norden nach Süden 150 km breit. Auf ihren vielen Inseln haben sich Spezies in Flora und Fauna erhalten, wie sie sowohl auf dem australischen Festland als auch in Papua-Neuguinea zu finden sind.

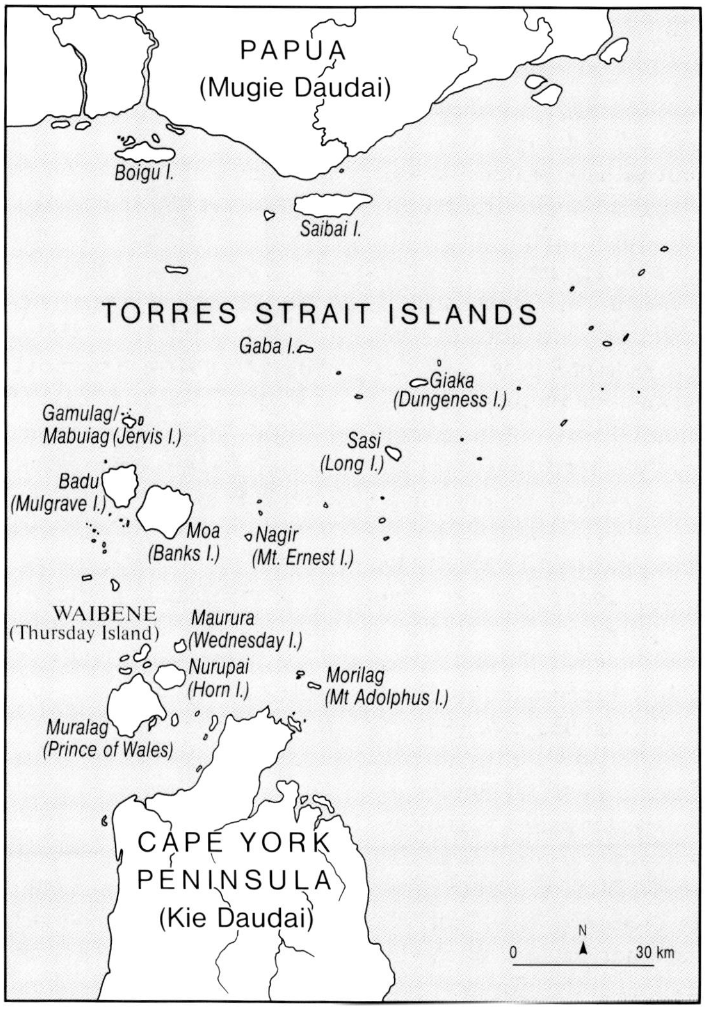

PAPUA
(Mugie Daudai)
Boigu I.
Saibai I.
TORRES STRAIT ISLANDS
Gaba I.
Giaka
(Dungeness I.)
Gamulag/
Mabuiag (Jervis I.)
Sasi
(Long I.)
Badu
(Mulgrave I.)
Moa
(Banks I.)
Nagir
(Mt. Ernest I.)
WAIBENE
(Thursday Island)
Maurura
(Wednesday I.)
Nurupai
(Horn I.)
Morilag
(Mt Adolphus I.)
Muralag
(Prince of Wales)
CAPE YORK
PENINSULA
(Kie Daudai)
N
0
30 km

DIE BEVÖLKERUNG DER TORRESSTRASSE

Um ein genaues Bild der prähistorischen Torresstraße zeichnen zu können, bedürfte es sehr viel mehr archäologischen Materials über diese Region. Es bietet sich hier aber an, Schlußfolgerungen aus der Kenntnis der prähistorischen Besiedlung der Landgebiete nördlich und südlich der Torresstraße zu ziehen. Denn erwiesenermaßen haben Menschen vor 40 000 Jahren das Hochland von Papua-Neuguinea und das Innere Australiens bewohnt. Auch ist es durch neueste archäologische Funde und fortschreitende Forschungen denkbar geworden, daß dieser zeitliche Rahmen viel weiter nach hinten ausgedehnt werden muß. Da der Sahul-Schelf also lange Zeit während der bekannten Besiedlung von Australien und Papua-Neuguinea oberhalb des Wasserspiegels lag, besteht Grund zu der Annahme, daß auch der Schelf selbst in prähistorischer Zeit bewohnt war. Auch wenn ein Teil des Schelfs möglicherweise ausgetrocknet war, so gibt es doch Hinweise auf hoch gelegene Ebenen, Hügel und Frischwasserquellen, die ein Leben von Pflanzen und Tieren und folgerichtig auch Menschen ermöglicht hätten.

Über die Besiedlung Australiens durch die Aborigines gibt es viele unterschiedliche Theorien. Eine dieser Theorien, die sich explizit auf die Torresstraße bezieht, spricht von einer Migrationsbewegung über den Sahul-Schelf. Flood (1983) ist der Ansicht, daß diese Migration bereits vor 70 000 Jahren begonnen hat, und stellt folgende Route zur Diskussion: über die malaiische Halbinsel und den indonesischen Archipel nach Neuguinea, dann über die damals offene Landverbindung, die heutige Torresstraße, auf das australische Festland.

Das heißt: Zu einem bisher nicht genauer zu bestimmenden Zeitpunkt besiedelten Völker unterschiedlicher Abstammung die Landmassen und kleineren Inseln im südwestlichen Pazifik. Es waren die Vorfahren der Menschen, die heute in dieser Region leben; die größte Konzentration ergab sich dabei in Papua-Neuguinea und Irian Jaya. Unter diesen Völkern (im folgenden als Melanesier bezeichnet) waren auch die ursprünglichen Bewohner der Inseln der Torresstraße. Nahe der Spitze der Cape-York-Halbinsel scheint ihre Wanderungsbewegung nach Süden ein Ende gefunden zu haben. Allerdings ist ein Grund hierfür nicht erkennbar, da die Landbrücke noch existiert haben muß.

Erzählungen von Europäern zu Beginn des 19. Jahrhunderts liefern die ersten Beschreibungen vom Aussehen dieser Insulaner. Danach hatten sie dunkle, schokoladenfarbene Haut und dicht gekräuseltes Haar, das, wenn es kurz war, enge Spiralen bildete. Die Männer drapierten es in langen, ›seilartigen Ringellöckchen‹ oder trugen Perücken aus menschlichem Haar. 1845 notierte dann J.B. Jukes, daß bei den Bewohnern der Insel Darnley die Körperhaare in kleinen Büscheln wuchsen und ›wie Wolle‹ wirkten. A.C. Haddon nahm 1898 an Bewohnern aller Inselgruppen Maß und stellte fest, daß sie alle von mittlerer Größe waren – im Durchschnitt 165 cm –, von starker, muskulöser Statur und gut proportioniert. Haddon schrieb ihr gesundes Aussehen einer hygienischen Lebensführung und abwechslungsreicher Kost zu.

Geringfügige Unterschiede wurden bei den *Meriam* festgestellt: Die Physiognomie zeigte eine Adlernase und eine stärker abfallende Stirn sowie eine dunklere Haut. In der voreuropäischen Zeit gab es sehr häufig Mischehen zwischen den Insulanern der Prince-of-Wales-Gruppe und den Aborigines der Halbinsel Cape York, daher gab es auch bei den *Kaurareg* physische Charakteristika, wie das lockere Kraushaar, die für Aborigines typisch sind. Ähnliche enge Familienbande bestanden zwischen den Bewohnern der nordwestlichen Inseln Saibai, Dauan, Boigu und Dörfern an der Küste von Neuguinea (Papua-Neuguinea).

Durch den wachsenden Kontakt mit Europäern erlebten Insulaner der Torresstraße seit der Mitte des 19. Jahrhunderts gewaltige Veränderungen. Sie waren einer dominanten, oft aggressiven fremden Kultur ausgesetzt, und auf ihren Inseln und Seewegen lebten jetzt ständig Menschen von anderen Pazifikinseln, vom australischen Festland, aus Asien und Europa. Sie gewannen eine vorher nie gekannte Mobilität und arbeiteten als Schiffsbesatzungen, Perlentaucher, Trepangfischer und als Saisonarbeiter bei der Zuckerrohrernte entlang der östlichen Küste Queenslands. Vielen gelang es schnell, sich an die neuen Lebensbedingungen und Verhaltensweisen anzupassen. Zwangsläufig wurden viele Mischehen geschlossen, und so gibt es heute unter den Vorfahren vieler Familien aus der Torresstraße Bewohner der südpazifischen Inseln, Japaner, Chinesen, Philippinos, Makassaren oder Europäer, die sich in turbulenter Zeit in die Torresstraße wagten.

Heute leben die Bewohner der Torresstraße auf insgesamt 17 Inseln, von denen zwölf als Reservate ausgewiesen sind. Verwaltungssitz ist Thursday Island. Noch heute hält die Entvölkerung der Torresstraße an, die nach dem Zweiten Weltkrieg ins Unermeßliche gewachsen war. Auch heute leben mehr Insulaner auf dem australischen Festland als auf den Inseln selbst. In den Küstenstädten von Queensland existieren bedeutende Insulanergemeinden, wie auch in Brisbane, Sydney und Melbourne. Viele weitere Insulaner leben über das ganze Land verstreut. Da die ökonomische und soziale Entwicklung auf den Inseln nicht mit dem Festland Schritt gehalten hat, suchen auch die Inselbewohner Zugang zu den Lebensbedingungen, die für andere Australier üblich sind. Es erstaunt aber nicht, daß die auf dem Festland Lebenden starke Bindungen an ihre Ursprünge aus der Torresstraße haben. Viele junge Menschen, die noch nie dort waren, betrachten die Torresstraße trotzdem als ihre ›Heimat‹ und ein Besuch dort ist ein Muß – sei es um familiäre Verbindungen neu zu knüpfen oder alte wiederaufleben zu lassen.

DAS LEBEN IN EINER INSELGEMEINDE VOR DER ANKUNFT DER EUROPÄER

Die Völker Melanesiens sind ethnisch und kulturell ebenso verschieden voneinander wie die übrigen Völker im südpazifischen Raum auch. Obwohl sie im wesentlichen Inselbewohner sind, so gibt es doch große Populationen, die keinen unmittelbaren Zugang zum Meer haben und deren Lebensweise ohne jede maritime Prägung ist. Zu dieser Kategorie zählen mehr als eine Million Menschen in den Hochlandprovinzen von Papua-Neuguinea und den Gebirgszügen, die sich bis weit in das benachbarte Irian Jaya hinein erstrecken. Andere melanesische Volksgruppen haben sich an ein Leben in trockenen Savannengebieten gewöhnt, wo die Suche nach Nahrung und Wasser eine halbnomadische Lebensführung erfordert. Kleine Gruppen, manchmal nur eine einzige Familie, leben auf den zahlreichen kleinen Inseln und Atollen, die größeren Landmassen vorgelagert sind. Ihre extrem harte Existenz ist von Nahrungs- und Wassermangel geprägt, von unfruchtbarem Boden und Gebieten, die bei Springfluten oder Stürmen teilweise oder ganz unter Wasser stehen.

Die Lebensräume Melanesiens insgesamt sind sehr vielfältig und die folgende Beschreibung kann sie nur zu einem kleinen Teil darstellen. Breite, schnellfließende Ströme wie der Fly und der Sepik versorgen große Populationen in ihren Deltas und oberen Flußarmen. Die Menschen leben dort zum Teil in Sümpfen, in denen es nicht genügend festen Boden für eine extensive Bebauung oder Kultivierung gibt. Andere bewohnen die äußeren Bezirke des Regenwaldes, ernähren sich von dem, was der Wald hergibt und roden einzelne Felder, die sie in einem Rotationssystem bebauen. Und schließlich stellen sich viele Leute vom Festland die Inselsiedlungen als hübsche Häuschen vor, die in ordentlichen Reihen an einem weißen Sandstrand zwischen Riff und Plantagen mit Kokospalmen stehen und deren Einwohner sich hauptsächlich von den Früchten des Meeres ernähren. Das ist zwar sehr populär, aber nur teilweise richtig, denn die äußerst unterschiedlichen Lebensbedingungen im geographischen Raum Melanesien sind nicht immer als idyllisch zu bezeichnen.

So wie es nicht einen einzigen typisch melanesischen Lebensraum gibt, so entsprechen auch die Melanesier in ihrem Aussehen nicht ausschließlich einem bestimmten Typus. Einserseits gibt es zwischen Polynesien, Mikronesien, Melanesien und den malaiischen Völkern zum Norden hin keine definierten ethnischen Abgrenzungen, andererseits gab es extensive Kontakte zwischen den Bewohnern der Inseln und den Aborigines der Halbinsel Cape York. Jedoch sind die Unterschiede in den physischen Charakteristika – beispielsweise zwischen den schwarzhäutigen Einwohnern der Salomonen, den Inlandgruppen von Vanuatu und den *Motuan*-Gemeinden im Süden Papua-Neuguineas – ziemlich ausgeprägt. Die Melanesier selbst erkennen rasch die kulturellen und physischen Verschiedenheiten. Für eine Stammesgemeinschaft ist es daher nicht ungewöhnlich, daß sie ihre Nachbarn verachtet, weil diese ›anders aussehen‹, sich unsozial verhalten oder eigenartige Sitten haben. So sind Besucher der Inselwelt oft verwirrt durch den scheinbaren Widerspruch im Verhalten der Melanesier gegenüber ihren eigenen Leuten und Fremden. Während die Melanesier oft borniert über ihr eigenes Volk denken, akzeptieren sie rasch Angehörige fremder Völker.

Bevor nun das Leben in einer solch traditionellen melanesischen Gemeinschaft beschrieben werden kann, ist es wichtig festzuhalten: Es hat nie nur eine homogene melanesische Lebensform gegeben. Vielmehr gab es eine große Vielfalt an Lebensweisen und Gebräuchen, die geprägt waren durch Umwelt, Abstammung, Handel und soziale Kontakte.

Die Melanesier in der Torresstraße waren hier keine Ausnahme, auch wenn es manch eine durch die Umwelt bedingte Gemeinsamkeit in ihrer auf das Meer ausgerichteten Lebensweise gab. Nur so ist es denn auch möglich, einige Grundzüge aus der Zeit vor der ›Entdeckung‹ durch die Europäer herauszuarbeiten, die allen Bewohnern der Torresstraße eigen waren.

SOZIALE STRUKTUREN

Die Größe der Siedlungsgemeinschaften war sehr unterschiedlich; sie variierte zwischen 20 Personen auf den kleinen und 800 Menschen auf den fruchtbarsten Inseln, auf denen ausreichend Nahrung angebaut werden konnte. Jede Gemeinde war zusätzlich in verwandtschaftliche Gruppen unterteilt, die jeweils von einem Ältesten angeführt wurden, der diese Stellung durch Respekt, Alter, eigene Leistungen und seinen sozialen Status behauptete. Nach allgemeiner Übereinkunft verfügte er über eine grundsätzliche und umfassende Autorität innerhalb der Gruppe. Er hatte die Aufsicht über alle Werkzeuge, Materialien und Ausrüstungen, die gemeinsamer Besitz seiner Verwandten waren. Ebenso organisierte und überwachte er oft den Bau von Häusern und Kanus, die Rodungen der Anbauflächen, Handelsreisen und die Beteiligungen der Gruppe bei Kriegshandlungen. Bei Heiratsabsprachen hatte er gewichtigen Einfluß: Er sorgte dafür, daß seine Verwandtschaft den größtmöglichen Gewinn aus den Hochzeitsgeschenken zog und daß die zukünftige Braut oder der Bräutigam aus einer vermögenden Familie stammten. Der Älteste war innerhalb seiner Verwandtschaft Polizist, Richter und Schiedsrichter, der interne Streitigkeiten unter den Familienmitgliedern schlichtete, strafte, wo es angebracht schien, sowie Harmonie und Zusammenarbeit aufrechterhielt. Dazu war er Sprecher der Gruppe in Gemeindeangelegenheiten und führte die Verhandlungen mit anderen Verwandtschaftsgruppen.

Gemeinschaften aus mehreren Familien hatten normalerweise ein Oberhaupt. Da diese Position nicht erblich war (ein solches System gab es nur in sehr wenigen melanesischen Gemeinden, etwa auf Mer/Murray Island), wurde sie einem Mann verliehen, der Führungsqualitäten besaß, einfallsreich und ein guter Krieger war und, unvermeidbar, über magisches Wissen verfügte. In einigen Fällen, etwa dem *Bomai-Malu*-Kult auf Mer konnten die Priester religiöser Kulte wahrscheinlich die Autorität auf Grund des Einflusses, den sie ausübten, an sich ziehen. Das Oberhaupt konnte seine Autorität jedoch nicht ohne eine Machtbasis, bestehend aus seinen zahlreichen Verwandten, ausüben, die wiederum für Nahrung und Tauschwaren sorgten. Er mußte in der Lage sein, bei sozialen und religiösen Feierlichkeiten, bei Raubzügen zur Kopfjagd und beim Brautpreis seinen materiellen Beitrag zu leisten, wodurch andere wiederum in seiner Schuld standen. Die tiefverwurzelte Verpflichtung zu gegenseitigem Geben sicherte das Ansehen und die Unterstützung durch seine Gemeinde.

Das politische Oberhaupt übernahm die Verantwortung für die meisten Ereignisse innerhalb der Gemeinde. In einer Atmosphäre gegenseitigen Einvernehmens beriet er sich und fällte Entscheidungen zusammen mit den übrigen Ältesten. Da er häufig auf die Traditionen Bezug nehmen und sie interpretieren mußte, wachte er zugleich über die Einhaltung gesellschaftlicher Konventionen und Rituale. Dennoch besaß er keine uneingeschränkte Macht, da er keine Entscheidungen erzwingen konnte – es sei denn durch sein Ansehen, seinen Einfluß bei den Ältesten und die Unterstützung derjenigen, die ihm Gefälligkeiten schuldeten. Gelegentlich dürfte es jedoch vorgekommen sein, daß er mit Hilfe von Zauberei eine Entscheidung zu erzwingen versuchte. Ein Oberhaupt aber, das die Stimmung in der Gemeinschaft mißachtete, konnte selbst zur Zielscheibe böser Magie oder von den Ältesten entmachtet werden. In späteren Jahren ernannte die Kolonialregierung auf jeder Insel ein Oberhaupt (*Mamoose*), welches mitunter mit einem traditionellen Führer oder Ältesten identisch war.

Kulte und Traditionen bildeten ein so enges Netz für die Inselgemeinden, daß es nur selten notwendig war, von außen Autorität auf ihre Mitglieder auszuüben. Jede Person kannte ihre Vorgaben innerhalb der Gemeinschaft und auch die Strafen, die bei Mißachtung zu erwarten waren. Da Frauen und Kindern die Kenntnis bestimmter Kulte verboten war und sie rituelle oder sakrale Plätze nicht betreten durften, waren sie in noch stärkerem Maße eingeschränkt als die Männer und Jugendlichen. Trotz allem existierten innerhalb der weiteren Grenzen der Gemeinschaft beträchtliche individuelle Freiheiten.

Der Zauberer der Gemeinde muß besonders erwähnt werden. Oftmals war er kraft der Autorität, die ihm seine Geschicklichkeit verliehen hatte, zugleich auch ein Ältester oder Oberhaupt. Zwangsläufig war sein Einfluß in allen Angelegenheiten der Gemeinde groß; wegen seines Wissens um schwarze oder weiße Magie war er gefürchtet und respektiert. Die meisten Gemeindemitglieder baten ihn gelegentlich um Hilfe, sei es, um ein von Geschwüren befallenes Bein zu heilen oder um den Tod eines Feindes zu bewirken. Der politische Einfluß des Zauberers war oft ebenso stark wie der des Oberhauptes. Die meisten Insulaner der Torresstraße glauben bis heute zumindest ein wenig an Zauberei, und es gibt dort immer noch Menschen, von denen man sich erzählt, sie hätten magische Kräfte.

BEZIEHUNGEN UND HANDEL ZWISCHEN DEN INSELN

Verglichen mit den Einwohnern des Kernlandes von Neuguinea und, in geringerem Ausmaß, mit den Aborigines von Cape York verfügten die Menschen in der Torresstraße nur über weniges, mit dem sich Handel treiben ließ. Ihre Handelsbeziehungen liefen über Verwandte auf benachbarten Inseln bis hin zur Küste von Neuguinea und über die *Kaurareg* (Bewohner der Prince-of-Wales-Inseln) in Richtung Süden. Auf diesen Wegen sicherten sie den Nachschub an Werkzeugen, Waffen, Kanus, Federn, Ocker, Haushalts- oder Kultgeräten. Im Gegenzug kamen aus der Torresstraße Perlmuscheln, Gegenstände aus Schildpatt, Steinwerkzeuge und menschliche Schädel als Beuteobjekte aus ihren Kriegszügen.

Ohne diese Handelsverbindungen wäre ein Leben auf vielen Inseln schwierig, wenn nicht ganz unmöglich gewesen. Verwandtschaftliche Bande als Ergebnis einer geschickten Heiratspolitik waren der Schlüssel zum erfolgreichen Handel; ein Netz von Mittelsmännern, die für ihre Dienste eine Art Gebühr einbehielten, übermittelten Zahlungsmittel nach Norden und sandten Handelsgüter zurück zu den Inseln der Torresstraße. Diese Zwischenhändler ließen sich für ihre Dienste bezahlen. Unabhängig davon bestanden Handelsbeziehungen zwischen den östlichen und den westlichen Inselgruppen und dem Festland von Neuguinea. So handelten die *Kaurareg* mit den Aborigines von Cape York, von denen sie roten Ocker und Speere eintauschten.

Mit ihren hochseetüchtigen Kanus und außerordentlichen Segelkünsten, ihren hervorragenden Kenntnissen der Inseln und Riffe, von Wetter, Gezeiten, Strömungen und Navigation nach den Gestirnen waren die Bewohner der Torresstraße für ausgedehnte Handelsreisen bestens gerüstet. Die Handelskanus fuhren gewöhnlich in kleinen Verbänden und waren zum Schutz gegen Angriffe stark besetzt.

Auf Grund ihres komplexen Netzwerkes aus Handelsverbindungen entwickelten die Torresstraßen-Insulaner manche der Fähigkeiten nicht, die in anderen Teilen Melanesiens so besonders auffallen. Die Verarbeitung von Holz und Holzschnitzereien z. B. erreichten nur ein rudimentäres Stadium; es fehlte dabei das technische und ästhetische Können, das in den nahegelegenen Gebieten jenseits des Fly zu beobachten ist. Darüber hinaus verfügten die Bewohner der Torresstraße auch nur über ein bescheidenes Vorkommen an Nutzhölzern und importierten die meisten Waren aus Holz.

RITUAL, RELIGION UND MAGIE

Religiöse und magische Praktiken bestimmten das Leben in den traditionellen Inselgemeinschaften. Um die Bewohner der Torresstraße aus der Zeit vor der Entdeckung durch die Europäer verstehen und um im besonderen ihre materielle Kultur kennenlernen zu können, ist es von grundlegender Bedeutung zu wissen, wie sehr Religion und Magie ihr Leben beeinflußten. Einzelne ihrer Objekte waren Totems. Andere wiederum dienten dazu, Geister oder Gottheiten zu besänftigen, Jagd- oder Kriegserfolge zu beschwören, zwischenmenschliche Beziehungen zu beeinflussen oder Unheil über den Feind zu bringen.

Geister und Götter existierten nicht auf einer von der menschlichen Auffassungsgabe getrennten, übernatürlichen Ebene, sondern gehörten zum alltäglichen Leben. Im Alltag der Gemeinde waren sie daher beständig gegenwärtig. Bestimmte Felsen, Bäume, Weiher und Höhlen wurden mit Gottheiten identifiziert, die sich in diesem Kontext als Vögel, Reptilien, Seegetier und in anderen Tiergestalten zeigten. Sie konnten auch je nach Belieben eine menschliche Gestalt oder die jeder anderen Kreatur annehmen. Zu Beginn der Zeit hatten sie die Inselwelt geschaffen, menschliches Leben ermöglicht und boten nun Schutz im Austausch gegen rituelle Ehrerbietungen. Aus diesen Ritualen, deren Vorbereitung und Ausführung sehr aufwendig waren, entstanden die schönsten künstlerischen Formen der Torresstraße.

Wie die übrigen Melanesier fertigten die Inselbewohner der Torresstraße Bildnisse ihrer geistigen Wohltäter und kultischen Helden aus den heimischen Materialien – Stein, Bimsstein, Holz und Muscheln. Genauso häufig aber nutzten sie ihre Handelskontakte, um religiöse Bilder oder das dafür erforderliche Material zu importieren.

Ritual, Religion und Magie trugen dazu bei, das unveränderliche, sich ständig wiederholende Leben einer Subsistenzgesellschaft zu untermauern und ihre Traditionen fest darin zu verankern. Außer dem sozialen Geschehen (Familienleben, Heirat und Kindererziehung) und dem Tod galt die Religion fast ausschließlich der Erneuerung dessen, was die Natur zu bieten hatte. Für die Insulaner war ihr weltliches Leben nicht vom religiösen getrennt. Beide ergänzten einander und griffen ineinander über. Die Menschen lebten in dem Glauben, daß allseitiger Erfolg und Überfluß an Nahrung automatisch durch das korrekt ausgeführte Ritual am rechten Ort und zur rechten Zeit garantiert waren. In diesem Sinne war ihre Religion materialistisch und ebenso ein ›Handwerk‹ wie Geschick bei der Jagd oder beim Bestellen der Felder. Keine dieser Aktivitäten konnte ohne Verbindung mit einer anderen geschehen. Ein interessantes Phänomen der traditionellen melanesischen Gesellschaften ist, daß Versagen und Unglück oft auf falsch praktizierte religiöse Vorschriften zurückgeführt werden, während eine Niederlage den magisch-religiösen Kräften des Feindes zugeschrieben wird, die den eigenen wohl überlegen waren.

DIE EUROPÄISCHE ERFORSCHUNG UND KOLONISATION DER TORRESSTRASSE

Die Geschichte der Erforschung der Torresstraße durch die Europäer basiert auf den schriftlichen Aufzeichnungen der ersten europäischen Seefahrer. Sie ist also von deren Einstellungen geprägt. Allerdings bestehen kaum Zweifel, daß auf Grund ihrer großen seefahrerischen Kenntnisse Seeleute und Händler aus China, Ägypten, Malaysia und Indonesien lange vor der Ankunft der Spanier und Holländer Reisen in dieses Gebiet unternahmen.

Spanische Abenteurer segelten im 16. Jahrhundert vom peruanischen Callao aus westwärts auf der Suche nach der ›terra australis‹, einem Land, das der Sage nach reich an Gold und Gewürzen sein sollte. Pedro Fernandez de Quiros, ein Portugiese in spanischen Diensten, der bereits auf einer vorangegangenen Fahrt als Lotse gedient hatte, führte die letzte dieser Expeditionen von Callao aus an. Zusammen mit Luis Vaez de Torres verließ er Callao am 21. Dezember 1605 und segelte nach Westen bis zu den Neuen Hebriden (Vanuatu), die er ›Australia des Espiritu Santo‹ nannte. Diese Bezeichnung sollte später für heftige Verwirrung sorgen, da die Gelehrten annahmen, Quiros sei an der Ostküste Australiens gelandet. Quiros selbst wußte jedoch, daß er nicht die ›terra australis‹ entdeckt hatte. Er verlor den Glauben an seine Suche und kehrte nach Mexiko zurück.

Torres hingegen blieb in ›Australia des Espiritu Santo‹ und brach Ende Juni 1606 nach Manila mit dem Gedanken auf, unterwegs auf den Molukken an Land zu gehen. Auf dieser Fahrt sichtete er die Südostküste von Neuguinea. Spanische Schiffe, die von Callao aus die Molukken anliefen, hatten bereits einige Male die Route entlang der Nordküste von Neuguinea genommen. Torres aber war der erste europäische Seefahrer, dessen Fahrt entlang der Südküste überliefert ist. Er zeichnete die Inseln auf und beschrieb in einigen Details die Einwohner, ihre Bräuche und Besitztümer. Beim Besuch auf einer der Inseln der Hauptgruppe erschoß die Besatzung zwei Insulaner und entführte gewaltsam einige Frauen. Nach 40 Tagen anstrengender Fahrt, an denen sich sein Schiff durch gefährliche Seen westwärts arbeitete, erreichte er die Arafurasee.

Vielleicht war er sich der Bedeutung seiner Entdeckung und der großen Landmasse südlich seiner Route nicht bewußt. Die Meerenge jedoch, die er 1606 so aufmerksam durchschifft hatte, trägt jetzt seinen Namen.

Im folgenden Jahrhundert unternahmen holländische Seefahrer mehrere Reisen, folgten aber der allgemeinen Vorstellung, daß Australien und Neuguinea miteinander verbunden seien; jedenfalls existieren keine Berichte von Fahrten ihrer Schiffe durch die Meerenge.

Der englische Navigator James Cook, der 1770 entlang der Ostküste Australiens nordwärts segelte, umrundete Cape York und konnte damit die Richtigkeit von Torres' Entdeckung bestätigen. Cook landete auf Possession Island (Tuined) und proklamierte die Ostküste Australiens als Besitz König Georges III. von England. In seinem Logbuch notierte er, daß das Erscheinungsbild und die Bewaffnung der Bewohner von Tuined von demjenigen der Aborigines der Ostküste abwichen, und vermutete deshalb eine ›neue Rasse‹.

Cooks Passage durch die Meerenge war von großer Bedeutung. Innerhalb eines halben Jahrhunderts wurde die Torresstraße zu einer stark frequentierten Route, die viele Schiffe dem gefährlichen Weg um das Kap Horn vorzogen.

Nach der Meuterei auf der ›Bounty‹ im Jahre 1789 passierte Kapitän William Bligh auf dem Weg nach Timor in einem offenen Boot die Torresstraße nördlich der Prince-of-Wales-Inseln. 1792 kehrte Bligh mit den Schiffen ›Providence‹ und ›Assistant‹ dorthin zurück. Unter anderem hatte er den Auftrag, für die Schiffe, die die kleine europäische Siedlung in Port Jackson mit Nahrungsmitteln versorgten, eine sichere Strecke durch die Torresstraße auszukundschaften.

1793 waren die ›Shah Hormuzeer‹ und die ›Chesterfield‹ unter den ersten englischen Handelsschiffen, die in die Torresstraße fuhren. Eine Gruppe Seeleute ging in Darney Island (Erub) an Land, um Kunsthandwerk einzutauschen und Wasser zu bekommen. In einem geschickt ausgeführten Angriff töteten die Insulaner fünf Engländer, drei weitere konnten gerade noch zu ihrem Boot gelangen und es zu Wasser bringen. Sie fuhren in Richtung Timor, da die beiden Schiffe weit vor der Küste ankerten und nicht zu erreichen waren. Captain Bampton von der ›Shah Hormuzeer‹ schickte schließlich einen bewaffneten Suchtrupp an Land. Er berichtete später, daß 135 Hütten und 16 Hochseekanus sowie einige Felder und Kokospalmen zerstört wurden. Beide Schiffe fuhren dann weiter nach Stephen Island (Ugar), um nach dem vermißten Boot zu suchen. Auch die Einwohner von Ugar leisteten Widerstand und empfingen die Europäer mit Pfeilhageln, die mit Musketensalven beantwortet wurden. Es gab einige Tote und Brampton brannte auch hier das Dorf nieder.

Bis weit in die zweite Hälfte des 19. Jahrhunderts gab es immer wieder ähnliche, gewaltsame Zwischenfälle, bei denen Inselbewohner getötet und ihre Vorräte, Wohnungen und Transportmöglichkeiten in massiver Weise zerstört wurden. Danach waren die Insulaner militärisch geschlagen. Darüber hinaus hatten sie das Vertrauen an die Leitfiguren ihrer Kulte und ihre traditionelle Lebensform verloren.

Mitte des 19. Jahrhunderts wurden Rufe nach einer Präsenz der Regierungsverwaltung in der Torresstraße laut. John Jardine, ein Richter aus Rockhampton, wurde 1862 zum Regierungsvertreter vor Ort ernannt. Er richtete sein Hauptquartier zunächst auf Albany Island ein; später residierte er in Somerset auf der gegenüberliegenden Festlandküste. Die Perlenindustrie mit ihren Basisstationen auf zahlreichen Inseln und den reichen Perlengründen tief in der Torresstraße wuchs rasch. Aus administrativen Gründen wurde die Verwaltung 1877 nach Thursday Island verlegt. Perlen, Trochusmuscheln, Trepang und in kleinerem Maße Schildpatt waren bis zum Zweiten Weltkrieg Hauptstützen der Ökonomie der Inseln. Doch der größte Teil dieser reichen Erträge blieb nicht in der Torresstraße, da die Naturschätze und deren Ausbeutung nicht unter der Kontrolle der Einwohner waren.

Als schließlich die christlichen Missionare kamen, hatte sich das Leben der Insulaner in der Torresstraße durch die Konfrontation mit den Fremden und ihrer Herrschaft bereits unwiderruflich verändert. Die alten Religionen hatten an Bedeutung verloren oder waren ausgestorben, so daß die Menschen auf den Inseln bereit waren, eine neue spirituelle Bindung einzugehen, die ihnen Sicherheit und materiellen Wohlstand in einer zunehmend bedrohlichen Umwelt versprach.

Am 30. Mai 1871 landeten Reverend S. MacFarlane und Reverend A.W. Murray auf Darney Island (Erub) und brachten im Auftrag der London Missionary Society das christliche Evangelium. In der Folge wurde eine beträchtliche Anzahl von Lehrern aus den Südseeinseln auf weiter entfernt liegende Inseln geschickt. Gelegentlich provozierten sie durch ihren Einfluß extreme Gegenwehr der Perlenfischer, im allgemeinen assimilierten sie sich jedoch ganz gut und gaben den zerrütteten Gemeinden neuen Zusammenhalt und Gemeinschaftssinn.

Der Kontakt zwischen Fremden und Insulanern der Torresstraße war hauptsächlich durch europäischen Ethnozentrismus, Einsatz überlegener Technologien und Ausbeutung charakterisiert. Gerechterweise muß erwähnt werden, daß viele mit ehrlichen Absichten und moralischen Zielsetzungen in die Torresstraße kamen. In der Tat hatten die Kommandeure britischer Kriegsschiffe schriftliche Anweisungen, sich tolerant und sensibel gegenüber den Bewohnern der Torresstraße zu verhalten. Das Vordringen der Europäer hatte jedoch überall dieselbe Wirkung: Sie zerstörten die Lebensweise und sozialen Werte der Eingeborenen, ohne eine akzeptable Alternative anzubieten. Erst seit relativ kurzer Zeit konnten die Menschen in der Torresstraße wieder einige ihrer traditionellen Besitzrechte und Formen der Entscheidungsfindung wahrnehmen.

MATERIELLE KULTUR UND KUNST

Die Sprachen in der Torresstraße kennen kein Wort für ›Kunst‹. Dasselbe gilt für die meisten Sprachen Ozeaniens ebenso wie für Sprachen in vielen Teilen der Welt. Das soll aber nicht heißen, daß die ozeanischen Völker keine Kunst hatten oder ihren ästhetischen Ausdrucksformen gegenüber gleichgültig waren. Im Gegenteil, die Kunst stand und steht mit ihrer ganzen Vielfalt im Mittelpunkt des ozeanischen Lebens und ist seit über zwei Jahrhunderten Objekt der Bewunderung und intensiver Forschung für die westliche Welt.

Trotzdem wäre es für einen traditionellen Bewohner der Inseln schwierig, den westlichen Kunstbegriff zu verstehen. Ihm erschiene es nutzlos, ein Objekt nur aus expressiven und ästhetischen Gesichtspunkten heraus zu schaffen. Er sah sich umgeben von seiner Kunst, einer Kunst, die praktisch und zweckgebunden war. Entsprechend hatten die kunsthandwerklichen Gegenstände, die für Rituale des gesellschaftlichen wie religiösen Lebens geschaffen wurden, eine bestimmte Funktion.

Vor allem war der Inselbewohner eine materialistische Person – seine Tätigkeiten waren darauf gerichtet, sein Überleben in einer oftmals rauhen Umgebung zu sichern. Mit ästhetischen Empfindungen hatte solcher Materialismus hingegen nur wenig zu tun. Dieser Inselbewohner gestaltete machtvolle Bildnisse, reich an Bedeutung und Symbolen. Und wer die Bedeutung nicht verstand, staunte doch über Ausgewogenheit von Form, Farbe und Symmetrie und vor allem über die herausragende handwerkliche Leistung, die mit einfachen Werkzeugen vollbracht wurde.

Oft ist behauptet worden, die Basis der ozeanischen Kunst sei in der Religion zu suchen. Religiöse Kunst aber war nahezu ausschließlich ein Bereich der Männer, denn nur sie hatten das Wissen, um die Wünsche der Vorfahren, der Ahnenwesen und kultischen Helden zu deuten, die die Bewohner der Torresstraße in ihrer Welt unterstützten. Erweitert man jedoch die Definition von Kunst auf Werkzeuge, Waffen, Tanz und Musikinstrumente, auf Alltagsgegenstände und Körperbemalungen, so ergibt sich eine große Bandbreite nichtreligiöser Kunst. Vieles davon wurde von Frauen geschaffen, besonders gewebte Textilien, geflochtene Körbe, Taschen, Körperornamentik und in einigen Gemeinschaften (allerdings nicht in der Torresstraße) auch Keramik.

Die Bewohner der Torresstraße hatten eine fast grenzenlose Vorliebe für Verzierungen. Aus Tradition wurde diese Vorliebe in einem Maß gefördert, daß einzelne Motive von Generation zu Generation weitergetragen wurden: Das Recht, bestimmte Objekte zu gestalten oder Muster zu verwenden, konnte im Besitz einer Verwandtschaftsgruppe sein und war damit für die Verwendung durch andere Gruppen tabu – ein Tabu, das nur durch eine zeremonielle Gegenleistung aufgehoben werden konnte. So hatte ein Künstler oft nur wenig kreativen Freiraum, weil die Gestaltung seiner Arbeit durch Tradition oder Ritus genau festgelegt war.

Bildende Kunst und Kunsthandwerk von Melanesien entstanden grundsätzlich in einem Kontext funktionaler Verwendung. Die Kunst konnte religiösen Zwecken dienen, bei Aufführungen von Musik und Tanz eingesetzt werden, den Wert eines Kanus oder Hauses erhöhen oder einfach eine ansonsten schlichte Waffe oder ein Werkzeug verschönern.

Wer aber waren die Künstler Melanesiens? Eine Berufskategorie ›Künstler‹ gab es nicht, ebenso wie ›Kunst‹ linguistisch nicht zu definieren war. Sicher gab es Leute, die beispielsweise geschickter waren als andere im Bearbeiten von Perlmuscheln, beim Holzschnitzen, Bauen von Masken oder Kanus. Auch lag es nahe, daß die Knaben den handwerklichen Fähigkeiten ihres Vaters oder Großvaters nacheiferten, während die Mädchen von ihren Müttern die Herstellung von Fasern und Garnen, das Weben und Flechten lernten. Allerdings wurden von jedem Mann und jeder Frau ausreichende Kenntnisse der grundlegenden handwerklichen Techniken und dekorative Geschicklichkeit erwartet, da eine Überlebensgesellschaft sich keine Trennung in Arbeiter und Spezialisten innerhalb der Gemeinschaft leisten konnte.

Die Bewohner der Inseln der Torresstraße gehören zu den südlichsten melanesischen Gemeinschaften. Durch ihre Lage in dem engen Raum zwischen Papua-Neuguinea einerseits und dem australischen Festland andererseits übernahmen sie Einflüsse aus den materiellen Kulturen beider Länder, die sie mit ihren eigenen Kunstformen anreicherten (bedingt durch ihre harten Lebensbedingungen jedoch nur in beschränktem Maße). Die *Kaurareg* etwa, die Bewohner der nahe der Cape-York-Halbinsel gelegenen Prince-of-Wales-Inselgruppe, führten ein halbnomadisches Leben. Oft hielten sie sich auf dem Festland auf und zogen im Verlauf der Jahreszeiten auf der Suche nach Nahrung und Wasser über die Inseln. Ihr Besitz war nur klein und ihrer nichtseßhaften Lebensweise angepaßt. Pandanusblätter wurden zumeist für die Herstellung von Körben und Matten verwandt. Speer und Speerschleuder der Aborigines, wie auch Pfeil und Bogen der Melanesier, wurden häufig benutzt. Hochgeschätzt war der rote Ocker, mit dem unter anderem Leichname zur Erhaltung eingerieben wurden. Dieser rote Ocker stammte aus dem

Tauschhandel mit den Aborigines und wurde bis zu den weiter nördlich gelegenen Central Islands weitergegeben. Der wertvollste Besitz der *Kaurareg* waren wahrscheinlich ihre hochseetüchtigen Kanus. Sie waren für die Mobilität dieser Jäger- und Sammlergemeinschaft und ihre Handelsfahrten zur Cape-York-Halbinsel lebensnotwendig.

Unter wirtschaftlichen und kulturellen Aspekten aber war die Verbindung mit Neuguinea weit wichtiger für die Bewohner der Torresstraße als die mit der Halbinsel Cape York. An der als Daudai bekannten Südküste dieser großen, regenreichen und mit relativ fruchtbarem Boden ausgestatteten Landmasse lebte eine zahlreiche und unternehmungslustige Bevölkerung. Die *Kiwai* im Delta des Fly River handelten direkt mit den Torresstraßen-Insulanern auf Saibai und etwas seltener mit denen von Boigu und Dauan. Hier begann der wichtige Handel mit Kanus, mit den ausgehöhlten Rümpfen von Bäumen, die an den Ufern des Fly Rivers oder seiner Nebenarme gefällt, nach Wabuda oder Dibiri geflößt und dort von den Saibai-Besatzungen gesammelt wurden. Mit einfachen Auslegern und nichts als einer Grundausstattung kamen die Rümpfe zum weiteren Ausbau in die Torresstraße. Von allen künstlerisch bearbeiteten Gegenständen waren die hochseetauglichen Kanus etwas ganz Besonderes und für ein maritimes Volk ein unverzichtbarer Bestandteil seiner Kultur. Ohne sie wäre das Leben auf vielen Inseln unerträglich und unmöglich gewesen.

Mit den *Kiwai* kam ein breites Warenangebot in die Torresstraße: Pfeile in großen Mengen (das Rohr für die Schäfte wuchs nicht auf den Inseln) und zumindest auch einige Bogen aus Bambus, Kasuarfedern, Zierfedern des berühmten Raggiana-Paradiesvogels (›Paradisea raggiana‹), Trommeln und Steinkeulen. Der stärkende Extrakt aus der Sagopalme sowie die bereits aufbereiteten Fasern ihrer Blätter gelangten bis weit in die Torresstraße hinein.

Die meisten hölzernen Artefakte stammten aus Daudai, wo es Rohstoffe im Überfluß und äußerst geschickte Handwerker gab. Viele Kultbildnisse dürften auf diesem Weg als Importware auf die Inseln gelangt sein und mit ihnen ihr Ruf, von großer Wirkung zu sein. Die *Kiwai* lieferten einige Ockerfarben, da die andere Verbindung über Cape York unzuverlässig war.

Im Gegenzug handelten die Insulaner der Torresstraße mit Meeresprodukten, die den *Kiwai* sonst nicht zugänglich gewesen wären, da sie in ihrem Delta von Schlammbänken umgeben waren. Im kunstfertigen Umgang mit diesen Materialien waren die Bewohner der Torresstraße unübertroffen, besonders bei Kegelschnecken, Perlmuscheln und Schildpatt. Ihre Spezialitäten waren Brustschilde, Armreifen, Nasenringe, Ohrschmuck und Halsketten. Ihre stabilen Dugongharpunen waren für den Fischfang im Seegrassumpf vor der Daudai-Küste sehr begehrt. Getrocknetes Schildkröten- und Dugongfleisch, Fisch, Krustentiere und luftgetrocknete einheimische Pflaumen (*wongai*) erweiterten den Speiseplan der Küstenbewohner.

Die Möglichkeiten der Torresstraßen-Insulaner, eigene Materialtechnologien zu entwicklen, waren durch das wenige, das die Inseln zu bieten hatten, sehr beschränkt. Sie waren die Herren des Meeres und seiner Erzeugnisse. Daher erstaunt es nicht, daß ihre größten künstlerischen Leistungen in der Bearbeitung von Materialien lagen, die sie aus dem Ozean und von den Riffen holten.

Die Ritualmasken des *Bomai-Malu*-Kults von der Insel Mer (Murray Island) werden im allgemeinen als die einzige genuine Kunstform der Torresstraße angesehen. Diese Masken zeigen eine beträchtliche technische und ästhetische Virtuosität: Plättchen aus dem Panzer der Karettschildkröte wurden geschnitten, bei Hitze geformt, mit handgemachten Fäden zusammengenäht und mit Federn, Samen, Meeresmuscheln, Holz, Bienenwachs und Krotonblättern verziert. Zudem waren die meisten der Masken graviert und die eingeritzten Linien mit Ocker eingefärbt. Sie wurden bei Zeremonien über den Kopf gestülpt, wobei die größten Exemplare bis zu zwei Meter hoch sein konnten. Vergleichbare Formen sind bisher aus keinem anderen Teil Ozeaniens bekannt.

Steinmetzarbeiten gab es in der Torresstraße nur wenig. Gewiß ist die Herstellung von zeremoniellen Figuren (*doiom*) und Kreiseln (*kolaps*) gut dokumentiert, und wahrscheinlich wurden auch Keulen und Beile angefertigt, Klingen aus Schichten von Miesmuscheln (Triadacna) in Holzschäften waren relativ verbreitet.

Bambus wuchs und wächst noch immer überall auf den Inseln. Einige Arten lieferten das Material für Pfeifen, kleine Trommeln, Flöten (Panflöten), Kämme, Wasserbehälter und Kanumasten. Haushaltsgegegenstände aus Bambus waren oft mit komplizierten Mustern graviert. Erwähnenswert sind die mit Streifenmustern verzierten Scheiben (*mai*) aus der Goldlip-Perlmuschel, die der *Geregere-le* (Vogelmann) des *Bomai-*

Malu-Kultes trug. Die Muscheln kamen sicher aus der Torresstraße, wobei es auch möglich ist, daß die Scheiben in Neuguinea geschnitten wurden und dann auf dem Handelsweg zurück auf die Inseln gelangten.

Aus der Perspektive der Insulaner aber waren wahrscheinlich geflochtene Textilien die nützlichste Kunstform, in der sie daher auch die größte Raffinesse entwickelten. Blätter der Kokospalmen, sofern sie vorhanden waren, und die des weit verbreiteten Pandanusbaumes bildeten zusammen mit einer kleinen Zahl von Kletterpflanzenarten, Bambus und faserigen Rinden die Grundlage für die Anfertigung von Matten, Körben, Taschen, Bekleidung und verschiedenem Tauwerk.

Die Textilien waren sowohl bei Jägern und Sammlern als auch bei Ackerbauern von enormer Bedeutung. Ihre Herstellung war Frauenarbeit, und in jeder Gemeinschaft verwendete man viel Zeit darauf. Nicht nur die Segel der Kanus waren aus Pandanusmatten; auch innerhalb und außerhalb des Hauses fanden sie Verwendung: Um die Toten zu bedecken, vorübergehend Schutz unter ihnen zu finden, privaten Raum von der Außenwelt abzutrennen und um sie als Tauschartikel zu verwenden. Seile und Tauwerk brauchten die Insulaner in großen Mengen beim Hausbau, als Kanutakelwerk, zum Fischen und als Leinen für die Harpunen, zum Zusammenhalten von Waffen und Werkzeugen, für zeremonielle Kostüme und Ornamente. Geflochtene Körbe gab es in vielen Arten, die je nach beabsichtigter Verwendung andere Muster oder Materialien aufwiesen. Die persönliche Tragetasche eines Menschen konnte beispielsweise aus den feinsten Bananenfasern gewebt sein, während für den Transport von Süßkartoffeln ein schnell gefalteter Korb aus Kokosblättern ausreichte.

Noch sieht man auf den Inseln einiges, das an Objekte der traditionellen Kultur erinnert. Steinkreisel werden immer noch hergestellt, genauso wie Bambusflöten. Auch Kämme aus Bambus oder *Wongai*-Holz findet man noch, allerdings in zeitgenössischem Design. Gelegentlich wird für den Verkauf oder für Tanzfestivals geschickt angefertigter Kopfputz aus Federn (*Deri*) im traditionellen Stil hergestellt. Körbe, Fächer und Matten sind oft aus Kokospalmen- oder Pandanusblättern geflochten, wenn auch viele Objekte Einflüsse aus den Südseekulturen erkennen lassen.

Tanzrasseln aus Goa-Nüssen und Kasuarfedern scheinen regelmäßig aus Neuguinea in die Torresstraße zu gelangen. Die schönen *Warup*-Trommeln wurden durch weniger attraktive Formen von der Küste Neuguineas ersetzt. Nicht erstaunlich ist, daß gute Repliken von traditionellen Artefakten bei Tanzgruppen auftauchen; sie sind jedoch meistens aus einfach verarbeiteten Materialien gefertigt, die leichter erhältlich sind als die traditionellen. Wenige sehr alte und hochgeschätzte Objekte aus der Zeit, bevor die Europäer die Meerenge regelmäßig befuhren, sind noch im Besitz einiger Inselfamilien und werden gelegentlich für den interessierten Besucher auf Nachfrage reproduziert. Dies sind die letzten Überbleibsel einer einstmals lebendigen und einzigartigen Kultur.

Sammlungen mit Objekten der materiellen Kultur der Torresstraße, die in der Periode der ersten Kontakte mit den Europäern und später entstanden, werden im University Museum of Archaeology and Anthropology von Cambridge, dem Pitt Rivers Museum der Oxford University und dem British Museum in London aufbewahrt. Das Museum of Primitive Art von New York besitzt eine kleine Sammlung; in anderen amerikanischen Museen gibt es einige Einzelstücke. Gute Exponate sind in einigen schweizerischen und deutschen Museen zu finden. In Australien haben die meisten staatlichen Museen nur sehr kleine Sammlungen unbedeutender Stücke, wobei die des Australian Museum in Sydney vielleicht noch die beste ist.

Der Text von Lindsay Wilson wurde erstmals vom Department of Education, Queensland, 1988 unter dem Titel ›*Thathilgaw Emeret Lu – a Handbook of Traditional Torres Strait Islands Material Culture*‹ veröffentlicht und wurde vom Autor und vom Verlag freundlicherweise zur Wiederveröffentlichung freigegeben.

›*Thathilgaw Emeret Lu*‹ heißt aus dem *Kala Lagaw Ya* und *Meriam* übersetzt ›die alten Dinge unserer Vorväter‹.

1 Künstler unbekannt
Kara, Le Op (Maske), ca. 1890

2 Künstler unbekannt
Dogai Wetpur Kara, ca. 1908

3 Künstler unbekannt
Buk, ca. 1898

4 Künstler unbekannt
Buk, ca. 1898

5 Ken Thaiday
Whoumerr, Fregattvogel, 1991

DIE CAPE-YORK-HALBINSEL UND NORD-QUEENSLAND

MARK HOLLINGSWORTH

Nord-Queensland und insbesondere die Cape-York-Region sind auch in Anbetracht der heutigen Kenntnis der riesigen Ausdehnung Australiens abgelegen und weit von den Bevölkerungszentren im Süden entfernt. Es ist immer noch schwierig, in diese abgelegene Region zu gelangen. Cairns, die Hauptstadt dieser Region und des Distrikts von Mulgrave haben zusammen ca. 110 000 Einwohner. Von dieser südlichen Region bis in den Norden des Kaps hinauf nimmt die Bevölkerungsdichte immer mehr ab. Die Bevölkerung verteilt sich hier zumeist auf Aboriginal-Gemeinschaften oder kleine Siedlungen, die für die Fleisch-, Fisch- oder Bergbauindustrie arbeiten.

ZEIT DES KONTAKTS UND NEUERE GESCHICHTE

Der erste schriftlich festgehaltene Kontakt zwischen den europäischen Forschungsreisenden und den australischen Ureinwohnern fand 1623 an der Westküste der Cape-York-Halbinsel durch Jan Carstensz statt, »dessen Tagebuch eine umfassende und vollständige Wiedergabe seiner Reise als Kapitän der beiden Schiffe ›Pera‹ und ›Arnhem‹ gibt«.[1] Carstensz fand weder den Ort noch die Personen nach seinem Geschmack, die er als »die erbärmlichsten und ärmsten Kreaturen, die ich je gesehen habe« beschrieb.[2]

Im 17. und 18. Jahrhundert versuchten die führenden europäischen Seefahrernationen, Stützpunkte im Pazifik zu errichten. In einem Versuch, den Franzosen zuvorzukommen, sandten die Briten im Jahre 1770 Captain Cook auf eine Forschungsreise. Cook entdeckte und kartographierte die Ostküste; er war aufgrund der schweren Beschädigung seines Schiffes durch im Wasser liegende Riffe gezwungen, an einem Ort des östlichen Cape York, heute Cooktown, an Land zu gehen.

Schon 1870 war Cape York von Viehzüchtern besiedelt. Als kurz darauf im Palmer River in der Nähe von Cooktown Gold entdeckt wurde, kamen Abenteurer und Siedler in diese Gegend, und 1890 standen die Aborigines von Cape York aufgrund der starken Ausweitung des Bergbaus, der Sandelholz- und Perlmuschel-/Seegurken-Industrie unter starkem Siedlerdruck.

Ende des Jahrhunderts waren viele der Aboriginal-Gemeinschaften grundlegenden Veränderungen unterworfen, wobei viele der Gruppen in die Kirchenmissionen anderer Gebiete umgesiedelt oder von skrupellosen Siedlern niedergemetzelt wurden. Die Frauen wurden verkauft und die Männer (freiwillig oder unfreiwillig) für Arbeiten in der Viehwirtschaft oder in der Küstenschiffahrt eingesetzt. Paradoxerweise wurde eine noch stärkere Verminderung der Bevölkerung der Eingeborenen in der Region durch die Errichtung einer Reihe von Aboriginal-Missionen und Reservaten in Nord-Queensland verhindert. Heute lebt dort ein Großteil der Ureinwohner des Kaps; viele andere leben in Kleinstädten und arbeiten für die Viehindustrie; in der Umgebung von Cairns hat ihre Zahl im Vergleich zu früher zugenommen.

DIE KAP-BEVÖLKERUNG VOR DEM EINDRINGEN DER WEISSEN

Vor dem Kontakt mit den Weißen lebten in dem Gebiet von Cape York Angehörige von mehreren hundert kleinen Gruppen, die zwischen 10 und 50 Mitglieder umfaßten. Jeder kannte sein ›Land‹ oder Territorium (und die damit verbundenen ›Überlieferungen‹), das vom Vater an den Sohn weitergegeben wurde.

Diese kleinen Gruppen waren jeweils Teil größerer Gruppen, die die gegenseitigen Landrechte anerkannten, die aber auch auf der Grundlage gemeinsamer Sprachen, gemeinsamer Kultstätten und gemeinsamer Riten und Gebräuche zusammenkommen konnten. Dieses System ermöglichte auch Eheschließungen zwischen den unterschiedlichen Gruppen und entferntere

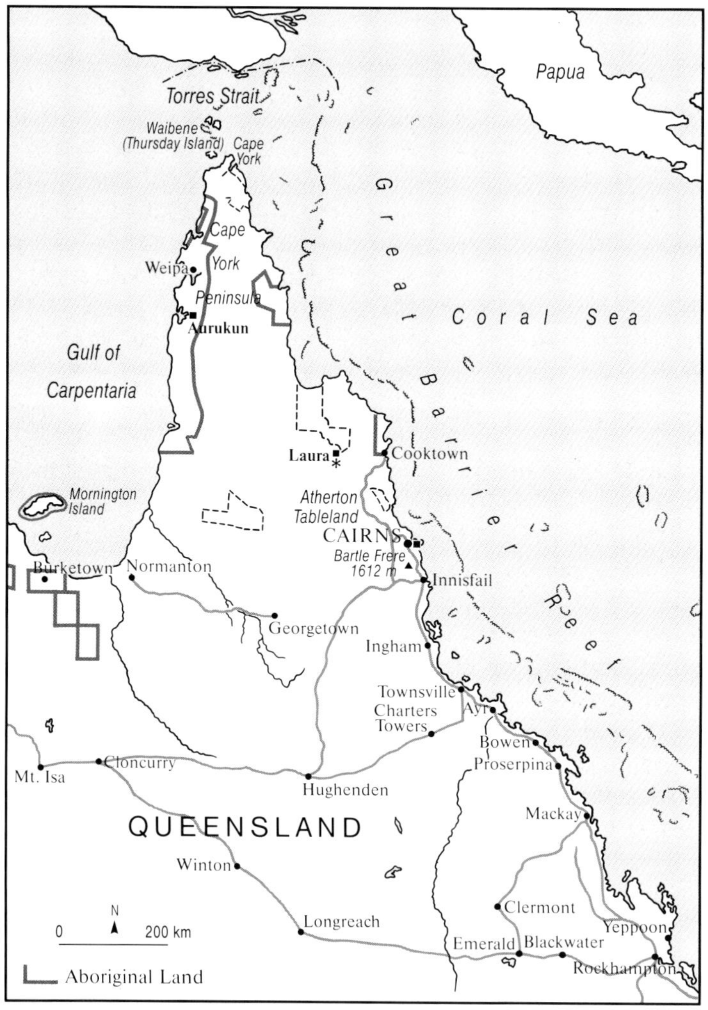

Papua
Torres Strait
Waibene (Thursday Island)
Cape York
Cape York Peninsula
Weipa
Aurukun
Gulf of Carpentaria
Great Barrier Reef
Coral Sea
Laura
Cooktown
Mornington Island
Atherton Tableland
CAIRNS
Bartle Frere 1612 m
Burketown
Normanton
Innisfail
Georgetown
Ingham
Townsville
Charters Towers
Ayr
Bowen
Proserpina
Mt. Isa
Cloncurry
Hughenden
Mackay
QUEENSLAND
Winton
Clermont
Longreach
Yeppoon
Emerald
Blackwater
Rockhampton
N
0
200 km
Aboriginal Land

verwandtschaftliche Beziehungen. Allein im Bereich von Cape York gab es 45 unterschiedliche Aboriginal-Sprachen, die sich wiederum in Hunderte von Dialekten gliederten. In fast der gesamten Region war Mehrsprachigkeit die Norm. Im gesamten Cape-York-Bereich waren einander ähnelnde kulturelle Riten und Gebräuche verbreitet; allein die Methoden der Nahrungssuche unterschieden sich je nach Ort und Nahrungsangebot.

Die größten Unterschiede waren zwischen den Menschen in den Regenwaldgebieten in der Nähe des heutigen Cairns festzustellen. Es kam natürlich zu einer Anpassung an unterschiedliche Regenwaldumgebungen und Ressourcen; außerdem traten auch Unterschiede in der Kunst und den Bemalungen auf.

Aufgrund ihrer langgestreckten Form, die gen Norden immer schmaler wird, bildet die Halbinsel einen sehr langen Küstenstreifen. Nördlich der Princess-Charlotte-Bay liegen zwischen der Inselmitte und den jeweiligen Küsten nur 120 Kilometer, und aufgrund der beiden großen Meeresbuchten im Westen an den Mündungen der Flüsse Archer und Wenlock ist die Entfernung zum Meer sogar noch geringer. Dank dieser geographischen Gegebenheiten lebten viele Aboriginal-Populationen an der Küste oder standen zumindest in Kontakt mit ihr, denn die Küste bot bessere Ernährungsmöglichkeiten.

Die Cape-York-Halbinsel weist eine vielfältige Flora, viele geologische Besonderheiten und einen markanten Wechsel der Jahreszeiten auf: Von Dezember bis Anfang April fällt der Monsunregen, Ende November beginnt die Trockenzeit. Dieser Zyklus setzt mit schweren Regenfällen und raschem Pflanzenwachstum ein, die Niederschläge nehmen bis November allmählich ab; die Flüsse und Bäche verwandeln sich in eine Aneinanderreihung kleiner Teiche oder sie trocknen ganz aus. Dann ist das gesamte Gebiet zumeist schon ausgetrocknet. Die zahlreichen Rituale wurden gewöhnlich gegen Ende der Trockenzeit abgehalten und waren reich an Überlieferungen, Gesängen und Tänzen. Kunstvoller Schmuck und Körperbemalung waren Teil dieser festlichen Anlässe.

REFLEXIONEN ÜBER DIE KULTUR DER ABORIGINES UND IHREN BEZUG ZUR KUNST

Es ist beinahe unmöglich, die Kunst der Aborigines separat zu betrachten, sie ist mit allen anderen Aspekten des kulturellen Lebens verbunden. Die Kunst läßt sich nicht von den wirtschaftlichen oder sozialen Bedürfnissen, den religiösen, politischen und ästhetischen Aspekten des Lebens der Aborigines trennen, und sie ist ein wichtiges Mittel zur Vermittlung gesellschaftlicher Werte.

Der Künstler wurde durch seine Herkunft zum Hüter eines reichen Erbes von Glauben und Denken, das allerdings verinnerlicht ist. Wenn es jedoch erst einmal Gestalt angenommen hat, wird es nicht nur ein greifbarer Ausdruck für das spirituelle Leben des Künstlers, sondern auch seines Stammes. Dieses Erbe stellte eine Verbindung dar, die von den Eingeweihten erkannt und verstanden wurde; sie war ein Bindeglied zwischen der Vergangenheit und der jeweiligen Gegenwart und diente somit als wirksames Mittel zur Erziehung und Kommunikation. Traditionell gesehen kam die Inspiration hauptsächlich aus dem geheimen und heiligen religiösen Leben. Die Kunst symbolisierte die eigentliche Substanz des geistigen und religiösen Glaubens der Menschen und machte anderen (den Eingeweihten) diesen Glauben sichtbar.

Das Erbe fungierte als eine Erinnerung an den Glauben an die höchsten Werte und das Respektieren fester Regeln. Dies war sehr wichtig für die Gewährleistung der künftigen Sicherheit, der ausreichenden Versorgung mit Nahrungsmitteln, des Schutzes vor Katastrophen usw. All dies war davon abhängig, ob jemand ein wirklich religiöses Leben führte, das seinen Ausdruck nicht nur in der Kunst, sondern auch in der genauen Befolgung der zeremoniellen Riten und Gebräuche, wie Tanz und Gesang, fand. Deshalb mußten die Tänze und Gesänge richtig ausgeführt werden und deshalb veränderten sich auch die traditionellen Formen und Bilder im Laufe der Zeit nur sehr wenig. Wollte man denselben Segen erhalten wie die Vorfahren, waren die Rituale auf dieselbe Art und Weise durchzuführen. Eine überlieferte Geschichte und ein Lied waren immer mit einem bestimmten Muster oder einer bestimmten Malerei verbunden. Diese Muster wurden für alle zu sichtbaren Symbolen der spirituellen Welt der Kraft; in Verbindung mit den Gesängen und Tänzen vermittelten sie einem bestimmten Gegenstand, einer Waffe oder einem Ort eine Präsenz oder eine bestimmte Kraft. Eine solchermaßen geschmückte und geweihte Waffe war nicht nur schön anzuschauen, sondern verlieh auch mehr Stärke.

WAHRNEHMUNG DER KUNST DER ABORIGINES

Dem Aboriginal-Künstler waren fast alle Abbildungen ein Spiegelbild oder eine Reflexion der Dinge aus der Vergangenheit, die zu erhalten er bemüht war. Er reaktivierte die Vergangenheit, übertrug sie für die Gegenwart in eine für sein Leben und die Erziehung seiner Kinder greifbare Form. Der Großteil dieser Kunst bezog sich auf ein Gebiet, besondere Orte oder auf für die dort lebenden Menschen wichtige Ereignisse. Der Besitz an Land und Orten wurde mit Hilfe der gemalten Geschichten überliefert; die Menschen der Gegenwart wurden mit den alten Figuren der Ahnen (diese lebten getrennte Leben) verbunden. Diese Ahnen inspirierten nicht nur die Überlieferung oder das Gemälde, sondern schufen auch das Land. Dies war die Denkweise vor der Ankunft des weißen Mannes. Nachdem die Regierung eingeschritten war und Missionaren und anderen die Genehmigung erteilt hatte, Reservate zu errichten, um ›die Schwarzen‹ zu zivilisieren und umzuerziehen, waren die althergebrachte Gesellschaftsordnung und die beschriebene Denkweise dem Untergang geweiht.

Die Regierungen erkannten das starke Band nicht, das zwischen jedem Aborigine und seinem eigenen Land bestand und legten daher oft rivalisierende Gruppen zusammen. Diese Aktion allein war hauptsächlich für den Untergang des Gedankenguts und des Wissens der Aborigines verantwortlich.

Die Missionare hinderten die Aborigines unter ihrer ›Obhut‹ daran, ihre früheren Gebräuche auszuüben. Die meisten dieser Riten und Gebräuche wurden als dämonisch, primitiv, rückständig und wert- und nutzlos betrachtet. Diese Entmündigung erstreckte sich auch auf die Sprache. Bei weiterer Forschung hätten sie allerdings entdeckt, daß die geschaffenen Figuren weder Götzen waren noch angebetet wurden. Auch wurden ihnen keine Opfer dargebracht; mit anderen Worten: Es handelte sich gar nicht um Götzen. Hier übten die Missionare wahrscheinlich weit mehr Götzendienst aus als die Aborigines.

Anthropologen aus Australien und der westlichen Welt kamen zuhauf und studierten diese ›primitiven Eingeborenen‹ und ihre ›primitive Kunst‹. In jeder Stadtbücherei lassen sich in vielen Bänden umfassende Abhandlungen ihrer ›gelehrten‹ Ergüsse über die Kunst der Aborigines nachlesen. Leider wurde die Kunst der Aborigines nur von einem rein wissenschaftlichen und anthropologischen Standpunkt aus bewertet. Die Kunstgegenstände und Artefakte wurden in dunklen Museumsecken aufgestellt. Man kann hier allerdings einwenden, daß so viele der Kunstgegenstände einer Zerstörung entkamen.

Die damals herrschende Meinung hielt sich zäh und fand Eingang in das ›Kunstestablishment‹. Die Kunst der Aborigines wurde nicht nur mit der Kunst anderer eingeborener Völker verglichen. So wurde der europäische Kunststandard zum Maßstab der Beurteilung, der als fast vollkommen galt. Die Kunst der Aborigines in ihrer Ungeschliffenheit konnte nichts anderes als ›primitiv‹ sein. Von den Europäern dieser Zeit wurde alles, was ihrem Schaffen nicht glich oder von ihnen nicht verstanden wurde, als minderwertig und unzulänglich abqualifiziert. Und wenn die Aborigines an sich schon nicht ernst genommen wurden, wie konnten sie dann etwas von Wert oder Substanz schaffen?

Die Kunst der Aborigines läßt sich nicht mit den europäischen Interpretations- und Kulturnormen verstehen, da sich die Motivation und auch der Zweck der Kunst gänzlich von der der europäischen Künstler unterschieden. Die Europäer, die ihre eigenen Wertmaßstäbe auf die Kunst der Aborigines anwandten, ohne das Wertesystem des Aboriginal-Künstlers zu berücksichtigen, mußten unweigerlich zu falschen Ergebnissen gelangen. Viele Schlußfolgerungen basierten auf dem offensichtlichen Mangel an sichtbarer Technik und der damit verbundenen materialistischen Sichtweise. Wie konnten Menschen, die anscheinend noch fast in der Steinzeit lebten, über wenig Technik verfügten, kein Vieh hielten und kein Land bebauten, überhaupt Intelligenz an den Tag legen?

Für die Europäer war der Besitz materieller Güter, die ein Produkt fortschrittlicher Technik waren, das Hauptkriterium ihrer Beurteilung. War dieser Besitz bei anderen Kulturen, wie zum Beispiel den Aborigines, nicht gegeben, bedeutete dies gleichzeitig Rückständigkeit – daher auch die Bezeichnungen ›primitiv‹ und ›primitive Kunst‹. Niemand machte sich die Mühe, etwas über die reichhaltige Kultur und die Komplexität des Gruppen- und Familienlebens in den Bereichen Religion, Rechtsprechung, Politik und Sprache herauszufinden.

Die Ansichten der Aborigines und der Europäer über Grund und Boden und die Nutzung des Landes waren meilenweit voneinander entfernt und führten zu vielen Konflikten. Die Aborigines waren nicht an materiellem Besitzstand interessiert – dies paßte nicht in ihre Lebensart. Technischer Wandel ging nur langsam vor sich, denn das, was verfügbar war und genutzt wurde, entsprach den praktischen Zwecken, und die Gesellschaft der Aborigines war im allgemeinen recht stabil. Eine relative kulturelle Isolation bedeutete, daß zwischen den benachbarten Kulturen nur wenig Austausch stattfand. So entwickelte sich mit der Zeit eine einzigartige Kultur mit einzigartigen Lösungen für die umgebende Landschaft und die Umwelt an sich. Die Kultur der Aborigines entwickelte auf der Grundlage einer nicht-seßhaften Lebensform; Wertgegenstände und materielle Dinge waren von geringer Bedeutung. Alles war einfach und auf den jeweiligen Zweck ausgerichtet. Die Gesellschaft der Aborigines befand sich im Einklang mit sich selbst und hatte sich erfolgreich an harte Daseinsbedingungen angepaßt. Es bestand keinerlei Notwendigkeit, eine erfolgreiche Anpassung an diese gegebene Landschaft zu ändern; ein Gleichgewicht schien erreicht zu sein.

BESONDERS INTERESSANTE GEBIETE IN NORD-QUEENSLAND UND CAPE YORK

Aurukun

Aurukun ist beispielhaft für das Australien der Aborigines, da hier die Tradition der Holzskulpturen weitergeführt wird. Diese Skulpturen wurden für Rituale gefertigt und fanden bei Tänzen und Gesängen Verwendung. Viele dieser Skulpturen wurden aktiv bei den *Corroboree* (Gruppentänzen) eingesetzt. Die verschiedenen, miteinander verwandten Gruppen aus der Region, die jeweils unterschiedliche Gegenstände mit unterschiedlichem Symbolwert besaßen, schnitzten eine Skulptur immer in der Form des Tieres ihres eigenen Symbolsystems. Dies geschah am Ende der Trockenzeit als Vorbereitung für den Übergang zur Regenzeit. Die Tänze dienten dazu, sicherzustellen, daß jedes der dargestellten Tiere sich in der kommenden Jahreszeit vermehren und zur richtigen Zeit in ausreichender Menge vorhanden sein würde. Einige Skulpturen symbolisieren Geister, die die Stammesgesetze gebrochen haben; andere wiederum stellen Überlieferungen dar und das Nachspielen von bestimmten bedeutungsvollen Ereignissen an besonderen Orten der Sippe. Die Skulpturen umfassen Abbildungen von Menschen und Tieren, wie z. B. *Dingos,* Vögel, Fischen, Reptilien, einschließlich Krokodilen. Diese Skulpturen sind lebensgroß oder etwas kleiner; darunter sind bis zu 3 m lange Krokodile. Menschliche Figuren sind normalerweise in halber Lebensgröße dargestellt. Die geschnitzten Gegenstände besitzen eine realistische Form und sind mit den spezifischen Farben der Gruppen bemalt; die Tiere sind mit Farben, die ihrer natürlichen Farbgebung entsprechen, versehen.

Mornington Island

Mornington Island, die Heimat des *Lardil*-Volkes, liegt in der südlichen Ecke des Gulf of Carpentaria in Nord-Queensland. Diese Insel ist mit einer Länge von ca. 60 km und einer Breite von 20 km die größte Insel eines 22 Inseln umfassenden Archipels. Mit ihrer niedrigen Buschvegetation, den Ti-Pflanzen und den sumpfigen Ebenen bieten diese Inseln einen geeigneten Lebensraum für viele Tier- und Pflanzenarten, wie zum Beispiel Zugvögel, Enten, Kakadus und Wallabies. Sandstrände umsäumen die Inseln; dort schieben sich mit Austern überzogene Felsen ins Meer und Felsenklippen, die den weißlichen Ocker für Zeichnungen und Körperbemalung liefern, ragen gen Himmel.

Das umgebende Meer ist reich an Fischen und Meerestieren, wie Schildkröten und Dugongs, die auch heute noch gejagt werden. Trotz der Missionare, die 1914 hier eintrafen, bewahrte das Volk der *Lardil* den größten Teil seiner Kultur. Es verfügt über ein reiches Erbe an Überlieferungen, Gesängen und Tänzen, in dem es keine Brüche gibt. Die *Lardil* sind in ganz Australien für ihre Tänze und ihre einzigartigen kegelförmigen Köpfe aus Rinde, menschlichem Haar und Emufedern bekannt. Ihre Körperbemalung ist sehr eindrucksvoll und wird voller Stolz vorgeführt.

Da die Bemalung streng traditionell vorgenommen wird, weisen die Arbeiten kühne und klare zeichnerische Formen auf. Die Bilder enthalten traditionelle Überlieferungen und stellen neben Menschen auch wilde Tiere und Meerestiere dar. Der bekannteste Maler des Stammes auf Mornington Island ist der mittlerweile verstorbene Dick Roughsey. Sein Name lautete in der Stammessprache Goobalathaldin.

Laura

Laura liegt ungefähr 320 Kilometer nordwestlich von Cairns und weist unzählige Orte mit Felsmalereien in den nahen, die Stadt umgebenden Bergen auf. Es ist eine zerklüftete Landschaft mit Steilabfällen aus Sandstein und Felsüberhängen, die, bis auf die drei bis vier Monate andauernde Regenzeit, das ganze Jahr über ausgedörrt ist. Dieses Land war traditionell das Land der *Gugu-Imudi*, der *Gugu-Yalangi* und anderer *Gugi*-Stämme. Diese Stämme erfuhren einen überraschenden und gewalttätigen Kontakt mit den Abenteurern vom nahen Palmer River, als dort im Jahre 1873 Gold entdeckt wurde. Viele Menschen in diesem Gebiet wurden niedergemetzelt und die wenigen, die die Massaker und die Grippeepidemien überlebten, zogen in die Außenbezirke der Bergbaustädte und in die späteren Missionen. Die dortigen Malereien sind ein unverzichtbarer Bestandteil dieses Landes.

DIE LAURA-MALEREIEN

In der Regenzeit lebten die Gruppen in den hochgelegenen Gebieten, in denen es Höhlen und Felswände gab. Wahrscheinlich wurden viele der Malereien während dieser Regenzeiten angefertigt. Einige Höhlen dienten als reine Wohnhöhlen; die Malereien an den Wänden und Überhängen zeigen Szenen des täglichen Lebens. Andere Bereiche waren besondere Orte und Schauplatz von Initiationsriten. Hier gab es Malereien mit anderen Inhalten zu sehen. Ein weiterer Bereich war offensichtlich den Frauen gewidmet und zeigt eine große Darstellung einer Frau in Weiß. Lange Zeit hat hier niemand mehr gelebt, die Höhlen mit ihren Felsmalereien, die Szenen des täglichen Lebens darstellen, wirken jedoch fast bewohnt. Dargestellt sind hier unter anderem Känguruhs, Wallabies, Emus, *Dingos*, verschiedene Fischarten, Reptilien, Krokodile, verschiedene Vogelarten, Speere, Speerschleudern, *Dilly* Bags (Sammelkörbe) und Männer und Frauen bei der Verrichtung verschiedener Arbeiten. Die Malereien überlagern sich, einige sind groß und farbenprächtig mit unterschiedlichen Rot-, Braun-, Gelb- und Weißtönen, und auch leuchtendes Blau fehlt nicht. Es gibt scherenschnittartige Umrisse von Händen und verschiedenen Geräten und Waffen. Dargestellt sind die *Quinkins*, die spirituellen Schöpfer-Ahnen. Einige Malereien legen den Schluß nahe, daß gegen Frauen und Männer Zauberei angewandt wurde. Einige der Malereien späteren Datums zeigen ein riesiges Pferd, wahrscheinlich das Pferd eines der frühen Forschungsreisenden, Kennedy oder Hann, die hier 1848 und 1872 auf der Durchreise vorbeikamen. Eine andere Zeichnung zeigt ein großes rotes Schwein, wahrscheinlich einen Nachfahren der von Cook freigelassenen Schweine. Die neueren Malereien wurden wahrscheinlich nach dem Aufstand und den Streiks der Minenarbeiter und der Polizei in den 70er Jahren des 19. Jahrhunderts angefertigt. Die Malereien aus dieser Zeit zeigen mit Gewehren bewaffnete berittene Polizisten. Andere wiederum stellen einen Polizisten der Aborigines, der als Fährtenleser und Informant fungierte, kopfüber dar, wobei eine Schlange in sein Bein beißt. Dies deutet darauf hin, daß ein Zauber gegen ihn eingesetzt wurde. Diese Aboriginal-Fährtenleser stammten normalerweise von anderen Gruppen und wurden als schlimmer als die weißen Polizisten angesehen; sie waren äußerst verhaßt.

»Die *Imjims* im Gebiet Mun Gin Creek (nahe dem heutigen Laura) gehören zu den ersten offiziell beschriebenen Beispielen von Felsmalereien in Nord-Queensland. Sie werden in den Schriften von Robert Logan Jack, dem Geologen der Regierung, erwähnt. Robert Logan Jack war von der künstlerischen Qualität dieser Malereien nicht überzeugt. Seine Kommentare spiegeln somit die Ansicht vieler Europäer des vergangenen 19. Jahrhunderts wider:

›Ich möchte Ihnen diese Abbildungen nicht wegen ihres künstlerischen Wertes nahebringen, der ihnen kaum einen Platz in der National Gallery sichern wird. Sie sind tatsächlich nicht mehr als Gekritzel auf Schultafeln. Als Beispiele der Kunst einer Rasse im intellektuellen Kindesalter, einer Rasse, die mit Sicherheit vor Erreichen des Erwachsenenalters aussterben wird, sind sie für die Ethnologen aber bestimmt von Interesse.‹«[3]

Die Laura-Malereien sind ein wundervolles Mosaik lebensnaher Darstellungen und ein wahrer Kunstschatz, den es anzusehen lohnt.

DIE INSELGRUPPE FLINDERS STANLEY

Diese Inselgruppe liegt am südöstlichen Ende der Princess-Charlotte-Bay im Ostteil der Cape-York-Halbinsel. Auf mindestens drei dieser Inseln befinden sich zahlreiche Felsmalereien, die hauptsächlich in verschiedenen Ockertönen, weißem Pfeifenton, in Gelb und Schwarz angefertigt wurden.

Eine der Inseln, Clack Island, ist nur mühevoll zu erreichen, und die dortigen Malereien sind von besonderer magischer Bedeutung und daher nur für Männeraugen bestimmt. Die Zeichnungen wurden auf einem Hintergrund aus rotem Ocker angefertigt und mit weißen Umrissen versehen. Dargestellt sind verschiedene Tiere, wie Haie, Tümmler, Schildkröten, Echsen, Seegurken, Seesterne; außerdem Keulen, Kanus, Teiche und Vierfüßer.

Auf den beiden anderen Inseln finden sich Wohnbereiche mit einer Anzahl von Höhlen, die mit Malereien verziert sind. Die Höhle auf den Bathurst Heads auf Denon Island mit ihren Malereien ist einzigartig; sie bietet nach Norden und Osten hin einen herrlichen Blick auf das Meer. Die Malereien auf den Inseln Denon und Stanley Island zeigen zahlreiche Meerestiere, die denen auf Clack Island vergleichbar sind. Darüber hinaus sind hier aber auch Dugongs, Menschen, verschiedene Waffen, eingeritzte Hände und Motten, aber auch einige im Schattenriß gegebene Hände, Honigbienen, Stachelrochen, Krokodile und Tintenfische zu bewundern. Bemerkenswert sind hier die klar gezeichneten Schiffe (wahrscheinlich jüngeren Datums), die sehr realistisch in weißem Pfeifenton dargestellt sind. Diese Inseln werden schon seit über 50 Jahren nicht mehr von den eingeborenen Stämmen bewohnt, da sie auf das Festland verbracht wurden.

DIE KUNST DES REGENWALDES

In den Regenwaldgebieten in der Nähe von Cairns lebten die Regenwaldvölker. Ihre Kunst unterschied sich von der anderer Gruppen auf der Cape-York-Halbinsel. Einige Felsmalereien sind in Yarrabah zu sehen; der Großteil findet sich jedoch auf den großen Kampfschilden, die eine Länge bis zu einem Meter erreichen; andere sind auf Bumerangs, Speerschleudern, rituellen Kanupaddeln und zweiblättrigen Kreuzbumerangs zu sehen. Für die Malereien wurden Erdfarben in den Tönen Weiß, Rot und Gelb verwendet. Auch Schwarz wurde eingesetzt; die Farbe wurde aus mit Fett vermischter zerstoßener Kohle angefertigt. Ein kleines Bambusrohr wurde an einem Ende aufgesplittert – dies war der Pinsel.

Die Zeichnungen sind halb abstrakt und stellen verschiedene Fischarten, Baumstämme, Blätter bestimmter Bäume, Bumerangformen, Sterne, Schildkröten, Skorpione, Fischgräten, Streitäxte, Regenbogen, Seesterne, Rinde, Wasserbeutel, Schlangen und verschiedene Haiarten dar. Das Holz wurde gewöhnlich mit Rot oder Braun grundiert, danach wurden die Malereien aufgetragen. Alle Abbildungen stellten Nahrungsmittel des täglichen Bedarfs sowie Medikamente oder Gegengifte dar, die aus den unterschiedlichsten Bäumen gewonnen wurden. Um jede dieser Zeichnungen rankte sich eine Geschichte mit einer bestimmten Bedeutung.

DIE SITUATION IN NORD-QUEENSLAND HEUTE

Im Bereich von Cape York und Nord-Queensland ist die Kunst der Aborigines überall voller Leben; diese Tendenz verstärkt sich immer mehr. Dies wird diejenigen Anthropologen überraschen, die diese Kunst schon vor drei oder vier Generationen für tot erklärt hatten. Sicherlich ging viel an traditioneller Kultur verloren, aber heute lebt das Interesse an dieser Kultur und Kunst wieder auf. Viele Studien werden durchgeführt, um die verlorengegangenen Kenntnisse, einschließlich der traditionellen Kunst, zu neuem Leben zu erwecken.

Ein Beispiel für erfolgreiche Bemühungen ist das TAFE-College in Cairns, das in den vergangenen zehn Jahren ein Kunstprogramm für Aborigines und Studenten von den Inseln anbot. Das College veranstaltet ebenso Kurse in Keramik, Drucktechniken, Batik, Siebdruck und Malerei. Im dritten Jahr des Kurses kam ein neues Programm hinzu, bei dem Geschäfts- und Marketingtechniken unterrichtet werden. Die Studenten bekommen so die Fähigkeit vermittelt, auf dem Markt agieren und auch dessen Gesetze verstehen zu können. In diesem Jahr (1993) führt die Schule einige Änderungen ein, die das Angebot erweitern werden.

1 E. Scott (Hg.), *Australian Discovery By Sea*, London und Toronto 1929, S. XVIII.
2 Ebd., S. XVIII.
3 G.L. Walsh, *Australia's Greatest Rock Art*, Bathurst 1988, S. 208.

Laura

Felsbild in der Landschaft bei Laura

Felsbild in der Landschaft bei Laura

Mount Elliot National Park

Felsbild im Mount Elliot National Park

6 Künstler unbekannt
Schild aus dem Regenwaldgebiet von Nord-Queensland

Künstler unbekannt
Känguruh, 1962

Arthur Pambegan
Die beiden Kiebitz-Brüder, ca. 1962

Künstler unbekannt
Der Wal von *Tu:ka:li*, 1962

Jackson Woolla (Porelembin)
Der verkrüppelte Junge von *Thaa'punt*, 1962

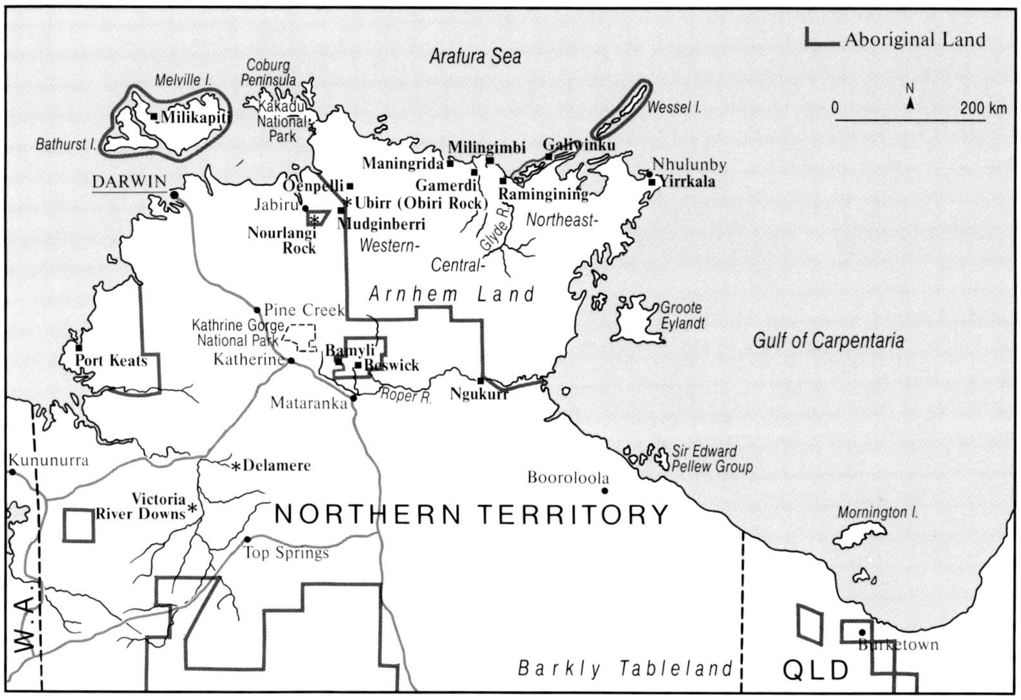

Aboriginal Land
Arafura Sea
0
N
200 km
Melville I.
Milikapiti
Bathurst I.
Coburg Peninsula
Kakadu National Park
Wessel I.
DARWIN
Oenpelli
Jabiru
Ubirr (Obiri Rock)
Nourlangi Rock
Mudginberri
Maningrida
Milingimbi
Galiwinku
Gamerdi
Ramingining
Nhulunby
Yirrkala
Glyde R.
Northeast-
Western-
Central-
Arnhem Land
Pine Creek
Kathrine Gorge National Park
Groote Eylandt
Gulf of Carpentaria
Port Keats
Katherine
Bamyli
Beswick
Roper R.
Ngukurr
Mataranka
Sir Edward Pellew Group
Kununurra
Delamere
Booroloola
Victoria River Downs
NORTHERN TERRITORY
Mornington I.
Top Springs
W.A.
Barkly Tableland
QLD
Burketown

ARNHEMLAND UND DIE INSELN DES NORDENS

Die Kraft des Bildes im Leben der Menschen früher und heute

PAUL S.C. TACON

EINFÜHRUNG

Bis zu 300 Meter hoch über die umliegenden Ebenen erhebt sich das massive Plateau der Kombolgie-Formation, ein gigantischer, in tiefen Furchen zerklüfteter Block aus Quarzsandstein, der mit seinen Ausläufern die vielgestaltige Landschaft von West-Arnhemland beherrscht. Die Felsen bestehen vor allem aus zwei Gesteinsarten von unterschiedlicher Stabilität: aus Orthoquarzit und Quarzsandstein. Ein Farbenspiel von Rosa bis Goldocker, durchsetzt mit weißen, braunen, hellorangefarbenen und manchmal auch grauen Tupfen überzieht einen imposanten Steilabbruch an der Hauptkante des Plateaus. In der Trockenzeit sprudeln kleine Quellen am Fuß des Hanges, während in der nassen Jahreszeit reißende Bäche durch die tiefen Schluchten stürzen und das wichtigste Flußsystem der Gegend bilden. Diese Schluchten und Flußläufe zerteilen sowohl das Plateau wie auch die Ebene und dienten den Völkern der Aborigines in früherer Zeit als Hauptverkehrswege, die die einzelnen Clans und Gruppen der Region miteinander verbanden. Da sie als Lebenspender für ein sonst ödes Gebiet fungieren, sind die meisten Flüsse auch mit wichtigen Ereignissen der Traumzeit (*Wangarr,* in Nordost-Arnhemland) verknüpft. Ein großer Teil des Steilhangs, viele seiner Ausleger und Ausläufer im Plateau gelten als Knochen von Ahnenwesen bzw. als Schöpfungen solcher Wesen der Traumzeit, die auf ihren Reisen durch dieses Gebiet kamen.

Vor allem am Rand des Steilabbruchs, auf den weiter unten liegenden Flächen und im Flachland um das Plateau und um einzelne seiner Ausläufer sind die meisten ausgemalten Felsüberhänge zu finden; andere liegen oberhalb der Schluchten oder an deren Rändern. Dorthin flüchteten die Menschen vor den Wassermassen der Regenzeit, versammelten sich zur Jagd oder zu gemeinschaftlichen Aktivitäten und schufen ihre kunstvollen Malereien. Geschichten und Berichte wurden ausgetauscht, Sagen neu erzählt, manchmal fanden feierliche Zeremonien statt. Die besonders Talentierten bemalten Wände und Decken und schmückten so ihren Lebensumkreis kühn mit ihren Werken.

Die ersten Europäer, die mit Aborigines in Kontakt kamen, stellten fest, daß sich das Leben dieser Menschen nicht nur im Bereich der Flüsse und an den Steilhängen abspielte, sondern daß sie auch die fruchtbaren Überschwemmungsgebiete und Frischwasserstellen der Ebenen nutzten. Vereinzelte Regenwaldflächen, ausgedehnte Feuchtgebiete mit Bäumen und Sträuchern an den Rändern der Billabongs, dampfende Paperbark-Sümpfe, saftige Wiesen und lichte Eukalyptuswälder boten eine große Vielfalt an Eßbarem und verwertbaren Materialien. Damals kannten Aborigines sehr genau ihr Land, seine Ressourcen und den Zyklus der Jahreszeiten; die Lebensweise war diesen Gegebenheiten angepaßt. Die ersten Forscher – wie Ludwig Leichhardt – nahmen an großen Versammlungen teil, und viele Europäer beschrieben die Menschen von West-Arnhemland als die größten, kräftigsten, stärksten und robustesten Aborigines, denen sie je begegnet waren.

KLIMA UND JAHRESZEITEN

In bestimmten Phasen des Jahres spielen sich in dieser Gegend der Welt gewaltige Veränderungen ab, mit unmittelbaren Auswirkungen auf die traditionelle Lebensform der Aborigines: Je nach Jahreszeit sind unterschiedliche eßbare Pflanzen und Tiere zu finden, Unternehmungen wie Nahrungssuche und Jagd sind davon abhängig und auch die Zeitpunkte, um bestimmte Zeremonien durchzuführen. Die Jahreszeiten und die damit verbundenen Veränderungen der Lebensumgebung spiegeln sich direkt im Geflecht der Traditionen und Überlieferungen wider. Vieles hat in die Sagen, Rituale und in die Kunst Eingang gefunden.

In vielen Gegenden Nordaustraliens besteht der Kalender von Aborigines aus fünf bis sieben unterschiedlich langen Jahreszeiten, die durch die jeweils typische Wetterlage, das Wachstum der Pflanzen und das Verhalten der Tiere beschrieben werden können. In diesem periodischen Kalender bezeichnen Veränderungen von Temperatur, Wind und Niederschlagsmenge den Übergang von einer Jahreszeit zur nächsten. In West-Arnhemland wird das Jahr in sechs klimatisch erheblich voneinander verschiedene Abschnitte unterteilt. Diese Methode ist wesentlich genauer als der europäische Kalender mit seinen vier Jahreszeiten oder die Dreiteilung des Jahres in ›nasse‹, ›trockene‹ und ›Zwischenabschnitte‹. Sprechern der *Gagudju, Gundjeibmi* und einigen Vertretern der *Kunwinjku* zufolge beginnt das Jahr mit *Gudjewg,* der Monsunphase von Januar, Februar und März; es endet mit *Gunumeleng,* dem Sturm vor dem Monsunregen, der ›übersetzt‹ in die europäische Jahreseinteilung im Oktober, November und Dezember stattfindet. In dieser Phase hochdramatischer meteorologischer Ereignisse gibt es heftige Gewitterstürme und für kurze Zeit erscheinende, wunderbare Regenbögen, leichte Schauer, Tage mit Nieselregen und Wolkenbrüchen, dazwischen Abschnitte mit Sonnenschein, dampfender Hitze und Feuchtigkeit. Auf *Gudjewg* folgt *Bang-gereng,* die Zeit der gewaltigen Aprilstürme, die das hochgewachsene, dünne ›Speergras‹ oder *Sorghum* unter ihren wuchtigen Hieben zu Boden drücken.

Zwischen diesen drei Perioden ist das Wetter trockener und nicht so stürmisch. Von Mai bis Mitte Juni, *Yegge* genannt, sind die durchschnittlichen Tagestemperaturen bei immer noch relativ hoher Luftfeuchtigkeit etwas niedriger. Die anschließende *Wurrgeng*-Periode ist die kälteste Phase, nachts sinkt die Temperatur dann unter 20°C, gelegentlich sogar auf 6°C. In dieser ›Zeit des kalten Wetters‹ – von Mitte Juni bis Mitte August – werden viele Aborigines anfällig für Erkältungen und andere Krankheiten.

Gegen Ende August wird es wieder deutlich wärmer. Diese Jahreszeit heißt *Gurrung,* Zeit des heißen, trockenen Wetters. Ende September nimmt die Luftfeuchtigkeit zu, *Gurrung* geht in *Gunumeleng* über, und der Kreislauf beginnt von neuem.

Der genaue Zeitpunkt des Wechsels von einer Jahreszeit zur nächsten verschiebt sich jedes Jahr ein wenig und stimmt natürlich nicht mit dem Beginn oder Ende der europäischen Monatseinteilungen überein. Auch spielen die örtlichen Gegebenheiten eine Rolle, so daß es z.B. auf Melville, den Bathurst-Inseln oder der Co-

Schluchten und Flüsse bilden die Grenze zwischen dem Hochplateau Arnhemlands und den umliegenden Ebenen.

burg-Halbinsel im Lauf der Jahre größere Schwankungen gibt und die Jahreszeiten zu etwas anderen Zeitpunkten wechseln als in den südlichen oder östlichen Gebieten von Arnhemland. Außerdem bezeichnen die einzelnen Clans und Sprachgruppen der Aborigines den Verlauf der Jahreszeiten unabhängig voneinander entsprechend den in ihrem Gebiet vorhandenen Pflanzen und Tieren und deren jeweiligen Eigenheiten, so wie sie auch nicht unbedingt dieselben Riten und Gepflogenheiten haben wie andere, weiter entfernt lebende Gruppen.

Die Jahreszeiten des ›Wachstums‹ *(Gunumeleng)* und der ›Nässe‹ *(Gudjewg)* sind für jede Auseinandersetzung mit den Traditionen der Aborigines von Bedeutung, denn zu diesen Zeiten erscheinen vor und nach den lebenspendenden Regengüssen, die dem Land neue Kraft schenken, Regenbögen am Himmel. Die Suche nach Wasser bestimmt seit jeher vieles im Leben der Aborigines; das trifft in dieser Gegend auch in der ›trockenen‹ Zeit zu, wenn ein fast reines Wüstenklima herrscht. Während *Gunumeleng* und *Gudjewg* füllen sich die Wasservorräte wieder auf.

Die Wachstumsperiode *Gunumeleng* von Oktober bis Dezember ist die entscheidende Phase für die Wasserversorgung. Durch die vorausgehende ›Trockenheit‹ sind die Vorräte stark geschrumpft, Wasser gibt es jetzt nur noch in großen Billabongs, in Quellen oder kleinen, geschützt liegenden Wasserstellen. Bei Tageshöchsttemperaturen von 34-40°C im Schatten führt schon die geringste körperliche Anstrengung zu heftigen Schweißausbrüchen. Daher braucht man jeden Tag mehrere Liter Flüssigkeit, um bei Kräften zu bleiben; das Überleben hängt davon ab, wie geschickt man bei der Suche nach Wasser vorzugehen weiß. Setzt die nasse Jahreszeit zu spät ein, so leiden alle darunter – Pflanzen, Tiere und Menschen.

Die Regengüsse bewirken vielerlei. Zu allererst entziehen sie der Luft die Feuchtigkeit, kühlen die Felsen und die gesamte Natur ab; das Leben wird erträglicher. Dann wirken sie als Auslöser für schnellwachsende grüne Schößlinge, die jetzt überall im ganzen Land – vor allem dort, wo es vorher Brandrodungen gab – austreiben. Das wiederum lockt Wallabies und andere jagdbare Tiere in die freie Wildbahn, die Versorgung der Menschen mit Nahrung ist so leichter zu sichern. Der Regen füllt die Tümpel und Felsenbecken, die Flußbetten, Billabongs und Wasserlöcher. Die Laichzeit beginnt bei vielen ökonomisch wie symbolisch bedeu-

Über dem Kakadu-Nationalpark
braut sich vor dem nächsten Monsunregen
ein *Gunumeleng*-Sturm zusammen.

tenden Fischarten, und ihr Bestand nimmt in dieser Zeit zu. Nur so wird in vielen Gegenden das Aussterben mancher Arten verhindert, die wichtiger Bestandteil der Nahrung der Aborigines sind.

Die Regengüsse sichern einerseits das unmittelbare Überleben des Einzelnen wie andererseits auch langfristig seines ganzen Clans, indem der Lebenskreislauf der Tiere und Pflanzen ständig neu angeregt und getragen wird. Die durch den Regen entstehenden großen Frischwasservorräte nutzen die Aborigines für ihren täglichen Verbrauch; das Wasser dient aber auch den Geistkindern, denen für das Weiterbestehen der Aborigines eine wichtige Funktion zukommt, als zeitweiliger Aufenthaltsort. Mit Beginn des Monsunregens füllen sich seit Urzeiten bekannte Wasserlöcher, die angestammte Wohnsitze dieser bedeutenden Geister sind.

Die Regengüsse sind nicht immer friedliche Lebenspender, sondern werden während *Gunumeleng* oft von heftigen Gewitterstürmen mit lautem Donnern und vielen Blitzen begleitet. Wenn solche gleißenden Blitze in Bäume oder direkt in die Erde einschlagen, kommen dadurch manchmal auch Menschen um. Schöpferkraft verbindet sich so mit Zerstörung.

Da kurz vor Einsetzen oder auch während eines Sturms gelegentlich ein großer Regenbogen zu sehen ist, wird diese Erscheinung mit den beiden Polaritäten Kreativität und Vernichtung in der Natur assoziiert. Wegen seiner lebenspendenden Wirkung stellt der Regen einen der wichtigsten Aspekte in der Religion der Aborigines dar. Für alle sichtbar bringt das Wasser neues Leben in das Land – in den Riten der Aborigines entspricht die Auffassung von Schöpfertum diesem wichtigsten Ereignis im Jahresablauf. Es ist daher ganz klar, daß Regenbögen von Bedeutung sind – diese einzigartigen Himmelsgebilde, die keinerlei physischen Raum in Anspruch nehmen und von Zeit und Raum losgelöst existieren wie die lang vergangene Lebenszeit der mythischen Vorfahren. So selten Regenbögen auch erscheinen, so strahlend leuchten sie doch jedesmal – ein Symbol für alle Kräfte des Wachsens und Zerstörens in der Natur. In Kunst, Mythos, Glauben und Ritus kommt dem Regenbogen eine zentrale Stellung zu, er kann fast als Symbol für ›Natur‹ im umfassendsten Sinn angesehen werden. Dieses Symbol kann sowohl als Zeichen für die reine Naturerscheinung stehen wie auch für etwas anderes im übertragenen Sinn, wie Kreativität.

Vor allem in der Regenperiode zogen sich die Menschen in den Schutz des felsigen Steilhangs der Kombolgie-Formation und seiner Ausläufer zurück. Sie fan-

Halskrausenechsen sind nur eine der zahlreichen Tierarten, die während *Gunumeleng* in Arnhemland zu beobachten sind.

Die beiden Ältesten Nipper Kapirigi und David Canari an einer der Stellen im Kakadu-Nationalpark, die besonders reich mit Felsbildern ausgemalt sind.

den dort ein sicheres Zuhause, ein Basislager und Schutzdach in schwierigen Zeiten wie während der besonders heftigen Gewitterstürme der Wachstumsperiode und den Monsunregen der ›nassen‹ Jahreszeit. Im Gestein der zahlreichen Felsnischen hinterließen sie die Zeichen ihrer Kultur – in den Bildern, die sie vor allem während der *Gudjewg*-Zeit dort schufen.

DER BEGINN DER KUNST

Seit einigen zehntausend Jahren gibt es in Arnhemland künstlerische Aktivitäten. Einige Anzeichen sprechen sogar dafür, daß eine bestimmte, bis heute erhaltene Kunstform bereits vor 50 000 Jahren praktiziert wurde. Rote und gelbe Ockermischungen aus Erdfarben wurden für diese Zeit nachgewiesen und bei archäologischen Funden aus allen Schichten des Kakadu-Nationalparks und dessen Umgebung festgestellt. Das bedeutet jedoch nicht, daß die ältesten Felsbilder aus derselben Zeit datieren müssen wie die Ockerfarben, die für Körperbemalungen oder die Verzierung längst zerfallener Gegenstände benutzt worden sind. Allerdings sind sie ein Hinweis darauf, daß künstlerische Betätigung und die Verwendung von Pigmenten zum Einfärben und/oder Abbilden von Objekten immer schon ein wesentlicher Bestandteil der Kulturen der australischen Aborigines in dieser Gegend waren.

Obwohl nach Feststellungen der Archäologen Steinwerkzeuge und andere Zeugnisse menschlichen Lebens auch schon vor 50 000 Jahren benutzt wurden, konnte das Alter der Felsmalereien dieser Region noch nicht genau ermittelt werden. Die meisten Bilder sind vermutlich weniger als 10 000 Jahre alt, doch manche Stile könnten wesentlich früher entstanden sein. Da die Datierung der Arbeiten jedoch ein zentraler Forschungsbereich ist, werden in wenigen Jahren präzisere Angaben über das Alter der Felsbilder von Arnhemland möglich sein. Wichtig ist dabei zu wissen, daß es im Lauf der Zeit mehr als irgendwo anders auf der Welt erhebliche formale und stilistische Veränderungen in dieser Kunst gegeben hat.

Aborigines weisen immer wieder darauf hin, daß Bilder seit jeher zu ihrer Lebensweise gehören. Sowohl die Felsbilder wie auch die Körperbemalungen und die Malereien auf beweglichen Objekten eröffneten ihnen den Zugang zur mythischen Welt ihrer Vorfahren. Das Malen selbst erneuerte die Verbundenheit der Menschen mit ihrer Geschichte, mit der Natur und durch die jeweiligen Clanzeichen auch untereinander. Dies alles schlug sich in einer klar umrissenen und bewußten Le-

Ein aus Bienenwachs geformter Büffeljäger mit seiner Beute.
In Najobolmi zu finden.

benshaltung nieder; aber weit wichtiger war die Rolle der Bilder als Vermittler eines komplexen kulturellen Wissens von einer Generation auf die nächste.

Als zum erstenmal Menschen nach West-Arnhemland kamen – die Vorfahren der heutigen Aborigines –, brachten ihnen angeblich die *Mimi*-Geister Technik und Feinheiten der Felsmalerei bei. Auch frühe monochrome Formen und Stile der Malerei auf Stein, etwa in der Art der ›dynamischen bewegten Figuren‹, die ganz anders gearbeitet sind als sehr viel später entstandene polychrome Bilder, werden den *Mimi* zugeschrieben. Einige dieser frühen Felsbilder in West-Arnhemland halten Archäologen für wesentlich älter als 18 000 Jahre, doch sind das sehr umstrittene Schätzungen.

Die *Mimi* gelten als im allgemeinen friedfertig, doch können sie gelegentlich bösartig werden, und wenn sie provoziert werden, können sie einen Aborigine sogar töten. Die großen, dünnen, menschenähnlichen Wesen müssen sich vor zu starkem Wind in acht nehmen. Als die ersten Aborigines zum Plateau von Arnhemland kamen, trafen sie auf die *Mimi*, die dort lebten und inzwischen als Geister die felsigen Hänge bewohnen. *Gundjeibmi, Kunwinjku* und anderen Sprachgruppen zufolge verfügen die *Mimi* in ihrer Felsenwelt über eine eigene Kultur, die der der Menschen ähnlich ist. Einige Aborigines erzählen, daß sie gesehen hätten, wie die Geister durch Felsspalten ins Freie schlüpften. Auch hielten sie sich viele verschiedene Haustiere; vor allem das schwarze *Wallaroo,* das als ihr ›Hund‹ gilt. Viele besonders traditionell eingestellte Aborigines wenden sich an die *Mimi*, wenn sie nach langer Abwesenheit zu den Felsen zurückkehren, stellen ihnen Besucher vor und bitten sie, sich nicht zu erschrecken und den Gästen nichts anzutun.

Von den *Mimi* lernten die Aborigines, Macropoden zu jagen, zu schlachten und zuzubereiten. Die Erinnerung daran lebt sowohl in alten wie neuen Bildern dieser Geister. Von ihnen stammen auch die ersten Felsmalereien; sie lehrten die Aborigines zu malen. Einige Aborigines lernten das Malen auch, indem sie die den *Mimi* zugeschriebenen Werke kopierten. Lieblingsfarbe der *Mimi* war Rot, im Gegensatz dazu verwendeten die *Bininj,* Vorfahren der heutigen Aborigines und der Felsmaler der Neuzeit, viele verschiedene Farben. So könnte man die Werke beider Gruppen unterscheiden; doch sind die meisten Bilder, die nach Meinung der Archäologen älter als 6 000 Jahre sind, und vor allem die des dynamisch-figurativen Stils, angeblich von den *Mimi* selbst geschaffene Darstellungen ihres eigenen Lebens. Diese Art der Felsmalerei findet man im ganzen Gebiet zwischen Liverpool River und Katherine Gorge; in großen Formaten im dynamisch-figurativen Stil sind Jagd-, Kampf- und rituelle Szenen dargestellt. Man sieht an Leinen gelegte Känguruhs, Vögel, die auf den Armen von Menschen sitzen, und Gruppen, die einander hinterherjagen.

STILE UND FORMEN DER FELSMALEREI IN WEST-ARNHEMLAND

Die Felsmalerei ist eine Kunstform, die in den vergangenen 18 000 oder mehr Jahren nicht kontinuierlich ausgeübt wurde. Statt einer ständigen, sich kaum verändernden Kunstproduktion scheint es eher von Zeit zu Zeit immer wieder neue intensive Tätigkeitsperioden gegeben zu haben. Unter den besonders ergiebigen und bemerkenswerten Phasen sind die ›Periode der dynamischen Figuren‹ und die als ›Frischwasser-, neue X-ray‹-Periode bezeichnete Zeit zu nennen, obwohl vermutlich auch die dazwischen angesiedelte Periode

Die *Mimi*- und Beuteltier-Motive, mit denen Frauen der Aborigines im Kakadu-Nationalpark Shorts bedrucken, sind Motive der vermutlich über 10 000 Jahre alten Felsbilder.

(›Yam-Figuren-Stil/Einfache Gestalten mit Bumerangs‹) eine der relativ hoch entwickelten Phasen gewesen ist. Zwischen diesen Abschnitten entstanden ziemlich wenige Felsmalereien.

Die frühesten auf uns gekommenen Darstellungen in Arnhemland sind Ritzzeichnungen von Vögeln, Macropoden und Menschen, schalenartige Vertiefungen, Kerben, gelegentlich Kreise. An den wenigen Orten, an denen diese Zeichen in Verbindung mit Felsmalereien entdeckt wurden, entstammen sie immer einer unter den Malereien liegenden Schicht. Die ältesten Bilder sind durch Übersprühen entstandene Schattenrisse von Händen und Gegenständen oder große naturalistische Darstellungen von Menschen und Tieren, häufig Känguruhs und Wallabies.

Auf die Periode dieser Darstellungen folgte eine aufregende Phase, in der Tausende von kleinen menschlichen und mythologischen Figuren entstanden, deren heftige Gestik den Eindruck von Bewegung und Aktivität erweckt. George Chaloupka vom Northern Territory Museum of Arts and Sciences hat dafür den Begriff des ›dynamisch-figurativen Stils‹ geprägt. Die meisten dieser Bilder sind mindestens 10 000 Jahre alt, wahrscheinlich jedoch noch wesentlich älter. In den Malereien finden sich Hinweise auf eine recht trockene Umgebung, wie sie für das Pleistozän kennzeichnend war. Die vorwiegend männlichen Figuren dieser Periode tragen oft zeremonielle Haartrachten und Schmuck, die abgebildeten Gegenstände unterscheiden sich sehr deutlich von denen der vorangegangenen Zeit. Die Werke im dynamisch-figurativen Stil bilden im ganzen westlichen Arnhemland eine in bezug auf Aussage, Farbgebung und Form überaus einheitliche Gruppe; regionale Besonderheiten wurden bisher kaum festgestellt. In dieser Zeit entstanden die ersten abstrakten bildlichen Darstellungen von Bewegungen und Geräuschen, indem man mit scharfen Strichen und feinen Linien an den Köpfen oder Füßen einiger Figuren diese Phänomene zu fassen suchte. Dies sind weltweit die frühesten Beispiele für die bildliche Darstellung von Tönen.

In der anschließenden Periode des ›Yam Figuren-Stils/Einfache Gestalten mit Bumerangs‹ hat sich schließlich eine sehr viel größere Mannigfaltigkeit und regionale Bandbreite entwickelt. Diese Zwischenphase geht einher mit dem letzten Anstieg der Wasserspiegel der Weltmeere vor rund 8 000–6 000 Jahren. Aus dieser Zeit stammen auch die frühesten ›X-ray‹-Bilder. Der ›Yam-Figuren-Stil‹ ist, wie der Name bereits ausdrückt, durch Gestalten mit yamartigen Körpern charakterisiert; dies ist sowohl bei menschlichen wie tierähnlichen ›Yams‹ der Fall, auch gibt es einige eher naturalistische Tierdarstellungen dieser Art. Gleichzeitig entstanden sehr einfache Bilder mit menschlichen Gestalten, die verschieden geformte Bumerangs und andere Waffen tragen. Daneben finden sich oft Darstellungen mit großen Flughunden.

Die erst 3 000 Jahre zurückliegende Frischwasserperiode zeichnet sich aus durch deutliche regionale Besonderheiten, große Themenvielfalt und kunstvolle Ausführung der Darstellungen. Von frühen Phasen unterscheidet sie sich durch ihre Formen und Sujets, den Symbolgehalt der Bilder und die Verwendung von Farben. Diese letzte Phase wurde von Forschern als ›X-ray‹-Phase bezeichnet, weil Abbildungen mit innenliegenden Körperorganen gehäuft auftreten; doch sind diese Bilder Bestandteile eines wesentlich umfangreicheren künstlerischen Programms.

Diese Kunstform spricht durch ihre Detailgenauigkeit und Komplexität gerade Europäer sehr stark an, ist jedoch auch für zahlreiche Gruppen unter den Aborigines selbst sehr wichtig. Doch sollte man die Bezeichnung ›X-ray‹-Stil nicht verwenden, da die innenliegenden Körperorgane zu einem ausgeprägten regionalen Stil gehören und wie auch einige Nebenformen mit bestimmten Sprachgruppen verbunden sind. Beispielsweise gibt es auch Figuren, deren Korpus flächig oder mit Strichen ausgefüllt ist und die sich von solchen des ›X-ray‹-Stils bei ansonsten gleicher Form nur durch diese Details unterscheiden.

Damals entwickelte sich auch eine Formenvielfalt schmaler, langer Gestalten, die sowohl isoliert in statischer Haltung erscheinen wie auch als Figurenensembles in energischen, überdeutlich ausgeführten Positionen, um so den Eindruck von Bewegung und Aktivität hervorzurufen.

Strichzeichnungen von Händen, Händen und Armen und von Werkzeugen bedecken zu Hunderten die Wände und Decken der Höhlen; gelegentlich wurden aus gepreßtem Bienenwachs auch mythische Wesen, schmale, lange Figuren, Tiere und abstrakte Zeichen geformt.

Die Palette der aufgegriffenen Themen ist breit und umfassend und erweitert sich ständig durch neue Funde. Durch die Tatsache, daß es außer den zahllosen Abbildungen von Menschen, Tieren und mythischen Wesen auch viele Darstellungen von Gegenständen,

Tätigkeiten und abstrakten Zeichen gibt, unterscheidet sich West-Arnhemland ganz wesentlich von anderen Weltregionen, deren Felszeichnungen in formaler, stilistischer und thematischer Hinsicht bei weitem nicht so breit gefächert sind. Am häufigsten sind in der letzten Periode jedoch Bilder von Fischen; in der ›X-ray‹-Phase machen sie immerhin 62,5 % aller Funde aus. Auch 37 % der flächig oder mit Strichlagen gefüllten Zeichnungen zeigen Fische. Je weiter man von Süden nach Norden kommt, desto mehr werden es; im nördlichen Teil des Gebiets sind sie mit bis zu 76,4% aller Exemplare von ›X-ray‹-Bildern besonders häufig.

Ein Grund für die Beliebtheit dieser Tiere war die regenbogengleiche Farbigkeit ihres Schuppenkleids, durch die sie mit jenen schöpferischen Kräften des Lebens verbunden sind, deren stärkster und deutlichster Ausdruck in der Regenbogenschlange als einem der ältesten Ahnenwesen zu sehen ist. Natürlich war Fisch für die Aborigines auch als Nahrungsmittel sehr wichtig; bis heute werden viele verschiedene Arten gejagt und zubereitet.

MODERNE MALEREI UND IHRE BEDEUTUNG

1964 verstarb Najombolmi, der letzte Maler, der die Tradition der Felsenmalerei in dieser Region intensiv gepflegt hatte. Doch sind noch bis in die 80er Jahre neue Felsenbilder entstanden, und auf Untergründen wie Rinde, häufiger auch auf Stoffen und großen Papieren wird nach wie vor in dieser Weise gemalt. Älteren Aborigines ist die Bedeutung der Felsbilder auch heute noch sehr vertraut, sie nutzen sie in verschiedener Weise, um ihr Wissen an die Jüngeren weiterzugeben. Unter diesem Aspekt sind die ›X-ray‹-Bilder besonders wichtig, da sie sich durch ihre aus mehreren übereinanderliegenden Schichten gestaffelte Struktur gut eignen, um Vorstellungen von den verschiedenen Ebenen zu verdeutlichen, die jedem Aspekt von Leben innewohnen.

Sowohl im Westen wie im Osten von Arnhemland betonen die Menschen, daß sich ihre traditionelle Lebensweise den jeweiligen Gegebenheiten anpaßt. Daher sollten wir weder überrascht noch beunruhigt darüber sein, daß in den letzten Jahren auch Themen und Medien aus der westlichen Welt Eingang in die Bildsprache der Aborigines gefunden haben. In der Kooperative Daluk Daluk werden heute beispielsweise Shorts mit Darstellungen von *Mimi* und ›X-ray‹-Känguruhs bedruckt. Diese Abbildungen haben zwar mit den Felsmalereien direkt nicht mehr viel zu tun, aber sie erinnern die Menschen andererseits auch an die *Mimi*-Erzählungen aus ihrer Vergangenheit. Bilder entstehen heute auf andere Art als damals, doch nach wie vor bestätigen sie eigene Identität und das kulturelle Erbe.

Für Aborigines ist dies einer der besonders wichtigen Aspekte, um ihre Kultur lebensfähig und stark zu erhalten. Die Bilder ermöglichen ihnen, ihre Eigenständigkeit in einer sich fortwährend verändernden Welt auszudrücken. Auch können sie sich dadurch die schöpferischen Kräfte des Universums erschließen, dessen fester Bestandteil sie selbst sind. Sich diese Kraft in den Mythen, Ritualen und immer wieder neu geschaffenen Bildwerken nutzbar zu machen, verbindet die Aborigines mit ihrer Heimat, ihrer Geschichte und den Ahnenwesen. Die darin ebenfalls enthaltene Bestätigung der bedeutenden Rolle der Vorfahren unterstützt die Suche nach einer Definition der eigenen Gemeinschaftsstruktur und kulturellen Identität.

Siehe in diesem Zusammenhang auch die Beiträge: Bark Petition, S. 67; Die Erklärung von Barunga, S. 68; Yirrkala heute, S. 69–72; Arts Co-ordinator: kein gewöhnlicher Job, S. 76–78; Maningrida: Tradition im Wandel, S. 79-81.

Felsbild im Kakadu-Nationalpark

Kakadu-Nationalpark

Uferlandschaft am East Alligator River

Felsbild in der Nähe des East Alligator Rivers

Felsbild in der Nähe des Victoria Rivers

Ausblick von der Felsbildstelle am Victoria River

Felsbild im Kakadu-Nationalpark

Kakadu-Nationalpark

Felsbild in der Yuwengayay Gallery

Kakadu-Nationalpark,
Yuwengayay Leichhardt Gallery

7 Künstler unbekannt
Nalgulerk, ca. 1922

8 Künstler unbekannt
Schildkröte/Meeresschildkröte, ca. 1884

9 Künstler unbekannt
Der weiße Ibis *Gobolba*, ca. 1914

10 Künstler unbekannt
Ohne Titel, ca. 1914

11 Taimundu (zugeschrieben)
Kanu und Figuren, 1922

Mandarg
Borlung und Känguruh, ca. 1973

12 Yirawala
Emu, 1966

13 Künstler unbekannt
Emu, ca. 1913

14 Künstler unbekannt
Der Mann, *Gradau*, 1948

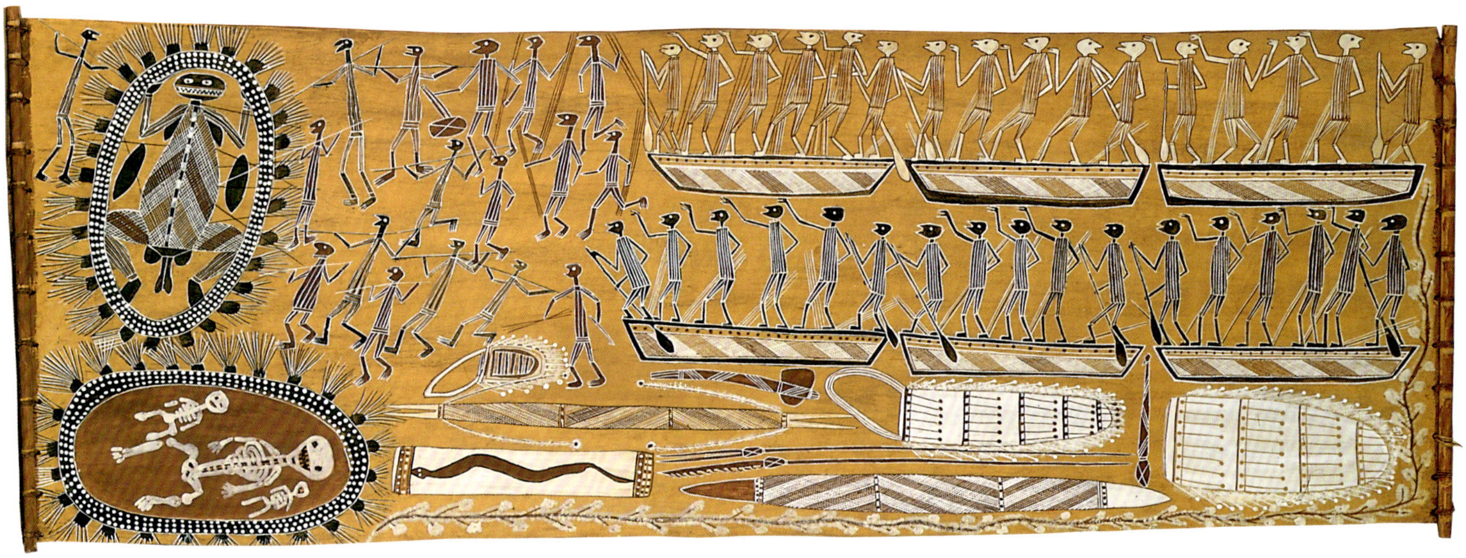

15 Danny Djorlom Nalorlman
Der Mord an *Lumaluma*, 1988

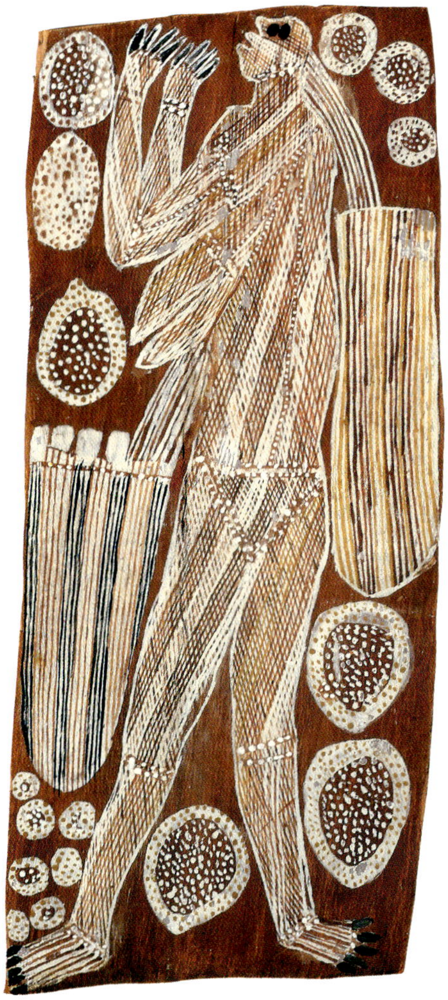

16 Wally Mandarrk
Weiblicher *Mimi*-Geist mit geflochtenen Beuteln, 1984

17 Mick Gubargu
Sonne, Mond und Morgenstern, 1990

18 Jack Kala Kala
Ohne Titel, 1986

19 Jimmy Mjiminjuma
Ngalyod, die Regenbogenschlange, ca. 1988/1989

20 Manuwa
Geschichte vom Fischen, 1968

21 Les Midikuria
Benzinschnüffler, 1988

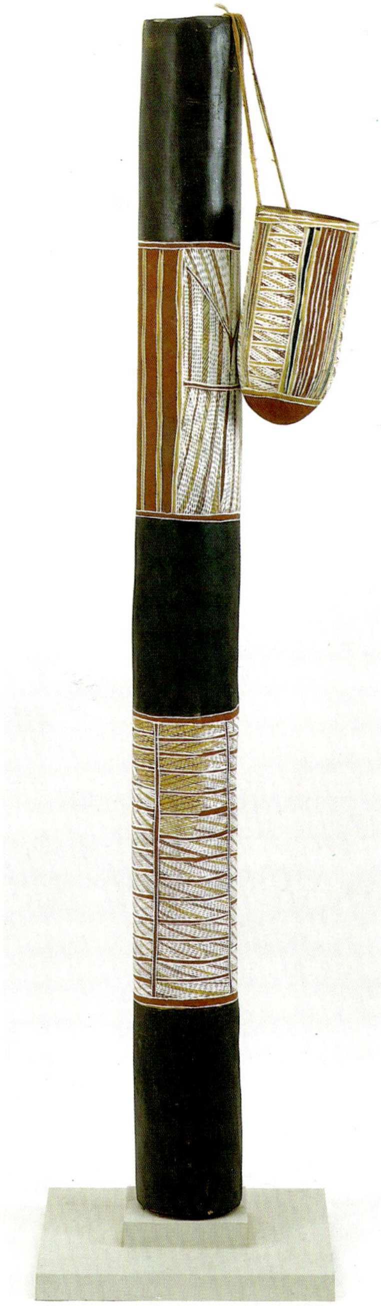

22 Philip Gudthaykudthay
Badurru (Baumsarg) mit *Mindirr* (zeremonieller Beutel), ca. 1984/1985

23 Künstler unbekannt
Hollow Log Coffin

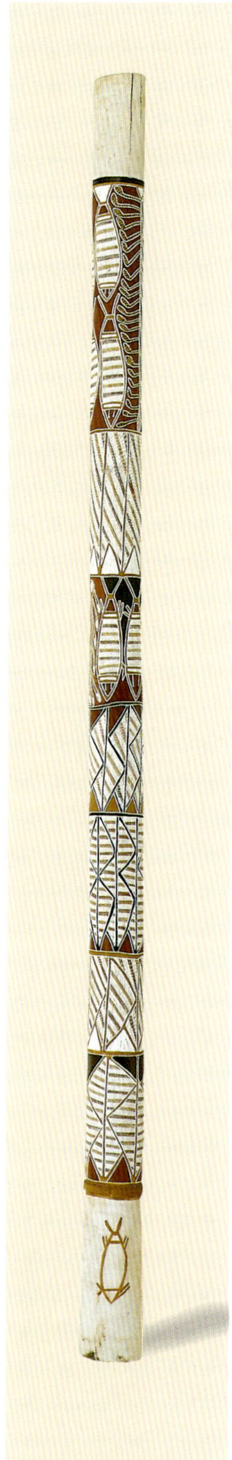

24 England Bangala
Hollow Log Coffin, ca. 1985/1986

25 Crusoe Guningbal
Mimi-Geist, 1979

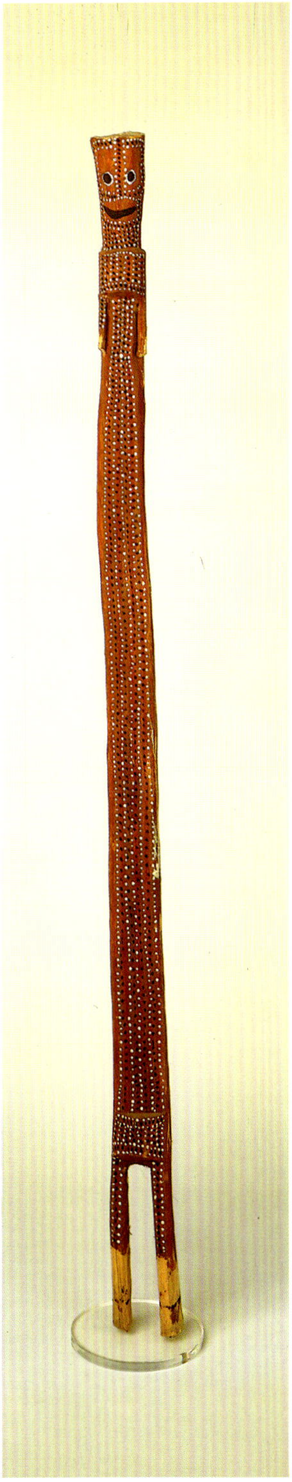

26 Crusoe Guningbal
Mimi-Geist, 1979

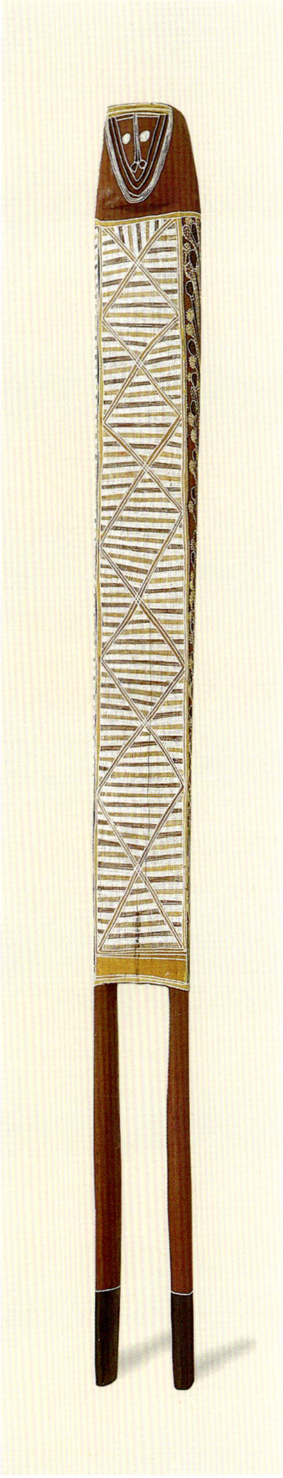

27 England Bangala
Teufelsgeist, ca. 1984/1985

Tjipungaleialumi
Der Künstler in der Zeit der Trauer
(*Pukumani*-Zeit) um seinen Bruder, ca. 1960

28 Benedict
Skulptur eines Mannes

29 Künstler unbekannt
Fisch, ca. 1960

30 Künstler unbekannt
Mokuy, ca. 1960

31 Künstler unbekannt
Mokuy, ca. 1960

32 Künstler unbekannt
Mokuy, ca. 1960

Künstler unbekannt
Taucherente

Künstler unbekannt
Taucherente

33 Künstler unbekannt
Stachelrochen, ca. 1960

34 Künstler unbekannt
Vogel, ca. 1960

35 David Malangi
Totenfest des großen Jägerahns
Gunmirringgu, 1963

36 Johnny Bulun Bulun
Sakrale Wasserstellen, umgeben von Totemtieren,
die zum Clan des Künstlers gehören, 1981

37 John Mawandjul
Nialyod (weibliche Regenbogenschlange), 1988

38 Dorothy Djukulul
Warrnu, Flughunde, 1983

Daisy Manybunharrawuy
Wagilag-Schöpfungsgeschichte, 1990

39 Jimmy Wululu (Gaykamangu)
Wels/*Ginginy*-Wels-Knochenstruktur, 1987

40 Philip Gudthaykudthay
Warrala Warrala, 1987

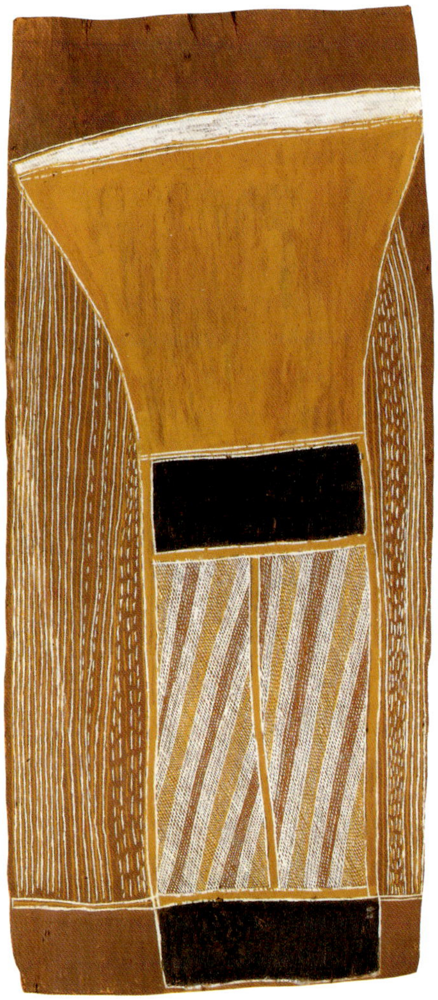

41 Buranda(y)
Sturm, ca. 1960

42 Deaf Tommy Mungatopi
Mondlicht und Kletterpflanzen
in den Mangroven, ca. 1970

43 Vater von Jimmy Burinyila
Ohne Titel (Bezug zu *Ngarra*-Zeremonien), ca. 1937

44 Jimmy Midjaw Midjaw
Weiblicher *Mimi*-Geist, ca. 1963

45 Big Tom
Krokodilfrau an den Mundinyu-Klippen
bei Mundinyu, 1954

46 Munggarrawuy Yunupingu
Feuer-*Wangarr* (›Dreaming‹), ca. 1960

47 Narritjin Maymura
Guwark - Schöpfer
und Ahnenwesen, 1964

48 Midinari (Mithinari) Gurruwiwi
Djaykung - Schnurnattern, ca. 1960

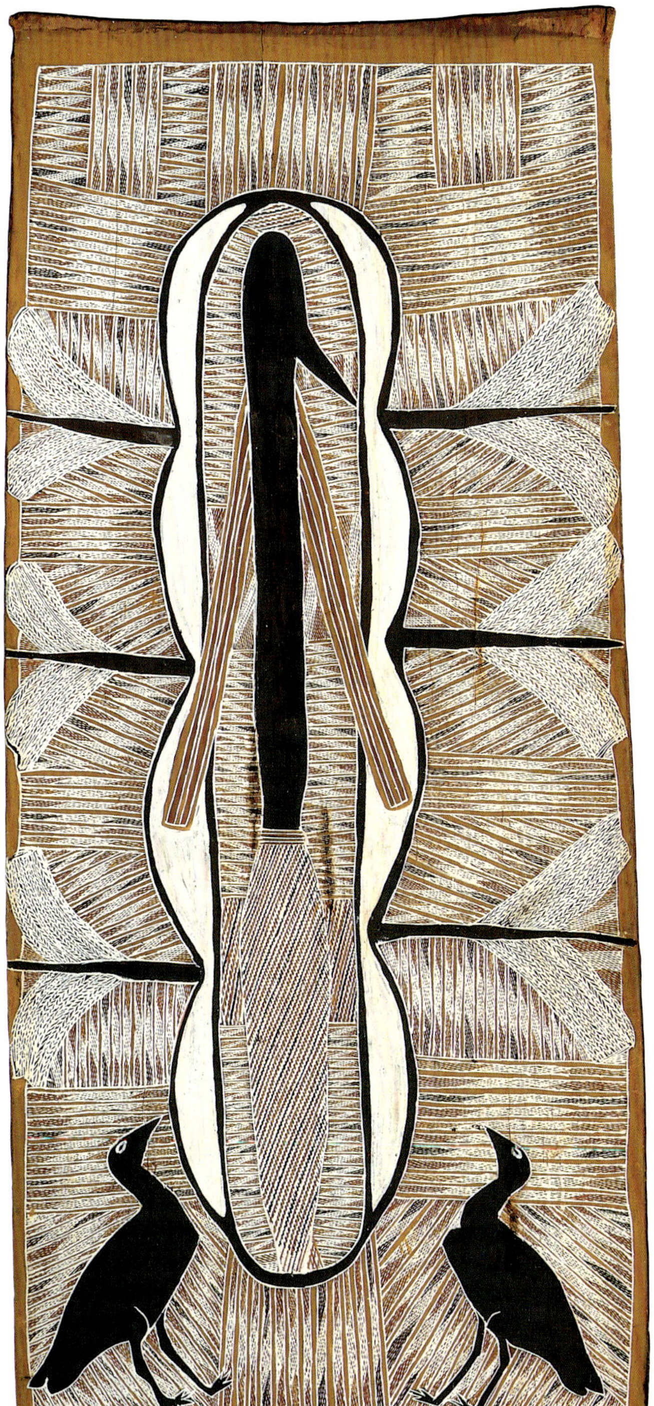

Wandjuk Marika
Der sakrale Rastplatz der *Djang'kawu*, 1982

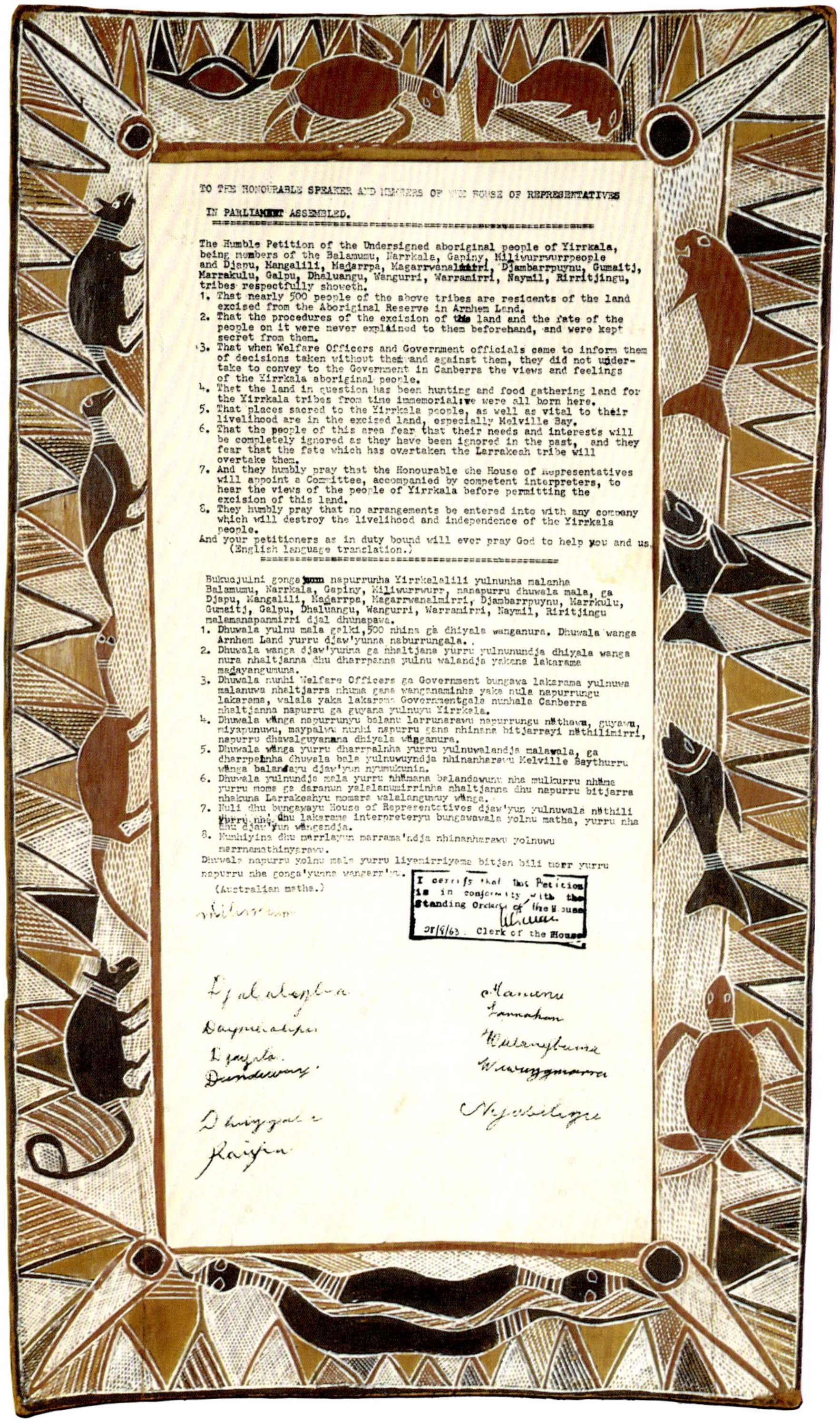

TO THE HONOURABLE SPEAKER AND MEMBERS OF THE HOUSE OF REPRESENTATIVES

IN PARLIAMENT ASSEMBLED.

The Humble Petition of the Undersigned aboriginal people of Yirrkala, being members of the Balamumu, Narrkala, Gapiny, Miliwurrwurrpeople and Djapu, Mangalili, Madarrpa, Magarrwanalmirri, Djambarrpuynu, Gumaitj, Marrakulu, Galpu, Dhaluangu, Wangurri, Warramirri, Naymil, Rirritjingu, tribes respectfully showeth.

1. That nearly 500 people of the above tribes are residents of the land excised from the Aboriginal Reserve in Arnhem Land.
2. That the procedures of the excision of this land and the fate of the people on it were never explained to them beforehand, and were kept secret from them.
3. That when Welfare Officers and Government officials came to inform them of decisions taken without them and against them, they did not undertake to convey to the Government in Canberra the views and feelings of the Yirrkala aboriginal people.
4. That the land in question has been hunting and food gathering land for the Yirrkala tribes from time immemorial: we were all born here.
5. That places sacred to the Yirrkala people, as well as vital to their livelihood are in the excised land, especially Melville Bay.
6. That the people of this area fear that their needs and interests will be completely ignored as they have been ignored in the past, and they fear that the fate which has overtaken the Larrakeah tribe will overtake them.
7. And they humbly pray that the Honourable the House of Representatives will appoint a Committee, accompanied by competent interpreters, to hear the views of the people of Yirrkala before permitting the excision of this land.
8. They humbly pray that no arrangements be entered into with any company which will destroy the livelihood and independence of the Yirrkala people.

And your petitioners as in duty bound will ever pray God to help you and us.
(English language translation.)

Bukudjulni gonga yuun napurrunha Yirrkalalili yulnunha malanha Balamumu, Narrkala, Gapiny, Miliwurrwurr, nanapurru dhuwala mala, ga Djapu, Mangalili, Madarrpa, Magarrwanalmirri, Djambarrpuynu, Marrkulu, Gumaitj, Galpu, Dhaluangu, Wangurri, Warramirri, Naymil, Riritjingu malamanapanmirri djal dhunapawa.

1. Dhuwala yulnu mala galki, 500 nhina ga dhiyala wanganura. Dhuwala wanga Arnhem Land yurru djaw'yunna naburrungala.
2. Dhuwala wanga djaw'yunna ga nhaltjana yurru yulnunundja dhiyala wanga nura nhaltjanna dhu dharrpanna yulnu walandja yakana lakarama madayangumuna.
3. Dhuwala nunhi Welfare Officers ga Government bungawa lakarama yulnuwa malanuwa nhaltjarra nhuma gana wanganaminha yaka nula napurrungu lakarama, walala yaka lakarama Governmentgala nunhala Canberra nhaltjanna napurru ga guyana yulnuyu Yirrkala.
4. Dhuwala wanga napurrunyu balanu larrunarawu napurrungu nathawa, guyawu, miyapunuwu, maypalwu nunhi napurru gana nhinana bitjarrayi nathilimirri, napurru dhawalguyanana dhiyala wanganura.
5. Dhuwala wanga yurru dharrpalnha yurru yulnuwalandja malawala, ga dharrpalnha dhuwala bala yulnuwuyndja nhinanharawu Melville Baythurru wanga balandayu djaw'yun nyumukunin.
6. Dhuwala yulnundja mala yurru nhamana balandawunu nha mulkurru nhama yurru moma ga daranun yalalanumirrinha nhaltjanna dhu napurru bitjarra nhakuna Larrakeahyu momara walalangumuy wanga.
7. Nuli dhu bungawayu House of Representatives djaw'yun yulnuwala nathili yurru nha dhu lakarama interpreteryu bungawawala yolnu matha, yurru nha dhu djaw'yun wangandja.
8. Nunhiyina dhu marrlayun marrama'ndja nhinanharawu yolnuwu marrnamathinyarawu.

Dhuwala napurru yolnu mala yurru liyanirriyama bitjan bili marr yurru napurru nha gonga'yunna wangarr'yu.

(Australian matha.)

I certify that this Petition is in conformity with the Standing Orders of the House
28/8/63. Clerk of the House

Verschiedene Künstler von Yirrkala
Die ›Bark Petition von Yirrkala‹, 1963

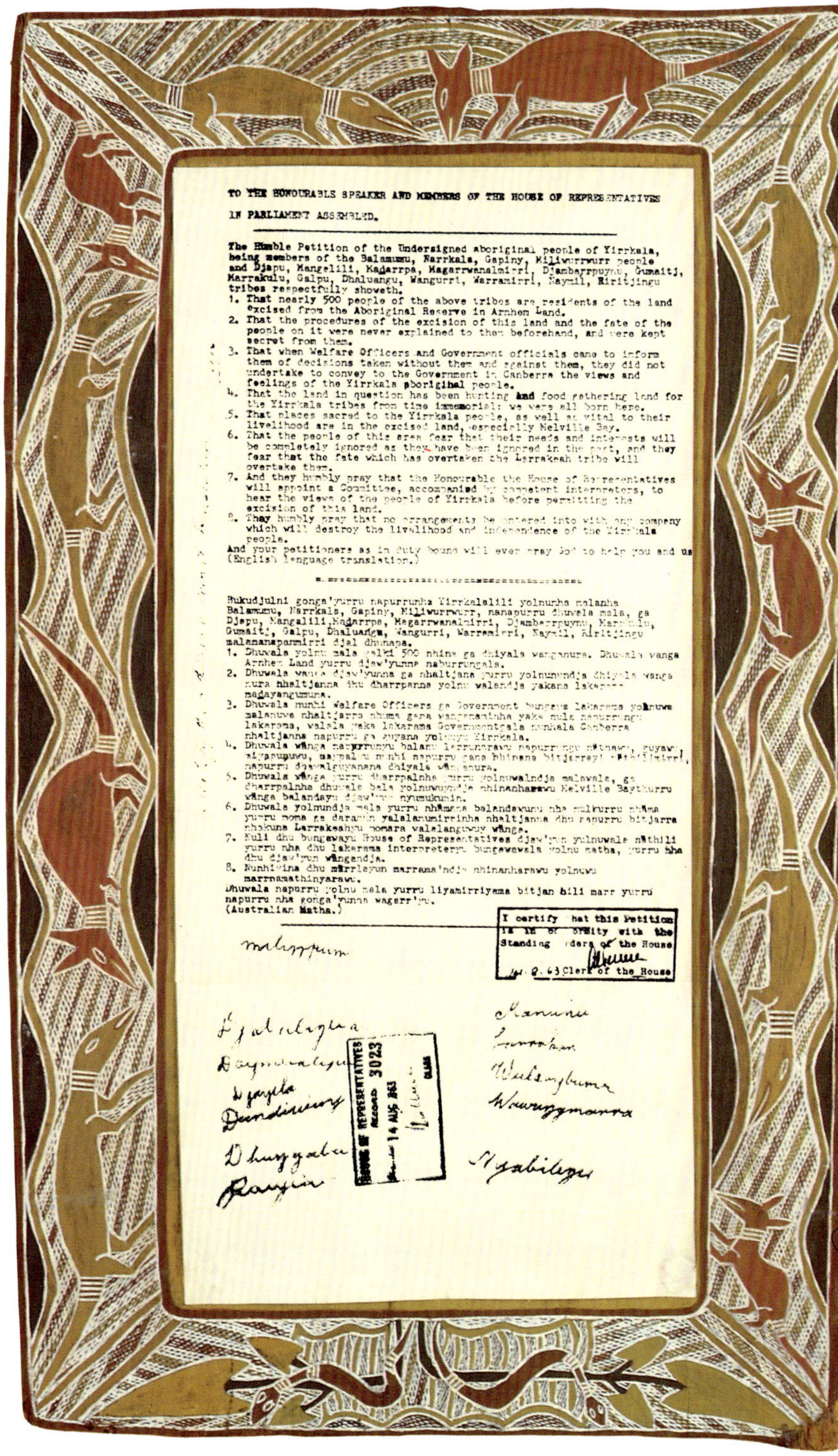

TO THE HONOURABLE SPEAKER AND MEMBERS OF THE HOUSE OF REPRESENTATIVES IN PARLIAMENT ASSEMBLED.

The Humble Petition of the Undersigned aboriginal people of Yirrkala, being members of the Balamumu, Narrkala, Gapiny, Miliwurrwurr people and Djapu, Mangalili, Madarrpa, Magarrwanalmirri, Djambarrpuyngu, Gumaitj, Marrakulu, Galpu, Dhaluangu, Wangurri, Warramirri, Naymil, Riritjingu tribes respectfully showeth.

1. That nearly 500 people of the above tribes are residents of the land excised from the Aboriginal Reserve in Arnhem Land.
2. That the procedures of the excision of this land and the fate of the people on it were never explained to them beforehand, and were kept secret from them.
3. That when Welfare Officers and Government officials came to inform them of decisions taken without them and against them, they did not undertake to convey to the Government in Canberra the views and feelings of the Yirrkala aboriginal people.
4. That the land in question has been hunting and food gathering land for the Yirrkala tribes from time immemorial: we were all born here.
5. That places sacred to the Yirrkala people, as well as vital to their livelihood are in the excised land, especially Melville Bay.
6. That the people of this area fear that their needs and interests will be completely ignored as they have been ignored in the past, and they fear that the fate which has overtaken the Larrakeah tribe will overtake them.
7. And they humbly pray that the Honourable the House of Representatives will appoint a Committee, accompanied by competent interpreters, to hear the views of the people of Yirrkala before permitting the excision of this land.
8. They humbly pray that no arrangements be entered into with any company which will destroy the livelihood and independence of the Yirrkala people.

And your petitioners as in duty bound will ever pray God to help you and us
(English language translation.)

Bukudjulni gonga'yurru napurrunha Yirrkalalili yolnunha malanha Balamumu, Narrkala, Gapiny, Miliwurrwurr, nanapurru dhuwala mala, ga Djapu, Mangalili, Madarrpa, Magarrwanalmirri, Djambarrpuyngu, Marrakulu, Gumaitj, Galpu, Dhaluangu, Wangurri, Warramirri, Naymil, Riritjingu malamanapanmirri djal dhunapa.

1. Dhuwala yolnu mala galki 500 nhina ga dhiyala wanganura. Dhuwala wanga Arnhem Land yurru djaw'yunna naburrungala.
2. Dhuwala wanga djaw'yunna ga nhaltjana yurru yolnunundja dhiyala wanga nura nhaltjanna dhu dharrpanna yolnu walandja yakana lakarama madayangumuna.
3. Dhuwala nunhi Welfare Officers ga Government bungawa lakarama yolnuwa malanuwa nhaltjarra nhuma gana wanganaminha yaka nula napurrungu lakarama, walala yaka lakarama Governmentgala nunhala Canberra nhaltjanna napurru ga guyana yolnuyu Yirrkala.
4. Dhuwala wänga napurrunyu balanu larrunarawu napurrungu näthawu, guyawu, miyapunuwu, maypalwu nunhi napurru gana nhinana bitjarrayi näthilimirri, napurru djawalguyanana dhiyala wänganura.
5. Dhuwala wänga yurru dharrpalnha yurru yolnuwalndja malawala, ga dharrpalnha dhuwala bala yolnuwuyndja nhinanharawu Melville Baythurru wänga balandayu djaw'yun nyumukunin.
6. Dhuwala yolnundja mala yurru nhämana balandawunu nha mulkurru nhäma yurru noma ga darangan yalalanumirrinha nhaltjanna dhu napurru bitjarra nhakuna Larrakeahyu nomara walalanguwuy wänga.
7. Nuli dhu bungawayu House of Representatives djaw'yun yulnuwala näthili yurru nha dhu lakarama interpreteryu bungawawala yolnu matha, yurru nha dhu djaw'yun wängandja.
8. Nunhiyina dhu märrlayun marrama'ndja nhinanharawu yolnuwu marrnamathinyarawu.

Dhuwala napurru yolnu mala yurru liyamirriyama bitjan bili marr yurru napurru nha gonga'yunna wagarr'yu.
(Australian Matha.)

I certify [illegible]hat this Petition is in [illegible]ormity with the Standing [illegible]ders of the House
[illegible].8.63 Clerk of the House

Wuyal-Geist
aus der ›Yirrkala Bark Petition‹, 1968

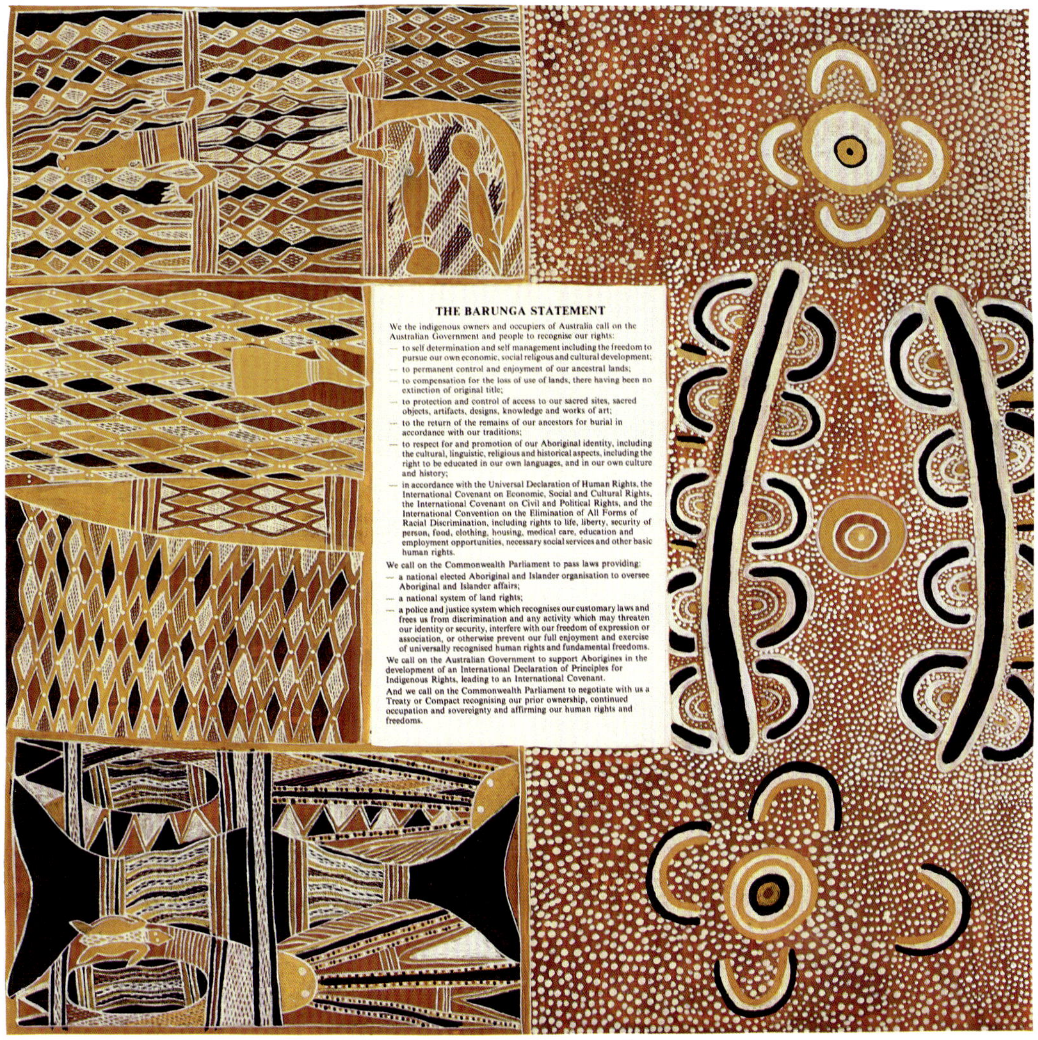

Die Erklärung von Barunga, 1988

49 Baluka Maymuru
Marrngu (Opossum)

50 Mawalan Marika
Djang'kawu, Gestalt eines Ahnenwesens
der Dua-Moiety, ca. 1960

51 Mandjuwi
Wuluyma - Held aus der Ahnenzeit, 1979
(aus dem Zyklus der Morgensternzeremonie)

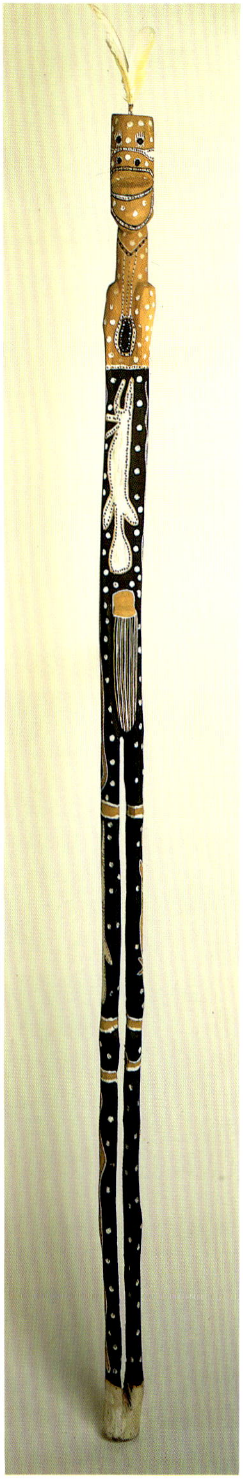

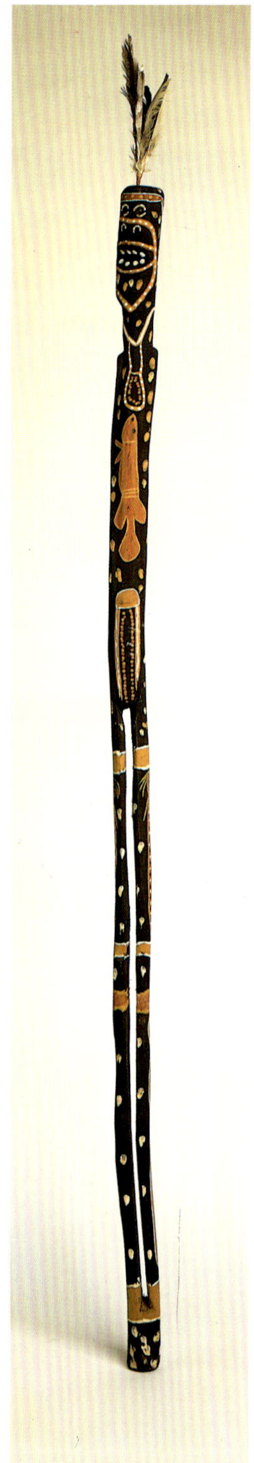

52-56 Paddy Fordham Wainburranga
Balangjarngalain (Geisterfiguren), 1988-1990

57 Paddy Fordham Wainburranga
Der Kampf zwischen *Mildal*, der blauzüngigen Eidechse, und *Dadbagurumulu*, der australischen Schwarzotter, 1984

58 Künstler unbekannt
Zeremonieller Korb, ca. 1928

59 Wilfred Pilakui
Pukumani-Stele, 1979

60 Charlie und Jumbo
Pukumani-Stele, 1965

61 Declan Apuatimi Ketiminawlunggawi
Tiwi-Ahnengestalten, 1978

Nym Bunduk
Darstellung einer Schlange, ca. 1960

62 Nym Bunduk
Des Künstlers Heimat, ca. 1955

63 Pundaminni
Sterne aus dem ›Dreaming‹ des Künstlers,
ca. 1955

64 Leo Melpi
Leierschwanz-›Dreaming‹, 1990

Nym Bunduk (zugeschrieben)
Kunmangurr, die Regenbogenschlange, ca. 1955

65 Künstler unbekannt
Beim Fischen, 1948

66 Sambo Burra Burra
Jagdgeschichte, 1988

67 Ginger Riley Munduwalawala
Mara, mein Land, 1992

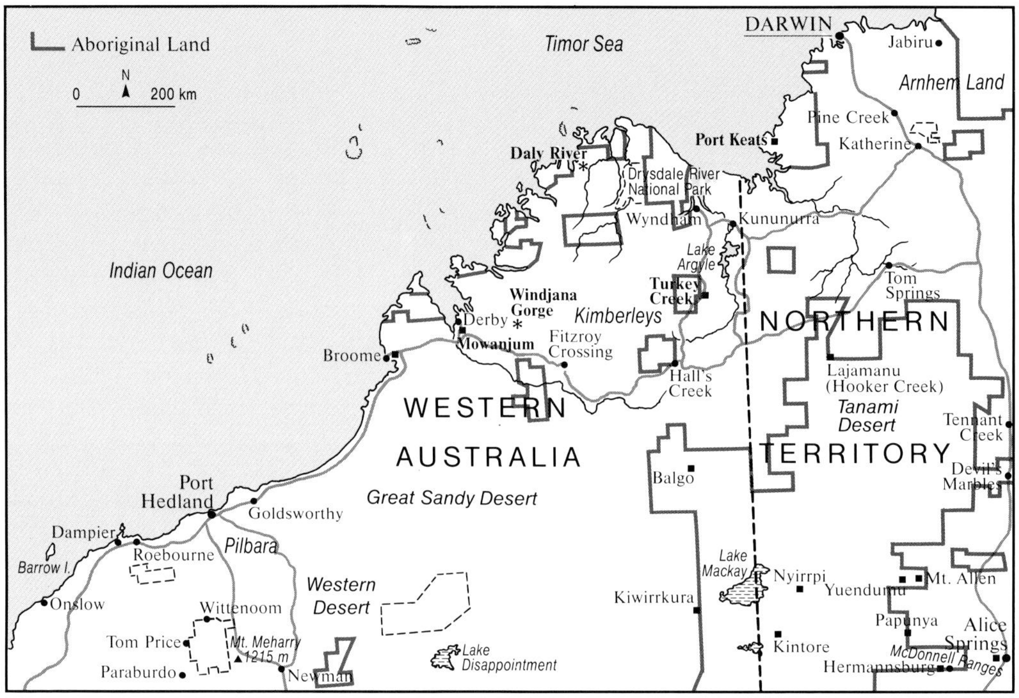
Aboriginal Land
0 N 200 km
Timor Sea
Indian Ocean
DARWIN
Jabiru
Arnhem Land
Pine Creek
Katherine
Port Keats
Daly River
Drysdale River National Park
Wyndham
Kununurra
Lake Argyle
Turkey Creek
Windjana Gorge
Kimberleys
Derby
Mowanjum
Fitzroy Crossing
Broome
Hall's Creek
Tom Springs
NORTHERN
TERRITORY
Lajamanu (Hooker Creek)
Tanami Desert
Tennant Creek
Devil's Marbles
WESTERN
AUSTRALIA
Balgo
Port Hedland
Goldsworthy
Great Sandy Desert
Dampier
Roebourne
Pilbara
Barrow I.
Onslow
Wittenoom
Western Desert
Tom Price
Mt. Meharry 1215 m
Paraburdo
Newman
Lake Disappointment
Kiwirrkura
Lake Mackay
Nyirrpi
Yuendumu
Mt. Allen
Kintore
Papunya
Alice Springs
Hermannsburg
McDonnell Ranges

KIMBERLEY UND WESTAUSTRALIEN

GARY LEE

Das Kimberley-Gebiet in der nordöstlichen Ecke von Westaustralien trennen einige Tausend Kilometer Wüste vom Rest des Landes, und da die Versuche von Nicht-Aborigines, hier Gewerbebetriebe aufzubauen, nur begrenzten Erfolg haben, gilt die Gegend als ›Inbegriff der Abgeschiedenheit‹. Die Überschwemmungsgebiete der Flüsse Fitzroy und Ord stellen im zumeist steinigen oder wüstenartigen Terrain der Kimberleys eine Ausnahme dar. Dort liegen auch zahlreiche Siedlungen.

In ihrer ganzen Ausdehnung weist die Kimberley-Region, die aus dem Kimberley-Becken und der Provinz Halls Creek besteht, ›deutlich ausgeprägte geomorphologische Erscheinungen‹ auf. Geologen stellen eine Vielzahl unterschiedlicher Landschaftsformationen fest: verkarstete Täler oder Täler mit dichten Eukalyptuswäldern, gerundete Hügel, gefaltetes, metamorphes Felsgestein und kleinere, gewellte Ebenen, um nur einige wenige zu nennen. Durch das vorherrschende vulkanische Gestein des Kimberley-Beckens weiß man allerdings wenig über dessen Geologie. Die meisten Nicht-Aborigines verbinden mit den Kimberleys jedoch die hohen, flachen Sandsteinplateaus in ihrem Kernbereich, mit ihren Flüssen und Schluchten, aufregenden Wasserfällen und Tauchbecken. Die Plateaus werden von den King Leopold und den Durack Ranges eingefaßt, dann folgen die Überschwemmungsgebiete, die schließlich in die Große Sandwüste mit ihren endlos wogenden Dünen übergehen.

Die Kimberleys gehören zu Westaustraliens sogenannter tropischer Nordprovinz. Nach einigen weißen Forschern wurden bestimmte botanische Unterregionen benannt: Gardner, Hall, Fitzroy und Dampier, obwohl die Vegetation ziemlich gleichbleibend vor allem aus lockeren Eukalyptuswäldern mit Grasboden besteht. Das tropische Klima bringt in diesem Gebiet Winter mit schönen Sonnentagen und Ostwind, im Sommer große Mittagshitze und die Monsune in der Jahreszeit der Zyklone. Im Sommer fallen zwischen 500 und 1 250 mm Regen, die durchschnittliche Temperatur liegt im Jahresmittel bei 30°C.

Vielleicht ist diese Beschreibung zu sachlich und kann daher nicht vermitteln, wie die Kimberleys wirklich sind. Die zahlreichen Touristen, die seit kurzem die Region besuchen, müssen sich nicht unbedingt mit dem Wissen eines Geologen über Landschaftsformen befassen, um »das Erlebnis der Kimberleys«[1] zu genießen. ›Grenzlandstimmung‹ kommt auf bei safariartigen Touren in Geländewagen, bei denen man »viele interessante geographische Formen«[2] sehen kann, die Natur und Menschen geschaffen haben, wie beispielsweise die Bungle Bungles, »ein Meisterwerk der Natur«[3], oder »die größte Diamantenmine der Welt«[4] außerhalb von Kununurra. Dieser Aufsatz kann sich nicht mit dem Tourismus auseinandersetzen, obwohl die Rolle von Kunst und Kultur der Aborigines als Touristenattraktionen und die dringend erforderliche stärkere Kontrolle und Organisation dieses Gewerbes durch Aborigines immer deutlicher zutage treten: »Diese Branche [der Tourismus] stellt Kultur und Erbe der Aborigines als ein Produkt vor, das in ganz Australien und in Übersee ›aufbereitet‹, kommerziell vermarktet und vorgestellt werden sollte.«[5] Letztendlich ist es Sache der Aboriginal-Gemeinden in der Kimberley-Region, über diese Vermarktung zu entscheiden.

Noch einmal: Hier geht es nicht um Tourismus. Ich beziehe die Sprache dieser Branche ebenso ein wie die Sprache des Geologen oder ›Regenmachers‹, um eine ›ausgewogene‹, lebensnahe Darstellung der Kimberleys zu geben. Damit ein wirklich eingehendes Verständnis möglich wird, wende ich mich den zahlreichen und großartigen Kunstformen der dort lebenden Aborigines zu, die in ihrem Wissen um die Landschaft, um das ›Erlebnis der Kimberleys‹, wesentlich tiefer gehen als jede beschönigende Statistik oder Schilderung in englischer Sprache.

Bei den Aboriginal-Völkern der Kimberley-Region existieren sehr unterschiedliche Lebensformen. In Westaustralien bilden Eingeborene und Bewohner der Torres-Strait-Inseln 3% der Bevölkerung, 60% von ihnen leben in Städten.[6] Dieser Prozentsatz ist in den Kimberleys wesentlich höher, da es dort zahlreiche abgelegene Siedlungen gibt, in denen Aborigines die Bevölkerungsmehrheit sind, sogar auch in städtischen Zentren wie Broome, dessen Geschichte weniger durch den Kontakt zwischen Europäern als zwischen Asiaten und Aborigines geprägt ist. In städtischen und einsamen ländlichen Gebieten spiegelt sich in den traditionellen und auch in den nichttraditionellen ›Klassifikationen‹ der Aborigines von den Kimberleys eine enge Verbundenheit mit der Landschaft wider, die auf ihrem kulturellen Erbe und der Anpassung von Traditionen an moderne Erfordernisse beruht. Innerhalb dieser unterschiedlichen Lebensformen stößt man auf eine Kultur, deren Kunst sich in viele Richtungen lebendig entwickelt.

Zum künstlerischen Erbe der Kimberleys gehören traditionell Schutzbilder von *Wandjina*- und Bradshaw-Figuren. Seit alters her werden alltägliche Gebrauchsgegenstände wie Wurfhölzer oder *collamons* mit Dekors aus Naturmaterialien wie Baobabnüssen und Perlmuscheln verziert. Doch seit den späten 70er Jahren hat auch in den Traditionen von Malerei, Literatur und Musik aus den Kimberleys eine Entwicklung hin zu moderneren Formen stattgefunden. In den dynamischen Brennpunkten jeder dieser Kunstgattungen spiegelt sich ein steigendes Interesse an der Kultur der Eingeborenen, das mit der Verwirklichung der Bestrebungen der Aborigines nach Selbstbestimmung innerhalb unserer künstlerischen Ausdrucksformen und dem Management dieses Arbeitsbereiches einhergeht.

Die großen, menschenähnlichen *Wandjina*-Figuren bevölkern die für die gesamte Kimberley-Region charakteristischen Felsgebiete. Ein größeres Publikum lernte die *Wandjina*-Figuren zum erstenmal 1968 durch I.M. Crawfords Publikation ›*The Art of the Wandjina*‹[7] kennen. Zuvor hatte nur Sir George Grey 1837 auf seiner Expedition an einem der beiden Plätze, die er ›entdeckt‹ hatte, eine *Wandjina*-Figur gefunden, kopieren lassen und dann in seinem Werk ›*Journals Of Two Expeditions Of Discovery In Northwest And Western Australia ...*‹[8] veröffentlicht. Greys ungenaue Kopie führte zu einem interessanten Spektrum von Interpretationen und erst 100 Jahre später stellten weiße Theoretiker eine Verbindung zur Religion der Aborigines her.

Crawford beschreibt die *Wandjina* in seinem Buch als »Geister, die als Wolken personifiziert sind«.[9] Sie sind Ahnenwesen, die ihr Abbild auf Felsen hinterlassen haben und über spezielle Kräfte verfügen, mit denen sie Blitze beherrschen können und durch die sie als Vorboten der von Dezember bis März währenden Monsunzeit fungieren. In ihrer Darstellung verbinden sich Wolken- und Menschengestalt, besonders in den Haaren, die das Gesicht wie eine Wolke umgeben. Alle *Wandjina* tragen Namen wie auch die verschiedenen Höhlen, in denen sie sind und die natürlich bezeichnet sind. Die vielen legendären Aktivitäten der *Wandjinas* sind in Mythen und Liedern erhalten. Eines dieser Ereignisse ist die genau beschriebene Schlacht bei Tumbai, in der sich zum einzigen Male alle *Wandjina* gegen die Menschen vereinigten. Außer ihrer Fähigkeit, bei einem Angriff Blitze zu verursachen, können die *Wandjina* auch die Verteilung der Kindergeister kontrollieren und andere Geister wie verschiedene Tiere in ihrer Menschengestalt darstellen.

Crawford geht auch genau auf die kleinen Bradshaw-Figuren ein, rote Malereien, die es in der ganzen Kimberley-Region gibt. Im Durchschnitt sind sie 25-30 cm hoch, manche *Wandjina* dagegen erreichen eine Größe von bis zu sechs Metern. Benannt sind diese Höhlenmalereien nach ihrem ›Entdecker‹, Joseph Bradshaw, und sie stellen meistens jagende oder tanzende Gestalten dar. Obwohl Crawford berichtet wurde, daß die Aborigines diesen der Legende nach von Vögeln geschaffenen Bildern wenig Aufmerksamkeit schenkten, spricht ihr ›eleganter Stil‹ – eine Bezeichnung, die erstmals bei den deutschen Wissenschaftlern Lommel[10] und Schulz auftaucht – durch seinen ästhetischen Reiz sowohl Aborigines wie auch Nicht-Aborigines gleichermaßen an.

Zur Zeit von Crawfords Untersuchungen für sein Buch wurden die *Wandjina* offensichtlich nicht mehr von der blühenden Kultur getragen, die sie verkörpern. Die Besiedlung durch die Europäer hatte das traditionelle Leben zerstört, und diese Tatsache bewog Crawford zu folgenden Sätzen in seiner Einleitung: »Wenn ich mit diesem Buch zeigen kann, daß die Kultur der Aborigines ihren ganz eigenen Reichtum und ihre eigene Farbigkeit hatte, und daß sie bei aller Verschiedenartigkeit von unserer Kultur nicht schmutzig oder degeneriert war, dann habe ich einem besseren Verständnis zwischen Australiern verschiedener Abstammung und Rasse einen Dienst erwiesen.«[11] Crawford stieß auf kei-

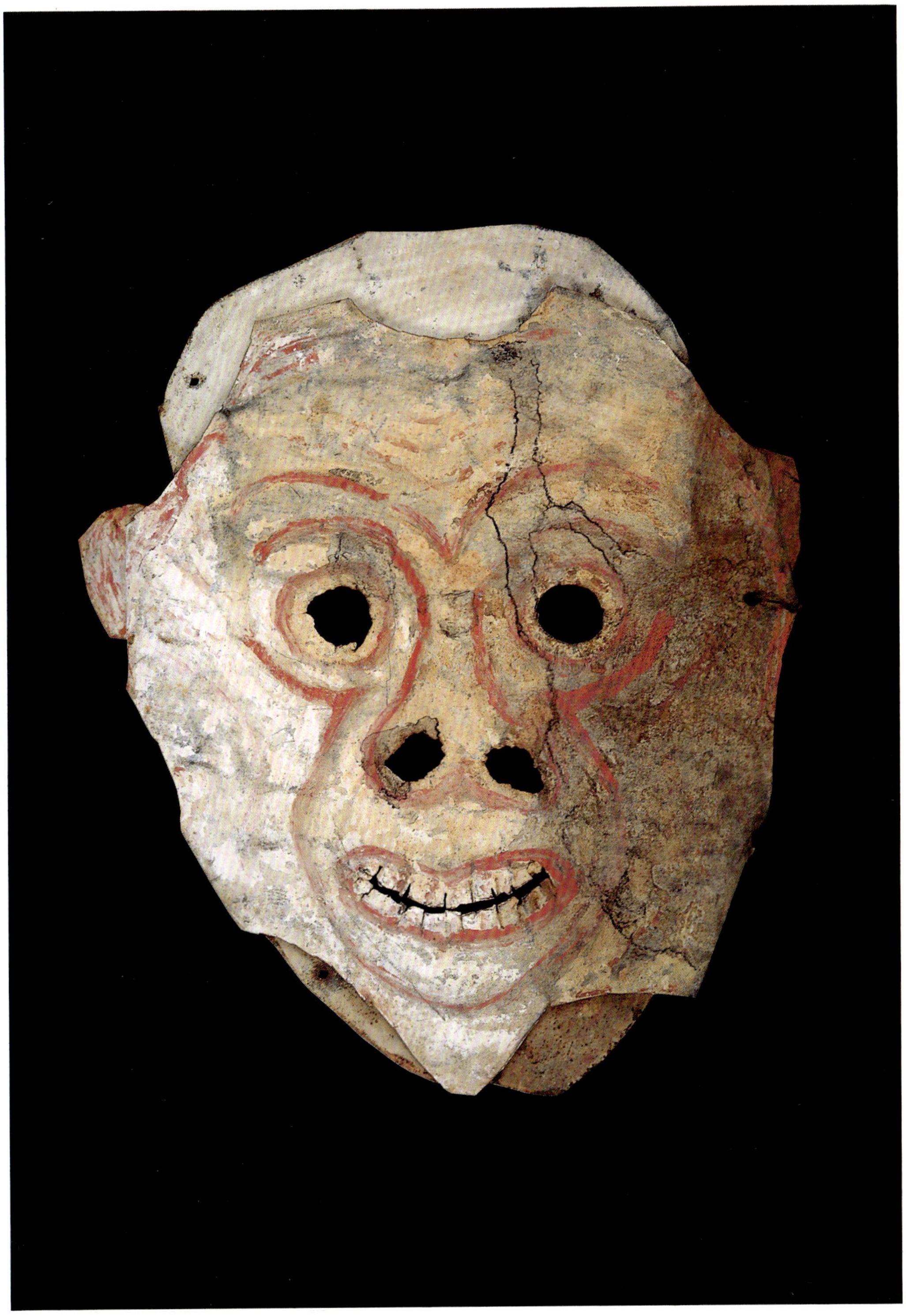

68 Künstler unbekannt
Tjuna - ein Teufel, 1947

ne Hinweise, daß mit den *Wandjina* verbundene Kulte noch ausgeübt wurden (vielleicht spricht er deshalb in der Vergangenheit von der Aboriginal-Kultur – »hatte ihren eigenen Reichtum«[12]), doch er gibt an, wie bestimmte einzelne Menschen die Traditionen weiterführen, und angesichts der kontinuierlichen Kulturarbeit von *Ngarinyin* kann man sagen, daß sich seine Hoffnungen nun erfüllen. *Ngarinyin* ist ein 1987 gegründetes Projekt, um junge Menschen mit der Kultur und auch dem Übermalen der *Wandjina*-Figuren in Felsmalereien vertraut zu machen.

Das Übermalen ist eine Tradition, die die Bedeutung der *Wandjina*-Figuren herausstellt, ganz im Gegensatz zum Lamento sogenannter Puristen in der ›Aboriginal-Kunstszene‹, nach deren Vorstellung von ursprünglicher Felsmalerei das *Ngarinyin*-Projekt etwas Schädliches ist. In einem Kapitel über Maltechniken beschreibt Crawford die Vorgehensweise von zwei Ältesten, Sam Woolagoodjah und Charlie Numbulmoore. Mit den folgenden Worten, die in eindeutiger und bewegender Weise die Position dieser Geistwesen in der Kimberley-Kultur belegen, wandte sich Charlie an die *Wandjina*, bevor er sie übermalte:

»Weil ihr matt ausseht – ihr strahlt nicht mehr –, werde ich mich daranmachen und euch malen. Ich werde anfangen, euch Wesen mit frischer Farbe zu malen – nicht, weil ich das will, sondern weil diese weißen Menschen wollen, daß ich euch wieder neu mache. [...] Werdet nicht unruhig, schickt keinen Regen! [...] Ihr solltet froh sein, daß ich euch neu malen werde – werdet nicht wild und schickt keinen Regen auf mich herab.«[13]

David Mowaljarli und Cyril Peck, zwei Mitbegründer des *Ngarinyin*-Kulturprojekts, äußerten sich anerkennend über den Respekt, den Crawford durch seine Darstellung und Unterstützung ihrer Kultur in seinem Buch erkennen läßt. Nagrinyin ist ein ausgedehntes Gebiet auf dem Central Kimberley Plateau. Das Ziel des Projekts, »unter Verwendung traditioneller Methoden bestimmte Stellen zu übermalen [und] traditionelle Bindungen zu erneuern«[14], geriet zu einem organisatorischen Kraftakt, da mit Zustimmung und unter der Aufsicht von erfahrenen, älteren Männern zwölf junge Aborigines in die Tradition eingewiesen werden mußten. Geschichten um die Figuren wurden erzählt und aufgezeichnet, und obwohl der verwitterte Zustand mancher Bilder ihre Lesbarkeit erschwerte und Konservierungsverfahren wie Silikoneinspritzungen erforderlich machte, die nichts mit der Kultur der Eingeborenen zu tun haben, bewies das Vorhaben trotzdem, daß die ›Einzigartigkeit und Farbe‹ der Aboriginal-Kultur kein wehmütiges Rufen nach Vergangenem zuläßt. Wichtiger war dabei jedoch, daß es nicht wie in Crawfords Beispiel »diese weißen Menschen« waren, die sich um die Erneuerung der *Wandjina* bemühten.

Obwohl in der Kimberley-Kultur Malerei immer schon existiert hat, entwickelte sich erst in den späten 70er Jahren eine regional geprägte Malweise, die der der Künstler aus der Central Desert gleichkommt. Bei dieser Feststellung muß ich hinzufügen, daß es aufgrund ihrer Vielzahl etwas irreführend ist, die in den Kimberleys gepflegten Bildsprachen als einen eindeutigen Stil zu klassifizieren. Vergleichsweise langsam kamen diese Bilder auf den Kunstmarkt, obwohl die Einrichtung weiterer Kunst- und Handwerkszentren – auch wenn sie eher klein sind – zusätzlich zu den in Broome und Kunumurra bereits bestehenden einen leichteren Zugang zu den Kunstwerken ermöglicht. Die Tatsache, daß bei Künstlern wie Jimmy Pike oder Rover Thomas immer wieder auf ihr Leben in der ländlichen Abgeschiedenheit hingewiesen wurde, hat der zunehmenden Nachfrage nach ihren Bildern keinen Abbruch getan, eigentlich ist es eher förderlich. Gemeinsam mit Trevor Nickolls, dessen Herkunft aus der Stadt einen anderen Zugang zur zeitgenössischen Malerei von Eingeborenen bietet, repräsentierte Rover Thomas als einer der beiden ersten Aborigines die moderne Kunst Australiens auf einer internationalen Ausstellung, der Biennale in Venedig im Jahr 1990.

Im Kimberley-Gebiet bewahrt sich die Malerei ihre feste Verbindung mit der Religion, der Kenntnis und der Praxis der Kulte. Sie bleibt »eine hochentwickelte Ausprägung eines spezifischen Aspekts von religiösem Wissen«.[15] In dieser Epoche des Nachkolonialismus, die für die eingeborenen Völker durch Entwurzelung und Vertreibung gekennzeichnet ist, wirken die Malereien mit ihren auf das Land bezogenen Mythologien als Bürgen für den Rechtsanspruch, besonders dann, wenn der Künstler/die Künstlerin das Gebiet malt, aus dem er/sie vertrieben wurde. Rover Thomas ist ein Beispiel für viele Aborigines, die sich in der Schafzucht aufgerieben und ihre angestammte Heimat konsequent verleugnet haben. Erst in fortgeschrittenem Alter hat Thomas begonnen zu malen, Auslöser waren die Zerstörungen, die der Zyklon Tracey 1974 in Darwin angerichtet hat. Die Warnum-Gemeinde aus den Kimberleys sah den Zyklon als warnende Aufforderung, sich wieder einem traditionsgemäßen Leben zuzuwenden. Der *balga*, ein häufig aufgeführter Tanz, und die *Girr-Girr*-Zeremonie beinhalteten diese Antwort. *Girr-Girr* bezog sich direkt auf Thomas' visionären Traum, und sein Onkel Paddy Jaminyi malte die Embleme, die über die Tänzer gehalten wurden.

In der Kimberley-Maltradition sind individuelle Stilarten stark ausgeprägt, die von Innovationen und der Auseinandersetzung mit den Traditionen profitieren. Schon in den 30er Jahren bedeutete die Übersetzung von *Wandjina*-Figuren auf Rindenbilder eine Entgegnung auf Anforderungen von ›außen‹, wie der Trend heute hin zu deutlicheren und weniger abstrakten Kompositionen der Gemälde geht. In Balgo kann man auf sakrale Körper- und Bodenzeichnungen treffen, die mit Acryl auf Leinwand oder Karton übertragen wurden. Die Malerei hat durch Techniken und Medien, die aus der Kultur der Nicht-Aborigines einbezogen werden, neue Anstöße bekommen, obwohl auch die traditionellen Ockerfarben nach wie vor verwendet werden. Insgesamt existiert eine derartige Vielfalt der Bildsprachen, daß man sie unmöglich in allgemeingültige Kategorien zusammenfassen, sondern nur feststellen kann, daß sie sehr stark regional bezogene Informationen verarbeiten und lebendiger Ausdruck einer Identität mit dem Land sind.

Die ›dekorative Kunst‹ aus der Kimberley-Region ist ein weiteres Zeugnis für die ›Einzigartigkeit und Farbe‹ der Aborigine-Kultur. Verschiedene Motive werden auf oder in Dinge wie Baobabnüsse, Botenstäbe, Kulthölzer, Speerwerfer und Genitalschmuck aus Perlmuscheln gemalt oder geschnitzt. Es gibt unzählige Varianten von Zickzack-, eckigen und geometrischen Mustern. Einige naturalistische Motive tauchen in zahlreichen Abwandlungen vor allem auf Kimberley-Bumerangs auf, auch auf Baobabnüssen finden sie sich als Ritzarbeiten. Seit kurzem entstehen als Reaktion auf das Interesse der Touristen aufwendigere figurative Entwürfe.

Traditionell sind diese Objekte der dekorativen Kimberley-Kunst für Kult oder Handel bestimmt. Genitalschmuck aus Perlmuscheln war immer besonders wertvolles ›Gut‹ im Handel mit mehr südlich lebenden Sprachgruppen. Im ganzen gesehen sind Unterschiede in den Gestaltungen regional bedingt, doch in der dekorativen Kunst der Kimberley-Region und Westaustraliens sind das konzentrische Diamantenmotiv und Zickzackentwürfe vorherrschend; beide Motive sind von ihrem Ursprung her sehr alt, das letztere wird oft als Stilisierung der Schlange ›gedeutet‹, die den Zusammenhang mit dem Glauben an die überall gegenwärtige Regenbogenschlange herstellt.

69 Tommy Mandjin
Ein Weißer wird von einem Bullen verfolgt, 1953

Auch in der Literatur hat die Kimberley-Region eine eigenständige Position. Zweifellos ist das positivste Zeichen dafür die Gründung des ersten australischen Verlags, der nur von Aborigines geleitet wird. In Broome begann 1987 mit Unterstützung aus Regierungsmitteln Magabala Books vom Aboriginal Law and Culture Centre aus zu arbeiten. *Magabala* ist ein Wort, das in vielen Kimberley-Sprachen die Buschbanane bezeichnet, deren Samen der Wind weit fort trägt. Unter den zahlreichen Büchern, die Magabala Books bis jetzt publiziert hat, finden sich Titel wie ›*Wandering Girl*‹ von Glenyse Ward,[16] ›*Story About Feeling*‹ von Bill Neidjie (Autor von ›*Kakadu Man*‹),[17] ›*Mayi, Some Bushfruits From Dampierland*‹ von Merrilee Lands[18] und ›*JILJI, Life In The Great Sandy Desert*‹ von Pat Loew in Zusammenarbeit mit Jimmy Pike.[19]

Von ihrem Selbstverständnis her »stellen Magabala Books ein Medium zur Verfügung, über das sich Aborigines ausdrücken und durch ihre eigenen Geschichten den Reichtum und die Vielfalt ihrer Kultur zeigen können«.[20] Sie spiegeln die reiche, bedeutende mündliche Tradition in der Aboriginal-Kultur wider. In mehr als 100 Jahren haben weiße Theoretiker diesem Reichtum durch ihre eigenen umfangreichen Forschungen Rechnung getragen. Die Gründung des Kimberley Language Resource Centre ist ein Versuch, solche Forschungsarbeit in praktische Programme zum Erhalt der Sprachen einzubauen. In der Kimberley-Region gibt es ungefähr 60 Aboriginal-Sprachen, die jedoch unterschiedlich intensiv verbreitet sind. In manchen Fällen ist Pflege von Sprachen gleichbedeutend mit ihrer Wiederbelebung. Kaum überlebten Aboriginal-Sprachen in größeren Städten wie Broome und Derby, wo durch die Vermischung von Aboriginal-Sprachgruppen seit dem Kontakt mit Weißen solche Sprachen wie Aboriginal English, Pidgin, Kriol und das spezielle Pearlinglugger Pidgin von Broome inzwischen viel weiter verbreitet sind. In den 50er Jahren setzte die Entwicklung von Aboriginal-Sprachen ein, und in Yiyili gibt es heute Schulklassen, die beispielsweise nur in Kriol unterrichtet werden.

Die Bemühungen des Kimberley Language Resource Centre, diesem Trend des Verschwindens von eingeborenen Sprachen entgegenzuwirken – wie einzigartig man Kriolisch oder Aboriginal English auch finden mag – verlaufen nicht ohne Probleme. Eine wichtige Rolle in diesem Programm spielt Magabala Books, wo man erkannt hat, daß man sowohl die Sprachen pflegen muß, in denen die Geschichten entstanden sind, wie sich auch um die Interessen eines breiteren australischen Publikums kümmern muß. Für Aboriginal-Literatur, besonders für Erzählungen und Lebensgeschichten oder Biographien, hat sich inzwischen ein neuer Markt entwickelt. Ein ständiger Streitpunkt ist zwar die Übernahme durch einen weißen Markt, doch hat die zunehmende Verbreitung der Aboriginal-Literatur wie alle eingeborene Kunst ein bewußtseinsförderndes Potential. Bruce Shaw hat mehrere Lebensgeschichten und mündliche Erzählungen ›übersetzt‹ und seiner Schilderung zufolge »die Geschichte der Aborigines ›von unten‹ angepackt«[21], um »die Geschichte geradezurücken«[22]. Für seine Arbeit hat er viel Material aus den Kimberleys verwendet, beispielsweise in ›*Banggaiyerri: The Story Of Jack Sullivan As Told To Bruce Shaw*‹[23] oder ›*When The Dust Came In Between: Aboriginal Self-Portrayals From The East Kimberley*‹[24]. Lebensgeschichten werden in der ›Welt der Literatur‹ oft als ›gemeinschaftlich verfaßte Autobiographie‹ bezeichnet, Shaw korrigiert diese Formulierung, seiner Meinung nach sind das »doppelte Autobiographien«[25], denn das Leben des Übersetzers wird darin ebenso deutlich wie das Leben des Erzählers.

Der beste Weg, um Geschichte ›richtig‹ darzustellen, wäre, den ›Übersetzer‹ abzuschaffen, damit Aborigines ganz so schreiben können, wie sie selbst es sich vorstellen. Die Notwendigkeit, traditionelle Sprachen zu erhalten, gerät immer wieder mit der anderen Notwendigkeit in Konflikt, sich nachdrücklicher mit der Sprache der Kolonisatoren zu befassen. Wo beide Bereiche sich überlagern, ist ebenfalls eine deutliche kulturelle Ausdrucksform wie zum Beispiel Kriol erforderlich. Sprachpflege und zweisprachige Programme werden an manchen Schulen in Kimberley betrieben, sind jedoch von finanzieller Unterstützung durch die Regierung abhängig, was keine sehr solide Basis ist. Die steigende Zahl von Druck-Erzeugnissen der Aboriginal-Literatur läßt auf weitere Verbesserungen hoffen, die Existenz eines von Eingeborenen geführten Verlags gibt hier Sicherheit.

›Stompen Around‹ war ein Ereignis, das die Bedeutung des Veranstaltungsortes Broome und der Kimberley-Region für Aboriginal-Musik hervorgehoben hat. Das Festival, das am 5. September 1992 stattgefunden hat, war ganz der zeitgenössischen Aboriginal-Musik gewidmet, es gab Auftritte von so großen Bands wie Yothu Yindi, Mixed Relations, Coloured Stone, Scrap

Metal, Tiddas and Kuckles. Als herausragende musikalische Veranstaltung wurde ›Stompen Around‹ von den Landesrundfunkstationen, Triple J, ABC und der Broome Musicians' Aboriginal Corporation (BMAC) gefördert. Bei RAGE und ABCFM gab es Fernsehübertragungen, und es ist auch die Rede von einer ›Stompen Around‹-CD. Die offensichtliche Bedeutung der Technik bei diesem Ereignis macht einen Aspekt der Aboriginal-Musikszene unübersehbar: »Bands mit elektrisch verstärkten Instrumenten sind allein durch die Pflege ihres Equipments an das wirtschaftliche System der Weißen gebunden und müssen ihre Zeit viel häufiger mit einem reicheren weißen Publikum als mit ihren eigenen Leuten verbringen.«[26] Vor diesem Hintergrund ist moderne Aboriginal-Musik nach wie vor hochpolitisch und eine tragende Stimme des schwarzen Australien.

Traditionelle Musik der Eingeborenen wird noch gar nicht so lange Zeit als so interessant erachtet, daß sich Nicht-Aborigines, sogar auch Musikethnologen, intensiv damit auseinandersetzen. Mit der Gründung des Centre for Aboriginal Studies in Music (CASM) wurde in den späten 60er Jahren deutlich, daß man sich hier unbedingt weiter bemühen und die reiche Musikkultur der Eingeborenen als lebendige Tradition fördern wollte. CASM war ein Ergebnis der Forschungsarbeiten von Cath Ellis, einer ›Ethnomusikologin‹, die die Kluft zwischen städtischen und ›Stammes‹-Formen der Aboriginal-Musik schließen wollte. 1975 gliederte sich das Institut der Universität von Adelaide ein und ist seitdem damit auch für Nicht-Aboriginal-Studenten zugänglich, die von dem Austausch zwischen urbanen und traditionellen Kulturen lernen und daran teilhaben wollten. CASM und BMAC sind eng miteinander verbunden, da die Gründungs- und Fördermitglieder von BMAC als Rockgruppe Kuckles 1981 bei CASM auftraten. Bands wie No Fixed Address und Us Mob haben eine Tradition moderner Aboriginal-Musik begründet, der sich auch Kuckles mit seinem bunt gemischten Reggae-Rock anschloß und damit 1982 beim Internationalen Song-Festival von Köln auftrat. Nach der Rückkehr von Köln entwickelte Kuckles einen Sound, in dem sich die Gruppe mit Instrumenten und Texten aus der Aboriginal-Kultur eindeutiger auf ihre Herkunft bezog. Heute spielen Mitglieder von Kuckles in der genauso erfolgreichen Band Scrap Metal aus Kimberley, die durch ihre Beteiligung an der Promotiontour von Midnight Oil für deren Album ›Diesel and Dust‹ mit seiner klaren Stellungnahme für Kultur und Politk der Aborigines schlagartig in ganz Australien bekannt wurde. Jimmy Chi, einst Gründungsmitglied von Kuckles, konnte mit der landesweiten Tournee seines Musicals ›Bran Nue Dae‹ vor kurzem einen großen Erfolg verbuchen. Schauplatz der Geschichte, die vom Erwachsenwerden eines Jungen erzählt, ist Broome, und der Titelsong des Musicals wurde zur Hymne der *Noonkanbah*-Krise von 1980 (das Musical ging erst 1990 auf Tournee, obwohl es bereits sehr viel früher geschrieben wurde).

»In dieser Blechhütte lebe ich,
nichts hier macht Bock, zurückzukommen.
Besoffene prügeln sich, alles sieht scheußlich aus,
die Leute sind fast ständig blau …
Die Regierung gibt uns einen Scheck,
holt sich die Kohle über die Steuer zurück,
Keine Jobs für uns, aber alle sagen:
›Die Regierung schenkt uns einen neuen Tag‹.
Chor: ›Und wieder kommt ein ganz neuer Tag‹.
Alle, alle sagen es […]
[…] Ich mach' hier schlapp!«[27]

Es paßt ganz gut, daß Jimmy Chi ein Musical geschrieben hat, denn Musicals sind Geschichten, die mit Musik erzählt werden (oder umgekehrt), und Musik und Geschichtenerzählen sind in der traditionellen Kultur untrennbar miteinander verbunden. In der traditionellen Musik von Kimberley sind viele fremde Einflüsse verarbeitet, aus der Zeit vor der Kolonisierung zum Beispiel von den Makassaren, aus Papua-Neuguinea und dem Pazifik. Die Kultur der Weißen hat in der ganzen Zeit, die sie in Australien bereits besteht, zahlreiche musikalische Ausdrucksformen hervorgebracht, die sich Aborigines angeeignet haben, wie beispielsweise die Chöre, Hymnen und Gospels in den ersten Missionsstationen, später dann auch Balladen über das Leben im Busch, Hillbilly, Country and Western bis hin zu Rock, Reggae und allerneuestem Technopop. Alle diese Spielarten existieren gleichzeitig neben den mehr zeitlosen Musiktraditionen jeder Sprachgruppe. Veranstaltungen wie das Festival of Pacific Arts stellen zeitgenössische und herkömmliche Musik vor und geben ihr neue Impulse. Beim fünften Festival of Pacific Arts, das im August 1988 in Townsville, Queensland, stattfand, traten zahlreiche eingeborene Musiker auf. Einige von ihnen, die aus Kimberley, vor allem aus Turkey Creek, Warmun, kamen, verbanden ihre Lieder mit

»Themen wie soziale Ungerechtigkeit, Todesfälle von Schwarzen in Haft, Landrechte und vielem mehr«.[28]

Der hohe Status, den Musiker in der traditionellen Kultur der Eingeborenen einnehmen, überträgt sich auch auf die heutige Situation. Häufig sind Musiker die Leiter einer Gemeinde. In Kimberley ist Ernie Bridge als ›singender Politiker‹ ein Mann, der in dieses Bild paßt. Ernie wurde zuerst aus dem Kimberley-Wahlkreis in das Parlament von Westaustralien gewählt, ist zur Zeit der einzige Minister für Angelegenheiten der Aborigines und hat sich als Country- und Westernsänger einen guten Namen gemacht. Musik und Politik sind so wenig zu trennen wie Musik und Geschichtenerzählen in der Kultur der Aborigines, und vielleicht sind Musiker deshalb immer schon so gut angesehen. Musik hat einen wesentlich größeren Verbreitungsgrad als die anderen Künste wie Literatur und Malerei, sie kann ein größeres Publikum auf Themen aufmerksam machen, bei denen es um die Interessen der Aborigines geht, und trägt zum Stolz auf unsere eigene Kultur bei. Obwohl es in Broome ein Aufnahmestudio gibt, sollten es nach dem Beispiel der Central Australian Aboriginal Media Association noch mehr derartige Einrichtungen in Kimberley und anderen Bundesstaaten von Australien werden.

Wenn man sich die Kultur der Kimberley-Region in ihrer Entwicklung betrachtet, so kann man sagen, daß es für die Aborigines ganz klar einen Aufwärtstrend gibt. Natürlich hat die Frage, ob wir uns nach oben oder unten, zurück oder seitwärts bewegen, etwas mit der Kultur der Kolonisatoren zu tun, die diese Betrachtungsweise ins Spiel gebracht haben, obwohl ›Spiel‹ ein viel zu zurückhaltender Ausdruck ist. Eine Analyse der Kunst aus dem Kimberley-Gebiet setzt einerseits solche Themen wie Kommerzialisierung und die Problematik des Gleichgewichts zwischen alten und neuen Formen auf die Tagesordnung, andererseits zeigt sie auch, daß man nicht nur analysieren, sondern auch etwas tun kann, und die Aborigines von Kimberley sind dabei, etwas zu tun; in der Musik, der Literatur und der Malerei befassen sie sich auf verschiedenen Ebenen mit dem, was in Australien vorgeht. Und sie bringen dabei etwas zustande, so lebendig wie diese Kultur, die seit Tausenden von Jahren besteht.

1 *Darwin Departures Tourist Brochure.*
2 Ebd.
3 *East Kimberley Tourist Brochure.*
4 Ebd.
5 H.C. Coombe/H. McCann/H. Ross/N.M. Williams (Hg.), *Land Of Promises: Aborigines And Development In The East Kimberley,* Canberra 1989, S. 18.
6 Vgl. Western Australia Bureau of Statistics, 1992 (Jahresstatistik 1992 von Westaustralien).
7 Vgl. I.M. Crawford, *The Art Of The Wandjina: Aboriginal Cave Paintings In Kimberley, Western Australia*, Melbourne 1968.
8 Vgl. G. Grey, *Journals Of Two Expeditions Of Discovery In Northwest And Western Australia ...,* 2 Bde., Adelaide 1964 [1841[1]].
9 Crawford, 1968, S. 28.
10 Vgl. A. Lommel/K. Lommel, *Die Kunst des fünften Erdteils: Australien,* o.O. 1959, S. 46ff.
11 Crawford, 1968, S. 10.
12 Ebd. S. 10.
13 Ebd. S. 26.
14 D. Mouljarlai/C. Peck, »Ngarinyin Cultural Continuity: A Project To Teach The Culture Including The Repainting Of Wandjina Rock Art Sites«, in: *Australian Aboriginal Studies,* hrsg. vom Institute of Aboriginal Studies, Bd. 2, Canberra 1987, S. 7.
15 J.E. Stanton, *Painting The Country: Contemporary Aboriginal Art From The Kimberley Region, Western Australia,* Nedlands 1989, S. 5.
16 G. Ward, *Wandering Girl,* Broome 1987.
17 B. Neidjie, *Story About Feeling,* Broome 1989.
18 M. Lands, *Mayi, Some Bushfruits Of Dampierland,* Broome 1988.
19 P. Lowe/J. Pike, *Jilji, Life In The Great Sandy Desert,* Broome 1990.
20 *Magabala Books Brochure.*
21 B. Shaw, »How Aboriginal Life Histories Can Be Written: A Response To The Review, Language And Dignity«, in: *Australian Aboriginal Studies,* 1984, S. 52.
22 Ebd. S. 50.
23 B. Shaw, *Banggaiyerri: The Story Of Jack Gullivan As Told To Bruce Shaw,* Canberra 1983.
24 B. Shaw, *When The Dust Came In Between: Aboriginal Self-Portayals From The East Kimberley,* Canberra 1992.
25 B. Shaw, 1984, S. 50.
26 M. Breen, *Our Place Our Music: Aboriginal Music,* Bd. 2 (Australian Popular Music In Perspective), Canberra 1989, S. 106.
27 Kuckles, *Milliya Rumurra: Brand New Day,* CASM 1982.
28 G. Lee, »Fifth Festival Of Pacific Arts – Townsville August, 1988«, in: *Australian Aboriginal Studies,* 1989, S. 64.

Felsbild der Bradshaw-Figuren in den Kimberleys

Kimberley

Kimberley

Wandjina-Felsbild, Panda-Goornnya am Drysdale River

Black Range

Ritzzeichnung in der Black Range

70 Ignatia Djanghara
Wandjina, ca. 1986

71 Ignatia Djanghara
Wandjina, ca. 1986

72 Alec Mingelmanganu
Wandjina, 1980

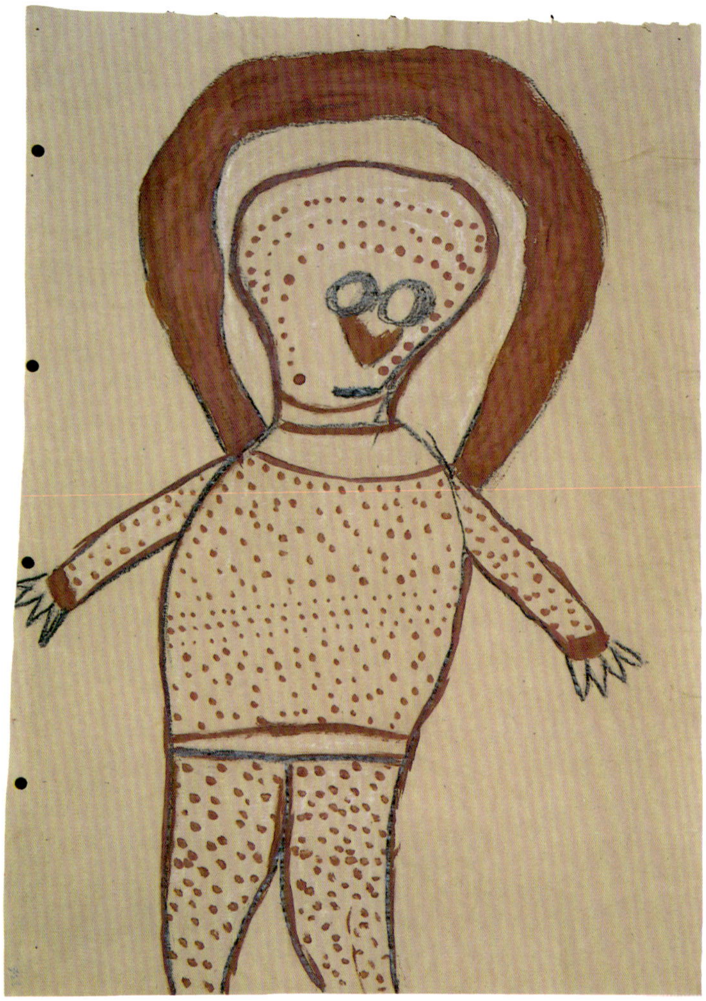

73 Pumpi
Wandjina, 1953

74 Künstler unbekannt
Ohne Titel, 1953

Tänzer aus Mowanjum
Symbolische Darstellungen des Zyklons Tracy *Palga* aus dem Jahre 1979

Paddy Jaminji Jampin
Kurnkukurnku in *Jilyili*, 1984

75 Rover Thomas (Julama)
Muriya, 1984

Freddy Timms
Violet Valley, 1990

76 Freddy Timms
Mandangala, nördlich von Turkey Creek, 1990

77 Rover Thomas (Julama)
Kreuzung in den Kimberleys, 1990

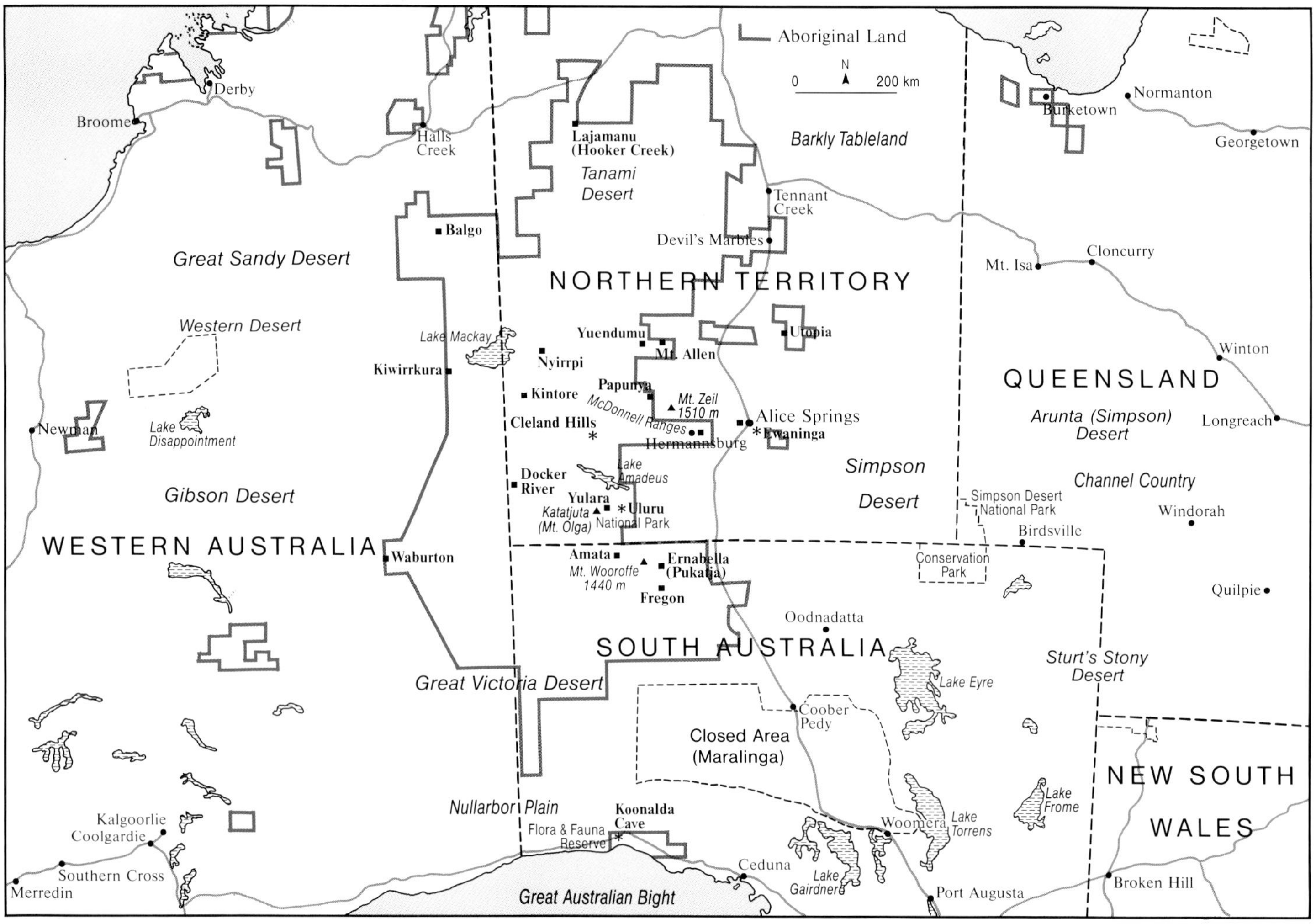
Aboriginal Land
0
N
200 km
Derby
Broome
Halls Creek
Lajamanu (Hooker Creek)
Barkly Tableland
Normanton
Burketown
Georgetown
Tanami Desert
Tennant Creek
Balgo
Devil's Marbles
Great Sandy Desert
Mt. Isa
Cloncurry
NORTHERN TERRITORY
Western Desert
Lake Mackay
Yuendumu
Utopia
Winton
Kiwirrkura
Nyirrpi
Mt. Allen
QUEENSLAND
Kintore
Papunya
Mt. Zeil 1510 m
McDonnell Ranges
Alice Springs
Ltwaninga
Hermannsburg
Cleland Hills
Newman
Lake Disappointment
Arunta (Simpson) Desert
Longreach
Docker River
Lake Amadeus
Simpson Desert
Channel Country
Gibson Desert
Yulara
Uluru
Katatjuta (Mt. Olga)
National Park
Simpson Desert National Park
Windorah
Birdsville
WESTERN AUSTRALIA
Waburton
Amata
Ernabella (Pukatja)
Mt. Wooroffe 1440 m
Fregon
Conservation Park
Quilpie
Oodnadatta
SOUTH AUSTRALIA
Sturt's Stony Desert
Great Victoria Desert
Lake Eyre
Coober Pedy
Closed Area (Maralinga)
NEW SOUTH WALES
Lake Frome
Nullarbor Plain
Koonalda Cave
Flora & Fauna Reserve
Woomera
Lake Torrens
Kalgoorlie
Coolgardie
Southern Cross
Merredin
Ceduna
Lake Gairdner
Port Augusta
Broken Hill
Great Australian Bight

ZENTRALAUSTRALIEN, WESTLICHE, SÜDLICHE UND NÖRDLICHE WÜSTENGEBIETE

R.G. (DICK) KIMBER

VORWORT

Die halbe Welt liegt zwischen Europa und Australien. Zwei Drittel dieses flachsten und trockensten aller Kontinente sind ausgedörrte Landstriche, die vor allem aus Dünen, sandigen Ebenen und Steinwüsten bestehen. Obwohl sich immer mehr Asiaten in Australien niederlassen, ist die Mehrzahl der Bewohner doch europäischer Abstammung. Bis auf wenige leben sie in den Küstenstädten oder in den fruchtbaren Gebieten im Osten des Landes. Alle sind erst seit kurzer Zeit hier, die ersten können die Ankunft ihrer Vorfahren – meist britische Sträflinge – bis in das Jahr 1788 zurückverfolgen.

Sind alle erst seit kurzer Zeit hier? Nein, nicht alle. Ungefähr ein Prozent der Bevölkerung von inzwischen nahezu 17 Millionen Menschen sind Aborigines. Sie sind die Ureinwohner des Landes und haben Australien laut den Feststellungen der Wissenschaftler bereits vor mindestens 40 000 Jahren besiedelt.

Dieser Teil des Katalogs befaßt sich mit historischen Aspekten der Wüstenkulturen und stellt unterschiedliche künstlerische Arbeiten von einzelnen Völkern vor. Denn wie bei Franzosen, Deutschen, Engländern, Niederländern und anderen europäischen Völkern gibt es auch bei den Aborigines von Australien regionale Besonderheiten. Sie haben zwar alle die gleichen Vorfahren, doch existieren bei den *Diyari, Aranda, Alyawarra, Anmatjera, Warlpiri, Pintupi* und anderen deutliche sprachliche Unterschiede (manches geht sehr weit auseinander, anderes ist eng miteinander verwandt) und viele kulturelle Verschiedenheiten.

Die Arbeiten dieser Ausstellung, die (mit Ausnahme der *toas*) sämtlich erst vor kurzer Zeit aus den traditionellen Kunstformen entwickelt wurden, weisen deutlich auf die Vielzahl der darin verarbeiteten Traditionen hin. Alte Traditionen, moderne Kunst.

Ich finde dies eine aufregende, interessante Kunst und würde mich freuen, wenn Sie diese Meinung teilen können.

EINLEITUNG: DAS LAND IM ZENTRUM, DAS LAND DER *TOAS*

»Wir kampierten [...] in Sichtweite des dunklen Baumgürtels von Cooper's Creek. Doch daß wir uns immer noch in der Ebene befanden, wurde uns zu unserem Mißvergnügen deutlich, als sich der Wind erhob und in langen, stetigen Stößen den Sand über das Lager wehte. Die Nacht war schwül und stickig; bei Sonnenaufgang war der Himmel völlig von dicken grauen Wolken bedeckt, die nur ein schmaler Schlitz im Osten und ein augenförmiges Loch über uns teilten. Durch dieses Loch fiel eine Lichtsäule, die ein Nebelband im Westen als Basis eines Regenbogens aufnahm: Das farbige Band verlief vertikal und war Teil eines derart hochgespannten Bogens, daß es schon fast gerade wirkte. Es begann dort, wo wir in der Nacht zuvor ein helles Sternenlicht gesehen hatten, und beide zusammen erinnerten uns an die Feuersäulen, die die Israeliten durch die Wüste von Sinai geleiteten.

[Dieser] Morgen bot herrliche Farbenspiele. Der Himmelsstreifen am östlichen Horizont war von einem grünlichen Gelb, die einzelne Öffnung in der Wolkenschicht darüber war ein reines, weiches Grün. Die unterste Schicht der Stratuswolken leuchtete in lebhaftem Scharlachrot, das weiter oben in ein zartes Rosa überging. Darüber lag ein strahlendgelber Gürtel, der in das Blaugrau der dichten Wolkendecke überging, unter der wiederum einige kleinere Wölkchen rosenrot wie ein Alpenglühen strahlten.«[1]

So begann im Jahr 1901 der Tag des Geologen J.W. Gregory auf seiner Reise zur Missionsstation von Killalpaninna, die im Südwesten eines Gebietes liegt, das umfassend als Zentralaustralien bezeichnet wird. 600 km Luftlinie beträgt die Entfernung bis Alice Springs, der Stadt im Zentrum Australiens mit rund 25 000 Einwohnern und selbst schon 1 500 km von der nächsten größeren Küstenstadt gelegen. Die Weite des Himmels und des Landes überwältigt Besucher aus anderen Ländern.

Hier, in der Umgebung von Killalparinna, befindet sich ›das Zentrum‹ mit Tageshöchsttemperaturen bis zu 50°C im Schatten – wenn es überhaupt irgendwo Schatten gibt – und Winternächten, in denen es kälter als 0°C werden kann. Obwohl die Gipfel der MacDonnell Ranges bei Alice Springs zwischen 1 000 und 1 500 m hoch sind und dort im Jahresdurchschnitt 250 mm Regen fallen, gilt das nicht für den größten Teil des Gebietes im Umkreis von rund 600 km, in dem die hier vorgestellte Kunst der in der Wüste lebenden Aborigines hergestellt wird: Beim Lake Eyre (dem größten See Australiens, einem Salzsee) und dem nahegelegenen Lake Killalparinna ist das Land tiefer als der Meeresspiegel. Regenfälle sind hier sehr viel seltener und ergeben kaum mehr als 150 mm im Jahr. In der ganzen Gegend gibt es keinen einzigen Fluß, der ständig Wasser führt.

J.W. Gregory ritt mit seinen Leuten weiter zur Missionsstation, die im Jahr 1866 im Land der *Diyari* gegründet worden war. Diese Aborigines hätten denselben Sonnenuntergang und Sonnenaufgang, den der Geologe beobachtete, völlig anders interpretiert. Sie konnten sich alles in den Begriffen der *Mura* erklären oder *Altjira,* wie die *Aranda* sagen – der ewigwährenden Zeit der Schöpfung. Darunter versteht man eine Vergangenheit, in der Schöpferwesen – manche als Götter in Menschengestalt, andere als Tiere, oft auch in beiden Wesenheiten auftretend – durch das Land zogen und alles Seiende erschufen. Doch da die *Mura* ewig dauernd ist, gelten die Erschaffer des Lebens als allgegenwärtig: Sie schliefen; sie erschufen; sie sind nach wie vor in der Landschaft vorhanden. Das strahlende Licht und die Säulen des Regenbogens, die Gregory an ›die Feuersäulen‹ denken ließen, ›die die Israeliten durch die Wüste von Sinai geleiteten‹, zeigten den *Diyari* das erneute Wirken der Regenbogenschlange an, eines Schöpferwesens aus der Zeit der *Muramura.* Und statt ›rosenrot wie ein Alpenglühen‹ war der Himmel für sie ein *Diyari*-Himmel, der sie vielleicht an *Darana* erinnert hätte, den *Muramura*-Ahnen, ›der in einer Periode großer Trockenheit lebte‹. »Die Lieder zu seiner Anrufung«, schrieb der Missionar Reuther, »werden gesungen, um Regen zu bewirken, so wie er sie einst gesungen hat.«[2]

Statt sakraler Gesänge wünschte sich der Forscher Gregory die neuesten wissenschaftlichen Gerätschaften, um damit den Regen für den »dürstenden Boden«[3] auszulösen. Doch das wünschte er sich vergebens. Allerdings waren er und seine Begleiter angenehm überrascht, als sie endlich die Mission erreichten:

»Die evangelische Missionsstation von Killalparinna [...] ist wirklich eine Oase in der Wildnis. Sie liegt auf einer hohen Sanddüne und ist an drei Seiten von einem See umgeben, der wie ein Hufeisen geformt ist [...] In diesem See gibt es – anders als in den meisten sogenannten Seen dieses Landes – sogar etwas Wasser, zumindest einige Pfützen. Wenn der See voll ist, ist das Wasser ganz frisch [...]

In der Station leben zwei Missionare, Herr Reuther und Herr Siebert, sowie drei Helfer, die das Vieh und die Außenstationen betreuen. Ungefähr 200 Eingeborene leben im Gebiet der Mission, und man würde schwerlich eine zufriedenere und blühendere schwarze Bevölkerung finden als diese.«[4]

Seit der Zeit von Gregorys Besuch wurden die Methode der Altersbestimmung von Farbstoffen und andere Techniken entwickelt. Daher weiß man inzwischen, daß Aborigines bereits seit 40 000, vielleicht sogar seit 50 000–60 000 Jahren in Australien leben. Die am weitesten zurückreichende, zuverlässige Angabe gibt für Zentralaustralien eine Spanne von 22 000 Jahren an, und es gilt als unwahrscheinlich, daß dies als der früheste Zeitpunkt der Besiedelung in den weiten Trockengebieten bestehenbleibt.[5]

Vor 100 Jahren waren die Ureinwohner von Zentralaustralien – die *Diyari* und ihre weiter südöstlich lebenden Nachbarn, die *Aranda, Pitjatjantjara, Warlpiri, Pintupi* und andere Gruppen im Kerngebiet und im Nordwesten – in kleinen Gruppen mit komplexen sozialen Regeln organisiert. Untereinander und mit ihrer Umgebung verband sie eine dynamische Beziehung, und da es in der Wüste von Ort zu Ort Unterschiedliches zu finden gibt, hatte jede Gruppe die Kontrolle über bestimmte Produkte, die andere Gruppen sehr hoch einschätzten. Daraus ergab sich über Hunderte von Kilometern ein Austausch von Geschenken oder

Steinkreis, Zentralaustralien

Gebrauchsgütern. Der besonders zum Malen benötigte rote Ocker und ein Narkotikum namens *pituri* gehörten zu diesen viel gehandelten Waren.

Je ungünstiger Terrain und Klima waren, desto häufiger scheint man Vorräte von Nahrungsmitteln angelegt zu haben – obwohl die Menschen, die in den trockensten Gebieten lebten, oft auf jene zuverlässigeren Möglichkeiten der Versorgung mit Wasser und Nahrung zurückgreifen mußten, über die ihre Nachbarn verfügten.[6] Das konnte zwar zu Spannungen führen, doch genausogut war das in freundschaftlichem Einvernehmen möglich.

»Benachbarte Stämme kommen einander zu Hilfe. Die Stammesgrenzen dürfen nicht ohne vorherige Erlaubnis überschritten werden. Doch wenn die Trockenheit im Gebiet des einen Stammes zu stark wird, ist es üblich, den Stammesnachbarn ein Gebiet zum Jagen oder einen See zum Fischen anzubieten.

Da der Salt Creek öfter Wasser führt als der Cooper, laden die *Wongkanguru* ihre Nachbarn, die *Diyari*, oft zu Besuch, und die Beziehungen zwischen beiden Stämmen sind wirklich gut.«[7]

Für die meisten Völker, die in dieser kurzen Abhandlung vorgestellt werden, spielen viele Aspekte des sozialen Lebens, der Zeremonien und der Religion wie auch die wirtschaftlichen Interessen nach wie vor eine Rolle. Wie zu Zeiten von Gregorys Besuch vorausgesagt, befanden sich die *Diyari* und ihre Nachbarn jedoch bereits in derart ernstem und schnellem Niedergang – statt der früheren mörderischen Schießereien von Viehhirten und Polizisten grassierten inzwischen Krankheiten, gegen die es kaum Widerstandskräfte gab –, so daß ihre Sprachen und Kulturen heute nur noch wie ein fernes Trugbild anmuten. Das ist eine große Tragödie. Sie wird von der Tatsache verdeckt, daß auch die Missionare trotz all ihrer guten Absichten und Leistungen keinen Erfolg hatten. Über all diesen Menschen liegt etwas Traurig-Heroisches – über den *Diyari* und ihren Nachbarn, wie den *Tipari* und *Wongkanguru*, wie auch über den alten Missionaren und ihren Helfern.

Als G.W. Gregory von Killalparinna aus weiterritt, hielt er noch einmal kurz an und sprach mit einem der Helfer, dem Schmied H. Vogelsang. Er hatte noch mehr als die Missionare gelitten, sich dabei seine Zuversicht bewahrt und den Aborigines geholfen. Als er 1913 starb, war das auch das Ende der Missionsstation. Innerhalb von zwei Jahren wurde sie geschlossen, die verbliebenen Aborigines und die wenigen deutschen Lutheraner gingen fort.

Bodenmalerei, Alice Springs 1964. Courtesy South Australian Museum Archives, Leske Collection

35 Jahre nach dem Tod von Old Man Vogelsang besuchte ein Schriftsteller namens George Farwell die Ruinen. Sein Führer war Uley, der letzte der noch in diesem Gebiet lebende *Diyari*. Farwell drehte sich nach der Besichtigung der Ruinen um und sah, daß Uley sehr traurig war.

»›Uley, faß dich‹, sagte ich. ›Was ist los?‹

Er wandte sich mir zu, mit einem unsagbar traurigen Ausdruck in seinem harten Gesicht.

›Hier mein Zuhause‹, sagte er. ›Ich hier geboren. Wir Jungs leben alle hier. Hunderte von schwarzen Menschen waren hier. Sie lachen. Sie singen. Jetzt sind alle fort. Ich sitze hier und denke darüber nach.‹

›Was geschah mit deiner Mutter?‹, fragte ich.

›Sie schläft hier, irgendwo.‹

›Irgendwo?‹

›Ich das Grab gesucht‹, sagte er und sah hinüber zu den weit entfernten, zinnoberroten Sandhügeln. ›Aber ich nicht finden. Überall Sand.‹

Dann führte er mich zu einem Grabstein, der mit Stacheldraht eingezäunt war.

›Hier schläft er – Vater Vogelsang.‹

Uley nahm seinen Hut ab, sein graues Haar wehte im Wind. In dem abgetragenen grauen Mantel und den verblichenen Hosen war er eine ärmliche Gestalt, und er blickte auf das Grab des Mannes, der ›ihn großgezogen hatte‹.

Die Inschrift auf dem Stein war in deutscher Sprache, und ich konnte sie nicht lesen. Wie ein Fremder schien er gestorben zu sein in diesem Land, dem er all seine Kraft geschenkt hatte. Im gnadenlosen Sonnenlicht hatten sie ihn beerdigt: Sein Glauben, seine Ideale und Opfer waren hier zu Staub zerfallen.

Als wir weiter zu dem ausgetrockneten See ritten, der zu Wüste geworden war, spürte ich den tapferen Geist des alten Mannes immer noch ganz dicht bei uns. Die Erinnerung an ihn lag über der ganzen Situation. Die Siedlung war sein Werk gewesen. Erst als er starb, starb auch Killalparinna. Bei einem Blick zurück von der flirrenden Fläche des Sees aus, der die ganze sichtbare Welt zu beherrschen schien, sah ich, daß [...] wieder [ein größeres Gebäude] in den Sandmassen untergegangen war. In einer der nächsten Generationen wurde es hier so aussehen, als hätte niemals ein weißer oder schwarzer Mann diese unmenschliche Stille gestört.«[8]

George Farwell hatte das fast richtig erkannt, doch bereits eine Generation später waren die Touristen mit den Geländewagen ein Faktor von zunehmender Bedeutung. Der See hatte sich wieder gefüllt; als zwei Touristen von den staubbedeckten Ruinen aus Lehmziegeln zurückkamen und beim Grab von Old Man Vogelsang stehenblieben, zerriß plötzlich ein Schuß die Stille. Ein yaheo tourist aus der Gruppe jagte geschützte Vögel im Gebiet des Sees.[9]

Sehr viel wahrscheinlicher ist, daß es im Jahr 2000 überhaupt keine Überlebenden der einst so zahlreichen traditionellen Völker im gesamten Gebiet des Landes im Osten und Norden um den Lake Eyre mehr geben wird. Doch glücklicherweise gab es auch Menschen, die sich wirklich um die Aborigines kümmerten.

Details (Buschkartoffel, *wallaby,* Schlange) aus 5 *Tjukurrpas*,

Yuendumu-Gemeinde,

Ausstellung ›Magiciens de la Terre‹, Paris 1989

Unter ihnen befanden sich die drei Männer, denen Gregory begegnet war – die Missionare Reuther und Siebert und ein englischer Lehrer namens Hillier. Sie interessierten sich neben anderem auch dafür, die Kunst aus der Gegend zu sammeln, dabei im besonderen Plastiken, die man *toas* nannte.

TOAS: EINZIGARTIGE KUNST AUS DEM GEBIET NORDWESTLICH VON LAKE EYRE

Toas sind kleine Gegenstände aus Holz, die oft aus einem Stück hergestellt wurden, das in seiner Form bereits an Symbole oder Mythologisches eines bestimmten Ortes erinnerte. Es gibt ungezählte formale Varianten, bei vielen wurde auch noch modelliert, oder man fügte Federn, Haare, eine Miesmuschel oder die Füße einer Eidechse an; häufig nahm man dazu auch eine Grassorte, deren Bezeichnung Teil des Ortsnamens wurde, von dem das hinzugefügte Material stammte. Außerdem wurden *toas* in den vier wichtigsten Farben bemalt, die in ganz Australien anzutreffen sind, bei denen Rot dominiert, meistens durch Weiß gehöht, Gelb und Schwarz werden dagegen weniger oft verwendet. *Toas* sind im allgemeinen 20–50 cm lang, obwohl es auch solche mit einer Länge von 14 cm und andere mit 158 cm gibt, in Breite oder Umfang sind sie einem abgerundeten Lineal vergleichbar. Auffallend ist, daß alle auf uns gekommenen Exemplare zwischen 1890 und 1905 entstanden sind. Den Hinweisen in den drei Berichten aus Killalparinna ist zu entnehmen, daß sie bereits vor dieser Zeit, vermutlich schon seit einigen Jahrhunderten benutzt wurden. Allerdings gibt es von keinem früheren Reisenden oder für längere Zeit in diesem Gebiet Ansässigen Aussagen über das Vorhandensein von *toas*. Daher könnte die Vermutung von Philip Jones und Peter Sutton durchaus zutreffen:

»*Toas* [...] können neu entwickelte Formen aus einer bereits lange vorher bestehenden Tradition sein.«[10]

Wofür wurden sie verwendet? Der Missionar Reuther, wichtigster Sammler von *toas*, gibt dazu folgende Erklärung:

»Für die Aborigines waren die *toas* Wegweiser [oder Richtungsanzeiger] und halfen ihnen, bestimmte Plätze zu finden. Jede *toa* verweist entsprechend ihrer auf die Topographie bezogenen Gestaltung auf einen bestimmten Ort und bezeichnet in ihrer Formgebung den Platz, um den es geht.

Anhand der Farben [auf der *Toa* kann] der Aborigine erkennen, wo sich gerade das Lager seiner Freunde befindet und wie die Landschaft dort [im allgemeinen] beschaffen ist, während der Symbolgehalt von Kopfteilen [oder ›Helmen‹] dazu beiträgt, die Ortsbezeichnungen genauer feststellen zu können. Ein Aborigine kann aus einer *toa* einen Ortsnamen ablesen. Aus diesem Grund kann man vielleicht mit [einiger] Berechtigung sagen, daß die *toa*[s] eine [Art] ›Zeichensprache‹ der Aborigines darstellen.«[11]

Auch wenn diese Bemerkungen ziemlich logisch erscheinen, so werfen sie doch einige Fragen auf. Beispielsweise konnten Aborigines auch sehr gut in Fußspuren lesen und sich durch Rauchzeichen sehr schnell über den Aufenthaltsort eines anderen informieren, so daß ›Richtungsanzeiger‹ überflüssig gewesen wären. Da jedoch keine anderen ausführlichen Hinweise existieren, um diese Fragen aufzuhellen, bleiben Reuthers Anmerkungen die einzig verfügbaren Quellen. Und abgesehen von jeder endgültigen Klärung ist es eine glückliche Fügung, daß diese einzigartigen Kunstwerke erhalten und für alle Interessierten zu sehen sind.

Wenn wir das Land der *toas* verlassen und der Route des Wissenschaftlers Gregory folgen, bewegen wir uns nach Nordwesten und Westen zum Lake Eyre. Nahe dieser Strecke liegen ein wenig nördlich davon der Weg der mythologischen Teppichschlangen, die auch Regenbogenschlangen waren, und der davon getrennt verlaufende Weg des *Dingo*-Ahnen. Diese Gegend wurde zum Land der *Wongkanguru*, den befreundeten Nachbarn der *Diyarni*; dann zogen die Ahnenwesen nach Westen in das Land der *Aranda*. Aus seiner Heimat in den Dünen ›am Ende der Welt‹ in der rauhen Simpson-Wüste bringt uns der *Dingo*-Ahn dorthin.[12]

»Seine roten Augen glühen.
Hinter offenen Fängen lauert seine rote Zunge.
Im Land seiner Sandberge wehen heiße Winde.
Der rote Staub erhebt sich.
Er verläßt das Lager in Niljerkia.
Der Große *Dingo* verläßt sein Lager
Und zieht durch die Sandhügel.
Ngolya der *Dingo* führt seine Herde
Aus dem Land der Staubstürme.
Er kommt nach Intia, trinkt sich satt
Und ruht sich am Wasser eine Weile aus.
Dann eilt er weiter nach Westen.
Seine Krallen zeichnen die Erde, er schleudert den

Sand auf
In seinem Lauf gen Westen.
Hinter bloßen Fängen glüht seine rote Zunge.«[13]

Als *Ngolya*, der Große *Dingo*-›Boss‹, die südlichen Ausläufer von Alice Springs erreicht, trifft er auf die dort lebenden Raupenschwärme. Da er unglaublich ausgehungert ist, verschlingt er unzählige Raupen. Dann kommt er durch Heavitree Gap, den südlichen Zugang von Alice, und läuft über den Hügelkamm nach Westen. Hier hält er inne, hebt seinen Kopf und schnuppert im Wind: Die Spitze eines hervorstehenden Teils von einem Hügel mit Namen Mount Gillen wird seine Nase. Er biegt den Nacken, und der Mount Gillen heult hinüber zu den Dingo-Hügeln.

Tief unten in der Ebene antwortet ein anderes Heulen. Es ist eine *Dingo*-Frau an ihrem Lagerplatz. *Ngolya* läuft hinunter und verschlingt einige Eichhörnchen. Da er nun keinen Hunger mehr hat, läuft er in den Teil, der heute das Herz der Stadt Alice Springs ist, setzt sich in den Staub, und dort, wo er für immer bleiben wird, kann heute noch ein Stein besichtigt werden, der seine Geist-Kraft darstellt.

Bei den West-*Aranda* lautet die Version dieser Begebenheit etwas anders. Der Künstler Albert Namatjira von den *Aranda* schließt seine Darstellung mit Bildern, die beiden Versionen eigen sind. Der ›alte Mann‹ ist der *Dingo*.

»Der alte Mann legt sich im Staub nieder. Die Winde kommen aus allen Richtungen und decken ihn zu. Als ein Vogel schreit, erhebt er sich aus dem Staub, stellt die Ohren auf, lauscht. Er beobachtet, er riecht den Wind. Er legt sich wieder nieder, und die Winde blasen aus allen Richtungen und bedecken ihn mit Staub und Sand.«[14]

Alice Springs ist – wie bereits erwähnt – die einzige Stadt in Zentralaustralien und der Ort, von dem aus die meisten Touristen und andere Reisende das gesamte Gebiet besuchen. Bei der Betrachtung der in der Wüste entstandenen Kunst können auch wir die Stadt als sinnvollen Ausgangspunkt wählen.

›The Alice‹ liegt umgeben von den herrlichen MacDonnell Ranges im Herzen des *Aranda*-Landes. Nach europäischem Verständnis nahm die Stadt ihren Ausgang von einer 1871 errichteten Telegraphenstation der das ganze Land verbindenden Overland Telegraph Line. Obwohl für kurze Zeit einmal mehr Menschen in einer weiter ostwärts gelegenen Goldgräberstadt lebten, war Alice Springs immer das wichtigste Kommunikations- und Versorgungszentrum. 70 Jahre dauerte es, bis die Stadt 1 000 Einwohner hatte, doch seit dem Zweiten Weltkrieg haben Tourismus und Verwaltung drastisch zugenommen, und die Stadt hat sich ständig vergrößert. Aus dem Landstädtchen ist eine Stadt auf dem Land mit 25 000 Bewohnern geworden, doch vermutlich wird die Bevölkerung in den nächsten Jahrzehnten nicht mehr so schnell wachsen.

Im Westen liegt Hermannsburg, das 1877 als lutheranische Mission gegründet wurde und ein Jahrhundert als solche bestand. Heute leben hier Aborigines der West-*Aranda*, die jederzeit Hilfe der Evangelischen Kirche in Anspruch nehmen können und auch aus der weiteren Umgebung personelle Unterstützung erhalten, wenn sie es wollen.

Tonanga Albert Namatjira, der bekannteste aller West-*Aranda*, wurde in dieser Missionsstation geboren und ist Thema der anschließenden kurzen Ausführungen.

ALBERT NAMATJIRA (1902 – 1959)[15]

Albert Namatjira wurde 1902 in der Mission von Hermannsburg geboren und drei Jahre später dort getauft. Er gehörte bereits zur zweiten Generation, die ›tätiges Christentum‹ erlebte, wurde jedoch gleichzeitig mit 13 Jahren auch in die Mannesriten der Aborigines eingeführt: Seine Initiation und anderes, was er gemäß den Traditionen zu lernen hatte, vollzogen sich ›draußen im Busch‹, weit entfernt vom Einflußbereich der Mission. Wie umfangreich sein Wissen um die alte Kultur war, zeigte sich deutlich darin, daß er die Sprache der *Aranda* beherrschte, traditionelle Objekte herstellen konnte, die rituellen Lieder der Männer kannte und – wie bereits erwähnt – die Reisen der mythischen Schöpferahnen genau beschreiben konnte.

Obwohl er die sozialen Regeln in Heiratsfragen gut kannte (sie werden später kurz dargestellt), brannte er mit einer jungen Frau durch, die gemäß dieser Regeln eigentlich nicht für ihn in Frage kam. Sie hieß Ilkalita (Rubina), das Paar hatte später eine große Familie mit vielen Söhnen und Töchtern.

Wenn ein Paar ausriß, so galt das zwar in allen Gemeinschaften als schwere Verfehlung, kam jedoch trotzdem immer wieder vor. Albert und Rubina waren einander sehr zugetan und wurden später, nachdem sie eine Strafe akzeptiert und großes Verantwortungsbewußtsein gegenüber ihren Kindern gezeigt hatten, wie-

Albert Namatjira,
Heavitree Gap, Alice Springs.
Aquarell, ca. 1953

der in ihre Welt der West-*Aranda* aufgenommen. So wie alle, die damals und auch später mit der Mission in Verbindung standen, übernahmen sie in beiden ›Welten‹ Verantwortung – sowohl in der traditionellen der *Aranda* als auch in der der seit kurzem ansässigen Europäer.

In seiner traditionellen Erziehung lernte Albert, mit Feuer umzugehen, mit Stahläxten und Messern Speere, Speerschleudern, Schilde und *boomerangs* herzustellen. Seine Tätigkeiten in der Mission als Schmied und als Helfer beim Abrichten der Kamele ergänzten diese traditionellen Fertigkeiten. Als Schmied mußte er mit Feuer hantieren, bearbeitete Stahl und erlernte die Brandmalerei. Die Arbeit mit den Kamelen erforderte nicht nur solche praktischen Tätigkeiten wie das Flechten von Seilen oder Schnitzen von Nasenpflöcken, sondern durch den Kontakt mit den ›afghanischen‹ Kameltreibern (viele kamen aus verschiedenen Teilen Indiens oder auch aus Afghanistan) lernte er knifflige Holzschnitzereien kennen. Diese Schnitzarbeiten waren ein spezielles Hobby vieler Kameltreiber; man begann mit einem einfachen, in einem Stück gearbeiteten Holzstuhl und fertigte schließlich so komplizierte Gegenstände wie eine Kugel in einem Käfig, die ebenfalls aus einem Stück gefertigt wurden.[16]

Es ist nicht bekannt, wie intensiv Albert Namatjira dies alles ausübte, doch mit ziemlicher Wahrscheinlichkeit war er darin nicht ganz unbegabt, und in Verbindung mit seinen traditionellen Fertigkeiten war es eine Vorbereitung auf seine spätere Zukunft als Künstler.

In einer wichtigen Phase von Alberts Entwicklung traf Pastor J.W. Albrecht in Hermannsburg ein. Er hatte in Deutschland mit Brandmalerei verzierte Wandplatten gesehen und war davon sehr beeindruckt; in den späten 20er bis in die 30er Jahre regte er die Herstellung solcher Objekte aus australischem *mulga*-Holz an. Dieses Holz zeichnet sich durch eine besondere Maserung mit sehr deutlichen gelben und kräftigen braunen Jahresringen aus. Es ist auch ein wesentlicher Werkstoff für die Herstellung von *Tjuringa,* geheimen und sakralen Objekten der Männer. Mit Sicherheit spielte es eine große Rolle, daß Pastor Albrecht die Produktion solcher Platten mit den zeremoniellen Texten und Bildern seiner Kirche begeistert förderte, die zufällig in Form und von der Natur vorgegebenen Gestaltung – die aufgehellten konzentrischen Kreise – mit den sakralen Gegenständen der Männer übereinstimmten. Hier gab es einen Pastor, der mit größtmöglicher Umsicht die beiden Kulturen miteinander verband, ohne daß es dadurch zu peinlichen Situationen kam. Außerdem wurde auch noch ein – nach damaligen Maßstäben – angemessener Preis bezahlt, und allen war klar, daß die Arbeiten von ihren Käufern wirklich geschätzt und verehrt wurden.

Es ist nicht verwunderlich, daß Albert Namatjira und andere *Aranda*-Künstler auf diesen künstlerischen Anreiz eingingen. Und wie man vermuten konnte, waren Australier europäischer Abstammung so begeistert von den Ergebnissen, daß eine Nachfrage nach immer mehr Themen entstand. In Namatjiras Werk tauchten daher neben dem in der Mitte plazierten Kreuzzeichen der Christen bald ein oder zwei Palmen in überlieferter Gestaltung auf. Auf einer anderen Platte ist ein springendes Känguruh zu sehen oder traditionelle Symbole der Aborigines, und eine weitere zeigt eine Polizeipatrouille auf Kamelen.[17] 1935 entstand die vermutlich am feinsten gearbeitete Serie, als Albert Namatjira nicht auf Platten, sondern auf *boomerangs* in Brandmalerei dokumentierte, wie die Pipeline vom benachbarten Kopovilya Springs nach Hermannsburg verlegt wurde. Nach der Gründung der Mission im Jahr 1877 war die Tatsache, daß Hermannsburg jetzt eine ständige Wasserversorgung erhielt, die wichtigste Begebenheit in der Geschichte der Station. Die Wahl Albert Namatjiras als Dokumentarist dieses Ereignisses zeigt, daß die europäischen Missionsangehörigen den damals 35jährigen als leistungsfähigsten lokalen Künstler ansahen. Es ist auch eindeutig, daß Pastor Albrecht auch dabei wieder als die treibende Kraft galt, wie vordem die Herstellung der Wandplatten ebenfalls auf seine Anregung zurückging. Zur Zeit seiner Ankunft in Hermannsburg herrschte eine schreckliche Dürre, und gemeinsam mit anderen war er derjenige, der Zitrusfrüchte verteilte, um Krankheiten und Tod zu bekämpfen; er hatte die künstlerischen Aktivitäten gefördert, und nun leitete er die Arbeiten, mit denen die Trockenheit endgültig besiegt werden sollte – und förderte die Idee, daß dies auf 50 *boomerangs* bildlich festgehalten wurde.[18]

Zu genau diesem Zeitpunkt seiner künstlerischen Laufbahn sollte Albert Namatjira auf zwei Männer treffen, durch die er Wasserfarben kennenlernte. Diese beiden Männer waren die Maler John Gardner und Rex Battarbee – und es ist ziemlich bedeutsam, daß sie tatsächlich Männer waren – und nicht Frauen. Die Rollen von Männern und Frauen werden in den Aboriginal-Gesellschaften oft sehr genau umrissen, und obwohl Albert einige Zeit zuvor den zwei Künstlerinnen Jessie Oraill und Una Hague bei ihren Studienaufenthalten behilflich gewesen war, war es doch der Besuch der Männer, der ihn inspirierte. 1934 beobachtete er John Gardner bei der Arbeit an seinen Aquarellen und sagte zu ihm, daß er das eigentlich auch ganz gern machen würde.[19] Als Pastor Albrecht die Künstler kurz darauf einlud, ihre Werke in der Schule von Hermannsburg auszustellen, erfuhr Gardner, der Freund von Albert, von dessen Wunsch.

In den folgenden zwei Jahren erwarb Pastor Albrecht Malmaterialien, doch erst bei einem erneuten Besuch Rex Battarbees im Jahre 1936 lernte Albert mehr über die Technik der Aquarellmalerei. Ergebnis dieser Unterweisung war, daß seine bereits sehr kenntnisreich ausgeführten Arbeiten ›fortgingen‹. Pastor Albrecht organisierte 1937 eine erste kleine Ausstellung mit zehn Werken von Albert, und nach weiteren größeren Ausstellungen in den Jahren 1938, 1939 und nach 1940 erlangte er nationale Berühmtheit.

Kein anderer Künstler hat Licht und Farben der Höhenzüge in Zentralaustralien, der Bäume und der landschaftlichen Aspekte besser eingefangen.

In den letzten 20 Jahren seines Leben erfuhr der Künstler viel Aufmerksamkeit, hatte auch unter seinem Ruhm zu leiden, erfreute sich der Wertschätzung, erlebte aber auch ruhige Zeiten ›draußen im Busch‹ und hatte Tragisches durchzustehen. Er starb 1959.

SOZIALE ORGANISATION: UNTERGRUPPEN UND AUSSENSTATIONEN

Untergruppen

In Albert Namatjiras Lebensbeschreibung wurde bereits erwähnt, daß seine Heirat nicht den Regeln der Aborigines entsprach. Dies ist eine komplexe Frage, doch in diesem Fall ist damit gemeint, daß er eine Frau heiratete, die einer falschen Untergruppe der West-*Aranda* angehörte.

Die West-*Aranda* kennen acht solcher Untergruppen, wie auch die *Warlpiri* und andere. Manche Völker haben allerdings vier oder fünf oder auch gar keine. Die einzelnen Gesellschaften unterscheiden sich jedoch nicht in den allgemein gültigen Regeln, unabhängig davon, ob sie Untergruppen kennen oder nicht.

Als Diagramm läßt sich das System der West-*Aranda* wie folgt darstellen[20]:

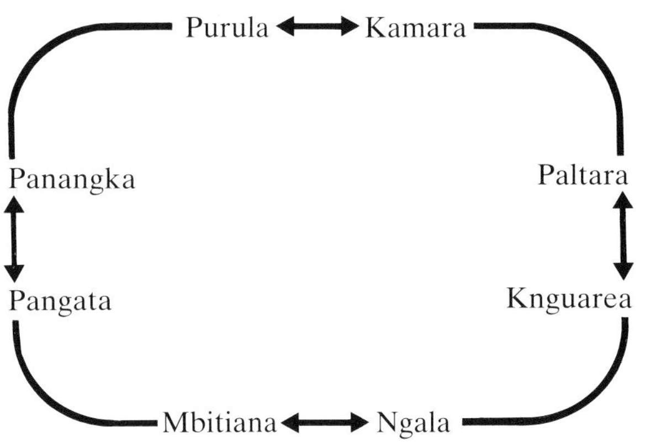

Die Pfeile bedeuten eine Vater-Kind-Linie, die Bögen zeigen die korrekten Heiratsverbindungen an.

Zum besseren Verständnis: Angenommen, ein ›Stamm‹ besteht aus 768 Menschen – was unter den Bedingungen des Lebens in der Wüste sehr viele gewesen wären –, könnte man – im mathematischen Idealfall – davon ausgehen, daß auf 384 Männer 384 Frauen kämen, in jeder Generation 128 Personen und 16 in jeder Untergruppe. Die letztgenannte niedrige Zahl verdeutlicht, daß die Feststellung der in Frage kommenden Ehepartner relativ leicht fiele. Wenn man davon ausgeht, daß die Menschen oft in kleinen Familienverbänden und weit verstreut in einem sehr großen Gebiet lebten, dann wurden die Gruppen immer noch kleiner und durch totemistische Zuordnungen, die sich auf den Ort der Zeugung eines Menschen bezogen, noch weiter unterteilt.

Menschen, die nicht zu den Aborigines gehören, erhalten oft Namen aus einer der Untergruppen, weil die Aborigines damit die Möglichkeit schaffen, auf einfache Weise mit Außenseitern umzugehen, die einige Zeit in einer ihrer Gemeinschaften leben. In solch einem Fall gelten die Regeln auch für eine Heirat mit einem anderen Außenstehenden. Hat man beispielsweise von den *Warlpiri* den Namen Tjakamarra erhalten, so hieße der Vater eines Mannes mit europäischer Abstammung automatisch Tjupurrula, seine Mutter wäre Napanagka, seine Schwester Nakamarra, sein Cousin Tjapangati, seine Ehefrau wäre Napaltjarri und so weiter.

Dies erscheint außerordentlich kompliziert, solange man mit diesen Kulturen nicht vertraut ist; doch sobald man die kulturelle Situation von Aborigines besser kennt, erweist sich die hervorragende Eignung dieses Systems als soziale Ordnung.

In diesem Zusammenhang werden dann auch verschiedene andere Regeln verständlich, von denen manche obligatorisch sind (ein Mann sollte immer seinem Schwiegervater helfen), manche gelten jederzeit auf Gegenseitigkeit (Schwäger sind einander unbedingt zur Hilfe verpflichtet), andere schreiben vor, einander aus dem Weg zu gehen (eine Frau sollte immer ihren Schwiegersohn meiden wie auch umgekehrt).

Während großer Zeremonien werden die Regeln straffer gehandhabt; zu solchen Zeiten sind sowohl die Unterschiede in den Generationen als auch zwischen den Untergruppen besonders deutlich. Einige Menschen sind dann beispielsweise *kirda* (*Warlpiri*), ›Besitzer‹, andere werden *kurdungurlu*, ›Verwalter‹, genannt.

Alles in allem sind diese Systeme hervorragende Beispiele für die Findigkeit der Aborigines.

HOMELAND-GEMEINDEN ODER AUSSENSTATIONEN

Früher lebten die Menschen, wie bereits ausgeführt, in kleinen Gruppen weit voneinander entfernt und trafen sich nur, um gemeinsam Zeremonien durchzuführen, Konflikte zu lösen oder weil sie in Zeiten großer Trockenheit auf die wenigen immer gefüllten Wasserstellen angewiesen waren. Die Ankunft der Europäer veränderte diese Lebensweise drastisch und unumkehrbar. Aborigines mußten einerseits viel Land aufgeben, in dem sie gemäß ihren Traditionen lebten, andererseits zogen sie gerne an solche Orte, wo die europäischen Eindringlinge freundlicher waren. Auch wenn sie oft an Stellen zurückkehrten, die für sie von besonderer Bedeutung waren, so herrschte doch von den späten 40er Jahren an bis 1972 eine rigide, auf Assimilation ausgerichtete Regierungspolitik vor. Zwei Generationen lang waren die Aborigines in ihren Aktivitäten sehr stark eingeschränkt, diese Behinderungen wurden durch eine schreckliche Trockenheit in den Jahren 1958–1965 noch verschärft.

Dies war bereits früher auch (wenngleich nicht in Verbindung mit dem Aspekt der offiziellen Assimilationspolitik) in der Missionsstation von Killalparinna eingetreten, die auch – wie später gleichfalls Hermannsburg – eine Schafzucht betrieb. Da diese Betriebe viel Wasser benötigten, befand sich das jeweilige Haupthaus beim Missionszentrum, weitere Außenstationen gab es an entfernter gelegenen Wasserstellen. Das war früher bei allen Rinder- oder Schaffarmen so, die in Australien heute noch als ›stations‹, in den USA dagegen als ›ranch‹ bezeichnet werden.

Obwohl es bei den Missionen und den von der Regierung zwischen 1950 und 1960 eingerichteten Siedlungen kleine Randgemeinden gab, erhielten sie eine wirklich nennenswerte Unterstützung erst, als ein Umschwung in der regierungsamtlichen Politik eintrat.

›Assimilation‹ war nun ein alter Hut, jetzt lautete die Leitlinie ›Selbstbestimmung‹ und ›Selbstorganisation‹. Plötzlich machten Aborigines deutlich, daß es immer schon ›Außenstationen im Denken‹ gegeben hatte und verließen in großer Zahl die angestammten Hauptorte. An Orten, die gemäß ihren Traditionen Bedeutung für sie hatten, errichteten sie ›Außenstationen‹ (Outstations), die mit dem Begriff ›Homeland-Gemeinden‹ besser beschrieben sind. Sie lagen an seit alters her mythologisch wichtigen Stellen und boten durch die Einrichtung von Wasserbecken, Verbindungsstraßen, Stromnetzen, Wohnhäusern und anderem kleinen Gruppen die Möglichkeit, an Plätzen zu leben, mit denen sie etwas Besonderes verband.

Die früheren Hauptzentren – Missionen und Regierungssiedlungen – behielten ihre Bedeutung nach wie vor unverändert bei, weil viele Menschen dort gezeugt und geboren worden waren (für Aborigines ein sehr wichtiger Gesichtspunkt), und auch wegen der gebotenen Dienstleistungen und sozialen Kontakte.

Diese Homeland- (oder Outstation-)Bewegung spielte in den vergangenen 20 Jahren eine große Rolle. Fast zu jedem wichtigen Ort der vorausgegangenen Phase gibt es inzwischen eine Anzahl von Satelliten-Homelands – in der Gegend von Utopia sind es beispielsweise 13, andernorts ähnlich viele. Obwohl es in diesen kleineren Gemeinden manchmal zu Problemen kommt, haben sich im allgemeinen die Spannungen gelöst, die in den größeren Orten oft auftraten. Vor allem geht es den Menschen gesundheitlich besser, und sie empfinden eine Identität mit ihrem Land, die sich auch in der Kunst ausdrückt.

KUNSTFORMEN DER TROCKENGEBIETE IN ZENTRALAUSTRALIEN: SCHWERPUNKT BODENZEICHNUNGEN

Bisher wurden erst zwei sehr unterschiedliche Kunstformen vorgestellt – die *toas* aus dem Gebiet des Lake Eyre und die Aquarelle aus Hermannsburg. Traditionelle Kunst gibt es jedoch bereits seit einigen Jahrtausenden. Dazu gehörten Körperbemalungen, die Gestaltung von Speerwerfern, Schilden und sakralen, *Tjurunga* genannten Objekten mit Einkerbungen und Malereien, Felsbilder und Felsgravuren. Am meisten verbreitet, doch auch am kurzlebigsten waren Sandzeichnungen. In den großen Sand- und Steinwüsten, wo es keine felsigen Überhänge oder andere geeignete Untergründe, wohl aber gelegentlich Steinhaufen gibt und das Land manchmal wie mit einem Pflaster aus kleinen Steinen belegt erscheint, hat sich vor allem die Kunst der Steinarrangements erhalten. (Diese sind ebenfalls in den wasserreicheren Gebirgsgegenden zu finden, wie auch Felsmalereien und Felsgravuren.) Alle diese Formen waren in unterschiedlichem Maß miteinander verbunden; vieles war – und ist immer noch – geheimsakral und entweder nur Männern oder nur Frauen vorbehalten.

Zusätzlich und auch in Verbindung mit den hier aufgezählten Formen gibt es Bodenzeichnungen.[21] Diese wunderbaren Werke gab es zum Zeitpunkt des ersten Kontakts mit Europäern zwischen 1870 und 1890 nur in bestimmten Gebieten, und bis in die Mitte der 70er Jahre galten sie für viele der traditionsbewußten Alten als ganz besonders geheim-sakrale Angelegenheit und waren ausschließlich den eingeweihten Männern vorbehalten.[22] Dann erst wurde bekannt, daß Frauen der *Anmatjera* (eigentlich Nordwest-*Aranda*) – und vermutlich auch andere Frauen – ebenfalls kleine Bodenzeichnungen schufen. In den 80er Jahren wurden Frauen schließlich ermutigt, sich mit dieser Kunstform intensiver zu befassen. Ursprünglich gaben Männer ihre Zustimmung zu dieser Erweiterung und waren bei der Gestaltung der Bodenzeichnung anfangs dabei – zumindest bei einigen Arbeiten; doch inzwischen haben Frauen bereits eine gewisse Anzahl ziemlich großer Bodenzeichnungen völlig eigenständig hergestellt. Sie wurden dabei von Filmemachern und Ausstellungsorganisatoren unterstützt, daher kann man nicht voraussagen, ob sich dieser Trend fortsetzen wird oder nicht. Es scheint jedoch, als ob *Anmatjera*-Frauen und andere, die mit ihnen in engem Kontakt stehen, nach wie vor die hauptsächlich Aktiven bei der Gestaltung von Bodenzeichnungen von Frauen sind.

Durch die Fachliteratur ist eindeutig belegt, daß Bodenzeichnungen früher nur an ganz bestimmten Plätzen und zu sehr besonderen Gelegenheiten entstanden und Außenstehende sie nur selten zu sehen bekamen.[23] Die überaus geringe Anzahl von Berichten ist auch auf die Vergänglichkeit und die vorsätzliche Zerstörung der Bilder gleich nach Abschluß des Rituals zurückzuführen. Die ersten ausführlicheren Schilderungen, Beschreibungen und Photographien stammen vom August 1901 und wurden 1904 veröffentlicht.[24]

Journalisten, Akademiker und Pseudo-Akademiker haben zwar viel über Bodenzeichnungen debattiert und sich sogar zu der unsinnigen Feststellung verstiegen, es gebe sie seit 40 000 Jahren, sie seien mehrere Hektar groß und so weiter, doch tatsächlich wurden nur eine Handvoll Menschen Zeugen der traditionellen Entstehungsweise, der Zeremonien beim Zusammenfügen der einzelnen Bestandteile und anderer Aspekte der damit verbundenen Riten. Eine genaue Datierung läßt sich nicht festlegen, obwohl man, ausgehend von der Tatsache, daß Bodenzeichnungen anfangs nur in einzelnen Regionen verbreitet und generell mit genau festgelegten Teilen von Untergruppen eng verknüpft waren, durchaus sagen kann, daß diese Kunstform innerhalb der letzten 1000 Jahre entstanden sein kann. Diese Datierung wird durch die nachvollziehbare Entwicklung und Verbreitung des Systems der Untergruppen nahegelegt[25] und durch die enge Verbindung zwischen Völkern, die sowohl dieses aus dem Südwesten stammende System als auch Bodenzeichnungen kennen. Die Bilder bedecken meistens eine Fläche von 6 bis 30 m^2, es gibt allerdings auch Berichte über kleinere wie auch größere Werke. Bei denen, deren Fläche und Aufwand in der Herstellung am größten sind, können auch Zeremonienstäbe, aufgeschüttete Hügel und andere zeremonielle Objekte und Konstruktionen einbezogen sein. In solchen Fällen ergänzen die hinzugefügten Teile in ihrer Gestaltung die eigentliche Bodenzeichnung.

Den vorhandenen Berichten seit dem Beginn des 20. Jahrhunderts bis in die Mitte der 70er Jahre zufolge war es nur Männern gestattet, Bodenzeichnungen auszuführen, zu sehen und anderweitig an den damit verbundenen Zeremonien teilzunehmen. In diesen Feststellungen spiegelt sich vielleicht der Umstand, daß die ersten Ethnologen und Anthropologen fast ausnahmslos Männer waren. Doch auch Anthropologinnen, Missionarinnen und Forscherinnen in Zentralaustralien konnten zwischen 1870 und 1960 offensichtlich nichts über von Frauen gestaltete Bodenzeichnungen berichten – das legt die Vermutung nahe, daß diese Werke nur regional begrenzt und auch sehr selten entstanden, bis deren Herstellung in den 80er Jahren verstärkt angeregt wurde.[26]

Von dem Missionar Reuther gibt es einen Bericht über eine Bodenzeichnung, die irgendwann zwischen 1889 und 1906 in Killalparinna entstanden sein muß.[27] Da aus dieser Region sonst nichts derartiges überliefert ist, haben vermutlich Viehhirten der West-*Aranda* aus Hermannsburg, die Tiere nach Killalparinna brachten, eine Bodenzeichnung geschaffen, von der Reuther erfahren hat.

Ein zusammengefaßter Bericht der *Wollungua*-Schlangenzeremonie des 500 km nördlich von Alice Springs lebenden *Warranunga*-Volks schildert eine Art der Herstellung einer Bodenzeichnung. Wie auch aus anderen Berichten bis in die 70er Jahre hinein zu entnehmen ist, durften sich weder Frauen noch Kinder in der Nähe dieser aufwendigen Gebilde aufhalten.

»Für *Wollungua* [...] wurden an acht aufeinanderfolgenden Tagen acht verschiedene Zeichnungen auf dem Boden geschaffen. Jede einzelne [...] stand mit den jeweiligen Plätzen [...] in Verbindung, an denen das Tier sich erhob, Zeremonien durchführte und Geistkinder hinter sich [...] in der (Schöpfungs-)Zeit ließ. Die Zeichnungen wurden Tag für Tag an derselben Stelle des Ortes der Zeremonie angelegt und wurden entweder am Morgen nach dem Ritual ausgelöscht oder wiederhergestellt und eingearbeitet [...] Für die Zeichnung wurde der Sandboden erst glattgestrichen, dann mit Wasser bespritzt und geglättet, so daß eine mehr oder weniger geschlossene Oberfläche entstand. Darauf kam anschließend eine Schicht von rotem oder weißem Ocker, und nachdem diese trocken war, wurde die Zeichnung, die in allen Fällen aus konzentrischen Kreisen und geschwungenen Linien bestand, mit zahlreichen weißen Tupfen angelegt, die schließlich die ganze Oberfläche bedeckten [...] Für die weißen Tupfen verwendet man eine Art Kaolin [...] Die Punkte werden mit Hilfe eines kleinen Zweiges auf den Boden aufgebracht, der an einer Seite mit den Zähnen ausgefranst ist und so etwas wie eine Bürste bildet. Zuerst wird diese in die weiße Emulsion getaucht und dann auf den geglätteten Boden getupft, wo natürlich ein weißer Punkt entsteht. Der alte Mann, der die Verantwortung hatte, zeichnete die jeweils erforderlichen roten oder schwarzen Kreise und Linien, danach füllten sie andere Männer nach seinen Anweisungen mit weißen Punkten aus, was oft fast den ganzen Tag in Anspruch nahm. Während dieser Prozedur sangen alle Künstler [...] – die ausnahmslos *Kingelli*-Männer waren, kein einziger Angehöriger des *Wollungua*-Totems durfte sich in der Nähe aufhalten – [...] Refrains, die sich auf den Marsch von *Wollungua* in der [...] (Schöpfungszeit) bezogen.«[28]

Diese Schilderung gilt heute noch genauso wie 1901, als sie niedergeschrieben wurde. Es konnte auch vorkommen, daß Daunenfedern verwendet wurden oder eine Art Pflanzenflocken, die man erhielt, indem große Büschel einheimischer Gänseblümchen zerstoßen wurden. Die Pflanzen wurden mit der weißen (oder einer anderen) Farbe vermischt und als kleine Tupfen aufgebracht.

Obwohl die an einem Tag geschaffene Bodenzeichnung gelegentlich nicht zerstört wurde, da man sie am folgenden Tag durch Ergänzungen in ein anderes Bild (das die Ereignisse von einem anderen Ort wiedergab) überführen konnte, steht am Ende doch immer die vollständige Zerstörung des wunderbaren Werkes. Abhängig von den Ritualen bei der Entstehung der Bodenzeichnung wurde auch die Zerstörung auf unterschiedliche Weise vollzogen. Üblicherweise wischte man mit Händen und Füßen und den Kanten der *boomerangs* über die perfekt gestalteten Bilder, grub dann den Boden auf und trampelte auf der Erde herum, bis die Bilder völlig unkenntlich waren. Dann wurde vielleicht noch Wasser über den aufgewühlten Boden geschüttet und Erde über die Stelle gehäuft, wo sich vorher das Bild befunden hatte. Wie dramatisch die Zerstörung einer Bodenzeichnung verlaufen konnte, schildert als Abschluß dieses Kapitels ein Bericht aus dem Jahr 1901:

»Noch einmal wurden Feuer entzündet, in deren Schein die Körper der Männer schimmerten; einen scharfen Kontrast dazu bildete auf dem Boden der Haufen weißer Daunen, um den sich die *Uluuru* [-Männer] gruppierten. Angetrieben von den *Kingilli* [-Männern] gingen die *Uluuru* mit ihren Speeren, *boomerangs*, Keulen und Speerschleudern auf den Hügel los, hieben ihn in wenigen Minuten in Stücke und alles, was davon übrig blieb, war nur grobe, sandige Erde. Die Feuer erloschen und bald war es ganz still.«[29]

DIE BESONDERE KUNST DER FRAUEN IN ZENTRALAUSTRALIEN

Obwohl das künstlerische Schaffen der Männer und Frauen sich in manchen Aspekten häufig ähnlich ist, bestehen doch immer wieder auch ganz substantielle Unterschiede. Sie sind dort, wo sie Körperformen betreffen, leicht nachzuvollziehen und haben zu durchaus anders gestalteten Körperbemalungen geführt. Es ist auch von Bedeutung, ob eine Frau noch jung oder schon reifer ist: die volleren Hängebrüste einer Frau mittleren Alters gelten als vorzüglich geeignet für dekorative Körperbemalungen. Die Frauen sind auch sehr viel mehr als die Männer mit dem Sammeln und der Vorbereitung von Pflanzennahrung befaßt, mit dem Einsatz von Grabstöcken und *coolamou* (hölzernen Wannen zum Tragen von Essen, Wasser oder Babies) und der Jagd auf kleinere Tiere und Insekten wie z.B. Honigameisen. In Liedern, Tänzen, Körperbemalungen und der Gestaltung der sakralen Objekte von Frauen kommen diese Unterschiede zum Ausdruck. Des weiteren sind Menstruationszyklen, Geburt und Stillen der Kinder, eheliche Verbindungen, Schwangerschaft usw. entweder ausschließlich oder vor allem Bereiche der Frauen. Das soll nicht heißen, daß es nicht auch bei den Männern Zeremonien und Rituale, auch Bodenzeichnungen in Verbindung mit diesen Aspekten gibt, doch es besagt, daß die Lebenserfahrungen verschieden sind und diese Verschiedenartigkeiten in den anders gestalteten Kunstwerken von Männern und Frauen reflektiert werden.

Es ist offensichtlich, daß Frauen zumeist länger den Pflichten der Haushaltsführung nachgehen und mit der Beschaffung von Lebensmitteln befaßt sind als die Männer. In ihrer Freizeit haben die Frauen eine Sandmalerei entwickelt, die sich von der der Männer unterscheidet. Auch wenn Männer bei ihren Unterhaltungen Sandzeichnungen besonders dann einsetzen, wenn es um mythologische oder rituelle Themen oder um Reiserouten geht, so machen Frauen doch sehr viel häufiger davon Gebrauch. Die Anthropologin Nancy Munn hat dazu geschrieben:

»Sowohl Männer als auch Frauen zeichnen während des Erzählens oder eines Gesprächs die gleichen graphischen Elemente auf den Boden, doch Frauen formalisieren diese Anwendung beim Sprechen mehr in der Art eines eigenen Genres, das ich als Sanderzählung bezeichnen möchte. Eine Stelle von ungefähr einem halben Meter Durchmesser wird im Sand glattgestrichen [...] Der Vorgang des Erzählens setzt sich aus der rhythmischen Verbindung zwischen einer fortwährend stattfindenden graphischen Notation mit begleitenden Zeichen und einem sprachlichen Singsang-Schema zusammen [...] Die ausgeklügelten und schwierigen begleitenden Zeichen können gelegentlich eine ausführlichere verbale Darstellung ersetzen.

Die *Warlpiri* bezeichnen die in dieser Art von Frauen erzählten Geschichten mit dem Begriff, der für alle traditionellen Erzählungen über die Zeit der Ahnen verwendet wird [...] Sie betonen, daß nur Frauen auf diese Weise erzählen, obwohl alle *Warlpiri* diese Methode erlernt haben. Diese Technik ist für Erzählungen über Begebenheiten aus der Zeit der Ahnen systematisch ausgearbeitet worden, doch setzen Frauen sie in einzelnen Aspekten auch ein, wenn es um persönliche Erfahrungen oder gewöhnlichen Klatsch geht.«[30]

Im allgemeinen haben die Lebenserfahrungen der Frauen, die vor allem mit einem umfassenden Wissen über Pflanzen zu tun haben wie auch mit wichtigen Zeremonien, und ihre flexible Art, Sanderzählungen einzusetzen, ihren Niederschlag in ihren eigenen Kunstformen gefunden, die im folgenden kurz vorgestellt werden.

Winifred Hilliard aus Ernabella half als erste mit ihrem handwerklichen Wissen den Aboriginal-Frauen dabei, künstlerisch aktiv zu werden. Seit Mitte der 50er Jahre bis in die 70er hinein arbeitete sie in der 600 km südsüdwestlich von Alice Springs gelegenen Presbyterianer-Mission im Land der *Pitjantjatjra*. In Utopia im Land der *Anmatjira* und *Alyawarra*, rund 200 km nordöstlich von Alice Springs, führte Jenny Green im Jahr 1977 das Batiken ein – sie ist eine weitere wichtige Person für die Entwicklung der Kunst, die vor allem Sache der Frauen ist.

Obwohl sich Winifred Hilliard besonders auf das *Pitjantjatjra*-Land bezieht, faßt sie in ihren Kommentaren doch einiges zusammen, was für die Situation aller Aboriginal-Frauen kennzeichnend ist.

»Das Gebiet ist in weiten Teilen unzugänglich, es herrschen extreme klimatische Bedingungen mit Hitze während des Tages und Kälte bei Nacht; Regen verwandelt jedoch alles in ein farbiges, blühendes Wunderland voller Blumen, Gräser und Gesträuch.

Dieses Land der Kontraste und Extreme ist seit Jahrhunderten die Heimat der *Pitjantjatjra*, eine Insel des Lebens in der Isolation, die ihre ganze Lebensweise, ihren Glauben, die Kultur und die Kunst in Gestalt der Sand- und Bodenzeichnungen, der Felsmalereien und der [zeremoniellen Gegenstände] beeinflußt hat; alles dies beruht auf den alten Stammesüberlieferungen. Die traditionelle Kunst ist einfach und in den Grenzen der endlosen Varianten von Kreis, Linie und Quadrat doch komplex.«[31]

Die erste Lehrerin gab den Kindern Stifte und Papier und sagte ihnen, daß sie alles malen dürften, was sie wollten. Winifred Hilliard fährt fort:

»Aus diesen unscheinbaren Anfängen heraus [...] entstanden die wunderbaren *walkas,* einzigartige, farbige Zeichnungen, [...] fraglos das Packendste an Kunst von Aborigines, das nicht unter europäischen oder anderen Einflüssen gewachsen ist und anderen Stilen oder Gebieten wie auch förmlicher Anleitung nichts schuldet.

Diese von Natur aus künstlerisch veranlagten Menschen sind nicht mehr auf den Gebrauch der wenigen Ockerfarbtöne beschränkt [...] Heute können sie auf die vielfältige Auswahl einer praktisch unlimitierten modernen Palette zurückgreifen. Mit diesen Farben und der Inspiration, die sie aus den Umrissen und Formen der Natur gewinnen – die zerklüfteten Hügel, die Vogelschwingen, die Blumen und Blätter – entstehen einmalige Entwürfe, deren Inspiriertheit auf die Farbenpracht verweist, von der diese Menschen ihr ganzes Leben lang umgeben sind. Wenn wir uns mit der unendlichen Vielfalt dieser Bilder auseinandersetzen, sollten auch wir etwas über das Land lernen, das dazu angeregt hat, das Land, das seit Urzeiten [ihre Heimat] und in der ganzen Lebensweise fest verankert ist.«[32]

Angefangen von Skizzen in Pastell über Postkarten und Bilder auf Papier, Wandbehänge und Webstücke bis zu leuchtenden Batiken lernten die *Pitjantjatjra*-Frauen immer weiter, sie entwickelten und verfeinerten ihre Arbeiten. Trotzdem blieb ihnen der Markt jahrzehntelang verschlossen. Die Beachtung, die Albert Namatjira, seinem Sohn und anderen aus der *Aranda*-›Schule‹ mit ihren Papierarbeiten in ganz Australien und auch weltweit entgegengebracht wurde, lenkte in gewisser Weise die Aufmerksamkeit von der traditionellen Kunst ab. Doch wurde dadurch eine starke, unter der Oberfläche verlaufende Strömung gefördert, deren Ergebnisse, einem schimmernden Farbenspiel vergleichbar, immer wieder wie in Ernabella und Utopia sichtbar wurden.

In Utopia und vielen Außenstationen gab es Veränderungen. Klobige Holzplastiken, meist Tierfiguren, manchmal auch Darstellungen von Menschen, blieben erhalten, die in ihren Grundformen auf vor 100 Jahren entstandene Skulpturen eines Süd-*Aranda* namens Jim Kite zurückgingen.[33] Doch auch ältere Frauen wie Emily Kame Kngwarreye, die in dieser Ausstellung vertreten ist, konnten mit ihren Batikarbeiten bestehen. Jenny Greens Bericht über die ersten drei Jahre der Entwicklung bietet einen passenden Abschluß für diese kurze Darstellung besonderer Ausprägungen in der Kunst von Frauen:

»In Utopia gibt es ungefähr 50 begeistert arbeitende Künstlerinnen! Seit ihren ersten Experimenten mit Batik vor drei Jahren ist das Niveau ihrer Arbeiten deutlich gestiegen. Die meisten Frauen hatten vorher Pinsel nur in der Hand, wenn sie die rituellen Körperbemalungen für das *awulya* der Frauen auftrugen [aufwendige Zeremonien, bei denen Rundgesänge und Tänze stattfinden]. Dadurch waren ihre künstlerische Spontaneität und Kreativität noch frei von jedem Vorverständnis davon, was Kunst zu sein habe.

Im Gegensatz zu westlicher Kunst ist vieles in ihren Werken nicht als einfache Abbildung ihrer Umgebung zu verstehen. Der in den Batiken erkennbare Symbolismus zeugt von einer sehr speziellen Wahrnehmung. Batik bietet eine direkte und fließende Verbindung mit der Quelle ihrer Inspiration: dem Land, in dem die Frauen von Utopia leben.«[34]

Alice Springs bot als Heimat der *Yiperenye*-Raupen, des mythischen *Dingo* und anderer Ahnenwesen vorübergehend einen gut geeigneten Ausgangspunkt. Doch jetzt ist es an der Zeit, sich nach Westen zu wenden, wo in den dortigen Siedlungen und Homeland-Gemeinden von Aborigines andere Kunstformen entstanden sind.

Als der Wissenschaftler J.W. Gregory westwärts zum Lake Eyre reiste, verlief seine Route bekanntlich teilweise parallel zu der des *Dingo* und der mythischen Teppichschlangen (carpet snakes).

Teppichschlangen sind große, wunderschön gemusterte Schlangen und gehören zu den auffallendsten Tieren der Wüstenregionen. Als das mythische Schöpferpaar, ein männliches und ein weibliches Tier, sein Lager in der südlichen Simpson-Wüste verließ, machte es sich gleich nach Westen auf. Ihre Körper waren zwar lang, aber nicht schlank wie bei den meisten anderen Schlangen, die in den Dünen leben, sondern so breit wie *nulla-nullas,* die Knüppel, die die Frauen im Streit verwenden. Die Schlangen überquerten eine Düne nach der anderen, ihre gleichlaufenden Spuren waren vom Wind bald verweht. Manchmal trennten sie sich voneinander, bewegten sich jedoch immer weiter nach Westen. Zeitweise hatten sie die Gestalt von Teppichschlangen, dann wieder waren sie Regenbogenschlangen. Mit hoch erhobenen Köpfen waren sie erkennbar, als der Wissenschaftler Gregory ›von einem Nebelband im Westen‹ einen Regenbogen aufsteigen sah, ›das farbige Band verlief fast senkrecht und war Teil eines derart großen Bogens, das es fast ganz gerade wirkte‹.

Die Schlangen kamen am Iwirla-Wasserloch im Süden des Imke River und auch an verschiedenen anderen Stellen dieser Gegend vorbei.[35] Wie bereits bei der Schilderung von Wüstengegenden erwähnt, wo es keine Felsenüberhänge gibt, sind einige dieser Plätze durch weitläufige und aufwendige Steinarrangements markiert und gelten auch heute noch als geweihte, Männern vorbehaltene Orte.[36]

Wie bei vielen mythischen Erzählungen erlangten manche Örtlichkeiten eine derartige Bedeutung, daß mehrere Gruppen die Mythen übernahmen und in verschiedene Richtungen weitertrugen. Dies ist auch bei den Teppichschlangen der Fall, die nicht nur den Überlieferungen der *Wongkanguru* und Süd-*Aranda* zufolge vom Iwirla-Wasserloch nach Süden zogen, sondern in den Traditionen der Ost-*Aranda* auch nach Norden und dann weiter westwärts. Interessanterweise gleichen die Vorstellungen der *Aranda* über die Schlangen beim Verlassen der Simpson-Wüste oft denen, die bei den *Wongkanguru* existieren – die Tiere winden und drehen sich und bilden in einer Lehmmulde einen großen See; auf ihrem weiteren Weg nach Westen halten sie die Köpfe hoch erhoben – zwei benachbarte Hügel, die über ihre Umgebung hinausragen; im Norden von Alice Springs trennen sie sich und kommen danach wieder zusammen – ihr Weg wird von zwei gleichlaufenden Bachbetten markiert; wo sie das *Anmatjara*-Land verlassen und ins Land der *Warlpiri* kommen,

Honig-Ameisen *Tjukurrpa,* Papunya.
Die erste Wandmalerei am Schulgebäude
aus dem Jahre 1971

kennzeichnet eine Kette von normalerweise trockenen kleinen Salzseen ihre Route. In dieser Gegend verwandeln sie sich von ruhigen Teppichschlangen in giftige *Liru*-Schlangen.

Einer dieser Seen entlang ihres Weges liegt am Fuß des Kerrin-yerra, den der erste europäische Entdecker vor 120 Jahren Central Mount Wedge nannte. Von der Spitze dieses Berges aus blickte eine Heldengestalt aus der Zeit der Schöpfung in alle Richtungen über das Land und benannte alle Gebilde, die sie sah. Damit bestätigte sie die Namen, die durch die Taten der Schöpferahnen gegeben worden waren. An einem klaren Tag kann man von diesem Bergkamm aus im Süden den Warunpi-Honey Ant Hill bei Papunya sehen, im Norden die felsigen Berge des Wasserahns bei Yuendumu und im Westen sowohl den Pfad der giftigen *Liru*-Schlangen als auch den der großen *Perenti*-Eidechse in den weit entfernten Kinture Ranges. Diese Orte sind wie viele andere wichtig für die Entwicklung der heutigen Kunst aus den Wüstengebieten, wie sie besonders in Papunya deutlich wird.

DIE KUNST VON PAPUNYA-TULA, YUENDUMU, LAJAMANU UND BALGO

Die Silhouette des Warunpi-Hügels bei Papunya wirkt wie eine riesige Honigameise, und das gesamte Papunya-Gebiet wird von der vorzeitlichen Erschaffung der Erdoberfläche durch die Honigameisen-Ahnen beherrscht. Diese Ameisen ernten Nektar und lagern ihn als Honig in traubenförmigen Beuteln; da süße Nahrung in den Wüstengebieten im Vergleich zu besser bewässerten Gegenden selten ist, verfügen die Honigameisen somit über ein äußerst begehrtes Gut.

1971 regte der Lehrer Geoff Bardon in Papunya an, das Schulgebäude mit Wandmalereien zu schmücken. Die Bilder wurden von einer Gruppe von Männern entworfen, aus der schließlich die Papunya Tula Artists Company hervorging. Bardon selbst war nur ein Jahr lang daran beteiligt, doch er war der entscheidende Katalysator und blieb auch später noch interessiert, wie seine Filme und Artikel belegen.[37] In den vergangenen 20 Jahren wurde jedoch eine bemerkenswerte Frau namens Daphne Williams, über die ganze Zeit tatkräftig unterstützt von Janis Stanton, zur eigentlichen Schlüsselfigur. Sie fährt 1000 km mit dem Auto, um Material heranzuschaffen und fertige Arbeiten einzusammeln, um sich um Detailfragen zu kümmern und den Künstlern immer wieder zu helfen. Ihre Integrität hat dazu beigetragen, daß die Künstler von Papunya ihre Eigenständigkeit wahren konnten, und so wie sie die Lieder ihres Landes auf ihre Leinwände sangen und die Taten der mythologischen Schöpferwesen malten, gingen weitreichende künstlerische Anregungen von ihnen aus.

Durch die Homeland- oder ›Outstation‹-Bewegung wuchs über mehrere hundert Kilometer eine lange Kette solcher Siedlungen westlich von Papunya bis Kintore – eigentlich eine Versorgungsstation, inzwischen ist eine kleine Stadt daraus geworden – und bis weit in den Westen nach Kiwirkurra im Zentrum der Great Sandy Desert in Westaustralien. Über diese Ortschaften, von denen einige nur vorübergehend von *Pintupi* bewohnt wurden – ihr Stammland liegt eigentlich im äußersten Westen des Northern Territory und in Westaustralien – tragen die Menschen die künstlerische Tradition von 1971 weiter.

Mit wieviel Enthusiasmus sie arbeiten, zeigt das Beispiel des verstorbenen Uta Uta Tjangala, eines überaus traditionell eingestellten *Pintupi*, der 1977 seine erste wirklich große Leinwand erhielt. Die Leinwand war zwar auf den Rahmen gespannt, aber noch nicht grundiert. Der künstlerische Berater war einen Augenblick lang nicht zugegen, und Tjangala tat angesichts der völlig leeren, immensen Fläche das, was ihm als logisch erschien – er schüttete eine Dose mit schwarzer Grundierung über der Leinwand aus und begann, sie mit einem Besen zu verstreichen. In diesem Moment kam der Berater zurück und verteilte mit Hilfe Tjangalas und anderer Künstler die Farbe mit normalen Pinseln. Nachdem diese Schicht getrocknet war, sang Tjangala seine Lieder und malte die Mythologie eines Ortes namens Yumari, des wichtigsten Felsens in seinem Land. Zuerst wurden konzentrische Kreise und mäandernde Linien ins Zentrum gesetzt, dann wurden gleichlaufende Linien bis zu den weiter am Rand der Leinwand gelegenen Kreisen gezogen. Da alle streng traditionellen Künstler der Aborigines die Leinwand flach auf die Erde oder den Boden eines Gebäudes legen, konnte Tjangala dies nur bewältigen, indem er dabei auf den Rahmenleisten umherging oder im Schneidersitz saß. Große Rahmen und Leinwände stellten damals noch ziemlich teure Posten für das Papunya-Budget dar, deshalb beobachtete der künstlerische Berater voller Bangen, wie sich die Rahmenleisten bogen und die Leinwand beinahe zu reißen schien. Schließlich waren die wichtigsten Bildelemente, die kräftigen Kreise und Linien in strahlendem Gelb und Rot, fertig, Tjangala wollte eine Pause machen, und der Berater ging fort, um eine Tasse Tee zu holen. Als er zurückkam, saß Tjangala wieder in der Mitte der Leinwand, zog gepunktete Linien um das Hauptmotiv – und dirigierte elf junge Burschen und ältere Frauen und Männer beim Ausfüllen der entstandenen Flächen mit Tupfen. Sie verwendeten normale Pinselstiele, um die Punkte anzubringen – mit den Stielenden hatten sie eine bessere Kontrolle als mit den Pinselspitzen –, traditionelle Pinsel aus zerfaserten Ästen und ihre Finger. Alle Beteiligten arbeiteten mit großer Begeisterung nach Tjangalas Anweisungen. Zur großen Erleichterung des künstlerischen Beraters entstand ein Meisterwerk.[38]

Diese Begeisterung ist auch in der Photoserie zu spüren, die die Entstehung des eigens für diese Ausstellung konzipierten großen Yuendumu-Bildes dokumentiert.

Erst 1972 hörten die Menschen von Yuendumu zum erstenmal ausführlicher von der Arbeit der Papunya-Tula-Künstler. Zuvor hatten sie allerdings schon aus alten Ölfässern eine große menschliche Figur gebaut und in traditioneller Weise bemalt, und einige aus Yuendumu malten in der Mitte der 70er Jahre auf flache Steine und auf Zeichenkarton. Vor allem diese Arbeiten gingen auf direkte Anregungen aus den Erfahrungen von Papunya zurück. Da die Nachfrage nach traditioneller Kunst aus der Wüste jedoch damals ziemlich gering war, wurde – auch in Papunya, Lajamanu und der Mission von Balgo – nur wenig verkauft. Sowohl von Yuendumu als auch von Lajamanu und Balgo gab es enge Verbindungen zu den Künstlern von Papunya, die auch gelegentlich in diese drei Orte auf Besuch kamen und manchmal Monate oder Jahre statt in Papunya beispielsweise in Balgo lebten. Der verstorbene Kaapa Tjanpitjinpa spielte eine große Rolle für diese Entwicklung in Yuendumu – er war immer wieder an wichtigen Orten im Umkreis von Yuendumu und in der nahegelegenen Mount Doren Station präsent, hatte eine zentrale Funktion in den Ritualen der Männer aus Gemeinschaften von Papunya und Yuendumu und erfuhr in großen Teilen Australiens bereits sehr früh Anerkennung durch viele Kunstpreise, die er erhielt. Auch als Tim Payungka Tjapangati, der eigentlich als *Pintupi*-Mann gilt, aber auch mit den *Kukatju* eng verbunden ist, durch schwere Regenfälle und unpassierbare Straßen ziemlich lange in Balgo bleiben mußte, machte er dort die Malerei von Papunya bekannt. Doch erst als die auf den Überlieferungen beruhende Kunst aus den Wüstengebieten in Australien und weltweit in breiterem Maße angenommen wurde und das Interesse des Kunstmarkts zunahm, konnten sich in allen drei Orten – Yuendumu, Lajamanu und Balgo – größere Entwicklungen vollziehen. Der Schlüssel zum Erfolg lag anfangs in der Unterstützung durch den Aboriginal Arts Board in Sydney, ohne dessen Hilfe Papunya Tula nach der Abreise von Geoff Bardon mit Sicherheit wieder verschwunden wäre, ohne eine Spur zu hinterlassen. Man muß in aller Deutlichkeit herausstellen, daß ohne die ein Jahrzehnt anhaltende, nicht nachlassende Ermutigung durch Robert Edwards, den damaligen Direktor des Aboriginal Arts Board, und dessen Aboriginal-Mitglieder die Kunst von Aborigines nicht auf dem heute erreichten Stand wäre. Mit Ausnahme der frühesten Entwicklungen bei den *toas* von Lake Killalparinna, den Aquarellen von Hermannsburg und den Textilarbeiten von Ernabella sind sämtliche Entwicklungen der Kunst aus den Wüstengebieten direkt oder indirekt in hohem Maße sowohl den Künstlern von Papunya als auch den vielfältigen Ratgebern und Unterstützern wie Daphne Williams und Bob Edwards zu verdanken. Außerdem waren die gelegentlichen Ankäufe durch Museen und Galerien wichtig und von großem Einfluß, obwohl hier vermutlich der Erwerb großer Sammlungen durch den äußerst kenntnisreichen, inzwischen verstorbenen Multimillionär Robert Holmes à Court im Jahr 1980 diese Kunst letztendlich ›legitimiert‹ hat.[39] Plötzlich entstanden in Alice Springs unzählige Touristenläden, die manchmal tatsächlich ernsthafte Arbeit leisteten, andere wollten einfach nur Künstler aus ihrer Anbindung an Papunya Tula herauslösen. Gleichzeitig meldeten zahlreiche Galeriebesitzer aus den Städten Interesse an, einige Künstler mit europäischem Hintergrund begannen, Papunya-Elemente in ihre eigenen Werke einzubeziehen, und manche Akademiker wagten sich gelegentlich gar aus ihrem Elfenbeinturm hervor.

Trotz und auch gerade wegen dieses plötzlich aufblühenden Interesses gedeiht die Kunst weiterhin. In Yuendumu, wo auf der Grundlage des in Papunya Erreichten weitere Fortschritte erzielt werden konnten, entstand 1983 das Projekt ›Yuendumu Doors‹. Es ging auf eine Idee des damals neu eingetroffenen Lehrers zurück und war in manchem der Aktion mit den Wandbildern am Schulgebäude von Papunya vergleichbar. Obwohl sich nur eine begrenzte Anzahl älterer Männer beteiligte, wurden viele Türen an zahlreichen Gebäuden gestaltet: Die Mythologien stammen hauptsächlich aus dem Gebiet in 200 km Umkreis, für das die alten Männer der Tradition nach die Verantwortung trugen.[40]

In Lajamanu bestanden gegen die Malweise der Künstler von Papunya Tula anfangs große Widerstände, die vor allem der inzwischen verstorbene Maurice Luther Jupurrula äußerte.[41] Nach seinem Tod im Jahr 1985 lösten sich diese Spannungen in der Gemeinde, doch wieder war es ein Beamter für Erwachsenenbildung aus der europäisch orientierten Gesellschaft von Australien, der 1986 den ersten Anstoß gab.[42] Wie gewöhnlich hatte es auch vorher schon Verbindungen zur Kunst gegeben, vor allem in den angewandten Formen, wie sie bei den Treffen christlicher Aborigines anzutreffen waren. Während solcher Treffen waren die Menschen von Lajamanu zwischen 1970 und 1980 mit Aborigines von Papunya, Yuendumu und Balgo zusammengekommen und hatten dabei auch Künstler aus diesen Gegenden kennengelernt. Aus jeder Gemeinde gab es Verwandte in verschiedenen anderen Dörfern, und besonders, aber nicht nur, die Männer besuchten einander seit den frühen 70er Jahren gern, um traditionelle Zeremonien durchzuführen.[43] Aufgrund dieser Aktivitäten wußte man über die künstlerische Arbeit in Papunya sehr gut Bescheid, doch erst die Anregung des Bildungsbeamten löste im Jahr 1986 eine eigenständige Entwicklung in Lajamanu aus.

In Balgo entstand fast dieselbe Situation. Die Gründung des St. John's Adult Education Centre im Jahre 1981 und eine große erfolgreiche Ausstellung 1986 regten die vordem sporadischen künstlerischen Aktivitäten an.[44] Nicht ganz zufällig war einer der herausragenden Persönlichkeiten dieser Ausstellung Noel Charlie Tjapanangka, Sohn des Tim Payungka Tjapangati – einem der ersten Künstler von Papunya. Er stellte eine wichtige Figur bei der Errichtung der Homeland-Gemeinden westlich von Papunya bis Kiwirkurra, wo er derzeit lebt, dar und ist der Künstler, der seit Mitte der 70er Jahre bis Mitte der 80er Jahre immer wieder für längere Zeit in Balgo lebte.[45]

DIE KUNST DER FRAUEN IN DER PAPUNYA-TRADITION

Die Frauen aus vielen Gemeinden hatten zwar oft bei der Arbeit an einem Bild geholfen – wie dies im Kapitel über Uta Uta Tjangalas erstes großes Bild auf Leinwand geschildert wurde –, doch mußte sich erst ein anderes Bewußtsein in einer größeren Öffentlichkeit Australiens herausbilden und eine Nachfrage auf dem Kunstmarkt einsetzen, bevor ein stärkeres Engagement der Frauen möglich war. Erst Ende der 70er Jahre erfuhr Winifred Hilliards Arbeit mit den Frauen von Ernabella eine breitere Anerkennung in Australien. Im Gegensatz zu dieser langdauernden Phase der Unbekanntheit leistete Jenny Green mit den Frauen von Utopia in den Jahren von 1977 bis 1981 vorsichtige Pionierarbeit in dem Wissen, daß das Konzept von Papunya Tula noch die volle Aufmerksamkeit des Aboriginal Arts Board in Anspruch nehmen mußte, um weiterhin zu funktionieren. Jennys eigene Ausbildung und Hingabe waren entscheidend für die Entwicklung der Künstlerinnen, und ohne Zweifel verlieh erst wieder der Ankauf einer großen Kollektion von Batiken durch den Multimillionär Robert Holmes à Court ihrer Tätigkeit eine hohe Anerkennung.

Die Papunya-Künstlerinnen, die schon lange mit Holzskulpturen zu tun hatten und nach der Zeit der anfänglichen Dominanz der Männer dann auch bei deren Arbeiten assistierten, erhielten schließlich von dem inzwischen verstorbenen Andrew Crocker erstmals 1982 kleine Zeichenkartons.[46] Daphne Williams unterstützte danach die begonnene Entwicklung wie auch die inzwischen berühmte Pansy Napangarti, deren Arbeiten in dieser Ausstellung und im Katalog (S. 238) präsentiert werden. Pansy setzt oft weiche Pastelltöne ein, ihr Duktus ist immer fein ausgearbeitet; beides ist sehr viel typischer für die Vorgehensweise von Künstlerinnen als für ihre männlichen Kollegen. (Bei einigen der frühesten Werke der Papunya-Künstler ist das allerdings ebenfalls zu finden.)

Pansy lernte, indem sie den Männern zusah; doch von entscheidender Bedeutung war die Begegnung mit dem Land ihrer Traditionen und Vorfahren, das sie noch nie zuvor gesehen hatte. Bei der Gründung der Homeland-Gemeinde von Ilpilly im Jahr 1970 wurde Pansy dort von den damaligen Ältesten, Old Bert Tjakamarra und dessen Bruder Old Mick Tjakamarra, eingewiesen.[47]

In Yuendumu wirkte vor allem die Anwesenheit der Anthropologin Françoise Dussart, die dort von 1983 bis 1985 lebte und insbesondere mit den Frauen arbeitete, um für ihre Doktorarbeit zu forschen, sehr anregend für Aktivitäten, die zuvor schon und gelegentlich aus eigener Initiative entstanden waren. Auch hier gab es bereits vorher schon Unterstützung, das Beispiel der erfolgreichen Männer und anderer zeitgenössischer Künstler.[48]

SCHLUSSWORT

Entwicklungen wie die hier beschriebenen haben im künstlerischen Bereich in allen Gemeinden stattgefunden. Vermutlich existiert die von Männern und Frauen geschaffene Kunst schon seit einigen 10 000 Jahren. In den Wüstengebieten entwickelte sich mit den unterschiedlichen Aufgaben beim Jagen und Sammeln sowie den sozialen Konventionen auch die Kunst der Männer und der Frauen auf unterschiedliche Weise, doch gab es auch Überschneidungen und gemeinsame künstlerische Unternehmungen. Dies war auch, wie in dieser knappen Übersicht festgestellt wurde, in den angewandten Bereichen der Kunst der Fall. Auch gab es immer wieder Menschen aus der europäisch orientierten Gesellschaft von Australien, denen als künstlerische Berater eine recht wichtige Funktion zukam. Die Kunst der Männer entwickelte sich deutlich weiter,

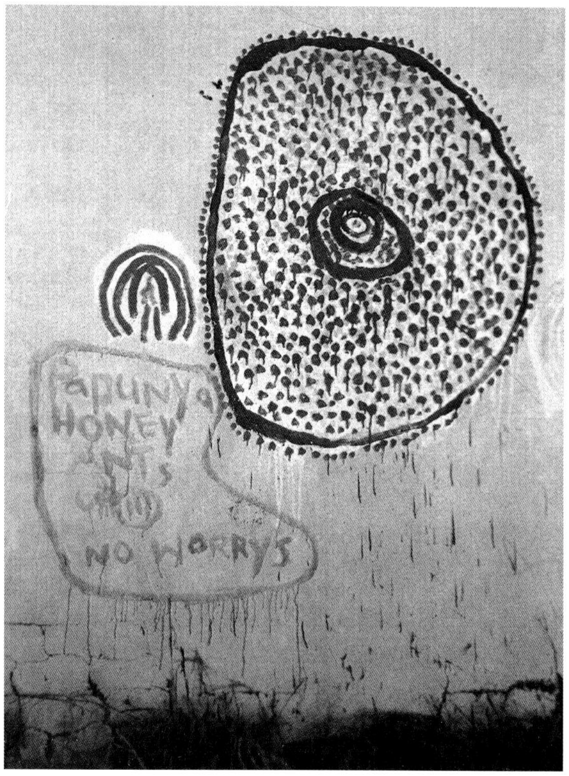

Papunya Honey Ants – No Worrys.
Wandmalerei, Papunya

wenn sie von männlichen Beratern angeleitet wurde, wohingegen die Frauen davon profitierten, wenn ihnen Beraterinnen zur Seite standen. Doch waren beide Bereiche nie vollständig voneinander getrennt, und bis in die 80er Jahre hinein bestand das Hauptproblem für die künstlerische Entwicklung sowohl der Männer als auch der Frauen darin, daß die Anerkennung durch eine breitere Öffentlichkeit und damit auch die Verkaufsmöglichkeiten fehlten.

Letztlich waren es jedoch immer das Land, seine Mythologien und die Ausübung religiöser Riten der Aborigines, die als tragende Elemente die Entwicklung von einer traditionellen zu einer sich verändernden Kunst aus den Wüstengebieten vollzogen.

Die verbindenden Elemente zwischen den *toas*, den Aquarellen und Batiken, den Holzschnitten und Acrylbildern auf Zeichenkarton und Leinwand sind der *Dingo* und die Teppichschlangen, die zu *Liru*-Giftschlangen werden. In der Zeit der Schöpfungsgeschichte und der Ahnen waren diese Wesen im ganzen Land unterwegs, schufen alles Leben, alle Produkte, alle sozialen Regeln, alle Zeremonien.

Die Gestalter der *toas* sind seit langem verstorben, und doch leben viele der Traditionen, die in dieser Ausstellung und dem Katalog gezeigt werden, auch heute noch in den Kindern und Kindeskindern fort. Jedoch hängt keiner der eher traditionell eingestellten Künstler je eine Arbeit an die Zimmerwand oder betätigt sich als Sammler von Kunstwerken. Und viele Aborigines denken nicht daran, jemals ein Bild zu malen, obwohl sie es tun könnten, auch wenn sie an traditionellen Zeremonien teilnehmen, bei denen auch Kunstwerke entstehen, und auch wenn sie fast jeden Tag die Arbeiten ihrer Freunde und Verwandten vor Augen haben. Jeder dieser Menschen – sei es der Künstler oder die Künstlerin, die nie ein eigenes Bild zu Hause aufhängen, sei es der potentielle Künstler, der nie auf Karton oder Leinwand malt – gibt dazu denselben Kommentar:

»Ich muß mich darum nicht kümmern, Tjakamarra. Ich habe alles in meinem Kopf.«

1 J.W. Gregory, *The Dead Heart Of Australia,* London 1906, S. 56-57.
2 J.G. Reuther, *The Diari,* Bd. 3 (A.I.A.S.-Mikrofiche Nr. 2), Canberra 1981, S. 40.
3 J.W. Gregory, 1906, S. 104-105.
4 Ebd. S. 50-56.
5 Vgl. M. Smith, *The Pattern And Timing Of Prehistoric Settlement In Central Australia,* (Diss. unveröffentlicht), 1988, S. 294-295.
6 R.G. Kimber, »Erlikilyika«, in: *Northern Territory Dictionary Of Biography,* Bd. 1, hrsg. von D. Carment/ R. Maynard/ A. Powell, o.O. 1990, S. 92-93.
7 J.G. Reuther, Bd. 3, 1981, S. 67-68.
8 G. Farwell, *Land Of Mirage,* o.O. 1975 [1950[1]], S. 66-67.
9 R.G. Kimber, eigener Bericht.
10 P. Jones/P. Sutton, *Art And Land: Aboriginal Sculptures Of The Lake Eyre Region,* Adelaide 1986, S. 15. (Auch die vorausgehenden Aussagen beziehen sich auf dieses Buch).
11 R.G. Reuther, *The Diari,* Bd. 12, Canberra 1981. Siehe auch Jones/Sutton, 1986, dort findet man eine hervorragende Diskussion der *toas* und verschiedener mit ihnen verbundener Probleme.
12 R.G. Reuther, 1981, Bd. 3, S. 20.
13 R.Kimber, nach Informationen des verstorbenen Walter Smith Purula, einem Aborigine aus dem Volk der *Arabanda-Aranda,* und Studien der Bilderwelt der *Diyari, Aranda* und *Pintupi.*
14 R. Robinson, *The Feathered Serpent,* Sydney 1956, S. 71.
15 Wenn nicht anders angegeben, stellt der Autor hier seine eigene Interpretation der verschiedenen Einflüsse dar. Leben und Werk von Albert Namatjira waren das Thema vieler Bücher und Filme.
16 Bericht von R.G. Kimber nach Gesprächen mit dem verstorbenen S. Mahomet.
17 Wandplatten einer Privatsammlung, die der Autor besichtigen konnte.
18 Vgl. F.W. Albrecht, *Hermannsburg: A Vision And A Mission,* hrsg. von E. Leske, Adelaide 1977, S. 42-90. Der Autor hat in einer Privatsammlung einen *boomerang* von A. Namatjira gesehen, auf dem diese Szene nicht als Brandmalerei, sondern in einem wunderbaren geschnitzten Relief festgehalten ist.
19 Vgl. K. Dowdy, *A Vagabond And His Easel: A Biography Of John Gardner,* Warrnambool 1984, S. 42-43.
20 Es werden konventionelle Schreibweisen verwendet, die jedoch in vielen Variationen existieren, da sie Versuche darstellen, auf englisch eine Sprache der Aborigines mit ihren Dialekten wiederzugeben.
21 Soweit nicht anders angegeben, beziehen sich die Ausführungen auf R.G. Kimbers eigene Beobachtungen bei rund 40 Sandzeichnungen und seine Überlegungen zu ihren Ursprüngen.
22 Vgl. B. Spencer/F.J. Gillen, *The Northern Tribes Of Central Australia,* Oosterhout NB/Niederlande 1969 [1904[1]]; I.G.H. Strehlow, »The Art Of Circle, Line And Square«, in: *Australian Aboriginal Art,* hrsg. von R.M. Berndt, Sydney 1964, S. 50-51.
23 M. Laughren (R.G. Kimber persönlich bekannt). Auch *Warlpiri*-Frauen mit lange schon bestehenden Beziehungen zu *Anmatjara*-Frauen gestalteten Bodenzeichnungen, doch es ist nicht überliefert, ob diese einem größeren Kreis zugänglich sind.
24 Vgl. F.J. Gillen, *Gillen's Diary: The Camp Jottings Of F.J. Gillen On The Spencer And Gillen Expedition Across Australia 1901-1902,* Adelaide 1968, S. 205-239; B. Spencer/F.J.Gillen, 1969, S. 226-248. Spencer und Gillen berichten nur von einer einzigen Bodenzeichnung, die vor diesem Zeitraum entstanden ist.
25 Vgl. P. McConvell, »The Origin Of The Subsections In Northern Australia«, in: *Oceania,* Bd. 56 (Heft 1)/1985, S. 1-33.
26 Die Anthropologinnen O.M. Pink und N. Munn konnten zwischen 1930 und 1940 bzw. in den 50er Jahren sowohl an Zeremonien von Männern als auch von Frauen teilnehmen und sahen von Män-

nern gestaltete Bodenzeichnungen, jedoch keine, die von Frauen stammten.

27 Vgl. J.G. Reuther, 1981, Bd. 12, S. 156.

28 B. Spencer/F.J.Gillen, 1969, S. 239-241.

29 Ebd. S. 237-238.

30 N.D. Munn, *Walbiri Iconography: Graphic Representation And Cultural Symbolism In A Central Australian Society,* Ithaca und London 1973, S. 59-60.

31 W. Hilliard, *The People In Between: The Pitjantjatjara People Of Ernabella,* London 1968, S. 2.

32 Ebd.

33 R.G. Kimber, in: C. Carment/R. Maynard/A. Powell (Hg.), 1990, S. 92-93.

34 J. Green, *Utopia: Women, Country And Batik,* Alice Springs 1981, o.S.

35 Genauere Angaben s. bei L.A. Herws, »Some Wangkangurru Songs«, in: *The Honey-Ant Men's Love Song,* hrsg. von R.M.W. Dixon/M.Dunwell, o.O. 1990, S. 127-143.

36 Der Autor kennt alle Stellen, die hier angeführt werden, aus eigener Anschauung. Es ist auch bekannt, daß mehrere Archäologen, Anthropologen und Linguisten vor allem die Plätze im Süden des *Aranda*-Landes besucht haben. Zwei Frauen durften ausnahmsweise einige der traditionellerweise Männern vorbehaltenen Orte sehen.

37 Vgl. u.a. G. Bardon, *Aboriginal Art Of The Western Desert,* Adelaide 1979; ders., Papunya Tula: *Art Of The Western Desert,* Ringwood 1991.

38 Persönliche Erinnerung des Autors.

39 Vgl. A. Crocker (Hg.), *Mr. Sandman, Bring Me A Dream: Papunya Tula Artists Pty. Ltd.,* Sydney 1981.

40 Vgl. *Warlukurlangu Artists Kuruwarr: Yuendumu Doors,* hrsg. vom Australian Institute of Aboriginal Studies, Canberra 1987.

41 Vgl. V. Johnson, »The Dreaming: Where Existence And Essence Converge«, in: Kat. Ausst. *Australian Aboriginal Art From the Collection Of Donald Kahn,* Lowe Art Museum, Miami (Florida) 1991, S. 13-15.

42 Vgl. Kat. Ausst. *Mythscapes: Aboriginal Art Of The Desert From The National Gallery Of Victoria,* bearb. von J. Ryan, National Gallery of Victoria, Melbourne 1990, S. 82-87.

43 Persönliche Berichte des Autors.

44 Vgl. R.M. Berndt, »Introduction«, in: Kat. Ausst. *Art From The Great Sandy Desert,* The Art Gallery of Western Australia, Perth o.J. (1986), S. 2.

45 R.G. Kimber: persönliche Erfahrungen von Reisen mit Tim Payungka Tjapangati, Noel Charlie Tjapanangka und anderen Männern der *Pintupi, Warlpiri* und *Kukatja.*

46 Persönliche Erinnerung des Autors.

47 Persönliche Erinnerungen des Autors an die Einrichtung der Homeland-Gemeinde von Ilpilly und Gespräche mit der Künstlerin.

48 Vgl. C. Anderson/F. Dussart: »Dreamings In Acrylic: Western Desert Art«, in: Kat. Ausst. *Dreamings: The Art Of Aboriginal Australia,* Ringwood 1988, S. 89-142.

Felsbild in den Musgrave Ranges

Musgrave Ranges

Ewaninga

Ritzzeichnung, Ewaninga

Felsbild in der George Gill Range

George Gill Range
Mijilyparnta, Kiridi Creek (Mission Creek),
Umgebung von Yuendumu

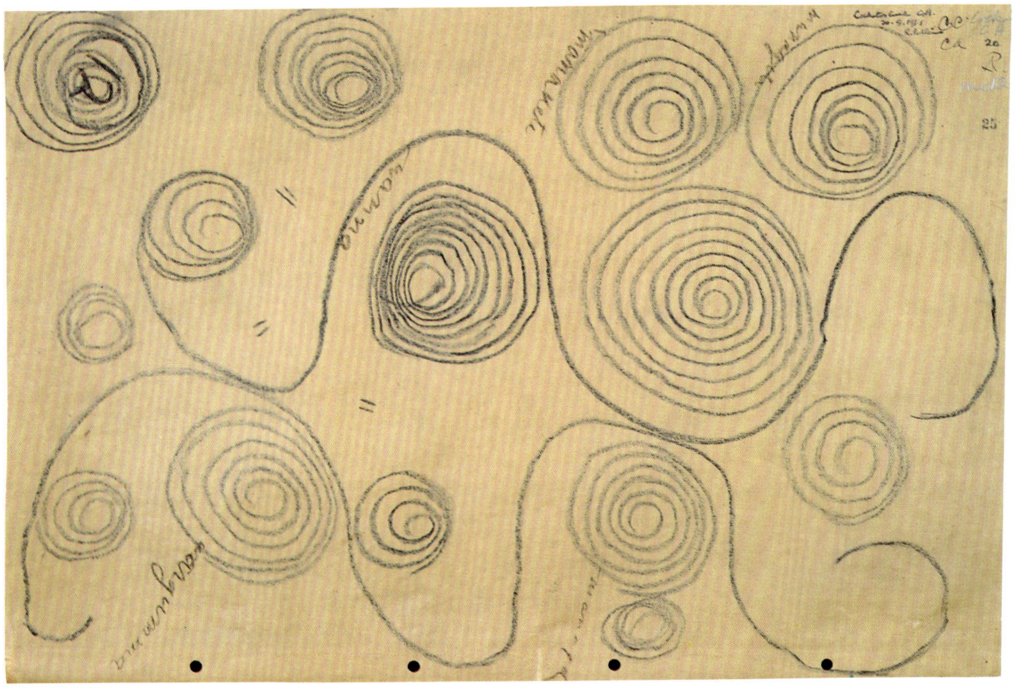

78 Künstler unbekannt
Ohne Titel, 1931

79 (Jacky) Wopoly
Ohne Titel, 1935

80 Uta Uta Tjangala
Schild

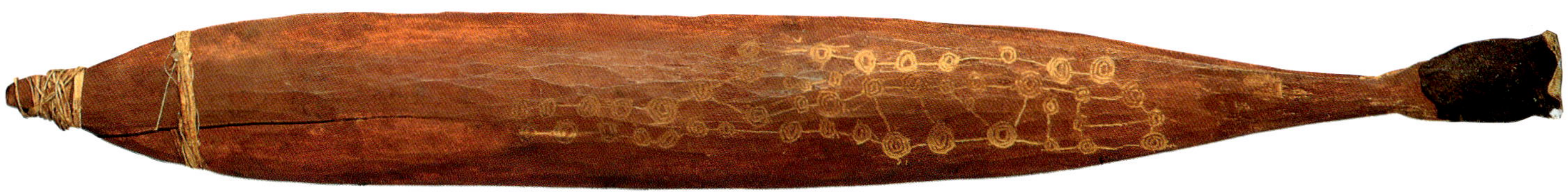

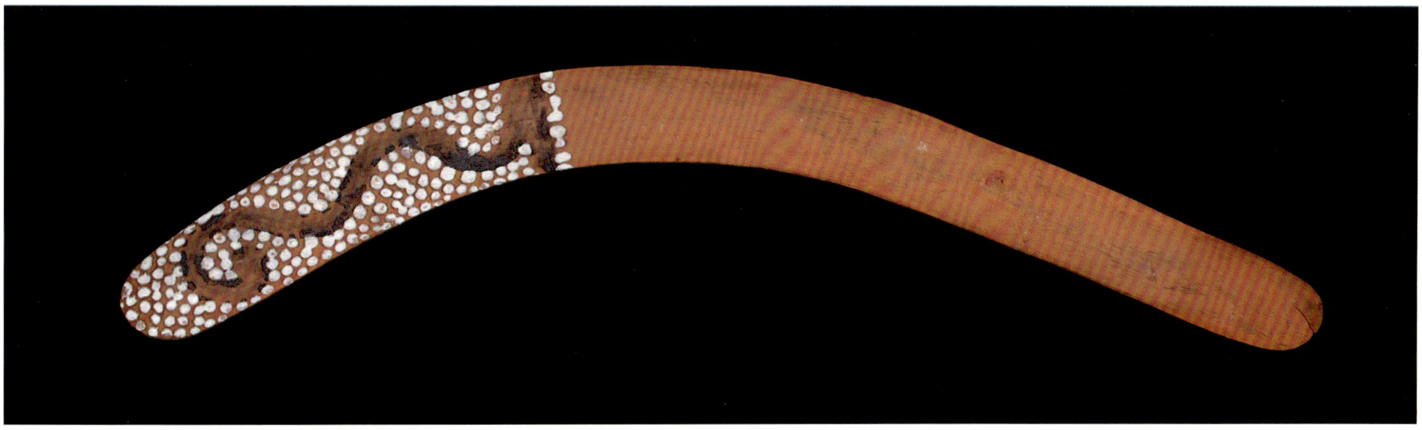

81 Tjapanangka
Ilanguro (Speerwerfer), ca. 1957

82 Künstler unbekannt
Boomerang-Schlangen-*Jukurrpa*
(›Dreaming‹) aus *Ngama*, 1971

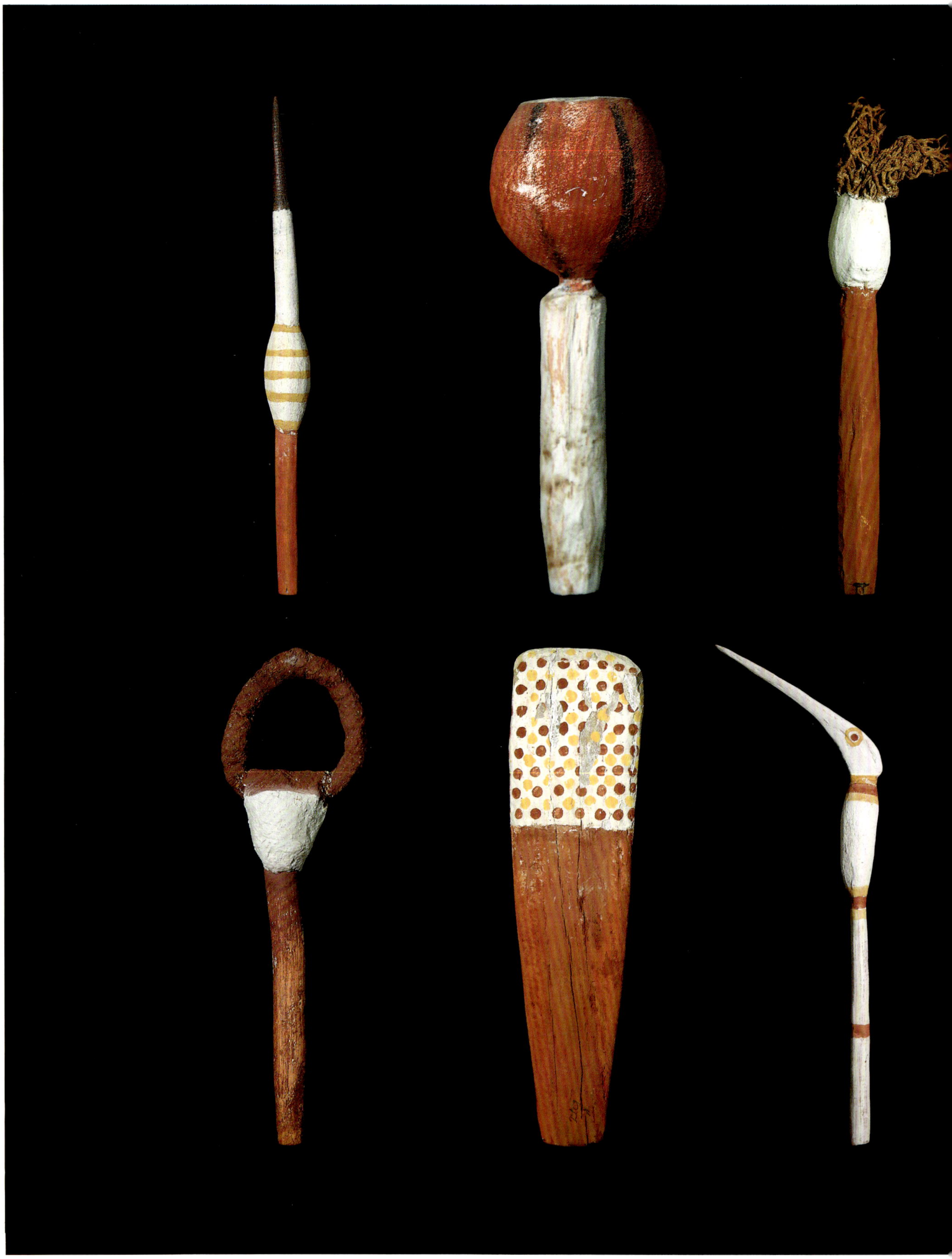

83 Künstler unbekannt
Wonatirini (Toa), 1890/1905

84 Künstler unbekannt
Tapajinkinietjani (Toa), 1890/1905

85 Künstler unbekannt
Billitjilpani (Toa), 1890/19

89 Künstler unbekannt
Milkiwilpani (Toa), 1890/1905

90 Künstler unbekannt
Mandamaruni (Toa), 1890/1905

91 Künstler unbekannt
Mulumpirini (Toa), 1890/19

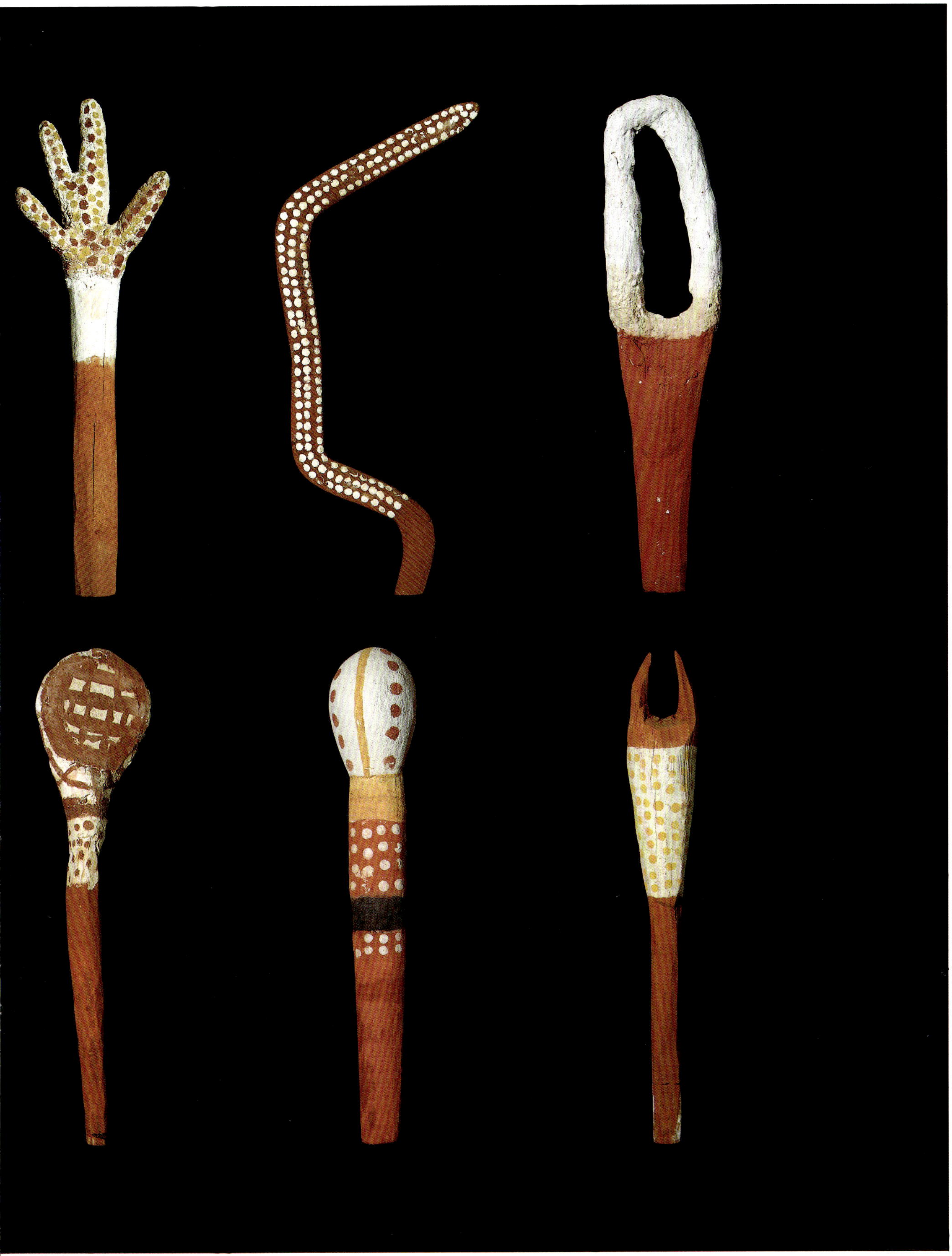

86 Künstler unbekannt
Mararunani (Toa), 1890/1905

87 Künstler unbekannt
Kutirani (Toa), 1890/1905

88 Künstler unbekannt
Wimawalpaworanani (Toa), 1890/1905

92 Künstler unbekannt
Billitjilpini (Toa), 1890/1905

93 Künstler unbekannt
Warilanani (Toa), 1890/1905

94 Künstler unbekannt
Manawilparamarani (Toa), 1890/1905

95 Shorty Lungkata Tjungurrayi
Ohne Titel, 1972

96 Johnny Warrangula Tjupurrula
Wie Buschnahrung wächst, 1972

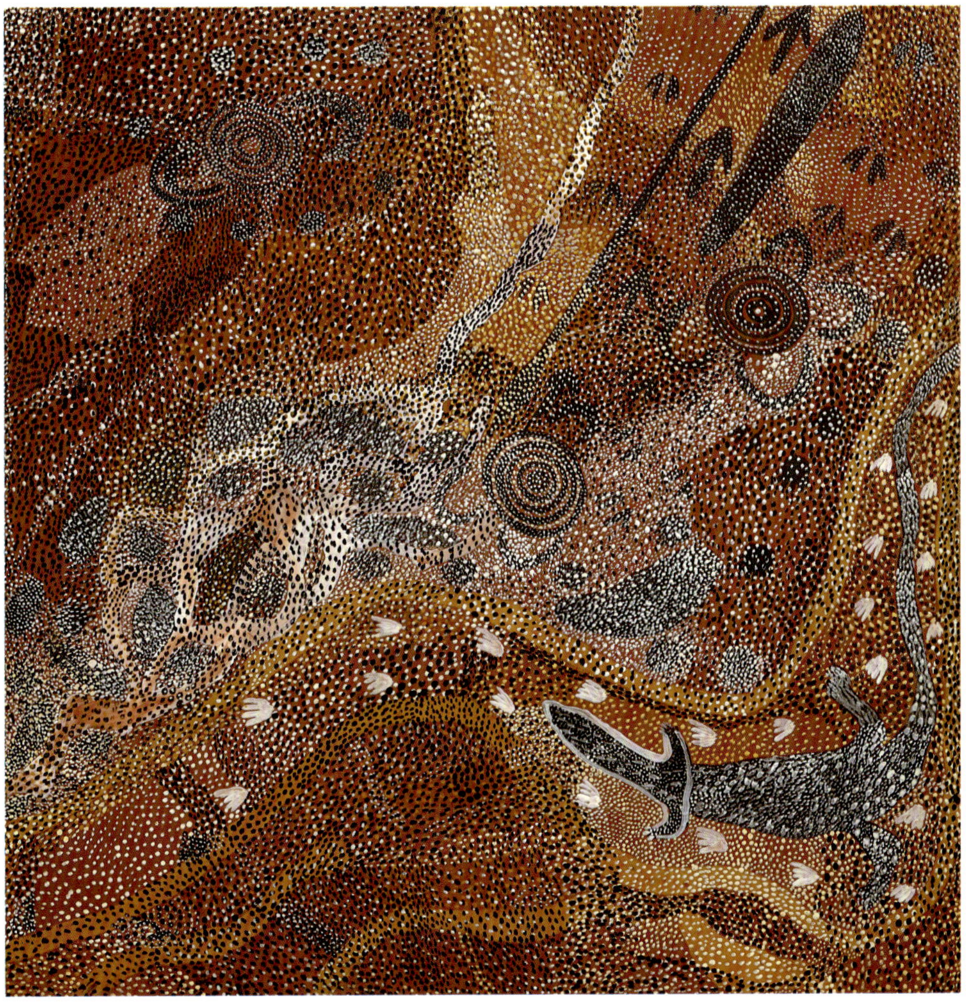

97 Johnny Warrangula Tjupurrula
Nintaka und die *Mala*-Männer, 1973

98 Anatjari Tjakamarra
Der große Kampf, 1972

99 Shorty Lungkata Tjungurrayi
Männer in einem Buschfeuer, 1972

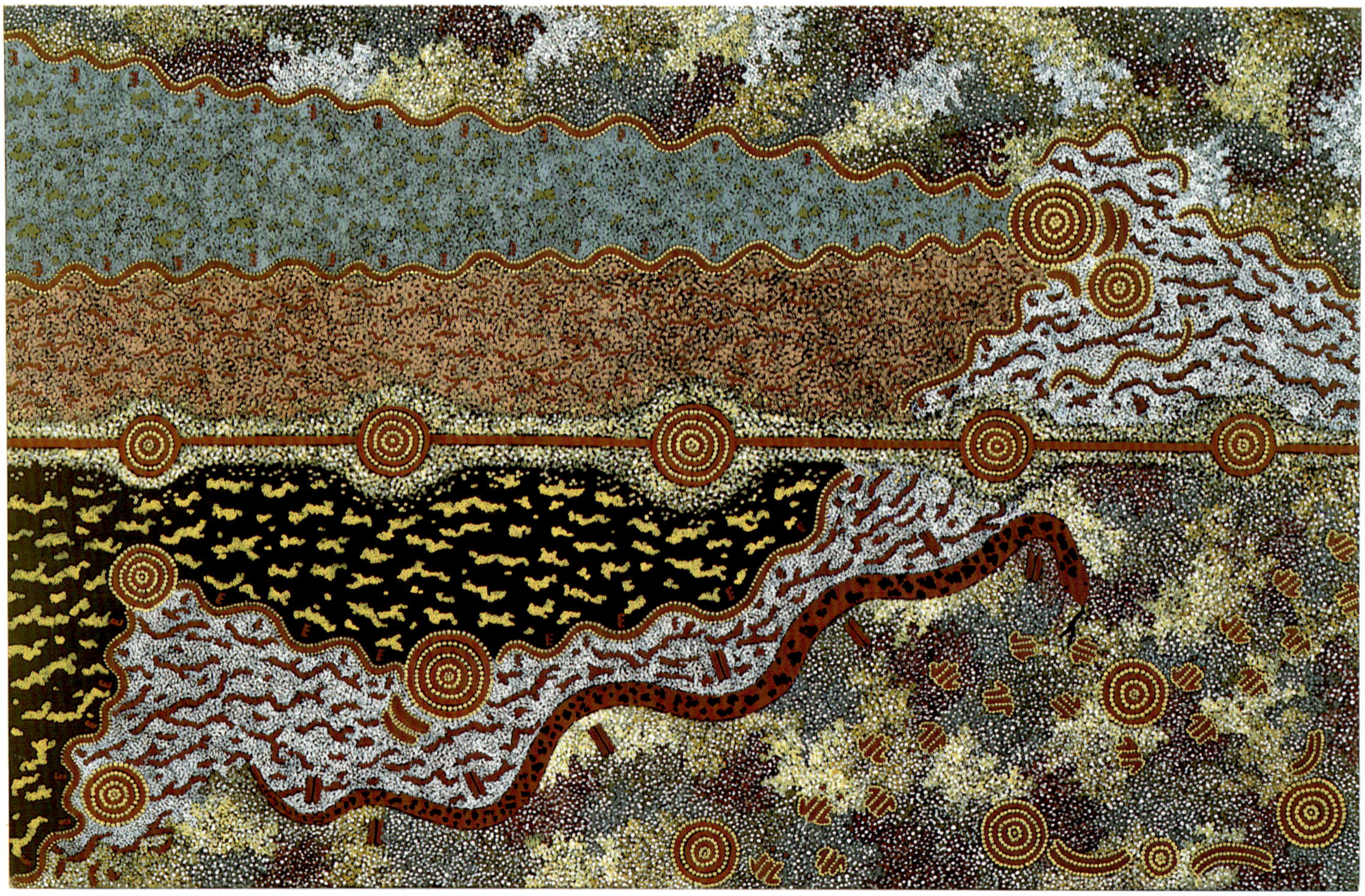

100 Tjupurrula (unter Mitarbeit von Fred Ward Tjungurrayi)
Kunia-Schlangen-*Tjukurrpa* (›Dreaming‹), 1988/1989

101 Michael Nelson Tjakamarra
Fünf *Tjukurrpas* (›Dreamings‹), 1984
(unter Mitarbeit von Majorie Napaljarri)

102 Tjupurrula
Drei *Corroboree*-Stöcke, 1971

103 Uta Uta Tjangala
Ohne Titel, 1972

104 Mick Numieri Tjapaltjari
Ohne Titel, 1989

105 Uta Uta Tjangala
Ohne Titel, 1975/1976

106 Turkey Tolson Tjupurrula
Zurichten der Speere bei *Ilyingaungau*, 1990

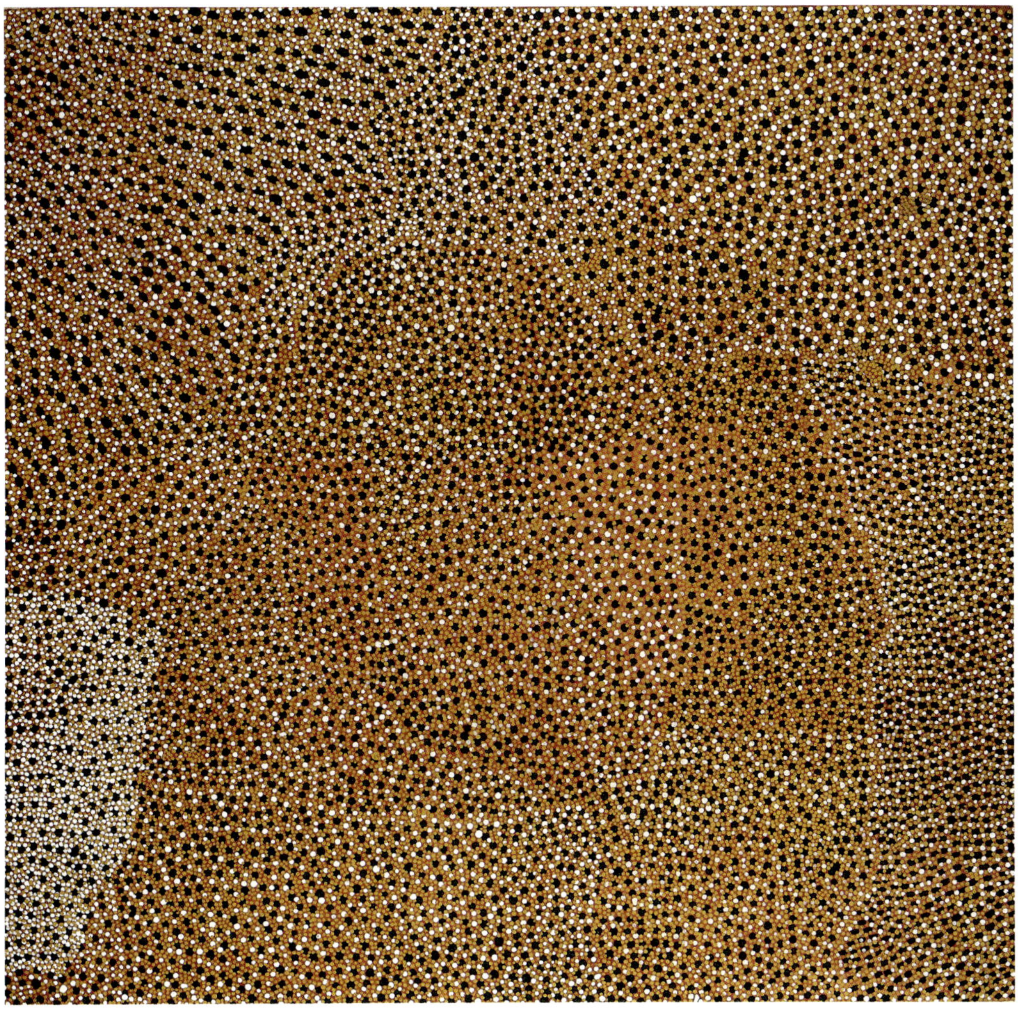

107 Mick Namarari Tjapaljarri
Wallaby-Tjukurrpa (›Dreaming‹), ca. 1982

Donkeyman Lee Tjupurrula
Ohne Titel, 1989

108 Pansy Napangarti
Regenbogenschlange bei *Pikilli*, 1989

109 Clifford Possum Tjapaljarri
Liebesgeschichte eines Mannes, 1978

110 Tim Leurah Tjapaltjarri
Fels*wallaby-Tjukurrpa* (›Dreaming‹), 1982

111 Pansy Napangati
Buschmango, Zwei wandernde Frauen
und Schlangen-*Tjukurrpas* (›Dreamings‹), 1989

112 Dinny Nolan Tjampitjinpa
Walkupa, 1975

113 Maxie Tjampitjinpa
Ipalu: Buschbananen-*Tjukurrpa* (›Dreaming‹), 1986

Japanangka
Schlangen-*Jukurrpa* (›Dreaming‹) 1986

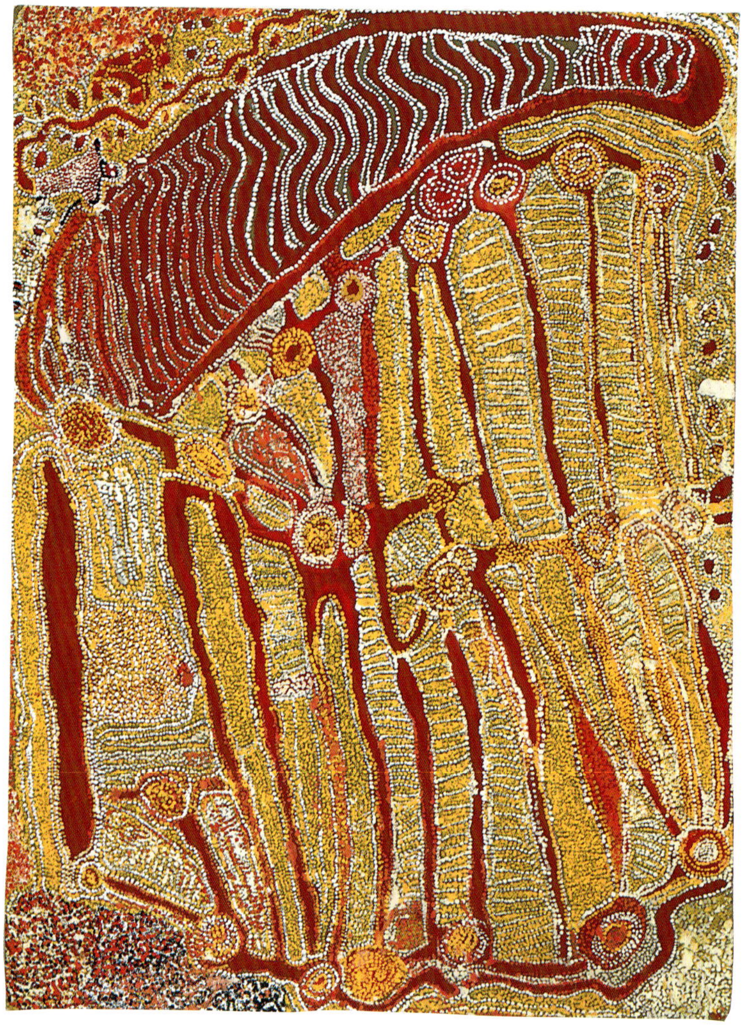

114 Wimmitji Tjapangarti
Das Land des Vaters des Künstlers, 1990

Ruby Napurrula (Yulanti)
Marlu-Jukurrpa (Känguruh in den Ebenen-›Dreaming‹), 1986

115 Mick Gill Tjakamarra
Blitzschlag-*Tjukurrpa* (›Dreaming‹) bei Kurra, 1988

116 Sister Nakamarra Gibson
Tjukurrpa (›Dreaming‹) vom süßen *Yam*
bei *Yumurrpa*, 1986

117 Milliga Napaltjarri
Das Land der Künstlerin bei Purrungu, in der Nähe von Kiwirrkurra, 1992

118 Sunfly Tjampitjin
Gesetz der Männer im Land des Künstlers, Marunpa, 1991

119 Ada Bird Petyarre
Atnangkere Awelye, 1990

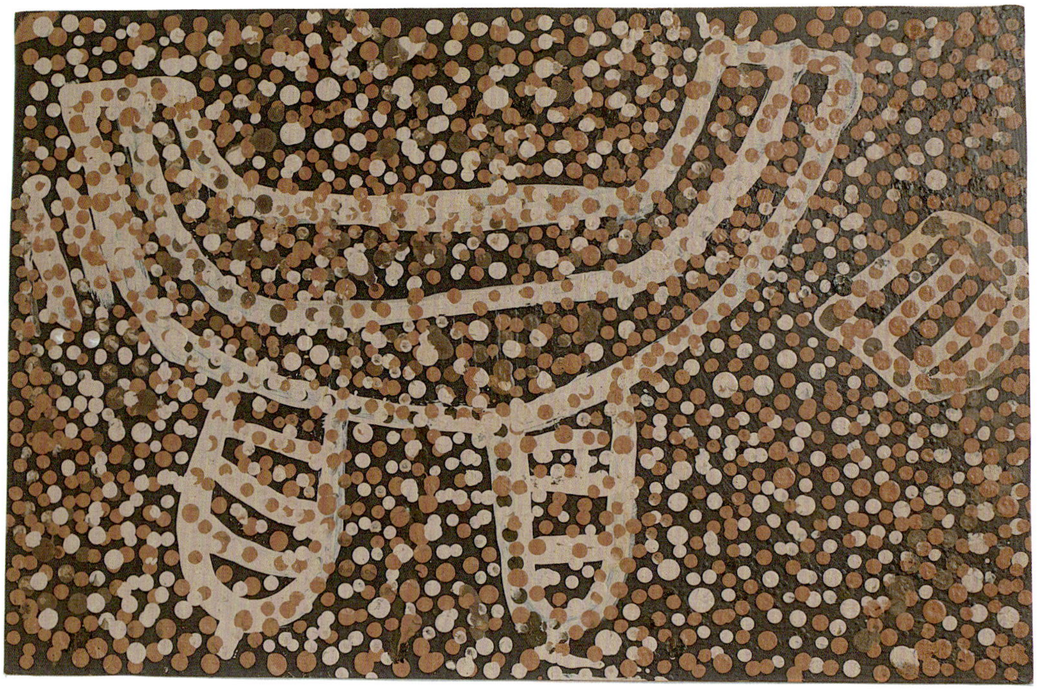

Louisa Napaljarri Lawson (Pupiya)
Mala Jukurrpa bei *Jila*, 1986

120 Emily Kame Kngwarreye
Körperbemalung für einen Emu, 1990

121 Emily Kame Kngwarreye
Awelye

122 Katie Kemarre
Sitzende Figur, 1989

123 Billy Petyarre
Kwertatye, 1988/1989

124 Hazel Kngawarreye
Engowina kwertatye, 1989

Ada Bird Petyarre
Sakrale Gräser, 1989

Lilly Kemarre
Zeremonie der Frauen, 1988

JARDIWARNPA JUKURRPA (JARDIWARNPA-›DREAMING‹)

ERZÄHLT VON DARBY JAMPIJINPA ROSS

Das ist *Winparrku*. Etwas Besonderes! Gehört zu *Warlpiri* und *Luritja.* Meistens haben die *Luritja*-Leute hier in der Gegend gelebt.

›Hairstring‹ zog nach Norden und kam dann zurück. Wie ein *Kookaburra*, der heißt *Kurra-Kurra*. Er ist oben auf dem Hügel gelandet und saß da fest oben auf *Wirnparrku*. Er machte den Berg kleiner. Er ist jetzt ein wenig niedriger, als er im *Jukurrpa* war. Das war ein großer Berg, aber der Vogel hat ihn kleiner gemacht.

Das erzähle ich dir. Die Menschen lebten immer hier, und sie haben sich vorbereitet. Ich erzähle nur nach der Regel. Die Menschen haben sich auf eine Reise vorbereitet. Sie haben sich nicht für den Süden vorbereitet. Sie haben sich für einen Aufbruch in den Norden vorbereitet. Also, dann sind alle zu dem Marsch in den Norden aufgebrochen, alle zusammen.

Diese Schlange nahm den alten Jampijinpa, sie hieß *Kirlwi;* er ging nebendran auf der Seite, neben ihm war dann Jakamarra. Jakamarra war der Boß der ganzen Sache. Er war der Boß für dieses *Kantawarra*. Er war der Boß.

Er war blind. Er suchte seine Leute. Er hat seine Hände ausgestreckt. »Wo sind denn alle hin?« Der alte blinde Mann Yarripiri Pampa machte mit seiner Hand ein Geräusch mit seinem Mund. Er versuchte, etwas zu hören. »Wo sind all meine jungen Jakamarra-Brüder?« – Ich erzählte das von *Wirnparrku.* Er hieß Jakamarra. »Wohin sind alle meine Neffen und Söhne, meine Leute gegangen? – Was soll ich jetzt tun?« Er tastete mit seiner Hand und legte seine Hand ans Ohr, um besser zu hören. »Wo sind alle meine Neffen und Söhne? Diese Schlange hat alle

George Gill Range
Mijilyparnta, Kiridi Creek (Mission Creek),
Umgebung von Yuendumu

meine Neffen und Söhne geholt. Er hat sie alle von hier weggeholt.«

Niemand ist an dem Ort zurückgeblieben. Sie folgten der Linie des Schwiegervaters. Wirklich alle waren weggegangen. Nur der alte Jakamarra-Mann ging noch dort umher.

Ich erzählte nur alles so, wie es war. Wahr, wahr, wahr. Er kam an die Höhle der Schlange. Der Ort hieß *Ngama*. Wo lebt der Hund namens *Kunyarrapungu*? Er lebt bei der Schlangenhöhle *Ngama*.

Ich erzähle dir einfach diese Geschichte. Regeln, Aboriginal-Regeln. Regeln der Aborigines.

Alle Menschen sind aufgestanden und haben die große Schlange hochgehoben. Der arme *Yarripiri yirdi.* Jakamarra, Jupurrula, Jarnpijinpa, Jangala zogen gemeinsam hintereinander in einer Linie. Sie trugen ihn (wie in einer Zeremonie, wenn sie *Boomerangs* und *Kuturu* auf den Schultern tragen). Sie bildeten zwei Linien, und sie haben diese Schlange sehr langsam und vorsichtig und mit Gefühl abgelegt, ohne sie fallenzulassen. [Sein] Name war *Yarripiri,* der arme (nette) Kerl.

Dieser hier aus *Yajanpirla* kam zu der Gruppe und zog mit ihnen. Sie waren zusammen mit ihrem Großvater und ihren Schwiegervätern unterwegs. Dieser und dieser haben sich getroffen und für den Marsch zusammengetan. Dieser Hund *Kunyarrapungu* und *Wampana. Kunyarrapungu* (Name des Hundes). Er ist ihnen auch gefolgt. Er ist aus den Sandhügeln zurückgekommen. Bei den Sandhügeln ist er dort stehengeblieben, wo die Wüste beginnt. Ihr sagt Wüste dazu, wir sagen *marnangkarra*. Diese *marnangkarra* nennen wir spinifex (stachelig). Und von dort ist er zurückgekommen, ist dieser Hund zurückgekommen, ist nach Hause zurückgekommen. Dieser Hund lebte in diesem großen Loch da unten. Und dieser *Wampana* (Jupurrurla) (Brillen-Hasen*wallaby*) (*Mirlpa tiri* ›Rotauge‹) (*Yulkaminyi*). Er verließ *Wirnparrku.* Er lief immer weiter. *Wampana* folgte diesem Jupurrurla, der *Kantawarra* heißt (die Schlange). Während er lief, erschuf er den Menschen. Das war in der *Jukurrpa*. Er schuf mehr Menschen, wenn er durch Gegenden kam, wo es *Mulju* (Wasserlachen) und Felslöcher gab, er schuf sie. Das Gesetz macht Sinn für uns, von dieser *Kantawarra,* der von diesem Ort herkommt, der *Wirnparrku* heißt.

Wir treffen uns alle und tanzen in einer Gruppe. Wie Jakamarra, Jupurrula, Jampijinpa, Jangala. Wir tun die

Paddy Japaljarri Sims

Kenny Jungarrayi Wayne
Festlegung des hauptsächlichen *Kuruwarri* (Vorzeichnung)

Sache gemeinsam alle gemeinsam, dieses ›Dreaming‹, diese Regel gilt für uns alle.

Kantawarra ist unser Großvater. Und *Kantawarra* ist ein Jupurrula, mein Cousin, der zur Familie dazugekommen ist. Er war ein Mensch, der zu einer Schlange wurde! Er war ein Mensch.

Der Emu kam daher [in *Wajarnpirla*]. Dieser Emu tanzte, während die anderen sich verbrannt haben. Er ist von dem Feuer weggehüpft. Sie kamen alle näher zu *Kantawarra.*

In Ordnung. Jetzt will ich über *Wampana* reden. Ich erzähle dir jetzt, wo er verbrannt ist. Dort drüben an einem Ort, der *Jirnkarrpungu* heißt. Nachdem er verbrannt war, ist er aus dem Feuer gehüpft. Der hier ist *Wampana*, auf der anderen Seite des Schwiegervaters. Alle Menschen haben einen Namen, den *Wampana* ihnen gegeben hat.

»*Wampana, Wampana*« ...er ist direkt durch *Yuendumu* gekommen und ist genau hier nach *Ngalikirlangu* gezogen.

Dort haben sie *Yarripiri* verbrannt, und dann ist er aus dem Feuer gesprungen. Dort ist ein Felsen bei *Ngalikirlangu* an einer Stelle namens *Katurnu.*

Dann gab es ein schönes Tanz-*Korroborree*. Sie sind ganz bis zu dieser großen Lehmebene gezogen. Dieser Sumpf, der *Katurnu* heißt. Sie nennen das dort Keridi-Wasserloch.

Die *Kurdungurlu* tanzten und tanzten, und seine ganze Familie ist aufgestanden. Jungarrayi, Japangardi, Japanangka und Japarljarri. Sie haben sie alle zusammengeholt und mit Feuer verbrannt.

JARDIWARNPA JUKURRPA (*JADIWARNPA*- ›Dreaming‹) – FEUER-*JUKURRPA*

Diese Geschichte wird von Darby Jampijinpa Ross, Paddy Jupurrurla Nelson, Paddy Japaljarri Sims, Connie Nakamarra White und Maggie Nakamara White erzählt. Übertragen von Andrea Nungarrayi Martin, Kathleen Nungarrayi Martin, Christine Lennard und Glenn James.

Diese Geschichte handelt von einem alten Jakamurra-Mann namens *Yarripiri,* einem Jukurrpa (›Dreamtime‹)-Schlangen-Ahn, der von *Wirnparrku* (Blanche's Tower, südlich des Mount Leibig im Nordterritorium von Australien) nordwärts durch das *Warlpiri*-Gebiet gezogen ist. Die Geschichte von *Yarripiri* wird während den *Jardiwarnpa*-Zeremonien, die auch als Feuerriten bekannt sind, vorgetragen. Insbesondere um diese Reise geht es auf diesem Bild. *Yarripiri* hat auf seinem Weg oft angehalten und die Landschaft erschaffen, auch *Ngama* (Schlangenhöhle), einen sakralen Platz der Männer. Auf seinem Zug waren seine *kurdungurlu* (Wächter, Polizist, Arbeiter) aus dem ›Dreaming‹ an seiner Seite (Japangardi, Japnangka, Japaljarri und Jungarrayi). Der Pfad, den er bei *Yuendumu* wählte, ist jetzt ein Wasserlauf mit Namen *Mijirlparnta* (Mission Creek). Von *Mijirlparnta* aus reiste er weiter Richtung

Norden und zog durch das Gebiet der *Warlpiri* hinauf in den obersten Norden Australiens zu einem Ort namens Snake Bay (bei Darwin).

Yarripiri war ein Mann (Jakamarra), der zu einer Schlange wurde (*Yarripiri pampa* – eine blinde Schlange). *Yarripiri Pampa* lebte mit seinen Kindern und Frauen in einem Lager bei *Wirnparrku.* Wenn er die rituellen Gesänge der Zeremonien hört, kommt er immer zum Platz der Feierlichkeiten und versucht, sich am Tanz zu beteiligen, jedoch nur, um unter den Beteiligten Verwirrung zu stiften. Bei dem Versuch, sich nicht mehr von *Yarripiri Pampa* stören zu lassen, wurde die Zeremonie nordöstlich auf eine offene Ebene verlegt, die blinde Schlange blieb auf einer Sanddüne bei *Jarrkalkula* zurück. Er rief immer wieder nach ihnen, dann begann er zu weinen. Er legte sein Ohr in den Wind, um etwas von seinem Volk zu hören, doch alle hatten *Wirnparrku* verlassen.

Die *Kurdungurlu,* Jungarrayi und Japangardi hoben *Yarripiri* sanft hoch und trugen ihn. Sie bildeten mit den anderen eine Linie und zogen immer weiter nach Norden. Wenn Halt gemacht wurde, legten die *Kurdungurlu* den *Yarripiri* sehr vorsichtig auf den Boden. Sie waren nie grob zu der Schlange. *Yarripiri Pampa* traf in *Wajarnpirla* wieder mit seinen Kindern zusammen.

Mit dabei auf *Yarripiris* Weg nach Norden war auch *Wurrulju,* das *wambana* (Brillen-Hasen*wallaby).*

Bei *Jiti Jitinya* zogen sie *Yarripiri* aus einer Wasserlache. Die Frauen riefen und tanzten um die Schlange. Sie zogen nach *Ngama* (eine heilige Höhle der Männer), wo sie *Kunyarrpungu* begegneten, dem *maliki* (Hund).

Ngapa (Wasser) zog von *Walapanpa* westlich nach *Walura,* dann nach *Laparrkurra.* Auf dem Weg nach *Juka Juka* traf *Ngapa* bei *Wilypiri* (Mission Creek, ca. 10 km westlich von Yuendumu) auf *Yarripiri.*

Nördlich bei *Juturangi* tanzten *Yarripiri*, die *warna* (Schlange), *Wurrulju*, das *wambana* (Brillen-Hasen*wallaby),* und *Kunyarrpungu*, der *maliki* (Hund), in einer Zeremonie zusammen. *Yarripiri* und *Wurrulju*, das *wambana*, wurden verbrannt. Sie benutzten *Warnparnpirri* (große Äste vom roten Flußgummibaum mit trockenen Blättern, die gebunden und angezündet wurden), um sich in Brand zu setzen.

Bei dem Felsloch bei *Wajarnpirla* begegneten sie *Warnyaparnta*, dem *yankirri* (Emu) und tanzten wieder zusammen. Der erschöpfte *Yarripiri* fiel vom Himmel auf die Erde. Bei *Wajarnpirla* wollte das *wambana Wurrulju* seine *turrurru* (Schlaghölzer) gegen *Yarripiris Karli* (*Boomerangs*) eintauschen, doch *Yarripiri* sagte: »Nein, die gehören mir«, und zog alleine weiter. *Yarripiri* nannte sich selbst *Tiyatiya.*

Kunyarrpungu, der *maliki* (Hund), zog nicht ganz hinauf zur Snake Bay, denn er hatte Heimweh. Statt dessen ging er nur die halbe Strecke mit, dann machte er kehrt und ging zurück nach *Wirnparrku* in sein Lager *Yirlpipalya. Wilulujulu*, ein Vogel, brachte *Kunyarrpungu* zurück nach *Yirlpipalya.*

»Diese Geschichte geht in den Norden in die Snake Bay. Wir können nur diesen *Warlpiri*-Teil erzählen.«

Lucy Napaljarri Kennedy
und Sheila Napaljarri Brown
›machen den Emu‹

Mijilyparnta, Kiridi Creek (Mission Creek), 1991

Von links nach rechts: Paddy Jupurrula Nelson, Paddy Japaljarri Stewart, Paddy Japaljarri Sims und Glenn James mit der Leinwand *Jardiwarnpa Jukurrpa*

125 Verschiedene Künstler
Jardiwarnpa-Jukurrpa (*Jardiwarnpa*-›Dreaming‹) - Feuer-*Jukurrpa* (›Dreaming‹), 1992

Wanderndes *Ngapa* (Regen) *Jukurrpa*,
die kurzen vertikalen Linien sind *Kurdu-kurdu Mangkurdu* (kleine Wolken)

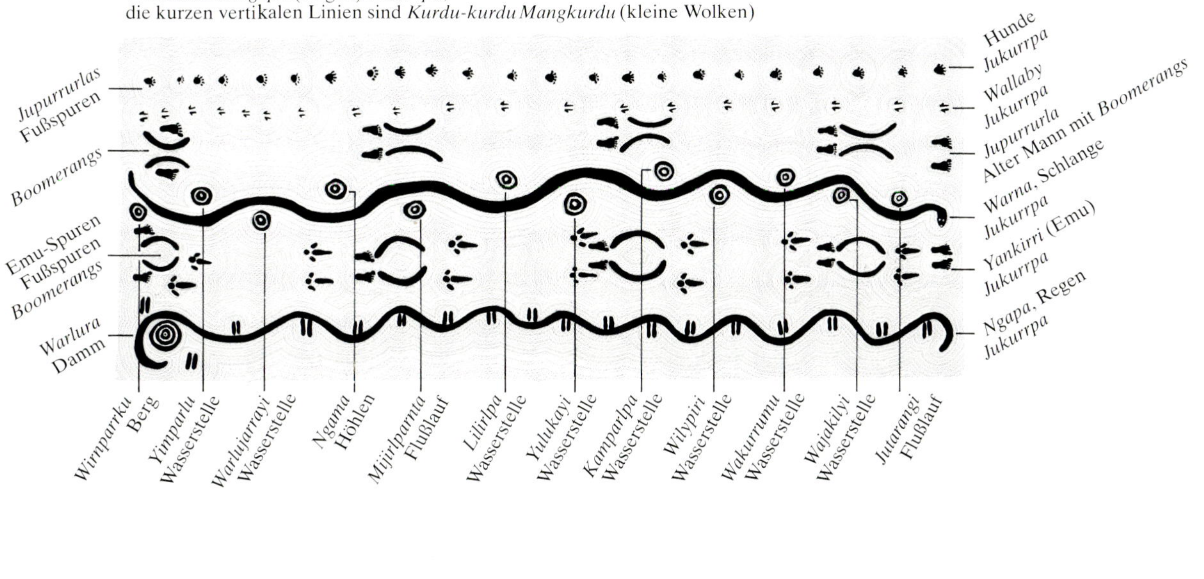

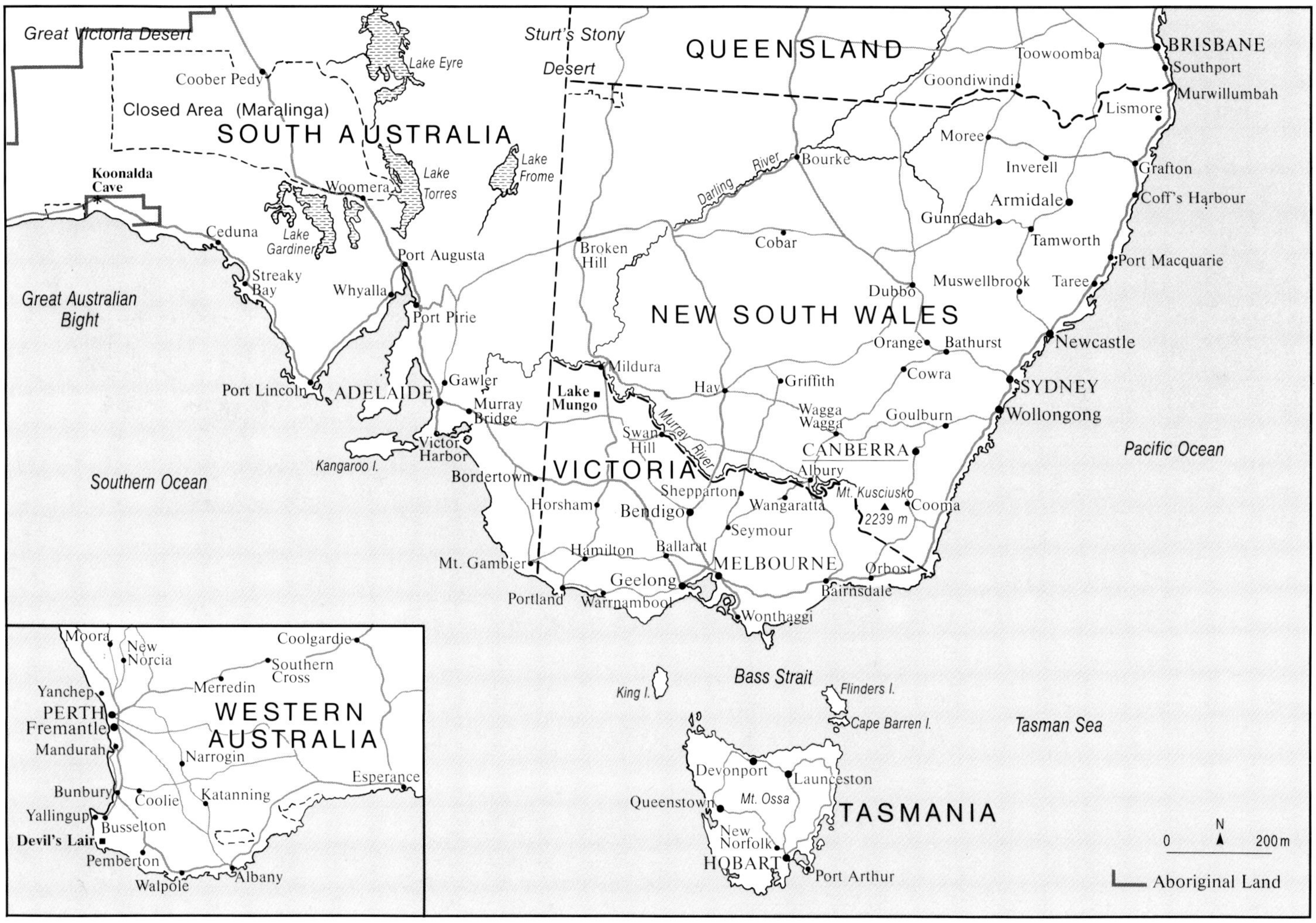

Great Victoria Desert
Sturt's Stony Desert
QUEENSLAND
BRISBANE
Southport
Murwillumbah
Toowoomba
Goondiwindi
Lismore
Lake Eyre
Coober Pedy
Closed Area (Maralinga)
SOUTH AUSTRALIA
Lake Torres
Lake Frome
Koonalda Cave
Woomera
Lake Gardiner
Ceduna
Streaky Bay
Great Australian Bight
Port Augusta
Whyalla
Port Pirie
Port Lincoln
ADELAIDE
Gawler
Murray Bridge
Victor Harbor
Kangaroo I.
Southern Ocean
Broken Hill
Darling River
Bourke
Moree
Inverell
Grafton
Armidale
Coff's Harbour
Gunnedah
Tamworth
Cobar
Port Macquarie
Dubbo
Muswellbrook
Taree
NEW SOUTH WALES
Orange
Bathurst
Newcastle
Mildura
Lake Mungo
Hay
Griffith
Cowra
SYDNEY
Wagga Wagga
Goulburn
Wollongong
Swan Hill
Murray River
CANBERRA
Pacific Ocean
Bordertown
VICTORIA
Albury
Horsham
Bendigo
Shepparton
Wangaratta
Mt. Kusciusko
2239 m
Cooma
Seymour
Hamilton
Ballarat
Mt. Gambier
MELBOURNE
Orbost
Geelong
Portland
Warrnambool
Bairnsdale
Wonthaggi
Bass Strait
King I.
Flinders I.
Cape Barren I.
Tasman Sea
Devonport
Launceston
Queenstown
Mt. Ossa
TASMANIA
New Norfolk
HOBART
Port Arthur
0 N 200 m
Aboriginal Land
Moora
New Norcia
Coolgardie
Southern Cross
Yanchep
Merredin
PERTH
Fremantle
WESTERN AUSTRALIA
Mandurah
Narrogin
Bunbury
Coolie
Katanning
Esperance
Yallingup
Busselton
Devil's Lair
Pemberton
Walpole
Albany

DER SÜDWESTEN, DER SÜDOSTEN AUSTRALIENS UND TASMANIEN

LIN ONUS

Auf einer kleinen, dem Wind ausgesetzten Anhöhe über dem Überschwemmungsgebiet des Yarra River, etwa 80 km östlich von Melbourne, steht ein Denkmal für William Barak. Dieses Denkmal wurde 50 Jahre nach Baraks Tod errichtet. Heute steht es allein auf einem kleinen Stück Land, umgeben von 120 oder mehr namenlosen Gräbern der Bewohner der früheren Coranderrk Aboriginal Station.

In gewisser Hinsicht stellen der Tod dieses wichtigen Künstlers und Ältesten und die anschließende Wiederentdeckung seiner Bedeutung viele Jahre später eine Parallele zur politischen und künstlerischen Situation der Aborigines in den Gegenden Australiens dar, in denen sie die Auswirkungen der Kolonisierung zuerst zu spüren bekamen.

Im Anfangsstadium vollzog sich die Kolonisation Australiens in den Gebieten, in denen natürliche Ressourcen reichlich vorhanden und leicht auszubeuten waren. In den Küstenstrichen des Südwestens, Südostens und Tasmaniens gab es die ersten regelmäßigen Kontakte zwischen Schwarzaustraliern und den europäischen Wal- und Robbenjägern.

Zeitgenössische Berichte überliefern ein Bild rücksichtsloser und brutaler Seeleute, die darum bemüht waren, die Schätze des Landes zu ernten und so schnell wie möglich in ihr Heimatland zurückzukehren. Diese rohen und gewalttätigen Männer aus einer Gesellschaft und einer Zeit, in der ein Leben nicht viel galt, hatten eine nachhaltige Wirkung auf die eingeborenen Völker. Auf den ersten Angriff mit Waffengewalt folgte ein zweites, in seiner zerstörerischen Kraft wesentlich stärkeres Phänomen: eingeschleppte Krankheiten. Neue Viren und unbekannte Leiden führten in einem Land, dessen Bewohner gegen diese Krankheitserreger nicht immun waren, zu einer dramatischen Reduzierung der Bevölkerung der Aborigines.

Aus der Sicht der Kolonialisten sollte das Bild von Krankheiten und verzweifelten Menschen in den folgenden 200 Jahren die ethnischen Beziehungen in Australien nachhaltig prägen. Diejenigen, denen die britische Krone Land zugeteilt hatte, sahen die Aborigines als Ärgernis an, da sie mit ihren Schafen und Rindern um die natürlichen Ressourcen konkurrierten und deshalb von diesem Land entfernt werden sollten.

Durch die offizielle Politik ermutigt, beteiligten sich diese neuen Landbesitzer manchmal nur allzu gerne an diesem Vorhaben – in organisierten Jagdgesellschaften, die einige Leute als ›ebenso spannend und aufregend wie eine Fuchsjagd zu Hause‹ beschrieben. Andernorts griff man zu subtileren Mitteln. Mit Arsen vergiftete Säcke voller Mehl wurden an strategisch wichtigen Punkten als ›Geschenke‹ deponiert.

Die wenigen, denen es bis dahin gelungen war, dem Kordon von Krankheitserregern, Gewehrsalven und Gift zu entgehen, wurden zusammengetrieben und in von der Regierung gegründeten Reservaten und in Missionsstationen untergebracht. Mitte des 19. Jahrhunderts ging man weitgehend davon aus, daß alle Aborigines innerhalb weniger Generationen aussterben würden.

Eine nicht unbeträchtliche Anzahl von Naturforschern – sowohl Amateure als auch professionelle Wissenschaftler – begann, sich für Genetik und Anatomie der Aborigines zu interessieren. In zahlreichen Diskussionen befaßte man sich mit Dingen wie der volumetrischen Kapazität des Gehirns, dem Schädel und anderen Knochenmaßen des Aborigine.

Glücklicherweise sammelten und dokumentierten einzelne Personen hier und dort dekorative Gegenstände und andere Kunstwerke. Häufig fanden diese Stücke, zusammen mit einer Unzahl von Skeletteilen ihren Weg in die Museen Großbritanniens und Europas.

Um 1870 waren diese Landstriche mehr oder weniger vollständig unter europäischer Kontrolle. Die meisten Aborigines waren in kirchlichen Missionsstationen oder in den von der Regierung angelegten Reservaten untergebracht. Im Laufe der nächsten 100 Jahre sollte sehr wenig bekannt werden, auch gab es nicht viel an maßgeblichem Interesse oder Forschung. Für die Aborigines ging das Leben weiter.

Verschiedene aufeinanderfolgende Regierungen in diesen Gebieten richteten Komitees ein, die sie euphemistisch als Ausschüsse zum ›Schutz‹ der Aborigines bezeichneten. Vor allem aus ökonomischen Gründen wurden – wie etwa im Falle der Kinder von New South Wales – Verordnungen erlassen, die besagten, daß ›alle Kinder, die zur Hälfte, einem Viertel oder einem Achtel Aborigines sind, ab ihrem zwölften Lebensjahr eine besondere Unterweisung und Erziehung erhalten‹ sollten.

In der Praxis bedeutete dies, daß mehrere Generationen von Kindern mit Gewalt aus ihren Familien gerissen wurden, um dazu erzogen zu werden, den reichen weißen australischen Landbesitzern in niederen Tätigkeiten zu dienen. Dieses Vorgehen war für die Nicht-Aborigines von kurzfristigem Nutzen, da es eine Vielzahl von Putzfrauen und Küchenhilfen für Haushalte des Mittelstands in Sydney, Melbourne und Adelaide hervorbrachte sowie viele junge Männer, die als Viehhirten oder Treiber arbeiten konnten. Gleichzeitig aber hatte es auch den unbeabsichtigten Effekt, wenige Generationen später eine neue und unerwartete Klasse australischer Aborigines auf der Bildfläche erscheinen zu lassen.

Diese neue Klasse bestand aus einer Gruppe von Leuten, die (in unterschiedlichem Maße) Zugang zu Ausbildung und Mobilität erlangt hatten. Ende der 60er Jahre drängten Angehörige dieser Klasse auf die politische Bühne. Viele waren jung, viele waren wortgewaltig, alle jedoch waren zornig. Vor diesem Hintergrund hat sich die künstlerische Bewegung in diesen Regionen entwickelt.

In diesen 100 Jahren traten Fragen des Überlebens und des Familienzusammenhalts in den Vordergrund. Künstlerische und kulturelle Bräuche verkümmerten auf dramatische Weise, jedoch konnten einige Traditionen in isolierten Nischen überleben. Vor allem von der Notwendigkeit getrieben, zusätzlich Geld zu verdienen, begannen einige Aborigines, entweder in Gruppen oder allein, *boomerangs* und andere Kunstgegenstände für den Verkauf an Touristen herzustellen. Ironischerweise trug genau jener Marktbereich, der als traditioneller Feind der Kunst gilt, dazu bei, einige wenige uralte Traditionen zu bewahren.

In den 70er und 80er Jahren wandten sich viele Aborigines aus Unzufriedenheit über die bestehenden Rollenmuster und die Aussichten auf dem Arbeitsmarkt neuen und alternativen Formen der Beschäftigung und der politischen Aktivitäten zu.

Der Erfolg des berühmten *Arrernte*-Künstlers Albert Namatjira in den 50er Jahren bewog einige Aborigines dazu, eine Karriere im Bereich der Kunst aufzubauen. Aus verschiedenen Gegenden Australiens kommend, waren sie in den späten 60er und frühen 70er Jahren vor allem in Melbourne tätig. Unter ihnen waren Revel Cooper aus Carrolup in Westaustralien, Ronald Bull aus Lake Tyers, Trevor Nickolls aus Südaustralien und Lin Onus aus Melbourne.

In der Anfangsphase konzentrierte man sich auf die Landschaftsmalerei im europäischen Stil. Alle Künstler hatten irgendwann einmal den Wunsch ausgesprochen, ihr Dasein als Aborigines (›Aboriginality‹) in ihrer Arbeit zum Ausdruck zu bringen, doch erwies sich für einige die Realisierung dieses Wunsches als schwierig. Die Einbeziehung der Bildsprache oder Gestaltungsart der Aborigines hätte eine Arbeit in gewisser Hinsicht herabwürdigen und sie somit in den am Tourismus orientierten Bereich des Kunstmarktes zurückwerfen können.

Trevor Nickolls war der erste, der auf unzähligen Wegen die visuellen Verbindungen zwischen der traditionellen Bilderwelt der Aborigines und dem europäischen Realismus umfassend erforschte. Nickolls' Pionierarbeit wiederum sollte eine große Anzahl von Künstlern mit der Methodik ausstatten, mit Hilfe derer sie diese Beziehung für ihr eigenes Werk erforschen und entwickeln konnten.

Es entstand eine wellenartige Bewegung. So, wie das Werk von Trevor Nickolls seine Zeitgenossen inspirierte, gingen auch von dieser wiederum Anregungen aus. In manchen Gegenden jedoch entwickelten sich Künstler mit wenig, manchmal ohne jeglichen Kontakt zur größeren Gemeinschaft der Kunstschaffenden. Unter diesen ist besonders Robert Campbell Junior hervorzuheben.

Als Angehöriger der Nation der *Ngaku* sollte er beachtlichen Einfluß auf die sich entwickelnde künstlerische Bewegung in der Gegend von Kempsey an der Küste von New South Wales gewinnen. Die Malweise der *Ngaku* ist unzweifelhaft typisch für die Kunst der Aborigines, und dennoch kann man sie mit keiner anderen Art der Malerei vergleichen. Ineinandergesetzte Kreise und parallel verlaufende Wellenlinien schaffen ein ausdrucksstarkes künstlerisches Mittel, um die eingebundenen Themen zu verstärken.

Wie in den Bildern der Vorgänger vor 100 Jahren oder mehr, wie etwa denjenigen des Tommy McRae und William Barak, bezieht sich ein großer Teil der Symbolik auf alltägliche Aktivitäten: glückliche und traurige Ereignisse, die Landverbundenheit und das immerwiederkehrende Thema der Beziehung der Aborigines zur dominierenden Kultur.

Robert Campbell Junior spricht in seinen Arbeiten oft die Realitäten der Rassenbeziehungen im ländlichen Australien an. Themen wie der Tod von Aborigines in Haft, die Rassentrennung innerhalb der gesamten Gesellschaft und die Einheit der Aborigines liefern ihm mehr als adäquates Material für sein Werk.

Durch seine großzügig gewährte praktische Hilfe und mit großem Zeitaufwand hat der von Natur aus ruhige und bescheidene Mann in und um Kempsey herum eine bedeutende künstlerische Bewegung ins Leben gerufen. Milton Budge, ein Künstler aus dieser Gegend, hat über eine längere Zeit mit Robert Campbell Junior gearbeitet. Er verwendet in seinen Arbeiten zwar ähnliche künstlerische Motive, sein Thema ist jedoch die wehmütige Auseinandersetzung mit vergangenen Zeiten. Alltägliche Aktivitäten, die Solidarität und das Glück des Lebens in der Familie und der Gemeinde nehmen darin einen breiten Raum ein.

Die Bilder des in Melbourne lebenden Les Griggs stellen die rauhe Wirklichkeit des Stadtlebens dar. Alkohol, Drogen, die tägliche Auseinandersetzung mit den Behörden und Inhaftierung verbinden sich zu einem mächtigen, qualvollen Aufschrei.

Das Werk des aufstrebenden Künstlers Richard Bell aus Brisbane bewegt sich zwar auch auf Konfrontationskurs, jedoch oft auf einer anderen philosophischen Ebene. Bell greift gesellschaftliche Moralvorstellungen öffentlich an. Durch provozierende Titel wie ›What Are We Going To Do About This Half Caste Thing?‹ (›Was sollen wir mit diesem Halbblut machen?‹) trägt er genau denjenigen die Debatte an, die sich selbst als Gebieter der Gesellschaft wähnen.

Das Vorhandensein der ›Mischlinge‹ bereitet den Verfechtern der Rassenreinheit unter den Kolonialisten erhebliches Kopfzerbrechen. ›Mischlinge‹ erinnern sie lebhaft an das Thema, über das nie offen gesprochen werden konnte – sexuelle Beziehungen zwischen Schwarz und Weiß. Bells harte, kompromißlose Äußerungen haben wiederum andere angeregt, die verschiedenen Bezüge in Frage zu stellen. Im Zentrum steht dabei immer wieder die Frage nach dem Wesen der Aborigines (›Aboriginality‹) und ihrer Legitimität.

Einige Kuratoren öffentlicher Institutionen sind der Ansicht, daß viele der Aboriginal-Künstler sich nicht ausreichend mit ihren Traditionen auseinandersetzen. Andere Kuratoren zeitgenössischer Sammlungen finden wiederum, daß sie zu sehr als Aborigines in Erscheinung treten, als daß ihre Werke als Neuerwerbungen in Frage kämen. Glücklicherweise verändert sich diese Situation zur Zeit schnell, da viele öffentliche Sammlungen Australiens ihre Ankaufspolitik bereits geändert haben oder dabei sind, sie zu überdenken. Zunehmend werden diese Künstler einfach als das akzeptiert, was sie sind – als Künstler.

Gordon Bennett, der ebenfalls in Brisbane arbeitet, hat in großem Maße Interesse und Kommentare provoziert. Während er in seinem Werk häufig Konfrontationen herausfordert, greift er imperialistische Haltungen auf einer anderen Ebene an. Manchmal verwendet er Symbole römischer und europäischer Architektur sowie Anspielungen auf die Trigonometrie und fördert damit genaueres Hinsehen und eine Auseinandersetzung mit der Thematik.

Die Arbeiten des Moët-et-Chandon-Preisträgers von 1991 werden auf nationaler und internationaler Ebene zunehmend bekannter. Bennett schreckt vor dem Gräßlichen als Bestandteil eines Bildes nicht zurück. Tod und Sterben sind ständig bearbeitete Themenbereiche. Er spricht von ›historischer‹ Malerei, da auch Geschichte erst nach dem Ereignis konstruiert, aus der Sichtweise eines einzelnen übermittelt wird. In seinen Bildern zielt er darauf ab, andere mögliche Perspektiven in neuen Bedeutungen aufzuzeigen.

Eine andere Künstlerin aus Queensland, Judy Watson aus dem *Wanyi*-Clan im Nordwesten des Staates, hat einen Stil entwickelt, der sich grundsätzlich von denen der Künstler unterscheidet, die in diesem Abschnitt bereits erwähnt wurden. Ihre zweidimensional angelegten Arbeiten weisen beim Betrachten dreidimensionale Eigenschaften auf.

Ihr Werk ›The Guardians‹ (›Die Wächter‹) erweckt den Eindruck alter totemistischer Formen, innerhalb des Bildes sind jedoch verschiedene Bedeutungsebenen zu finden. Jedes der verschatteten, nur halb zum Vorschein gebrachten Bildelemente, die im Gesamtbild zu finden sind, läßt einzelne Aspekte ihrer Lebenserfahrung als Aborigine (›Aboriginality‹) aufblitzen; wenn man jedoch all diese Teile wie bei einem Puzzle zusammensetzt, wird die eigentliche Aussage der ›Aboriginality‹ deutlicher.

Wie seinen Freund Gordon Bennett beschäftigt auch Ron Hurley die Neudefinition von Geschichte. Ein wiederkehrendes Thema seiner Arbeit ist das Leben des Aborigines und Cricketspielers Eddie Gilbert. Auf dem Höhepunkt seiner Laufbahn war Gilbert ein so ausgezeichneter Werfer, daß ihm die besten Schläger der australischen und englischen Mannschaften nichts entgegenzusetzen hatten.

Die Tatsache, daß ein Aborigine in einer englischen Sportart so gut werden konnte, stellte einen ernsthaften Affront dar. Nach einer langen Zeit voller Schmähungen und Ächtung starb Gilbert einen schmerzhaften und einsamen Tod. Hurleys Wiederaufrollen des Falles dieses bedeutenden Aborigines tritt der Dominanz weißer Geschichtsschreibung in einer Aboriginal-Umgebung entgegen und stellt sie ernsthaft in Frage.

Die vielleicht aufregendste Initiative, die in den 80er Jahren entstand, war die Gründung der Boomalli Aboriginal Artists Co-operative. Offiziell besteht sie seit 1987, doch gehen ihre Anfänge auf eine informelle, schon einige Jahre vorher bestehende Verbindung von Künstlern zurück, die in Sydney und Umgebung arbeiteten. Obwohl es sich scheinbar um eine eklektische Gruppe junger Aborigines handelte, verband sie der gemeinsame politische Kampf, dem sie sich als Künstler und als Aborigines stellten.

Der Maler Jeffrey Samuels und der Photograph Michael Riley gehörten zu den Gründern der Verbindung. Zu ihnen stießen später bedeutende Künstler wie Fiona Foley, Arone Raymond Meeks, Avril Quaill und Bronwyn Bancroft.

Die Boomalli Aboriginal Artists Co-operative erwies sich für zahlreiche Aboriginal-Künstler als Quelle wichtiger Anregungen. Die Hauptaktivitäten der Gruppe bezogen sich zwar auf Künstler, die in und um Sydney arbeiteten, doch wurde sie zu einer wichtigen Verkaufsstelle und einem Zentrum für Künstler aus dem ganzen Land.

Diese Kooperative unternahm beträchtliche Anstrengungen, um zu überleben. Eine meist nur unregelmäßig geleistete Hilfe von institutioneller Seite und ebenfalls sporadisch eingehende finanzielle Zuschüsse führten zu Situationen, in denen die Kooperative kurz vor der Auflösung stand. Allerdings geben Entwicklungen der letzten Zeit berechtigten Anlaß zur Hoffnung. Ein wiedererstarktes Engagement der derzeitigen Mitglieder in Verbindung mit erneuter institutioneller Unterstützung könnte der Kooperative wieder neues Leben einhauchen, so daß sie in Zukunft einen noch bedeutenderen Platz im Kunstgeschehen einnehmen könnte.

Einige unermüdliche Aktivisten dieser Gruppe sind in dieser Ausstellung vertreten.

Fiona Foley, die von den Batjala auf der Fraser-Insel in Queensland abstammt, studierte am College of the Arts in Sydney. Wie auch bei anderen Aboriginal-Künstlern, die zu der Zeit in Sydney und Umgebung arbeiteten, spiegeln sich in ihren frühen Werken die herrschenden politischen Stimmungen dieser Periode wider. In späteren Jahren reflektierte ihre Bildsymbolik eine Neudefinition der Beziehung zu ihrem ›Mutterland‹ Fraser-Insel.

Ohne sich abgesprochen zu haben, reiste eine Reihe von Künstlern, darunter Robert Campbell Junior, Fiona Foley, Lin Onus, Avril Quaill, Michael Riley und Gordon Bennett nach Arnhemland. Alle haben dabei eine tiefgreifende und kathartische Veränderung erfahren, die sie als Person und als Künstler betraf. Obwohl diese Erfahrung bei jedem einzelnen unterschiedlich verlief, scheint sich doch eine Gemeinsamkeit herauszukristallisieren: Die tiefe geistige Verbundenheit der Menschen von Arnhemland mit ihrem Land und ihrer Umwelt hat bei allen Künstlern die eigene Heimatverbundenheit wachgerufen und verstärkt.

Das Werk von Fiona Foley ist für diesen Prozeß sehr bezeichnend. Die Bildsymbolik ihrer aktuellen Arbeiten spiegelt die Beziehung zum Land und oft auch zum festgelegten Ablauf von Ritualen und Zeremonien wider. Foley gehört zu einer kleinen Gruppe von in der Stadt lebenden Aboriginal-Künstlern, die intensiv mit dreidimensionalen Arbeiten experimentiert haben.

Ihre Arbeit in diesem Medium schließt eine Skulptur ein, deren politischer Gehalt sich erst bei näherer Betrachtung offenbart. Diese Skulptur erinnert daran, wie in Nord-Queensland Fisch gedörrt wird; bei ihr werden jedoch keine Fische, sondern Schwarze aufgehängt – ein beißender Kommentar zu den Todesfällen inhaftierter Aborigines.

In der Entwicklung von Boomalli nahm Jeffrey Samuels eine Hauptrolle ein. Er stammt aus dem Hinterland von New South Wales, zog dann nach Sydney, um dort an der National Art School zu studieren. Anschließend erwarb er den Titel eines Bachelor of Arts am Sydney Art Institute. Seine Reisen zur Mornington-Insel und seine Verbindung mit dem Volk der *Lardil* spiegeln ein ebensolches kathartisches Erlebnis wider wie bei den anderen Künstlern ihre Reisen nach Arnhemland.

Samuels Arbeiten orientieren sich jedoch mehr an der Umwelt. Eine tiefempfundene Empathie zu Tieren, besonders zu Meereslebewesen, zeichnet seine Besorgnis über die unaufhaltsame Verringerung der natürlichen Ressourcen auf.

Lin Onus aus Melbourne begann ursprünglich als Landschaftsmaler und erhielt Unterricht von den namhaften Aboriginal-Künstlern Ronald Bull und Revel Cooper, die ebenfalls in diesem Genre tätig waren. Wie auch Trevor Nickolls quälte er sich lange Jahre mit der Frage, wie er sein Dasein als Aborigine (›Aboriginality‹) in seine Werke einarbeiten könnte. Nach einem Besuch der Aboriginal-Siedlung Gamerdi in der Nähe von Maningrida im Jahr 1986 fand er die Lösung dieses Problems.

Obwohl er in erster Linie Maler ist, findet Onus dreidimensionale Arbeiten wesentlich interessanter. Ähnlich wie bei Fiona Foley, ist sein Werk voller hintergründiger Anspielungen. Seine Reihe von *Dingo*-Skulpturen ist so aufgebaut, daß sie nacheinander betrachtet werden sollen – als Abfolge von der Geburt bis zum Tod. Die letzte Skulptur – der in eine Falle gegangene *dingo* – ist als Kommentar zum Umgang mit diesen eingeborenen Tieren zu sehen, die, aus der Sicht der Aborigines, der Behandlung sehr nahekommt, die sie selbst zu erleiden haben.

In jüngster Zeit ist in Melbourne nach und nach ein lockerer Zusammenschluß von Aboriginal-Künstlern wie Les Griggs, Ellen Jose, Treana Ham, Lin Onus und Karen Casey entstanden.

Aus Tasmanien stammend, gehört Casey zu einer Gruppe von Aborigines, die ihre Belange mit großem Nachdruck artikuliert. Sie ficht die offizielle Darstellung der tasmanischen Regierung an, die Aborigines der Insel seien seit dem Jahr 1867 ausgestorben. Dieses ist ein paradoxes, jedoch pragmatisches Argument. Wenn die Regierung von Tasmanien behauptet, es gäbe keine Aborigines mehr auf ihrem Territorium, muß sie sich auch nicht mit den heutigen Forderungen der Aborigines nach Rückgabe von Land und Entschädigungen befassen.

Caseys Malereien und Druckgraphiken setzen sich sowohl mit ›Aboriginality‹ als auch mit Feminismus

Ausstellung Ron Hurley, ›Stop Play Dreaming‹, Caulfield Arts Complex, Melbourne 1991

auseinander. Manche Bilder stellen die Zerbrechlichkeit und Verletzbarkeit der Frau dar, insbesondere in der kalten innerstädtischen Umgebung. In anderen Bildern erkundet sie die in der australischen Gesellschaft anzutreffende Engstirnigkeit, Vorurteile und reaktionäres Verhalten.

In einem ihrer jüngsten Gemälde ›Got The Bastard‹ (›Den Bastard erwischt‹) wird das Gefühl der Selbstgerechtigkeit spürbar, das von dem stark übergewichtigen, stiernackigen Mann ausgeht, der, mit einem Gewehr auf den Knien, in seinem Sessel hängt. Wer ist das Opfer – Tier oder Mensch? Darauf gibt die Arbeit zwar keine Antwort, doch verbildlicht es die in der Bibel niedergelegte Aufforderung, sich die Erde und die auf ihr lebenden Tiere Untertan zu machen. Die kolonialistische Denkweise zählt natürlich die Völker der Aborigines zweckmäßigerweise ebenfalls zu letztgenannter Kategorie.

Der Zugang zur Photographie eröffnete einen neuen Blickwinkel auf die Bildsymbolik, die bis dahin so alltäglich war. Früher wurden Aborigines häufig als kulturelle Kuriositäten dargestellt. Man porträtierte sie als ›edle Wilde‹ oder aber als demoralisierte und unterworfene Rasse. Viele Photos, die Europäer von Ureinwohnern Australiens aufgenommen haben, hatten die Tendenz, den Eindruck einer Karikatur zu verstärken.

Die Schaffensphase des gefeierten Photojournalisten Mervin Bishop umfaßt einen Zeitraum von mehr als 30 Jahren. Bishop, der 1971 den Titel ›Pressephotograph des Jahres‹ erhielt, war in erster Linie damit beschäftigt, einer großen Tageszeitung Bildmaterial für die aktuelle Berichterstattung zu liefern. Seine Herkunft als Aborigine blieb jedoch immer eine Quelle der Inspiration für ihn. Zusätzlich zu seiner hauptberuflichen Tätigkeit ist seine Arbeit in den Aboriginal-Gemeinden von New South Wales eine nützliche Dokumentation, die das Gemeindeleben über einen Zeitraum von 30 Jahren oder mehr lebendig illustriert.

Alana Harris, die in New South Wales arbeitet, lenkt mit ihrer Kunst die Aufmerksamkeit auf den Menschen in seiner Umwelt. Ihre Bilder tragen auch zu einem besseren Verständnis der Frage bei, wer diese Menschen sind und was sie tun. Ihre Arbeiten gewähren oft einen Blick auf Menschen in Arbeitssituationen. Diese ergänzenden visuellen Hinweise bieten genau die zusätzlichen Details, die für ein vollständigeres Verständnis der Thematik notwendig sind.

In manchen Kreisen mögen Photographien von Aborigines bei der Arbeit und in der Freizeit nicht von besonderer Bedeutung sein, für die Aborigines jedoch sind sie von außerordentlicher Wichtigkeit. Wenn Alana Harris beispielsweise Obstpflücker photographiert, kann diese Photographie fast jeder Aborigine in den gemäßigten klimatischen Zonen Australiens verstehen und einen Bezug dazu herstellen, gehört doch die Tätigkeit des Pflückers zu den wenigen Bereichen, in denen Aborigines relativ problemlos Arbeit finden können, nicht zuletzt dank der Auffassung vieler aus Europa stammender Australier, diese Arbeit sei ihrer unwürdig.

Wenn Aborigines solche Photographien betrachten, ›kennen‹ sie die Umgebung, den Menschen und die Arbeit, auch wenn sie nie in der entsprechenden Gegend waren. Diese Bilder veranschaulichen gemeinsame und geteilte Erfahrungen. Die Früchte, die die Arbeiter pflücken, mögen sich von Region zu Region unterscheiden, die durch diese Arbeit geprägte Lebensweise aber ist überall gleich.

Der in Sydney lebende Photograph Michael Riley, der zum harten Kern der Boomalli Aboriginal Artists Co-operative zählt, arbeitet mit verschiedenen filmischen und photographischen Mitteln. In Einzelaspekten ähnelt sein Werk dem von Alana Harris, doch seine unverwechselbare Art zu porträtieren hat auf vielfältige Art und Weise das Verhältnis zwischen dem Betrachter und dem porträtierten Aborigine neu definiert. Rileys Porträtphotographie von Djon Scott-Mundine zum Beispiel stellt den Porträtierten mit nacktem Oberkörper und gekreuzten Armen dar. Sein Gesichtsausdruck verrät Neugier und Energie – das facettenreiche Gesicht dieses kreativen Menschen. Riley hat sein Können in den Bereichen Film und Video weiterentwickelt.

Wie sehr die neuen Medien und moderne Technologie die Entwicklung der Kunst der Aborigines beeinflußt haben, belegt das Schaffen von Tracey Moffat. Ihre hervorragenden Leistungen als Filmemacherin gehen weit über ihren politischen Hintergrund und ihre Identität als Aborigine hinaus. Obwohl Moffat sich in ihren Filmen hauptsächlich mit zentralen Themen und Aspekten des Lebens der Aborigines befaßt, zieht sie es, wie die meisten anderen der hier vorgestellten Künstler, vor, einfach unter ihrer Berufsbezeichnung genannt zu werden, ohne das Attribut ›Aboriginal‹.

Dieser Umstand hat in manchen Kreisen für einige Verwirrung gesorgt. Auf der einen Seite sind Aborigines als Kunstschaffende sehr darum bemüht, Themen zu propagieren, die ihnen wichtig sind. Selbstverständlich sind Fragen, die ihre Herkunft betreffen dabei von zentraler Bedeutung; doch gleichzeitig achten die Künstler darauf, nicht Opfer eines Schubladendenkens zu werden.

In der Praxis kann dieses Einordnen in die Kategorie oder Schublade ›Aborigine‹ manchmal bedeuten, daß ein Künstler nur in eine Ausstellung aufgenommen wird, weil von Seiten der Kuratoren das Bedürfnis besteht, ein genetisches Gleichgewicht herzustellen. In einigen der wichtigeren Galerien findet man die Exponate von Aboriginal-Künstlern irgendwo im Untergeschoß, hinter einer Ecke versteckt oder an einem anderen Ort, der dem der eigentlichen Hauptsammlung deutlich untergeordnet ist. Immer mehr Aboriginal-Künstler fordern deshalb die Gleichstellung mit den Künstlern anderer Herkunft.

Wie ihre Kollegen anderswo in der Welt entdeckten auch Aboriginal-Künstler in der Druckgraphik und der Plakatkunst eine Möglichkeit, sich einem wesentlich größeren Publikum vorzustellen als vorher. Im Unterschied zu den ›anspruchsvolleren‹, traditionellen Kunstgattungen war es den Künstlern offensichtlich erst im Medium der Druckgraphik möglich, sich politisch zu äußern.

Ein wichtiger Zusatz zu vielen dieser druckgraphischen Arbeiten ist die Ergänzung durch Text. Die Einbeziehung von Text in das Bild ermöglicht einen tieferen Einblick in die künstlerischen Absichten und regt den Betrachter an, ein tiefergehendes Verständnis für die Thematik zu entwickeln. Solche Texte können, wie bei Robert Brophos Plakat für den Film ›Munda Nyuringu‹, recht deutlich werden.

Robert Bropho ist zur Zeit wahrscheinlich einer der bedeutendsten aus der Stadt heraus wirkenden Landrechtsaktivisten in Australien. Für eine lange Zeit hielt er ein Stück Land neben einer Schnellstraße in einem Vorort von Perth besetzt. Mit dieser Aktion mobilisierte er die Bewohner, sich nachdrücklich gegen die Erschließung eines Gebietes zur Wehr zu setzen, in dem der Geist von *Wagyl*, der Regenbogenschlange und des Schöpfers dieser Gegend, lebt.

Brophos politische Äußerungen sind wie seine künstlerischen Arbeiten unverblümt und kompromißlos. Der Streit mit den Regierungsbehörden Westaustraliens dokumentiert auf beispiellose Weise ihre Widerwilligkeit, mit den Aborigines über Landrechtsfragen zu verhandeln. Die Drucke des ebenfalls aus Westaustralien stammenden Byron Pickett verbreiten ihre Botschaft in ähnlich unverblümter Sprache wie die Brophos. Pickett hat sich ausgiebig mit den graphischen Kommunikationsmedien des Drucks und des Posters beschäftigt. Seine einflußreiche Position beruht auf seiner Arbeit mit jungen Aborigines anläßlich von Druckworkshops in Port Lincoln in Südaustralien und auf seiner Position als Inhaber des Künstlerstipendiums der Flinders-Universität in Adelaide.

In ihrem Siebdruck ›Citizenship‹ (›Staatsbürgerschaft‹) illustriert Sally Morgan kraß das Phänomen, mit dem sich alle Aborigines konfrontiert sahen – mit der Notwendigkeit, sich im eigenen Land um die Staatsbürgerschaft bewerben zu müssen, ein formeller Akt, der in allen Bundesstaaten seit Anfang dieses Jahrhunderts erforderlich war, und eine Situation, die in Queensland noch bis Ende der 70er Jahre aufrechterhalten wurde.

Diese Gesetze wurden in den einzelnen Bundesstaaten mit unterschiedlicher Strenge gehandhabt. Die Vorschriften ermöglichten es den Behörden, Veränderungen des Wohnorts, die wirtschaftlichen und familiären Verhältnisse und in manchen Fällen sogar die Eheschließung zu kontrollieren. Auf der Palm-Insel in Queensland mußten Arbeiter, die auf dem Festland ihr Geld verdienten, beim Superintendenten sogar um Erlaubnis nachsuchen, wieder zu ihren Familien zurückkehren zu dürfen.

Diese Bestimmungen, durch die die Behörden Kontrolle über die Veränderungen des Aufenthaltsortes von Aborigines ausübten, erwies sich als ein wirkungsvolles Mittel, um Familien auseinanderzureißen und einflußreiche Personen daran zu hindern, sich innerhalb ihrer Gemeinden für die Belange der Aborigines einzusetzen. Bankkonten wurden ebenso von staatlichen Stellen oder den Reservatsverwaltungen kontrolliert. Geld konnte nur mit Zustimmung der Behörden und mit einem Berechtigungsnachweis abgehoben werden.

In ganz Australien schaffen Künstler wie Wendy Dunn, Karen Casey und Alice Hinton Bateup eine nicht weniger kompromittierende Bilderwelt. Obwohl es unter den Aboriginal-Künstlern ein starkes Gemeinschaftsgefühl und gegenseitige Ermunterung gibt, arbeiten die meisten doch ziemlich isoliert und treffen sich nur gelegentlich bei privaten oder offiziellen Anlässen.

Alice Hinton Bateups Arbeiten entstammen einem etwas anderen Umfeld. Sie ist als Kunstpädagogin in ihrer Gemeinde in den westlichen Vororten Sydneys bei Garage Graphix beschäftigt. Ein großer Teil ihrer Arbeit besteht darin, die Arbeitslosen dieser Region mit künstlerischen Gestaltungsmöglichkeiten und Techniken vertraut zu machen.

Ihre künstlerischen Äußerungen erinnern in mancher Hinsicht an die von Les Griggs aus Melbourne. Obwohl sie völlig unterschiedlichen künstlerischen Welten angehören, äußern sich beide besorgt über Themen wie Entfremdung, den Verlust von Identität oder den Raub von Kulturgütern. Griggs und Hinton Bateup schaffen gemeinsam eine unverwechselbare Darstellung der Erfahrungen, die Aborigines in den Großstädten machen.

Garage Graphix entwickelte ein kommunales Kunst- und Förderungsprogramm, mit dem versucht wird, die Menschen dieser Gegend in den künstlerischen Prozeß miteinzubeziehen. Alice Hinton Bateup gelang es, mit ihrem Engagement zahlreiche Menschen, Aborigines und Nicht-Aborigines, zu erreichen.

Die ebenfalls in dieser Ausstellung vertretene ehemalige Studentin von Garage Graphix, Wendy Dunn, konzentriert sich in ihren Siebdrucken wie viele andere Druckgraphiker auf das zentrale Thema der Enteignung und die lauter werdende Forderung nach einer Neufassung der Landrechte.

Die Farben, die sich in der von Harold Thomas in den frühen 70er Jahren entworfenen Fahne der Aborigines finden, werden immer wieder in bedeutungsvollen Zusammenhängen verwendet. Diese Fahne erwies sich als herausragendes und stärkstes Symbol der Einigung der Aborigines in Australien. Ihre Farben Schwarz, Gelb und Rot waren zahlreichen Aborigines eine reiche Quelle ihrer künstlerischen Inspiration.

Im Südwesten, im Südosten, in Tasmanien wie auch im übrigen Australien befassen sich viele künstlerische Arbeiten mit der Einheit und dem gemeinsamen Erfahrungsschatz der Aborigines. Die Inhalte der Werke mögen für manche allzu negativ sein. Man könnte ihnen jedoch mit der Volksweisheit begegnen, daß ›diejenigen, die aus der Geschichte nichts lernen, gezwungen sind, sie zu wiederholen‹. Es ist in vieler Hinsicht für den einzelnen und die Gemeinschaft notwendig, ihre Positionen innerhalb der Gesellschaft einzuschätzen und zu überprüfen.

Infolge dieser Überprüfung und Einschätzung wird die Gemeinschaft als Ganzes erstarken, da der Zugang zu Informationen und Medien das Identitäts- und Geistesbewußtsein erneuern wird. Während sich diese Bilder vorwiegend mit traurigen Ereignissen befassen, bleiben die ihnen zugrundeliegenden Gefühle dieselben und erinnern an den Slogan der Aborigines von 1988: ›We have survived.‹ (Wir haben überlebt.)

Die Rindenbilder zweier unbekannter Künstler aus dem frühen 19. Jahrhundert erinnern den heutigen Aboriginal-Künstler an glücklichere, an weniger sorgenvolle Zeiten. Durch die ›Kunst‹ entdecken Aborigines aus allen Schichten aufs Neue ein starkes und aussagekräftiges Medium, das sie in die Lage versetzt, sich der ganzen Welt mitzuteilen. Nachfolgende Generationen von Aboriginal-Künstlern werden mit der Zeit neue Medien und Technologien für ihre künstlerische Arbeit entdecken. Am Entstehungsprozeß dieser Kunstwerke werden Technologien beteiligt sein, von denen man heute nicht einmal träumen kann, doch der Geist, die Identität und die Kultur der Aborigines, die sich durch gemeinsame Erfahrungen und Einheit ausdrücken, werden weiterleben.

Wandmalerei, Mc Evily Street, Redfern

Carnarvon-Nationalpark

Felsbild im Carnarvon-Nationalpark

Tommy McCrae (auch: Tommy Barnes)
Vogeljäger, ca. 1865

Tommy McCrae (auch: Tommy Barnes)
Aborigines jagen Chinesen, ca. 1865

Künstler unbekannt
Ohne Titel, ca. 1874

William Barak
Tanzszene

Noel Collett und Shane Phillips,
Eveleigh Street, Redfern, Sydney, 1992

126 Richard Bell
Die Geschichte wird aufgerollt, 1992

127 Robert Campbell jr.
Tod in der Haft, 1987

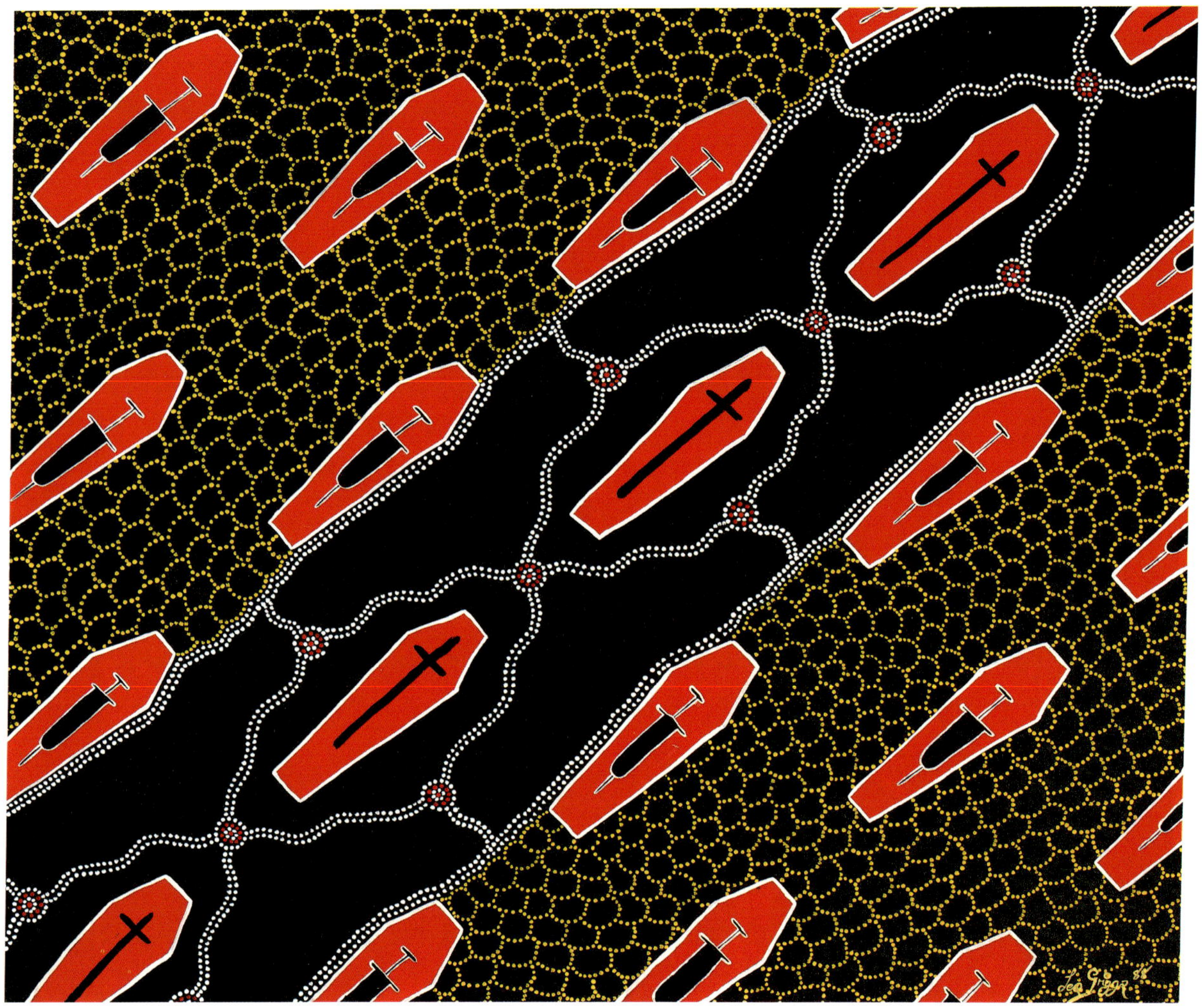

128 Les Griggs
Weiße Linie, Schwarzer Tod, 1988

129 Jeffrey Samuels
Gerahmtes Bild ›strength‹, 1986

130 Trevor Nickolls
Der weiße Hut des großen Bosses, 1987

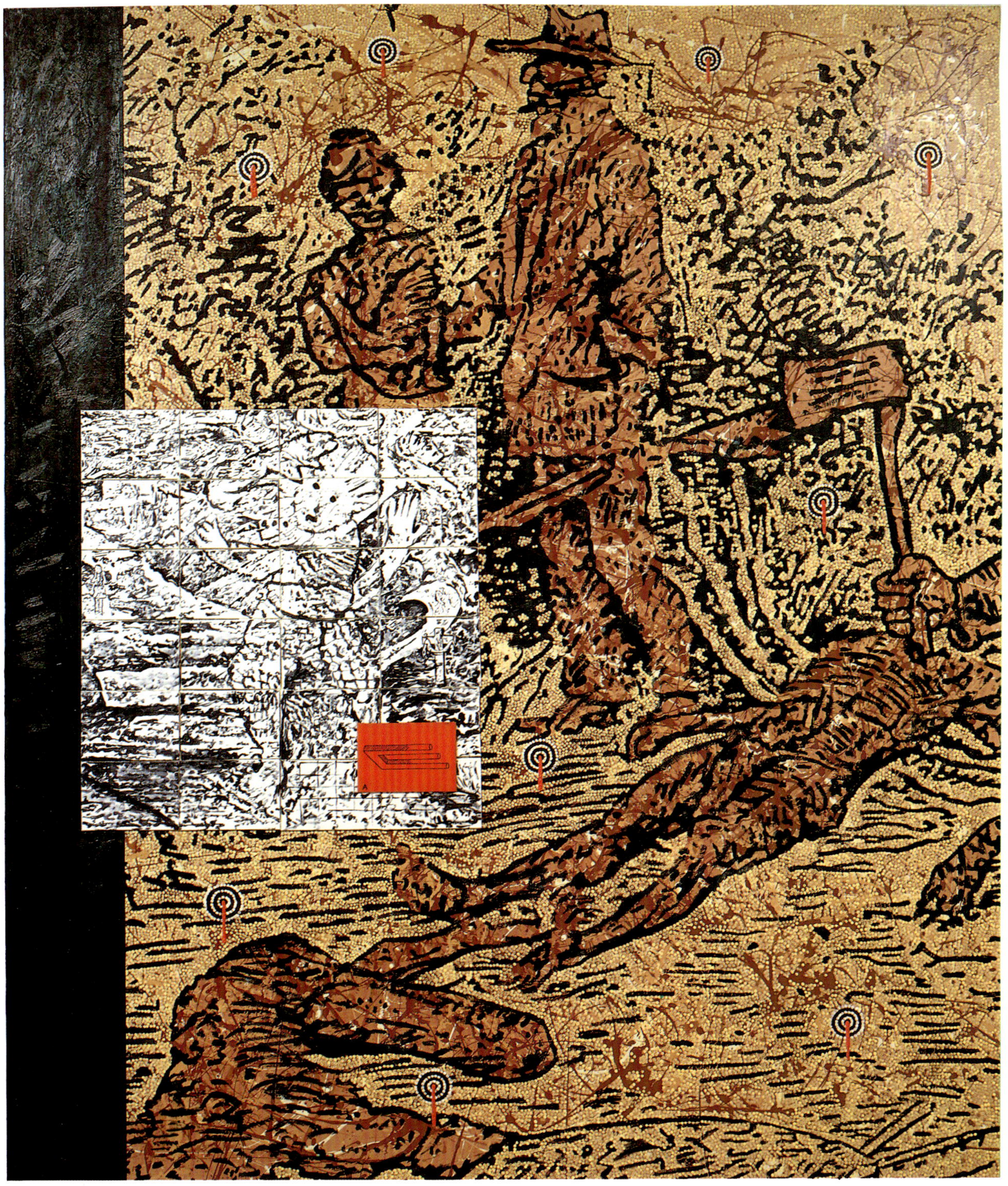

131 Gordon Bennett
Neun Querschläger (Stürze, schwarzer Kerl -
Spring hoch, weißer Kerl), 1990

132 Karen Casey
Gott ist auf unserer Seite, 1991

133 Ron Hurley
Portrait von Gilbert, 1990/1991

134 Lin Onus
Dingos, 1989

135 Judy Watson
Die Wächter, Wächterahnen, ca. 1989/1990

136 Mervyn Bishop
Premierminister Gough Whitlam schüttet Erde
in die Hände des traditionellen Landbesitzers
Vincent Lingiari, 1975

137 Alana Harris
Australia Day March 1988, 1988

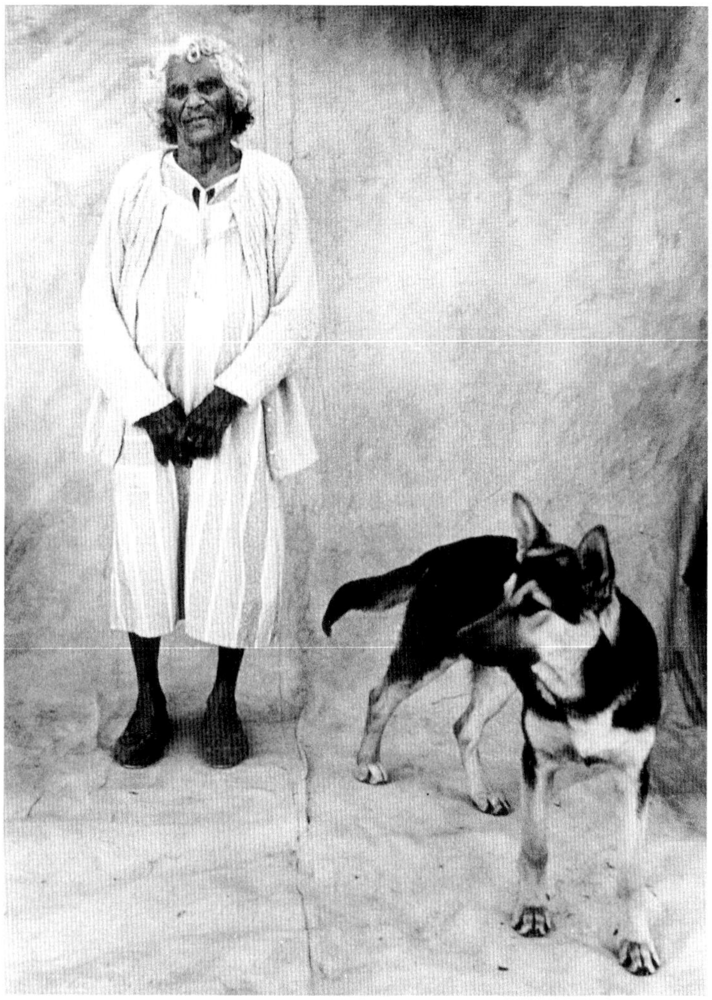

138 Michael Riley
Großmutter mit Hund, 1990

139 Leah King-Smith
Ohne Titel (Nr. 3), aus der Serie ›Patterns of Connection‹, 1991

140 Sally Morgan
Bürgerrechte, 1987

141 Byron Pickett
Mitaustralier, 1985

142 Ruth Whitbourne
(in Zusammenarbeit mit der Künstlerin
Alice Hinton Bateup, Garage-Graphix-
Aboriginal-Programm)
Ruths Geschichte, 1988/1989

143 Toddy Fernando
(in Zusammenarbeit mit Marla Guppy,
Garage-Graphix-Aboriginal-Programm)
Gefangenschaft bedeutet Tod

144 Karen Casey
Landrechte, 1987

145 Alice Hinton Bateup
Verlorenes Erbe, 1986

146 Robert Bropho
Munda Nyuringu, 1984

147 Wendy Dunn
(unter Mitarbeit von Alice Hinton Bateup)
Australia Day/Invasion Day 1988, 1988

In einigen Aboriginal-Gemeinden gibt es Einschränkungen, wenn Verstorbene abgebildet oder namentlich genannt werden sollen. In der vorliegenden Veröffentlichung wurde mit äußerster Sorgfalt darauf geachtet, solche Vorschriften einzuhalten. Allerdings ist es durchaus möglich, daß einige Menschen, die hier erwähnt oder dargestellt sind, seit der Zeit der Drucklegung dieses Katalogs verstorben sind. Wer dieses Buch in Aboriginal-Gemeinden bringt, sollte sich solcher Regeln bewußt und darüber im klaren sein, daß die Präsentation sehr zurückhaltend aufgenommen werden könnte – dies gilt vor allem für das Northern Territory, für Nordwest- und Nordostaustralien.

WICHTIGER HINWEIS

Kulturbezogene Idiome der vormals über 260 Sprachen Australiens und spezifisch australisch/englische Spracheigenheiten wurden nicht übersetzt. Ihre Erläuterung erfolgt im Glossar.

Im folgenden werden die Bezeichnungen Aborigine (sing.), Aborigines (plur.), Schwarzaustralier (Black Australians) und erste Australier (First Australians) nur dann verwendet, wenn es sich um gesamtaustralische Zusammenhänge handelt. Der Begriff erste Australier weist dabei auf die erst 1987 offiziell anerkannte Erstbesiedlung des Kontinents durch Aborigines hin* und erstreckt sich auch auf deren heutige Nachfahren. Die Bezeichnung Schwarzaustralier wiederum schließt in der Regel neben den Aborigines die Bewohner der Inseln der Torresstraße sowie die Nachfahren der aus Neuguinea und Melanesien nach Australien verschleppten Sklaven ein.

Alle diese Begrifflichkeiten sind fremder, europäischer Herkunft und werden von den so Bezeichneten mit gewissem Vorbehalt verwendet. Im lokalen und überregionalen Zusammenhang benutzen sie statt dessen zunehmend die von ihnen selbst entwickelten Namen, die Angehörige mehrerer Sprachgruppen zusammenfassen: *Anangu, Koori, Murri, Nunga, Nyoongah* und *Yolngu*. Dem schließen sich die Herausgeber an.

Die ersten Australier sind wie alle kolonisierten Völker gegenüber Sprache, deren Übersetzung und Interpretation besonders sensibel. Denn die Macht, die mittels Sprache durch die Kolonisatoren ausgeübt werden konnte, war eines der Hauptmerkmale nicht nur des britischen Weltreichs. Sprache diente dazu, importierte gesellschaftliche und politische Strukturen sowie Vorstellungen über das zu etablieren, was als koloniale ›Wirklichkeit‹ angesehen wurde. Das Verbot traditioneller Sprachen durch Behörden und Missionare in weiten Teilen Australiens beschleunigte die Zerstörung von Identität und Kultur der Aborigines.

Sprache, Wahrnehmung und Interpretation sind nicht nur von soziokulturellen, historischen und politischen Entwicklungen innerhalb der jeweiligen Kulturen abhängig, sondern bedingen sich gegenseitig. Diese Problematik hat im interkulturellen Dialog weitreichende Implikationen, die im australischen Kontext besonders in Landrechtsfragen zu Manipulationen dienten. Auf die juristische Definition der Briten, der ›entdeckte‹ Kontinent sei mangels sichtbarer Zeichen von Landnutzung oder Siedlungsbau als ›terra nullius‹ anzusehen – leeres, unbesiedeltes Land –, gründen sich noch heute australisches Recht und Gesetz. Es war eine Frage der europäisch geprägten Wahrnehmung, die subtilen Formen schwarzaustralischer Bewirtschaftung des Landes nicht zu erkennen, und es war eine Frage von Interpretation und politischer Macht, den Aborigines deshalb selbst auf Reservatseigentum das Recht auf Einspruch gegen Bergbauprojekte abzusprechen.

* Vgl. die Rede »Foundations For The Future«, gehalten von Gerry Hand, Minister for Aboriginal Affairs im House of Representatives 1987, hrsg. vom Australian Government Publishing Service, Canberra 1987.

AUSSTELLUNGSVERZEICHNIS

Die Texte zu den Werken sind, wenn nicht anders vermerkt, Erläuterungen des jeweiligen Leihgebers.

Das Katalogverzeichnis ist entsprechend der Ausstellung und dem Textteil des Kataloges regional gegliedert.

Am Ende des jeweiligen regionalen Abschnitts innerhalb des Katalogverzeichnisses werden *Exponate ohne Abbildung* aufgeführt sowie Arbeiten mit Abbildung, die *nicht in der Ausstellung* gezeigt werden.

DIE INSELN DER TORRESSTRASSE

1
Künstler unbekannt
Kara, Le Op, ca. 1890
Schildkrötenpanzer mit Menschenhaar, 27,5 x 21,5 x 11,5 cm
Cambridge University Museum of Archaeology and Anthropology
Region: Möglicherweise Mer (Murray)-Insel, Torresstraße

2
Künstler unbekannt
Dogai Wetpur Kara, ca. 1908
Schildpatt, Holz, Padanus, Federn, Muscheln und Nüsse, 35 x 65 x 57 cm
Australian Museum und die Bewohner der Murray Inseln, östliche Torresstraße
Region: Murray-Insel, Östliche Torrestraße
Sprache: *Miriam*, *Mer*-Gruppe

Diese Maske ist die stark verkleinerte Version einer sehr viel größeren und wurde bei Tänzen für eine gute Ernte getragen.

3
Künstler unbekannt
Buk, ca. 1898
Holz, Kasuar-Federn, Palmblätter und Kaurimuscheln, 50 x 35 x 26 cm
Cambridge University Museum of Archaeology and Anthropology
Region: Vermutlich Saibai-Inseln, Torresstraße

4
Künstler unbekannt
Buk, ca. 1898
Holz, 67,5 x 25 x 19,5 cm
Cambridge University Museum of Archaeology and Anthropology
Region: Möglicherweise Saibai-Insel, Torresstraße

5
Thaiday, Ken, geb. 1950
Whoumerr, Fregattvogel, 1991
Emaille und Kunstharz auf Holz, Draht, Gummi, Angelschnur, Band, 50 x 26 x 49 cm
National Gallery of Australia, Canberra
Region: Torrestraße
Wohnort: Erub
Land: Darnley-Insel

»Fregattvögel kommen bei Nordwestwind scharenweise zur Darnley-Insel in der Torresstraße. Sie suchen Fisch, und wenn die Menschen fischen, fliegen sie sehr nah zu ihnen hin und versuchen, deinen Köder zu schnappen! Die Fregattvögel, vor allem ihr Brustfleisch, sind als Bestandteil eines Currygerichts sehr schmackhaft. Ihre Federn verwenden wir jetzt zur Herstellung von Kunstgegenständen. Die Spannweite ihrer Flügel kann bis zu einem Meter betragen.«

DIE CAPE-YORK-HALBINSEL UND NORD-QUEENSLAND

6
Künstler unbekannt
Schild aus dem Regenwaldgebiet von Nord-Queensland
Ocker auf Weichholz, 90,5 x 36 x 9 cm
National Museum of Australia, Canberra
Region: Regenwald, Nord-Queensland

Diese großen Kampfschilde aus dem Regenwaldgebiet im nordöstlichen Queensland, bei Cairn und Port Douglas, sind aus den Wurzeln heimischer Feigenbäume gefertigt – das erklärt ihr asymmetrisches, gewelltes Erscheinungsbild. Weißer, roter und gelber Ocker wurden mit schwarzen Pigmenten, die man aus mit Wasser vermischter Kohle gewonnen hatte, in kräftigen Mustern aufgetragen. Jedes einzelne Muster hatte in Verbindung mit Totems oder aus der Anregung durch alte Legenden seine eigene Bedeutung. Die Schilde spielten eine große Rolle während der Initiation junger Männer, da jeder einen unbemalten Schild erhielt, den er später nach Erhalt seiner endgültigen ›Zeichen‹ selbst bemalen sollte. In kriegerischen Auseinandersetzungen trug man die Schilde zusammen mit den schweren Kampfschwertern. Die Zeichnungen auf den Schilden sollten schützend wirken.

(Nicht in der Austellung)

(Abb., S. 122)
Künstler unbekannt
Känguruh, 1962
Ocker auf Holz, Nägel, 155 x 93 x 22 cm
National Museum of Australia, Canberra
Region: Westliche Cape-York-Halbinsel
Wohnort: Aurukun
Land: Archer-River-Gebiet
Sprache: *Wik-Munkan,* Cape York

Ein Känguruh, das im Gebiet der *Kuiwata* im Ostteil des Archer River mit *dingos* gekämpft hat.

(Abb., S. 123)
Pambegan, Arthur
Die beiden Kiebitz-Brüder, ca. 1962
Ocker auf Holz, 89,4 x 49 x 13,8 cm
National Museum of Australia, Canberra
Region: Westliche Cape-York-Halbinsel
Wohnort: Aurukun
Land: Auwa, Kirke River-Gebiet
Sprache: *Wik-Munkan*

Die beiden Kiebitzbrüder, die im Kirke-River-Gebiet Plätze erschaffen haben. Der jüngere Kiebitzbruder stahl einem anderen Mann die Frau und wurde von dem Eifersüchtigen schließlich umgebracht. Hier sind die beiden Brüder dargestellt, die einander im Kampf gegen den eifersüchtigen Ehemann helfen.

(Abb., S. 124)
Künstler unbekannt
Der Wal von *Tu:ka:li*, 1962
Ocker auf Holz, 174 x 55 x 25 cm
National Museum of Australia, Canberra
Region: Westliche Cape-York-Halbinsel
Wohnort: Aurukun
Land: Love-River-Gebiet, Cape York
Sprache: *Wik-Alkan, Tu:ntangatanya*-Gruppe

Der Wal wollte bei *Puntam'ta:i* einen Platz erschaffen, doch der Rautenpythonmann verwehrte ihm dies und durchbohrte ihn mit seinem Speer. Daher zog der Wal nach *Tu:ka:li* und schuf dort seinen Ort. Wal und Rautenpython sind zwei bedeutende Schöpfer von Landschaften im Gebiet der *Tu:ntangatanya.*

(Abb., S. 125)
Woolla (Porelembin), Jackson, geb. 1930
Der verkrüppelte Junge von *Thaa'punt*, 1962
Ocker auf Holz, Glas, Knochen, Nägel, Harz, 76 x 21 x 12,5 cm
National Museum of Australia, Canberra
Region: Westliche Cape-York-Halbinsel
Wohnort: Aurukun und Kendall-River-Gebiet
Sprache: *Wik-Ngathana*

Dieser Junge lebte in *Pupathun*, einem für Kinder bedeutenden Ort am Unterlauf des Kendall River. Er bekam Streit mit den Yamstick-Leuten, zog landeinwärts zum Mittelteil des Kendall River und nahm den Hai mit. Als er zu einem verbotenen Ort ging, wurde er verkrüppelt. Jetzt lebt er in einem Sumpf namens *Thaa'puuntiy*, in den Mangroven des mittleren Kendall. Dort gibt es sowohl sakrale Zentren für Kinder als auch für Haie.

zu S. 122, 123, 125, 134: Aurukun-Skulpturen
Diese Skulpturen wurden in Tänzen verwendet, um die Aktivitäten von Wesen wachzurufen, deren Aufgabe die Erschaffung von Örtlichkeiten und menschlichen Wesen auf der westlichen Cape-York-Halbinsel war. Heutige Clan-Gruppen sind in besonderer Weise für die Pflege dieser Orte und die Durchführung der damit verbundenen Tänze verantwortlich. Man geht davon aus, daß die Kraft der Schöpferwesen an diesen Orten nach wie vor wirksam ist, und die Tänze sind für das sichere Weiterbestehen der betreffenden Gruppen hilfreich. Die *Wanam* genannte Zeremonie, in der diese Skulpturen eingesetzt werden, beinhaltet sowohl initiatorische als auch Wachstumsaspekte und wurde 1962 in Aurukun für den Forscher F.D. McCarthy aufgeführt, der den gesamten Ablauf gefilmt hat. McCarthy sammelte alle Figuren dieser Zeremonie, die jetzt eine äußerst seltene Sammlung innerhalb des National Museum of Australia bilden. Vor kurzem dokumentierte Peter Sutton einige dieser Werke für die *Dreamings*-Ausstellung von 1988 in New York.

ARNHEMLAND UND DIE INSELN DES NORDENS

7
Künstler unbekannt
Nalgulerk, ca. 1922
Ocker auf Rinde, 187 x 50 cm
Courtesy Museum of Victoria Council
Region: Östliches Alligator-River-Gebiet, West-Arnhemland

Weiblicher Geist namens *Nalgulerk*, der Lilien aus dem Wasser holt und sich dann in die Felsen zurückzieht, um sie dort zu verzehren.

8
Künstler unbekannt
Schildkröte/Meeresschildkröte, ca. 1884
Ocker auf Rinde, 83 x 63,5 cm
South Australian Museum, Adelaide
Region: Küstennahe Inseln vor West-Arnhemland
Wohnort: Field-Insel
Land: Möglicherweise Bunitj kunmokurrkurr
Sprache: Möglicherweise *Gaagudju, Yirritija* moiety

Eines von fünf Rindenbildern, die Kapitän F. Carington 1884 auf der Field-Insel nahe der Mündung des South Alligator River (West-Arnhemland) gesammelt hat und die sich jetzt in der Sammlung des South Australia Museum befinden.
Die Bilder wurden von den Decken von Rindenunterkünften entfernt, die Aborigines in einer Zeit benutzten, als es noch keine größeren Eingriffe durch das Wirtschaftssystem der Europäer gab. (Vgl. Kat. Ausst. *Dreamings*, 1988, S. 216).
Aborigines von Oenpelli, die zu diesem Bild befragt wurden, nannten für die Field-Insel den Aboriginal-Namen *Kardangarl* und meinten, daß das Bild möglicherweise von Nawumirrili stammt, einem Mann der *Bunitji kunmokurrkurr*, *Nakangila*-Untergruppe aus der *Yirritja*-Hauptgruppe, *Gaagudju*-Sprache.

9
Künstler unbekannt
Der weiße Ibis *Gobolba,* ca. 1914
Ocker auf Rinde, 122 x 48,5 cm
Courtesy Museum of Victoria Council
Region: Alligator-River-Gebiet, West-Arnhemland
Sprache: *Kakadu*-Gruppe

Der weiße Ibis (Threskiornis Molucca) wird von den *Kakadu Gobolba* genannt. Die Schnäbel sind deutlich erkennbar; im Kopf sind zwei Augen in Seitenansicht zu sehen. Die Wirbelsäule und die Luftröhre, die zur Lunge führt, sind in den langen Hals eingezeichnet, dazu die Brustmuskulatur und darüber der Verdauungskanal; der Schwanz ist in Weiß abgesetzt. Beim hinteren Fuß ist die vierte Zehe, die rechtwinklig von den anderen absteht, herausgearbeitet. Die beiden Vorderarme, Hände und Füße sind weiß silhouettiert und zusätzlich mit einem rot-schwarzen Rautenmuster verziert; die Gelenke der einen Hand sind durch gelbe Linien angedeutet.

10
Künstler unbekannt
Ohne Titel, ca. 1914
Ocker auf Rinde, 170 x 83 cm
Courtesy Museum of Victoria Council
Region: Alligator-River-Gebiet, West-Arnhemland
Sprache: *Gagadju*-Sprachgruppe

Kopereipi, der Emu; *Murabornjo*, das Felsenkänguruh; *Barko*, ein Känguruh von kleinerem Wuchs *(wallaby); Kopereipi a jwaiji*, ein Emu-Ei.

11
Taimundu (zugeschrieben),
1879 - ca. 1940
Kanu und Figuren, 1922
Ocker auf Rinde, 22,5 x 15 cm
South Australian Museum, Adelaide
Region: Groote Eylandt
Wohnort: Yetiba (Yadikba)
Land: Dalimbo
Sprache: *Anindilyakwa*

Das Bild gehört zu einer Gruppe von Rindenbildern im South Australian Museum, die der Anthropologe Norman B. Tindale gesammelt hat. Tindale hat es am 16. April 1922 in Yetiba (Yadikba) am Emerald River, Groote Eylandt, erworben. Zu dieser Zeit hatten die dort lebenden Aborigines noch kaum Kontakt zu Europäern. Tindale war der zweite Anthropologe, der im Rahmen seiner Feldforschung eine Sammlung von Rindenbildern zusammenstellte; vor ihm unternahm dies Baldwin Spencer, der 1912 Rindenbilder in Oenpelli erwarb.
Tindale notierte, daß die Aborigines »ihre Besitztümer sehr gern verzierten und während der Regenzeit, der ›Nässe‹, stundenlang in Unterkünften aus Eukalyptus lagen. Dabei malen sie ständig alle möglichen Bilder auf die weiche Unterschicht der Decke, die nur armhoch über ihnen ist.« In seinem Journal berichtet Tindale, daß er an dem Tag, als er das Bild kaufte, auf Papier zeichnete und Aborigines Rindenstücke brachten, die sie bemalten. Er hält es für möglich, daß das Bild von Papatama stammt, doch »vielleicht auch von Taimandu, der seine Arbeiten nie so zu Ende brachte wie Papatama«.
(Vgl. Kat. Ausst. *Dreamings*, 1988, S. 221).

12
Yirawala, 1903 - 1976
Emu, 1966
Ocker auf Eukalyptusrinde, 76 x 44,5 cm
National Gallery of Australia, Canberra. Gesammelt von Sandra Le Brun Holmes
Region: West-Arnhemland
Sprache: *Kuninjku*

Der *Mardayin* genannte Emu ist ein Geschöpf von sakraler Bedeutung.

13
Künstler unbekannt
Emu, ca. 1913
Ocker auf Rinde, 169 x 69 cm
Courtesy Museum of Victoria Council
Region: Alligator-River-Gebiet, West-Arnhemland

Kopeipi, ein Emu. Die Anatomie des Vogels ist detailliert ausgearbeitet. Am Rücken entlang verläuft die Wirbelsäule. Im Nacken wird die fleischige Speiseröhre gezeigt. Der Schultergürtel mit seinen Muskeln ist durch Kreuzmuster aus rotem Ocker dargestellt. Hinter diesen verläuft der Verdauungskanal, über dem das Herz liegt. Eine darüberliegende zweilappige Form stellt die Leber dar; die Gallenblase ist ein schwarzes Zeichen. Ein wenig weiter befinden sich der Magen und die Eingeweide. Die direkt unter dem Nacken liegende feste Masse aus rotem Ocker stellt das *tar* dar, oder, wie die Aborigines sagten, »den Ort, wo es redete«. Die drei charakteristischen Zehen sind deutlich zu erkennen.

14
Künstler unbekannt
Der Mann, *Gradau*, 1948
Ocker auf Rinde, 84,5 x 47 cm
National Museum of Australia, Canberra
Region: West-Arnhemland
Wohnort: Oenpelli

15
Nalorlman, Danny Djorlom, geb. 1960
Der Mord an *Lumaluma*, 1988
Ocker auf Rinde, 63,1 x 169,5 cm
National Gallery of Victoria. Geschenk Mrs Penny Blazey 1989
Region: West-Arnhemland
Wohnort: Oenpelli
Sprache: *Kunwinjku*, *Born*-Gruppe

In diesem Bild geht es um die Ermordung des mächtigen Ahnenwesens *Lumaluma*, Schöpfer der *Mardayin*-Zeremonie. Das hünenhafte Geschöpf trug heilige Gegenstände durch das Land der *Kunwunjku*. Während seiner Reise stahl es Frauen und tat ihnen Gewalt an. Die darüber aufgebrachten *Kunwinkju* beschlossen, *Lumaluma* zu töten, lauertem ihm auf und durchbohrten ihn mit ihren Speeren.
Der Geist flehte die *Kunwinkju* an, ihn solange zu schonen, bis er ihnen sein ganzes Wissen über die *Mardayin*-Zeremonie, ihre Körperbemalungen, Tänze und sakralen Lieder eröffnet habe. Dann eilte er zu Land und zu Wasser schnell zu einer Hütte im Busch, wo er mit zwei Frauen blieb.
Man sieht die Männer der *Yirritja* und *Dhuwa*, die mit Speeren bewaffnet *Lumaluma* in ihren Booten verfolgen. Die *Yirritja*-Männer sind an der helleren Farbgebung zu erkennen.
Die von Speeren durchbohrte Gestalt *Lumalumas* ist zu sehen, sein Körper ist überzogen mit geometrischen Zeichen, die er sich mit scharfen Steinen vor seinem Tod selbst eingeritzt hat. Unter ihm liegen die Knochen seines Skeletts und die der beiden Frauen. Links befinden sich Gegenstände, die für die *Mardayin*-Zeremonie benötigt werden und *Lumaluma* bei seinem Tod abgenommen wurden; auch die menschlichen Vorfahren der heutigen Clan-Gruppen sind an dieser Stelle zu erkennen.

16
Mandarrk, Wally, 1915 - 1987
Weiblicher *Mimi*-Geist mit geflochtenen Beuteln, 1984
Ocker auf Eukalyptusrinde, 104 x 32 cm
National Gallery of Australia, Canberra
Region: Zentral-Arnhemland
Wohnort: Maningrida
Sprache: *Dangbon*

Dargestellt ist ein weiblicher *Mimi*-Geist beim Sammeln von Zucker (wildem Honig) im Yamani-Gebiet.

17
Gubargu, Mick, geb. 1926
Sonne, Mond und Morgenstern, 1990
Ocker auf Rinde, 145 x 60,5 cm
National Gallery of Victoria. Erworben 1990
Region: West-Arnhemland
Wohnort: Kubumi
Land: Kubumi
Sprache: *Kunwinjku*, *Kulmaru*-Gruppe

18
Kala Kala, Jack, 1925 - 1987
Ohne Titel, 1986
Ocker auf Rinde, 112 x 55,4 cm
National Gallery of Victoria. Erworben 1986
Region: Zentral-Arnhemland
Wohnort/Land: Gochan Jiny-Jarra
Sprache: *Rembarrnga*, *Balngarra*-Gruppe

Die Geschichte von *Bulangu*, dem Hai, der *Bullur*, die Meeräsche, und *Beral*, den Stachelrochen, jagte. Die Stachelrochen versteckten sich in *malwad* (Felsnischen) unter dem Salzwasser und vergruben sich im Sand. Der Künstler zeigt den Hai und zwei Stachelrochen, deren Muster ihr Fett darstellt. Die Kreuzschraffierung (*rarrk*) ist das Salzwasser, die gepunkteten Flächen sind die Felsnischen.

19
Mjiminjuma, Jimmy, geb. 1945
Ngalyod, die Regenbogenschlange, ca. 1988/1989
Ocker und synthetische Farben auf Rinde, 240 x 120 cm
Art Gallery of New South Wales. Erworben 1989
Region: Zentral-Arnhemland
Wohnort: Mumeka
Sprache: *Kunwinjku*, *Nagurlg*-Gruppe

20
Manuwa, 1917 - 1979
Geschichte vom Fischen, 1968
Ocker auf Rinde, 96,8 x 46,7 cm
National Gallery of Victoria. Erworben durch The Art Foundation of Victoria mit Unterstützung der Utah Foundation, Fellow 1990
Region: Zentral-Arnhemland
Wohnort: Milingimbi (als das Bild entstand)
Land: Djawalngura
Sprache: *Djambarrpuyngu*

Männer der *Yolngu* ruhen sich nach dem Fischen aus, ihr Kanu liegt auf dem Strand. Manuwa hat ohne Bindung an den Gestaltungskanon religiöser Themen experimentiert; er hat Schwarz und Weiß gemischt, um ein Blaugrau zu erzielen. Er folgt damit dem Stil aus Zentral-Arnhemland, der sich durch eine Mischung von leeren oder mit Kreuzmustern und Punkten versehenen Flächen auszeichnet.

21
Midikuria, Les, geb. ca. 1944
Benzinschnüffler, 1988
Acryl auf Eukalyptusrinde, 165 x 107 cm
The Holmes à Court Collection
Region: Zentral-Arnhemland
Wohnort: Gochin Jiny-Jirra
Sprache: *Rembarrnga*

22
Gudthaykudthay, Philip, geb. 1935
Badurru (Baumsarg) mit *Mindirr* (zeremonieller Beutel), ca. 1984/1985
Ocker auf Holz (Baumstamm), Schnur, Baumstamm 167 x 14 x 14 cm,
Beutel 29 x 15 x 14 cm
Art Gallery of New South Wales. Erworben 1985
Region: Zentral-Arnhemland
Wohnort: Ramingining
Land: Gunyungmirringu
Sprache: *Liyagalawumirri*

Die Bemalung erzählt von der Schöpfungsgeschichte der Milchstraße.

23
Künstler unbekannt
Hollow Log Coffin
Ocker auf Holz (Baumstamm), 168 x 16 x 16 cm
National Museum of Australia, Canberra
Region: Süd-Arnhemland
Wohnort: Beswick
Sprache: *Dargbon*

24
Bangala, England, geb. ca. 1925
Hollow Log Coffin, ca. 1985/1986
Ocker auf Holz, 324 x 20 cm
Art Gallery of New South Wales. Erworben 1986
Region: Zentral-Arnhemland
Wohnort/Land: Gochan Jinny-Jirra
Sprache: *Gunarba*, *An-ngulin*-Gruppe

25, 26
Guningbal, Crusoe, ca. 1922 - 1984
Mimi-Geist, 1979
Ocker auf Eukalyptusholz: a) 190,5 x 13,5 cm, b) 75 x 6 cm, c) 146 x 6,5 cm, d) 164 x 8 cm, e) 139 x 12 cm
Gabrielle Pizzi Collection, Melbourne
Region: Zentral-Arnhemland
Wohnort: Barrihdjowgeng
Sprache: *Gunwinggu*

27
Bangala, England, geb. ca. 1925
Teufelsgeist, ca. 1984/1985
Ocker auf Holz, 236 cm
Art Gallery of New South Wales. Erworben 1985
Region: Zentral-Arnhemland
Wohnort/Land: Gochan Jinny-Jirra
Sprache: *Gunardba*, *An-ngulin*-Gruppe

28
Benedict
Skulptur eines Mannes
Ocker auf Holz, Federn und Kordel
National Museum of Australia, Canberra
Region: Melville- und Bathurst-Inseln
Sprache: *Tiwi*

29
Künstler unbekannt
Fisch, ca. 1960
Ocker auf Eukalyptusholz, 14 x 82 cm
Gabrielle Pizzi Collection, Melbourne
Region: Nordost-Arnhemland

30
Künstler unbekannt
Mokuy, ca. 1960
Ocker auf Eukalyptusholz, 124 x 23 cm
Gabrielle Pizzi Collection, Melbourne
Region: Zentral-Arnhemland
Wohnort: Milingimbi

31
Künstler unbekannt
Mokuy, ca. 1960
Ocker auf Eukalyptusholz, 146 x 18 cm
Gabrielle Pizzi Collection, Melbourne
Region: Zentral-Arnhemland
Wohnort: Milingimbi

32
Künstler unbekannt
Mokuy, ca. 1960
Ocker auf Eukalyptus, 138 x 15 cm
Gabrielle Pizzi Collection, Melbourne
Region: Zentral-Arnhemland
Wohnort: Milingimbi

33
Künstler unbekannt
Stachelrochen, ca. 1960
Ocker auf Eukalyptusholz, 55,5 x 15,9 cm
Gabrielle Pizzi Collection, Melbourne
Region: Nordost-Arnhemland

34
Künstler unbekannt
Vogel, ca. 1960
Ocker auf Eukalyptusholz, 38 x 8 cm
Gabrielle Pizzi Collection, Melbourne
Region: Nordost-Arnhemland

35
Malangi, David, geb. 1927
Totenfest des großen Jägerahns *Gunmirringgu*, 1963
Ocker auf Eukalyptusrinde, 69,5 x 43 cm
National Gallery of Australia, Canberra. Founding Donor Fund 1984
Region: Zentral-Arnhemland
Wohnort: Ramingining
Sprache: *Manharrngu*

Der mächtige Jäger *Gunmirringgu* durchstreifte das Land, dabei formte er es und brachte den Menschen Lieder und Tänze bei. In Verbindung mit ihm stehen die Schlange *därrpa* (australische Schwarzotter), die ihn ermordete, der *wurrumbuka*-Baum (ein kleiner Busch mit weißen Beeren), dessen Früchte er aß, und die blauzüngige Eidechse, die mit der *därrpa*-Schlange um sein Heim kämpfte und gewann. Im Baum sitzen die Regenmachervögel *Gurrundhula*.

36
Bulun Bulun, Johnny, geb. 1946
Sakrale Wasserstellen, umgeben von Totemtieren, die zum Clan des Künstlers gehören, 1981
Ocker auf Eukalyptusrinde, 133,5 x 73 cm
National Gallery of Australia, Canberra
Region: Zentral-Arnhemland
Wohnort: Maningrida
Sprache: *Ganalbingu*

Einige der wichtigsten Totems des Künstlers sind: *Gumang* (Spaltfußgans), *Bandarr* (glattrückige Schlangenhalsschildkröte), *Yarrman* (Seerose), *Garjarr* (Python) sowie sakrale Wasserstellen des Clans. Einige der bedeutendsten Stätten im Clan-Gebiet der *Gurrumba Gurrumba* liegen in und im Umkreis des großen Arafura-Sumpfgebietes. Die Lebewesen, die mit diesem Land verbunden sind, sind nicht nur existentielleBestandteile der täglichen Nahrung, sondern auch Themen der Lieder und Zeremonien von *Ganalbinguwie*.

37
Mawandjul, John, geb. 1952
Nialyod (weibliche Regenbogenschlange), 1988
Ocker und Kunstharz auf Rinde,
230 x 90,5 cm
Museum of Contemporary Art, Sydney.
Erworben mit Spenden von Mr and Mrs Jim Bain, 1989
Region: Zentral-Arnhemland
Wohnort: Mumeka Outstation bei Maningrida

38
Djukulul, Dorothy, geb. 1942
Warrnu, Flughunde, 1983
Ocker auf Rinde, 143,5 x 57,5 cm
National Gallery of Victoria. Erworben 1984
Region: Mulgurrum, Zentral-Arnhemland
Sprache: *Ganalbingu*, *Gurrumba Gurrumba*-Gruppe

Der Schöpfungsmythos der *Ganalbingu* ist in der Gegend des Glyde River angesiedelt, wo dieser zum Goyder River wird. Ahnenwesen in der Gestalt von Männern drangen in der Schöpfungszeit mit ihrem Hund in dieses Land ein. In diesem felsigen Gebiet auf dem Westufer des Flusses machte der *Wangarr*-Hund mit seinem Penis ein Loch, indem er Felsgestein aufbrach, aus dem dann frisches Wasser strömte. Er betrat das Loch, eine Höhle, und *Warrnu* (Flughunde) flogen heraus. Ihre Exkremente – die blütenartigen Formen auf dem Bild – wurden von den *Ganalbingu* für sakral erklärt und sind Zeichen der zeremoniellen Identifikation. Im Inneren der Höhle grub der Hundegeist ein besonderes Wasserloch, das er mit seiner Kraft anreicherte. Nach den religiösen Gesetzen ist dieses Wasserloch für Frauen, Kinder und nicht-initiierte Männer tabu.
Auf dem Bild hängen *Warrnu* von der Decke der Höhle herunter. Die Blütenformen sind ihre Exkremente. Die kreuzschraffierten Balken stellen den Felsen dar, die schwarzen Flecken sind das Wasserloch.

39
Wululu (Gaykamangu), Jimmy, geb. 1936
Wels/*Gingîny*-Wels-Knochenstruktur, 1987
Ocker auf Rinde, 41 x 139,5 cm
South Australian Museum, Adelaide
Region: Zentral-Arnhemland
Wohnort: Ramingining
Land: Diiliwirri
Sprache: *Gupapuynga*, *Daygurrgurr*-Gruppe

Dieses Bild, das auf viele Betrachter abstrakt wirkt, stellt die feinen Rippenknochen des Welses dar, ein *Wangarr*, dessen Hüter der Künstler ist.

40
Gudthaykudthay, Philip, geb. 1935
Warrala Warrala, 1987
Ocker auf Eukalyptusrinde, 180 x 100 cm
National Gallery of Australia, Canberra
Region: Zentral-Arnhemland
Wohnort: Ramingining
Sprache: *Liyagalawumirri*

Warrala Warrala ist das Schöpferwesen, das den *Yolngu* (Aborigines in Zentral- und Ost-Arnhemland) die Zeremonie des Morgensterns vermittelte. Mit dieser Zeremonie, die nach einem Begräbnis stattfindet, zelebriert man den Weg der Seele eines Menschen aus der Phase vor dem Beginn des Lebens, durch die Existenz als Mensch und in das Leben danach. *Warrala Warrala* ist heute in diesem wiederbelebten Ritual gegenwärtig. Auf diesem Bild ist er mit der Zwergpython *wititj* und der Eukalyptusart *gadayka* dargestellt.

41
Buranda(y), geb. 1914
Sturm, ca. 1960
Ocker auf Eukalyptusrinde, 121,5 x 53,5 cm
National Gallery of Australia, Canberra
Region: Zentral-Arnhemland
Wohnort: Milingimbi
Sprache: *Djambarrpuyngu*

Hier schildert der Künstler seine Eindrücke bei einem Sturm. Gelb steht für den Blitz, Schwarz für den Donner. Die parallelen Striche zeigen Regen an, die kreuzschraffierten Flächen sind das nach dem Sturm ablaufende Regenwasser. Der Sturm ist mit den *Wagilag*-Schwestern verbunden – ein Anzeichen für den nahenden Monsun.

42
Mungatopi, Deaf Tommy, 1923 - 1980
Mondlicht und Kletterpflanzen in den Mangroven, ca. 1970
Ocker auf Eukalyptusrinde, 97,5 x 38 cm
National Gallery of Australia, Canberra
Region: Küstennahe Inseln vor Arnhemland
Wohnort: Melville-Insel
Sprache: *Tiwi*

Als *Purukaparli* sich ertränkte, schimmerte das Mondlicht auf den Fluten um die Insel Melville.

43
Vater von Jimmy Burinyila
Ohne Titel (Bezug zu *Ngarra*-Zeremonien), ca. 1937
Ocker auf Rinde, 104 x 73 cm
Courtesy Museum of Victoria Council;
Dauerleihgabe der University of Melbourne
Region: Zentral-Arnhemland
Wohnort: Ramingining

44
Midjaw Midjaw, Jimmy, 1897 - ca. 1985
Weiblicher *Mimi*-Geist, ca. 1963
Ocker auf Eukalyptusrinde, 56 x 39 cm
National Gallery of Australia, Canberra.
Founding Donor Fund 1984
Region/Land: Croker-Insel,
West-Arnhemland
Wohnort: Minjilang
Sprache: *Kunwinjku*

In West-Arnhemland wird Magie als wohltuend und förderlich für die Fruchtbarkeit allen Lebens angesehen. Zauberei dagegen bringt ihren Opfern Unglück. Solche Bilder wie das vorliegende wurden gemalt, um einem Menschen, der einen anderen beleidigt hat, Krankheit zu bringen, z. B. durch eheliche Untreue. Zauberbilder zeigen normalerweise menschliche Gestalten in unnatürlichen und verrenkten Haltungen, oft sitzen an ihren Gelenken Stacheln des Stachelrochens.

45
Big Tom, 1880 - 1958
Krokodilfrau an den Mundinyu-Klippen bei Mundinyu, 1954
Ocker auf Rinde, 89,4 x 44 cm
South Australian Museum, Adelaide
Region: Melville-Insel
Wohnort: Milikapiti (Snake Bay)
Land: Malawuwila
Sprache: *Tiwi*

Die beiden Schwestern *Wilindhuwila* und *Numanirakala* kampierten in Mundinyu, bevor sie sich in Wilindhu beziehungsweise Numanira niederließen.

46
Yunupingu, Munggarrawuy, ca. 1907 - 1979
Feuer-*Wangarr* (›Dreaming‹), ca. 1960
Ocker auf Holz, 122 x 47 cm
Gabrielle Pizzi Collection, Melbourne
Region: Nordost-Arnhemland
Land: Birany Birany
Sprache: *Gumatj*

Er [der Feuer-*Wangarr*] konnte Feuer erzeugen, indem er zwei Stöckchen aneinander rieb. Unglücklicherweise konnte er das Feuer nicht unter Kontrolle halten, als es einmal brannte, und Wildhunde, Vögel und *goannas* (Warane) flohen durch den Busch, um den Flammen zu entkommen.
Die traditionellen Feuermuster aus langgezogenen Rauten überziehen das gesamte Bildfeld.

47
Maymuru, Narritjin, 1922 - 1982
Guwark – Schöpfer und Ahnenwesen, 1964
Ocker auf Rinde, 33 x 122 cm
Privatsammlung
Region: Nordost-Arnhemland
Wohnort: Yirrkala
Land: Djarrakpi
Sprache: *Dhuwala*, *Mangalili*-Gruppe, *Yirritja* Moiety

Während der *Wangarr* durchstreifte *Guwark* in Begleitung des Opossums *Marngu* das ganze *Manggalili*-Land. *Guwark* hatte eine sehr lange Schnur aus Pflanzenfasern dabei, in die er Haare aus dem Opossumfell eingewoben hatte. Damit vermaß er die einzelnen Gebiete, die er verschiedenen Sprachgruppen zuteilte. *Guwark* schuf damals den Hauptort Djarktpi, die Heimat des *Manggalili*-Volkes.
Nachdem er sich entschieden hatte, welche Gruppe welches Stück Land bekommen sollte, riß er ein Stück von der Schnur aus dem Opossumfell ab und reichte es *Marngu*, der es auf den Boden legte, damit die Menschen die Grenzen ihres Landes kannten. *Guwark* schuf Sandhügel und Flüsse und verlieh jeder Gruppe, der er ein Gebiet übereignete, sakrale *Rangga*-Zeichen.
Eines Tages sah er eine Geisterfrau namens *Nyapililngu* durch den Busch wandern. Sie hatte sich an der Küste des Golfes von Carpentaria niedergelassen, und als es zu regnen begann, fand sie einige Weißbäume und zog mit ihrem spitzen Grabstock Streifen der weichen, weißen, wasserabweisenden Rinde ab, die sie sich dann um ihren Körper wickelte. *Guwark* brachte *Nyapililngu* zu den *Manggalili*, und sie erklärte den Frauen, wie sie aus den Baum- und Pflanzenfasern kräftige Schnüre herstellen und sich Röcke aus der Rinde des Weißbaums machen konnten. Die Schnur sollte kreuzweise unter den Brüsten gebunden werden – daraus entstand das traditionelle Kostüm der Frauen, das sie bei allen Zeremonien trugen. *Nyapililngu* wurde zur Hüterin der Weißbäume und der Frauen und Kinder, die im Busch auf Jagd gingen. Sie war viel mit *Guwark* und *Marngu* zusammen, und eines Tages legte *Guwark* zwei gelbe Steine bei ihrem Lager nieder, die die *Manggalili* von da an als heilig verehrten.
In diesem Bild zeigt der Künstler zweimal *Guwark*, der auf den Felsen bei Djarktpi sitzt. In der Nähe steht der Lebensbaum *Wulagi*, auf dem sich *Guwark* nachts ausruht. Die beiden gelben Objekte sind die zwei Steine, die der Nachtvogel bei *Nyapililngus* Lager fallen ließ. Die querlaufenden Wellenbänder stellen die Wurzeln des heiligen Baumes dar, die Kratzspuren (Striche) stammen von *Marngus* scharfen Klauen, der den Baum immer wieder hinauf- und hinunterkletterte, um *Guwarks* Nachtlager zu bereiten. *Nyapililngus* Grabstock ist zu sehen und auch die zwei Reiher, die dem Trio bei seinen Wanderungen im *Manggalili*-Land begegneten. Diagonale Muster stehen für die zeremoniell gebundenen Schnüre der *Manggalili*-Frauen, und der mit einem Haken versehene Speer gehört zu den Gegenständen, die *Guwark* für die *Manggalili* heiligte.
Guwark ist der Vermittler zwischen den Aborigines, die in Djarktpi leben, und den Geistern, die auf einer weit im Meer gelegenen Insel wohnen und viele der Probleme lösen, die den *Manggalili* zu schaffen machen.

48
Gurruwiwi, Midinari (Mithinari), 1929-1976
Djaykung – Schnurnattern, ca. 1960
Ocker auf Rinde, 280 x 70 cm
Art Gallery of New South Wales.
Geschenk Professor Harry Messel, 1987
Region: Nordost-Arnhemland
Wohnort: Yirrkala
Land: Ngaypinya
Sprache: *Yolngu/Dhandu*, *Galpu*-Gruppe, *Dhuwa* Moiety

Die Rindenmalerei erklärt den Liedzyklus der *Wagilag*-Schwestern.

49
Maymuru, Baluka, geb. 1947
Marrngu (Opossum)
Ocker auf Holz
National Museum of Australia, Canberra
Region: Nordost-Arnhemland
Wohnort: Yirrkala
Land: Djarrakpi, Blue Mud Bay
Sprache: *Yolngu*, *Manggalili*-Gruppe

Marrngu (Opossum): Ein *Marrngu* auf einem *ganyawu*-(wilder Kaschu-)Baum. (Auf dem Baum ist das Zugehörigkeitszeichen mit der Lilienzwiebel zu sehen, dazu Spuren des Opossums.)

50
Marika, Mawalan, 1908 - 1967
Djang'kawu, Gestalt eines Ahnenwesens der *Dhuwa* Moiety, ca. 1960
Holz, Menschenhaar, Sittichfedern, weiße Federn, Kordel, Rinde, Ockerfarben, 81 cm
Art Gallery of New South Wales.
Geschenk Dr. Stuart Scougall, 1960
Region: Nordost-Arnhemland
Wohnort: Yirrkala
Land: Yelangbara
Sprache: *Rirratjingu*-Gruppe, *Dhuwa* Moiety

51
Mandjuwi, geb. 1934
Wuluyma – Held aus der Ahnenzeit, 1979
(aus dem Zyklus der Morgensternzeremonie)
Ocker auf Holz, Federn, Fasern, Haar, Harz; 91 x 16,5 x 18 cm
National Gallery of Australia, Canberra
Region: Nordost-Arnhemland
Wohnort: Galiwinku
Land: Elcho-Insel
Sprache: *Galpu*

Hier geht es um eine wichtige Zeremonie der *Dhuwa* Moiety. Mit der Zeremonie soll sichergestellt werden, daß der Morgenstern, der die Dämmerung ankündigt, nicht verschwindet. Jeden Tag veranstalten die Geister von der Toteninsel *Bralgu* eine Zeremonie, mit der sie den Besuch des Morgensterns an allen wichtigen Orten der *Dhuwa* in Arnhemland vorbereiten. Während des Tages und fast die ganze Nacht über wird der Morgenstern in einem Deckelkorb gehalten und von einer Frau namens *Malumbu* bewacht. Jeden Tag bringt der Tanz der Geister bei Sonnenuntergang die Nacht. Die Tänze dauern die ganze Nacht. Vor der Dämmerung wird der Beutel geöffnet, und *Banumbirr*, der Morgenstern, wird herausgelassen. *Malumbu* hält *Banumbirr* an einer Schnur fest, damit er nicht entfliehen kann. *Janwulngura*, der Wächter der heiligen Insel, singt die Namen all der *Dhuwa*-Orte, an denen sich *Banumbirr* zeigen soll. Wenn der Beutel ganz offen ist, fliegt der Stern in den Himmel hinauf. Nach seiner Ankunft an jedem der genannten Orte sitzt er in der Spitze eines großen

Dawo-Baumes. Bei Anbruch der Dämmerung zieht *Malumbu* an der Schnur und holt *Banumbirr* in den Beutel zurück. In der Dämmerung verwandeln sich alle Geister in Fledermäuse und Gottesanbeterinnen, denn das sind die Verkörperungen der Geister der Toten. Heute findet die Morgenstern-Zeremonie um eine symbolische Darstellung von *Banumbirr* statt, die sich in einem *Dawo*-Baum befindet. Die langen, mit Federn geschmückten Bänder, die an dem Stab hängen, repräsentieren den jeweiligen Stern jedes einzelnen *Dhuwa*-Ortes.
Wuluyma ist der *Galpu*-Ahn, der die *Yams* erschaffen hat, die wiederum mit dem Morgenstern in Verbindung stehen. Er hält einen Zeremonienstab, der die *Yams* darstellt, die Federbüschel sind die Blüten und die Blätter des Gewächses. Auf seine Brust ist eine *Yams* gemalt, er trägt den heiligen geflochtenen Beutel, in dem der Morgenstern verwahrt wird.

52–56
Wainburranga, Paddy Fordham,
geb. 1938
Balangjarngalain (Geisterfiguren), 1988-1990
Holz, Farbe, Fasern und Federn,
Höhen: 261 cm, 192 cm, 167 cm, 162 cm
Grant Smith, Richmond
Region: Südliches Zentral-Arnhemland
Wohnort: Beswick
Land: Bamdibu
Sprache: *Rembarrnga*

Die Gestalten stammen aus den baumbestandenen (flachen) Ebenen in Zentral-Arnhemland. Sie gehören zu der Bevölkerungsgruppe des Künstlers, den *Rembarrnga*. »Sie packen die Babies und vertauschen sie, wenn die Eltern gerade nicht aufpassen. Eltern können kleine Kinder nicht eine einzige Minute aus den Augen lassen [...] sie greifen nur nach Kindern, nicht nach Erwachsenen«, sagt der Künstler. Die *Balangjarngalain* sind keine *Mimis*. *Mimis* leben auf Felsen, »*Balangjarngalain* leben in der Station und ihrer Umgebung«, sagt Paddy. Der Mythos der *Balangjarngalain* enthält eine Geschichte, die die Menschen auffordert, auf ihre Kinder zu achten. Eine weitere Eigenschaft dieser Baumgeister ist ihr Bestreben, daß »sich die Leute verirren«. Laut Paddys Beschreibung wachsen in dieser Gegend »viele Bäume, alle von einer Art«. Die Menschen verirren sich deshalb so leicht, weil die Geister das Land so gemacht haben, um die Leute zu verwirren. Paddy erzählt eine Episode von 1987, als eine 25köpfige Gruppe von Ramingining aus dem Norden nach Bamdibu (in seinem Land) unterwegs war. Diese Menschen »sprachen die Sprache nicht«. Sie waren von den *Djinang* und den *Ganalbingu*. Als einzige sprach seine Tochter die *Rembarrnga*-Sprache, die zu dem Land gehört. Diese Gruppe irrte zwei Tage lang umher, sie verbrauchten 150 Liter Benzin. Schließlich sagte seine Tochter, daß alle still sein sollten; dann »sprach sie die Sprache«. Daraufhin wurden sie sofort gefunden.
Paddy erklärte, daß er seine »Art zu arbeiten« von seinem Vater und seinem Großvater habe. Er gestaltet diese alten mythischen Figuren »in der echten alten Weise«. Manche sind männlich, andere sind weiblich; bei einigen hat Paddy Augen und Mund nach seinem künstlerischen Gespür bemalt.

55
Wainburranga, Paddy Fordham, geb. 1938
Balangjarngalain (Geistfigur) aus den Ebenen
Ocker auf Holz, 222,3 x 7 cm
Anthony and Beverly Waldegrave-Knight, Melbourne
Region: Südliches Zentral-Arnhemland
Wohnort: Beswick
Sprache: *Rembarrnga*

57
Wainburranga, Paddy Fordham, geb. 1938
Der Kampf zwischen *Mildal*, der blauzüngigen Eidechse, und *Dadbagurumulu*, der australischen Schwarzotter, 1984
Ocker auf Eukalyptusrinde, 146 x 74,5 cm
National Gallery of Australia, Canberra.
Founding Donor Fund 1984
Region: Arnhemland
Wohnort: Jarrulk
Land: Baindibu
Sprache: *Rembarrnga*

Eine Geschichte aus Baindibu, der Heimat des Künstlers. In einem für Wainburranga typischen Stil verbindet diese Arbeit in einer Bilderfolge einen Kampf zwischen *Mildal* (*Dhuwa* Moiety), der blauzüngigen Eidechse, und *Dadbagurumulu* (*Dhuwa* Moiety), der australischen Schwarzotter. Von oben nach unten gesehen: *Mildal* hat sein Heim verlassen und sonnt sich; *Dadbagurumulu* umschlingt *Mildal*, um sie zu zerquetschen und zu beißen. Dann beißt *Mildal Dadbagurumulu* in den Nacken. *Mildals* Biß ist stark: »Du kannst ihn nicht davonkommen lassen«, und sie tötet *Dadbagurumulu* und kriecht in ihren heimatlichen Baumstamm zurück.

58
Künstler unbekannt
Zeremonieller Korb, ca. 1928
Ocker auf Rinde, 66,5 x 51 x 30,5 cm
National Museum of Australia, Canberra
Region: Melville- und Bathurst-Inseln
Sprache: *Tiwi*

59
Pilakui, Wilfred, geb. 1925
Pukumani-Stele, 1979
Ocker auf Holz, 219 x 30 cm
National Gallery of Australia, Canberra
Region: Bathurst- und Melville-Inseln
Sprache: *Tiwi*

60
Charlie und Jumbo
Pukumani-Stele, 1965
Ocker auf Holz, 221 x 30 x 30 cm
National Museum of Australia, Canberra
Region: Melville- und Bathurst-Inseln
Wohnort: Snake Bay, Melville-Insel
Sprache: *Tiwi*

61
Ketiminawlunggawi, Declan Apuatimi, ca. 1920 - 1985
Tiwi-Ahnengestalten, 1978
Ocker auf Holz, Basis aus Stahl, 163 cm
Gabrielle Pizzi Collection, Melbourne
Region: Nordwesten der Insel Bathurst
Wohnort: Nguiu
Land: Munupi an der Nordwestküste der Melville-Insel
Sprache: *Tiwi*

Declan hat die Figur als Verkörperung eines Ahnenwesens geschnitzt. Charakteristisch für seinen Stil sind die klaren Umrisse der Gestalt; Gesicht und Körper sind in lebhafte Flächen mit Punkten und Kreuzschraffierung aufgeteilt, die mandelförmigen Augen sehen geradeaus. Der Künstler hat nur selten Erläuterungen zu seinen Plastiken gegeben; er sagte immer nur, er habe sie sich ausgedacht, und sie seien Bilder aus seiner Phantasie.

62
Bunduk, Nym 1901/07 - 1974
Des Künstlers Heimat, ca. 1955
Ocker auf Eukalyptusrinde, 80,5 x 34 cm
National Gallery of Australia, Canberra
Region: Port Keats
Wohnort: Wadeye
Sprache: *Murrinh-Patha*

63
Pundaminni, geb. 1925
Sterne aus dem ›Dreaming‹ des Künstlers, ca. 1955
Ocker auf Eukalyptusrinde, 98 x 18 cm
National Gallery of Australia, Canberra
Region: Port Keats
Wohnort: Wadeye
Sprache: *Murrinh-Patha*

64
Melpi, Leo, geb. 1935
Leierschwanz-›Dreaming‹, 1990
Kunstharz auf Leinwand, 44 x 147 cm
National Gallery of Australia, Canberra
Region: Port Keats
Wohnort: Wadeye
Sprache: *Murrinh-Patha*

Der konzentrische Kreis ist ein *billabong*. Der Leierschwanz steigt aus dem *billabong* als ein Symbol des Lebens auf. Die zwei Kreise mit den Strahlen stellen die Sonne dar. Die Wellenlinien um den *billabong* stehen für Marschland. Die gepunktete Fläche ist das Land.

65
Künstler unbekannt
Beim Fischen, 1948
Ocker auf Rinde, 57,5 x 87 cm
National Museum of Australia, Canberra
Region: Groote Eylandt
Wohnort: Umbakumba
Sprache: *Anindilyakwa*

Der Fischer hat sowohl eine Seekuh als auch eine grüne Schildkröte aufgespießt. Während die beiden Tiere das Kanu durch das Wasser ziehen, halten die beiden Ruderer das Kanu im Gleichgewicht. Der Mann im Bug achtet darauf, daß sie sich nicht verheddern.

66
Burra Burra, Sambo, geb. ca. 1946
Jagdgeschichte, 1988
Acryl auf Leinwand, 333 x 173 cm
Gabrielle Pizzi Collection, Melbourne
Region: Südost-Arnhemland
Wohnort: Ngukurr
Land: Nillipigee
Sprache: *Wagilak*

Darstellung einer Jagdgeschichte, in der einige Tiere wie *dingo*, Schlange, Wildhund und ein Frosch abgebildet sind.
Für jeden Körperteil eines Tieres – wie beispielsweise den Hinterlauf – gibt es einen Gesang. Es gibt auch Gesänge über Bewegungsarten.

67
Munduwalawala, Ginger Riley, geb. 1939
Mara, mein Land, 1992
Acryl auf Leinen, 240 x 240 cm
Anthony and Beverly Waldegrave-Knight, Melbourne
Region: Roper-River-Gebiet, Südost-Arnhemland
Wohnort: Maria Lagoon/Four Arches
Sprache: *Mara*

Dieses dokumentarische Bild berichtet von den Schöpfungsgeschichten von Ginger Riley Munduwalawala, Bewahrer von Four Arches und seiner Umgebung in der Nähe der Mündung des Limmen Bight River in Südost-Arnhemland im Northern Territory. In seinem Schöpfungsmythos sind diese Four Arches das Zentrum der Erde, wo alles beginnt und endet. Die Aufgabe, Bewahrer der Geschichten zu sein, kam über seine Mutter zu Munduwalawala und wird von ihm an seinen Neffen weitergegeben werden.
Das Bild erzählt von einigen Jungen, die Flughunde töteten. Diese Flughunde leben in der Schlucht, die *Garimala* schuf, als er in den Berg *Ngarinburis* hieb und ein Spalt entstand. Als *Garimala* die Tat bemerkte, folgte er den Jungen, die durch Höhlen flüchteten, die sich unter dem Berg befanden. Er fing einige und tötete sie mit seinem feurigen Atem. Die davongekommen waren, erwischte er in der ersten und zweiten Höhle (die auf dem Gipfel des *Ngarinburis* dargestellt sind) und tötete sie ebenfalls. *Garimala* war über die Jungen deshalb böse, weil sie nicht richtig initiiert waren und die Menschen ihr Blut riechen konnten. Während ihrer Initiation sollen sich die Jungen verbergen und nicht von den falschen Leuten gesehen werden, außerdem müssen sie einen strengen Kanon ritueller Handlungen befolgen.
Der Fluß am unteren Bildrand ist der Limmen Bight River. Munduwalawala lebt in Four Arches in der Nähe dieses Flusses, der durch sein traditionelles Gebiet fließt und Teil des Schöpfungspfades ist, dem *Garimala* folgte. *Ngak Ngak* ist in seiner Rolle als Wächter zu sehen, der einen guten Überblick hat. *Ngak Ngak* erschuf auch das Land von Munduwalawalas Mutter, die Insel Yarramandji, während er darüber hinwegflog. *Yarramandji* bedeutet Haifisch und bezeichnet das kreatürliche Wesen, mit dem sich seine Mutter im Schöpfungsmythos personifiziert.
Das Bild wird von den charakteristischen Keilformen von Munduwalawalas Körperbemalung eingerahmt. Diese Keilformen verlaufen als Band von einer Schulter über die Brust zur anderen. In der Kultur der Aborigines gehört jeder Person eine ererbte Körperbemalung, die beim Beginn der ersten Initiationszeremonien in der Kindheit mitgegeben wird. Munduwalawala hat in späteren Zeremonien weitere Muster erhalten, die er jedoch selten in seinen Bildern verwendet.

(Exponate ohne Abbildung)

Djurritjini, Charlie, geb. 1952
Honiggeschichte, 1990
Ocker auf Eukalyptusrinde, 209 x 96 cm
National Gallery of Australia, Canberra. Moët et Chandon Fund 1991
Region: Zentral-Arnhemland
Wohnort: Ramingining
Sprache: *Ganalbingu*

Narroldol, Didjbaralkka , geb. 1924
Der Geist *Nakidjkidj*, 1975
Ocker auf Rinde, 81,8 x 30,6 cm
National Gallery of Victoria. Erworben durch The Art Foundation of Victoria mit Unterstützung der Utah Foundation, Fellow 1990
Region: West-Arnhemland
Wohnort: Oenpelli
Land: Ngolwarre
Sprache: *Kunwinjku*, *Djok*-Gruppe

Der bösartige, für seine kannibalistischen Neigungen bekannte Geist *Nakidjkidj* wird hier mit zweien seiner Opfer auf einem sonst unüblichen Grund aus weißem Ocker dargestellt. Mit seinem doppelzackigen Speer hat er eine *Mimi*-Frau und ihren Mann aufgespießt. Die Körperbemalung des Geistes verweist auf die *Mardayin*-Zeremonie; auch einige sakrale Gegenstände sind zu sehen.

Wunuwun, Jack, 1930 - 1990
Banumbirr, der Morgenstern, 1987
Ocker auf Eukalyptusrinde, 178 x 125 cm
National Gallery of Australia, Canberra
Region: Zentral-Arnhemland
Wohnort: Gamerdi
Sprache: *Djinang*

Die Geister von *Bralgu*, dem Reich der Toten, halten *Banumbirr*, den Morgenstern, in einem geflochtenen Beutel gefangen. *Banumbirr* ist mit einer Schnur angebunden; wenn die Dämmerung anbricht, wird der Stern in den Himmel hinaufgelassen. Nach der Dämmerung wird *Banumbirr* an der Schnur wieder in den Beutel zurückgezogen. Die religiösen Geschichten und Zeremonien um *Banumbirr* symbolisieren Leben, Tod und Wiedergeburt.
In Wunuwuns Gemälde erscheinen die Zeremonienstäbe im Zentrum des Bildes. Die beiden *bardai* oder langen Schnüre mit Federquasten, die an den Stäben befestigt sind, stellen die Schnur dar, an der *Banumbirr* während seiner Reise über den Himmel gehalten wird. Das rechte Bildfeld zeigt *bartji*, die *Yam*frucht; die kreuzschraffierten *Yam*knollen sind junge Fruchte, die gepunkteten sind ältere. Zum Ende der Regenzeit, in *Midawar*, sind die pflanzlichen Nahrungsmittel reif und können verzehrt werden; in dieser Zeit fließt das Wasser aus dem überfluteten Inland ab.
Barramundi und andere Fischarten werden in Fallen, wie wie sie auf dem linken Bildfeld

dargestellt sind, gefangen. Die Falle ist ein Symbol für einen Seelenbehälter.

Malangi, David, geb. 1927
Didjeridoo, ca. 1965
Ocker auf Holz (Baumstamm), 159 x 7 cm
National Museum of Australia, Canberra
Region: Zentral-Arnhemland
Wohnort: Yathalamarra
Land: Dhamala, Mgurrunyuwa und Dhabila
Sprache: *Djinang*, *Manharrngu*-Gruppe

Munduwalawala, Ginger Riley, geb. ca. 1939
Mein Land, 1990
Acryl auf Sperrholzplatte, 26 x 48 cm
Anthony and Beverly Waldegrave-Knight, Melbourne
Region: Roper-River-Gebiet, Südost-Arnhemland
Wohnort: Maria Lagoon/Four Arches
Sprache: *Mara*

(Nicht in der Ausstellung)

(Abb., S. 146/147)
Mandarg, 1915 - 1987
Borlung und Känguruh, ca. 1973
Ocker auf Eukalyptusrinde, 64 x 271 cm
National Museum of Australia, Canberra
Region: Zentral-Arnhemland
Wohnort: Yaiminyi
Land: Maningrida, Upper-Cadell-River-Gebiet
Sprache: *Dangbon, Barabba*-Gruppe

Das Bild entstand als Teil einer Rindenhütte, in der Mandarg während der Regenzeit mit seiner Familie lebte. Es wurde nicht für den Verkauf, sondern zur Unterweisung von Mandargs Familie gemalt. Thema ist die Regenbogenschlange *Borlung*, die eine nicht identifizierte Känguruhspezies einkreist.

(Abb., S. 158)
Tjipungaleialumi, 1882-1968
Der Künstler in der Zeit der Trauer (*Pukumani*-Zeit) um seinen Bruder, ca. 1960
Ocker auf Eisenholz, 70 x 26 x 12 cm
National Museum of Australia, Canberra
Region: Südwestliche Bathurst-Inseln
Sprache: *Tiwi*, *Tikelaru*

Ein Selbstportrait des Künstlers, das ihn mit aufwendiger Bemalung und einem Kopfschmuck aus Federn in der Art des zeremoniellen Schmucks zeigt, den er in der *Pukumani*-Zeit für seinen Bruder trug. Pukumani ist ein Begriff, der sich auf den Trauer- oder Tabuzustand bezieht, den Verwandte eines Verstorbenen durchleben. Aus dieser Stimmung werden sie durch eine ausführliche Begräbniszeremonie befreit, die *Pukumani* heißt. Im Lauf dieser Zeremonie erhalten sie eine auffallende Körperbemalung, und Künstler werden beauftragt, Skulpturen als Erinnerung an den Verstorbenen anzufertigen. Diese Eisenholzplastiken sind normalerweise nicht-realistische, aber sehr intensiv ausgearbeitete und bemalte Pfähle, die über dem Grab des Toten aufgestellt werden. Inzwischen sind diese Pfosten oder *Pukumani*-Pfähle als Kunstgegenstände der *Tiwi* sehr bekannt und werden auch verkauft. Ungefähr seit 1930 stellen Künstler der *Tiwi* auch Pfähle her, die figurativer sind. Es gibt nun sowohl Pfähle mit menschlichen Darstellungen als auch eher abstrakt gehaltene. Die hier ausgestellte Arbeit stammt aus den Anfängen der figurativen Gestaltungen und weist starke bildhauerische Qaulitäten auf, während die Körperbemalung die auffälligen Körperbemalungen der Teilnehmer an der Zeremonie nachahmt.

(Abb. S. 162)
Künstler unbekannt
Taucherente
Ocker, Holz, Pflanzenfasern-Kordel
Art Gallery of New South Wales, Sydney
Region: Zentral-Arnhemland
Wohnort: Milingimbi
Land: Gupapuyngu
Sprache: *Gupapuyngu*

Djalumbu-Knochensarg-Geschichte

(Abb., S. 163)
Künstler unbekannt
Taucherente
Ocker,Holz,Pflanzenfasern-Kordel,61,6x7cm
Art Gallery of New South Wales, Sydney
Region: Zentral-Arnhemland
Wohnort: Milingimbi
Land: Gupapuyngu
Sprache: *Gupapuyngu*

Djalumbu-Knochensarg-Geschichte.

(Abb., S. 169)
Manybunharrawuy, Daisy, geb. ca. 1950
Wagilag-Schöpfungsgeschichte, 1990
Ocker auf Rinde, 138 x 67,7 cm
National Gallery of Victoria, Melbourne
Region: Zentral-Arnhemland
Wohnort: Milingimbi
Sprache: *Liyagalawumirri*, *Galwanuk*-Gruppe

Daisy Manybunharrawuy ist die Tochter von Dawadi (1921-1970), dem früheren Ältesten der *Liyagalwumirri*. Dawadi war auch der Kustode des *Wagilag*-Mythos'. Manybunharrawuy lernte von ihrem Vater vor seinem Tod, die »ganze Geschichte auf Rinde« zu malen.

Die *Wagilag*-Schöpfungsgeschichte: Dieses Bild stellt in einzelnen Sequenzen das religiöse Epos der *Wagilag*-Schwestern dar, die aus dem südlichen Zentral-Arnhemland an die Nordküste reisten und dabei für die Clans der *Dhuwa*-Gemeinde die Namen von Flora, Fauna und heiligen Stätten sangen. Die Künstlerin spitzt alles auf den dramatischen Höhepunkt der Geschichte zu, als die Zwergpython, die sich über die Anwesenheit der *Wagilag* an ihrem sakralen *Billabong* ärgerte, die Schwestern und deren Kinder verschlang – dargestellt durch den Körper der Schlange, der sich um die vier Gestalten legt. Die vertikale Druck- und Preßbewegung gibt einen Eindruck von der Kraft des Tieres.
In dieser Gesamtdarstellung werden gleichzeitig mehrere komplexe Ereignisse gezeigt. Die Fußspuren der *Wagilag* symbolisieren die Reise der Schwestern vor ihrer Begegnung mit der Schlange. Die Raupen haben die Schwestern ins Leben zurückgeholt, nachdem die Schlange sie wieder erbrochen hatte. Die Punkte im Hintergrund stehen für den Beginn der nassen Jahreszeit, ausgelöst von den Aktivitäten der Python. Ebenfalls zu sehen sind die Kultstätte – als die Python auf die Erde fiel, hinterließ ihr Körper einen dreieckigen Abdruck, der die geweihte Stelle kennzeichnet – und einige Gegenstände, die bei Zeremonien zur Erinnerung an diese Erzählung benutzt werden.

(Abb., S. 177)
Marika, Wandjuk, 1927 - 1987
Der sakale Rastplatz der *Djang'kawu*, 1982
Ocker auf Eukalyptusrinde, 125,5 x 53,5 cm
National Gallery of Australia, Canberra
Region: Nordost-Arnhemland
Wohnort: Yirrkala
Sprache: *Rirratjingu*-Gruppe

Die *Djang'kawu* verließen den Strand von Yalangbara und folgten dem *Goanna*-Pfad die steilen Sandberge hinauf, die die Küste umgeben. Müde von der langen Reise auf dem Meer suchten sie einen geeigneten Rastplatz. Sie entschieden sich für eine Stelle, wo sie einige Zeit blieben und die verschiedenen Völker der Region erschufen, das heilige Recht und die heiligen Zeremonien einsetzten. Die ganz in Weiß gehaltenen, geschwungenen Flächen, die den oberen und den unteren Teil der Bildmitte beherrschen und jeweils auch neben den geschwungenen Linien liegen, sind die Sandberge. Die sechs waagerecht verlaufenden Linien mit ihren fächerartigen Fortsätzen stellen die Eiche (casuarina) dar, die zu wachsen begann, als die *Djang'kawu* den Platz wieder verließen. Die Kreuzschraffuren im oberen Teil des Bildes sind weitere Sandberge; die horizontale

Fläche dazwischen ist der weiche Niederschlag [...], der sanft auf die Abhänge fällt. Am unteren Bildrand sind zwei Trappen, die die *Djang'kawu* gesehen haben, als sie durch die Sandberge zogen und ihren Rastplatz suchten. Da sie ihren Namen von den *Djang'kawu* erhalten haben, werden sie für besondere Vögel gehalten, die bis heute in dieser Region geschützt sind.

(Abb., S. 178 und 179)
Verschiedene Künstler von Yirrkala
Die ›Bark Petition von Yirrkala‹, 1963
Ocker auf Rinde und Papier
House of Representatives, Canberra
Region: Nordost-Arnhemland
Wohnort: Yirrkala

Zu den ›Bark Petitions‹ von Yirrkala:

Die Petition von 1963 (siehe S. 178/179)
Jedes Rindenstück trägt einen umlaufenden Fries mit Landtieren oder Fischen in der für Ost-Arnhemland charakteristischen Kreuzschraffierung. Dieses Bild entstand unter der Leitung und Mitwirkung von führenden Mitgliedern der *Gumatj* (*Yirritja*-Gruppe), die ein großes Gebiet auf der Halbinsel Gove bewohnt. Unter diesen Männern befanden sich auch die inzwischen verstorbenen Watjung, sein Bruder Yama, und Munggarawuy, der Vater von James Galarrwuy Yunupingu.
Die Verzierungen des ersten Rindenstücks beziehen sich alle auf das Festland. Unten sind wilde *yams* (*yukuwa*) und Riesenpythons (*gunundar*) dargestellt. An den Seiten und im oberen Bereich wechseln *goannas* (*djarrawuywuy*, Warane) mit kleinen, Hüpfmäusen ähnlichen Tieren (*nyik-nyik* oder *mudjindji*).
Auf dem zweiten Rindenstück erscheinen am unteren Bildrand dieselben Schlangen (*gunundar*); jede schaut auf das Erdloch, in dem sie lebt, weitere Löcher sind am oberen Bildrand zu erkennen. Auf der linken Seite des Bildes sind Landtiere: ein Opossum (*wangurra*), ein *goanna* (*djarrawuywuy*), ein Nachtvogel wie ein Großfußhuhn (*guwar*) und eine Art Hüpfmaus (*mudjindji* oder *nyik-nyik*). Oben sind eine Schildkröte *(guwaritji)* und eine Seekuh (*djunungguyangu*) abgebildet, rechts unten eine Seekuh, zwei Fische (*guyiwa* oder *gupu*) und wieder eine Seekuh – alles Tiere des Meeres. Die dreieckigen, kreuzschraffierten Flächen stellen Wolken dar.

Die Petition von 1968 (siehe S. 180)
Wuyal, ein Geistwesen (*Mukuy* oder *Wanggarr*), steht auf einem Bein und betrachtet die Landschaft von einem Hügel aus, den er Nhulunbuy nannte, als er von der Trial Bay aus nach Süden unterwegs war. Von dort (Mount Saunders) aus sah und benannte er weitere Plätze, warf seinen *boomerang* nach Galuru (East Woody Island) und sah Honigbienen nahe Lumbuy (Crocodile Creek). Er wanderte nach Birritjimi (Wallaby Beach) hinunter, wo er seinen Speer ließ – rechts auf dem Bild zu erkennen; ein Stück weiter ließ er seinen großen Sack voller Honig (*dimbuka*) zurück. Dann zog er über die Melville Bay weiter.
Wuyal hatte nicht nur seinen Speer und die Speerschleuder dabei, die hier abgebildet sind, sondern trug auch einen rituellen, aus Kordeln geflochtenen Beutel (*bandak*) um den Hals; doch der größere Behälter, in dem er den Honig verwahrte, ist auf diesem Bild nicht zu sehen, da das Rindenstück zu klein war (und die Speerschleuder zu groß!). In seinem Gürtel steckte eine Steinaxt (*djalpad*), um damit Honig aus den Bäumen zu holen, in denen die Bienen ihre Nester bauten. Ein großes Ohr und andere Einzelheiten weisen darauf hin, daß *Wuyal* kein Mensch war.
Die Felsen auf dem Gipfel von Nhulunbuy und an anderen Stationen seiner Reise werden durch das Muster aus parallel verlaufenden, geschwungenen Linien angedeutet. Die weißen ›Tupfen‹ symbolisieren die weißen Blüten (*galbu*) des Eukalyptus (*wanambi*).
Man sagt zwar, *Wuyal* sei ein Mitglied des *Marrakulu* aus der Trial Bay, doch das Land um Nhulunbuy ist *Rirratjingu*-Land, und auch die zwei Gruppen der *Marangu* und der *Golumala* haben Verbindungen zur Geschichte von *Wuyal* und den Plätzen, an denen er sich aufgehalten hat. 1968 richteten die damaligen Führer der *Rirratjingu*, Mawalan und Mathaman, an den damals erst 32jährigen Dundiwuy Wanambi die Bitte, dieses Rindenbild zu malen; es zeigt, wie alt der Name Nhulunbuy ist und wer die Autorität darüber hat.
16 Männer und eine Frau unterzeichneten als Vertreter von acht Clangruppen die Petition, in der gefordert wird, den Namen Nhulunbuy zu verwenden. Unter ihnen waren vornehmlich die Ältesten der verschiedenen, größeren Gruppen, die es 1968 in Yirrkala gab.

Yirrkala wurde im November 1935 als Missionsstation der Methodisten gegründet, nachdem Aborigines 1932 und 1933 in der Caledon Bay erst fünf Japaner aus den Mannschaften von zwei Trepang-(bêche-de-mer-) Luggern, dann auf der weiter südlich gelegenen Insel Woodah einen der mit den Ermittlungen beauftragten Polizisten getötet hatten. Auch zwei junge Männer, die in einem nicht hochseetüchtigen Lugger unterwegs waren, wurden ebenfalls 1933 auf der Insel Woodah umgebracht. In der Nähe von Darwin gab es vor der Küste von Arnhemland bereits andere Missionsstationen der Methodisten: die 1916 gegründete auf der Insel Goulburn und die in Milingimbi von 1923. Das Reservat von Arnhemland wurde 1931 eingerichtet.
Als im Jahr 1942 eine Invasion drohte, wurde erst Milingimbi zu einem Luftwaffenstützpunkt, später auch Yirrkala, wo in der nahegelegenen Melville Bay eine Operationsbasis für Flugboote und eine große Start- und Landebahn für Bomber gebaut wurden. Diese Bodenstation erhielt den Namen Gove nach einem Feldwebel W.J.H. Gove aus der 13. Schwadron der RAAF (Royal Australian Airforce), der am 20. April 1943 bei einem Flugzeugabsturz über Arnhemland umgekommen war.
1963 lebten rund 500 Menschen entweder ständig in der Mission von Yirrkala oder kamen häufig als Besucher von ihren kleinen Siedlungen entlang der südwärts verlaufenden Küste. Die Missionsstation führte einen ertragreichen Bauernhof und Gemüsegarten. Ungefähr ein Dutzend Menschen konnte davon leben, daß sie malten und schnitzten und die schönen Rindenbilder mit den Illustrationen der lokalen Mythen fertigten, für die diese Gegend bereits damals international bekannt war. Andere jagten Krokodile und verkauften deren Häute, fischten und sammelten Schalentiere, gingen im Hinterland auf die Jagd oder sammelten Pflanzen. Es war insgesamt eine ziemlich junge, gesunde und schnell wachsende Bevölkerung.
Zwar hatte man jegliche wirtschaftliche Investition im Reservat unterbunden, doch als auf den nordwestlich gelegenen Wessel-Inseln Bauxit gefunden wurde, vergab die Regierung eine Lizenz zur Prüfung dieses Vorkommens. Schnell fand man heraus, daß es in der Nähe von Yirrkala größere und leichter zugängliche Bauxitlager gab, und die Regierung gestattete einer ganzen ›Prozession von Minengesellschaften‹, das Gebiet zu inspizieren oder zu erforschen. Bei einer Unterredung im Jahr 1958 zwischen Vertretern der Missionsleitung der Methodisten und Beamten der Verwaltung des Northern Territory akzeptierten die Missionare, daß der Bauxitabbau in ihrem Gebiet nicht zu vermeiden war, und billigten den Vorschlag der Regierung, zum Besten der Aborigines Sicherheitspersonal einzusetzen. Doch die Aborigines von Yirrkala waren wegen der möglichen Auswirkungen der Bergbautätigkeit verunsichert und besorgt, besonders befürchteten sie, daß die Gemeinde zum Verlassen ihres sorgfältig ausgewählten Standorts gezwungen sein könnte, wenn die Bauxitgruben vielleicht einmal näher als 800 Meter an der Missionsstation liegen sollten.

Nachdem 1963 angekündigt wurde, daß 360 km² vom Reservatsgebiet für den Bergbau abgeteilt werden sollten, zeigte sich die Öffentlichkeit – besonders die Methodistengemeinden im Süden – in beträchtlichem Maß beunruhigt. Die Opposition brachte im Mai 1963 im Parlament einen Antrag ein, daß »den Aborigines im Northern Territory ein Anspruch auf Aboriginal-Reservatsgebiet zuerkannt werden sollte«. Kim Beazley trug diesen Antrag vor und drängte die Regierung, sich direkt mit Vertretern der Aborigines und nicht nur mit der Mission zu beraten. Bei einem Besuch in Yirrkala im Juli machte er gemeinsam mit Gordon Bryant nach Unterredungen mit Führern der Aborigines und nachdem er die Rindenbilder gesehen hatte, den Vorschlag, daß eine auf Rinden verfaßte Petition an das Parlament eine wirksame Möglichkeit sein könnte, Aufmerksamkeit für diese Probleme zu wecken.
Nach der Parlamentsdebatte vom Oktober 1963 und dem Rückzug der französischen Firma aus dem geplanten Bergbaugeschäft dauerte es einige Jahre, bis die Bauxitgewinnung wieder Fortschritte machte; doch in der Zwischenzeit wurden Forschungs- und Vermessungsarbeiten weiter fortgesetzt. 1968 wurde schließlich ein formeller Vertrag mit der Nabalco Pty. Ltd. über den Ausbau einer Mine geschlossen. Der nächste wichtige Schritt im Parlament war die Anfrage des Ständigen Ausschusses für Angelegenheiten der Aborigines (Repräsentantenhaus) von 1974 über ›Die gegenwärtige Lage der Einwohner von Yirrkala‹. Der Ausschuß befaßte sich mit den Aktivitäten, die den Empfehlungen des Ausschusses von 1963 gefolgt waren, und legte insgesamt 21 neue Empfehlungen vor, mit dem Ziel, die für die ortsansässige Bevölkerung nachteiligen Auswirkungen des Bergbaus einzuschränken.
(Text: House of Representatives, Canberra)

(Abb., S. 181)
Die Erklärung von Barunga, 1988
Verschiedene Materialien auf Leinwand und Papier
House of Representatives, Canberra

›Die Erklärung von Barunga‹ wurde dem Premierminister von Australien, Bob Hawke, am 12. Juni 1988 von Wenten Rubuntja und Galarrwuy Yunupingu, den Ratsvorsitzenden des Central and Northern Land Council, übergeben.
Der Premierminister versprach, die Erklärung im Parlament aufzuhängen, und sagte, dort könnte sie »jeder zukünftige Premierminister dieses Landes nicht nur sehen, sondern auch verstehen und ehren«.
Des weiteren unterstrich der Premierminister auch sein Engagement für ein Abkommen: »Es soll ein Vertrag geschlossen werden, der zum Wohle aller Völker Australiens zwischen den Völkern der Aborigines und der Regierung ausgehandelt wird.« Im Anschluß an ein Treffen mit mehreren 100 älteren Aborigines an der Stätte der Übergabe der Erklärung unterzeichneten der Premierminister und sein Minister für Angelegenheiten der Aborigines, Gerry Hand, die Erklärung. Bezeugt wurde dies von zwei Ratsvorsitzenden. Am 20. Dezember 1991 wurde ›Die Erklärung von Barunga‹ im Parlamentsgebäude in Canberra aufgehängt.
Die Bilder, die den Text umrahmen, erinnern an die Herkunft der Worte – sie sind Geschichten aus dem Land.
Der rechte Teil stammt von Wenten Rubuntja, Lindsay Turner Jampijinpa und Dennis Williams Japanangka aus Zentralaustralien. Im oberen Bereich sind Frauen zu sehen, die in Ulpanyili zusammenkommen. Diese Szene ist Teil der *Tjukurrpa* (›Dreaming‹) von den zwei Frauen, das alle großen Sprachgruppen in Zentralaustralien verbindet. Im unteren Teil versammeln sich Frauen für dieselbe Geschichte in Ilypili. Das Bild im Mittelfeld zeigt Frauen, die, von beiden Seiten kommend, zusammentreffen, um ihre Riten zu feiern, Geschenke auszutauschen und die Geschichte durch das Land zu tragen. Das Bild fordert die Aborigines auf, sich zusammenzutun, um ihre Kultur zu pflegen.
Die drei Bildflächen auf der linken Seite sind von Galarrwuy Yunupingu und von Bakulangay, Marria und Terry Marawilli und Djiwing Ngurruwuthun aus Nordost-Arnhemland.
Das oberste Bildelement von Marrira Marawilli stellt das Krokodil-Feuer-*Wangarr* (›Dreaming‹) dar, mit dem das Volk der *Madarrba* aus der Blue Mud Bay sein Land übertragen bekam. Die mittlere Bildfläche von Galarrwuy Yunupingu spricht vom selben Krokodil-Feuer-*Wangarr* (›Dreaming‹), mit dem das Volk der *Gumatj* in der Caledon Bay sein Land erhielt. Der untere Bildteil stammt von Djiwing Ngurruwuthun und Bakulangay Marawilli und ist eine Darstellung des Wal-*Wangarr* (›Dreaming‹), das das Volk der *Makarrwanalmirri* aus der Trial Bay in seine Rechte am Meer einsetzte.
(Text: House of Representatives, Canberra)

(Abb., S. 190)
Bunduk, Nym
Darstellung einer Schlange, ca. 1960
Ocker auf Eukalyptusrinde, 67 x 17,2 cm
National Museeum of Australia, Canberra
Region: Port Keats

Dieses Werk ist eines der ersten, die aus dem Gebiet von Port Keats gesammelt wurden. Es liegt keine Beschreibung über die Aussage dieses Bildes vor.

(Abb., S. 192)
Bunduk, Nym (zugeschrieben)
Kunmangurr, die Regenbogenschlange, ca. 1955
Ocker auf Eukalyptusrinde, 50,5 x 100,5 cm
National Gallery of Australia, Canberra
Region: Daly-River- und Fitzmaurice-River-Gebiet
Wohnort: Port Keats

KIMBERLEY UND WESTAUSTRALIEN

68
Künstler unbekannt
Tjuna – ein Teufel, 1947
Ocker auf Eisenblech, 45,5 x 45 cm
South Australian Museum, Adelaide
Region: Pilbara
Wohnort: Twelve Mile Camp, Port Headland, Westaustralien
Land: Njangamarda und Bailgu

Bemalte Maske aus Eisenblech; Beschreibung laut Verzeichnis des South Australian Museums: »Gestaltet für ein großes Treffen von Aborigines aus dem ganzen Pilbara-Gebiet im Jahre 1947, bei dem viele junge Männer beschnitten wurden. Vor allem waren dort *Njangamarda* anwesend, doch auch Männer der *Bailngu* waren daran beteiligt.«

69
Mandjin, Tommy
Ein Weißer wird von einem Bullen verfolgt, 1953
Buntstift auf Papier, 35,4 x 54 cm
South Australian Museum, Adelaide
Region: Westaustralien
Wohnort: Waukarlykarly
Sprache: *Njangamarda*

70
Djanghara, Ignatia
Wandjina, ca. 1986
Ocker auf Eukalyptusrinde, 87 x 41 cm
National Gallery of Australia, Canberra
Region: Westaustralien
Wohnort: Kalumburu
Land: Kimberley
Sprache: *Wunambal*

71
Djanghara, Ignatia
Wandjina, ca. 1986
Ocker auf Eukalyptusrinde, 76 x 29 cm
National Gallery of Australia, Canberra
Region: Westaustralien
Wohnort: Kalumburu
Land: Kimberley
Sprache: *Wunambal*

72
Mingelmanganu, Alec, gest. 1981
Wandjina, 1980
Ocker und Leim auf Leinwand, 67 x 67 cm
National Gallery of Australia, Canberra.
Erworben 1988
Region: Westaustralien
Wohnort: Kalumburu
Land: Kimberley
Sprache: *Kulari/Wunambal*

In vielen Teilen der Kimberley-Region in Westaustralien gaben die *Wandjina* die Regeln für das soziale Verhalten vor. Die *Wandjina* stehen mit den lebenspendenden Eigenschaften von Wasser in Verbindung. Sie bringen den Monsunregen und verteilen die Geister der Ungeborenen an ihre späteren Eltern. Abbildungen des großen Schöpfer-*Wandjina* tauchen auf den Wänden der Höhlen und Felsnischen überall im Kimberley-Gebiet auf. In jüngster Vergangenheit gab es *Wandjina*-Bilder auf Rindenstücken, Leinwand und Gebrauchsgegenständen; sie wurden auch in die Oberfläche von Perlmuttmuscheln, Baobabfrüchten und Schieferplatten geritzt.

73
Pumpi
Wandjina, 1953
Buntstift auf Papier, 35,4 x 54 cm
South Australian Museum, Adelaide
Region: Westaustralien
Wohnort: Pilangoora
Sprache: *Worora*, *Arikuralje*-Gruppe

74
Künstler unbekannt
Ohne Titel, 1953
Buntstift auf Papier, 35,5 x 54 cm
South Australian Museum, Adelaide
Region: Westaustralien
Wohnort: Pilangoora

75
Thomas (Julama), Rover, geb. 1926
Muriya, 1984
Ocker und Leim auf Preßspan, 90 x 180 cm
National Gallery of Australia, Canberra
Region: Ost-Kimberley, Westaustralien
Wohnort: Turkey Creek,Warmun-Gemeinde
Sprache: *Kukatja/Wangkajunga*

Eine Bestattungshöhle mit den Knochen Verstorbener und Wandmalereien. Das Bild zeigt einen Wasserfall (obere rechte Ecke), eine Felsenhöhle und einen Fluß. (Nicht in Verbindung mit der *Kuril Kuril*-Zeremonie.)

76
Timms, Freddy, geb. ca. 1946
Mandangala, nördlich von Turkey Creek, 1990
Ocker auf Leinwand, 160 x 120 cm
Gabrielle Pizzi Collection, Melbourne
Region: Police Hole, Bedford Downs Station, Westaustralien
Wohnort: Turkey Creek, Warmun-Gemeinde
Sprache: *Kija*

Landschaft in der Gegend von Glen Hill (Mandangala) und der Argyle Diamantenmine nördlich von Turkey Creek.

77
Thomas (Julama), Rover, geb. 1926
Kreuzung in den Kimberleys, 1990
Ocker und Buschgummi auf Baumwolle, 150 x 210 cm
The Holmes à Court Collection
Region: Ost-Kimberley, Westaustralien
Wohnort: Turkey Creek, Warmun-Gemeinde
Sprache: *Kukatja/Wangkujunga*

(Nicht in der Ausstellung)

(Abb., S. 215)
Tänzer aus Mowanjum
Symbolische Darstellungen des Zyklons Tracy *Palga* aus dem Jahre 1979
Photographie: Kim Ackermann

Die ›Darstellungen des Zyklons Tracy *Palga*‹ verbildlichen die Schlangen, die den Zyklon zu der Küste des Northern Territory und einem Kliff auf einer der Inseln vor der Kimberley-Küste zogen, auf der sich ein großer Felsen befindet, der durch eine ähnliche Katastrophe entstanden ist.

(Abb., S. 216)
Jaminji Jampin, Paddy, geb. 1912
Kurnkukurnku in *Jilyili*, 1984
Ocker auf Hartholz, 90 x 180 cm
National Gallery of Australia
Region: Ostkimberley
Wohnort: Turkey Creek, Warmun-Gemeinde

(Abb., S. 217)
Timms, Freddy, geb. 1940
Violet Valley, 1990
Ocker auf Leinwand
National Gallery of Victoria
Region: Ost-Kimberley, Westaustralien
Wohnort: Turkey Creek
Sprache: *Kukatja/Wangkajunga*

ZENTRALAUSTRALIEN, WESTLICHE, SÜDLICHE UND NÖRDLICHE WÜSTENGEBIETE

78
Künstler unbekannt
Ohne Titel, 1931
Pastell und Buntstift auf Papier, 35,4 x 54 cm
South Australian Museum, Adelaide
Region: Zentralaustralien
Land: Cockatoo Creek

79
Wopoly, (Jacky), geb. ca. 1912
Ohne Titel, 1935
Pastell auf Papier, 35,4 x 54 cm
South Australian Museum, Adelaide
Region: Warapuju, Westaustralien
Wohnort: Warburton Ranges
Land: Kuldubili
Sprache: *Nga:da*

80
Tjangala, Uta Uta, 1926–1990
Schild
Ocker auf Holz, 100 x 50 cm
Margaret Carnegie and Roderick Carnegie Collection, Melbourne
Region: Westliches Zentralaustralien
Wohnort: Kintore
Land: Yumari
Sprache: *Pintupi*

81
Tjapanangka
Ilanguro (Speerwerfer), ca. 1957
Holzschnitzerei, Breitbeil aus Stein, Naturfaser (Herkunft unbekannt), Spinifex-Gummi, Ocker, 76 x 9 x 3 cm
Courtesy Museum of Victoria Council, Dauerleihgabe Universität Melbourne
Region: Westaustralien
Wohnort: Labbi-labbi
Sprache: *Binelibu*

Laut Tjapanangka repräsentieren die auf dem Speerwerfer (*Ilanguro* in *Pintubi*) eingeritzten konzentrischen Kreise Rastplätze auf dem Weg der ›Braunen Schlange‹, *Liru,* durch das Tal unterhalb von Red Cliff Pound. Diese Plätze heißen, von links nach rechts:

1	*Labbi-labbi*	13	*Luwano*
2	*Tananga*	14	*Kira*
3	*Liuwiringa*	15	*Tjul'tjun'-waridji*
4	*Kunnaman-nera*	16	*Dandju*
5	*Maiyada-maiyada*	17	*Tildi*
6	*Wirra-wirra*	18	*Walilbi*
7	*Kirindji*	19	*Kuna*
8	*Kanandi-barro*	20	*Pintinba*
9	*Markoda-rindja*	21	*Yinindi*
10	*Kampan-barro*	22	*Yalbırrı-manno*
11	*Wirrkald-jarra*	23	*Tanda*
12	*Pinna*	24	*Kurandal*
		25	*Palta*
		26	*Kura*
		27	*Binbiyan*
		28	*Tjipallalla*

29 *Yirabanda*
30 *Dangalli*
31 *Yappadarra*
32 *Timbabiddi*
33 *Yuldumallo*
34 *Kunagarri*
35 *Mukubanda*
36 *Mari-mari*
37 *Karruwildji*
38 *Wallabar-rarba*
39 *Kiribarro*
40 *Yanna*
41 *Wangad-jarro*
42 *Wornba*
43 *Tjimarri*
44 *Kunananno*
45 *Wirrarigu-long*
46 *Danneriyono*
47 *Miltji-miltji*
48 *Papulba*
49 *Lola*

82
Künstler unbekannt
Boomerang-Schlangen-*Jukurrpa* (›Dreaming‹) aus *Ngama*, 1971
Kohle und Ocker auf Holz, 54 x 10,5 x 6,5 cm
South Australian Museum, Adelaide
Region: In der Nähe von Yuendumu, Zentralaustralien
Sprache: *Warlpiri*

83
Künstler unbekannt
Wonatirini (Toa), 1890/1905
Holz, Gips, Ocker, 27,5 cm
South Australian Museum, Adelaide
Region: Lake-Eyre-Gebiet, Südaustralien
Sprache: *Diyari*

Wonatirini. Bezieht sich auf die Stelle, wo Pintanganina saß und einige *wonatiri* (scharfe Stangen) zurichtete, mit denen er dann sein Fischernetz im Wasser befestigte. Oberteil = Stange.

84
Künstler unbekannt
Tapajinkinietjani (Toa), 1890/1905
Holz, Gips, Ocker, Fasern, 27 cm
South Australian Museum, Adelaide
Region: Lake-Eyre-Gebiet, Südaustralien
Sprache: *Diyari*

Tapajinkinietjani. Dem Hügel gewidmet, wo *Wariluwulani* aus einem Erdklumpen kam. Als es regnete, wurde die Erde weich, und sie stieg an die Oberfläche. *Toa* = Hügel; schwarze Streifen = ausgewaschene Wasserrinnen; weiße Spitze = die Stelle, wo *Muramura* aufstieg.

85
Künstler unbekannt
Billitjilpani (Toa), 1890/1905
Holz, Gips, Ocker, Fasern, 33 cm
South Australian Museum, Adelaide
Region: Lake-Eyre-Gebiet, Südaustralien
Sprache: *Diyari*

Billitjilpani. Bezieht sich auf den Sandhügel, wo *Wittimarkani* kampierte und eine neue Methode erfand, um ein *billitjilpi* (Netz) zu knüpfen. Sie verknotete jede Masche einzeln, damit das Netz nicht so leicht reißen konnte. Spitze = Netz; weißer Knopf = Sandhügel.

86
Künstler unbekannt
Mararunani (Toa), 1890/1905
Holz, Gips, Ocker, 50 cm
South Australian Museum, Adelaide
Region: Lake-Eyre-Gebiet, Südaustralien
Sprache: *Wangkangurru*

Mararunani. Bezieht sich auf das Wasserloch am Ende der vier Wasserrinnen, deren Umrisse *Wutjukana* an die deformierte Hand eines seiner Gefolgsleute erinnerte. An dessen Hand waren Zeige- und Mittelfinger zusammengewachsen – genauso wie eine der Rinnen größer als die anderen war. *Toa* = vier Wasserrinnen. Punkte = Büsche.

87
Künstler unbekannt
Kutirani (Toa), 1890/1905
Holz, Ocker, 47 cm
South Australian Museum, Adelaide
Region: Lake-Eyre-Gebiet, Südaustralien
Sprache: *Thirrari*

Kutirani. Bezieht sich auf den äußerst verwinkelten Teil von Cooper Creek, der *Patjalina* auf seinen Reisen auffiel. *Toa* = Flußbett von Cooper Creek; Punkte = Gummibäume im Flußbett.

88
Künstler unbekannt
Wimawalpaworanani (Toa), 1890/1905
Ocker und Gips auf Holz, 23,5 cm
South Australian Museum, Adelaide
Region: Lake-Eyre-Gebiet, Südaustralien
Sprache: *Diyari*

Dieses Objekt bezieht sich auf den verlassenen Platz, an dem *Darana* seine Schüler die Geheimnisse des Regenmachens gelehrt hat. *Toa* = verlassener Platz.

89
Künstler unbekannt
Milkiwilpani (Toa), 1890/1905
Holz, Gips, Ocker, Fasern, 27 cm
South Australian Museum, Adelaide
Region: Lake-Eyre-Gebiet, Südaustralien
Sprache: *Diyari*

Milkiwailpani. Bezieht sich auf den hohlen Baum mit dem Loch, das *Turuturungamirina* wie eine Augenhöhle erschien. Dieser Baum stand noch zur Zeit von Reuther (zu Reuther vgl. Ph. Jones/P. Sutton, *Art And Land*, Adelaide 1986, S. 45-62). Roter Ring = Loch im Baum. Reuther schreibt diese *Toa* auch den beiden *Muramura Kalkuwuluna* zu.

90
Künstler unbekannt
Mandamaruni (Toa), 1890/1905
Holz, Gips, Ocker, 21 cm
South Australian Museum, Adelaide
Region: Lake-Eyre-Gebiet, Südaustralien
Sprache: *Diyari*

Mandamaruni. Bezieht sich auf den Teil des Flusses bei *Mangurani (Mungerannie)*, der so breit ist, daß *Pirnawarankana* an einen sehr fetten Mann erinnert wurde, der einen Gürtel um die Lenden trägt. *Toa* = diese Stelle, wo das Flußbett fast völlig verschwunden ist. Punkte = *Palkura*-Bäume (Akazien), die dort wachsen.

91
Künstler unbekannt
Mulumpirini (Toa), 1890/1905
Holz, Gips, Ocker, 39 cm
South Australian Museum, Adelaide
Region: Lake-Eyre-Gebiet, Südaustralien
Sprache: *Yawarawarrka*

Mulumpirini. Der Wasserstelle gewidmet, die *Kirlawilina* nach dem *Mulumpiri* (weißen Kranich) benannte, den er dort schwimmen sah. *Toa* = Vogelkopf; rote Streifen = Wasserstelle.

92
Künstler unbekannt
Billitjilpini (Toa), 1890/1905
Holz, Gips, Ocker, Fasern, 35 cm
South Australian Museum, Adelaide
Region: Lake-Eyre-Gebiet, Südaustralien
Sprache: *Diyari*

Billitjilpini. Das Objekt bezieht sich auf die Wasserstelle, an der *Wittimarkani* mit einer neuen Methode, die sie dort erfunden hatte, ein *billitjilpi* (Netz) gewebt hat. Sie verknotete jede Masche einzeln, damit das Netz nicht so leicht reißen konnte. Spitze = Netz, das um eine runde Wurzel geschlungen ist; roter Kreis = Wasserstelle; rote Tupfen = Bäume in der Umgebung.

93
Künstler unbekannt
Warilanani (Toa), 1890/1905
Holz, Gips, Ocker, 30 cm
South Australian Museum, Adelaide
Region: Lake-Eyre-Gebiet, Südaustralien
Sprache: *Thirrari*

Warilanani. Ist dem Wasserloch gewidmet, an dem *Patjalina* feststellte, daß der Cooper Creek hier ein ganzes Stück weit geradeaus floß. Weißer Knopf = Sandhügel in der Nähe der Wasserstelle, die mit *winkara*-(Gänsefuß)-Büschen (Tupfen) zugewachsen ist; schwarzer Streifen = Gummibäume.

94
Künstler unbekannt
Manawilparamarani (Toa), 1890/1905
Holz, Gips, Ocker, 33 cm
South Austalian Museum, Adelaide
Region: Lake-Eyre-Gebiet, Südaustralien
Sprache: *Wangkangurru*

Manawilparamarani. Bezieht sich auf die Ebene, wo *Wadlulana* mit offenem Mund – wie ein gähnender Mann – starb. Spitze = Baum mit geborstenem Stamm. Reuther (zu Reuther vgl. Nr. 89) notierte, daß die Aborigines diese *Toa* als Verkörperung der sterbenden *Muramura* ansahen und daher nicht berührten. Weißer Knoten = Ebene mit Büschen (rote Punkte).

95
Tjungurrayi, Shorty Lungkata, 1920 - 1987
Ohne Titel, 1972
Kunstharz auf Spanplatte, 58,1 x 59,4 cm
National Gallery of Victoria. Erworben durch The Art Foundation of Victoria mit Unterstützung durch ICI Australia Ltd., Fellow 1988
Region: Westlich von Lake MacDonald
Wohnort: Papunya (zur Zeit der Entstehung des Bildes), danach Kintore
Land: Walukuritiji
Sprache: *Pintupi*

Wie auch in anderen Werken des Künstlers ist diese Komposition knapp, wie ein Gewebe strukturiert und aus einzelnen feingepunkteten, konzentrischen Kreissegmenten aufgebaut. Ein einzelner, für eine Zeremonie geschmückter Mann beherrscht die Komposition. Unter dem großen Haken*boomerang* oben rechts zeigt ein weitgespannter Bogen den Mann an einem Lagerplatz, der letzten einer ganzen Reihe von Stationen, die mit einer Art Streckenlinie verbunden sind und eine epische Fahrt bezeichnen.

96
Tjupurrula, Johnny Warrangula,
geb. ca. 1926
Wie Buschnahrung wächst, 1972
Kunstharz auf Spanplatte, 91,7 x 66,3 cm
National Gallery of Victoria. Erworben durch The Art Foundation of Victoria mit Unterstützung von North Broken Hill Pty Ltd, Fellow 1987
Region: Gebiet der Sanddünen von Ilypili (Ehrenburg Ranges) bis Wilkinkarra (Lake Mackay)
Wohnort: Papunya (zur Zeit der Entstehung des Bildes), jetzt Yamunturrngu (Mount Liebig)
Land: Minjirrpirri, nordwestlich von Ilypili und in der Nähe der Örtlichkeiten von Tjikari und Kalipinpa
Sprache: *Luritja*

In mehreren Schichten liegen Punkte in diesem Bild übereinander, das den nach dem Regen wieder neu austreibenden Pflanzen, Gräsern und Blumen gewidmet ist. Das als Malgrund verwendete Brett ist in drei Lagen mit rotem Ocker präpariert. Für die ersten beiden wurde ein Kamelhaarpinsel verwendet, die letzte mit teilweise weichgekauten Grashalmen aufgetragen.
Der Künstler malte zuerst in Schwarz alle ausgetrockneten Flüsse und Bäche und deutete Sickerwasserstellen mit konzentrischen Kreisen an. Gestreifte Rechtecke bezeichnen die von Frauen flachgetretenen Plätze, an denen Männer, die dem Wasser-*Tjukurrpa* zugehörig sind, gewöhnlich die Tänze der Wachstumszeremonie aufführen. Anschließend wurde das Bild zwei Monate lang beiseite gestellt.
Mit Beginn der Regenzeit entstand die zweite Schicht. Tjupurrula zeichnete mit Punkten die Wasserlöcher und Flüsse ein; dabei verwendete er immer noch den Kamelhaarpinsel.
Als der Regen von neuem einsetzte, benutzte der Künstler Grashalme für die letzte, dritte Schicht. Drei Wochen lang arbeitete er jeden Tag an dem Bild und trug in einer sehr feinen Maltechnik dünne Farbschichten auf. Diese zarten Striche spiegeln die Veränderung der Wüste wieder – nach dem Regen ist sie vom neuen Leben der Pflanzen, Gräser und blühenden Sträucher erfüllt. Die schwarzen Flecken stehen für die dunklen Samenkörner, die die Frauen in den feuchten Boden getreten haben, während die weißen Flecken eine andere Pflanzenart darstellen, die in der Gegend gedeiht. Viele dieser Gewächse sind sehr kurzlebig.

97
Tjupurrula, Johnny Warrangula,
geb. ca. 1926
Nintaka und die *Mala*-Männer, 1973
Kunstharz auf Spanplatte, 69,6 x 65,2 cm
National Gallery of Victoria. Erworben durch The Art Foundation of Victoria mit Unterstützung von ICI Australia Ltd, Fellow 1988
Region: Gebiet der Sanddünen von Ilypili (Ehrenburg Ranges) bis Wilinkarra (Lake Mackay)
Wohnort: Papunya (zur Zeit der Entstehung des Bildes), jetzt Yamunturrngu (Mount Liebig)
Land: Minjirrpirri, nordwestlich von Ilypili und in der Nähe der Örtlichkeiten von Tijkari und Kalipinpa
Sprache: *Luritja*

Der Künstler schildert ein *Tjukurrpa* seines Vaters, das sich an einem zwei oder drei Tagesreisen von Sandy Blight entfernten Ort abspielt. *Matingpulangu* ist ein besonders großer *dingo*-Vorfahre, der eigentlich ein *Mala* (*wallaby*)-Ältester ist, diese Tiere jedoch oft tötet und dann auffrißt. Die *wallabies* greifen ihn an, doch *Lurnpa* – ein *Jukurrpa*-Vogel mit langem Schnabel und Schwanz – heilt ihn wieder. *Lurnpa* ist auch der Anführer der *Mala*-Männer, trinkt jedoch ständig ihre Wasservorräte leer.
Der natürliche Feind der *Mala* ist *Nintaka*, der große *Perenti* (Waran), im Bild rechts unten zu sehen. An einem Lagerfeuer in der Nähe von *Kangkalare* sitzen oben links zwei alte Tjapangati; sie beobachten das ganze Drama, die Kreise stellen ihre Spuren dar. Rechts sind die Fußspuren eines *Mala*-Mannes mit seinem großen *kana* (Speer) verbunden. Der mythische Vogel *Lurnpa* ist links von einem zeremoniellen Objekt durch zwei deutliche Abdrücke seiner Krallen abgebildet. In der unteren Mitte tauchen die *Mala*-Männer auch an verschiedenen Stellen von *Watjinka* auf, das ungefähr eine Tagesreise von *Tjikari* entfernt liegt.
Direkt über dem großen *Perenti* führen die Spuren eines ausgewachsenen *dingos* zur höchsten Erhebung eines Sandhügels. Die vielfachen Farbschichten weisen auf die dem Künstler bestens vertrauten besonderen Eigenheiten der Vegetation und Geländebeschaffenheit hin. Im Unterschied zu anderen Künstlern, die die Punktmuster eher mechanisch übernommen haben, setzt Tjupurrula sie rhapsodisch für die bizarren Muster der reichen Wüstenflora ein.

98
Tjakamarra, Anatjari, ca. 1930 - 1992
Der große Kampf, 1972
Kunstharz auf Spanplatte, 51,5 x 43,4 cm
National Gallery of Victoria. Erworben durch The Art Foundation of Victoria mit Unterstützung von North Broken Hill Pty Ltd, Fellow 1987
Region: Gibsonwüste, Westliches Zentralaustralien
Wohnort: Papunya (zur Zeit der Entstehung des Bildes), danach Tjukula
Land: Kulkurta
Sprache: *Pintupi*

Drohend und voll latenter Aggression ist die Stimmung dieses Bildes über eine gewalttätige Auseinandersetzung zwischen zwei Volksgruppen. Der Kampf selbst bildet das Zentrum, die Kreise stellen die Körper der Toten dar. In den Kampfplatz hinein führen die weniger zahlreichen Fußspuren der *Pintupi*, die der *Warlpiri* verlaufen von oben nach unten. Große, scharfe Steinmesser in aggressiv-rechtwinkliger Anordnung füllen den Zwischenraum. Von zwei Seiten verläuft eine Spur zu den wild bewegten Wirbeln des Kampfes. Punkte und Farbflächen im Hintergrund bezeichnen den Wüstensand.

99
Tjungurrayi, Shorty Lungkata, 1920 - 1987
Männer in einem Buschfeuer, 1972
Hausfarbe auf Spanplatte, 64,2 x 50,3 cm
National Gallery of Victoria
Region: Westlich von Lake MacDonald
Wohnort: Papunya (zur Zeit der Entstehung des Bildes), danach Kintore
Land: Walukuritji
Sprache: *Pintupi*

Dieses Bild berichtet vom Tod zweier Männer in einem Buschfeuer. In intensivem Rot lodern die ungelöschten Feuer auf dem Land, schwarze Zeichen stehen für die Vegetation, abgebranntes Land ist mit einer geschwungenen schwarzen Linie umgrenzt, über die Wüste ziehen Rauchwolken. Die beiden Männer sind in den Bereich der Feuer gewandert und jetzt von konzentrischen roten Feuerkreisen eingeschlossen. Auch *Tjurunga*, der Ahn des Totems, zu dem die Geister der Verstorbenen zurückkehren wollen, ist von den Flammen umzingelt. Die Anordnung aus kreisförmig angelegten Wegen darunter weist auf das Nomadenleben der Jäger und Sammler hin, in dem Feuer oft eine große Rolle spielte.

100
Tjupurrula, ca. 1914 - 1993
(unter Mitarbeit von Fred Ward Tjungurrayi)
Kunia-Schlangen-*Tjukurrpa* (›Dreaming‹), 1988/1989
Acryl auf Leinwand, 103 x 260 cm
Anthony and Beverly Waldegrave-Knight, Melbourne
Region: Westliches Zentralaustralien
Wohnort: Papunya
Sprache: *Pintupi*

Auf dem ganzen australischen Kontinent gibt es Schlangenlegenden mit im allgemeinen ähnlicher mythologischer Basis – es geht meistens um Wasser, Gewitter, Kindergeister und Fruchtbarkeit. Das Reich der Tiere und Pflanzen gilt als Teil des Lebens der verschiedenen Völker der Aborigines.
Dieses Bild beschreibt den Weg von drei *Kunia*-Schlangenahnen, die von Tjokola westwärts nach Fitzroy Crossing unterwegs waren, von dort unterirdisch weiter nach Kuniampa, Port Headland und Broome. Der Künstler hat erklärt, daß auf diesem Bild zwei weibliche und ein männlicher Schlangenahn abgebildet sind. Das *Kunia*-Schlangen-*Tjukurrpa* steht auch mit der Erschaffung von *Uluru* (Ayers Rock) in Verbindung.
Tjupurrula war ein hochrangiger initiierter Ältester. Er war einer der ersten, die ihre eigene Außenstation errichtet haben und es vorzogen, die Missionssiedlungen zu verlassen und zum eigenen Land zurückzukehren. Tjupurrula kam in den späten 50er Jahren aus der Wüste; über sein Leben gibt es zahlreiche Filme. Am 31. Oktober 1989 erhielt Tjupurrula den australischen Verdienstorden.

101
Tjakamarra, Michael Nelson, geb. ca. 1946
(unter Mitarbeit von Majorie Napaljarri)
Fünf *Tjukurrpas* (›Dreamings‹), 1984
Acryl auf Leinwand, 122 x 182 cm
Gabrielle Pizzi Collection, Melbourne
Region: Westliches Zentralaustralien
Wohnort: Papunya
Land: Mount Singleton, westlich von Yuendumu
Sprache: *Warlpiri/Luritja*

Michael Nelson Tjakamarra malte auf dieser Leinwand fünf für ihn bedeutungsvolle *Tjukurrpas*. *Pamapardu*, das die fliegenden Ameisen repräsentierende *Tjukurrpa*, wird durch die horizontale Linie in der Bildmitte symbolisiert. Das sakrale Zentrum der *Pamapardu*-Schöpfungserzählung liegt in *Yuwinji*, westlich von Vaughan Springs. Die Kreispaare nahe dem unteren linken und oberen rechten Bildrand repräsentieren mit den von den konzentrischen Kreisen ausstrahlenden Wellenlinien Possums in Jangankurlangu bzw. Mawruji. Die Schlange stellt *Warnayarra*, die Regenbogenschlange in Yilkirdi, nahe Mount Singleton dar; die Tierspuren am unteren rechten Bildrand zeugen von den beiden Känguruh-Ahnen *Marlujarra* in Yintarramurru. Die daneben erscheinenden kreisförmigen Strukturen repräsentieren *Mirrawarri*, ein Regen-*Tjukurrpa* nahe Mount Doreen.

102
Tjupurrula, ca. 1914 - 1993
Drei *Corroboree*-Stöcke, 1971
Kunstharz und Hausfarbe auf Spanplatte, 57 x 71,5 cm
National Gallery of Australia, Canberra
Region: Westliches Zentralaustralien
Wohnort: Papunya
Sprache: *Pintupi*

103
Tjangala, Uta Uta, 1926 - 1990
Ohne Titel, 1972
Kunstharz auf Spanplatte, 83,7 x 63,5 cm
National Gallery of Victoria. Geschenk Mrs D. Carnegie, AO, OAM 1989
Region: Westliches Zentralaustralien
Wohnort: Papunya (zur Zeit der Entstehung des Bildes), danach Kintore
Land: Yumari, entworfen in Ngurra Palangu
Sprache: *Pintupi*

104
Tjapaltjari, Mick Numieri, geb. 1926
Ohne Titel, 1989
Acryl auf Leinwand, 149 x 35 cm
Anthony and Beverley Waldegrave-Knight, Melbourne
Region: Westliches Zentralaustralien
Wohnort: Walanguru
Land: Marnpi
Sprache: *Pintupi*

105
Tjangala, Uta Uta, 1926 - 1990
Ohne Titel, 1975/1976
Acryl auf Leinwand, 230 x 380 cm
Dresdner Bank AG, Melbourne
Region: Westliches Zentralaustralien
Wohnort: Papunya
Land: Yumari
Sprache: *Pintupi*

106
Tjupurrula, Turkey Tolson, geb. ca. 1942
Zurichten der Speere bei *Ilyingaungau*, 1990
Kunstharz auf Leinwand, 181,5 x 243,5 cm
Art Gallery of South Australia, Adelaide. Geschenk der Freunde der Art Gallery of South Australia 1990
Region: Westliche Zentralwüste
Wohnort: Papunya und Kintore
Land: Kintore
Sprache: *Pintupi*

Als Vorbereitung für einen Kampf werden zahlreiche Speere präpariert. (Das Bild vermittelt das intensive Flirren der Hitze und die unendliche Weite im Land des Künstlers.)

107
Tjapaljarri, Mick Namarari, geb. ca. 1930
Wallaby-Tjukurrpa (›Dreaming‹), ca. 1982
Kunstharz auf Leinwand, 101,7 x 102,4 cm
Art Gallery of South Australia, Adelaide. A.M. Regless. Bequest Fund 1984

Region: Westliches Zentralaustralien
Wohnort: Nyunmanu, Außenstation von Kintore
Land: Nyunmanu, Munpi-Gebiet
Sprache: *Pintupi*

108
Napangati, Pansy, geb. ca. 1945
Regenbogenschlange bei *Pikilli*, 1989
Acryl auf Leinwand, 288 x 159 cm
Gabrielle Pizzi Collection, Melbourne
Region: Westliches Zentralaustralien
Wohnort: Alice Springs
Land: Pikilli und Illpili
Sprache: *Luritja/Warlpiri*

Wanampi, die Regenbogenschlange von *Pikilli* (Vaughan Springs). Die Kreisform stellt die Quelle dar, in der die Schlange angeblich lebt. Die Schlange sonnt sich gerade; die Gestaltung des Hintergrundes gibt die Vegetation der Umgebung wieder.

109
Tjapaljarri, Clifford Possum, geb. 1934
Liebesgeschichte eines Mannes, 1978
Kunstharz auf Leinwand, 214,5 x 257 cm
Art Gallery of South Australia, Adelaide. Visual Arts Board, Australian Contemporary Art Acquisition Program 1980
Region: Westliches Zentralaustralien
Wohnort: Ambanghara, Außenstation bei Papunya
Sprache: *Anmatyerre*

110
Tjapaltjarri, Tim Leurah, ca. 1939-1984,
Fels*wallaby-Tjukurrpa* (›Dreaming‹), 1982
Kunstharz auf Leinwand, 120,9 x 179,2 cm
National Gallery of Victoria. Erworben 1987
Region: Zentralaustralien
Wohnort: Papunya und Napperby Station
Land: Nurta, Napperby Creek-Gebiet
Sprache: *Anmatyerre*

Der Kreis in der Bildmitte ist *Ngunyunpa*, eine Stelle nordöstlich der Napperby Station, an der sich Sickerwasser sammelt und die auch im Fels*wallaby*-›Dreaming‹ eine Rolle spielt. Weitere konzentrische Kreise bezeichnen Lagerplätze, die U-Formen stellen Teilnehmer der Zeremonie dar. Links davon wird in realistischer Manier eine Gruppe kleiner Männer gezeigt, die für ein *corroboree* geschmückt sind; sie sind umfangen von dem Grund und Boden, der ihre spirituelle Identität ausmacht. Größer als die Gestalten ist ein viereckiger Gürtel aus gesponnenem Menschenhaar und Känguruhfell, der auf die traditionelle Lebensweise der Jäger und Sammler verweist. Auch vor dem übergroßen, verzierten Zeremonienschild werden die *corroboree*-Tänzer zu Zwergen verkleinert.
Jäger auf der Suche nach Wild sind durch ihre Fußspuren und ihre Waffen dargestellt – *boomerang*, gebogener *boomerang*, Steinaxt mit Stiel, Keule und Speer. Neben den Spuren des *wallabys* unten rechts verlaufen die Spuren des ebenfalls abgebildeten, großen *goannas*; damit wird angedeutet, daß auch der Pfad eines *goanna-Tjukurrpa* über diese Stelle führt.
Der Künstler zeigt die Wüstenlandschaft in einem sanft abgestuften Prisma weichen Lichts, ein Mosaik schimmernder Flecken in rauchigen Grautönen, Olivgrün, zartem Gelb, Violett, Ockerrot und Umbra lassen aus der Vogelperspektive Tjapaltjarris Land entstehen.

111
Napangati, Pansy, geb. ca. 1945
Buschmango, Zwei wandernde Frauen und Schlangen-*Tjukurrpas* (›Dreamings‹), 1989
Acryl auf Leinwand, 212 x 340 cm
Gabrielle Pizzi Collection, Melbourne
Region: Westliches Zentralaustralien
Wohnort: Alice Springs
Land: Pikilli und Illpilli
Sprache: *Luritja/Warlpiri*

Auf diesem Bild erscheinen zwei Landstriche, die reich sind an Schilderungen aus der Schöpfungsgeschichte. Die Künstlerin hat einige ausgewählt, die direkt mit ihren Eltern, ihren Großeltern und ihr selbst in Verbindung stehen.
Der Hauptteil des Bildes erinnert an den Ort *Kamparapa*, von dem aus zwei Schwestern aufbrachen und wohin sie schließlich zurückkehrten.
Links unten ist das Gebiet von Illpilli dargestellt, rechts sind die Felslöcher von Winpirri. Diese drei Plätze liegen alle westlich der Papunya-Gemeinde und gehören zum Land der *Luritja*.
Im oberen Bereich ist Pikilli (Vaughan Springs) im Land der *Warlpiri* nordwestlich der Papunya-Gemeinde abgebildet.
Von links nach rechts hat die Künstlerin erst das Buschmango-*Tjukurrpa* (›Dreaming‹) aufgeführt, dann die ›Zwei Reisenden Frauen‹, die in Pikilli als Steinemörser erscheinen und als Ahnentanten der Künstlerin gelten, oben rechts dann das Schlangen-*Tjukurrpa* (›Dreaming‹). Dieser Mythos erzählt vom Kampf zweier Schlangen; die männliche Schlange kam aus dem Norden, die weibliche befand sich in Pikilli. Als sie kämpften, entstand durch ihr wildes Toben eine große Ebene. Die U-Form stellt eine große Gruppe von Frauen der *Nampitijinpa*-Verwandtschaftsuntergruppe dar, die der Auseinandersetzung zuschauten.

112
Tjampitjinpa, Dinny Nolan, geb. ca. 1938
Walkupa, 1975
Kunstharz auf Leinwand, 172,4 x 203,1 cm
National Gallery of Victoria. Erworben 1986
Region: Zentralaustralien
Wohnort: Papunya (an diesem Ort ist das Bild entstanden), Alice Springs
Land: Östlich von Mount Allan
Sprache: *Anmatyerre*

Hier wird ein Wasser-*Tjukurrpa* bei *Walkupa*, in der Nähe von Mount Denison, dargestellt. Nach wohltuenden Regenfällen wuchsen viele Pflanzen, die den weißen Wasservogel anzogen. Die Zahl der angelockten Vögel ist so groß, daß die Schwärme so dicht wie eine Wolke wirken.
Dieses Bild ist eine der ersten Leinwandarbeiten des Künstlers.

113
Tjampitjinpa, Maxie, geb. 1945
Ipalu: Buschbananen-*Tjukurrpa* (›Dreaming‹), 1986
Kunstharz auf Leinwand, 243,5 x 182,2 cm
National Gallery of Victoria
Region: Haasts Bluff, Westliches Zentralaustralien
Wohnort: Papunya
Land: Watunuma (väterlicherseits); Kunatjarrayi (mütterlicherseits)
Sprache: *Warlpiri*

Thema ist *Ipalu*, das *Tjukurrpa* von den Buschbananen; die Punkte im Hintergrund stehen für diese Baumfrüchte. Aus dem Boden kommen in sternförmigen Umrissen die Wurzelstöcke, an denen die Früchte wachsen.
Die Kreisform im Zentrum stellt zwei Ahnfrauen der moiety der *Napanangka* dar, die während einer Reise von Ernabella nach Intankangu beim Mount Wedge dieses *Tjukurrpa* auf ihrem Kopf trugen.

114
Tjapangarti, Wimmitji, geb. ca. 1930
Das Land des Vaters des Künstlers, 1990
Acryl auf Leinwand, 120 x 85 cm
Gabrielle Pizzi Collection, Melbourne
Region: Kuta-Kuta, nahe den Perceval Lakes, Westaustralien
Wohnort: Balgo Hills
Land: Südöstlich von Perceval Lakes und nördlich von Jupiter Well
Sprache: *Kukatja*

In diesem Bild werden die religiös-verwandtschaftlichen Beziehungen der zu diesem Land gehörigen Künstler beschrieben. Wimmitjis Vater ist hier gestorben und wird jetzt auf einem Felsenstück dargestellt – dort ist er auch in Kontakt mit *Wanayarra*, der Regenbogenschlange. Die Spuren des alten Mannes verlaufen auf einer Bildseite nach unten. Zu erkennen sind eine große Lehmebene und die Sickerwasserstelle von Nyilla, wo der Künstler oft mit seinem Vater kampierte. Die Landschaft der Umgebung ist durch Sandhügel wiedergegeben.

115
Tjakamarra, Mick Gill, geb. ca. 1920
Blitzschlag-*Tjukurrpa* bei *Kurra*, 1988
Kunstharz auf Leinwand, 119,1 x 85 cm
National Gallery of Victoria.
Geschenk von Lauraine Diggins 1988
Region: Lappi Lappi (Lake Hazlet), nordwestliches Zentralaustralien
Wohnort: Balgo Hills
Land: Nyuntjul
Sprache: *Kukatja*

Der Vater des Künstlers geriet einmal in einen heftigen Sturm und stürzte bei jedem Blitz, als er voller Angst durch das Unwetter lief. Tjakamarra stellt einen solchen Sturm dar: Ein Netz aus diagonalen Linien ist mit Wasserlöchern verbunden und steht für die Energie der Blitze. Die mit parallel verlaufenden Strichen schraffierten Dreiecke stellen *warranpa* dar (kleine Seen und *billabongs*); sie ermöglichten es der Familie des Künstlers zu überleben, als während der großen Dürrezeiten alle anderen Wasserstellen austrockneten. Jede Gerade ist ein Blitz, der Penis des Regenahns, ein Fruchtbarkeitsspender der Natur, der in die Erde eindringt oder sie begattet. Ort des Bildes ist *Kurra* im Westen von Lake Hazlet (Lappi Lappi), einem bedeutenden Zentrum der Wasser-*Tjukurrpas* der Angehörigen von Tjakamarra und Tjupurrula.

116
Sister Nakamarra, geb. 1936
Tjukurrpa (›Dreaming‹) vom süßen *Yam* bei *Yumurrpa*, 1986
Kunstharz auf Spanplatte, 69,1 x 46,8 cm
National Gallery of Victoria. Erworben durch The Art Foundation of Victoria, unterstützt durch CRA Limited, Fellow 1989
Region: Nordwestliches Zentralaustralien
Wohnort: Lajamanu
Sprache: *Warlpiri*

Ausgehend von der Hauptpflanze, dargestellt durch die konzentrischen Kreise, erstreckt sich ein Netzwerk unterirdischer Wurzeln. Dieser Mythos vom Wachsen der Früchte bezieht sich auf *Yumurrpa*, einen Ort, an dem sehr viel gedeiht.

117
Napaltjarri, Milliga, geb. ca. 1932
Das Land der Künstlerin bei Purrungu, in der Nähe von Kiwirrkurra, 1992
Acryl auf Leinwand, 100 x 50 cm
Courtesy Gallery Gabrielle Pizzi, Melbourne
Region: Kiwirrkurra, Westaustralien
Wohnort: Balgo Hills
Land: Purrungu
Sprache: *Kukatja*

Die Künstlerin zeigt in dieser Darstellung die Gegend, in der sie die erste Zeit ihres Lebens verbrachte und mit ihrer Familie die Wasserstellen zwischen den Reihen der Sandhügel nutzte. Jeden Tag zog sie los, um Früchte wie *yaranguli* zu sammeln. Das Holz des *wakalpuka*-Baumes wurde für die Herstellung von Gerätschaften verwendet. Es gibt sehr viele Lebensregeln und Gesetze für das gesamte Gebiet, und die Künstlerin ist eine der ältesten Bewahrerinnen der dazugehörigen Gesänge und Tänze.
(Text: Warlayirti Art, Balgo Hills, Westaustralien)

118
Tjampitjin, Sunfly, geb. ca. 1932
Gesetz der Männer im Land des Künstlers, Marunpa, 1991
Acryl auf Leinwand, 100 x 75 cm
Dr. Colin and Mrs Laverty, Sydney
Region: Lake-Mackay-Gebiet, Westaustralien
Wohnort: Yaka Yaka
Land: Murunpa, nördlich des Lake Mackay
Sprache: *Kukatja*

Zwei junge Initianden kampierten bei einem großen Sandhügel. Auf der Reise lernten sie die Gesetze der Männer. Dies geschah zu der Zeit, die als *Tjukurrpa*-Zeit oder ›Dreamtime‹ bekannt ist und deren Gesetze heute noch gelten. In der Umgebung liegen Felsbrocken verstreut, die Zeichen längst vergangener Ereignisse tragen und Zeugen der Vorzeit sind. Der Künstler gilt als der wichtigste Bewahrer dieses Wissens und achtet sehr genau darauf, daß die Gesetze und Regeln auch heute befolgt werden.

119
Petyarre, Ada Bird, geb. ca. 1930
Atnangkere Awelye, 1990
Acryl auf Leinwand, 151 x 121,5 cm
Gabrielle Pizzi Collection, Melbourne
Region: Östliche Wüste
Wohnort: Utopia
Land: Atnangkere
Sprache: *Anmatyerre*

Atnangkere ist eine von vier großen Sickerwasserstellen beim Sandover River am Südende der Utopia Station. Kleine Familienverbände zogen traditionell von einer dieser Stellen zur nächsten; wann und wie sie dies taten, hing von den Kontakten zwischen den einzelnen Gruppen ab, von der Jahreszeit und der Anzahl der Menschen in jeder Gruppe.
Die Wasserstelle von *Atnangkere* ernährte der Tradition nach eine Familie, die vor allem aus einem Mann, seinen drei Frauen und ihren Kindern bestand. Ada Bird Petyarre war eines dieser Kinder. Ihr späterer Ehemann kam von der nahegelegenen *Akaye*-Wasserstelle bei der Atartinga Station.
Dieses Bild ist eine gelungene Wiedergabe der Körperbemalung, die *Atnangkere*-Frauen anlegen, wenn sie ihr *Awelye* begehen. Die nahrhafte Buschpflanze, deren Lied zu dieser Bemalung gesungen wird, ist der Blüte des *wingea* genannten Baumes und der des Korkholzbaums ähnlich. Aus der Mitte dieser gelben Blüte hängen lange Fäden.
Awelye ist eine aufwendige Zeremonie, die die Rolle der Frauen als Nährerinnen bei allen sozialen und familiären Fragen im Leben in der Wüste unterstreicht. Die Zeremonie weist Frauen in ihre Pflichten ein und betont zugleich ihre bedeutende Rolle in der Wüste.
(Text: Delmore Gallery, Alice Springs)

120
Kngwarreye, Emily Kame, geb. ca. 1910
Körperbemalung für einen Emu, 1990
Acryl auf Karton, 30 x 45 cm
Courtesy Utopia Art, Sydney
Region: Nordöstliches Zentralaustralien
Wohnort: Soakage Bore
Land: Alhalkere
Sprache: *Anmatyerre*

121
Kngwarreye, Emily Kame, geb. ca. 1910
Awelye
Kunstharz auf Leinwand, 120 x 240 cm
Anthony and Beverley Waldegrave-Knight, Melbourne
Region: Nordöstliches Zentralaustralien
Wohnort: Soakage Bore
Land: Alhalkere
Sprache: *Anmatyerre*

Hier sind die Körperbemalungen für *Ilbungara* (Eidechse), *Yalkutta* (Wildtomate) und *Coorcoortera* (Eule) abgebildet. Eidechse und Tomate sind Teile von *Awelye* (›Dreaming‹ der Frauen); die Eule repräsentiert *Inentye*-Männer, die rituellen Rächer, die in den nahegelegenen Höhlen leben.

122
Kemarre, Katie, geb. ca. 1950
Sitzende Figur, 1989
Acryl auf Holz, 87 x 27 x 27 cm
Courtesy Utopia Art, Sydney
Region: Nördliche Zentralwüste, Utopia
Wohnort/Land: Ngkwarlerlaneme
Sprache: *Alyawarre*

123
Petyarre, Billy
Kwertatye, 1988-1989
Kunstharz auf Bohnenbaumholz,
87 x 21 x 16 cm
National Gallery of Victoria. Geschenk Chandler Coventry AM 1991
Region: Zentralwüste
Wohnort: Ngwarlerlaneme, Utopia Station
Sprache: *Alyawarre*

Die ersten Skulpturen von Billy Petyarre waren *boomerangs*, Speere und Schilde, die er aus Holzstücken aus der Wüste herstellte. 1988 lernte er Kunstharzfarben kennen und begann, seine Kunstwerke zu verzieren. 1988 bis 1989 entstand eine Serie von hölzernen Pfählen mit Schlangen und *goannas*; mit diesen Arbeiten vollzog Billy Petyarre seine Entwicklung von der Gestaltung traditioneller Objekte hin zu innovativen Skulpturen. Die nächste, ebenfalls 1988 bis 1989 erarbeitete Werkgruppe bestand aus stilisierten menschlichen Gestalten mit kühnen Körperbemalungen – reduzierte Formen, auf denen sich vibrierende lineare Muster ausbreiten; die hier ausgestellte Arbeit gibt dafür ein eindrucksvolles Beispiel.
Diese *Kwertatye* ist eine von drei der ersten Plastiken des Künstlers, in denen er sich mit der menschlichen Figur auseinandersetzt. Die auf Vorder- und Rückseite unterschiedlichen Körperbemalungen sind in Primärfarben ausgeführt – anders als bei den jüngsten Arbeiten des Künstlers, die oft völlig schmucklos sind.

124
Kngawarreye, Hazel, geb. 1935
Engowina kwertatye, 1989
Kunstharz auf Mulgaholz, 117 cm
Art Gallery of South Australia, Adelaide. Erworben mit öffentlichen Mitteln zum Ankauf von Aboriginal-Art 1990
Region: Nordöstliches Zentralaustralien
Wohnort/Land: Ngwarlerlaneme
Sprache: *Alyawarre*

125
Verschiedene Künstler
Jardiwarnpa-Jukurrpa (*Jardiwarnpa*-›Dreaming‹) - Feuer-*Jukurrpa* (›Dreaming‹), 1992
Acryl auf Leinwand, 300 x 700 cm
Privatbesitz
Region: Westliches Zentralaustralien
Wohnort: Yuendumu
Land: Wirnparrku
Sprache: *Warlpiri*

Die Künstler
Frauen: Connie Nakamarra White, Maggie Nakamarra White, Lucy Nakamarra White, Joanne Nakamarra White, Janie Nakamarra Brown, Ruby Napurrurla Williams, Bessie Nakamarra Sims, Coral Napangardi Gallagher, Maggie Napangardi Watson, Daisy Napanangka Nelson, Maggie Napanangka White, Uni Nampijinpa Martin, Dolly Nampijinpa Daniels, Molly Nampijinpa Langdon, Clarise Nampijinpa Poulson, Tilo Nangala Jurra, Jeaniue Nungarrayi Egan, Sheila Napaljarri Brown, Lucy Napaljarri Kennedy, Norah Napaljarri Nelson, Ruth Napaljarri Oldfield
Männer: Paddy Jupurrurla Nelson, Francis Jupurrurla Kelly, Jack Jakamarra Ross, Darby Jampijinpa Ross, Thomas Jangala Rice, Paddy Jajaljarri Sims, Paddy Japaljarri Stewart

(Exponate ohne Abbildung)

Kngwarreye, Sarah, geb. ca. 1955
Kwertatye, 1989
Acryl auf Holz, 93 x 28 x 24 cm
Privatsammlung
Region: Nördliche Zentralwüste
Wohnort/Land: Ngkwarlerlaneme
Sprache: *Alyawarre*

Petyarre, Mavis Holmes
Ohne Titel, 1990
Acryl auf Autotür, 102 x 104 cm
Courtesy William Mora Galleries, Melbourne
Region: Nordöstliches Zentralaustralien
Wohnort: Utopia, Akaye Soakage
Land: Ingkwelaye
Sprache: *Anmatyerre*

(Nicht in der Ausstellung)

(Abb., S. 262)
Tjupurrula, Donkeyman Lee, geb. 1921
Ohne Titel, 1989
Acryl auf Leinwand
National Gallery of Victoria, Melbourne
Region: Nordwestliches Zentralaustralien
Wohnort: Balgo Hills
Sprache: *Kukatja*

(Abb., S. 269)
Japanangka, 1918 - 1991
Schlangen-*Jukurrpa* (›Dreaming‹), 1986
Acryl und Malerfarbe auf Spanplatte,
210 x 110,5 cm
National Gallery of Victoria, Melbourne
Region: Nordwestliches Zentralaustralien
Wohnort: Lajamanu
Sprache: *Kartangarurru*

(Abb., S. 270)
Napurrula (Yulanti), Ruby
Marlu-Jukurrpa (Känguruh in den Ebenen-›Dreaming‹), 1986
Verschiedene Materialien, 83,8 x 58,9 cm
National Gallery of Victoria, Melbourne
Region: Nordwestliches Zentralaustralien
Wohnort: Lajamanu
Sprache: *Warlpiri*

(Abb., S. 274)
Lawson (Pupiya), Louisa Napaljarri
Mala Jukurrpa at Jila, 1986
Verschiedene Materialien auf Karton,
83,8 x 58 cm
National Gallery of Victoria, Melbourne
Region: Nordwest-Zentralaustralien
Wohnort: Lajamanu
Sprache: *Warlpiri*

(Abb., S. 278)
Petyarre, Ada Bird, geb. ca. 1930
Sakrale Gräser, 1989
Kunstharz auf Leinwand, 130 x 230 cm
National Gallery of Australia, Canberra
Wohnort: Utopia
Sprache: *Anmatyerre*

Die sakralen Gräser sind *endungu*, *apunga* und *enjerama*. Ihre Samen verwendet man zum Backen von flachen, ungesäuerten Broten für Zeremonien von Frauen. In der Bildmitte zeigt ein Kreis ein Bodenbild aus einer Frauenzeremonie. Auf beiden Seiten der Bodenmalerei befinden sich rechtwinklige Skulpturen, die ebenfalls Teil der Zeremonie sind. Die Komposition ist so angelegt, als ob jemand von unten durch die Erde nach oben schaut, wie man es tatsächlich von den übernatürlichen Wesen sagt, die die Welt aus ihren unterirdischen Heimstätten betrachten.

(Abb., S. 279)
Kemarre, Lilly
Zeremonie der Frauen, 1988
Seidenbatik, 330 x 130 cm
The Holmes à Court Collection, Perth
Region: Nordöstliches Zentralaustralien
Wohnort: Amperlatwatye
Land: Antarrengenye
Sprache: *Alyawarre*

Diese *coolamons* sind voller Früchte aus dem Busch, die für die Zeremonie gesammelt wurden: Buschtomaten, wilde Zwiebeln,

Wüstenrosinen und wilde Orangen. Abgebildet sind auch zu dieser Zeremonie gehörende Muster für Körperbemalungen und verzierte Pfähle, des weiteren Steine, mit denen Ocker für die Körperbemalungen gerieben wird, und Zweige, um die Farben aufzutragen. Die ›Dreamings‹ der *kurrajong*-Samen und der Wilden Orangen kommen auch aus dem *Antarregngenye*-Land.

DER SÜDWESTEN UND DER SÜDOSTEN AUSTRALIENS SOWIE TASMANIEN

126
Bell, Richard, geb. 1953
Die Geschichte wird aufgerollt, 1992
Acryl auf Leinwand und Papier,
Triptychon 214 x 114,5 cm
Courtesy Campfire Consultancy, Brisbane
Region: Südliches Queensland
Wohnort: Brisbane
Land: Kamillaroi

»In diesem Land herrscht ein ernster Mangel an Bildung. Meine politischen Bilder befassen sich mit Fragen wie: Genozid, angedrohten Sanktionen gegen Australien und Hearings der Vereinten Nationen zu Verbrechen gegen die Menschlichkeit.«
(Schriftliche Mitteilung des Künstlers)

127
Campbell jr., Robert, geb. 1944
Tod in der Haft, 1987
Acryl auf Baumwolle, 82,2 x 120 cm
The Holmes à Court Collection
Region: New South Wales
Wohnort: Kempsey
Land: Ngaku

128
Griggs, Les, geb. 1958
Weiße Linie, Schwarzer Tod, 1988
Kunstharz auf Leinwand, 91,4 x 101,6 cm
Art Gallery of South Australia, Adelaide
Region: Victoria
Wohnort: Melbourne
Land: Gourndítjmara (Gunditjmara)

129
Samuels, Jeffrey, geb. 1956
Gerahmtes Bild ›strength‹, 1986
Fünf Tafeln (gerahmt)
National Museum of Australia, Canberra
Region: New South Wales
Wohnort: Sydney

130
Nickolls, Trevor, geb. 1949
Der weiße Hut des großen Bosses, 1987
Acryl auf Leinwand, 153 x 112 cm
Courtesy Gallery Gabrielle Pizzi, Melbourne
Region: Südaustralien
Wohnort: Adelaide

131
Bennett, Gordon, geb. 1955
Neun Querschläger (Stürze, schwarzer Kerl – Spring hoch, weißer Kerl), 1990
Öl und Acryl auf Leinwand, 220 x 182 cm
Courtesy Bellas Gallery, Brisbane
Region: Queensland
Wohnort: Brisbane

132
Casey, Karen, geb. 1956
Gott ist auf unserer Seite, 1991
Öl und verschiedene Materialien auf Leinen, 122 x 105,5 cm
Privatbesitz der Künstlerin,
Courtesy Gallery Gabrielle Pizzi
Region: Tasmania
Wohnort: Melbourne

133
Hurley, Ron, geb. 1946
Portrait von Gilbert, 1990/1991
Öl auf Leinwand, 148,3 x 118,5 cm
Department of Family Services and Aboriginal and Islander Affairs, Brisbane
Region: Küstengebiet von Queensland
Wohnort: Brisbane
Land: Koreng-Goreng und Mununjali

134
Onus, Lin, geb. 1948
Dingos, 1989
Kunstharz auf Fiberglas, Draht, Metall. Höhenmaße: 35; 12; 71; 57; 38,5; 95; 190 cm
National Gallery of Australia, Canberra
Region: Victoria
Wohnort: Upwey, Melbourne
Sprache: *Wiradjuri*

Die Skulptur besteht aus fünf Teilen mit den Titeln:
1. Geburt. 2. Analer Fetisch. 3. Warum lecken sich Hunde? 4. Zaun zur Abwehr von *Dingos.* 5. Falle

135
Watson, Judy, geb. 1959
Die Wächter, Wächterahnen, ca. 1989/1990
Pigment auf Sperrholz, Öltintendruck auf Vinyl, Tafeln: 175-180 cm hoch, 57-68 cm breit, Druck: 180 x 59,5 cm
Art Gallery of New South Wales. Erworben 1990
Region: Queensland
Wohnort: Sydney
Land: Nordwest-Queensland
Sprache: *Waanyi*

In den vergangenen zwölf Jahren hat der Aboriginal Arts Board sich in zahlreichen Initiativen speziell um Aborigines bemüht, die im Kunstbereich aktiv werden möchten. Judy Watson ist eine der jüngeren Aboriginal-Künstlerinnen aus Nord-Queensland, die aus diesen T.A.F.E.-Kursen hervorgegangen sind. Die beiden Arbeiten sind als Teile eines gemeinsamen Ganzen zu sehen, die sich unmittelbar ergänzen.
›Die Wächter‹ ist ein autobiographisches Werk, das die Mutter, die Großmutter und die Urgroßmutter der Künstlerin darstellt. Ihre Großmutter wurde als Kind aus ihrer Bevölkerungsgruppe, dem Volk der *Waanyi*, herausgerissen. Seit dieser Zeit hat Judy zusammen mit ihrer Großmutter versucht, ihre Familie wiederzufinden. Einige Mitglieder könnten in Doomadgee, andere auf der Mornington-Insel sein. Zwei andere Platten haben die Form der Rindensärge, die die *Waanyi* traditionell für die Vorbereitung eines Leichnams für sein Begräbnis benutzen. Sie wirken auch wie Termitenhügel, die ebenfalls als Geister Verstorbener gelten.
Der Druck ›Wächterahnen‹ ist die Strichzeichnung dieser ganzen Frauengruppe. Der Geist der Waanyi hat sie seit Urzeiten beschützt.

136
Bishop, Mervyn, geb. 1945
Premierminister Gough Whitlam schüttet Erde in die Hände des traditionellen Landbesitzers Vincent Lingiari, 1975
Cibachrome, Silbergelatine
Leihgabe des Künstlers
Region: New South Wales
Wohnort: Oatley
Sprache: *Brewarrina*

137
Harris, Alana, geb. 1966
Australia Day March 1988, 1988
Farbphotographie
Alana Harris
Region: Cowra
Wohnort: Canberra
Sprache: *Wiradjuri*

Protestmarsch gegen die Zweihundertjahr-Feier in Sydney am 26. Januar 1988 (Australia Day).

138
Riley, Michael, geb. 1960
Großmutter mit Hund, 1990
Schwarzweiß-Photographie
Moree Plains Gallery, Moree
Region: New South Wales
Wohnort: Sydney
Sprache: *Wiradjuri*

139
King-Smith, Leah, geb. 1957
Ohne Titel (Nr. 3), aus der Serie ›Patterns of Connection‹, 1991
Cibachrome-Abzug, 102 x 102 cm
Leah King-Smith
Region: Queensland
Wohnort: Melbourne

»Dieser Einzelabzug ist eine Komposition aus zwei Bildern: zum einen die selbstangefertigte und danach handkolorierte Aufnahme einer Landschaft; zum anderen eine Photographie von William Barak, einem mächtigen Ältesten des *Wurundjeri*-Volkes aus dem jetzigen Victoria – diese Aufnahme ist Anfang 1990 auf dem Land seines Volkes bei der Corranderrk-Mission entstanden.« (Persönliche Mitteilung der Künstlerin).

140
Morgan, Sally, geb. 1951
Bürgerrechte, 1987
Siebdruck, 58,6 x 36,4 cm
National Gallery of Australia, Canberra. Erworben 1988
Region: Westaustralien
Wohnort: Perth

141
Pickett, Byron, geb. 1955
Mitaustralier, 1985
Farbsiebdruck auf Papier, 55 x 51,2 cm
National Gallery of Australia, Canberra
Region: Westaustralien
Wohnort: Perth

142
Whitbourne, Ruth
(in Zusammenarbeit mit der Künstlerin Alice Hinton Bateup, Garage-Graphix-Aboriginal-Programm)
Ruths Geschichte, 1988/1989
Mehrfarbiger Handsiebdruck, 51 x 76 cm
Garage Graphix Community Arts Inc., Emerton

Dieses Plakat ist eine Gemeinschaftsarbeit von Ruth und Alice. Es entstand aus einem gemeinsam von Garage Graphix, Pittuma Arts & Resource Center und Paramatta Regional Tenants Association im Jahr 1988/1989 veranstalteten Seminar über Elternschaft.

143
Fernando, Toddy
(in Zusammenarbeit mit Marla Guppy, Garage-Graphix-Aboriginal-Programm)
Gefangenschaft bedeutet Tod
Garage Graphix Community Arts Inc., Emerton
Region: New South Wales

Dieses Plakat gestaltete Toddy unmittelbar unter dem Eindruck der Nachricht, daß sein Cousin im Gefängnis gestorben sei.

144
Casey, Karen, geb. 1956
Landrechte, 1987
Siebdruck, 67,4 x 48,6 cm
National Gallery of Australia, Canberra. Gordon Darling Fund 1988
Region: Tasmania
Wohnort: Melbourne

145
Hinton Bateup, Alice, geb. 1950
Verlorenes Erbe, 1986
Siebdruck auf Papier, 51 x 76 cm
National Gallery of Australia, Canberra. Geschenk Roger Butler 1986

146
Bropho, Robert, geb. 1952
Munda Nyuringu, 1984
Siebdruck auf Papier, 70,2 x 45,5 cm
National Gallery of Australia, Canberra. Gordon Darling Fund 1988
Region: Westaustralien
Wohnort: Guilford

147
Dunn, Wendy
(unter Mitarbeit von Alice Hinton Bateup)
Australia Day/Invasion Day 1988, 1988
Siebdruck, 51 x 69 cm
Garage Graphix Community Arts Inc., Emerton

(Exponate ohne Abbildung)

Bishop, Mervyn, geb. 1945
Warnschild, 30 km vor Maningrida, 1974
Schwarzweiß-Photographie
Privatbesitz des Künstlers

Foley, Fiona, geb. 1964
Aboriginal Exclusion 1985 Perspecta VS. Token Aboriginal Inclusion 1989, 1989
Diptychon, Pastell und photographische Collage auf Papier, 152 x 102 cm
Courtesy Roslyn and Tony Oxley
Region: Fraser Island
Wohnort: Hervey Bay
Land: Badtjala
Sprache: *Kabi Kabi*

Harris, Alana, geb. 1966
Keith, 1993
Schwarzweiß-Photographie, 50,8 x 60,9 cm
Alana Harris
Region: Cowra, New South Wales
Wohnort: Canberra
Sprache: *Wiradjuri*

Riley, Michael, geb. 1960
Jesse mit Enkelkindern, 1990
Schwarzweiß-Photographie, 55 x 39 cm
Moree Plains Gallery, Moree
Region: Nördliches New South Wales
Wohnort: Sydney
Sprache: *Wiradjuri*

(Nicht in der Ausstellung)

(Abb., S. 302)
McCrae, Tommy (auch: Tommy Barnes), ca. 1820 – 1901
Vogeljäger, ca. 1865
Bleistift und Tinte auf Papier, 21,8 x 28 cm
State Library of Victoria, Melbourne
Region: Upper-Murray-River-Gebiet, Nordost-Victoria
Wohnort: Wahgunyah- und Lake-Moodemere-Aboriginal-Reservat

(Abb., S. 303)
McCrae, Tommy (auch: Tommy Barnes), ca. 1820 - 1901
Aborigines jagen Chinesen, ca. 1865
Stift und Tinte auf Papier, 21 x 31,8 cm
Museum of Victoria, Melbourne
Region: Upper-Murray-River-Gebiet, Nordost-Victoria
Wohnort: Wahgunyah und Lake-Moodemere-Aboriginal-Reservat

(Abb., S. 304)
Künstler unbekannt
Ohne Titel, ca. 1874
Holz (Rinde), 85 x 46 x 20 cm
Museum of Victoria, Melbourne
Region: Mallee
Wohnort: Gebiet des Lake Turell

Gravierte Baumrinde aus dem Innern einer Wohnhütte.

(Abb., S. 305)
Barak, William, 1824-1903
Tanzszene
Ocker und Kohle auf Karton, 72,1 x 54,4 cm
State Library of Victoria, Melbourne
Region: Gebiet von Port Phillip
Wohnsitz: Coranderrk-Aboriginal-Station
Sprache: *Yarra Yarra*

Noel Collett und Shane Phillips, Eveleigh Street, Redfern, Sydney 1992
Photographie: Brenda L. Croft

ERLÄUTERUNGEN DES HERAUSGEBERS

GESCHICHTSBETRACHTUNG IM WIDERSPRUCH DER KULTUREN

Seit der vermutlich frühesten europäischen Begegnung mit Australiern im Jahre 1623, dokumentiert durch den holländischen Seefahrer Jan Carstensz, entwickelte sich in der Betrachtung und Beurteilung der verschiedenen australischen Völker ein höchst widersprüchliches Bild. Im Laufe der Jahrhunderte avancierten die »jämmerlichsten und geringsten Kreaturen«[1], die Carstensz je gesehen hatte, zu den ›intellektuellen Aristokraten unter frühen Völkern‹.[2] Daneben wird in jüngster Zeit bei diesen Trägern uralter Kulturen und Lebensphilosophien vermehrt nach Lösungsstrategien für ökologische Bewegungen, für Alternativen im Umgang mit dem eigenen Körper und Geist sowie anderen, teils esoterischen Fragen gesucht.[3] Nichts von alledem entspricht dem Bild, das die Kulturen Schwarzaustraliens von sich selber zu zeichnen beginnen – auch im wörtlichen Sinne der bildenden Kunst.

Je nach kultureller Herkunft bewerten Australier die ›Entdeckung‹ und ›Besiedlung‹ des Kontinents bis heute unterschiedlich. Europäische Historiographie und Rechtsprechung stehen dabei im Widerspruch zum mythographischen Geschichts- und Rechtsverständnis der Aborigines,[4] wie das Beispiel des ›terra nullius‹–Prinzips zeigt (vgl. S. 352). Für beide Kulturen gilt die jeweils eigene Interpretation ihrer Geschichte als Erklärung von Wirklichkeit, aus der sich verbindliche Konsequenzen ableiten lassen – etwa beim Umgang mit Grund und Boden. Die traditionelle Beziehung der Aborigines zu ihrem Land gründet sich in der als ›Wahrheit‹ betrachteten mythischen Abstammung:

»Wahr ist natürlich, daß mein Volk, die *Riratjingu*, von dem großen *Djankawu* abstammen, der von der weit draußen im Meer gelegenen Insel Baralku kam. Unsere Geister kehren nach Baralku zurück, wenn wir sterben. *Djankawu* kam mit seinen beiden Schwestern in seinem Kanu; er folgte dem Morgenstern, der sie an die Gestade von Yelangbara an der Ostküste von Arnhemland führte. Sie folgten den Regenwolken und zogen weit über das Land. Wenn sie Wasser haben wollten, steckten sie ihren Grabstock in die Erde, und frisches Wasser begann zu fließen. Wir haben von ihnen die Namen aller Lebewesen auf dem Land erfahren und sie haben uns alle unsere Regeln beigebracht.

Das ist nur ein kleiner Teil der Wahrheit. Aborigines aus anderen Teilen Australiens haben andere Ursprünge und werden andere Geschichten über die Entstehung der Berge und der Flüsse erzählen, darüber, wie die Stämme größer wurden und die Lebensweise ihrer Ahnenwesen befolgten.«[5]

Dieses Verständnis von Geschichte steht natürlich im Gegensatz zu einer europäischen Argumentationsweise, die sich vorrangig um rationale Erklärungsmodelle bemüht. Um so erstaunlicher ist es allerdings, daß ihre Vertreter – möglicherweise unreflektiert – ihrem eigenen Postulat einer im Sinne der Aufklärung geforderten rationalen Weltauslegung auf geradezu groteske Weise widersprechen. Während sie einerseits den Schwarzaustraliern auf der Grundlage des ›terra nullius‹-Konzeptes jedes Landrecht verweigern, weisen gerade die Archäologie und Anthropologie eine mindestens 50 000 Jahre dauernde Besiedlung des Kontinents nach und entlarven damit die Vorstellung des leeren, unbewohnten Landes als Mythos.

In einem historischen Überblick soll auf Daten und Fakten hingewiesen werden, die sowohl für die Jahrtausende zurückliegende Besiedlung durch die ersten Australier als auch für die spätere, europäische (und zunehmend asiatische) Einwanderung von Bedeutung sind – demnach für all diejenigen, die Australien heute als ihre alte oder neue Heimat ansehen.

Australiens erste Siedler
Unbestätigten Theorien zufolge wurde Australien ursprünglich in zwei Einwanderungswellen aus dem südostindischen und/oder südostasiatischen Raum besiedelt. Die erste wird vor mindestens 70 000 Jahren und die zweite vor ca. 50 000 bis 55 000 Jahren vermutet. Archäologische Funde belegen eine über 50 000 Jahre andauernde, kontinuierliche Besiedlung.

Upper Swan River
Eine Grabungsstelle am Upper Swan River zwischen Perth und Walyunga in Westaustralien dient als Nachweis für die älteste bisher gefundene menschliche Siedlung in Australien. Die Radiokarbondatierung erbrachte ein Alter von mindestens 38 000 Jahren.[6]

Lake Mungo
Der weltweit älteste Hinweis auf Feuerbestattung wurde in der Gegend der Willandra Lakes in New South Wales gefunden. Im Grab des ›Mannes vom **Lake Mungo**‹ – der sich bei späteren Untersuchungen als Frau erwies – fanden Archäologen geknetete, auf rituellen Gebrauch hinweisende Kugeln aus Ockerpigmenten. Der verkohlte Leichnam wurde vor ca. 26 000 bis 27 000 Jahren bestattet. Die nahezu unversehrten Gebeine eines in der Nähe bestatteten Mannes waren vollständig mit einer losen Schicht aus Pigmenten zugedeckt.[7]

Devil's Lair
Australiens älteste Knochenwerkzeuge wurden in der **Devil's Lair**-Höhle, am äußersten Ende Südwestaustraliens, gefunden. Ihr Alter wird auf mehr als 29 500 Jahre datiert.[8]

Koonalda Cave
Tief im Innern einer Höhle am Rande der Nullarbor Plain, nahe der südlichen australischen Küste, wurde eine Mine zur Herstel-

lung von Steinwerkzeugen genutzt.[9] In der Höhle wurden die bisher ältesten Vorläufer australischer Felsbildkunst entdeckt. Die mit den Händen reliefartig in das weiche Gestein eingearbeiteten, sogenannten ›Macaroni‹-Zeichnungen sind etwa 20 000 Jahre alt.[10]

Malakunanja II und Naulabila (Lindner) Shelter
Ausgrabungsergebnisse an Felsbildstellen lassen vermuten, daß einige Felsbilder des Arnhemland-Plateaus zu den weltweit ältesten dieser Gattung gehören. Ein Steinmörser mit Ockerfarben der Ausgrabungsstelle **Malakunanja II** deutet auf ein Alter von wenigstens 19 000 Jahren hin. Silikon-Versinterung und der dynamisch-figurative Stil der Felsbilder, nach Chaloupka der frühen Periode zuzurechnen,[11] bestätigen das hohe Alter.[12]

Tasmania und Inseln der Torresstraße
Sowohl **Tasmania** als auch die **Inseln der Torresstraße** wurden vor ungefähr 12 000 Jahren durch die nacheiszeitliche Anhebung des Meeresspiegels vom australischen Festland getrennt. Neuere Forschungsergebnisse gehen davon aus, daß Tasmaniens Bevölkerung von diesem Zeitpunkt an bis zur europäischen Besitznahme isoliert blieb.[13]

Wyrie Swamp
Der älteste heute bekannte australische *boomerang* wurde im **Wyrie Swamp**, im Bundesstaat Südaustralien, gefunden. Radiokarbonmessungen ergaben ein Alter von ungefähr 10 000 Jahren.[14]

Terra Australis Incognita
Australien blieb vermutlich bis auf Kontakte mit den Bewohnern der Inseln der Torresstraße südlich von Papua-Neuguinea bis zum späten 15. oder frühen 16. Jahrhundert weitgehend isoliert.
Trotz gelegentlicher kurzer Besuche im frühen 16. Jahrhundert entlang der westlichen Küste blieb **›terra australis incognita‹** das ›unbekannte Südland‹. Bis ins zweite Drittel des 18. Jahrhunderts blieb der später von den Holländern ›New Holland‹ benannte, im Mare pacificum gelegene mysteriöse Kontinent von den Europäern verschont.
Die Frage, wer erstmals permanenten Kontakt zu Australiern pflegte, die Portugiesen, die Holländer oder die nach Trepang fischenden Macassaren Sulawesis, bleibt bis auf weiteres ungeklärt.[15]

Captain James Cook
Im Jahre 1768 beauftragte die englische Admiralität Kapitän **James Cook**, Australien »im Einverständnis mit den Eingeborenen [...] oder wenn Sie das Land unbevölkert vorfinden, im Namen Ihrer Majestät zu besetzen [...].«[16]
Noch im selben Jahr verließ Cook England an Bord der ›Endeavour‹ und legte im April 1770 an der von ihm nun ›Botany Bay‹ genannten Bucht an.

Captain Arthur Phillip
Nachdem 1779 Sir Joseph Banks empfohlen hatte, Botany Bay im Südwesten Australiens als Sträflingskolonie zu nutzen, wurde **Arthur Phillip** mit der Ausrüstung einer Flotte beauftragt, die vorerst 750 Strafgefangene nach Australien transportieren sollte. Die Flotte verließ England am 13. Mai 1787. Nach Ankunft der ›First Fleet‹ wurde am 26. Januar 1788 – dem heutigen australischen Nationalfeiertag – die englische Flagge in der Botany Bay erstmals gehißt. Australien wurde endgültig Besitz der englischen Krone. Als Gouverneur Australiens wurde **Captain Phillip** der erste offizielle Vertreter der englischen Krone in Australien.[17]
Im Auftrag von Louis XVI. und im Namen Frankreichs segelte Captain Jean-François de la Pérouse ebenfalls nach Australien und legte nur einige Tage später als Phillip und nur wenige Kilometer von Botany Bay entfernt an.
Die Erforschung der australischen Gewässer durch Europäer wurde erst 1803 durch Captain Matthew Flinders mit der ersten Umrundung des Kontinents abgeschlossen.[18]

Stuart, J.M.
1862 durchquerte Stuart als erster Europäer den Kontinent von Süd nach Nord.[19]

Besitzergreifung und Widerstand
Im Gegensatz zur einfachen, über Jahrtausende entwickelten und effektiven Überlebensstrategie der einheimischen Bevölkerung gelang es den Europäern am Ende des 18. und zu Beginn des 19. Jahrhunderts nicht, die für sie klimatisch und topographisch ungewohnte Umgebung rasch zu kolonialisieren.
Die Erforschung Australiens durch Europäer dauerte beinahe 100 Jahre. Sie ist von zahlreichen Mißerfolgen gekennzeichnet.
Die einheimische Bevölkerung setzte der Besitzergreifung Australiens vom Tag der ersten Landung der holländischen Bootsbesatzung der ›Duyfken‹ im Jahre 1606 bis zum Ende des 19. Jahrhunderts unterschiedlich heftigen und erbitterten Widerstand entgegen.[20] Diese Tatsache steht im Widerspruch zu dem verbreiteten Vorurteil, das von einer friedfertigen Landnahme der Europäer ausgeht.

Älteste bekannte Rindenmalereien
Im MacLeay Museum der Universität Sydney werden die bisher **ältesten bekannten Malereien auf Rinde** aufbewahrt. Vermutlich gelangten sie 1877/78 durch Alexander Morton von West-Arnhemland nach Sydney und wurden erstmals am 26. August 1878 in der Linnaean Society der Öffentlichkeit vorgestellt.[21]

1. Januar 1901 – Proklamierung der ersten australischen Verfassung
Nach der Verfassung vom 1. Januar 1901 gehören »Eingeborene nicht zur Bevölkerung Australiens«. Ihr Schicksal wird der Verantwortung der einzelnen Bundesstaaten übertragen.[22]

Erste Kunstausstellung außerhalb Australiens
1941 wurden erstmals außerhalb Australiens in den Vereinigten Staaten auch elf Malereien auf Rinde ausgestellt. Die Ausstellung trug den Titel ›Art of Australia‹. Sie zeigte einen Querschnitt australischer Kunst.[23]

Kunst der Aborigines – Erste öffentliche Ausstellung in Australien
17 Jahre, nachdem der Anthropologe und Biologe Baldwin Spencer 1912 in Oenpelli Rindenmalereien von *Gagaju*-Künstlern erworben hatte, wurden sie 1929 erstmals im damaligen National Museum of Victoria in Melbourne ausgestellt.[24]

Das Ende der Stammeskunst
1949, anläßlich einer Ausstellung von Rindenmalerei der David Jones Gallery in Sydney, wurde eines der Prinzipien sogenannter ›primitiver‹ Kunst durchbrochen. Das Anthropologenehepaar Catharine und Ronald Berndt, das die Ausstellung organisierte, ordnete die Kunstwerke erstmals individuellen Künstlern zu.[25]

Bark Petition
Die demonstrative Übergabe der sogenannten **Bark Petition** am 28. August 1963 an den

Governor General, Staatsoberhaupt und zugleich Vertreter der britischen Krone, wird allgemein als Beginn der ›Land Rights Movement‹ (Landrechtsbewegung) betrachtet.[26] (Siehe dazu auch Abbildung und Textwiedergabe S. 67, 178–180)

Freedom Ride
1963 organisierte Charles Perkins eine Protestbewegung mit dem Ziel, die Rassentrennung im öffentlichen Bereich des Bundesstaates New South Wales abzuschaffen.[27]

Gurindji Walk-off
Am 22. August 1966 begann der sieben Jahre andauernde **Walk-off**, der Streik und Protest der ***Gurindji***. Seit vielen Jahren arbeiteten sie als billige Arbeitskräfte, als Drover (Viehtreiber), auf den umliegenden Rinderfarmen von Daguragu Northern Territory. Sie forderten die Rückgabe des ihnen ursprünglich gehörenden und nun von Siedlern benutzten Landes. In Australien wurden die Vorkommnisse als Beginn einer neuen, von Schwarzen und Weißen unterstützten Bewegung betrachtet, die sich die Durchsetzung und Anerkennung der bürgerlichen und kulturellen Rechte Schwarzaustraliens zum Ziel setzt.[28]

1967 Referendum
Am **27. Mai 1967** beendete eine große Mehrheit der australischen Wähler mit einem **Referendum** die diskriminierende Politik australischer Segregation. Den Aborigines wurde die Staatsbürgerschaft zuerkannt.[29]

Western Desert Art
Für die anthropologische Forschung wurden in Zentralaustralien zwischen 1930 und 1950 erstmals Zeichnungen auf einem kulturfremden Material, auf Papier, angefertigt. Etwas später malte Albert Namatjira seine ersten Aquarelle im westlich europäischen Stil, jedoch mit verborgener traditioneller topographischer Ikonographie.
In Ermangelung geeigneter Materialien entstanden in Papunya 1971 erste Bilder auf Pappe und sonstigen leicht verfügbaren Abfallprodukten der Reservatssiedlung, die zu einer Erneuerung der traditionellen Malerei führten. Aus den lokalen Anfängen entwickelte sich im Laufe zweier Dekaden eine machtvolle Bewegung, die unter dem Signum **Western Desert Art** allgemeine Anerkennung findet. Papunya, Yuendumu, Utopia, Ernabella, Lajamanu und Balgo Hills mit den zugehörigen Outstations sind die wichtigsten Zentren einer Entwicklung, in der sich der Übergang von der traditionellen Ästhetik in die Moderne in einer einzigen Generation vollzog.

Aboriginal Tent Embassy
Während der Monate Juni/Juli 1972 errichteten demonstrierende Aborigines in Canberra gegenüber dem Parlamentsgebäude der Bundesregierung die sogenannte **Aboriginal Tent Embassy**. In ihrer Funktion als provisorisches Botschaftsgebäude symbolisiert diese zeltartige Behausung die Fremdheit der Aborigines im eigenen Land und wirbt für die Anerkennung von Landrechten gleichermaßen wie für die Durchsetzung der individuellen, bürgerlichen und politischen Rechte.
Die Aktion erwirkte nationale Solidarität und weckte die Aufmerksamkeit der internationalen Medien. Die **Tent Embassy** wurde zu einem Orientierungspunkt für die nationale australische Geschichtsschreibung.[30]

Aboriginal Flag
Unter dem Eindruck der Ereignisse in Canberra entwarfen 1972 die Künstler Harold Thomas und Gary Foley ein Banner der kulturellen Einheit – die **Aboriginal Flag**. Die einprägsame Farbsymbolik gelb, rot, schwarz, repräsentiert Sonne, Erde und Hautfarbe. Die Fahne erlangte in der Bevölkerung Anerkennung und wird auch von staatlichen Behörden respektiert.[31]

Aboriginal Arts Board
1973 wurde im Rahmen des Australia Councils – der offiziellen staatlichen Regierungsbehörde für kulturelle Angelegenheiten – der **Aboriginal Arts Board** gegründet. Dem Ausschuß wurde die Koordination der kulturellen Belange Aboriginal Australiens übertragen. Mit der Ernennung Gary Foleys wurde im Rahmen der Selbstbestimmungs- und Selbstverwaltungspolitik 1983 erstmals ein *Koori* Direktor der Behörde.

›Australian Perspecta 1981‹ – Eine Ausstellung in der Gallery of New South Wales
Zu dieser Ausstellung wurden erstmals in Australien traditionell orientierte Künstler zur Teilnahme an einer Ausstellung mit aktueller internationaler Kunst geladen.[32]

›Le rêve et le réel‹ – Eine Ausstellung in Paris
Im September 1983 zeigte das Musée d'Art Moderne de la Ville de Paris einen Überblick über zeitgenössische australische Kunst. *Warlpiri*-Künstler aus Lajamanu führten erstmals außerhalb Australiens eine raumbezogene Installation aus. Sie erinnert formal an die traditionelle Emblematik zentralaustralischer, landschaftsbezogener Bildgestaltung. Das Werk wurde in der Kunstkritik besonders gewürdigt und galt als herausragendes Ereignis der Ausstellung.[33]

Australian Bicentennial – 26. Januar 1988
Die Feierlichkeiten zur 200jährigen Wiederkehr der Gründung der ersten Siedlung Australiens, von Aborigines als unrechtmäßige Landnahme und Beginn der Zerstörung ihrer kulturellen Werte bezeichnet, provozierte landesweite Proteste. Diese Kontroverse lieferte den Auftakt zu einer kulturellen Reorientierung der Aborigines in den 80er Jahren. Aus der bewußten Verarbeitung tradierter Inhalte und künstlerischer Formen entwickelten sich in der bildenden Kunst, aber auch im Tanz, in der Musik und in der nun nicht mehr ausschließlich oral vermittelten Literatur neue, innovative Formen künstlerischer Gestaltung, die Elemente der anerkannten, westlichen Kunst aufnahmen.

Barunga Statement
1988, anläßlich des jährlich wiederkehrenden Kulturfestivals in Barunga, überreichten *Yolngu*-Älteste dem australischen Premierminister Hawke ein von Künstlern aus Zentral- und Nordaustralien gemeinsam geschaffenes Werk. Inmitten des Bildfeldes, das die Ikonographie Zentral- und Nordaustraliens vereinigt, mahnt ein eingefügter Text an die seit langem versprochene Anerkennung kultureller, sozialer und politischer Rechte. Wie zuvor die Bark Petition, manifestiert auch das **Barunga Statement** die politische Dimension von Kunst und Kultur.[34] (Siehe dazu auch Abbildung und Textwiedergabe S. 68, 181)

›Dreamings: The Art of Aboriginal Australia‹ – Eine Ausstellung in New York
1988 wurde in Zusammenarbeit mit dem Museum of South Australia in den Asian Society Galleries in New York **›Dreamings: The Art of Aboriginal Australia‹** eröffnet. Die Ausstellung gab den ersten größeren Überblick ausschließlich schwarzaustralischer Kunst außerhalb Australiens. Die urbanen Zentren Südost- und Südwestaustraliens wurden zwar im Katalog, in der Ausstellung selbst jedoch nicht berücksichtigt.[35]

›Magiciens de la Terre‹ – Eine Ausstellung in Paris
100 Jahre nach der ersten Beschäftigung der europäischen Moderne mit außereuropäischer Kunst wurde 1989 in Paris eine Ausstellung initiiert, die dieses Thema erneut zur Diskussion stellte. Ohne die übliche Trennung zwischen industrialisierten und nicht-industrialisierten Kulturen beizubehalten, zeigte die französische Ausstellung **›Magiciens de la Terre‹** einen globalen Überblick über den Stand zeitgenössischer Kunst. Von insgesamt 105 Teilnehmern präsentierten neun schwarzaustralische Künstler ihre Werke erstmals außerhalb Australiens im internationalen Kontext.[36]

Nullifying Terra Nullius
1992 wurde in einem Gerichtsurteil von historischer Bedeutung durch den obersten australischen Gerichtshof der Forderung der Bewohner Murray Islands (Torresstraßen-Archipel) entsprochen, ihren rechtmäßigen Besitz der Insel anzuerkennen. Das Urteil setzte das Konzept ›terra nullius‹, in dem Australien 1788 von der britischen Krone zum ›unbesiedelten und unbesetzten‹ Land deklariert wurde, außer Kraft und schuf so einen Präzedenzfall für künftige Landrechtsansprüche.[37]
Seit 1979 regen herausragende Persönlichkeiten Weiß- und Schwarzaustraliens Verhandlungen an, die in einem Vertrag die grundsätzliche Anerkennung der ursprünglichen, rechtmäßigen Besitzverhältnisse zwischen der Nation der Aborigines und der Bundesregierung mit Sitz in Canberra regeln sollen.
Weder besteht heute, 1993, ein Vertrag, noch wurden jemals offiziell Verhandlungen aufgenommen.

RELIGION UND KOSMOGONIE:

ÜBER DAS SCHEITERN EINER VERBINDLICHEN TERMINOLOGIE

Als Europäer neigen wir dazu, ganz selbstverständlich davon auszugehen, daß alle Dinge rational erklärbar sind. Bei vielen Aspekten schwarzaustralischer Kulturen jedoch haben sich Fachleute seit dem 19. Jahrhundert vergeblich um Erklärungen bemüht, besonders im religiösen Bereich. Noch 1878 sprach man Aborigines religiöse Vorstellungen gänzlich ab, ein Jahr darauf hielt man sie für »verworren, lächerlich und widersprüchlich«.[38] 100 Jahre später schieben Wissenschaftler mit ähnlichen Worten manche Theorien ihrer Vorgänger als unhaltbar beiseite. Es soll deshalb hier nicht versucht werden, schwarzaustralische Religiosität oder ihre Bedeutung für die Kunst in wenigen Sätzen zu skizzieren. Die religiösen Vorstellungen der unterschiedlichen Völker des Kontinents allgemeinverständlich definieren zu wollen, muß genauso scheitern wie der Versuch, die vielen christlichen Glaubensrichtungen in eine einzige Erklärung zu fassen.

Für die heutige Situation lassen sich einige grundsätzliche Beobachtungen machen, die den vielfach beklagten Verlust von Religion im traditionellen Sinne relativieren. Kulturen sind niemals statisch, sie passen sich ständig an neue Bedingungen an, weshalb die Unterscheidung zwischen einem ›früheren‹ und einem ›heutigen‹ Zustand schwarzaustralischer Kultur und Religion die Tatsache der Adaption übersieht und den irreführenden Eindruck erweckt, Traditionen seien gänzlich ›verloren‹ gegangen.

Alle bekannten religiösen Vorstellungen der ersten Australier waren ursprünglich untrennbar mit dem Land, mit der Natur, mit dem ganzen Kosmos verbunden, in dem der Mensch nur ein Glied in der Kette von Lebewesen darstellt.[39] Die fortgesetzte Vertreibung dieser Menschen von ihrem Land verhinderte deshalb die kontinuierliche Anwendung religiöser Praktiken, die in weißen Siedlungen oder Missionsstationen keinen Sinn mehr hatten und in Vergessenheit gerieten. Deshalb haben sich nur in einigen abgelegenen Gebieten gewandelte Formen der alten kulturellen und gesellschaftlichen Traditionen erhalten. Im wesentlichen gilt dies für die Inseln der Torresstraße, für die Cape-York-Halbinsel, für Arnhemland, die nördlichen Inseln sowie die Kimberleys und für Zentralaustralien. Hier gelten noch viele alte Gebote der Lebensgestaltung.

Der Verlust kultureller und religiöser Praktiken bedeutet jedoch nicht, daß überlieferte Vorstellungen von Spiritualität, wie Aborigines vorzugsweise sagen, völlig in Vergessenheit geraten sind. Seit vielen Generationen halten sich selbst in den Großstädten verschiedene Formen eines mit christlichen Elementen vermischten spirituellen Bewußtseins, in dem Wertnormen und Merkmale der traditionellen Kulturen lebendig bleiben. Für die bildende Kunst, soweit sie auf Religionstraditionen beruht, sind Orte mit sakraler, spiritueller Bedeutung besonders interessant. Traditionsbewußte Aborigines aus dem Northern Territory erklären diese Bedeutung folgendermaßen:

»Heilige Stätten sind ein wesentlicher Bestandteil schwarzaustralischer Kultur. Es sind Orte, die Spuren der schöpferischen Geister unserer Ahnen tragen, welche auch heute noch in der Landschaft gegenwärtig bleiben. Geographische Merkmale (nicht alle von spektakulärer oder interessanter Natur in den Augen von Nicht-Aborigines) markieren Episoden in den Überlieferungen von den Reisen der Ahnengeister durch das Land. Die Pfade, denen sie folgten und die heiligen Orte, die ihre Wege kennzeichnen, verbinden Aborigines verschiedener Sprachgruppen zu größeren Gemeinschaften.
Heilige Stätten sind die Schauplätze wichtigster Vorgänge und hochbedeutsamen Wissens für ihre treuhänderischen Verwalter. Sie sind von fundamentaler Bedeutung für deren Identität und Selbstverständnis. Eine solche Stätte zu zerstören oder zu beschädigen stellt einen schmerzlichen und gefährlichen Akt dar, der nicht nur gegenwärtige und zukünftige Generationen bedroht, sondern auch die spirituellen Kräfte und die Ordnung der Welt.
Als Nachfahren der Ahnengeister ist es die Aufgabe der Aborigines, sich um ihre heiligen Stätten zu kümmern, indem sie die notwendigen Rituale ausüben und die Lieder singen, die von den Taten der Vorfahren berichten. Diese zeremoniellen Aktivitäten feiern und erhalten den geordneten Zustand aller Dinge. Viele heilige Gesänge und Orte sind auch geheim, zu einflußreich und mächtig, um sie öffentlich zugänglich zu machen. Einzelheiten über sie zu verbreiten kann einer Entweihung nahekommen.«[40]

Diese Erläuterung kommt bezeichnenderweise ohne den vielzitierten Begriff der ›Traumzeit‹ aus. Seine Geschichte ist symptomatisch für die Entwicklung der anthropologischen Theoriebildung über Australien. »Über die ›Traumzeit‹ [...] wurde soviel

Unsinn geschrieben, daß es unbedingt notwendig ist, gegen einige Extravaganzen der Erfindungen von Anthropologen zu protestieren«,[41] klagte in den 1950er Jahren der Sprachwissenschaftler T.G.H. Strehlow. Der Begriff der ›Traumzeit‹, der im Deutschen sowohl für das englische ›Dreamtime‹ als auch für das unübersetzbare Pidginwort ›Dreaming‹ herhalten muß, entstand um die Jahrhundertwende aus Mißverständnissen inkompetenter ›Ethnologen‹. Baldwin Spencer und Frank J. Gillen, ›Kinematograph‹ und Postmeister mit Expeditionserfahrung in Zentralaustralien, konnten nicht ahnen, welche Folgen ihre Verwechslung und falsche Übersetzung einiger *Aranda*-Wörter bei ihren Aufzeichnungen auf Papier und Zelluloid haben sollten. Vereinfacht ausgedrückt bedeutete der eine Begriff *Altjira Rama* in bestimmten Zusammenhängen ›träumen‹ – im Sinne der Vision eines konkreten Ortes von großer Bedeutung für den jeweiligen Sprecher. Der andere Begriff, verkürzt: *Altjiranga*, bezeichnet etwas, das von Anfang an vorhanden war. Aus der englischen Verballhornung der *Aranda*-Wörter zu *Alcheringa* wurde schließlich ›Dreamtime/ Traumzeit‹, eine irreführende Übersetzung, die wegen ihrer sentimentalen und mystischen Konnotationen bis heute große Popularität besitzt.[42] Strehlow meinte, auf den 775 Seiten seiner ›*Songs Of Central Australia*‹ nicht genug Raum zu haben, um mehr als »nur einige der vielen bedenklichen Ungenauigkeiten« aufzählen zu können, die Spencer und Gillen über die *Aranda* verbreiteten.[43]

Als Sigmund Freud 1912 ›*Totem und Tabu: Einige Übereinstimmungen im Seelenleben der Wilden und der Naturvölker*‹ veröffentlichte, waren Spencer und Gillen – und mit ihnen die ›Traumzeit‹ – bereits in aller Munde. In der Diskussion um Mythos, Totemismus, Evolutionismus, Traumdeutung und Psychoanalyse wurde Australien zum Exerzierplatz einander bekämpfender Wissenschaftstheorien. Die Veröffentlichungen dieser Zeit blieben nicht ohne Auswirkungen auf pseudo- und populärwissenschaftliche Schriften, die, als Ausdruck eines deutschen Zeitgeistes, letztlich in den Rassenwahn des Nationalsozialismus mündeten. Australien diente der Völkerkunde als exemplarisches Studienobjekt, um das »Leben und Denken der vorgeschichtlichen Neanderthaler [... zu] beobachten.«[44] In den ersten Jahrzehnten des 20. Jahrhunderts entstanden Theorien, deren Terminologie sich auf Exotismen wie Magie, Tabu, Steinzeit, Ursprung, Ursprünglichkeit und Traumzeit stützte. Bis heute prägen derartige Begriffe die europäische Wahrnehmung fremder Kulturen und verhindern eine rationale Sichtweise.

Australische Anthropologen wie Stanner und das Ehepaar Berndt haben ebenso wie kritische Aborigines diese irrationale und auf Vorurteilen fußende Erkenntnisfindung kritisiert und die dadurch verursachten Rückschritte in der Forschung beklagt.[45] Jüngere Wissenschaftler sprechen mit Blick auf ihre Lehrbücher manchmal von »Lehnstuhl-Anthropologie«[46] oder erklären etwa den Totemismus zur »Erfindung europäischer Spekulation« und zum Produkt »aus der Werkstatt der Exotikmacher«.[47] Während der Totemismusbegriff als Symbol einer wissenschaftlich überholten Epoche nicht mehr ernsthaft diskutiert wird, ›lebt die Traumzeit weiter‹.[48] Als Inbegriff für eine ›andere‹ Kultur Australiens wurde sie zum Klischee einer lukrativen folkloristischen Vermarktungsstrategie.

Eine neue Generation europäischer und australischer Völkerkundler begegnet dem Traumzeitbegriff heute mit kritischer Distanz und bewahrt gegenüber seinen religiösen Bedeutungsebenen im Sprachgebrauch der *Aranda* respektvolle Zurückhaltung.[49] Neue Umschreibungen wie ›seit urdenklichen Zeiten‹ (›from time immemorial‹) vermeiden in der Wortwahl bewußt eine zeitliche oder räumliche Begrenzung. Da sich informierte Schwarzaustalier schon seit langem durch alternative Bedeutungen von ›Dreaming‹ (unübersetzbar, in etwa: sakrale Bedeutung besitzend), aber auch mit Vokabeln aus ihren eigenen Sprachen gegen den Mißbrauch von ›Traumzeit‹ wehren, entschlossen sich die Herausgeber, gebräuchliche Begriffe der jeweils diskutierten Sprachgruppe bzw. Region zu verwenden.
Einige Beispiele:

- *Altjira* (*Alcheringa*) und *Tjukurrpa* auch *Jukurrpa*, in Zentralaustralien.
- *Djugur*, westliche Region Südaustraliens und nachbarschaftliche Gebiete West- und Zentralaustraliens.
- *Bugari*, um La Grange und Broome.
- *Ungud*, nördlich der King Leopold Ranges.
- *Wangarr* in Nordost-Arnhemland.

GLOSSAR

Aborigine, Aborigines
Ehemals Aboriginer (lateinisch für ›Ureinwohner‹), wurde auf die Urbewohner der Landschaft Latium im alten Italien angewendet.[50]
Die Seefahrer des 16. und 17. Jahrhunderts nannten die Bewohner der Küstenstreifen von ›Terra Australis‹, dieses ansonsten unbekannten Erdteils im südlichen Ozean ›Australier‹. Die Bezeichnung **Aborigines** – Ureinwohner – erhielten sie, in Abgrenzung zu den europäischen Zuwanderern, erst mit der endgültigen Kolonisierung des nun Australien genannten Kontinents. Beide Bezeichnungen sind fremder, europäischer Herkunft und werden zunehmend von den Betroffenen durch eigene, lokale Benennungen der verschiedenen überregionalen Volksgruppen ersetzt.

Aboriginal Policy
Australiens offizielle Politik schwankte im Laufe zweier Jahrhunderte zwischen Paternalismus, Vernichtung, Gleichgültigkeit und Verpflichtung. Auf die Phase der ersten Missionierung im frühen 19. Jahrhundert folgte die Politik der Vernichtung. Im späten 19. und frühen 20. Jahrhundert wurde die Kultur der Aborigines weitgehend sich selbst überlassen. Der Verzicht auf eine offizielle, staatliche Kulturförderung sollte die allmähliche Auflösung schwarzaustralischer Kultur bewirken. ›Providing the dying pillow‹ – ›das Sterbekissen anbieten‹ war die offizielle Devise. Auf die Assimilierungspolitik vor, während und nach dem Zweiten Weltkrieg folgte in den 70er Jahren eine Phase der Integration.[51] Erst in den späten 80er Jahren, mit den Feiern zur 200jährigen Wiederkehr der Landnahme – unter der Aufmerksamkeit der Weltöffentlichkeit – begann eine zögerliche Phase der Aussöhnung.

Anangu
Überregionale Volksgruppe in Zentralaustralien.

Ancestor, Ancestral, Ancestral Time
Ahne, Vorfahre, angestammt, Vorzeit.

Animismus
Nach einer Theorie von E.A. Taylor eine Frühstufe des Glaubens; die Befreiung der Seele vom Körper im Schlaf und in Traumerlebnissen, aber auch während Krankheitszuständen. In diesem körperlosen Zustand

entwickelt die Seele ein geistiges Potential, das das Leben der Menschen unmittelbar beeinflußt.[52]

Anthropologie
Wissenschaftliche Lehre vom Menschen. Allgemein wird zwischen der biologischen, philosophischen und theologischen **Anthropologie** unterschieden.[53]

Arts and Craft Advisor
Seit Mitte der 70er Jahre koordinieren **Arts and Craft Advisors** in den Kommunen kulturell aktiver Regionen unter Aufsicht der kultureigenen Community Councils die administrative Verwaltung der Künstlervereinigungen. Sie sind für Kontakte zum privatwirtschaftlichen Handel und zu den öffentlichen Museen Australiens verantwortlich.

Austral
(Lateinisch): auf der südlichen Halbkugel gelegen, südlich.[54]

Australia Day
26. Januar. Australischer Nationalfeiertag. Erinnert an den Jahrestag der Gründung der ersten englischen Siedlung auf australischem Boden im Jahre 1788.

Australide Völker
Zur Gruppe der Homo sapiens gehörig, eine Übergangsgruppe zwischen den Hauptstämmen der Europiden und Negriden. Ähnlichkeiten bestehen zum indischen Volk der Munda, der Veddahs Ceylons, möglicherweise zu den Ainu Japans sowie zu verschiedenen Völkern Indonesiens und Papua-Neuguineas.[55]

Bark Petition
(Siehe unter Geschichtsbetrachtung im Widerspruch der Kulturen S. 351).

Bark Painting
Rindenmalerei. Mit natürlichen aus der Erde gewonnenen Ockerfarben und pflanzlichen Bindemitteln auf getrocknete, begradigte und geglättete Rindenstücke gemalte Bilder, die sich formal und inhaltlich an tradierten Vorbildern orientieren. Zeitgenössische, für den Verkauf hergestellte Rindenmalereien werden auch mit industriell hergestellten Malmaterialien ausgeführt. Die Malerei auf Rinde ist ein bedeutender innovativer Schritt von der Malerei auf Fels auf das transportable Medium der Baumrinde. Die Transformation erfolgte vor dem ersten Kontakt mit Europäern. Zum Schutz gegen die Witterung errichtete Hütten aus Baumrinde wurden im Innern häufig mit Ockerfarbe bemalt.

Barunga Statement
(Siehe unter Geschichtsbetrachtung im Widerspruch der Kulturen S. 353).

Billabong
Ursprünglich Bezeichnung der Sprachgruppe der *Wiradhuri*, im südwestlichen New South Wales ansässig. Ein Flußlauf, der lediglich nach starken Niederschlägen fließt, sonst jedoch ein ruhiges, stehendes Gewässer ist.[56]

Boomerang
Ursprünglich Bezeichnung der Sprachgruppe der *Dharuk*, ehemals in Sydney und Umgebung ansässig. Vermutlich ehemals *bumariny* ausgesprochen. Ein – nicht ausschließlich – halbmondförmig gebogenes Wurf- und Jagdholz. Bekannt sind auch sogenannte Haken***boomerangs***. Der ***boomerang*** diente auch als Schlagholz und findet auch heute noch Anwendung bei religiösen Zeremonien.
Der ***boomerang*** ist kein Objekt, das ausschließlich in Australien verwendet wurde. Ein dem ***boomerang*** ähnliches Wurfholz war unter anderem auch im alten Ägypten bekannt. Das bisher weltweit älteste Wurfholz wurde in Südaustralien, in der Ausgrabungsstelle am Wyrie Swamp gefunden. Der ***boomerang*** fand in Australien lediglich regionale Verbreitung. Im Westen Südaustraliens, in der nördlichen Kimberley-Region wie auch in Nordost-Arnhemland wurde der ***boomerang*** nicht verwendet.[57]

Bora Ground
Bezeichnung für eine Örtlichkeit im Gebiet Südostaustraliens, an der die Mannbarkeit an Jugendliche verliehen wurde. Im Verlauf dieses Initiationsritus wurden Erdskulpturen ausgeführt, die unter anderem die Ahnen der Vorzeit symbolisieren.

Bradshaw Figures
In roten Ockertönen ausgeführte Felsbilder der nordwestlichen Kimberley-Region, in der die *Wunambal* ansässig sind. Die Bezeichnung **Bradshaw Figures** erhielten sie nach Joseph Bradshaw, durch den diese Felsbilder außerhalb des Gebietes der *Wunambal* bekannt wurden.
Die lokalen *Wunambal* messen ihnen im Vergleich zu den *Wandjina*-Figuren relativ geringe religiöse Bedeutung bei und bezeichnen sie als ›rubbish paintings‹ oder *Nardoo*. Die *Wunambal* interpretieren die Felsbilder als Darstellungen der ersten Menschen, die vom höchsten *Wandjina*, von *Ngaardja*, geschaffen wurden. Ihr Alter wird auf mehr als 3000 Jahre geschätzt.[58]

Business
In der Umgangssprache stellvertretend für eine Reihe von Bedeutungen. Unterschieden wird beispielsweise zwischen ›women's‹ und ›men's **business**‹, zwischen Angelegenheiten der Frauen und Angelegenheiten der Männer.

Churinga, Tjurunga
Ein objektgewordenes, über Generationen weitervererbtes personalisiertes Symbol der ›Vorzeit‹ in der Form eines mit eingravierten Zeichen versehenen flachen Steines. ***Churingas*** könnten am ehesten als objektgewordene Symbole des Lebens definiert werden. Ihre Handhabung ist auch heute noch dementsprechend personalisiert und Außenstehenden nicht erlaubt.
Churingas befinden sich in großer Anzahl im Besitz von völkerkundlichen Museen auch außerhalb Australiens. Ihre Rückerstattung ist Gegenstand langwieriger Verhandlungen.[59]

Coolamon
Ursprünglich Bezeichnung der *Kamilroi*, ehemalige Volksgruppe im östlichen New South Wales und anliegenden Sprachgebieten. Eine besonders von Frauen für den vielfältigen Gebrauch benutzte Schale aus Holz oder Baumrinde, die zum Schöpfen und zum Transport von Wasser diente. ***Coolamon*** wurden auch als Behälter beim Einsammeln von Früchten, Wurzeln und ›witchetty grub‹, von nahrhaften Insektenlarven, und als Trage für Neugeborene benutzt.[60]

Cor(r)oboree
Ursprünglich Bezeichnung der *Dharuk*, Sprachgruppe ehemals in der Umgebung von Sydney ansässig. Vermutlich ehemals *garabari* ausgesprochen. Wörtlich: bestimmte Form des Tanzes. Sakral-zeremonieller oder profaner Tanz, begleitet von Gesang

und Rhythmusinstrumenten, ›clapp-sticks‹, sogenannten Schlaghölzern. Heute wird der Begriff im alltäglichen Sprachgebrauch für jegliche Formen gesellschaftlicher Zusammenkünfte verwendet.[61]

Custodian
Wächter, Kustos einer bestimmten Kategorie von religiösem Wissen, beispielsweise eines Liedzyklus oder von Objekten mit religiöser Bedeutung, einer Felsbildstelle, eines *churingas* oder eines spezifischen Ortes in der Landschaft, der in seiner religiösen Bedeutung von persönlicher Konsequenz ist.

Darwinismus
(Darwin, Charles 1809 – 1882).
Anläßlich seiner Weltreise in den Jahren 1832 – 1837 als Schiffsarzt mit der ›Beagle‹ verbrachte Darwin kurze Zeit in Australien. 1859 veröffentlichte er sein – speziell die australische Anthropologie über Jahrzehnte beherrschendes – Werk *›Über die Entstehung der Arten‹* – *›Origin of Species‹*.[62]
Mit Darwins Evolutionstheorie degenerierten Australiens erste Einwohner zu ›Ur-‹ und ›Sinnbildern‹ des frühen, primitiven steinzeitlichen Menschen und gerieten im Namen der wissenschaftlichen Forschung zum meistuntersuchten und simplen ›Objekt‹ sogenannter wissenschaftlicher Neugier. Ein Bild, das im Spiegel der europäischen Medien bis in die heutige Zeit kolportiert und kaum einer differenzierteren Analyse für würdig befunden wird. Nach dieser Theorie ist Australiens Kultur ›ursprünglich‹, ›steinzeitlich‹, ›mythenbeladen‹ und gleichzeitig ›komplex‹.

Didgeridoo
Fälschlicherweise wurde die Bezeichnung dieses rein australischen Musikinstrumentes einer der vielen australischen Sprachen zugeordnet. Vermutlich wurde der Begriff jedoch von europäischen Einwanderern geprägt und hat lautmalende, nachahmende Bedeutung der erzeugten Klangstruktur.
Das **didgeridoo** ist ein einfaches, rohrähnliches Instrument von unterschiedlicher Länge und wird aus dem Stamm eines von Termiten ausgehöhlten Baumes mit wenig Aufwand angefertigt.
Auf dem Instrument werden durch sogenannte Rundatmung tiefdröhnende, sonore, ineinander verwobene Klangfolgen erzeugt. Das **didgeridoo** ist oft, jedoch nicht notwendigerweise bemalt und wurde ursprünglich nur in Arnhemland benutzt. Das **didgeridoo** findet heute in Australien in allen Sparten der Musik Verwendung.[63]

Digging Stick
Grabstock der Frauen. Ein Mehrzweckgerät, hauptsächlich in Zentralaustralien gebräuchlich, das zum Ausgraben von Wurzeln und eiweißhaltiger Nahrung in Form von Larven und kleineren Kriechtieren dient.

Dilly-Bag
Bezeichnung der *Yagara*, Sprachgruppe ehemals in der Umgebung von Brisbane ansässig. Aus faserigen Gräsern und rebenähnlichen Pflanzen geflochtene Taschen und Körbe.[64]

Dingo
Ursprünglich *din-gu* bzw. *dayn-gu* ausgesprochen. Bezeichnung der Sprachgruppe der *Dharuk*, ehemals in der Umgebung von Sydney ansässig. ***Dingo*** ist die Bezeichnung für den domestizierten wolfsähnlichen, einheimischen Hund Kontinentalaustraliens. Der wild lebende Wolfshund wurde *warrigal* genannt. In Tasmanien war der ***dingo*** unbekannt.
Obgleich sich erste Besiedlungsspuren für mindestens 40 000 Jahre nachweisen lassen, wurde der ***dingo*** in Australien erst vor ca. 4 000 Jahren heimisch. Dies deutet auf verschiedene, voneinander unabhängige Migrationen hin.[65]

Discovery of Australia
Die Bezeichnung **Entdeckung** für die erste Landung von Europäern an der australischen Küste steht im Gegensatz zur jahrtausendealten Besiedlung des Kontinents. Die Entwicklung einer eigenständigen, von Europa unabhängigen kulturellen Tradition verhalf den Aborigines, die ›since time immemorial‹ – ›seit unvordenklichen Zeiten‹ – den Kontinent bevölkern, zu einer kulturellen und existentiellen Identität, die nicht erst ›entdeckt‹ werden mußte.

Dreamtime
(Siehe unter Religion und Kosmogonie S. 354 f.).

Echidna
Zoologische Bezeichnung für Ameisenigel.

Eingeborene
Abhängig von Anwendung und Kontext, neutrale oder abwertend tendenziöse Bedeutung. Üblicherweise wird der Begriff ausschließlich auf nicht-industrialisierte Völker angewendet.

Engraved Tree (Dendroglyph)
In die Rinde lebender Bäume eingeritzte geometrische oder figürliche Darstellungen. Im Südosten Australiens, im heutigen New South Wales, wurden diese Bäume oder deren Überreste meist in der Nähe von *Bora*-Plätzen oder Begräbnisstätten gefunden. Die Gravur in Baumrinde fand jedoch kontinentale Verbreitung. Berndts Studien ergaben im wesentlichen Bestände in Nordaustralien und im Sprachraum der *Jigalong* in Westaustralien.[66] Crawford bezieht sich auf die Kimberley Region.[67] In New South Wales und in Teilen Victorias wurden besonders viele **Dendroglyphen** vor der Zerstörung gerettet.

Erste, Zweite, Dritte und Vierte Welt
Ein Klassifizierungssystem für die Staaten weltweit, das sich am industriellen Standard Europas und den USA mißt. Demnach gelten die Industriestaaten des Westens als die **Erste**, die (ehemaligen) Staaten des Ostblocks als die **Zweite**, die sogenannten Entwicklungsländer Asiens, Afrikas und die meisten Staaten Lateinamerikas als die **Dritte Welt**. Die unter Fremdherrschaft im ehemals eigenen Land lebenden Ethnien werden als **Vierte Welt** bezeichnet.[68]

Ethnographie
Bezeichnung für die Wissenschaft der vergleichenden Beschreibung der ›eingeborenen‹ Völker. Untersuchungsgegenstand sind hauptsächlich nicht-industrielle Gesellschaften.

Euro
Ursprünglich *yuru* oder *thuru*, Bezeichnung der Sprachgruppe der *Adnyamathanha*, ehemals in Flinders Ranges ansässig. Eine kurzhaarige, rötliche Unterart des westlich der Great Dividing Ranges anzutreffenden *wallaroos*. Lebte vorherrschend in felsigen Abhängen und war deshalb schwierig zu jagen. Das ***euro*** war eine traditionelle und existentielle Ernährungsquelle.[69]

Exotismus
Der Versuch der westlichen Hemisphäre, aus der kolonialen Perspektive heraus die ihnen unbekannte Lebenswelt der kolonialisierten Völker zu einer für den westlichen Machtanspruch folgenlosen ästhetisch reizvollen und vielfältigen Landschaft zu degradieren. Neben dem doppelten Anspruch, daß »man [...] den anderen nicht nur ausbeuten, sondern ihn so, wie er ist, auch noch

genießen«[70] will, versteht Berque den **Exotismus** auch als Ansatz der westlichen Zivilisation, ihre ökologische und ökonomische Ausbeutung der kolonialisierten Kultur zu kompensieren. »Exotische Inspiration und wissenschaftliche Neugier«[71] werden als Indikatoren einer aufgeschlossenen Haltung gegenüber der fremden Lebenswelt deklariert, wobei sie faktisch nichts anderes als deren rücksichtslose Vereinnahmung bedeuten. Indem man die fremde Kultur als rein ästhetisches Vergnügen konsumiert, wird ihr Anspruch auf Selbstbestimmung geleugnet. Gesellschaftsformierende Faktoren wie Recht, Religion oder Kunst gelten als nicht vorhanden. »Religion [wird] Aberglaube, das Recht Brauchtum, die Kunst Folklore [...].«[72]

Historiographie
Stadien der geschichtlichen Einordnung.

Holozän
Die letzten 10 000 Jahre des Erdzeitalters.

Initiation
Ein bis ins fortgeschrittene Alter weiterführender Prozeß der Aufnahme Nichteingeweihter in eine höhere Stufe des Wissens.

Kinship
Umfassende Bezeichnung für unterschiedliche, komplexe Beziehungssysteme. Nach Auffassung der Berndts liefern die **kinships** die grundlegenden Faktoren der sozio-kulturellen und sozio-religiösen Übereinkunft in den traditionell orientierten Gesellschaften Australiens. Das **Kinshipsystem** einer bestimmten Gruppe oder Sprachgemeinschaft regelt alle zwischenmenschlichen Beziehungen und stellt ein Ordnungsgerüst für den einzelnen dar. Das System beinhaltet Kodierungen und Vorschriften des kulturellen, sozialen und religiösen Lebens. Regional verschieden werden die einzelnen Gemeinschaften nach festgelegten Regeln in *moieties*, ›sections‹ und ›sub-sections‹ sowie in matrilineale und patrilineale Hälften aufgeteilt. Die sozialen, religiös und kulturell bedingten Beziehungsstrukturen sind von äußerst komplizierter Natur und in der anthropologischen Lehre Gegenstand divergierender Meinungen. An dieser Stelle wird deshalb ausdrücklich auf die Veröffentlichungen von A.P. Elkin[73] und R.M./C.H. Berndt[74] verwiesen.

Kirda/Kurdungurlu
Bezeichnung der Sprachgruppe der *Warlpiri*, in Nordwest-Zentralaustralien ansässig, für ›Mitverantwortliche/r‹, ›Besitzer/in‹ des väterlich ererbten traditionellen Landes. Als Vertraute/r des mit diesem Land in Verbindung stehenden *Jukurrpas* (den Gesetz gewordenen Ereignissen der fortwährend gültigen Vorzeit) ist er/sie Auftraggeber/in für die Durchführung zeremonieller Handlungen, die zur Aufrechterhaltung der geistigen Bindungen zum Land erforderlich sind.[75] ***Kirda*** sind nicht aktive, sondern passive, die Handlungen überwachende und wenn notwendig korrigierende Teilnehmer des zeremoniellen Geschehens. Die eigentliche Durchführung obliegt einem oder mehreren ***kurdungurlu*** (Ausführenden), die nicht derselben patrilinealen Gruppe und dem jeweiligen Land angehören.
Prinzipiell kann der ***kirda*** die Aufgaben eines ***kurdungurlu*** für einen anderen Gruppenverband übernehmen, so wie auch der ***kurdungurlu*** innerhalb seiner Gruppe die Funktion des ***kirda*** besitzen kann.
Das System wechselseitiger Verantwortung gilt auch für den Bereich der bildenden Kunst. ***Kirda*** (Bewahrer der Bildergeschichte, des religiösen Inhaltes) und ***kurdungurlu*** (Maler) sind nicht unbedingt identisch. Der eigentliche Malprozeß eines Bildes ist dem ***kurdungurlu*** zuzuordnen. Die Überwachung der korrekten Darstellung des *Jukurrpa* (des religiösen Inhaltes) obliegt dem ***kirda***.[76]

Koori
Überregionale Volksgruppe in New South Wales und vornehmlich Victoria.

Kronland
Erbland der britischen Krone. 1976 wurde von der australischen Bundesregierung ein Gesetz verabschiedet, das im Nordterritorium gelegenes Erbland der britischen Krone nach traditioneller Gesetzgebung lebenden Aborigines zur Verfügung stellt. Dieses sich nicht im Privatbesitz befindliche Land darf laut Gesetz im traditionellen Verständnis der Aborigines genutzt werden. Voraussetzung für die erfolgreiche Rückforderung ist jedoch der lückenlose Nachweis mythographischer Kenntnisse über das ehemals traditionell verwaltete Land. Im Falle des Fundes von Bodenschätzen bleibt der Regierung das Recht auf Widerruf vorbehalten.

Land (Ownership, Access, Manager)
Ähnlich kompliziert oder unmöglich wie die direkte Übersetzung des Kosmogoniebegriffs oder der Weltdeutung ist die Übersetzung und Zusammenfassung des Gesamtkomplexes **Land** in einem einzigen, prägnanten Begriff.
Land ist keine materielle, sondern eine religiös-soziale Größe. **Land** wird nicht besessen, sondern wird im religiös-philosophischen und sozio-kulturellen Sinne lediglich verwaltet. **Land** ist gleichbedeutend mit einem ›geistigen zu Hause sein‹. **Land** in seiner heutigen physiographischen Form wurde durch Heroen der Vorzeit erschaffen. Die traditionellen Verpflichtungen gebieten ständigen Kontakt zu spezifischen Örtlichkeiten in Form zyklisch zu wiederholender Zeremonien. **Land** ist lebendige, verinnerlichte religiös-soziale Realität und besitzt daher eine personifizierte Größe. **Land** ist aus diesem Grunde materiell und geistig gebunden und daher durch Verkauf nicht auf eine andere Person übertragbar. Dementsprechend kann der Zugang zu bestimmten Orten restriktiven Bestimmungen unterliegen, so daß Außenstehende möglicherweise keinen Zutritt erhalten.

Laragidj/Hollow Log
In *Yirrkala* und Umgebung (im Nordost-Arnhemland) ***Laragidj*** genannt. Der ***Laragidj*** oder **hollow log**, ein von Termiten ausgehöhlter, bemalter Baumstamm übernimmt nach dem Tod, im Prozeß der Wandlung von der materiell physischen in die geistig symbolische Existenz des Menschen, eine wichtige Mittlerfunktion. Zum Abschluß zeremonieller Handlungen werden die Knochen des Toten im hohlen Baumstamm aufgehoben, aus dem die Seele des Verstorbenen zu dem ihm angestammten Ort in der Landschaft – zu seinem ›Land‹ – zurückkehrt.[77]

Macropoden
Tierfamilie der **Macropoden**, der pflanzenfressenden Großfüßler, der Beuteltiere, wie z.B. Känguruhs und *wallabies*.

Makarrata, Makkarata
Bezeichnung der Volksgruppe der *Yolngu*, ansässig im nordöstlichen Arnhemland. ***Makarrata*** bezeichnet sowohl den rechtlichen Vertrag über einen Friedensschluß als auch die zeremonielle Handlung selbst, die symbolisch die vorausgegangenen Zwistigkeiten beendet.

Mallee, Mallee Country
Ursprünglich *mali*, vermutlich Bezeichnung der ehemaligen Sprachgruppe der *Wemba-*

wemba, ehemals im westlichen Victoria ansässig. Oberbegriff für die Eukalyptusarten, die mehrere Stämme aus einer einzigen Wurzel ausbilden, insbesondere die Arten Eucalyptus dumosa, Eucalyptus socialis und Eucalyptus oleosa. ***Mallee*** ist auch die Bezeichnung für die Vegetation halbtrockener Steppengebiete New South Wales', Victorias und Südaustraliens. Auch als sogenannte ***Mallee***-Wüste bekannt. ***Mallee*** wurde früher von Forschern wegen seiner Undurchdringlichkeit gefürchtet.[78]

Mare Pacificum
›Friedvolle See‹ – Pazifischer Ozean.

Migaloo
Überregionale Volksgruppe im südlichen Queensland.

Mimi
Bezeichnung für Geisterwesen der Vorzeit in Arnhemland, die als Umriß in Felsen sichtbar geblieben sind. Diese ***Mimi***-Figuren sind an ihrer linearen, meist in roten Ockertönen ausgeführten Zeichnung zu erkennen. Über die Bedeutung der Geisterwesen werden wenig oder gar keine Aussagen gemacht. Das Alter der Felsbilddarstellungen ist unbekannt, doch dürfte ihre Entstehung einige Jahrtausende zurückliegen.

Moiety
Halb, die Hälfte. Grundsätzlich formuliert das komplizierte, regional verschiedenartige System die Zweiteilung einer einheitlichen Gesellschaft in zwei verschiedene, gleichgewichtige sozial- und glaubensbedingte Hälften. Ehepartner gehören ausschließlich der jeweils anderen **moiety** an. Im traditionellen Verständnis bleibt religiöses Wissen und Gesetzgebung streng der eigenen **moiety** vorbehalten.[79] (Siehe auch unter **Kinship**).

Mulga, Malga
Ursprüngliche Bezeichnung der *Kamilaroi*, *Yuwaalaraay* und anderer ehemaliger Sprachgruppen in New South Wales und Südaustralien. Als ***mulga*** werden die verschiedenen Akazienarten der Trockengebiete bezeichnet, die zwischen den fruchtbaren Küstenstreifen und den zentralaustralischen Wüstengebieten enorme Landstriche bedecken. Sie sind der Acacia aneura zuzurechnen.[80]

Murri
Überregionale Volksgruppe im südlichen Queensland.

Nunga
Überregionale Volksgruppe im südlichen Südaustralien.

Nyoongah
Überregionale Volksgruppe im südwestlichen Westaustralien.

Ocker, Ockerfarbe
Verfestigte, lehmhaltige Erde und Hydrate aus Eisenoxyd, die zur Gewinnung von roten und gelben Farbpigmenten verwendet werden. Im Bewußtsein der australischen Künstler ist diese bestandsanalytische Definition von Farbe durch eine zusätzliche, sozio-religiöse Dimension zu ergänzen. Farbe besitzt neben ihrer tonalen Qualität auch inhaltliche Bedeutung. **Ockerpigmente** waren Handelsware und wurden teilweise über Tausende von Kilometern gehandelt.

Oral Literature
Im Gegensatz zur schriftlichen Aufzeichnung von Sprache wird Information in vielen Gesellschaften bis heute mündlich (oral), durch Erzählung, weitergegeben.

Outstation Bewegung
Rückkehr aus der Zwangsumsiedlung, den staatlich errichteten Reservationen, in die ehemaligen traditionellen Lebensräume der Volksgemeinschaften, besonders in Zentral- und Nordaustralien. Die Bewegung begann mit der Inkraftsetzung des ›Northern Territory Land Rights Act‹ im Jahre 1976. Mit dieser Gesetzgebung wurde erstmals die Rückerstattung von traditionellem Land ermöglicht. (Siehe auch unter **Kronland**).

Platypus
Schnabeltier, (lateinisch: Ornithorhynchus paradoxus). Eine ungefähr 60 cm lange, vierfüßige und kurzbeinige, im Wasser lebende Tierart, die sowohl auf dem Festland Australiens als auch auf Tasmanien beheimatet ist. Der **Platypus** vereinigt in seltsamer Weise die Merkmale verschiedenster Tiergattungen. Er besitzt einen Schnabel wie ein Vogel und legt Eier. Der **Platypus** trägt jedoch das dichte Fell der Säugetiere und säugt seine zumeist zwei Jungen auf dem Rücken liegend. Die Nahrung besteht ausschließlich aus Wassertieren. Zwischen den Zehen trägt er Schwimmhäute und ist zudem an den Pfoten mit einem Giftstachel ausgerüstet.[81]

Pleistozän
Eiszeitalter, Abschnitt der Erdgeschichte, der vor etwa 10 000 Jahren endete und von dem neuen Abschnitt der Erdgeschichte, dem Holozän abgelöst wurde.

Primitiv, Unzivilisiert
Ein Konzept, das, in Übernahme der Darwinschen Theorie, nicht-industrialisierte Gesellschaften in die Frühstufe der Menschheitsentwicklung einordnet. Sie werden als im ›Urzustand‹ befindlich, als ›ursprünglich‹, ›einfach‹, geistig und intellektuell als wenig entwickelt und anspruchslos betrachtet. Die Erkenntnisweise der sogenannten ›Stammesgesellschaften‹ ist demnach rein emotional und intuitiv. Im Unterschied zu den europäischen Industriegesellschaften wird ihnen die Anwendung eines verstandesmäßig kontrollierten Urteilsvermögens abgesprochen.

Primitive Kunst
Ein taxierender Begriff der kunstwissenschaftlichen und kunsthistorischen Theorie, insbesondere jedoch der journalistischen Praxis. Die historische, vor allem jedoch die zeitgenössische Kunst nicht-europäischer/amerikanischer Gesellschaften bleibt bis auf weiteres eine Kunst der Peripherie und fristet ein Schicksal der Gettoisierung und des Ausschlusses vom Kunstgeschehen des Zentrums.
Vor diesem Hintergrund scheint die Dekolonialisierung der Sprache, der Terminologie, des Sehens und als Folge die Aufhebung der hierarchischen, auf ökonomischer und politischer Macht beruhenden Abgrenzung unvermeidlich. (Siehe auch unter **Stammeskunst**).

Pukumani Grave Post
Im Unterschied zu den Begräbniszeremonien auf dem gegenüberliegenden Festland, in Arnhemland, bei denen der *laragidj* (siehe unter **Laragidj**) von grundlegender zeremonieller Bedeutung war, benutzten die Bewohner auf Bathurst, Melville und Elcho Island den behauenen und bemalten Stamm eines Baumes – die ***Pukumani***-Stele – als Symbol bei Begräbnisfeierlichkeiten. Zum Abschluß der Zeremonie wurde die Stele neben dem Grab des/der Verstorbenen aufgestellt.[82]

Quinkan
Geisterwesen, ursprünglich *Guwin-gan*, Bezeichnung der Sprachgruppe der *Kuku-Yalanji*, ehemals ansässig am Bloomfield River und Umgebung, Cape-York-Halbinsel. In den Felsbildern im Süden der Cape-York-Halbinsel, im Umkreis der Siedlung Laura, werden viele der figürlichen Darstellungen als ***Quinkan***-Figuren bezeichnet. Sie sind Symbole der immateriellen Präsenz Verstorbener. Der Begriff ***Quinkan*** umfaßt aber auch generell die geistige Existenz alles Übernatürlichen und wird in diesem Verständnis auf der gesamten Cape-York-Halbinsel verwendet.[83]

Radiokarbondatierung
Verfahren zur Altersbestimmung organischer Stoffe durch Feststellung des Gehaltes an radioaktivem Kohlenstoff (C-14).

Rarrk, Cross Hatching
Eine häufig verwendete, kreuzweise Schraffur in Rindenmalereien Zentral-, insbesondere jedoch Nordost-Arnhemlands. Von explizit personalisierter Autorenschaft, ungegenständlicher Darstellungsart und inhaltlich festgelegter ikonographischer Bedeutung.[84]
Die Rindenmalerei in Zentral- und Nordost-Arnhemland wird von zwei verschiedenen, voneinander unabhängigen oder sich ergänzenden Bildsystemen geprägt: von einer figurativen sowie von einer geometrisch/abstrakten, kreuzweisen Schraffur, die lokal als **cross hatching** oder als ***rarrk*** bezeichnet wird.
Morphy beschreibt die optische, durch **cross hatching**-Schraffur erzielte flimmernde Brillanz als *Bir Yun*, als ›Macht der Ahnen‹.[85]

Rockshelter
Im Unterschied zur prähistorischen Felsmalerei Europas, die sich zum großen Teil in geschlossenen Höhlensystemen verbirgt, wurde in Australien Felsmalerei bis vor relativ kurzer Zeit und bis auf einige wenige Ausnahmen prähistorischer Zeitrechnung im direkten Dialog zum ›Land‹ – zur Landschaft – ausgeführt und befindet sich in offenen, meist einfach zugänglichen, vor Witterungseinflüssen mehr oder weniger geschützten Felsüberhängen.

Sacred Site
Landschaftsbezogene Örtlichkeit von spezifisch sakraler Bedeutung. Der Zugang zum Ort ist häufig nach genealogischen oder geschlechtsspezifischen Regeln festgelegt.

Secret/Sacred
Geheim/sakral sind bestimmte Bereiche des Wissens, sind Objekte, bestimmte Handlungen der Initiation, Tänze und Liedzyklen. Der Bereich des **Geheim/Sakralen** ist auch für die Ikonographie der bildenden Kunst von Bedeutung. Dies gilt für die Gattung der Felsbilder, der Malerei auf Rinde, für Skulpturen und bestimmte Objekte. In verkäuflichen Kunstwerken wird ausdrücklich auf **geheim/sakrale** Darstellungen verzichtet. Historische und/oder zeitgenössische Aufzeichnungen von **geheim/sakralen** Ereignissen mit Hilfe der Photographie, von Film und Video unterliegen der strikten Geheimhaltung. Sie dienen heute weitgehend dem kulturinternen Bedarf. Die Veröffentlichung von **geheim/sakralen** Aufzeichnungen ist untersagt und wird rechtlich verfolgt.

Song Cycle
Liedzyklen transportieren sowohl ›öffentliche‹ als auch sakral/geheime Inhalte. Sie werden mündlich über Generationen weitergegeben und bewahren die mythischen Überlieferungen von der Entstehung des Kosmos, der Erde und von allem Lebendigen.
Song Cycles werden in Verbindung mit weiteren Zeugnissen traditionellen Wissens – von Wagner, im Gegensatz zur europäischen Historiographie, als ›Mythographie‹ bezeichnet – als Grundlagen der Rechtsprechung bei sogenannten ›land claims‹, bei der Rückforderung von traditionellem Land, insbesondere in Zentral- und Nordaustralien rechtlich anerkannt.[86]

Stamm, Stammesgesellschaften
Bevölkerungsgruppe mit gemeinsamer Sprache, mit gemeinsamer kultureller Identität, Sozialisation und örtlicher Verbundenheit.[87]
Dieser Begriff wurde durch die Kontexte, in denen die völkerkundliche Forschung des 19. Jahrhunderts ihn verwendete, mit zusätzlichen Sinnebenen befrachtet. In diesem Sinne transportiert der **Stammesbegriff** bis heute Vorstellungsmuster, die von einer minderwertigen kulturellen und sozialethischen Bedeutung dieser Volksgruppen ausgehen.

Stammeskunst
Unter **Stammeskunst** wird allgemein die Kunst Schwarzafrikas, Ozeaniens, bestimmter Regionen Amerikas und Australiens subsumiert. Nicht unter diesen Begriff fällt die Kunst Europas, des Nahen und Mittleren Ostens, Asiens und Südostasiens – mit gewissen Ausnahmen des südost-asiatischen Inselarchipels – sowie die Kunst der Azteken, der Maya, Inka und präkolumbianische Kunst.
Die qualitative Unterscheidung zwischen ›**Stammeskunst**‹ und Kunst der ›Hochkulturen‹ orientiert sich weitgehend an politisch-ökonomischen Machtverhältnissen und nicht so sehr an geistig-inhaltlichen Parametern, die neben formalen Aspekten die eigentlichen Kriterien für die qualitative Bewertung von Werken auch der bildenden Kunst sein müßten.

Steinzeit
Diese vorzeitliche Entwicklungsstufe dient bis heute für einige Richtungen der anthropologischen Forschung als Vergleichsebene für eine wissenschaftliche Betrachtungsweise der heutigen Kultur und Lebensformen der Aborigines.
Ausgehend von Darwins Evolutionstheorie[88], entstand eine Forschungstradition, die sowohl das materielle als auch geistig-intellektuelle Niveau bestimmter Volksgruppen einer geschichtlich überholten, frühmenschlichen Entwicklungsstufe zuordnet. Diese Theorie wurde vor allem von Huxley und danach von Wissenschaftlern, die dem Nationalsozialismus nahestanden, benutzt. In Deutschland, Österreich und in der Schweiz bot sie ein willkommenes Argument für die angeblich genetisch bedingte Überlegenheit mitteleuropäischer Völker.[89] Die These, in Australien das Modell des ›Urbildes‹ menschlicher Gattung vorzufinden, blieb in vielerlei Hinsicht in der populärwissenschaftlichen, vor allem jedoch in ihrer journalistischen Interpretation bis heute aktuell. Die von der Wissenschaft eingeleitete Klassifizierung der Aborigines hatte weit über die reine Forschungsdiskussion hinaus praktische Folgen für die Betroffenen, denen bis heute noch keine menschliche und politische Gleichberechtigung zugestanden wird.
Kulturen unterliegen dem ständigen Wandel. Die Annahme, daß eine steinzeitliche Kultur bis ins 19. und 20. Jahrhundert überlebt habe, ist »ein Mythos, kreiert von denjenigen, die es besser hätten wissen müßen [...]«.[90]

Stockman
Die eigentliche Übersetzung lautet Viehtreiber, in den USA ist die Bezeichnung cowboy gebräuchlich. Nach der Jahrhundertwende wurden Aborigines von den nun ihr Land besetzenden Rinderfarmern als billige Tagelöhner, als Drover oder **stockmen** beschäftigt. (Siehe auch unter ***Gurindji* Walk-off**).

Terra Australis Incognita
(Lateinisch): ›im Südwind liegendes unbekanntes Land‹ – Australien.
Ein zum Ende des 15. und im 16. Jahrhundert verwendeter Begriff.

Terra Nullius
Ende des 18. Jahrhunderts wurde Australien von der englischen Krone zum ›unbewohnten und unbesiedeltem Land‹ – **›terra nullius‹** – erklärt. Diese Definition ist konstitutionell festgeschrieben und besitzt ihre Gültigkeit auch heute noch.

Tjukurrpa, Jukurrpa
Bezeichnung der Sprachgruppe der *Warlpiri*. (Siehe unter Religion und Kosmogonie S. 354 f.).

Torresstraße
(Siehe spezielles Glossar S. 362)

Totemismus
Der **Totemismusbegriff** gehört laut dem Ehepaar Berndt in den Gesamtkomplex Religion und Mythologie und hat die fundamentale Beziehung zwischen allen Formen des Lebendigen – zwischen Menschen, Tieren und Pflanzen, seltener jedoch zu Naturerscheinungen – zum Inhalt. In der Vorstellung der Aborigines bestand diese Übereinkunft am ausgeprägtesten zu Beginn der Schöpfung, zu einer Zeit also, als die Erde und das aufkeimende Leben noch keine spezifische Form oder unterschiedliche Identität besaßen.[91]
Unterschiedliche und auch divergierende religiöse Vorstellungen unter den inhaltlich weit gefaßten **Totemismusbegriff** zu subsumieren, halten nicht nur die Berndts für völlig unbefriedigend und unzureichend. 1963 wurde die **Totemismusfrage** von Lévi-Strauss einer kritischen Analyse unterzogen und letztlich insgesamt in Frage gestellt: Er sprach von der ›Illusion des Totemismus‹.[92]

Ureinwohner
Der Begriff wird ausschließlich auf nichtindustrialisierte, unter Fremdherrschaft lebende, politisch und kulturell beherrschte Minoritäten angewendet, mit zumeist negativem Unterton.

Vitalismus
Philosophie der Beseeltheit der Natur. Der **Vitalismus** lehnt die mechanistische und chemische Erklärung der Lebensvorgänge ab. Dem Lebendigen wird eine uns unerforschliche übermechanische Kraft zugrunde gelegt.[93] Wie der Totemismus ist auch die **Vitalismustheorie** umstritten.

Wallaby
Ursprünglich *walibi* oder *waliba*, Bezeichnung der Sprachgruppe der *Dharuk*, ehemals ansässig in Sydney und Umgebung. Im Gegensatz zum größeren Känguruh ein Beuteltier von kleinerem Wuchs. Regional existieren eine Anzahl verschiedenster Unterarten von unterschiedlichem Wuchs und mit wechselnder Färbung der Haare.[94]

Wallaroo
Ein Berg-Känguruh.[95]

Wandjina
Die ***Wandjina***-Darstellungen in den Felsbildern der Kimberley-Region sind mit schöpferischen Fähigkeiten ausgestattete Wesen der Vorzeit und stehen in direkter Beziehung zur Fruchtbarkeit symbolisierenden Energie des Regens.[96]

Western Desert Art
(Siehe auch Geschichtsbetrachtung im Widerspruch der Kulturen S. 351).
Der Wandel und die Dynamik der heutigen zentralaustralischen Kunst, wie auch der Kunst Australiens generell, lassen sich anhand verschiedener Stufen der Veränderung über Jahrtausende zurückverfolgen. Sie war niemals eine statische Kunst. Der Mythos der ästhetischen Unveränderlichkeit sogenannter ›traditioneller‹ Kunst läßt sich anhand von Felsgravuren und -malereien problemlos widerlegen.
Die heute praktizierte Malerei auf Leinwand ist die Weiterentwicklung einer Ikonographie, die zuvor in verschiedensten Medien angewandt wurde. Eine wesentliche Inspirationsquelle für die gegenwärtige Kunstpraxis bietet beispielsweise die sogenannte ›Bodenmalerei‹, die möglicherweise für unser Empfinden die attraktivste Anwendungsform darstellt. Diese großflächigen, in der freien Natur auf der Erde ausgeführten Bilder sind in Wirklichkeit vielfältige Materialien akkumulierende Assemblagen, die selbst den Menschen durch Körperbemalung als gestaltendes Element miteinbeziehen. Daneben sind auch die Gravuren auf alltäglichen Gegenständen wie *boomerangs*, *woomeras* und *coolamons*, dem vornehmlichen Gebrauchsobjekt der Frauen Zentralaustraliens, von entscheidendem Einfluß auf die neue Kunstentwicklung.
Mit der Übertragung der Ikonographie Zentralaustraliens auf transportable Materialien wird ein Medium verfügbar, das den Radius der Kommunikation über den eigenen Kulturbereich ausdehnt und Außenstehenden erstmals Einblick in eine zuvor hermetische Welt ermöglicht.
Die heute zusammenfassend als **Western Desert Art** bekannte Bewegung begann 1972 in Papunya. Papunya ist eine in den 60er Jahren durch Regierungserlaß künstlich geschaffene, verschiedene Volksgemeinschaften vereinigende Kommune nordwestlich von Alice Springs.

Wilde
Die europäische Sichtweise auf außereuropäische Volksgruppen hat zwei Klassifizierungsklischees ausgeprägt, die beispielhaft auf die Aborigines Australiens angewendet werden. Die eine Beurteilungsweise subsumiert sie unter den Begriff des **›edlen Wilden‹**. Nach dieser Vorstellung gelten sie als anspruchslos und unverdorben, als nichtkompromitierbar im Sinne der modernen Industriegesellschaft, als frühe Vollender einer ökologischen, von Zwängen befreiten Gesellschaft. Ihr religiöses Weltbild wird von esoterischen Heilsbringern als ›magisch‹ und ›okkult‹ mystifiziert. Im anderen Extrem werden sie als **›unzivilisierte Wilde‹** bezeichnet. Sie gelten als willenslose, dem Alkohol verfallene Abhängige, zur Selbstbestimmung Unfähige, als Schmarotzer des australischen Wohlfahrtsstaates. Beide Sichtweisen beruhen auf einer dogmatischen, sich auf Vorurteile stützenden Klassifizierung. Diese undifferenzierte Betrachtungsweise manifestiert ein Denken in Schablonen, in dem Vorstellungen von Individualität und Selbstbestimmung ausgeschlossen bleiben.

Woomera
Ursprünglich *wamara*, Bezeichnung der Sprachgruppe der *Dharuk*, ehemals in Sydney und Umgebung ansässig. Ein Gerät, das zur Verlängerung der Hebelwirkung des Armes verwendet wurde. Mit dem ***woomera*** wurde die Wurfgeschwindigkeit und damit die Reichweite und Durchschlagskraft des Speeres wesentlich erhöht.[97]

Yolngu
Überregionale Volksgruppe im nordöstlichen Arnhemland.

ERLÄUTERUNGEN ZUM KAPITEL ›DIE INSELN DER TORRESSTRASSE‹, S. 93 ff.

Au Le
In der *Meriam*-Sprache das ›alte Volk, die Alten‹.

Bomai-Malu
Bei den *Meriam* kultische Helden, die angeblich aus dem westlichen Neuguinea kamen, sie gehören zum Kult einer einflußreichen religiösen Bruderschaft auf der Insel Mer.

Daudai
Bezeichnung der Menschen von den Inseln der Torresstraße für das Küstengebiet und das bekannte Hinterland von Papua-Neuguinea, das sich ungefähr vom Fly River bis zum Gebiet westlich der Insel Boigu erstreckt. Der vollständige Name lautete *Mugie.*

Daudai
Der Norden der Halbinsel Cape York hieß *Kie Daudai.*

Kala Lagaw Ya
Die Sprache der Einheimischen auf den westlichen Inseln der Torresstraße.

Kaurareg
Die Einheimischen der Prince-of-Wales-Inselgruppe in der ersten Zeit des Kontakts mit den Europäern. Ihre Nachfahren leben heute nicht mehr dort.

Kiwai
Bevölkerungsgruppe im Delta des Fly River in Papua-Neuguinea.

Kwod
Wort aus dem Sprachschatz der westlichen Inseln, es bezeichnet einen besonderen, etwas abgelegenen Platz, an dem Zeremonien durchgeführt werden.

Mamoose
Häuptling oder Führer, den normalerweise die Kolonialregierung von Queensland ernannte.

Mer
Einheimischer Name für die Insel Murray.

Meriam
Die Bewohner der Murray-Inselgruppe.

Meriam Mir
Die Sprache der Einheimischen im östlichen Teil der Inseln der Torresstraße.

Motu
Einheimische in der Küstenregion um Port Moresby (Papua-Neuguina) und westlich davon.

Trepang
Sammelbezeichnung für die schneckenartigen Seegurken wie Holothuria edulis, die als Nahrungsmittel gesammelt und getrocknet werden.

Zogo
Wort aus dem Sprachschatz der östlichen Inseln, das Gott oder Gottheit bedeutet.

Zogo le
Priester des *Bomai-Malu-* oder des *Waiet-*Kultes auf Mer (Murray-Inselgruppe).

1 Zit. in: *Australian Discovery – By Sea*, hrsg. von E. Scott, London und Toronto 1929, S. XVIII.

2 Vgl. A.P. Elkin, *Aboriginal Men Of High Degree*, St Lucia 1977 [1945[1]].

3 B. Wagner, »We Know All About The Past ...: From Mythology To Mythography In Aboriginal Australia«, Vortrag an der Stanford University, USA 1991 (unveröffentlicht).

4 Wissenschaftliche archäologische Grabungen begannen in Australien erst im Jahre 1929. Vgl. J. Flood, *Archaeology Of The Dreamtime*, Sydney und London 1983, S. 15; H.H. Hale/N.B.A. Tindale, »Notes On Some Human Remains In The Lower Murray Valley, South Australia«, in: *Records Of The South Australian Museum*, Bd. 4/1930, S. 145-218 (Ausgrabungsbericht des Devon Downs Felsüberhanges sowie der Tartanga Grabstelle).

5 W. Marika, zit. in: J. Isaacs, *Australian Dreaming*, Sydney 1980, S. 5. Vgl. dazu auch J. Flood, 1983, S. 29. Wandjuk Marika (1927-1987) war Ältester und Künstler in Yirrkala, Nordwest-Arnhemland.

6 Vgl. J. Flood, 1983, S. 92-93; R.H. Pearce/M. Barbett, »A 38,000-Year-Old Site At Upper Swan, W.A.«, in: *Archaeology In Oceania*, Bd. 16 (Heft 3)/1981, S. 173-178.

7 Vgl. J. Flood, 1983, S. 44-45; J.M. Bowler/R. Jones/H.R. Allen/A.G. Thorne, »Pleistocene Human Remains From Australia: A Living Site And Human Cremation From Lake Mungo«, in: *World Archaeology*, Bd. 2/1970, S. 39-60; J.M. Bowler/A.G. Thorne/H. Polach, »Pleistocene Man In Australia: Age And Significance Of The Mungo Skeleton«, in: *Nature*, Bd. 240/1972, S. 48-50; J.M. Bowler/A.G. Thorne, »Human Remains From Lake Mungo«, in: *The Origin Of The Australians: Papers Presented To A Symposium At The 1974 Meeting Of The Australian Institute Of Aboriginal Studies*, hrsg. von R.L. Kirk/A.G. Thorne, Canberra 1976, S. 127-138; E. Stokes, »Skeletons In The Sand«, in: *Geo*, Bd. 3 (Heft 3)/1981, S. 27-49.

8 Vgl. J. Flood, 1983, S. 89-92; C.E. Dorch, »Devil's Lair, An Example Of Prolonged Cave Use In Southwestern Australia«, in: *World Archaeology*, Bd. 10 (Heft 3)/1979, S. 258-279; J. Balme/D. Merrilees/J.K. Porter, »Late Quaternary Mammal Remains, Spanning About 30,000 Years From Excavations In Devil's Lair«, in: *Journal Of The Royal Society Of Western Australia*, Bd. 61/1978, S. 33-65; J. Balme, »An Apparent Association Of Artifacts And Extinct Fauna At Devil's Lair, Western Australia«, in: *Artefact*, Bd. 3 (Heft 3)/1978, S. 11-116; J. Balme, »An Analysis Of Charred Bone From Devil's Lair, Western Australia«, in: *Archaeology In Oceania*, Bd. 15/1980, S. 81-85.

9 Vgl. J. Flood, 1983, S. 136.

10 Ebd. S. 136-137; A. Marshack, »The Meander As A System: The Analysis And Recognition Of Iconographic Units In Upper Palaeolithic Compositions«, in: *Form In Indigenous Art: Schematisation In The Art Of Aboriginal Australia And Prehistoric Europe*, hrsg. von P.J. Ucko (Prehistory And Material Culture Series Nr. 13), London und New Jersey 1977, S. 286-317.

11 Vgl. G. Chaloupka, »Aspects Of The Chronology And Schematization Of The Prehistoric Sites On The Arnhem Land Plateau«, in: P. Ucko (Hg.), 1977, S. 243-259.

12 Die exakte chronologische Datierung von Felsbildern ist mangels technologischer Entwicklung im Gegensatz zu organischem Material durch die C-14 Methode noch nicht möglich. Vgl. J. Flood, 1983, S. 128; G. Chaloupka, in: P. Ucko (Hg.), 1977, S. 243-259.

13 Vgl. J. Flood, 1983, S. 32; R. Jones, »The Fifth Continent: Problems Concerning The Human Colonization Of Australia«, in: *Annual Reviews In Anthropology*, Bd. 8/1979, S. 445-466; J.P. White/F.J. O'Connel, »Australian Prehistory: New Aspects Of Antiquity«, in: *Science*, Bd. 203/1979, S. 21-28.

14 Vgl. J. Flood, 1983, S. 141, 252; R. Luebbers, »Ancient Boomerangs Discovered In South Australia«, in: *Nature*, Bd. 247/1974, S. 39.

15 Einzelne Forscher nehmen an, daß erste Kontakte indonesischer, auf der Insel Macassar beheimatete und nach Trepang fischende Bootsbesatzungen mit den nordwestlichen (Kimberley-Region) und nördlichen Küsten Arnhemlands möglicherweise bis ins 15. Jahrhundert zurückreichen. Vgl. dazu C.H. Berndt/R.M. Berndt, *The World Of The First Australians*, Sydney 1977, S. 16-17; J. Flood, 1983, S. 222; E. Scott (Hg.), 1929, S. X.

16 Zit. in: B. Fraser, *The Macquarie Book Of Events*, McMahons Point 1984[2], S. 38.

17 Vgl. C. Manning, *A Short History Of Australia*, Ringwood/Melbourne 1986 [bearb. illustr. Ausgabe], S. 16-19.

18 Vgl. E. Scott, 1929, Bd. 1, S. XXXV.

19 Ders. 1929, Bd. 2, S. XXVIII.

20 Vgl. B. Fraser (Hg.), 1984[2], S. 38.

21 Vgl. hierzu den Eintrag von Cox aus dem Jahre 1878, zit. in: Kat. Ausst. *Dreamings: The Art Of Aboriginal Australia*, bearb. von P. Sutton, Sydney und New York 1988, S. 46, 216.

22 Vgl. B. Fraser (Hg.), 1984[2], S. 42.

23 Vgl. J.A. Tuckson, »Aboriginal Art And The Western World«, in: *Australian Aboriginal Art In The Anthropology Museum Of The University Of Western Australia*, hrsg. von R.M. Berndt/J.E. Stanton, Perth 1980, S. 63.

24 Vgl. H. Morphy, »Audiences For Art«, in: *Australians From 1939*, hrsg. von A. Curthoys/A.W. Martin/T. Rowse, Sydney 1987, S. 169.

25 Ebd. S. 169.

26 Vgl. E. Wells, *Reward And Punishment In Arnhem Land 1962-1963*, Canberra 1982, S. 127-128.

27 Am 22. August 1966 verließen die auf der Wave Hill Rinderstation beschäftigten *Gurindji* die Farm und besuchten unter der Führung von Vincent Lingiari Wattie Creek eine ihnen bedeutungsvolle Stelle der Umgebung. Lingiari: »Der Grund unserers Protestes ist weder ökonomischer noch politischer, jedoch ethischer Art. [...] am 22. August 1966 beschlossen die *Gurindji* aufzuhören zu leben wie Hunde«, zit. in: R. Broome, *Aboriginal Australians*, Sydney 1982, S. 41. Vgl. auch B. Fraser (Hg.), 1984[2], S.45; V. Johnson, »Poetic Justice«, in: *Art & Text*, Bd. 42/1992, S. 35.

28 Vgl. B. Fraser (Hg.), 1984[2], S. 46.

29 Ebd. S. 46.

30 Ebd. S. 46.

31 Ebd. S. 47.

32 Vgl. Kat. Ausst. *Mythscapes: Aboriginal Art Of The Desert From The National Gallery Of Victoria*, bearb. von J. Ryan, Melbourne o.J.

33 Vgl. Kat. Ausst. *D'un autre Continent: L'Australie le rêve et le rêel*, ARC/Musée d'Art Moderne de la Ville de Paris, 1983.

34 Abb. s. *Land Rights News: One Mob, One Voice, One Land*, Bd. 2, Nr. 24 (Heft 5)/1992, S. 24.

35 Vgl. Kat. Ausst. *Dreamings*, 1988.

36 Vgl. Kat. Ausst. *Magiciens de la Terre*, Musée national d'art moderne, Centre Georges Pompidou, Paris 1989.

37 Vgl. »Nullifying Terra Nullius«, in: *Time-Magazine International*, Bd. 6/1992 [dt. Ausg.].

38 J.D. Woods, zit. in: *Aboriginal Man In Australia*, hrsg. von C.H. Berndt/R.M. Berndt, Sydney 1965, S. 139.

39 Vgl. G. Schlatter, »Das Naturverständnis der Ureinwohner«, in: *Mensch und Natur in Australien*, hrsg. von G. Stilz, Bern 1991, S. 86-98.
40 »What Are Sacred Sites?«, in: *Our Land, Our Life: Aboriginal Land Rights In Australia's Northern Territory*, Alice Springs/Winnellie, NT 1991, S. 19.
41 »So much nonsense has been written about the ›Dream-time‹ [...] that it seems very necessary to utter a protest against some of the extravagances of the anthropologists' own imagination«, T.G.H. Strehlow, *Songs Of Central Australia*, Sydney 1971, S. 694.
42 Ebd. S. 614-615, 694.
43 Ebd. S. xxvi.
44 L. Reinhardt, *Der Mensch zur Eiszeit in Europa und seine Kulturentwicklung bis zum Ende der Steinzeit*, Berlin und Wien 1924, S. 607.
45 Vgl. W.E.H. Stanner, »Religion, Totemism And Symbolism«, in: C.H. Berndt/R.M. Berndt (Hg.), 1965, S. 142.
46 D. Bell, »Women And Aboriginal Religion«, in: *Religion In Aboriginal Australia: An Anthology*, hrsg. von M. Charlesworth/H. Morphy/D. Bell/K. Maddock, St Lucia 1984, S. 298.
47 M. Oppitz, *Notwendige Beziehungen: Abriß der strukturalen Anthropologie*, Frankfurt a.M. 1975, S. 135.
48 I. Heermann, *Die Traumzeit lebt weiter: Australiens Ureinwohner gestern und heute*, Stuttgart 1981; vgl. auch B. Glowczewski, *Träumer der Wüste: Leben mit den Ureinwohnern Australiens*, Wien 1991.
49 Vgl. B. Fenner, »Nur für Eingeweihte: Zur Ausstellung geheimer Sakralgegenstände aus Australien«, in: *Kölner Museums-Bulletin*, Bd. 1/1990, S. 29-40.
50 Vgl. *Brockhaus Enzyklopädie*, Bd.1, Wiesbaden 1966, S. 48.
51 B. Wagner, 1991 (unveröffentlicht).
52 Vgl. *Brockhaus Enzyklopädie*, Bd. 1, S. 532; G. Schlatter in: *Handbuch religionswissenschaftlicher Grundbegriffe*, hrsg. von H. Cancik/B. Gladigow/M. Laubscher, Stuttgart und Berlin, 1988, Bd. 1, S. 473-476
53 Vgl. *Brockhaus Enzyklopädie*, Bd. 1, S. 567-569.
54 Vgl. *Brockhaus Enzyklopädie*, Bd. 2, Wiesbaden 1967, S. 132.
55 Vgl. C.H. Berndt/R.M. Berndt, 1965, S. 2; *Brockhaus Enzyklopädie*, Bd. 2, S. 132.
56 Vgl. R.M.W. Dixon/W.S. Ramson/M. Thomas (Hg.), *Australian Aboriginal Words In English: Their Origin And Meaning*, Oxford 1992, S. 191.
57 Ebd. S. 175-177.
58 Vgl. G.L. Walsh, *Australia's Greatest Rock Art*, Bathurst 1988, S. 222.
59 C. Cooper (Hg.), *Aboriginal And Torres Strait Islander Collection In Overseas Museums*, Canberra 1989.
60 Vgl. R.M.W. Dixon/W.S. Ramson/M. Thomas (Hg.) 1992, S. 184.
61 Ebd. S. 152-153.
62 Vgl. *Brockhaus Enzyklopädie*, Bd. 4, Wiesbaden 1968, S. 331.
63 Vgl. R.M.W. Dixon/W.S. Ramson/M. Thomas (Hg.), 1992, S. 188.
64 Ebd. S. 185.
65 Ebd. S. 65.
66 Vgl. C.H. Berndt/R.M. Berndt, *Aboriginal Australian Art: A Visual Perspective*, Sydney 1982, S. 100.
67 Vgl. I.M. Crawford, *The Art Of The Wandjina*, Melbourne 1968, S. 126.
68 Vgl. u.a. J. Burger, *Die Wächter der Erde: Vom Leben sterbender Völker*, Reinbek/Hamburg 1991, S. 19.
69 Vgl. R.M.W. Dixon/W.S. Ramson/M. Thomas (Hg.), 1992, S. 67.
70 J.S. Berque zit. in: G. Leclerc, *Anthropologie und Kolonialismus*, München 1973, S. 27.
71 Ebd. S. 27.
72 Ebd. S. 27.
73 Vgl. A.P. Elkin, *The Australian Aborigines*, Sydney 1986 [1938[1]]; ders., »Kinship In South Australia«, *Oceania* [gebundener Sonderdruck], Sydney 1940 [1938[1]]; ders., »Ngirawat, Or The Sharing Of Names In The Wagijtj Tribe, Northern Australia«, in: *Beiträge zur Gesellungs- und Völkerwissenschaft: Festschrift zum achtzigsten Geburtstag von Prof. Richard Thurnwald*, Berlin 1950, S. 67-81.
74 Vgl. C.H. Berndt/R.M. Berndt, 1965, s. bes. S. 25-90.
75 Vgl. P. Nathan/D. Leichleitner Japanangka, *Health Business: A Community Report For The Central Australian Aboriginal Congress And Its People*, Richmond 1983, S. 209.
76 Vgl. T. Napaljarri Ross, in: *Warlukurlangu Artists: Yuendumu Doors*, hrsg. vom Australian Institute of Aboriginal Studies, Canberra 1987, S. 11.
77 D. Mundine, »Aboriginal Memorial«, in: Kat. Ausst. *Aborignal Memorial*, Bula Bula Arts, Ramingining o.J., o.S.; H. Morphy, *Ancestral Connections: Art And An Aboriginal System Of Knowledge*, Chicago und London 1991, S. 109-110.
78 Ebd. S. 139-140.
79 Vgl. Kat. Ausst. *Australian Aboriginal Bark Paintings 1912-1964*, Walker Art Gallery, Liverpool (G.Brit.) 1965, S. 6; C.H. Berndt/R.M. Berndt, 1965, S. 52.
80 Vgl. R.M.W. Dixon/W.S. Ramson/M. Thomas (Hg.), 1992, S. 142.
81 Vgl. *Brockhaus Enzyklopädie*, Bd. 16, Wiesbaden 1973, S. 774.
82 Vgl. C.H. Berndt/R.M. Berndt, 1982, S. 96-97.
83 Vgl. R.M.W. Dixon/W.S. Ramson/M. Thomas (Hg.), 1992, S. 160.
84 Vgl. H. Morphy, 1991, S. 151, 299; Kat. Ausst. *Dreamings*, 1988.
85 Vgl. H. Morphy, 1991, S. 299.
86 Vgl. B. Wagner, 1991 (unveröffentlicht).
87 Vgl. Brockhaus Enzyklopädie, Bd. 18, Wiesbaden 1973, S. 5.
88 Vgl. D.J. Mulvaney, »The Darwinian Perspective«, in: *Seeing The First Australians*, hrsg. von I. Donaldson/T. Donaldson, North Sydney 1985, S. 68-75.
89 Vg. L. Reinhardt, 1924, S. 607-623.
90 M. Narogin: »White Forms, Aboriginal Content«, in: *Aboriginal Writing Today*, hrsg. von J. Davis/B. Hodge, Canberra 1985, S. 21-33.
91 Vgl. C.H. Berndt/R.M. Berndt, 1965.
92 Vgl. C. Lévi-Strauss, 1965.
93 Vgl. *Brockhaus Enzyklopädie*, Bd. 19, Wiesbaden 1974, S. 660.
94 Vgl. R.M.W. Dixon/W.S. Ramson/M. Thomas (Hg.), 1992, S. 80-82.
95 Ebd. S. 82-83.
96 Ebd. S. 161-162; G.L. Walsh, 1988, S. 222.
97 Vgl. R.M.W. Dixon/W.S. Ramson/M. Thomas (Hg.), 1992, S. 184.

BIBLIOGRAPHIE

Aborigines In Tasmania: Return To The Islands. The Story Of Aborigines And The Tradition Of Muttonbirding, hrsg. vom Education Department, Hobart 1984

Allen, Frederick James/P. Corris (Hg.): *The Journal Of John Sweatman*, St Lucia 1977

Allen, Jim/Jack Golson/Rhys Jones (Hg.): *Sunda And Sahul: Prehistoric Studies In Southeast Asia, Melanesia And Australia*, New York 1977

Altman, John/Luke Taylor (Hg.): *Marketing: Aboriginal Art In The 1990s* (The Institute Report Series), Canberra 1990

Amadio, Nadine (Hg.): *Albert Namatjira: The Life And Work Of An Australian Painter*, South Melbourne 1986

Amadio, Nadine/Richard Kimber: *Wildbird Dreaming: Aboriginal Art From The Central Deserts Of Australia*, Richmond 1988

Anati, Emmanuel: »L'uomo l'albero lo spirito: La pittura su corteccia degli Aborigeni Australiani«, in: *L'umana avventura*, Bd. 1/1978, S. 57-76

Anderson, C./F. Dussart: »Dreamings In Acrylic: Western Desert Art«, in: Kat. Ausst. *Dreamings: The Art Of Aboriginal Australia*, bearb. von Peter Sutton, Ringwood 1988, S. 89-142

Anderson, S.: »To Clean A Rusty Anchor!«, in: *Artlink*, Bd. 10 (Heft 1-2)/1990, S. 34-35

Annual Report 1984/85, hrsg. von der Australian National Gallery, Canberra 1985

Annual Report 1985/86, hrsg. vom Department of Aboriginal Affairs, Canberra 1986

Art Monthly Australia, »Aboriginal Art In The Public Eye«, 1992

Art Monthly Australia, »The Land, The City – The Emergence Of Urban Aboriginal Art«, 1990

»The Art Of Aboriginal Australia«, in: *Art International: The Art Spectrum*, Bd. 20 (Heft 1-2)/1976, S. 4-24, 77-80

Artlink, Bd. 8 (Heft 2)/1988

Artlink, »Contemporary Australian Aboriginal Art«, Bd. 10 (Heft 1-2)/1990

Attwood, Alan: »Black Art Breaks Into A White World«, in: *Time Australia*, Bd. 7 (Heft 29)/1990, S. 54-61

Aurousseau, Marcel (Hg.): *The Letters Of F.W. Ludwig Leichhardt*, Cambridge 1968

Australia's Too Old To Celebrate Birthdays (Galarrwuy Yunupingu 1988), hrsg. von der Aboriginal Studies Press for the Australian Institute of Aboriginal Studies, Canberra 1988

Australian Aboriginal Culture, hrsg. von der Australian National Commission For UNESCO, Canberra 1974[2] [1953[1]]

The Australian Aborigines, hrsg. vom Department of Territories, Sydney 1967

Backhouse, James: *A Narrative Of A Visit To The Australian Colonies*, New York 1967 [Nachdruck der Ausgabe von 1843]

Barbier, Francis/Jean-Claude Prévost (Hg.): *Gordon Bennett: Paintings 1987 – 1991*, Epernay 1992

Bardon, Geoffrey: *Aboriginal Art Of The Western Desert*, Adelaide 1979

Bardon, Geoffrey: *Papunya Tula: Art Of The Western Desert*, Ringwood 1991

Barham, A. J./D. R. Harris: »Prehistory And Palaeoecology Of Torres Strait«, in: *Quaternary Coastlines And Marine Archaeology: Toward The Prehistory Of Land Bridges And Continental Shelves*, hrsg. von P. Masters/N. C. Fleming, London 1983, S. 529-557

Beckett, J.: *Torres Strait Islanders: Custom And Colonialism*, Cambridge 1987

Beier, Ulli: »Papunya Tula Art: The End Of Assimilation«, in: ders. (Hg.): *Long Water: Aboriginal Art And Literature*, Bathurst 1986, S. 32-37

Beier, Ulli: *Dream Time – Machine Time: The Art Of Trevor Nickolls*, Bathurst 1985

Beier, Ulli: *Quandamooka: The Art Of Kath Walker*, Bathurst 1985

Beier, Ulli (Hg.): *Long Water: Aboriginal Art And Literature*, Bathurst 1986 (*Aspect*-Sonderband)

Bendisch, Roger/Uwe Seidel (Hg.): *Australien*, Berlin 1986

Bennett, Scott: *Aborigines And Political Power*, Sydney 1989

Benzing, Brigitta: *Das Ende der Ethnokunst: Studien zur ethnologischen Kunsttheorie* (Studien und Materialien der anthropologischen Forschung Bd.1/Nr.4), Wiesbaden 1978

Bergamini, David: *Australien: Flora und Fauna*, Reinbek bei Hamburg 1975

Berndt, Catherine H./Ronald M. Berndt: *Aboriginal Australian Art: A Visual Perspective*, Sydney 1982

Berndt, Catherine H./Ronald M. Berndt: *The Speaking Land: Myth And Story In Aboriginal Australia*, Melbourne/Ringwood 1989[2]

Berndt, Catherine H./Ronald M. Berndt: *The World Of The First Australians*, Sydney 1977[2]

Berndt, Ronald M.: »Introduction«, in: Kat. Ausst. *Art From The Great Sandy Desert*, The Art Gallery of Western Australia, o.O. o.J., S. 2-3

Berndt, Ronald M./J. E. Stanton: *Australian Aboriginal Art In The Anthropology Museum Of The University Of Western Australia*, Perth 1980

Berndt, Ronald M. (Hg.): *Australian Aboriginal Art*, Sydney 1964

Berndt, Ronald M./E. S. Philips (Hg.): *The Australian Aboriginal Heritage*, Sydney 1973

Berque, Jacques: *Dépossession du Monde*, Paris 1964

Blake, Barry J.: *Australian Aboriginal Languages*, Sydney und Melbourne 1984[2]

Boddington, Jennie: *Drysdale Photographer*, Melbourne 1987

Bodley, John H.: *Der Weg der Zerstörung: Stammesvölker und die industrielle Zivilisation*, München 1983

Bökemeier, Rolf/Michael Friedel: »In der Wüste verweht sind die Träume Australiens«, in: dies: *Verlorene Menschen: Begegnungen mit Völkern, die es morgen nicht mehr gibt*, Hamburg 1984, S. 178-209

Bökemeier, Rolf/Michael Friedel: »Verlorene Menschen: Begegnungen mit Völkern, die es morgen nicht mehr gibt«, in: *Geo: Das neue Bild der Erde*, (Heft 11)/1984, S. 12-42

Boltin, Lee/D. Newton: *The Nelson A. Rockefeller Collection – Masterpieces Of Primitive Art*, New York 1978

Boltz, Herbert (Hg.): *Märchen der australischen Ureinwohner*, Frankfurt a. M. 1985

Boulter, Michael: *The Art Of Utopia: A New Direction In Contemporary Aboriginal Art*, Roseville 1991

Brake, B./J. McNeish/D. Simmons: *Art Of The Pacific*, Wellington 1979

Brandl, E. J.: *Australian Aboriginal Paintings In Western And Central Arnhem Land*, Canberra 1982

Breeden, Kay/Stanley Kay: »Rock Paintings Of The Aborigines«, in: *National Geographic Magazine*, Bd. 143 (Heft 2)/1973, S. 174-187

Breen, Marcus (Hg.): *Our Place Our Music: Aboriginal Music*, Bd. 2 (*Australian Popular Music In Perspective*), Canberra 1989

Brody, Anne Marie (Hg.): *Utopia – A Picture Story: 88 Silk Batiks From The Robert Holmes à Court Collection*, Perth 1990

Brokensha, Peter: *The Pitjantjatjara And Their Crafts*, Sydney 1975

Buchloh, Benjamin H. D.: »The Whole Earth Show: An Interview with Jean-Hubert Martin«, in: *Art In America*, Bd. 5/1989, S. 150-159

Bühler, Alfred/Terry Barrow/Charles P. Mountford: *Ozeanien und Australien: Die Kunst der Südsee*, Baden-Baden 1961

Burchard, Przemyslaw: *Australier: Geschichte, Konflikte, Bräuche, Sitten*, Leipzig 1990

Burger, Julian: *Die Wächter der Erde: Vom Leben sterbender Völker*, Reinbek/Hamburg 1991

Carment, D./R. Maynard/A. Powell (Hg.): *Northern Territory Dictionary Of Biography*, Bd. 1, o.O. 1990

Carrington, F.: »The Rivers Of The Northern Territory Of South Australia«, in: *Royal Geographic Society Of Australasia (S.A.)*, o.O. 1890 (Tätigkeitsbericht Nr. 2), S. 56-76

Caruana, Wally: *Australian Aboriginal Art: A Souvenir Book Of Aboriginal Art In The Australian National Gallery*, Canberra 1987

Caruana, Wally: *Windows On The Dreaming: Aboriginal Paintings From The Collection Of The Australian National Gallery*, Chippendale 1989

Cervicek, Pavel: *Catalogue Of The Rock Art Collection Of The Frobenius Institute*, Wiesbaden 1976

Chaloupka, George: *Burrunguy: Nourlangie Rock*, o.O. o.J.

Chaloupka, George: *From Palaeoart To Casual Paintings: The Chronological Sequence Of Arnhem Land Plateau Rock Art* (Northern Territory Museum of Arts and Sciences Monograph Series 1), Darwin 1984

Chapman, W.: »Arranging Ethnology: A.H.L.F. Pitt Rivers And The Typological Tradition«, in: *History Of Anthropology*, Bd. 3 (»Objects And Others«), hrsg. von G. Stocking, o.O. 1985

Charlesworth, Max: *The Aboriginal Land Rights Movement*, Victoria 1983

Charlesworth, Max/Howard Morphy/D. Kell/K. Maddock (Hg.): *Religion In Aboriginal Australia: An Anthology*, St Lucia 1984

Clark, Charles Manning Hope: *A History Of Australia*, Bd. 1, Melbourne 1978

Clark, Charles Manning Hope: *A Short History Of Australia*, Melbourne/Ringwood 1986[6] [1963[1]]

Clark, Julia: *The Aboriginal People Of Tasmania*, Hobart 1983

Conway, Ronald/Hildesuse Gaertner/Ruth Ihle/Klaus Viedebantt: *Australien*, München und Luzern 1983

Cooke, P.: »The Craft Adviser's Role In The Battle Against Headless Crocodiles«, in: *Aboriginal Arts And Crafts And The Market* (North Australian Research Unit Monograph), hrsg. von Peter Loveday/Peter Cooke, Darwin 1983, S. 66-70

Coombs H.C./H. McCann/H. Ross/N. M. Williams (Hg.): *Land Of Promises: Aborigines And Development In The East Kimberley*, Canberra 1989

Cooper, Carol (Hg.): *Aboriginal And Torres Strait Islander Collections In Overseas Museums* (The Institute Report Series), Canberra 1989

Cooray, L. J. M.: *Conventions, The Australian Constitution And The Future*, Sydney 1979

Craig, Beryl Frances: *Cape York: An Annotated Bibliography*, Canberra 1967

Crawford, A.: *Aida: Life And Ceremony Of The Gogodala*, Bathurst 1981

Crawford, I. M.: *The Art of the Wandjina: Aboriginal Cave Paintings In Kimberley, Western Australia*, Melbourne 1968

Cribb, Alan Bridson/Joan Winifred Cribb: *Useful Wild Plants In Australia*, Sydney 1981

Crocker, A. (Hg.): *Mr. Sandman, Bring Me A Dream: Papunya Tula Artists Pty. Ltd.*, Sydney 1981

Crumlin, Rosemary/Anthony Knight (Hg.): *Aboriginal Art And Spirituality*, New York 1991

Davis, Jack: *The First-Born And Other Poems*, Melbourne 1983

Davis, Jack: *The Dreamers* (Currency Plays), hrsg. von Katharine Brisbane, Paddington/Sydney 1984

Davis, Jack: *Kullark* (Currency Plays), hrsg. von Katharine Brisbane, Paddington/Sydney 1984

Davis, Jack/Bob Hodge (Hg.): *Aboriginal Writing Today: Papers From The First National Conference Of Aboriginal Writers Held In Perth, Western Australia, In 1983*, Canberra 1985

Davis, Stephen: *The Hunter For All Seasons: An Aboriginal Perspective Of The Natural Environ*, o.O. 1984

Dias, N.: *La Fondation du musée d'ethnographie du Trocadéro (1879-1900): Un Aspect de l'histoire institutionelle de l'anthropologie francaise. Thésis, troisième cycle*, Paris 1985

A Dictionary Of Australian Colloquialisms, hrsg. von Gerald Alfred Wilkes, Sydney 1990[2]

Dixon, Robert Malcolm Ward/William Stanley Ramson/Thomas Mandy: *Australian Aboriginal Words In English: Their Origin And Meaning*, Oxford 1992[2]

Dixon, Robert Malcolm Ward/M. Duwell (Hg.): *The Honey-Ant Men's Love Song*, o.O. 1990

Donaldson, Ian/Tasmin Donaldson (Hg.): *Seeing The First Australians*, North Sydney 1985

Dowdy, K.: *A Vagabond And His Easel: A Biography Of John Gardner*, Warrnambool 1984

Edwards, Robert: *Australian Aboriginal Art: The Art Of The Alligator Rivers Region, Northern Territory*, Canberra 1979

Edwards, Robert/Bruce Guerin : *Aboriginal Bark Paintings*, Adelaide, Sydney, Melbourne, Brisbane, Perth 1974[4] [1969[1]]

Edwards, Robert (Hg.): *The Preservation Of Australia's Aboriginal Heritage: Report Of The National Seminar On Aboriginal Antiquities In Australia May 1972*, Canberra 1975

Edwards, Robert/J. Steward (Hg.): *Preserving Indigenous Cultures: A New Role For Museums*, Canberra 1980

Elder, Bruce: *Blood On The Waddle: Massacres And Treatment Of Australian Aborigines Since 1788*, Australia 1988

Eldershaw, M. Barnard: *Phillip Of Australia: An Account Of The Settlement At Sydney Cove 1788-92*, Sydney 1972 [1938[1]]

Elkin, Adolphus Peter: »Ngirawat, Or The Sharing Of Names In The Wagijtj Tribe, Northern Australia«, in: *Beiträge zur Gesellungs- und Völkerwissenschaft: Festschrift zum achtzigsten Geburtstag von Prof. Richard Thurnwald*, Berlin 1950, S. 67-81.

Elkin, Adolphus Peter: *Aboriginal Men Of High Degree*, St Lucia 1977[2] [1945[1]]

Elkin, Adolphus Peter: *The Australian Aborigines*, Sydney 1986 [1938[1]]

Farnell, G.: *Land Of Mirage*, o.O. 1975 [1950[1]]

Farwell, George/Frank H. Johnston (Hg.): *This Land Of Ours ...: Australia*, Sydney 1949

Fenner, Burkhard: »Nur für Eingeweihte: Zur Ausstellung geheimer Sakralgegenstände aus Australien«, in: *Kölner Museums-Bulletin*, Bd. 1/1990, S. 29-40

Fisher, Allan C. Jr.: »Australia's Pacesetter State, Victoria«, in: *National Geographic Magazine*, Bd. 139 (Heft 2)/1971, S. 218-253

Flood, Josephine: *Archaeology Of The Dreamtime: The Story Of Prehistoric Australia And Her People*, Sydney und London 1983

Flower, Cedric: *The Antipodes Observed: Artists Of Australia 1788-1850*, Melbourne 1975

Fogarty, Lionel: *Ngutti*, Spring Hill 1984

Force, Roland W./Maryanne Force: *The Fuller Collection Of Pacific Artefacts*, New York 1971

Forge, Andrew (Hg.): *Primitve Art And Society*, London 1973

Die Fremden sehen: Ethnologie und Film, hrsg. von M. Friedrich/A. Hagemann-Doumbia/R. Kapfer/W. Petermann/R. Thomas/M.-J. van de Loo, München 1984

Fry, Tony/Anne-Marie Willis: »Aboriginal Art: Symptom Or Success? The Newfound Enthusiasm Of The Western Art World For Aboriginal Art Carries Dangers As Well As Opportunities«, in: *Art In America*, Bd. 7/1989, S. 59-60, 63, 108-117

Gale, Fay/Jane M. Jacobs: *Tourists And The National Estate: Procedures To Protect Australia's Heritage* (Special Australian Heritage Publication Nr. 6), Canberra 1987

Geo: Special, »Australien«, (Heft 1)/1986

Gilbert, Kevin: *End Of Dreamtime*, Sydney 1971

Gilbert, Kevin (Hg.): *Living Black: Blacks Talk To Kevin Gilbert*, Melbourne 1977

Gillen's Diary: The Camp Jottings Of F. J. Gillen On The Spencer And Gillen Expedition Across Australia 1901-1902, Adelaide 1968

Glass, Colleen/Archie Weller (Hg.): *Us Fellas: An Anthology Of Aboriginal Writing*, Perth 1987

Glowczewski, Barbara: *Täumer der Wüste: Leben mit den Ureinwohnern Australiens*, Wien 1991

Grasswill, Helen (Hg.): *Australia: A Timeless Grandeur*, Sydney 1986

Graubard, Stephen R. (Hg.): *Australia: The Daedalus Symposium*, London 1985

Green J.: »Utopian Women«, in: *Fighters And Singers: The Lives Of Some Aboriginal Women*, hrsg. von I. White u.a., Sydney 1985, S. 55-67

Green, J.: *Utopia: Women, Country And Batik*, Alice Springs 1981

Gregory, J. W.: *The Dead Heart Of Australia*, London 1906

Groger-Wurm, Helen M.: *Australian Aboriginal Bark Paintings And Their Mythological Interpretation* (Eastern Arnhem Land Bd. 1), Canberra 1973

Guiart, Jean: *The Arts Of The South Pacific*, London 1963

Haddon, A. C.: »Ethnography Of The Western Tribe Of Torres Straits«, in: *Journal Of The Anthropological Institute*, Bd. 19/1890, S. 297-422

Haddon, A. C.: »Manners And Customs Of The Torres Strait Islanders«, in: *Nature*, Bd. 42/1890, S. 637-642

Haddon, A. C.: »The Outrigger Canoes Of Torres Strait And North Queensland«, in: *Essays And Studies Presented To Wm. Ridgeway*, hrsg. von E.C. Quiggen, Cambridge 1913, S. 609-634

Haddon, A. C.: *Headhunters, Black, White And Brown*, London 1901

Haddon, A. C./J. Hornell: *Canoes Of Oceania* (Special Publication Nr. 28), Honolulu 1937

Haddon, A. C. (Hg.): *Reports Of The Cambridge Anthropological Expedition To Torres Straits*, Cambridge 1901-1935

Hardy, Jane/J. V. S. Megaw/M. Ruth Megaw (Hg.): *The Heritage Of Namatjira: The Watercolourists Of Central Australia*, Melbourne 1992

Harmstorf, Ian/Michael Cigler: *The Germans In Australia*, Melbourne 1985

Heartney, Eleanor: »The Whole Earth Show: Part II«, in: *Art In America*, Bd. 6/1989, S. 91-97

Heppell M. (Hg.): *A Black Reality: Aboriginal Camps And Housing In Remote Australia*, Canberra 1979

Hercus, L. A.: »Some Wangkanguru Songs«, in: *The Honey-Ant Men's Love Song*, hrsg. von R.M.W. Dixon/M. Duwell, o.O. 1990, S. 105-143, 146-147

Heritage Of Australian Art: Reflections Of The History Of Australian Painters And Paintings, Crows Nest 1984

Hiatt, L. R. (Hg.): *Australian Aboriginal Concepts*, Canberra 1978

Hiatt, L. R. (Hg.): *Australian Aboriginal Mythology*, Canberra 1975

Hill, Marji/Neil MacLeod: *From The Ochres Of Mungo: Aboriginal Art Today*, West-Heidelberg/Australia 1984

Hilliard, Winifred: *Central Australian Aboriginal Painting: The Pitjantjatjara Abstracts*, Melbourne 1968

Hilliard, Winifred: *The People In Between: The Pitjantjatjara People Of Ernabella*, London 1968

Holmes, Sandra le Brun: *Yirawala: Artist and Man*, Milton 1972

Horne, G./G. Aiston: *Savage Life In Central Australia*, London 1924

Informationsblatt: Australien. Die Ureinwohner, hrsg. vom Australian Information Service, o.O. 1980

Ingerl, Ute/Eva Friedrichs: *The Australian Aborigines: Land And Land Rights*, 1987 (unveröffentlichte Diplomarbeit FH Köln)

Isaacs, Jennifer (Hg.): *Australian Aboriginal Music*, o.O. 1979

Isaacs, Jennifer (Hg.): *Australian Dreaming: 40,000 Years Of Aboriginal History*, Sydney 1980

Isaacs, Jennifer: *Australia's Living Heritage: Arts Of The Dreaming*, Sydney 1984

Johnson, Colin: s.u. Narogin, Mudrooroo

Johnson, Steve: »The Philosophy And Politics Of Aboriginal Language Maintenance«, in: *Australian Aboriginal Studies,* hrsg. vom Australian Institute of Aboriginal Studies, Canberra, Bd. 2/1987, S. 54-58

Johnson, V.: »The Dreaming: Where Existence And Essence Converge«, in: Kat. Ausst. *Australian Aboriginal Art From The Collection Of Donald Kahn*, Lowe Museum, Miami 1991, S. 7-24

Johnston, Susan: *Aboriginal Civilisation*, Sydney und Richmond 1981

Jones, Philip: »Perceptions Of Aboriginal Art: A History«, in: Kat. Ausst. *Dreamings: The Art Of Aboriginal Australia*, bearb. von P. Sutton, New York 1988, S. 143-179

Jones, Philip/Peter Sutton: *Art And Land: Aboriginal Sculptures Of The Lake Eyre Region*, Adelaide 1986

Jones, Rhys (Hg.): *Archaeological Research In Kakadu National Park* (Australian National Parks and Wildlife Service Special Publication 13), Darwin 1985

Kaeppler, Adrienne Lois: *Artificial Curiosities: An Exposition Of Native Manufactures Collected On The Three Pacific Voyages Of Captain James Cook R.N.*, Honolulu 1978

Kat. Ausst. *Ian W. Abdulla*, Tandanya, Aboriginal Cultural Institute, Adelaide o.J.

Kat. Ausst. *Aboriginal Art – Malerei, Plastik, Handwerk aus Nord-Australien*, hrsg. vom Aboriginal Arts Board of the Australia Council, o.O. 1980

Kat. Ausst. *Aboriginal Art At The Top*, Wanderausstellung der Museen und Galerien des Northern Territory, Maningrida 1982

Kat. Ausst. *Aboriginal Australia*, Wanderausstellung 1981-1982, Sydney 1981

Kat. Ausst. *Aboriginal Australian Views In Print And Poster*, hrsg. vom Print Council of Australia 1987, Wanderausstellung, Melbourne 1987

Kat. Ausst. *Aboriginal Memorial*, Bula Bula Arts, Ramingining o.J.

Kat. Ausst. *Aboriginal Women's Exhibition*, Art Gallery of New South Wales, Sydney 1991

Kat. Ausst. *Aboriginal Women's Show*, Boomalli Aboriginal Artists Co-operative, Chippendale o.J.

Kat. Ausst. *Abstraction*, Art Gallery of New South Wales, Sydney 1990

Kat. Ausst. *Ancaaa And Boomalli: Artworks Produced And Managed By Aboriginal People*, Boomalli Aboriginal Artists Ko-operative, Chippendale 1988

Kat. Ausst. *Art From The Great Sandy Desert*, The Art Gallery of Western Australia, o. O., o.J.

Kat. Ausst. *Art Of The First Australians: An Exhibition Of Aboriginal Painting, Sculpture And Artefacts Of The Past Two Hundred Years*, hrsg. vom Aboriginal Arts Board of the Australia Council, o.O. o.J.

Kat. Ausst. *Australia*, XVII. Bienal de São Paulo 1983

Kat. Ausst. *Australia: Art & Aboriginality 1987*, Aspex Gallery, Portsmouth 1987

Kat. Ausst. *Australia In Oxford* (Pitt Rivers Museum University of Oxford Monograph 4), bearb. von E. Edwards/H. Morphy, Oxford 1988

Kat. Ausst. *Australia: Rover Thomas – Trevor Nickolls*, Biennale Venezia 1990

Kat. Ausst. *Australian Aboriginal Art From The Collection Of Donald Kahn*, Lowe Art Museum Miami, Florida 1991

Kat. Ausst. *Australian Aboriginal Bark Paintings 1912-1964*, Walker Art Gallery, Liverpool 1965

Kat. Ausst. *Australische Impressionen: Landschaftsmalerei aus hundert Jahren*, bearb. von Hans Gercke, Heidelberger Schloß, Heidelberg 1987

Kat. Ausst. *Balance 1990: Views, Visions, Influences*, Queensland Art Gallery, Brisbane 1990

Kat. Ausst. *Boomalli Breaking Boundaries*, Boomalli Aboriginal Artists Co-operative, Sydney 1989

Kat. Ausst. *Borealis 4: Installations In Space*, Louisiana Museum of Modern Art, Humlebaek 1989

Kat. Ausst. *A Changing Relationship: Aboriginal Themes In Australian Art c. 1938-1988*, bearb. von C. de Lorenzo/D. Dysart, S.H. Ervin Gallery, Sydney 1988

Kat. Ausst. *Contemporary Aboriginal Art From The Robert Holmes A Court Collection*, Carpenter Center for the Visual Arts, Harvard University; James Ford Bell Museum, Minnesota; Lakewood Center for the Arts, Lake Oswego; Perth 1990

Kat. Ausst. *Declan: A Tiwi Artist*, Wanderausstellung, Perth 1987

Kat. Ausst. *Dot & Circle: A Retrospective Survey Of The Aboriginal Acrylic Paintings Of Central Australia*, RMIT Gallery Melbourne 1985, Melbourne 1986

Kat. Ausst. *Dreamings: The Art Of Aboriginal Australia*, bearb. von Peter Sutton, The Asia Society Galleries, New York; South Australian Museum, Adelaide; Ringwood 1988

Kat. Ausst. *The Dreamtime Today: A Survey Of Contemporary Aboriginal Art And Crafts*, Kintore Gallery, Adelaide 1986

Kat. Ausst. *D'un autre Continent: L'Australie-le rêve et le réel*, ARC/Musée d'Art Moderne de la Ville de Paris, Paris 1983

Kat. Ausst. *East To West: Land In Papunya Tula Painting*, Tandanya Aboriginal Cultural Institute, Adelaide o.J.

Kat. Ausst. *L'Eté: Australie à Montpellier: 100 Chefs-d'œuvre de la peinture Australienne*, Musée Fabre Galerie, Saint Ravy 1989

Kat. Ausst. *An Exhibition Of Oenpelli Paintings On Bark*, The Australian Gallery Directors Council For The Aboriginal Arts Board Of The Australia Council, Sydney o.J.

Kat. Ausst. *The Face Of The Centre: Papunya Tula Paintings 1971 – 1984*, National Gallery of Victoria, Melbourne 1985-1986

Kat. Ausst. *The First Australians: Our Heritage In Stamps. Australian Bicentennial Collection 1788-1988*, hrsg. von der Australia Post, o.O. 1984

Kat. Ausst. *Flash Pictures By Aboriginal And Torres Strait Islander Artists*, Australian National Gallery 1991-1992, Canberra 1991

Kat. Ausst. *Der Flug des Bumerang: 40 000 Jahre Australier*, Übersee-Museum, Bremen 1987-1988; Museum für Völkerkunde, Hamburg 1988

Kat. Ausst. *›Friendly Country – Friendly People‹: An Exhibition Of Aboriginal Artworks, From The Peoples Of The Tananmi And Great Sandy Deserts. Desert Lands, Desert Peoples, Desert Art*, Araluen Arts Centre, Alice Springs 1990

Kat. Ausst. *Gomileroi-Moree Mob: Boomalli Aboriginal Artists*, Moree Regional Gallery, Moree 1989

Kat. Ausst. *Groote Eylandt Art: Leonhard Adam Ethnological Collection Part One*, The University Art Gallery, Melbourne o.J.

Kat. Ausst. *The Heritage Of Namatjira*, Wanderausstellung der Australian Exhibitions Touring Agency, Melbourne 1991

Kat. Ausst. *Ron Hurley: Stop Play Dreaming*, Caulfield Arts Complex, Sydney 1991

Kat. Ausst. *The Inspired Dream: Life As Art In Aboriginal Australia*, bearb. von Margie K.C. West, Museen und Galerien des Northern Territory in Zusammenarbeit mit der Queensland Art Gallery, Brisbane 1988

Kat. Ausst. *Minymalu Kanyirrantja: A Western Desert Women's Aesthetic: Women's Form And Aesthetics From The Western Desert. Decorated And Undecorated Bowls From The Ngaanyatjarra Lands*, Wanderausstellung, Sydney 1990

Kat. Ausst. *Karnta: Aboriginal Women's Art*, Esplanade Gallery, Darwin; Aldgate Galleries, Adelaide; Aboriginal Arts Centre, Sydney; Birrukmarri Gallery, Perth; hrsg. vom Aboriginal Arts Board, Sydney o.J.

Kat. Ausst. *Keepers Of The Secrets: Aboriginal Art From Arnhemland*, Art Gallery of Western Australia, Perth 1990

Kat. Ausst. *Kimberley Sculpture: A Selection Of Carvings By Aboriginal Artists Of North Western Australia From The Collection Of Australian City Properties Ltd*, Wanderausstellung, Perth 1989

Kat. Ausst. *Koori Art '84*, Artspace, o.O. 1984

Kat. Ausst. *A Koori Perspective Tour*, Artspace Wanderausstellung, Sydney 1990

Kat. Ausst. *Kunwinjku Bim: Western Arnhem Land Paintings From The Collection Of The Aboriginal Arts Board*, bearb. von Anne Marie Brody, National Gallery of Victoria, Melbourne 1984

Kat. Ausst. *Magiciens de la Terre*, Musée national d'art moderne, Centre Georges Pompidou, Paris 1989

Kat. Ausst. *A Myriad Of Dreaming: Twentieth Century Aboriginal Art*, Wanderausstellung, Melbourne 1989

Kat. Ausst. *Mythscapes: Aboriginal Art Of The Desert From The National Gallery Of Victoria*, bearb. von Judith Ryan, National Gallery of Victoria, Melbourne o.J.

Kat. Ausst. *Paint Up Big: Warlpiri Women's Art Of Lajamanu*, bearb. von Judith Ryan, National Gallery of Victoria, Melbourne 1990

Kat. Ausst. *Painting From The Desert: Contemporary Aboriginal Paintings*, Plimsoll Gallery, Hobart 1990

Kat. Ausst. *Paper Stone Tin*, Tandanya-Aboriginal Cultural Institute, Adelaide o.J.

Kat. Ausst. *Papunya Tula*, Gallery Gabrielle Pizzi, Melbourne 1990

Kat. Ausst. *Papunya Tula: Contemporary Paintings From Australia's Western Desert*, John Weber Gallery, New York 1989

Kat. Ausst. *Renewing The Dreaming: The Aboriginal Homelands Movement. Anniversary Exhibition 1827-1977*, The Australian Museum, Sydney 1977

Kat. Ausst. *Rindenmalereien aus Australien*, Kunstgewerbemuseum, Zürich 1958

Kat. Ausst. *Jeffrey Samuels: Selections 76-89*, Aboriginal Artist Co-operative, Chippendale 1989

Kat. Ausst. *A Selection Of 19th & 20th Century Australian Art*, Deutscher Fine Art, Carlton 1989; Deutscher Gertrude Street, Fitzroy 1989

Kat. Ausst. *Spirit In Land: Bark Paintings From Arnhem Land In The National Gallery Of Victoria*, bearb. von Judith Ryan, National Gallery of Victoria, Melbourne 1991

Kat. Ausst. *Clifford Possum Tjapaltjarri*, Institute of Contemporary Arts, Sydney 1988

Kat. Ausst. *Tjukurrpa: Zeitgenössische Malerei der Aborigines Australiens*, Museum für Völkerkunde, Basel 1992

Kat. Ausst. *Charlie Tjaruru Tjungurrayi: A Retrospective 1970-1986*, Orange Regional Gallery, Orange; National Gallery of Victoria, Melbourne; The Dougherty Gallery, Sydney; New England Regional Art Museum, Armidale; University Art Museum, University of Queensland, Brisbane; Araluen Arts Centre, Alice Springs; Museen und Galerien des Northern Territory; Orange 1987

Kat. Ausst. *Die Traumzeit lebt weiter: Australische Ureinwohner gestern und heute*, Museum Biberach/Riß 1980-1981; Linden-Museum, Stuttgart 1981

Kat. Ausst. *Two Worlds Collide: Cultural Convergences In Aboriginal And White Australian Art*, Artspace, Surry Hills 1985

Kat. Ausst. *Tyerabarrbowaryaou*, Museum of Contemporary Art, Sydney 1992

Kat. Ausst. *Urban Koories: Two Exhibitions Of Urban Aboriginal Art*, Workshop Arts Centre, Willoughby 1986

Kaufmann, Christian: *Ozeanien: Menschen in ihrer Umwelt* (Begleitschrift zur Ausst. ›Ozeanien: Geschichte, Mensch und Umwelt‹), Museum für Völkerkunde und Schweizerisches Museum für Volkskunde Basel, Basel 1992

Kennedy, R./J. Kennedy: *Adha Gar Tidi: Cultural Sensitivity Topics For Workers In Western Torres Strait* (Torres Strait Working Papers Bd. 2), Townsville 1986

Anselm Kiefer: Über Räume und Völker, hrsg. von Klaus Gallwitz, Frankfurt a.M. 1990

Kimber, R. G.: »Erlikilyika«, in: *Northern Territory Dictionary Of Biography*, Bd. 1, hrsg. von D. Carment/R. Maynard/A. Powell, o.O. 1990, S. 92-93

King, P. P.: *Narrative Of A Survey Of The Intertropical And Western Coasts Of Australia: Performed Between The Years 1818 And 1822*, 2 Bde., London 1827

Kirk, Robert Louis/A. G. Thorne: *The Origin Of The Australians: Papers Presented To A Symposium At The 1974 Meeting Of The Australian Institute Of Aboriginal Studies*, Canberra 1976

Kisch, Egon Erwin: *Landung in Australien*, Darmstadt 1975

Kolig, Erich: *Dreamtime Politics: Religion, World View And Utopian Thought In Australian Aboriginal Society*, Berlin 1989

Koori Mail: The Fortnightly National Aboriginal And Torres Strait Islander Newspaper, Lismore

Krim, Benterrak/Stephen Muecke/Paddy Roe: *Reading The Country: Introduction To Nomadology*, Fremantle 1984

Die Kultur der Traumzeit: Tradition und Gegenwart der Aborigines Australiens (Sammlung aus dem Museum für Völkerkunde Freiburg Bd. 1), Freiburg i. Br. o.J.

Kupka, Karel: *Un Art à l'état brut: Peintures et sculptures des Aborigènes d'Australie*, Lausanne 1962

Kupka, Karel: *Peintres Aborigènes d'Australie* (Publication de la Société des Océanistes Nr. 24), Paris 1972

Lamping, Heinrich: *Australien* (Länderprofile: Geographische Strukturen, Daten, Entwicklungen), Stuttgart 1985

Land Rights News: One Mob, One Voice, One Land, Winnellie

Lands, Merrilee: *Mayi: Some Bushfruits Of Dampierland*, Broome 1988

Landtman, G.: *The Kiwai Papuans Of British New Guinea*, London 1927

Langton, Marcia (Hg.): *After The Tent Embassy: Images Of Aboriginal History In Black And White Photographs*, o.O. 1983

Layton, Robert: *Uluru: An Aboriginal History Of Ayers Rock*, Canberra 1989

Leclerc, Gérard: *Anthropologie und Kolonialismus*, München 1973

Lee, Gary: »Artefact Into Art: The Commoditisation Of Paintings On Bark From Arnhem Land«, 1990 (unveröffentlicht)

Lee, Gary: »Fifth Festival Of Pacific Arts: Townsville August, 1988«, in: *Australian Aboriginal Studies*, hrsg. vom Australian Institute of Aboriginal Studies, Bd. 1, Canberra 1989, S. 63-64

Leske, Lawrence Harold (Hg.): *Hermannsburg: A Vision And A Mission*, Adelaide 1977

Lévi-Strauss, Claude: *Das Ende des Totemismus*, Frankfurt a. M. 1965

Lewis, D.: *The Rock Paintings Of Arnhem Land: Social, Ecological, And Material Culture Change In The Postglacial Period* (BAR Interantional Series 415), Oxford 1988

Löffler, Anneliese (Hg.): *Märchen aus Australien*, Düsseldorf 1981

Lofgren, M. E.: *Patterns Of Life: The Story Of The Aboriginal People Of Western Australia* (Western Australian Museum Information Series Nr. 6), Perth 1975

Lommel, Andreas: »Felsbilder in Australien«, in: *IPEK: Jahrbuch für prähistorische & ethnographische Kunst*, hrsg. von Herbert Kühn, Bd. 23/1970-1973, S. 106-111, Tafeln 71-76

Lommel, Andreas: *Fortschritt ins Nichts: Die Modernisierung der Primitiven Australiens. Beschreibung und Definition eines psychischen Verfalls*, Zürich 1969

Lommel, Andreas: *L'arte dei primitivi dell' Australia e del Mari del Sud*, Florenz 1987

Lommel, Andreas/Katharina Lommel: *Australien: Die Kunst des fünften Erdteils*, o.O. 1959

Lommel, Andreas/Katharina Lommel: *Die Kunst des alten Australien*, München 1989

Loos, Noel: *Invasion And Resistance: Aboriginal-European Relations On The North Queensland Frontier 1861-1897*, Canberra 1982

Lowe, Pat/Jimmy Pike: *Jilji: Life In The Great Sandy Desert*, Broome 1990

Lüthi, Bernhard: »Kulturzerstörung durch Informationsverhinderung: Die Felsbilder der Aborigines Australiens«, in: *kritische berichte*, Bd. 12 (Heft 2)/1984, S. 59-68

MacLeish, Kenneth: »The Top End Of Down Under«, in: *National Geographic Magazine*, Bd. 143 (Heft 2)/1973, S. 145-174

Maddock, K.: »The Foundations Of Aboriginal Religious Life«, in: *Religion In Aboriginal Australia: An Anthology*, hrsg. von M. Charlesworth/H. Morphy/D. Bell/K. Maddock, St Lucia 1984, S. 23-27

»Banduk Marika«, in: *Contemporary Print Collection*, hrsg. von der Australian Legal Group, o.O. 1988, o.S.

Marika, Wandjuk: »Painting Is Very Important«, in: *Long Water: Aboriginal Art And Literature*, hrsg. von Ulli Beier, Bathurst 1986, S. 7-17

Maris, Hyllus/Sonia Borg: *Women Of The Sun* (Currency Plays), hrsg. von Katharine Brisbane, Sydney 1983

Marrie, Adrian: *South Australian Governments 1975-1985 And The Management Of Aboriginal Heritage In The S.A. Museum: A Case Study In Institutional Racism*, Adelaide 1986 (unveröffentlichte Arbeit im Auftrag des South Australian Museum, Adelaide)

Marshall, A. Jane: *Darwin And Huxley In Australia*, Sydney 1970

McCarthy, Frederick D.: *Australian Aboriginal Decorative Art*, Sydney 1974[8]

McCarthy, Frederick D.: *Australian Aboriginal Rock Art*, Sydney 1979[4]

McCarthy, Frederick D.: *Rock Art Of The Cobar Pediplain In Central Western New South Wales* (Australian Aboriginal Studies Nr. 7), Canberra 1976

McConvell, P.: »The Origin Of The Subsections In Northern Australia«, in: *Oceania*, Bd. 56 (Heft 1)/1985, S. 1-33

McGregor, W.: »A Survey Of The Languages Of The Kimberley Region: Report From The Kimberley Language Resource Centre«, in: *Australian Aboriginal Studies*, hrsg. vom Australian Institute of Aboriginal Studies, Bd. 2, Canberra 1988, S. 90-102

The Meeting Tree: We Work Together To Live, hrsg. vom Tranby Aboriginal Co-operative College, Glebe 1986

Megaw, J. Vincent/Ruth Megaw: »The Dreamers Awake: Contemporary Australian Aboriginal Art«, in: *Aboriginal Culture Today*, hrsg. von Anna Rutherford, Sydney 1988, S. 158-183

Meggitt, Mervyn John: *Desert People: A Study Of The Walbiri Aborigines Of Central Australia*, Sydney 1962

Meissner, Hans-Otto: *Das fünfte Paradies – Australien: Menschen, Tiere, Abenteuer*, Stuttgart 1965

Michaud, Yves: *Der Künstler und die Ausstellungskommissare: Vier Essays nicht über die zeitgenössische Kunst, sondern über die Leute, die sich damit beschäftigen*, Paris 1989

Mitchell, W. J. T.: »The Pictorial Turn«, in: *Art Forum*, Bd. 30 (Heft 3)/1992, S. 89-94

Moffatt, Tracey (Hg.): *In Dreams: Mervyn Bishop. Thirty Years of Photography 1960-1990*, Paddington 1992

Moffitt, Ian: *The Australian Outback: The World's Wild Places*, Amsterdam 1976

Moon, Diane: »Maningrida: Traditions Open To Change«, in: *Artlink*, Bd. 10 (Heft 1-2)/1990, S. 27-28

Moore, David R.: *Arts And Crafts Of Torres Strait* (Shire Ethnography Nr. 10), Bucks 1989

Moore, David R.: *Islanders And Aborigines At Cape York: An Ethnographic Reconstruction Based On The 1848-1850 ›Rattlesnake‹ Journals Of O.W. Brierly And Information He Obtained From Barbara Thompson*, Melbourne 1979

Moore, David R.: *Melanesian Art In The Australian Museum*, Sydney 1968

Moore, David R.: *The Torres Strait Collections Of A.C. Haddon*, London 1984

Moorehead, A.: *The Fatal Impact: The Invasion Of The South Pacific 1767-1840*, Sydney 1987

Morgan, Sally: *Wanamurraganya: The Story Of Jack McPhee*, Fremantle 1989

Morphy, Howard: »Audiences For Art«, in: *Australians: A Historical Library. From 1939*, hrsg. von A. Curthoys/A.W. Martin/T. Rowse, Sydney 1987, S. 167-175

Morphy, Howard: »From Dull To Brilliant: The Aesthetics Of Spiritual Power Among The Yolngu«, in: *Man*, Bd. 24 (Heft 1)/1989, S. 21-40

Morphy, Howard: *Ancestral Connections: Art And An Aboriginal System Of Knowledge*, Chicago und London 1991

Morphy, Howard: *Journey To The Crocodile's Nest*, Canberra 1984

Mountford, Charles P.: *The Art Of Albert Namatjira*, Melbourne 1944

Mountford, Charles P.: *Australian Aboriginal Portraits*, Adelaide 1967

Mountford, Charles P.: *Ayers Rock: Its People, Their Beliefs And Their Art*, Sydney 1965

Mountford, Charles P.: *Brown Men And Red Sand*, Sydney 1962

Mountford, Charles P.: *Nomads Of The Australian Desert*, Adelaide und Sydney 1976

Mowaljarlai, D./C. Peck: »Ngarinyin Cultural Continuity: A Project To Teach The Culture Including The Repainting Of Wandjina Rock Art Sites«, in: *Australian Aboriginal Studies*, hrsg. vom Institute of Aboriginal Studies, Bd. 2, Canberra 1987, S. 71-78

Mulvaney, Derek John/John Henry Calaby: *So Much That Is New: Baldwin Spencer 1860-1929*, Melbourne 1985

Mundine, Djon: »L'Art Aborigène de l'Australie contemporaine«, in: *Les Cahiers du musée d'art moderne*, Bd. 28/1989, (»Magiciens de la Terre«) S. 21-31

Mundine, Djon: *Aboriginal Memorial*, in: Kat. Ausst. *Aboriginal Memorial*, Bula Bula Arts, Ramingining o.J.

Mundine, Djon: »Art-Coordinator: No Ordinary Job«, in: *Artlink*, Bd. 10 (Heft 1-2)/1990, S. 30-31

Munn, Nancy Dorothy: »The Spatial Presentation Of Cosmic Order In Walbiri Iconography«, in: *Primitive Art And Society*, hrsg. von A. Forge, London 1973, S. 193-220

Munn, Nancy Dorothy: *Walbiri Iconography: Graphic Representation And Cultural Symbolism In A Central Australian Society*, Ithaca und London 1973

Nairne, Sandy: *State Of The Art: Ideas & Images In The 1980s*, London 1987

Nambara Arts & Crafts (Hg.): *Nambara Art*, Nhulunbuy 1990

Narogin, Mudrooroo: *Doctor Wooreddy's Prescription For Enduring The Ending Of The World*, Melbourne 1983

Narogin, Mudrooroo: *Wild Cat Falling*, Sydney 1984[3]

Narogin, Mudrooroo: *Writing From The Fringe: A Study Of Modern Aboriginal Literature*, Melbourne 1990

Nathan, Pam/Dick Leichleitner Japanangka: *Health Business: A Community Report For The Central Australian Aboriginal Congress*, Richmond 1983

Neidjie, Bill: *Story About Feeling*, Broome 1989

Neidjie, Bill/Stephen Davis/Allan Fox: *Kakadu Man ... Bill Neidjie*, o.O 1985

Newman, Judith: »Dreamings: The Art Of Aboriginal Australia«, Interview mit Peter Sutton, in: *Art And Australia*, Bd. 26 (Heft 4)/1989, S. 563-570

Norton, Frank (Hg.): *Aboriginal Art: The Art Gallery Of Western Australia*, Perth 1985[2]

O'Ferrall, Michael: »Introduction«, in: Kat. Ausst. *Keepers Of The Secrets*, Art Gallery of Western Australia, Perth 1990-1991, S. 7-16

O'Ferrall, Michael: »Australia To The World«, in: *Artlink*, Bd. 10 (Heft 1-2)/1990, S. 66-67

Oenpelli Bark Painting, hrsg. vom Aboriginal Arts Board, Sydney 1979

Onus, Lin: »Language And Lasers«, in: *Art Monthly Australia*, »The Land, The City – The Emergence Of Urban Aboriginal Art«, 1990, S. 14-19

Ovington, Derrick: *Kakadu: A World Heritage Of Unsurpassed Beauty*, Canberra 1986

Pepper, Philipp/Tess de Araugo: *The Kurnai Of Gippsland: What Did Happen To The Aborigines Of Victoria?*, Bd. 1, Melbourne 1985

Peterson, Nicolas (Hg.): *Aboriginal Land Rights: A Handbook*, Canberra 1981

Peterson, Nicolas (Hg.): *Tribes And Boundaries In Australia*, Canberra 1976

Peterson, Nicolas/Langton, Marcia (Hg.): *Aborigines, Land And Land Rights*, Canberra 1983

Pilger, John: *A Secret Country*, London 1989

Plays From Black Australia: Jack Davis, Eva Johnson, Richard Walley, Bob Maza, Sydney 1989

Plomley, Norman James Brian: *The Baudin Expedition And The Tasmanian Aborigines 1802*, Hobart 1983

Poignant, Roslyn: *Oceanic Mythology*, London 1967

Postmodernism: A Consideration Of The Appropriation Of Aboriginal Imagery. Forum Papers, hrsg. vom Institute of Modern Art, Brisbane 1989

Premont, Roslyn/Mark Lennard: *Tjukurrpa: Desert Paintings Of Central Australia*, Alice Springs 1988

Preziosi, Donald: *Rethinking Art History: Meditations On A Coy Science*, New Haven und London 1989

Rajchman, John: *Truth And Eros: Foucault, Lacan And The Question Of Ethics*, New York und London 1991

Raynal, Chris: *Yuendumu: Betrayal Of Black Rights*, Hobart 1990

Recheis, Käthe (Hg.): *Einst waren wir ein freies Volk*, Stuttgart und Wien 1989

Reed, A.W. (Hg.): *Aboriginal Place Names*, o.O. 1985[8] [1967[1]]

Reuther, Johann G.: *The Diari*, Bd. 1-13 (A.I.A.S.-Mikrofiche), Canberra 1981

Roberts, Jan: *Massacres To Mining: The Colonisation Of Aboriginal Australia*, Melbourne 1981

Roberts, Janine: *Nach Völkermord, Landraub und Uranabbau: Die Schwarzaustralier (Aborigines) kämpfen ums Überleben* (Pogrom 1966/67), hrsg. vom Bundesverband Bürgerinitiative Umweltschutz und Gesellschaft für bedrohte Völker, Göttingen und Wien 1979

Roberts, R./R. Jones/M. A. Smith: »Thermoluminescene Dating Of A 50,000-Year Old Human Occupation Site In Northern Australia«, in: *Nature*, Bd. 345 (Heft 6271)/1990, S. 153-56

Robinson, R.: *The Feathered Serpent*, Sydney 1956

Rosenfeld, Andrée: *Rock Art Conservation In Australia*, Canberra 1985

Roth, Walter E.: *Ethnological Studies Amongst The North-West-Central Queensland Aborigines*, Brisbane 1897

Rutherford, Anna (Hg.): *Aboriginal Culture Today* (*Kunapipi* Bd. 10 (Heft 1-2)/1988), Sydney 1988

Ryan, Judith: »Paint Up Big: The Lajamanu Adventure In Art«, in: Kat. Ausst. *Mythscapes: Aboriginal Art Of The Desert From The National Gallery Of Victoria*, Melbourne 1989, S. 82-87

Schille, Peter: *Die verkaufte Erde*, in: *GEO* (Heft 12)/1980, S. 40-54

Schlatter, Gerhard: *Bumerang und Schwirrholz: Eine Einführung in die traditionelle Kultur australischer Aborigines*, Berlin 1985

Schlatter, Gerhard: *Mythos: Streifzüge durch Tradition und Gegenwart*, München 1989

Schmitz, Carl August: *Oceanic Art: Myth, Man And Image In The South Seas*, New York 1969

Schmitz, Carl August: *Oceanic Sculpture*, Greenwich (USA) 1962

Schultz-Tesmar, Johannes: *Australien*, Köln 1984

Scott, Ernest (Hg.): *Australian Discovery,* 2 Bde., London und Toronto 1929

Sculthorpe, Gaye/Michelle La Combe/Mira Lakic (Hg.): *Guide To Victorian Aboriginal Collections In The Museum Of Victoria*, Melbourne 1990

Senghor, Léopold Sédar: »Die Revolution von 1889: Frobenius und die universelle Zivilisation«, in: *Merkur: Deutsche Zeitschrift für europäisches Denken*, Bd. 36 (Heft 8)/ 1982, S. 770-779

Shaw, Bruce: »How Aboriginal Life Histories Can Be Written: A Response To The Review, Language And Dignity«, in: *Australian Aboriginal Studies*, hrsg. vom Australian Institute of Aboriginal Studies, Bd. 1, Canberra 1984, S. 47-52

Singe, John: *The Torres Strait: People And History*, St Lucia 1979

Smith, M. A.: *The Pattern And Timing Of Prehistoric Settlement In Central Australia*, Diss. (unveröffentlicht) University of New England (Australien) 1988

Spencer, Baldwin/Frank J. Gillen: *The Native Tribes Of Central Australia*, New York 1968 [Nachdruck der Ausgabe von 1899]

Spencer, Baldwin/Frank J. Gillen: *The Northern Tribes Of Central Australia* (Anthropological Publications), Oosterhout (Niederlande) 1969 [1904[1]]

Spicer, David: »Gary Foley: Angry Man Of Aboriginal Politics«, in: *Newswit*, 16. August 1988

Stanner, William Edward Henry: »The Dreaming (1953)«, in: ders.: *White Man Got No Dreaming: Essays 1938-1973*, Canberra 1979, S. 23-40

Stanton, John E.: *Painting The Country: Contemporary Aboriginal Art From The Kimberley Region, Western Australia*, Nedlands 1989

Steinmann, Alfred: »Die australischen Rindenmalereien in der Sammlung für Völkerkunde der Universität Zürich«, in: *Bulletin der Schweiz: Gesellschaft für Anthropologie und Ethnologie*, Bd. 34/1957-1958, S. 77-94

Stephen, Michele (Hg.): *Sorcerer And Witch In Melanesia*, Melbourne 1987

Stevens, Frank S.: *Black Australia*, Sydney 1984 [1981[1]]

Stevens, Frank S. (Hg.): *Racism: The Australian Experience,* 3 Bde., Sydney 1972-1974

Strehlow, Carl: *Die Aranda- und Loritja-Stämme in Zentralaustralien* (Veröffentlichungen aus dem Städt. Völker-Museum Frankfurt a.M.), hrsg. von Moritz von Leonhardi/Bernhard Hagen, 7 Bde., Frankfurt a. M. 1907-1920

Strehlow, Theodor George Henry: »The Art Of Circle, Line And Square«, in: *Australian Aboriginal Art*, hrsg. von R.M. Berndt, Sydney 1964, S. 44-59

Strehlow, Theodor George Henry: *Journey To Horseshoe Bend*, Adelaide und Sydney 1978 [1969[1]]

Strehlow, Theodor George Henry: *Rex Battarbee: Artist And Founder Of The Aboriginal Art Movement In Central Australia*, Sydney 1956

Strehlow, Theodor George Henry: *Songs Of Central Australia*, Sydney 1971

Supp, Eckhard: *Australiens Aborigines: Ende der Traumzeit?*, Bonn 1985

Taçon, Paul S. C.: »Art And The Essence Of Being: Symbolic And Economic Aspects Of Fish Among The Peoples Of Western Arnhem Land, Australia«, in: *Animals Into Art*, hrsg. von Howard Morphy, London 1989, S. 236-250

Taçon, Paul S. C.: »Contemporary Aboriginal Interpretations Of Western Arnhem Land Rock Paintings«, in: *The Inspired Dream – Life As Art In Aboriginal Australia*, hrsg. von Margie West, Brisbane 1988, S. 20-25

Taçon, Paul S. C.: »›Dreamtime‹ To The Present: The Changing Role Of Aboriginal Rock Paintings In Western Arnhem Land, Australia«, in: *The Canadian Journal Of Native Studies*, Bd. 9 (Heft 2)/1989, S. 317-339

Taçon, Paul S. C.: »The Power Of Stone: Symbolic Aspects Of Stone Use And Tool Development In Western Arnhem Land, Australia«, in: *Antiquity*, Jg. 65 (Heft 247)/1991, S. 192-207

Tatz, Colin: *Aborigines And Uranium And Other Essays*, Melbourne 1982

Taylor, Penny (Hg.): *After 200 Years: Photographic Essays Of Aboriginal And Islander Australia Today*, Canberra 1988

Te Maori: He Tukunga Korero. A Report, hrsg. vom Te Maori Management Committee, Wellington (Neuseeland) 1988

Thompson, Liz (Hg.): *Aboriginal Voices: Contemporary Aboriginal Artists, Writers And Performers*, Brookvale 1990

Die tollsten Geschichten von Donald Duck, »Donald Duck: Australisches Abenteuer«, (Heft 89)/1987

Tonkinson, Robert: *The Mardudjara Aborigines: Living The Dream In Australia's Desert* (Case Studies In Cultural Anthropology, hrsg. von George Spindler/Louise Spindler), New York 1978

Torgovnick, Marianna: *Gone Primitve: Savage Intellects, Modern Lives*, Chicago und London 1990

Torres, Pat: *Jalygurr: Aussie Animal Rhymes. Poems For Kids*, Broome 1987

Torres Strait Islands, hrsg. von der Aboriginal Artists Agency, o.O. o.J.

Ucko, Peter J. (Hg.): *Form In Indigenous Art: Schematisation In The Art Of Aboriginal Australia And Prehistoric Europe*, London und New Jersey 1977

L' umana avventura, Bd. 1/1978

Vanderwal, Ron (Hg.): *The Aboriginal Photographs Of Baldwin Spencer*, Ringwood 1987[2]

The Visual Art Of Australian Aborigines (Aboriginal Heritage Series), hrsg. vom Adult Aboriginal Education/Technical Education Division/Education Department of Western Australia, Perth o.J.

Völger, Gisela: *Die Tasmanier: Versuch einer ethnographisch-historischen Rekonstruktion* (Arbeiten aus dem Seminar für Völkerkunde der J.W. Goethe-Universität Frankfurt a. M. Bd. 3), Wiesbaden 1972

Walker, D. (Hg.): *Bridge And Barrier: The Natural And Cultural History Of Torres Strait*, Canberra 1972

Walker, Kath: *My People*, Milton 1970

Wallace, Phyl/Noel Wallace: *Killing Me Softly: The Destruction Of A Heritage*, o.O. 1977

Walsh, Grahame L.: *Australia's Greatest Rock Art*, Bathurst 1988

Ward, Glenyse: *Wandering Girl*, Broome 1987

Warlukurlangu Artists Kuruwarri: Yuendumu Doors, hrsg. vom Australian Institute of Aboriginal Studies, Canberra 1987

Watson, Helen: *Singing The Land, Signing The Land: A Portfolio Of Exhibits*, Geelong 1989

Welch, David: *Aboriginal Rock Art Of Kakadu National Park, Northern Territory Australia*, Darwin 1982

Weller, Archie: *The Day Of The Dog*, Sydney 1981

Weller, Archie: *Going Home: Stories*, Sydney 1986

White, Isobel/Diane Barwick/Betty Meechan (Hg.): *Fighters And Singers: The Lives Of Some Aboriginal Women*, Sydney 1985

Whittaker, J. L./N. G. Gash/J. F. Hookey/R. J. Lacey (Hg.): *Documents And Readings In New Guinea History: Prehistory To 1889*, Milton 1975

Wild, Stephen A.: *Rom: An Aboriginal Ritual Of Diplomacy*, Canberra 1986

Wilkes, Gerald Alfred (Hg.): *Dictionary Of Australian Colloquialisms*, Melbourne 1990

Willmot, Eric: *Australia: The Last Experiment* (Boyer Lectures 1986), Sydney 1987

Wilson, Lindsay: *Thathilgaw Emeret Lu: A Handbook Of Traditional Torres Strait Islands Material Culture*, Queensland 1988

Wongar, Barumir: *Spuren der Traumzeit: Geschichte der australischen Ureinwohner*, München 1981

DIE AUTOREN

GORDON BENNETT
Abschluß des Kunststudiums in Brisbane. Gordon Bennett lebt und arbeitet als freischaffender Künstler in Brisbane.

HENRIETTA FOURMILE
Veröffentlichung zahlreicher Texte zur Kunst Schwarzaustraliens und speziell zur Sammeltätigkeit australischer Museen. Henrietta Fourmile lebt in Cairns und unterrichtet an der James Cook University, Cairns.

LES GRIGGS
Abgebrochenes Kunststudium in Melbourne. Les Griggs lebt und arbeitet als freischaffender Künstler in Melbourne.

MARK HOLLINGSWORTH
Lebt und arbeitet als freischaffender Künstler in Cairns. Mark Hollingsworth unterrichtet an der James Cook University, Cairns.

R.G. (DICK) KIMBER
Ehemals Arts and Craft Advisor in Papunya. Dick Kimber arbeitet als freischaffender Journalist in Alice Springs.

ULRICH KREMPEL
Promotion in Kunstgeschichte an der Universität Bochum. Ulrich Krempel ist Leiter der Ausstellungsabteilung der Kunstsammlung Nordrhein-Westfalen, Düsseldorf.

GARY LEE
Studium der Kunstgeschichte und der Anthropologie an der Australian National University, Canberra. Gary Lee lebt in Darwin.

BERNHARD LÜTHI
Lebt und arbeitet als freischaffender Künstler in Düsseldorf. Die Planungsarbeiten zur Ausstellung ›ARATJARA – Australian Aboriginal and Torres Strait Islander Art‹ begannen 1984.

BANDUK MARIKA
Lebt als Künstlerin in Yirrkala. Zusammen mit ihrer Schwester gründete Banduk Marika die MAWALAN (1) GAMARA NUWUI ASSOCIATION for Land Management, ein Projekt zum Schutz des Ökosystems in Nordost-Arnhemland.

JEAN-HUBERT MARTIN
Als Direktor des Musée national d'art moderne, Paris, konzipierte er die Ausstellung ›Magiciens de la Terre‹, die 1989 im Centre Georges Pompidou und der Halle de la Villette stattfand. Im Auftrag des französischen Kultusministeriums realisiert Jean-Hubert Martin verschiedene Ausstellungs- und Sammlungskonzepte. Er lebt in Paris.

DIANE MOON
Abschluß eines Kunststudiums in Sydney. Seit Beginn der 80er Jahre lebt und arbeitet Diane Moon als Arts and Craft Advisor in Maningrida.

DJON MUNDINE
Lebt und arbeitet seit den frühen 80er Jahren als Arts and Craft Advisor in Ramingining. Djon Mundine ist nebenamtlicher Kurator für Aboriginal-Kunst an der Art Gallery of New South Wales, Sydney.

LIN ONUS
Gehört seit 1986 dem Aboriginal Arts Committee of the Australia Council an, dem er in den Jahren 1989 bis 1992 als Chairman vorstand. Lin Onus lebt und arbeitet als freischaffender Künstler in Upwey, nahe Melbourne.

JUDITH RYAN
Sammlungs- und Ausstellungs-Kuratorin an der National Gallery of Victoria, Melbourne. Judith Ryan hat verschiedene Aufsätze zum Themenbereich der Kunst der Aborigines publiziert.

PAUL S.C. TACON
Arbeitet als Anthropologe mit dem Spezialgebiet Arnhemland am Australian Museum, Sydney. Paul Tacon lebt in Sydney.

LINDSAY WILSON
Langjähriger Aufenthalt im Inselarchipel der Torresstraße. Mehrere Veröffentlichungen zu pädagogischen Themen. Lindsay Wilson lebt im südlichen Queensland.

GALARRWUY YUNUPINGU
Gehörte zu einer Gruppe von Abgesandten, die 1963 dem House of Representatives die ›Bark Petition‹ überreichten. Galarrwuy Yunupingu lebt in Yirrkala und vertritt als langjähriger Chairman die Interessen des Northern Land Council.

PHOTONACHWEIS

Wir haben uns bemüht, die Copyright-Inhaber der in diesem Katalog abgebildeten Kunstwerke ausfindig zu machen. In den Fällen, in denen dies nicht möglich gewesen ist, bitten wir die Copyright-Inhaber, sich an die Kunstsammlung Nordrhein-Westfalen, Düsseldorf, oder die Aboriginal Arts Unit of the Australia Council, Sydney, zu wenden. Die Urheberrechte der Abbildungen befinden sich im Besitz der einzelnen Künstler und/oder der folgenden Organisationen:

The Aboriginal Artists Agency Ltd., Cammeray
Aboriginal Arts and Crafts, Subiaco
Aboriginal Arts Management Association, Surry Hills
Aboriginal Arts Unit of the Australia Council, Sydney
Association of Northern and Central Australian Aboriginal Artists, Darwin
Aurukun Incorporated, Aurukun
Boomalli, Aboriginal Artists Co-operative Ltd., Redfern
Buku-Larrngay Arts, Yirrkala
BulaBula Arts, Milingimbi
BulaBula Arts, Ramingining
Community Arts Council, Port Keats
Injalak Arts & Crafts, Gunbalanya/Oenpelli
Jilamara Arts and Crafts, Winnellie
Maningrida Arts and Crafts, Maningrida
Mulga Bore Artists, Alice Springs
Papunya Tula Artists, Alice Springs
Ramingining Homelands Resource Centre Aboriginal Corporation, Winnellie
Tiwi Pima Art, Bathurst Island
Tribal Arts, Florida Gardens
Utopia Art, Sydney
Waringarri Arts, Kununurra
Warlayirti Artists, Balgo Hills
Warnayaka Art Centre, Lajamanu

PHOTONACHWEIS

Die Photographien wurden mit freundlicher Genehmigung der in den Bildunterschriften und im Katalog genannten sowie der im folgenden aufgeführten Institutionen und Sammler abgebildet:

Kim Ackermann, S. 215
Carl Bento, 2
Boston Museum of Fine Arts, S. 21
John Brash, 25/26/29/30/31/32/33/34/46/47/55/61/66/67/76/100/101/104/108/111/114/117/118/119/121/125/130
Cambridge Museum, S. 104/S. 106/S. 107
Jenni Carter, 6/14/23/28/49/58/60/65/129/S. 122/S. 123/S. 124/S. 125/S. 146, 147/S. 158/S. 190
Chris Croenhout, 21/77/127/S. 279
Robert Edwards, S. 222
Walter Klein, S. 15
Bernhard Lüthi, S. 19/S. 25/S. 32/S.a 64/S. 76/S. 79/S. 80/S. 116/S. 117/S. 224/S. 242/S. 243/S. 244/S. 245/S. 246/S. 293/S. 297/S. 298/S. 299/S. 300/S. 301
Trevor Peters, 8/11/39/45/68/69/73/74/78/79/82/83/84/85/86/87/88/89/90/91/92/93/94
Axel Poignant, S. 65
Paul S. C. Tacon, S. 128/S. 129/S. 130/S. 131/S. 132
Grahame L. Walsh, S. 118/S. 119/S. 120/S. 135/ S. 136/S. 137/S. 138/S. 139/S. 140/S. 141/S. 142/S. 205/S. 206/S. 207/S. 208/S. 209/S. 210/S. 211/S. 241
Warlukurlangu Artists of Yuendumu, S. 280/S. 281/S. 282/S. 283/S. 284/S. 285
Rainer Weisflog, S. 29
Reproduced by permission of the National Gallery of Victoria, 15/S. 51/S. 52/S. 53/S. 54/S. 55/S. 56/S. 57/S. 58/S. 59/S. 60/S. 61/S. 62